JAPON

Nom officiel : *Nihon*,
« pays du soleil levant »
Capitale : Tokyo
Superficie : 377 873 km²
Population : 127,6 millions d'habitants
Monnaie : le yen

VOYAGER PRATIQUE 

on 2007

ONT COLLABORÉ À CE GUIDE

Direction	David Brabis
Direction éditoriale	Nadia Bosquès
Rédaction en chef	Anne Teffo
Édition	Natacha Brumard
Rédaction	Geneviève Clastres, Mélanie Cornière, Michel Fonovich, Akihiro Nishida, Philippe Pataud Célérier, Jérôme Saglio, Dora Tauzin
Cartographie	Michèle Cana, Dominique Defranchi, Thierry Lemasson, Fabienne Renard, Altiplano, DzMap Algérie
Iconographie	Geneviève Corbic, Stéphanie Quillon
Marketing	Florian Biron, Anne-Laure Guillard
Couverture	Paris-Venise (création graphique), Jean-Luc Cannet, JNTO
Maquette intérieure	Bernadette Drouillot
Pré-presse/Fabrication	Frédéric Sardin, Renaud Leblanc
Préparation de copie	Anne Duquénoy, Pascal Grougon, Danièle Jazeron, Jacqueline Pavageau
Relecture	Sophie Jilet
Ventes	Gilles Maucout (France), Charles Van de Perre (Benelux, Allemagne, Suisse et Autriche), Philippe Orain (Italie), Fernando Rubiato (Espagne et Portugal), John T. Lewis (Royaume-Uni), Stéphane Coiffet (Grand Export), Jack Haugh (Canada)
Communication	Gonzague de Jarnac
Régie publicitaire/ Partenariat	E-mail : michelin-cartesetguides-btob@fr.michelin.com
Remerciements	Ce guide a été réalisé grâce à la contribution précieuse du Visit Japan Campaign, de l'Office national du tourisme japonais (JNTO) et du Centre international du tourisme au Japon (ITCJ). Merci à Tari Akinori, Xavier Dalot, Anne d'Okayama, Mme Okada à Nao-shima, Haruka (moniale zen à Matsushima), Fumi Nakamura, Saori Nodo, Hitoshi Okamura, Sachiko Shima, Laure Teyssier.

Contact : Guides VOYAGER PRATIQUE
MICHELIN - Cartes et Guides
46 avenue de Breteuil - 75324 Paris Cedex 07
✆ 01 45 66 12 34
E-mail : voyager-pratique@fr.michelin.com

VOYAGER PRATIQUE,
pourquoi ?

Quand on est éditeur de guides, on se demande sans cesse comment répondre aux attentes des voyageurs d'aujourd'hui.

Comment satisfaire à la fois vos envies de week-end, d'aventure, de grand voyage, de farniente, de culture, en France ou à l'autre bout du monde ? Vous partez seul ou en famille, entre amis ou en amoureux, deux jours ou trois semaines ? Comment imaginer ce que vous allez aimer : chambres d'hôte ou petites pensions, gargotes ou restaurants de charme, randonnées ou boîtes de nuit, visites culturelles ou bronzette sur la plage ou... tout à la fois ? Comment vous aider à vous repérer dans le pays, à organiser vos transports et à évaluer votre budget ?

Répondre à toutes ces questions, c'est le premier pari de MICHELIN VOYAGER PRATIQUE : le guide pour construire son voyage sur mesure. Grâce à des tableaux thématiques, des cartes et des plans précis, des itinéraires conçus sur le terrain, des informations pratiques complètes, Michelin vous donne les clés de vos vacances.

Quand on est éditeur de guides, on se demande aussi quelles sont les conséquences de ses choix éditoriaux.

Contribuer à un voyage de qualité dans le respect des hommes, de l'environnement et du patrimoine, c'est le second pari de MICHELIN VOYAGER PRATIQUE. Pour remplir cette mission et vous aider ainsi dans vos propres choix, suivez donc nos « BIB » :

nos Coups de cœur
nos Coups de gueule
nos Astuces
Ils vous accompagnent au fil des pages pour illustrer nos recommandations sur chaque étape, mais aussi notre point de vue sur des sujets qui nous paraissent importants. Autant de suggestions dont l'unique finalité est de vous faire profiter pleinement de votre voyage.

L'équipe Voyager Pratique

NOTE AU LECTEUR

JAPON PRATIQUE

JAPON EN DIRECT

SOMMAIRE

SILLONNER LE JAPON

ANNEXES

SOMMAIRE

あゆ ¥500
えび ¥500
ビール ¥500
ウーロン茶
お茶 ¥200
辛口
辛口
MONACO

JAPON PRATIQUE

Suggestions d'itinéraires

10 jours	La route du Tokaido, via la péninsule d'Izu
Boucle de 1 350 km au départ de Tokyo	**Jour 1.** Départ de Tokyo pour Kamakura. **Jour 2.** Shimoda. **Jour 3.** Shuzenji. **Jour 4.** Nagoya, avec excursion à Inuyama. **Jours 5 à 8.** Kyoto. **Jour 9.** Koya-san. **Jour 10.** Nara et retour le soir sur Tokyo.
Transports	En train (prendre le JR Pass). Bus entre Shimoda et Shuzenji. Retour possible vers Tokyo en bus de nuit. Retour possible en avion vers Paris de l'aéroport du Kansai.
Conseils	Itinéraire idéal pour un premier séjour au Japon. Si vous n'avez qu'une semaine, suivez un parcours plus classique, avec un trajet sans étape Tokyo-Kyoto-Nara (5 j.), puis la visite de Himeji et de Hiroshima (2 j.).
10 jours	**Le périple de la mer Intérieure**
Boucle de 2 100 km au départ d'Osaka	**Jour 1.** Départ d'Osaka pour Kobe et Himeji (nuit à Kobe). **Jour 2.** Okayama. **Jours 3 et 4.** Hiroshima, avec excursion à Miyajima. **Jour 5.** Fukuoka. **Jour 6.** Beppu. **Jour 7.** Beppu-Matsuyama. **Jour 8.** Matsuyama. **Jour 9.** Takamatsu. **Jour 10.** Retour sur Osaka.
Transports	En ferry de Hiroshima à Miyajima, de Beppu à Matsuyama et de Takamatsu à Osaka. En train sur le reste.
Conseils	Un circuit moins habituel pour ceux qui connaissent déjà Tokyo, Kyoto et Nara, et veulent construire leur voyage en partant de l'aéroport du Kansai. Prenez le JR Sanyo Pass jusqu'à Fukuoka *(p. 294)*. Dormez à Kurashiki plutôt qu'à Okayama. Profitez des bains de sable à Beppu et de l'*onsen* de Dogo à Matsuyama.
14 jours	**Chubu et Kansai : les monts et les temples**
Itinéraire de 1 400 km de Tokyo à Osaka	**Jours 1 et 2.** Départ pour Nagano : Nagano et sa région. **Jour 3.** Matsumoto. **Jours 4 et 5.** Takayama. **Jour 6.** Shirakawa-go. **Jour 7.** Kanazawa. **Jour 8.** Nagoya. **Jours 9 à 12.** Kyoto. **Jour 13.** Koya-san. **Jour 14.** Osaka.
Transports	En train jusqu'à Matsumoto, en bus de Matsumoto à Kanazawa, et de nouveau en train jusqu'à Osaka.
Conseils	Pour mêler l'incontournable (Kyoto) et un Japon plus rural et secret (Shirakawa-go). Le festif (Osaka), le sportif (Nagano), le sacré (Koya-san). Tâchez d'y aller en semaine, c'est plus calme. Pensez à bien vous couvrir en montagne !

14 jours	La route du Nord : Tohoku et Hokkaido
Boucle de 3800 km au départ de Tokyo	**Jour 1.** De Tokyo, excursion à Nikko. **Jours 2 à 4.** Île de Sado. **Jour 5.** Sendai. **Jours 6 et 7.** Matsushima et sa baie. **Jour 8.** Sendai-Sapporo. **Jour 9.** Sapporo-Abashiri. **Jours 10 à 12.** Parc national de Shiretoko. **Jour 13.** Abashiri-Sapporo. **Jour 14.** Retour à Tokyo.
Transports	En train pour Nikko. Il vous faudra repasser par Tokyo pour rejoindre Niigata, port d'embarquement pour Sado. En ferry et en bus pour l'île de Sado. En train de Niigata à Sendai. En avion ou en train de Sendai à Sapporo. En train et bus pour Abashiri et Shiretoko. En avion ou train pour le retour.
Conseils	Un circuit très nature, pour respirer un grand bol d'air frais au milieu de paysages superbes. De préférence d'avril à octobre, difficile en hiver. Pour aller plus vite, louez une voiture sur l'île de Sado et pour le Parc de Shiretoko et prenez un vol Sendai-Abashiri-Tokyo.
15 jours	Tokyo à Kyushu : la route du soleil
Boucle de 3500 km au départ de Tokyo	**Jours 1 et 2.** Départ de Tokyo pour le mont Fuji. **Jours 3 à 6.** Kyoto. **Jour 7.** Osaka. **Jour 8.** Kobe, avec excursion à Himeji. **Jour 9.** Okayama. **Jour 10.** Nao-shima. **Jour 11.** Hiroshima. **Jour 12.** Fukuoka. **Jour 13.** Nagasaki. **Jour 14.** Mont Aso *via* Kumamoto. **Jour 15.** Retour sur Tokyo.
Transports	Bus entre Tokyo-mont Fuji-Tokyo, puis JR Pass pour les 14 j. restant en train. Ferry pour Nao-shima.
Conseils	L'itinéraire alterne des centres d'intérêt variés : nature au mont Fuji et au mont Aso, temples à Kyoto, loisirs à Osaka et Fukuoka, art contemporain à Nao-shima, histoire à Hiroshima et Nagasaki. Continuation possible vers les plages d'Okinawa.

Types de voyage

Temples et sanctuaires	Nos conseils et remarques
Kyoto	Près de 2000 temples et sanctuaires... mais inutile de courir un marathon ! Prenez le temps de savourer.
Nara	Préferez venir en semaine, et n'oubliez pas le Horyu-ji.
Koya-san	Cité au parfum mystique. Il faut absolument y dormir.
Kamakura	Par beau temps, agréable d'y flâner à pied ou à vélo.
Nikko	Attention, il y fait froid l'hiver et souvent frais l'été.
Ise	La visite reste confinée à l'extérieur du sanctuaire, dommage !
Nagano	Le Zenko-ji, un temple fascinant... et plein de belles randonnées.

Culture, monuments	Nos conseils et remarques
Tokyo	Capitale toujours en effervescence. Regardez la liste des expositions et spectacles dans les journaux en anglais.
Kyoto	Réservez pour la villa Katsura et visitez le musée Miho.
Hiroshima	L'émouvant Mémorial pour la paix peut heurter les plus sensibles, en particulier les jeunes enfants.
Nagasaki	Des musées, mais surtout une ambiance cosmopolite.
Nao-shima	Un rendez-vous pour les amateurs d'art contemporain.
Himeji	Si vous ne devez voir qu'un seul château, c'est celui-là.
Fukuoka	Dans les environs : le tout nouveau Musée national de Kyushu, à Dazaifu, et les potiers de Karatsu.
Japon rural, traditions	
Kyoto	Gion et Ponto-cho perpétuent l'art raffiné des geishas.
Kurashiki	Baladez-vous autour du canal et des anciens entrepôts.
Ogimachi	Dormez dans une pittoresque ferme *gassho-zukuri*.
Kanazawa	Avec Takayama, les deux perles des Alpes japonaises.
Île de Sado	Venez assister à la Fête de la terre, vers la fin août.
Japon moderne	
Tokyo	Pour une immersion dans le futur, visitez en priorité les quartiers de Shinjuku et Odaiba.
Osaka	Arpentez Dotonbori la nuit, c'est magique.
Fukuoka	Le quartier de Nakasu abrite 3000 bars, restaurants et clubs !
Yokohama	Logez à Minato Mirai, même si les hôtels y sont chers.
Sapporo	Si vous aimez la vie nocturne, Susukino vous plaira.
Paysages et nature	
Mont Fuji	Ascension en été uniquement.
Matsushima	Paysage inoubliable de la baie. Bondé le week-end.
Mont Aso	On dirait l'Auvergne. Formidable pour les randonnées.
Shiretoko	Le Parc n'est réellement praticable qu'à la belle saison.
Miyajima	Découvrez les deux visages du célèbre *torii* : l'un à marée haute, l'autre à marée basse.
Péninsule d'Izu	Superbe côte déchiquetée sur la partie occidentale.
Les onsen	
Hakone	Nombreux touristes japonais.
Beppu	Faites bains de sable et descente aux « enfers » *(jigoku)* !
Matsuyama	Le vénérable *onsen* Dogo bouillonne depuis 2000 ans.
Nagano	Ne ratez pas l'*onsen* de Jigoku-dani et ses macaques !

Décalage horaire

Par rapport à la France, le décalage est de + 8h en hiver et de + 7h en été. Par exemple, quand il est midi à Paris, il est 20h à Tokyo en hiver et 19h en été.

Comment téléphoner au Japon

Voir également « Sur place de A à Z », p. 38.

De France, composez le 00 81 + indicatif régional sans le 0 initial + numéro.

Pour téléphoner au Japon au prix d'un appel local, composez auparavant le 0811 310 310. Pour plus de détails, consultez le site www.telerabais.com.

À quelle saison partir

Le **printemps** (mars-mai) et l'**automne** (sept.-nov.) sont les saisons les plus agréables pour visiter le Japon : températures douces et constantes, nature resplendissante. Le printemps est marqué par l'exubérante floraison des cerisiers, qui débute à Kyushu en mars puis remonte à travers Honshu courant avril. Durant l'automne, les forêts et jardins s'embrasent de couleurs d'or et de pourpre d'une grande beauté. La chaleur humide de l'été (mi-juin-mi-juillet) est plus difficile à supporter, et s'accompagne de pluies souvent torrentielles, parfois même de typhons (fin août). Mais la saison est idéale pour profiter des plages, faire des randonnées à Hokkaido ou dans les montagnes du centre de Honshu, et assister aux festivals et feux d'artifice qui ont lieu dans bien des régions. En hiver (déc.-fév.), à Hokkaido et sur les côtes de la mer du Japon, les déplacements peuvent s'avérer compliqués en raison de la neige qui coupe parfois les routes et voies ferrées. Le froid n'est cependant pas si féroce, car souvent tempéré par de belles journées ensoleillées, propices au ski dans les stations de Hokkaido et des Alpes japonaises.

Prenez garde, toutefois, à la **haute saison** touristique, qui correspond aux vacances des Japonais. Durant les trois semaines du Nouvel An (27 déc.-4 janv.), de la Golden Week (29 avr.-5 mai) et du Festival du Bon (autour du 15 août), les temples et sites les plus réputés sont envahis par une foule très dense. Trouver un billet de train ou d'avion, et un hôtel où se loger, devient problématique, d'autant plus que les prix augmentent alors considérablement.

Températures et précipitations moyennes des grandes villes

	Hiver		Printemps		Été		Automne	
	Temp. (°C)	Préc. (mm)	Temp. (°C)	Préc. (mm)	Temp. (°C)	Préc. (mm)	Temp. (°C)	Préc. (mm)
Sapporo	-4	111	7	61	20	67	11	124
Sendai	1	33	10	98	22	160	15	99
Tokyo	6	49	14	130	25	162	18	163
Nagoya	4	43	14	143	26	218	18	117
Osaka	6	44	15	121	27	155	19	109
Fukuoka	6	72	15	125	27	266	19	81
Naha	17	115	21	181	28	176	25	163

Budget à prévoir

Voir ci-dessous, « Calculer votre budget quotidien ».

Le Japon a la réputation d'être un pays cher. Cela dit, depuis la crise des années 1990 et la baisse du yen, la destination est devenue plus abordable que par le passé. Pour peu que l'on fasse attention, il est tout à fait possible d'y voyager à des prix comparables à ceux de la plupart des pays d'Europe de l'Ouest. Vous trouverez, au fil des rubriques de cette partie pratique, plein de conseils et d'astuces pour économiser sur l'hébergement, les repas, les transports et les achats.

Réserver

De façon générale, les Japonais sont des gens très organisés, qui font rarement les choses à l'improviste. De plus, beaucoup d'hôteliers, de préposés aux gares et stations de bus ne sont pas très à l'aise avec l'anglais à l'oral, qu'ils comprennent mieux par écrit. La réservation à l'avance, surtout pour l'hébergement, est donc vivement conseillée. Adressez votre demande par e-mail ou à défaut par fax, ou bien utilisez les services de réservation en ligne ou ceux d'un voyagiste. Certains hôtels accordent en outre des rabais si vous réservez par Internet.

Si vous voyagez durant l'une des trois semaines de la **haute saison** (27 déc.-4 janv., 29 avr.-5 mai et semaine du 15 août), et aussi lors des week-ends qui les précédent et les suivent, il vous faudra impérativement réserver votre hôtel et vos transports au moins un mois à l'avance. L'époque des cerisiers en fleur (1re quinzaine d'avril) à Kyoto est aussi une période très chargée.

Formalités

▸ *Passeport et visa*

Un passeport valide est obligatoire pour entrer au Japon. Les citoyens français, belges et canadiens n'ont pas besoin de demander un visa pour un séjour inférieur à trois mois. Un visa de séjour temporaire, valable 90 j., est automatiquement délivré à leur arrivée au Japon. Les citoyens suisses peuvent séjourner jusqu'à six mois. Toutefois, au-delà de 90 j., ils doivent demander une carte d'immatriculation de résident étranger auprès de la mairie de leur lieu de résidence.

Calculez votre budget quotidien

Afin de vous aider à préparer votre voyage, nous vous proposons quatre catégories de budget journalier. Le prix de la journée a été calculé **par personne**, sur la base d'un séjour pour deux. Il n'inclut pas les billets d'avion ni le JR Pass.

Minibudget avec hébergement en dortoir dans une auberge de jeunesse, déplacements en transports en commun, un bol de nouilles ou un *bento* (panier-repas) au déjeuner, un menu économique au dîner, deux visites de temples ou de musées : comptez **50 €/j**.

Petit budget avec hébergement dans un hôtel ou *ryokan* modeste, déplacements en transports en commun, menu économique au déjeuner, dîner dans un petit restaurant, quatre visites culturelles et un café : comptez **75 €/j**.

Budget moyen avec hébergement dans un hôtel ou *ryokan* confortable, transports en commun et taxi le soir, deux restaurants par jour, quatres visites culturelles, un achat, un café et une sortie dans un bar : comptez **125 €/j**.

Budget impérial avec hébergement dans des hôtels de luxe ou des *ryokan* très raffinés, déplacements en taxi ou voiture de location, repas dans des restaurants branchés ou gastronomiques : comptez autour de **220 €/j**.

Services ou articles	Prix moyen en yens	Équivalent en euros
Un lit en dortoir dans une auberge de jeunesse ou une cabine dans un *capsule hotel* (minibudget)	3500	23,50
Une chambre double dans un *business hotel*, un *minshuku* ou un *ryokan* modeste (petit budget)	9000	60
Une chambre double dans un hôtel confortable ou un *ryokan* de charme (budget moyen)	16500	110
Une chambre double dans un hôtel de luxe ou un *ryokan* de catégorie supérieure (budget impérial)	28000	189
Un déjeuner dans un restaurant de nouilles (minibudget)	850	6
Un repas dans un *izakaya* ou un *yakitori-ya* (petit budget)	2200	15
Un dîner dans un restaurant traditionnel (budget moyen)	3000	20
Un repas de cuisine *kaiseki* (gastronomique) (budget impérial)	8000	55
Une location de voiture pour 1 sem. (catégorie économique)	50000	337
Japan Rail Pass pour 7 j.	28300	191
Un vol Tokyo-Okinawa (aller simple, plein tarif)	37000	250
Un *pass* d'une journée pour le métro urbain	700	5
Une course en taxi (5 km)	1500	10
Trajet aéroport de Tokyo/centre-ville en train	3000	20
Location d'un vélo pour une journée	1000	7
Un éventail à rapporter en souvenir	2000	14
Une bouteille d'eau minérale	100	0,67
Un timbre de carte postale pour la France	70	0,47
Un paquet de cigarettes	270	1,82
Une bière dans un bar	500	3,35
Une entrée de musée ou de temple	500	3,35

▸ *Douanes*

À condition d'être âgé de plus de 20 ans, vous pouvez importer sans payer de taxe 400 cigarettes ou 100 cigares, 3 bouteilles d'alcool, 60 ml de parfum et des cadeaux ou souvenirs dont la valeur totale n'excède pas 200000 ¥ (soit 1350 €). L'importation de devises étrangères n'est soumise à aucune limitation.

▸ *Vaccination*

Aucun certificat de vaccination n'est requis.

Santé

Voir également « Sur place de A à Z », p. 36.

Vous trouverez tous les médicaments usuels dans les pharmacies sur place mais, par précaution, emportez une petite trousse de première nécessité : aspirine ou paracétamol, anti-inflammatoire, pansements, antiseptique, antidiarrhéique, crème solaire et protection antimoustique si vous allez à la campagne en été.

Assurances

Avant de vous assurer, vérifiez que vous n'êtes pas déjà couvert par une assurance assistance/rapatriement incluse dans le prix du billet. C'est souvent le cas si vous passez par un voyagiste ou si vous réglez à l'aide de certaines cartes bancaires. Quoi qu'il en soit, examinez les clauses de votre contrat pour en vérifier la nature et les éventuelles exclusions. Le cas échéant, vous pouvez souscrire une police classique couvrant les frais d'annulation du voyage, de maladie sur place et de rapatriement en cas d'accident, et la perte ou le vol des bagages. Conservez sur vous les coordonnées de votre assureur et la référence de votre contrat.

Avi International - ✆ 01 44 63 51 00, www.avi-international.com.

Europ Assistance - ✆ 01 41 85 94 85, www.europ-assistance.fr.

Elvia - ✆ 01 42 99 82 81, www.elvia.fr.

Mondial Assistance - ✆ 01 40 25 52 25, www.mondial-assistance.fr.

Argent

▸ *Monnaie*

La monnaie japonaise est le **yen** (¥). Il existe des billets de 1000 ¥, 5000 ¥ et 10000 ¥. Les pièces sont de 1, 5, 10, 50, 100 ou 500 ¥.

▸ *Change*

À l'heure où nous publions ce guide, le taux de change est de **1 € = 148 ¥** et 100 ¥ = 0,67 € env. Il peut être judicieux d'acheter auprès de votre banque ou dans un bureau de change une petite quantité de yens avant votre départ. Sur place, vous pouvez changer vos devises dans les banques, bureaux de change, postes principales, certains hôtels et grands magasins. Sachez néanmoins que beaucoup de banques japonaises ne changent que les dollars américains, et que les opérations peuvent prendre du temps. Adressez-vous plutôt aux bureaux de change (dans les grandes villes ou les aéroports) qui, eux, acceptent les euros, et n'hésitez pas à changer une somme importante pour ne pas vous trouver pris de court dans les zones rurales.

▸ *Chèques de voyage*

Leur usage est peu répandu au Japon et, hormis les grands hôtels, rares sont les commerçants qui les acceptent. Les banques, bureaux de change, postes principales et grands hôtels pourront vous les changer sans problème (de préférence ceux libellés en dollars), mais il est plus simple et moins coûteux de prévoir des espèces. Le Japon est un pays où l'argent liquide est roi. C'est aussi l'un des pays les plus sûrs du monde, vous ne courrez donc presque aucun risque de vous faire voler.

▸ *Cartes de crédit*

Une carte de crédit internationale est très utile au Japon. La plus facilement acceptée est la **Visa**, suivie de la **Mastercard**. Les paiements par cartes de crédit, jadis peu usités, se développent de façon notable dans les grandes villes, où nombre d'hôtels, de restaurants et de magasins les acceptent. Mais c'est beaucoup plus rarement le cas auprès des petits établissements et dans les campagnes, aussi devez-vous toujours conserver une quantité suffisante de yens sur vous.

(ATTENTIF)

(ATTENTIONNÉ)

Les retraits d'argent avec une carte internationale sont possibles partout dans l'archipel, grâce au réseau des 24000 **bureaux de poste** équipés de distributeurs automatiques (ATM). Tous les distributeurs de la **Citibank** et certains de la Sumitomo-Mitsui et de la Shinsei Bank acceptent aussi les cartes étrangères. Les distributeurs Citibank des grandes villes ont l'avantage d'être accessibles 24h/24, 7j./7, alors que souvent, ceux des postes ne marchent que jusqu'à 19h en semaine et ferment le dimanche. Listes des ATM de la Citibank : www.citibank.co.jp/en.

Attention, les distributeurs bancaires des autres banques japonaises n'acceptent pas les cartes étrangères, même s'ils affichent le logo Visa. Si votre carte est **refusée**, n'insistez surtout pas : au bout de trois tentatives, elle serait alors avalée.

Attention, aussi, au **plafond de retrait** auquel vous avez droit: en général, autour de 300 € (env. 45000 ¥) sur 7 j. glissants, ce qui est très peu. Vérifiez ce montant auprès de votre banque et n'hésitez pas à demander un relèvement pour la durée du séjour. Sinon, partez avec une réserve suffisante en liquide.

En cas de perte ou de vol de votre carte au Japon :

Visa - ✆ 00531 11 1555.

Mastercard - ✆ 00531 11 3886.

American Express - ✆ 0120 02 012.

Ce qu'il faut emporter

▸ *Vêtements*

Au printemps (mars-mai) et à l'automne (sept.-nov.), vestes légères et pull-overs. En été (juin-août), habits légers, amples et à manches courtes. En hiver (déc.-mars), manteaux, polaires ou pull-overs chauds, chaussettes épaisses. Le choix se module aussi selon la région visitée : au printemps, il fait encore froid à Sapporo et Sendai, doux à Tokyo, Kyoto et Fukuoka, et déjà bien chaud sur Okinawa. Dans tous les cas, mieux vaut prévoir des vêtements chauds pour le soir et les régions de montagne. Emportez aussi un imperméable léger ou un parapluie (il pleut souvent) et des chaussures confortables et facile à ôter (on se déchausse sans cesse).

▸ *Autres accessoires*

Cela paraît tout bête, mais une petite **boussole** s'avère précieuse pour s'orienter dans les grandes villes, en particulier à la sortie des métros et dans les quartiers où ne figurent pas d'indication en caractère romain. Une valise à roulettes vous évitera une fatigue inutile, à coupler avec un petit sac à dos pour les promenades en journée. Prenez un **adaptateur** pour prises plates si vous utilisez un rasoir électrique ou un appareil photo numérique rechargeable.

Évitez de prendre une valise trop volumineuse : les espaces bagages sont très réduits dans les trains japonais, et vous ne pourriez pas l'introduire dans les casiers des consignes automatiques *(coin lockers)* des gares.

Voyage pour tous

▸ *Voyager avec des enfants*

Le Japon est une destination idéale pour les enfants, qui allie sécurité et propreté. On trouve facilement des petits pots, du lait concentré et des couches dans les *depato (departement stores)* et les *combini* (magasins de proximité). Beaucoup de lieux publics, tels les grands magasins, les gares et les trains, disposent de locaux dotés de table à langer. La plupart des hôtels possèdent des lits pour enfants, et certains offrent aussi un service de baby-sitting. Pour Tokyo, vous trouverez une liste de baby-sitters sur le site en anglais : www.tokyowithkids.com.

Côté activités, les attractions pour enfants sont légion : parcs à thème (tels Disneyland à Tokyo, Space World à Fukuoka, Universal Studios à Osaka), magasins de jouets et de jeux électroniques, zoos, aquariums... Pour plus de détails, consultez le guide ***Japan for Kids*** de Diane Wiltshire, à commander sur Internet.

Voyager seul(e)

Le Japon possède quelques atouts pour les personnes voyageant seules. Les restaurants disposent souvent de comptoirs où l'on dîne sans se sentir isolé, car il est facile d'engager la conversation avec ses voisins. Se promener seul la nuit dans les villes ne présente pas de danger.

Des précautions s'imposent néanmoins aux **femmes** circulant seules. L'auto-stop, en particulier, est totalement déconseillé. Des cas de harcèlement sexuel (attouchements) ont été rapportés dans les rames de métro aux heures de pointe, surtout à Tokyo, c'est pourquoi les autorités ont mis en place des compartiments réservés aux femmes, que vous aurez intérêt à utiliser lorsque les rames sont bondées. Autrement, les cas de viols ou d'agressions physiques sont vraiment rares.

Personnes handicapées

En matière d'accès aux lieux publics et de voirie, les grandes villes japonaises (Tokyo, Kyoto, Osaka) sont plutôt bien équipées afin de faciliter les déplacements des personnes à mobilité réduite ou des aveugles. Trains et métros ont en général un accès réservé aux handicapés ; les employés des gares se montrent serviables et efficaces, et certains wagons possèdent des espaces adaptés aux fauteuils roulants. Dans les hôtels et grands magasins, des toilettes sont réservées aux personnes handicapées, et certaines compagnies de taxis mettent à disposition des voitures spéciales sur demande. En revanche, plus on s'éloigne des grandes agglomérations, plus les difficultés augmentent, les aménagements spécifiques étant assez rares dans les petites villes. Vous trouverez des informations plus détaillées sur les sites : http://accessible.jp.org et www.wakakoma.org.

Préparer son voyage sur Internet

www.jnto.go.jp - Le site de l'Office national du tourisme japonais.

www.fr.emb-japan.go.jp - Le site de l'ambassade du Japon en France.

www.ambafrance-jp.org - Le site de l'ambassade de France au Japon.

www.jma.go.jp - La météo japonaise, avec lien en anglais pour les prévisions.

http://web-japan.org - Site de présentation du Japon émanant du ministère des Affaires étrangères japonais, avec un lien pour des informations en français.

www.japononline.com - Articles et forums d'internautes en français.

www.destination-japon.com - Guide et forums pour préparer son voyage.

http://wikitravel.org/fr/Japon - Encyclopédie de voyage en ligne.

www.japonismus.com - Site sur l'art de vivre à la japonaise.

www.yellowpage-jp.com et **http://english.itp.ne.jp** - Les deux annuaires des pages jaunes du Japon, en anglais.

www.japan-guide.com - Excellent guide de voyage en anglais, très complet.

www.photojapan.com - Superbe site de photos sur le Japon.

www.clickjapan.org - Portail d'informations sur le Japon, en français.

http://france-japon.net - Annuaire de sites, petites annonces et articles divers.

www.nippon-tabi.com - Un site de présentation du Japon, bien illustré.

www.lejapon.org - Site d'informations et de forums sur le Japon, en français.

Adresses utiles

▸ *Offices de tourisme*

France - Office national du tourisme japonais, 4 rue de Ventadour, 75001 Paris, ✆ 01 42 96 20 29, www.jnto.go.jp.

Canada - Japan National Tourist Organization, 165 University Ave., Toronto, Ontario M5H 3B8, ✆ (416) 366 7140, www.jnto.go.jp.

▸ *Représentations diplomatiques*

France - Ambassade du Japon, 7 av. Hoche, 75008 Paris, ✆ 01 48 88 62 00, www.fr.emb-japan.go.jp.

Service culturel et d'information de l'ambassade, 7 rue de Tilsitt, 75017 Paris, ✆ 01 48 88 62 00.

Consulat à Lyon, 131 bd de Stalingrad, 69100 Villeurbanne, ✆ 04 37 47 55 00.

Consulat à Strasbourg, Tour Europe, 20 pl. des Halles, 67000 Strasbourg, ✆ 03 88 52 85 00.

Consulat à Marseille, 70 av. de Hambourg, BP 199, 13268 Marseille Cedex 08, ✆ 04 91 16 81 81.

Belgique - Ambassade du Japon, section consulaire, 14A rue du Luxembourg, 6e étage, 1000 Bruxelles, ✆ 02 513 23 40, www.be.emb-japan.go.jp.

Service culturel et d'information de l'ambassade, 58 av. des Arts, 1000 Bruxelles, ✆ 02 511 23 07.

Suisse - Ambassade du Japon, Engestrasse 53, Postfach 51, 3000 Bern 26, ✆ 031 300 22 22, www.ch.emb-japan.go.jp.

Luxembourg - Ambassade du Japon, 2010 Luxembourg, BP 92, ✆ 46 41 511.

Canada - Ambassade du Japon, 225 Sussex Drive, Ottawa, Ontario, K1N 9E6, ✆ (613) 241 8541, www.ca.emb-japan.go.jp.

Consulat à Montréal, 600 de la Gauchetière Ouest, Suite 2120, Montréal, Québec, H3B 4L8, ✆ (514) 866 3429, www.Montreal.ca.emb-japan.go.jp.

▸ *Centres culturels, associations*

Association culturelle franco-japonaise de Tenri - 8-12 rue Bertin-Poirée, 75001 Paris, ✆ 01 44 76 06 06, www.tenri-paris.com. Bibliothèque, vidéothèque, expositions, spectacles, cours de japonais, de calligraphie, d'*ikebana*.

Association Jipango - 64 bd de Sébastopol, 75003 Paris, ✆ 01 44 53 05 60, www.jipango.com. Journal d'informations, soirées thématiques, ateliers, etc.

Centre culturel franco-japonais - Espace Hattori, 8 passage Turquetil, 75011 Paris, ✆ 01 43 48 83 64, www.ccfj-paris.org. Expositions, cours de langue, d'*ikebana*, de cuisine, d'origami, cérémonie du thé.

Espace Japon - 9 rue de la Fontaine-au-Roi, 75009 Paris, ✆ 01 47 00 77 47, www.espacejapon.com. Expositions, cours de japonais, de calligraphie, d'origami, etc.

Maison de la culture du Japon - 101 bis quai Branly, 75015 Paris, ✆ 01 44 37 95 01, www.mcjp.asso.fr. Bibliothèque, audiothèque, cinéma, expositions, concerts, spectacles et conférences.

Une liste complète des associations franco-japonaises figure sur le site de l'ambassade du Japon : www.fr.emb-japan.go.jp, rubrique « Culture et éducation ».

▸ *Librairies spécialisées*

Junkudo - 18 rue des Pyramides, 75001 Paris, ✆ 01 42 60 89 12, www.junku.fr.
Mangarake - 11 rue Keller, 75011 Paris, ✆ 01 48 06 79 00. Pour fans de mangas.

PARTIR

En avion

Lignes régulières

La plupart des voyageurs optent pour un vol Paris-Tokyo, mais si vous souhaitez vous rendre dans le Kansai et l'ouest du Japon, il est plus judicieux de prendre un billet Paris-Osaka, dont le prix est similaire. Un vol direct Paris-Tokyo dure env. 12h. Le prix des billets varie beaucoup selon la compagnie et la saison. En temps normal, comptez autour de 850 € AR en vol direct ou 800 € avec escale. Mais on trouve aussi des promotions à moins de 600 €. Les meilleurs tarifs de vols secs s'obtiennent sur les sites Internet et par les voyagistes.

Vols directs :

Air France - 49 av. de l'Opéra, 75002 Paris, ✆ 3654 (0,34 €/mn), www.airfrance.fr. De Paris, en partenariat avec JAL, 2 à 4 vols/j. directs pour Tokyo, 1 vol/j. direct pour Osaka et 1 vol/j. direct pour Nagoya.

Japan Airlines (JAL) - 4 rue de Ventadour, 75001 Paris, ✆ 0810 747 700, www.fr.jal.com. En partenariat avec Air France, 2 à 4 vols/j. directs pour Tokyo, 1 vol/j. direct pour Osaka et 1 vol/j. direct pour Nagoya.

All Nippon Airways (ANA) - 29 rue St-Augustin, 75002 Paris, ✆ 01 53 83 52 52, www.ana.fr. De Paris, 1 vol/j. direct pour Tokyo.

Vols avec escales :

Aeroflot - ✆ 01 42 25 43 81, www.aeroflot.com. *Via* Moscou.

Alitalia - ✆ 0820 315 315, www.alitalia.fr. *Via* Rome ou Milan.

Austrian Airlines - ✆ 0820 816 816, www.aua.com. *Via* Vienne.

British Airways - ✆ 0825 825 400, www.britishairways.com. *Via* Londres.

Cathay Pacific - ✆ 01 41 43 75 75, www.cathaypacific.com. *Via* Hong-Kong.

KLM - ✆ 0890 710 710, www.klm.com. *Via* Amsterdam.

Korean Airlines - ✆ 00800 0656 2001, www.koreanair.com. *Via* Séoul.

Lufthansa - ✆ 0826 103 334, www.lufthansa.fr. *Via* Francfort.

Swiss - ✆ 0820 04 05 06, www.swiss.com. *Via* Zurich.

Aéroport

Les vols pour Tokyo atterrissent à l'aéroport international de Narita (NRT). Les vols pour Osaka se posent à l'aéroport international du Kansai (KIX). Certaines compagnies, principalement asiatiques, desservent aussi les aéroports internationaux de Nagoya (Honshu), Fukuoka (Kyushu), Naha (Okinawa) et Sapporo (Hokkaido).

Les **taxes** d'aéroport sont incluses dans le prix des billets.

Avec un voyagiste

Spécialistes du Japon et de l'Asie

ANA - 3 rue Scribe, 75009 Paris, ✆ 01 53 05 99 70, www.hallojapon.com. L'agence de la compagnie aérienne ANA propose circuits individuels ou collectifs (dont le classique Tokyo-Kyoto-Osaka), billets d'avion, JR Pass et coupons aériens.

Ananta - 54-56 av. Bosquet, 75007 Paris, ✆ 01 45 56 58 26, www.atlv.net. Circuits individuels ou en petits groupes à la découverte du Japon traditionnel, avec guide francophone, dont un « Kyushu et Honshu aux couleurs de l'automne ».

Ariane Tours - 5 square Dunois, 75013 Paris, ✆ 01 45 86 88 66, www.ariane-tours.com. Propose un circuit combiné Corée-du-Sud/Japon de 15 j.

Asia - 1 rue Dante, 75005 Paris, ✆ 01 44 41 50 10, www.asia.fr. Nombreux circuits individuels ou en groupe, séjours à la carte et vols secs.

Destination Japon - 11 rue Villedo, 75001 Paris, ✆ 01 42 96 09 32, www.destinationjapon.fr. Circuits, vols, JR Pass, réservation d'hôtels et de *ryokan*, etc.

E.Japon Travel - 4-8 rue Ste-Anne, 75001 Paris, ✆ 01 44 86 00 60, www.ejapon-travel.fr. Consultez leur site pour les vols secs en promo.

Jaltour - 4 rue de Ventadour, 75001 Paris, ✆ 01 44 55 15 30, www.jaltour.fr. L'agence de la compagnie JAL dispose d'un très grand choix de circuits classiques et originaux, d'excursions et de forfaits. Vend aussi vols secs, hôtels et JR Pass.

La Maison de la Chine - 76 rue Bonaparte, 75006 Paris, ✆ 01 40 51 95 00, www.maisondelachine.fr. Circuits accompagnés au Japon, avec prestations soignées.

La Route du Japon - 34 rue Robert-Giraudineau, 94300 Vincennes, ✆ 01 43 74 96 67, www.laroutedujapon.com. Un bon choix de séjours, circuits et excursions.

Orients - 27 rue des Boulangers, 75005 Paris, ✆ 01 40 51 10 40, www.orients.com. Circuits individuels ou petits groupes autour des anciennes routes de la soie.

TCH Voyages - 15 rue des Pas-Perdus, 95804 Cergy-St-Christophe Cedex, BP 8338, ✆ 0892 680 336, www.tch-voyages.com. Spécialiste du séjour chez l'habitant et des hébergements authentiques. Propose une sélection de *ryokan*, *minshuku*, temples-auberges, locations d'appartements et hôtels économiques.

Universal Netlink - 18 rue des Pyramides, 75001 Paris, ✆ 01 53 45 93 30, www.jtb-uni.com. La filiale de l'agence japonaise JTB propose plusieurs circuits, dont un Tokyo-Nara-Kyoto-Hiroshima-Osaka avec guide francophone. On peut aussi y réserver des vols secs ou le JR Pass.

Visiteurs en Asie - 43 rue de la Chaussée-d'Antin, 75009 Paris, ✆ 01 56 02 02 24, www.visiteurs-en-asie.fr.

Voyageurs au Japon - 8 rue Ste-Anne, 75001 Paris, ✆ 01 42 61 60 83, www.voyjapon.com. Vols à prix négociés, JR Pass, hôtels, circuits, excursions. Prestations fiables et prix compétitifs. Formule de location de maison à Kyoto.

Voyageurs du Monde - 55 rue Ste-Anne, 75001 Paris, ✆ 0892 235 656, www.vdm.com.

Généralistes et discounters

Anyway - 60 rue de Prony, 75017 Paris, ✆ 0892 302 301, www.anyway.com. Vols ou combinés vols + hôtels, dont des promotions de dernière minute.

Directours - 90 av. des Champs-Élysées, 75008 Paris, ✆ 01 45 62 62 62, www.directours.com. Vols secs à tarifs négociés ou formules vols + hôtels + transports.

Easyvoyage - 71 rue Desnouettes, 75015 Paris, ✆ 0899 700 207, www.easyvoyage.com. Dispose d'un très utile moteur de comparaison des prix des vols.

Ebookers - 28 rue Pierre-Lescot, 75001 Paris, ✆ 0892 893 892, www.ebookers.fr. Vols secs, hôtels et séjours à prix compétitifs.

Go Voyages - 22 rue d'Astorg, 75008 Paris, ✆ 0825 825 747 ou 0899 651 951, www.govoyages.com. Spécialistes des vols secs et formules vols + hôtels.

Jet Tours - 148 rue Ordener, 75018 Paris, ✆ 01 53 09 95 45, www.jettours.fr.

Kuoni - 40 rue de St-Petersbourg, 75008 Paris, ✆ 0820 051 515, www.kuoni.fr. Vols secs, séjours et circuits dans toutes les gammes de prix.

Lastminute - ✆ 0899 785 000, www.lastminute.com. Vols et séjours en promo de dernière minute sont proposés à l'achat en ligne.

Look Voyages - ✆ 0892 788 778, www.look-voyages.fr. Vols, séjours et promotions de dernière minute. Catalogue distribué dans les agences de voyages.

Nouvelles Frontières - 13 av. de l'Opéra, 75001 Paris, ✆ 0825 000 747, www.nouvelles-frontieres.fr. Circuits accompagnés ou individuels à Tokyo et Kyoto, vols secs pour Tokyo ou Osaka, réservations d'hôtels dans les grandes villes.

Thomas Cook - 38 av. de l'Opéra, 75002 Paris, ✆ 0825 825 055, www.thomascook.fr. Vols, hôtels, promotions, location de voiture, etc.

Voyages culturels

Arts et Vie - 251 rue de Vaugirard, 75015 Paris, ✆ 01 40 43 20 21, www.artsvie.asso.fr. Circuit de 14 j. au pays du Soleil-Levant, lors des fêtes traditionnelles.

Assinter Voyages - 56 rue de Londres, 75008 Paris, ✆ 01 53 04 89 69, www.assinter.fr. Circuits culturels avec un guide-conférencier.

Clio - 27 rue du Hameau, 75015 Paris, ✆ 0826 101 082, www.clio.fr. Circuits culturels avec un conférencier autour de Kyoto, Nara, Kamakura, Nikko et Tokyo.

Ikhar - 16 rue de la Banque, 75002 Paris, ✆ 01 43 06 73 13, www.ikhar.com. Circuits autour des arts et traditions du Japon et formules à la carte.

Voyages nature et aventure

Nomade Aventure - 40 rue de la Montagne-Ste-Geneviève, 75005 Paris, ✆ 0826 100 326, www.nomade-aventure.com. Circuit avec randonnées pédestres.

Objectif Nature - 63 rue de Lyon, 75012 Paris, ✆ 01 53 44 74 30, www.objectif-nature.com. Circuits naturalistes accompagnés par des photographes.

Terres d'Aventure - 6 rue St-Victor, 75005 Paris, ✆ 0825 847 800, www.terdav.com. Circuit de 21 j., dont 5 j. et 5 demi-journées de marche.

SE DÉPLACER

Le Japon possède sans doute le meilleur réseau de transports en commun du monde, dense, étendu et parfaitement organisé. Le réseau ferroviaire, à lui seul, couvre à peu près toutes les destinations possibles. La rapidité, la ponctualité et la fréquence des trains en font le moyen de transport à privilégier lors de vos déplacements dans l'archipel. Plus longs, les trajets en bus ou en bateau ne sont pourtant à pas négliger car ils permettent parfois de substantielles économies. L'avion est aussi une bonne solution pour couvrir les longues distances entre les îles.

Lors de vos déplacements au Japon, ne manquez pas d'utiliser cette géniale invention japonaise : le service de livraison express des bagages, ou **takkyubin**. Vous leur confiez vos valises la veille et, pour environ 1 800 ¥/pce, ils se chargent de vous les livrer le lendemain à l'hôtel ou au *ryokan* de votre nouvelle étape, quelle que soit la distance. Fini les dizaines de kilos à porter, douleurs lombaires et autres luxations ! Vous trouverez des bureaux de *takkyubin* dans les aéroports et dans la plupart des *combini* (supérettes de quartier, type Lawson ou 7 Eleven). Vous pouvez aussi demander à la réception de votre hôtel de s'en occuper.

Vols intérieurs

Compagnies aériennes

Les compagnies **JAL** et **ANA** assurent l'essentiel des dessertes intérieures. Mais elles doivent désormais compter avec la concurrence de compagnies à bas coût : **Skymark** (vols entre Tokyo et Fukuoka, Kobe, Sapporo), **Air Do** (vols entre Tokyo et les grandes villes de Hokkaido), **Skynet Asia** (vols entre Tokyo et les grandes villes de Kyushu), **IBEX** (vols entre Osaka, Sendai, Akita) et **Starflyer** (vols entre Tokyo et Kita-Kyushu). Cette concurrence féroce a fait beaucoup baisser les prix. Grâce aux rabais et promotions, certains vols sont désormais parfois moins chers que le même trajet en train Shinkansen.

Quelques exemples de tarifs sur les vols intérieurs		
Trajet (aller simple)	Plein tarif (JAL ou ANA)	Tarif réduit
Tokyo-Fukuoka	33000 ¥	De 9000 à 17000 ¥
Tokyo-Sapporo	28000 ¥	De 9000 à 20000 ¥
Tokyo-Okinawa	37000 ¥	De 16000 à 32000 ¥
Osaka-Fukuoka	20000 ¥	De 11000 à 15000 ¥

▸ *Pass et tarifs réduits*

Les compagnies JAL et ANA proposent toutes deux un **pass** qui permet d'effectuer de deux à cinq trajets intérieurs au tarif unique de 12600 ¥/trajet. Il doit être acheté à l'étranger à l'avance, auprès des compagnies ou bien des voyagistes spécialisés sur le Japon *(voir « Partir », p. 21)*. Les deux compagnies proposent d'autres *pass*, dont le Yokoso Japan (JAL) et le Star Alliance Japan Airpass (ANA), un peu moins chers (respectivement 10800 ¥/trajet et 11500 ¥/trajet), mais ils sont réservés à ceux qui empruntent le vol international et ne sont pas valables durant certaines périodes de vacances, notamment à Noël et au Nouvel An. Les deux compagnies offrent de multiples autres formules de **réduction** sur les vols réservés à l'avance (de 25 à 70 % pour une réservation plus d'un mois à l'avance). Les compagnies à bas coût font elles aussi des réductions similaires, mais à des prix encore plus bas, leurs tarifs normaux étant en général inférieurs de 20 % à ceux de JAL et d'ANA.

JAL - ✆ 0120 2559 71, www.jal.co.jp.

ANA - ✆ 0120 029 709, www.ana.co.jp.

Skymark - ✆ (03) 3433 7670, www.skymark.co.jp.

Air Do - ✆ 0120 057 333, www.airdo.jp.

Skynet - ✆ 0120 737 283, www.skynetasia.co.jp.

IBEX - ✆ 0120 686 009, www.ibexair.co.jp.

Starflyer - ✆ (03) 5641 5350, www.starflyer.jp/english.

En train

Rapides, fréquents, ponctuels, sûrs, propres et confortables, les trains japonais ont toutes les qualités. Environ 70 % du réseau ferroviaire est géré par la compagnie nationale **Japan Railways** (JR), les 30 % restant se partageant entre diverses compagnies privées, présentes surtout dans les grandes zones urbaines.

▸ *Trains, mode d'emploi*

Les trains se divisent en plusieurs catégories, du plus rapide au plus lent :

Les **Shinkansen**, ou trains super-express, équivalents de nos TGV, opèrent des liaisons ultrarapides. Ils circulent notamment sur les lignes Tokaido (Tokyo à Osaka), Sanyo (Osaka à Fukuoka), Nagano (Tokyo à Nagano), Joetsu (Tokyo à Niigata) et Tohoku (Tokyo à Hachinohe). Un supplément (de 800 à 8000 ¥ selon les trains, le plus cher étant le Nozomi) doit être rajouté au prix de base du billet.

Les **Limited Express** (*tokkyu* ou *shinkaisoku*) sont des rapides qui s'arrêtent uniquement aux principales stations. Le supplément peut varier de 500 à 4000 ¥ selon l'importance du trajet. Les **Express** *(kyuko)* ne s'arrêtent qu'à certaines gares et incluent aussi un supplément. Les **Rapid** *(kaisoku)* s'arrêtent un peu plus souvent que les express mais il n'y a pas de supplément à payer. Enfin les **Local** (*futsu* ou *kakueki-teisha*) font halte à toutes les stations.

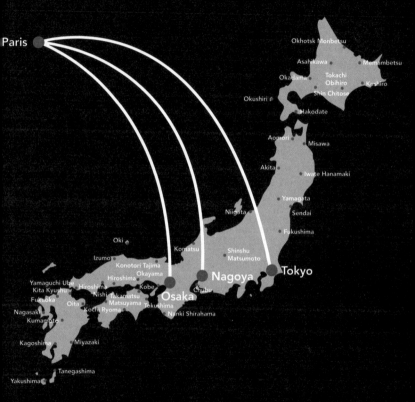

Les trains comprennent des voitures normales *(ordinary)* et des compartiments verts *(green car)* de première classe, accessibles avec supplément. Un supplément doit être acquitté également pour les réservations de sièges, mais tous les trains comportent aussi des voitures aux sièges non réservés *(jiyu-seki)*. Les trains de nuit disposent en outre de voitures couchettes, elles aussi à supplément.

Les billets de train s'achètent aux machines automatiques (pour les courts trajets) ou aux guichets des gares. Dans le dernier cas, il est préférable d'écrire sur un papier, en anglais, les informations à communiquer au préposé. Si vous ne trouvez pas votre tarif sur le panneau des machines, prenez le moins cher. Il sera ensuite toujours possible de s'acquitter d'un supplément auprès du contrôleur à bord, sans frais ni pénalité. À défaut, on paye la différence à la machine *fare adjustement* ou au guichet situés près des portillons de contrôle à la sortie des quais.

Attention, les trains, toujours ponctuels, s'arrêtent très peu de temps dans les gares. Arrivez avec une bonne marge d'avance, le temps de trouver le quai de départ et de rejoindre le repère au sol qui indique la position de votre voiture.

La compagnie JR publie un très utile fascicule en anglais, **Railway Timetable,** dans lequel sont indiqués les horaires et les prix des principaux trajets. Vous en trouverez un exemplaire gratuit dans toutes les grandes gares. Pour tout type de renseignements, hors réservation, vous pouvez aussi contacter la **JR Infoline**, ✆ 050 2016 1603 (en anglais, de 10h à 18h).

Pour chercher et calculer un **itinéraire** en train (horaires, durée, prix), une solution très pratique est de consulter l'un des deux sites suivants : www.hyperdia.com ou www.jorudan.co.jp. Ils comportent tous deux une version en anglais.

▶ *Le Japan Rail Pass*

Réservé aux visiteurs étrangers, le JR Pass est vraiment une bonne affaire, qui vous simplifiera la vie. Valable sur le réseau JR, hormis sur le train Shinkansen Nozomi, il permet de voyager à volonté, sans avoir à prendre de ticket, durant une période de 7, 14 ou 21 j. Le JR Pass s'achète uniquement à l'étranger, auprès des voyagistes spécialisés *(voir « Partir », p. 21)*. Au moment de l'achat, un bon de réservation vous est remis. Il faudra l'échanger contre le *pass* à votre arrivée au Japon, dans l'un des JR Travel Service Center présents dans toutes les grandes gares et les aéroports internationaux de Narita et du Kansai. Lors du retrait, vous inscrivez la date de début d'utilisation souhaitée. Inutile de démarrer le *pass* tout de suite si vous restez, par exemple, plusieurs jours à Tokyo. Une fois la date inscrite, elle ne pourra plus être changée.

L'achat du JR Pass est en général vite amorti. Par exemple, avec le JR Pass de 7 j. (28300 ¥), si vous faites un Tokyo-Kyoto AR en Shinkansen (26440 ¥) et le transfert AR entre Tokyo et l'aéroport de Narita (5880 ¥), vous économiserez 4000 ¥. Le JR Pass de 14 j. coûte 45100 ¥ et celui de 21 j. 57700 ¥. Les enfants de moins de 11 ans bénéficient d'un demi-tarif. Pour plus de détails sur le JR Pass et les *pass* régionaux ci-après, consultez le site : www.japanrail.com.

Quelques exemples de trajets en train			
Trajet	Durée	Tarif de base	Shinkansen (hors Nozomi)
Tokyo-Nagoya	2h	6090 ¥	10580 ¥
Tokyo-Niigata	2h10	5460 ¥	10070 ¥
Tokyo-Kyoto	2h50	7980 ¥	13220 ¥
Kyoto-Hiroshima	2h10	6300 ¥	10990 ¥
Kyoto-Fukuoka	3h20	9560 ¥	15410 ¥

▸ *Autres pass et réductions*

Selon votre itinéraire, d'autres *pass* moins chers peuvent s'avérer plus adaptés. Ils ont en outre l'avantage de s'acheter directement sur place :

Le **JR Hokkaido Pass** donne accès à tout le réseau JR de Hokkaido durant 3 j. (14000 ¥), 5 j. (18000 ¥) ou 7 j. (23750 ¥ ou 43220 ¥ pour 2 pers.). Le **JR East Pass** vaut sur tout le réseau du Kanto et Tohoku durant 5 j. (20000 ¥), 10 j. (32000 ¥) ou 4 j. flexibles au cours du mois (20000 ¥). Le **JR West Kansai Pass** marche sur tout le réseau JR du Kansai pour une période de 1 (2000 ¥) à 4 j. (6000 ¥). Le **JR Sanyo Pass** couvre la région d'Osaka et de la ligne Sanyo jusqu'à Fukuoka (Hakata) durant 4 j. (20000 ¥) ou 8 j. (30000 ¥). Le **JR Kyushu Pass** couvre tout le réseau JR de Kyushu durant 5 j. (16000 ¥).

Autres formules : le **JR Seishun Juhachi Kippu**, une carte en vente dans la plupart des gares qui donne droit à 5 j. de transports JR illimités pour seulement 11500 ¥. Avantages : on peut l'utiliser à plusieurs personnes et à des jours différents. Inconvénients : il n'est valable que sur les trains locaux, rapides ou express (pas sur les Limited Express et Shinkansen), et seulement durant certaines périodes de l'année (1er mars-10 avr., 20 juil.-10 sept., 10 déc.-20 janv.). Le **JR Shuyu Kippu** est un billet découverte qui donne droit à une réduction de 20 % sur un AR en train, bus ou ferry JR vers une région donnée (Kanto, Hokkaido, Kansai, Shikoku, Kyushu) et la libre-circulation sur les trains JR de cette région durant 4 ou 5 j. Il est vendu, selon la région, de 3300 à 28000 ¥.

Pour les pass *spécifiques à certaines villes ou régions, voir aussi les rubriques « Arriver ou partir » et « Comment circuler » de la partie « Sillonner le Japon ».*

En bus

Souvent ignorés des touristes, les bus longue distance qui parcourent l'archipel offrent pourtant des tarifs très avantageux. Les bus de nuit, pour la plupart équipés de confortables sièges inclinables, permettent en outre d'économiser une nuit d'hôtel. Les trajets, en contrepartie, sont beaucoup plus longs qu'en train. Les places doivent se réserver à l'avance, dans les terminus routiers ou dans les agences de voyage locales. Les bus JR peuvent aussi se réserver dans les guichets des gares. Les réservations par téléphone se font en japonais uniquement.

www.bus.or.jp/e - Le site contient une base de données de quelque 1500 lignes de bus longue distance, avec horaires, durée et prix des trajets. Indiquez la ville de départ et d'arrivée, puis cliquez sur le nom des compagnies pour avoir le détail.

www.jrbuskanto.co.jp - Ce site renseigne, quant à lui, sur le réseau des bus JR longue distance.

Orion Tour, ✆ (03) 5725 2155, www.orion-tour.co.jp. L'agence vend des billets à prix réduits pour les bus de nuit au départ de Tokyo. Son site Internet et son standard téléphonique fonctionnent en anglais.

Quelques exemples de trajets en bus de nuit		
Trajet	Durée	Prix
Tokyo-Kyoto	8h	8180 ¥
Tokyo-Ise	8h	7850 ¥
Kyoto-Fukuoka	10h	10500 ¥
Osaka-Nagasaki	10h	11000 ¥

SE DÉPLACER

En bateau

Une armada de ferries relient entre elles les îles du Japon, notamment les plus petites, qui souvent ne peuvent être atteintes que par la mer. Même entre les grandes îles de Hokkaido, Honshu, Kyushu et Shikoku, pourtant reliées par des tunnels et des ponts, le bateau peut être une option intéressante, tant pour son faible coût que pour le plaisir d'observer les paysages côtiers. Les gros ferries opérant sur les longs trajets sont, en fait, de véritables paquebots pouvant embarquer passagers, véhicules et marchandises. Ils disposent à bord de nombreux services tels que restaurants, boutiques, salles de jeux et bains. Les billets les moins chers donnent accès à une salle commune en tatamis, où l'on peut installer son sac de couchage. Les lits des dortoirs de seconde classe coûtent un peu plus chers (de 20 à 40 % en plus). Les cabines de première classe valent environ le double du tarif de base. Pour réserver un billet, mieux vaut passer par l'entremise de son hôtel, d'une agence de voyages ou de l'office de tourisme local, car le personnel des compagnies maritimes parle rarement l'anglais. La **Japan Long Distance Ferry Association** publie une brochure gratuite en anglais indiquant les horaires et les prix des lignes de ferries (disponible dans la plupart des offices du tourisme).

En voiture

L'efficacité des transports en commun rend la location d'une voiture totalement inutile dans les principales villes, ou s'il s'agit simplement de parcourir les grands axes tels que Tokyo-Nagoya-Kyoto-Osaka-Hiroshima, très bien desservis par le train. En revanche, un véhicule s'avère bien pratique pour sillonner avec souplesse les campagnes, régions montagneuses et îles reculées, où les transports publics sont souvent limités. Un conseil : faites plutôt le trajet en train jusqu'à la région que vous souhaitez visiter et ne louez une voiture qu'une fois sur place.

Réseau routier

Conduire au Japon ne pose pas de problème : les routes sont sûres et bien entretenues, les signalisations claires (sur les routes principales, les panneaux comportent une transcription en caractères latins) et les conducteurs japonais, assez prudents et respectueux. De plus, beaucoup de voitures de location sont équipées d'un navigateur GPS. Les cartes sur l'écran de bord sont en japonais, mais les numéros des routes apparaissent en chiffres romains si bien que, couplé avec une carte ou un atlas routier en anglais, le navigateur permet de s'orienter facilement.

Quelques exemples de trajets en ferry				
De	Vers	Fréquence	Durée	Tarif de base
Tokyo	Tokushima (Shikoku)	1/j.	18h	9500 ¥
Tokyo	Kita-Kyushu (Kyushu)	1/j.	34h	13500 ¥
Nagoya	Sendai	3/sem.	21h	9000 ¥
Niigata	Otaru (Hokkaido)	Tlj sf lun.	18h	6000 ¥
Osaka-Kobe	Matsuyama (Shikoku)	1/j.	9h	6100 ¥
Osaka-Kobe	Beppu (Kyushu)	1/j.	13h	8500 ¥
Sendai	Tomakomai (Hokkaido)	1/j.	15h	7000 ¥
Hiroshima	Matsuyama (Shikoku)	10/j.	2h40	2700 ¥

	Fukuoka	Hiroshima	Kagoshima	Kyoto	Matsuyama	Nagano	Nagoya	Sapporo	Sendai	Tokyo
Fukuoka		283	321	680	631	1084	822	2029	1578	1205
Hiroshima	283		604	397	348	801	539	1746	1295	922
Kagoshima	321	604		1001	952	1405	1143	2350	1899	1526
Kyoto	680	397	1001		383	404	142	1349	898	525
Matsuyama	631	348	952	383		787	525	1732	1281	908
Nagano	1084	801	1405	404	787		262	978	497	229
Nagoya	822	539	1143	142	525	262		1240	756	383
Sapporo	2029	1746	2350	1349	1732	978	1240		681	1054
Sendai	1578	1295	1899	898	1281	497	756	681		373
Tokyo	1205	922	1526	525	908	229	383	1054	373	

Au Japon, on conduit à **gauche**. La vitesse est limitée à 40 km/h en ville, 60 km/h sur les routes de campagne, 80-100 km/h sur les autoroutes et voies express. Les autoroutes et voies express comportent des **péages** *(toll)* d'un prix assez élevé (env. 20 ¥/km). Ainsi, un trajet Tokyo-Kyoto (525 km) coûte environ 10500 ¥. En revanche, l'essence est moins chère qu'en France (env. 145 ¥/l). Les stations-service (Esso, Jomo, etc.) sont partout nombreuses. La circulation dans les grandes villes est souvent compliquée et embouteillée, aussi prenez soin de bien repérer à l'avance votre itinéraire, les noms des rues et numéros de route à suivre. Le stationnement en ville est payant (parcmètres ou garages), mais les hôtels disposent de parkings gratuits (ou à prix réduits) pour leurs clients.

Les conducteurs auront intérêt à se procurer un atlas routier bilingue. Le plus complet est le ***Japan Road Atlas*** de Shobunsha, en vente sur place ou à la librairie Junkudo à Paris (41,80 €). Moins précis pour les routes, mais doté de nombreux plans des villes, des lignes de chemin de fer et de métro, le ***Japan Atlas*** de Kodansha a aussi l'avantage d'être moins cher (25 €).

Si vous avez besoin d'un **dépannage** sur place, contactez la ligne d'urgence de la Japan Automobile Federation, accessible 24h/24 en anglais au 0570 00 8139.

▸ *Permis de conduire*

Les citoyens français, belges et suisses qui désirent conduire au Japon doivent obligatoirement se munir de leur **permis national** accompagné d'une traduction en japonais. La traduction du permis s'obtient auprès de la Japan Automobile Federation (JAF), à son siège central à Tokyo ou bien dans l'une de ses antennes de province, présentes dans la plupart des grandes villes. La traduction coûte 3000 ¥ et se fait dans la journée si l'on se rend dans l'un des bureaux de la JAF. Par courrier (joindre 290 ¥ pour les frais postaux), comptez une semaine. La traduction peut aussi être effectuée par les consulats français de Tokyo et d'Osaka, ou les consulats suisses et belges pour les ressortissants de ces pays. Les citoyens canadiens, eux, n'ont besoin que d'un simple permis international.

Japan Automobile Federation - Jidosha Kaikan, 14F, 1-1-30 Shiba-daimon, Minato-ku, Tokyo 105-0012, ✆ (03) 3578 4910. Liste des bureaux de province et explications détaillées sur le site www.jaf.or.jp/e.

Location

Groupées en majorité autour des gares et dans les aéroports, les agences de location pratiquent des formules à la demi-journée, journée ou semaine, le plus souvent avec kilométrage illimité et assurance incluse. Une franchise est néanmoins prévue en cas d'accident. Les loueurs facturent un supplément, calculé au kilomètre, pour les véhicules rendus à un autre lieu que celui du départ.

Les **prix** varient assez peu entre grandes ou petites agences. Cela dit, les compagnies internationales comme Avis, Hertz ou Budget sont en général plus chères que les loueurs nationaux tels Nissan Rent-A-Car, Toyota Rent-A-Car, Nippon Rent-A-Car ou Orix Rent-A-Car. Pour une voiture de catégorie économique, le prix par jour tourne autour de 7000 ¥, et à la semaine aux environs de 50000 ¥.

Attention, les loueurs japonais ne disposent pas de sites Web en anglais, et, dans la plupart des agences, le personnel ne parle pas anglais. Basée à Tokyo et habituée à traiter avec les voyageurs étrangers, la compagnie **ToCoo !** ✆ (03) 5333 0246, propose des tarifs vraiment très bon marché à travers tout le Japon. On peut réserver en ligne sur son site en anglais www2.tocoo.jp.

En deux-roues

On trouve parfois des petits scooters 50 cm³ à louer sur les sites touristiques, mais ils ne sont pas prévus pour faire de la route. Seuls quelques rares loueurs de voiture proposent aussi des motos de plus de 125 cm³ à louer, mais les employés y parlent rarement l'anglais. Quant à parcourir le Japon à bicyclette, c'est une possibilité envisageable à condition d'avoir du temps et une bonne forme physique, car les routes sont plutôt raides. Mieux vaut se munir d'un bon atlas routier afin de dénicher les petites routes secondaires, et posséder quelques notions de japonais pour déchiffrer les *kanji* des panneaux d'indication. Les régions les plus propices aux excursions à vélo sont le centre de Honshu, Hokkaido, Shikoku et le sud de Kyushu. Pour vous épargnez la difficile sortie des grandes villes, utilisez le train. Pour pouvoir y placer son vélo, il faut l'emballer dans un sac spécial *(rinko baggu)*, vendu dans les magasins d'accessoires pour cycles. Pour plus de détails, voir sur les sites www.japancycling.org et www.outdoor.japan.com.

Dans les villes

Métros et trains

Les grandes villes telles Tokyo, Yokohama, Kyoto, Osaka, Fukuoka ou Sapporo, possèdent un réseau de métro, trains privés et parfois monorails, indépendant du réseau JR. C'est souvent le moyen de transport urbain le plus rapide. Les billets s'achètent dans les distributeurs automatiques. Repérez, sur le schéma des lignes placé en hauteur, le prix indiqué sous le nom de votre destination. Pressez ensuite la touche du tarif correspondant sur la machine et insérerez l'argent. Si vous ne trouvez pas votre tarif, prenez le billet le moins cher, vous ferez l'appoint à la sortie, à la machine *fare ajustement*, située près des portillons. Il existe aussi des *pass* de métro à la journée, avantageux si vous faites de multiples trajets.

Bus et tramways

Plusieurs lignes de tramway fonctionnent encore à Hiroshima, Matsuyama et Nagasaki, appréciables pour la vue et la facilité d'utilisation. Le fonctionnement est le même que dans la plupart des bus : on entre par l'arrière (à Tokyo, par l'avant), et on prend un petit ticket à la machine portant le numéro de la zone de départ. À chaque arrêt, un panneau lumineux à l'avant du bus signale la somme à payer pour chaque zone, que l'on règle avant de descendre en versant sa monnaie dans la petite machine placée près du chauffeur. Les bus de Tokyo et de Kyoto appliquent un tarif unique, quelle que soit la distance.

Est du Japon

L'Est du Japon : de magnifiques paysages

L'Est du Japon regorge de superbes lieux touristiques. Utilisez notre réseau ferroviaire, pratique pour voyager dans notre région et profiter au mieux de votre voyage. Montez dans un Shinkansen et vivez l'expérience de la grande vitesse, de la ponctualité et du confort.
Le JR EAST PASS facilitera votre voyage à un prix abordable.

Remarque : Le JR EAST PASS n'est valide que dans la région Est du Japon.

[beauté]

Pour de plus amples détails, visitez le site officiel de JR EAST (en anglais).

http://www.jreast.co.jp/e/eastpass/top.html

▸ *Taxis*

Les taxis coûtent chers au Japon, mais on est parfois contraint de les emprunter, notamment après minuit, quand la plupart des trains et métro s'arrêtent, ou dans les petites villes, quand il n'y pas de bus entre la gare et sa destination finale. Les grandes stations de taxis se trouvent près des gares. Les tarifs sont en général de 600-700 ¥ pour les deux premiers kilomètres, et ensuite de 100 ¥/500 m. Un supplément est appliqué la nuit ou pour les taxis commandés par téléphone. On repère les taxis libres à la lumière rouge derrière le pare-brise (vert signifie occupé). Ne touchez pas aux portières de la voiture : elles s'ouvrent et se ferment automatiquement. Les chauffeurs, malgré leurs gants blancs et beau costume, ne comprennent généralement pas un traître mot d'anglais : le plus simple, pour indiquer une adresse, est de leur tendre une carte de visite, de montrer le **kanji** du lieu (comme ceux qui figurent dans ce guide) ou encore de pointer sa destination sur un plan. Le pourboire est inutile, le service est déjà inclus dans le prix.

▸ *Vélos*

Beaucoup de Japonais se déplacent à vélo en ville, pour aller au bureau, à l'école ou faire les courses. Dans les villes touristiques, les locations de vélos sont très répandues. Le prix d'une location à la journée avoisine 1000 ¥. À l'achat, une bicyclette neuve standard vaut autour de 10000 ¥. Prenez garde à bien les attacher, des vols ont lieu. En théorie, les cyclistes sont censés rouler sur la chaussée et garer leur vélo dans les parkings prévus à cet effet. En pratique, tous circulent sur les trottoirs et stationnent à peu près n'importe où. La police tolère, mais sachez qu'une bicyclette mal garée est susceptible d'être enlevée et placée en fourrière. Une forte amende sera alors exigée pour la reprendre.

Excursions organisées

Plusieurs agences japonaises organisent des tours guidés à l'intention des étrangers. Les formules « *package* » incluant transports, hôtels, repas et visites, constituent souvent de bonnes affaires et permettent de visiter rapidement une ville ou une région. Il existe aussi des formules « *free plan* » un peu plus souples pour ceux qui ne désirent pas voyager en groupe.

JTB Sunrise Tours - ✆ 0800 888 5454 ou (03) 5796 5454 à Tokyo, www.jtbgmt.com/sunrisetour. Cette agence solide et réputée propose un large éventail de tours de 2-3 j. ou plus pour visiter Tokyo, Nikko, Ise, Kyoto, Nara, Hiroshima, à des prix attrayants. Plus originaux, le Sumo Tour à Tokyo lors des tournois de sumo ou la visite de l'usine Toyota à Nagoya. Excursions possibles à la demi-journée.

Nippon Travel Agency - ✆ (03) 3572 8744 à Tokyo, www.nta.co.jp. Autre poids lourd du secteur, organise des tours individuels ou en groupe sur Tokyo, Kamakura, Koya-san, Hiroshima, et des promenades guidées à vélo à Kyoto.

SUR PLACE DE A À Z

Adresses utiles

▸ *Offices de tourisme*

Véritables mines d'informations, les **Centres d'informations touristiques** (TIC) de Tokyo et des aéroports de Narita et du Kansai fournissent des informations et des suggestions d'itinéraires sur le pays. Ils diffusent les brochures gratuites en anglais publiées par l'Office national du tourisme japonais (JNTO) et peuvent vous aider à réserver une chambre dans le réseau des Welcome Inn, hôtels et *ryokan* bon marché. Sinon, la plupart des villes et des villages sont dotés d'**offices de tourisme locaux**, implantés généralement dans ou près des gares. Une centaine d'entre eux disposent d'un personnel multilingue et de fascicules en anglais. Dans les zones rurales et petites localités, peu d'employés néanmoins parlent l'anglais, ou de façon rudimentaire. Mieux vaut faire preuve de patience et de courtoisie.

Vous pouvez demander aux offices de tourisme le contact des **Goodwill Guide** locaux, guides bénévoles bilingues qui vous feront visiter les lieux qui vous intéressent. Service gratuit, hors frais de transport, de repas et d'entrée des sites.

▸ *Représentations diplomatiques*

Ambassade de France - 4-11-44 Minami-Azabu, Minato-ku, Tokyo, ✆ (03) 5420 8800, www.ambafrance-jp.org. Répondeur fournissant informations et consignes aux ressortissants français en cas de catastrophe, ✆ (03) 5420 8979. Permanence consulaire, ✆ 090 4524 6858.

Consulat à Osaka, Crystal Tower, 10F, 1-2-27 Shiromi, Chuo-ku, ✆ (06) 4790 1500, www.consulfrance-osaka.or.jp.

Ambassade de Belgique - 5 Niban-cho, Chiyoda-ku, Tokyo, ✆ (03) 3262 0191, www.diplomatie.be/Tokyofr.

Ambassade de Suisse - 5-9-12 Minami-Azabu, Minato-ku, Tokyo, ✆ (03) 3473 0121, www.eda.admin.ch/tokyo_emb.

Consulat à Osaka, Dokita Daibiru Bldg, 7F, 1-2-5 Dojima, ✆ (06) 6344 7671.

Ambassade du Canada - 7-3-38 Akasaka, Minato-ku, Tokyo, ✆ (03) 5412 6200, www.dfait-maeci.gc.ca/asia/main/japan/tokyo-fr.asp.

Consulat à Osaka, 2-2-3 Nishi-Shinsaibashi, ✆ (06) 6212 4910.

Blanchisserie

On trouve souvent des petites laveries *(coin laundry)* dans ou près des *sento*, les bains publics de quartier, et des blanchisseries-teintureries dans les centres commerciaux. Sinon, les hôtels proposent en général un service de blanchisserie (plus ou moins coûteux selon le standing de l'établissement). Les auberges de jeunesse, *ryokan* et *business hotels* ont d'ordinaire des machines à laver en libre-service. Comptez dans ce cas 200 ¥ le lavage, 50 ¥ la lessive et 200 ¥ le séchage.

Cigarettes

On les achète dans les *combini* de quartier ou aux machines automatiques placées un peu partout dans les rues, magasins, bars et hôtels. Elles sont vendues sous des marques japonaises et américaines autour de 270-300 ¥/paquet. Les Japonais sont des gros fumeurs, et peu d'efforts sont faits pour diminuer la consommation. Depuis quelques années néanmoins, la loi s'est un peu durcie afin de protéger les non-fumeurs dans les lieux publics. À Tokyo, notamment, il est interdit de fumer dans les rues de certains quartiers *(voir encadré, p. 145)*.

Courant électrique

La tension est de 100 V, et la fréquence de 50 ou 60 Hz. Vérifiez que votre rasoir électrique ou appareil photo numérique est équipé d'un transformateur interne ou externe supportant ces normes. Les prises électriques sont à deux broches plates, sur le modèle américain. Munissez-vous, si besoin, d'un adaptateur à prise.

Courrier

La poste japonaise est performante, fiable et rapide. Aucun risque de voir se perdre un colis ou une lettre postée sur le territoire ou vers l'étranger. L'envoi d'une carte postale vers l'Europe ou le Canada coûte 70 ¥, celui d'une lettre 110 ¥. Les bureaux de poste se reconnaissent à leur logo, un T rouge surmonté d'une barre horizontale (〒). Les postes fournissent boîtes et sacs pour l'envoi de colis.

Eau potable

Vous pouvez boire l'eau du robinet en toute sécurité partout au Japon. On trouve sinon de l'eau minérale dans les distributeurs, les *combini* et autres magasins.

Horaires d'ouverture

Banques

Les banques ouvrent du lundi au vendredi, de 9h à 15h. Les bureaux de change ont des horaires plus souples. Les distributeurs automatiques (ATM) des banques et des postes sont le plus souvent fermés le soir et le week-end.

Bureaux, administration et postes

Bureaux et administrations fonctionnent de 9h à 17h, sauf le week-end. Les postes ouvrent du lundi au vendredi de 9h à 17h pour les petits bureaux, de 9h à 19h en semaine et jusqu'à 15h le samedi pour les bureaux importants. Seules les postes centrales des grandes villes ont un guichet ouvert le dimanche.

Commerces

Boutiques : 10h-20h, tous les jours. Grands magasins : 10h-19h30 (19h le dimanche). Certains commerces, dont les *combini* (ou *convenience stores*, les supérettes de quartier), restent ouverts 24h/24, 7j./7.

Musées, monuments et sites

Les musées ouvrent habituellement de 10h à 17h, sauf le lundi. Lorsque le lundi tombe un jour férié, ils ferment le mardi. Temples et châteaux ouvrent tous les jours, de 9h à 17h. Dans la plupart des cas, les dernières admissions s'arrêtent 30mn avant la fermeture. Beaucoup de sites sont fermés du 28 décembre au 3 janvier.

Restaurants

Les restaurants ouvrent tous les jours, en général de 11h30 à 22h30, mais le service est en principe interrompu entre 14h30 et 18h et s'arrête le soir après 22h.

Internet

Le Japon est l'un des pays les plus en pointe pour les connexions haut débit, voire très haut débit (de 30 à 100 Mbps), qui équipent nombre d'ordinateurs. Autre particularité géniale du pays, les **manga cafés**, ou *manga kissa*, des cybercafés ultraconfortables qui offrent des mangas (BD) et boissons à volonté ainsi que des box équipés pour surfer, regarder des DVD ou s'amuser à des jeux vidéo. Certains ont même des douches et canapés, si bien qu'on peut y passer la nuit. Les cybercafés sont légion dans les grandes villes mais pas toujours faciles à trouver, car souvent signalés en *kanji*. L'autre difficulté vient, outre le personnel parlant peu l'anglais, des claviers anglo-saxons, avec les touches *romanji/kana* : on s'y perd un peu. Les prix tournent autour de 500 ¥/h. Les manga cafés font aussi des forfaits de 3h, 5h (env. 1 000 ¥), voire la nuit complète. On trouve aussi plein d'accès Internet **gratuits** pour consulter ses mails : dans les auberges de jeunesse, *ryokan*, hôtels et bars (pour les clients) ; dans les bibliothèques municipales, les mairies et offices de tourisme, et aussi dans les grands magasins d'informatique (Bic Camera, Yodobashi), où des ordinateurs servent aux démonstrations.

Jours fériés

Quand un jour férié tombe un dimanche, le jour suivant est férié.

1er janvier	Jour de l'an
2e lundi de janvier	Jour de la majorité
11 février	Jour de la fondation du Japon
Autour du 21 mars	Équinoxe de printemps
29 avril	Fête de la nature
3 mai	Anniversaire de la Constitution
4 mai	Jour férié consécutif à l'anniversaire de la Constitution
5 mai	Fête des enfants
3e lundi de juillet	Jour de la mer
3e lundi de septembre	Jour des personnes âgées
Autour du 23 septembre	Équinoxe d'automne
2e lundi d'octobre	Jour des sports
3 novembre	Jour de la culture
23 novembre	Fête du travail
23 décembre	Anniversaire de l'empereur

Médias

Journaux et magazines

La presse japonaise se distingue par les tirages colossaux de ses quotidiens : 12 millions pour le ***Yomiuri Shimbun***, 8,2 millions pour l'***Asahi Shimbun***. Des versions en anglais de ces journaux, et aussi du ***Japan Times***, sont vendues dans les librairies des grandes villes et les kiosques des gares. Vous pouvez aussi consulter leurs sites Web en anglais : www.asahi.com/english ou www.japantimes.co.jp.

Côté magazines, on recense près de 3000 mensuels et hebdomadaires, parmi lesquels des titres en anglais comme ***Kansai Time Out*** (www.kto.co.jp) ou ***Weekender*** (www.weekenderjapan.com). Les librairies dotées d'un rayon en langue anglaise vendent aussi des magazines étrangers, dont certains en français.

Télévision et radio

Hormis les deux chaînes publiques de la NHK, il existe une flopée de chaînes commerciales (NTV, TBS, Fuji-TV, TV-Ashahi, TV-Tokyo), déclinées en versions régionales ou spécialisées. Les programmes diffusés sont en japonais, hormis quelques films étrangers en VO le dimanche soir. Dans les grands hôtels, on reçoit les chaînes cryptées CNN, BBC ou BS1, laquelle diffuse le JT de France 2 le matin. Côté radios, InterFM (76.1) à Tokyo et FM Cocolo (76.5) au Kansai émettent en langue anglaise.

Météo

Voir également « À quelle saison partir », p. 13.

Des bulletins météo sont diffusés par la télévision et les journaux. Par téléphone, en anglais, faites le **177** (pour les prévisions locales, composez l'indicatif de votre région, par exemple 03 pour Tokyo, puis le 177). Vous pouvez aussi consulter le site de la météo nationale japonaise, www.jma.go.jp (en anglais) ou, pour une météo en français, celui de la chaîne internationale TV5, www.tv5.org.

Musées, monuments et sites

▸ ***Tarifs***

Les tarifs changent selon la nature et l'importance du lieu. L'entrée des temples varie de 200 à 600 ¥, celle des musées de 300 à 1 000 ¥.

Nomenclature des rues

Dans les grandes villes, trouver une adresse est parfois une tâche ardue, y compris pour les habitants eux-mêmes, car la plupart des rues ne portent pas de nom. Pour compliquer les choses, les numéros de immeubles ne se suivent pas, mais sont attribués en fonction de la date de construction. À défaut d'indiquer la rue, les adresses comportent en général le secteur *(ku)*, le quartier (*cho* ou *machi*), accompagnés d'une série de trois chiffres qui indiquent le numéro de secteur, le numéro de pâté de maison et le numéro d'immeuble. Soit, par exemple : Sony Building, 8F, 3-6-2 Tenjin-cho, Chuo-ku. 8F désigne l'étage *(floor)*, en fait ici le 7e étage, car le rez-de-chaussée est nommé 1F.

Photographie

Dans ce pays où la photo est reine, on trouve facilement des pellicules papier ou diapos dans les magasins de photo et d'électronique, à des prix moins chers qu'en France. Les boutiques de développement *(minilabs)* pullulent et réalisent un travail rapide et de qualité. Des bornes automatiques permettent aussi de développer ses photos numériques en un clin d'œil. De plus, les accessoires numériques (cartes mémoire, batteries) sont vendus à des prix défiant toute concurrence.

Pourboire

Donner un pourboire n'est pas dans les usages au Japon. C'est d'autant moins nécessaire que le service est ajouté automatiquement dans la note des principaux hôtels et *ryokan*, et dans les restaurants de luxe (10 à 15 %).

Santé

Voir également « Préparer son voyage », p. 16.

▸ ***Maladies***

L'excellent niveau d'hygiène qui prévaut au Japon rend faible le risque de contracter des maladies. Des précautions s'imposent néanmois pour éviter des désagréments : les moustiques étant nombreux, il est conseillé de se munir de répulsif.

▸ ***Services médicaux***

Le pays dispose d'hôpitaux et de cliniques de bonne qualité (au moins dans les grandes villes), mais ils sont onéreux. Il est donc fortement recommandé de disposer d'une assurance couvrant les soins médicaux à l'étranger en cas de problème.

En cas d'**urgence** (pompiers ou ambulance), composez le 119.

Pour trouver des médecins francophones ou anglophones, vous pouvez contacter le centre d'informations médicales international **Amda** à Tokyo, ✆ (03) 5285 8088, http://homepage3.nifty.com/amdack/english/E-index.html, ou à Osaka, ✆ (06) 4395 0555. Une liste des médecins francophones au Japon, régulièrement tenue à jour, figure sur le site de l'ambassade de France, www.ambafrance-jp.org, rubrique « Vie pratique ».

Sécurité

Si les agressions sont très rares, des vols peuvent cependant avoir lieu dans les quartiers très fréquentés des grandes villes, par exemple dans les gares. En cas de difficulté quelconque, ou simplement si vous êtes perdu et cherchez une adresse, le plus simple est de s'adresser à un **koban**, miniposte de police de proximité. On les reconnaît à leur petite lampe rouge sur la façade.

▸ *Séismes et catastrophes naturelles*

Des **séismes** se produisent fréquemment au Japon. Heureusement, ils sont en majorité de faible intensité et sans gravité, les bâtiments étant conçus pour supporter les secousses. En cas de tremblement de terre, éloignez-vous des fenêtres, meubles et objets susceptibles de se renverser, et abritez-vous sous une table solide ou sous l'encadrement d'une porte. À l'extérieur, cherchez un espace dégagé à l'écart des débris et objets dangereux (panneaux, lignes électriques) qui peuvent tomber des bâtiments. Ne cédez pas à la panique et suivez les consignes d'évacuation des responsables de la sécurité. La saison des **typhons** au Japon est comprise entre fin août et début septembre. L'arrivée de ces dépressions violentes, mais sans risque si l'on reste à l'abri durant leur passage, est annoncée par des bulletins d'alerte sur les radios et télévisions. Des alertes sont aussi lancées pour les **raz-de-marée** (tsunamis), qui imposent de quitter immédiatement le bord de mer pour se refugier sur un terrain en hauteur. Dans tous les cas, ne vous affolez pas et prenez si nécessaire contact avec l'ambassade ou le consulat.

Téléphone

Voir également « Comment téléphoner au Japon », p. 13.

▸ *Appeler vers la France*

Des appels internationaux peuvent être émis en direct (avec des pièces de 100 ¥) depuis les téléphones publics portant la mention *International & Domestic Card/Coin Phone*. Malheureusement, ils sont très peu nombreux. On les trouve dans les halls des grands hôtels, les aéroports, les grandes gares et les centres-ville.

Pour joindre la France, composez le numéro de l'un des opérateurs suivants :

Japan Telecom - ✆ 0041.

IDC - ✆ 0061.

KDDI - ✆ 001.

NTT - ✆ 0033.

Faites alors le 010 33, suivi du numéro du correspondant sans le 0 initial.

Les **prix** varient selon les opérateurs (env. 200-300 ¥/mn pour la France). Des tarifs réduits s'appliquent pour les appels passés après 19h en semaine et 20h le week-end. Après 23h, les prix diminuent d'environ 40 %.

Pour un appel en **PCV**, faites le 0039 suivi directement du 33 pour la France.

Pour téléphoner vers la France, la solution la plus pratique et la plus économique, néanmoins, est d'utiliser une **carte téléphonique internationale**, comme la Primus Phonebank, la Brastel Smart Phonecard, la KDDI Super World Card ou la MCI World Com, qui s'achètent dans les *combini*. Avec ces cartes, vous pouvez téléphoner de presque tous les téléphones publics. Elles comportent un code secret au dos. Il suffit de composer le numéro de téléphone inscrit sur la carte, et, après le signal sonore, le code secret, puis le 33 pour la France, suivi du numéro.

Vous pouvez aussi utiliser des cartes téléphoniques vendues en France, telles la **carte France Télécom** (1 €/mn vers un poste fixe en France, débité sur la facture de son domicile) ou la **carte Switchback** (0,42 €/mn vers un poste fixe en France, carte à créditer avant le départ). Mais les tarifs sont plus onéreux qu'avec les cartes téléphoniques japonaises (env. 34 ¥/mn soit 0,23 €/mn).

▸ *Appels locaux*

Même si leur nombre a décru, on trouve des **téléphones publics** quasiment partout, de couleur verte ou grise. Ils acceptent les pièces de 10 ¥ et de 100 ¥ ainsi que les cartes prépayées. Un appel local coûte 10 ¥/mn. L'appareil, cependant, ne

Indicatifs régionaux			
Ville	Indicatif	Ville	Indicatif
Fukuoka	092	Naha	098
Hiroshima	082	Nikko	0288
Kanazawa	076	Osaka	06
Kobe	078	Sapporo	011
Kyoto	075	Sendai	022
Nagano	026	Takayama	0577
Nagasaki	095	Tokyo	03
Nagoya	052	Yokohama	045

rend pas la monnaie sur les pièces de 100 ¥. Plutôt que de toujours chercher de la monnaie, optez pour une **carte prépayée**. Elles sont vendues pour une valeur de 500 ou 1 000 ¥ dans les kiosques des gares, les *combini* et les distributeurs automatiques, et arborent souvent de jolis motifs.

Pour téléphoner à l'intérieur d'une même ville ou région, composez le numéro sans l'indicatif régional figurant entre parenthèses. Pour téléphoner d'une ville ou d'une région à l'autre, faites le numéro précédé de l'indicatif régional.

N^{os} gratuits - Les numéros qui commencent par 0120 sont gratuits.

Renseignements - Pour les renseignements nationaux, faites le 104.

Téléphones portables

Les mobiles européens ne fonctionnent pas sur le réseau japonais, où les opérateurs n'utilisent pas la norme GSM. Aucun intérêt, par conséquent, à emporter votre portable, ni même à en acheter un au Japon, vous ne pourriez pas l'utiliser à votre retour. Il est possible cependant de souscrire une **location** de portable pour la durée de votre séjour auprès de nombreux opérateurs. La plupart ont un comptoir aux aéroport de Narita et du Kansai, ou bien peuvent vous livrer directement l'appareil à votre hôtel. Avant de vous décider, comparez les offres (prix de location, frais d'appels) sur les sites suivants : www.vodafone-rental.jp, www.cellularabroad.com, www.pupuru.com, www.rentafonejapan.com, www.g-call.com.

Toilettes

Au Japon, des toilettes gratuites sont disposées partout, notamment sur les sites touristiques. Elles sont de deux types. Les plus fréquentes sur les lieux publics sont les toilettes traditionnelles, des cuvettes à la turque au-dessus desquels on s'accroupit de face, dos à la porte. Des chaussons sont parfois posés devant la porte, qui doivent être utilisés pour entrer et retirés en sortant. Dans les hôtels et chez les particuliers, on trouve plus souvent des toilettes modernes à siège chauffant, très high-tech, pleines de boutons lumineux, de réglages sophistiqués et de fonctions avancées telles que bidet, jet d'eau chaude et ventilation pour rincer et sécher son séant, voire massage et fond sonore pour masquer les bruits gênants. Bref, tout un monde d'aventures !

Urgences

Police - ✆ 110.

Pompiers ou ambulance - ✆ 119.

Japan Helpline - ✆ 0570 000 911 ou 0120 461 997. Assistance gratuite, en anglais, 24h/24.

SAVOIR-VIVRE

Principes de base

Les Japonais attachent une grande importance au respect de l'étiquette et des convenances, jugées essentielles, à leurs yeux, au maintien de relations sociales harmonieuses et paisibles. Le groupe prime sur l'individu, dictant à chacun l'attitude correcte à observer.

Au sein du groupe, l'accent est mis sur le respect des hiérarchies et sur le souci des autres : l'utilisation d'un langage honorifique, de politesse et d'humilité ; une tenue vestimentaire soignée ; la ponctualité absolue dans les rendez-vous ; le soin mis à ne pas exprimer ouvertement ses opinions et ses sentiments, à s'excuser de façon répétée en cas de problème, sont quelques-unes des règles du savoir-vivre nippon. Ne vous étonnez pas, donc, si lors de discussions avec des Japonais, vos interlocuteurs paraissent tenir des propos banals ou conformistes, ces derniers ne reflètent pas forcément leur pensée.

En fait, la politesse japonaise est un exercice subtil et extrêmement codifié. Ainsi, pour exprimer un refus, un Japonais ne dira jamais « non », ce qui serait terriblement grossier. À la place, il dira d'un air gêné : « Désolé, c'est difficile » ou « Je vais y réflechir ». En public, les Japonais restent discrets et réprouvent les comportements ostentatoires comme crier fort, rire à gorge déployée ou, pour des couples, s'embrasser avec fougue. Ces règles, toutefois, ne sont pas inflexibles, et il arrive souvent qu'elles soient transgressées, notamment lors de soirées bien arrosées.

Lors d'une rencontre

Comment saluer

Il n'est pas d'usage chez les Japonais d'avoir un contact physique pour se saluer, comme se serrer la main ou se faire la bise. En guise de salut, il convient d'incliner le buste, plus ou moins bas et longtemps selon l'âge et la position hiérarchique de son interlocuteur, tout en gardant les bras tendus le long du corps, tendus vers l'avant pour les femmes. On pratique aussi la courbette pour exprimer un remerciement, s'excuser, demander un service ou une faveur, et pour se dire au revoir.

Noms et civilités

Au Japon, le nom de famille est traditionnellement indiqué avant le prénom, mais beaucoup de Japonais inversent cet ordre lorsqu'ils se présentent devant des étrangers. Mieux vaut donc vérifier ce qu'il en est. Les gens s'appellent le plus souvent par leur nom de famille, auquel ils ajoutent le terme *san*, équivalent de monsieur ou madame (par exemple, Dupont-*san* pour dire M. Dupont). Le titre de *sensei* (maître) est réservé aux professeurs, docteurs et autres spécialistes.

Cartes de visite

Si vous venez au Japon pour affaires, vous devez impérativement emporter une grosse quantité de cartes de visite *(meishi)*, indispensables pour asseoir votre crédibilité. Pour donner et recevoir une carte de visite, utilisez de préférence les deux mains ou la main droite. Considérez la carte de votre interlocuteur comme le prolongement de sa personnalité. Prenez-la respectueusement, lisez-la attentivement, évitez de la plier ou de la glisser dans la poche arrière de votre pantalon.

Cadeaux

Les Japonais ont coutume de s'offrir des petits cadeaux lors des rencontres, visites, etc. Si vous êtes invité chez des gens, un cadeau sera nécessaire, généralement d'une valeur modeste, mais dont l'emballage doit être soigné. Vin, petits gâteaux ou chocolats feront l'affaire. Évitez d'apporter quatre cadeaux, car le chiffre 4 symbolise la mort pour les personnes superstitieuses. Donnez le cadeau des deux mains en expliquant (formule rituelle) que ce n'est pas grand-chose.

Chaussures et intérieurs japonais

La règle est de ne pas contaminer les intérieurs propres avec la saleté provenant de l'extérieur. Avant de pénétrer dans une maison, un temple, un *ryokan* ou un restaurant traditionnel, vous devez donc toujours retirer vos chaussures, que vous laisserez dans un casier à l'entrée. Enfilez ensuite les pantoufles mises à votre disposition ou, s'il s'agit de tatamis, entrez directement en chaussettes. On ne marche jamais avec des pantoufles sur les tatamis, aussi n'oubliez pas de les enlever quand vous entrez dans la chambre d'un *ryokan*. Des chaussons particuliers sont réservés aux toilettes, qu'on enfile puis redépose en sortant. Les parapluies doivent aussi être laissés à l'entrée des maisons, temples, musées, hôtels et magasins, ou bien glissés dans un étui en plastique, afin de ne pas tremper les sols.

Se tenir à table

Avant le repas

Lorsque l'on prend un repas ou un thé sur des tatamis, l'idéal est de s'asseoir sur les genoux. Mais, même sur un coussin, la position est vite inconfortable. À défaut, les hommes s'installent en tailleur, les femmes jambes pliées sur le côté. Avant de débuter un repas, les invités disent : « *itadakimasu* » (« bon appétit »), et à la fin, « *gochisosama deshita !* » (« c'était un vrai festin ! »). Si on vous tend une petite serviette chaude *(oshibori)* avant le repas, évitez de vous frotter la figure et la nuque avec, c'est en principe uniquement fait pour les mains.

Baguettes : tabous et interdits

Le maniement correct des baguettes requiert évidemment de l'expérience et une certaine dextérité. Néanmoins, il existe quelques impairs à ne pas commettre. Ainsi, on ne doit pas planter ses baguettes dans le riz, cela évoque un rite funéraire. Évitez de pointer les baguettes sur une personne ou sur une chose, ou encore de jouer avec, c'est très mal vu. Les baguettes ne sont là que pour saisir la nourriture de son assiette ou de son plateau, on ne doit pas les utiliser pour se servir dans un plat commun (il y a d'autres baguettes, souvent plus longues, pour cela), et encore moins passer de la nourriture directement de ses baguettes aux baguettes d'un autre convive (cela évoque, là encore, un rite funéraire). Enfin, lorsque vous avez fini de manger, reposez vos baguettes sur le porte-baguettes, ou alignées sur la table, et non à l'intérieur de l'assiette ou du bol.

Autres bonnes et mauvaises manières

Se moucher ou renifler fort à table est considéré comme inconvenant, en revanche vous pouvez tout à fait (c'est même conseillé) aspirer bruyammment votre bol de soupe ou vos nouilles en faisant « sluurp », à la manière des Japonais.

Évitez d'arroser votre bol de riz de sauce au soja, le riz se mange blanc.

Lorsqu'on boit de l'alcool, l'usage veut que l'on se serve les uns les autres, et non pas directement soi-même. Pour trinquer, ne dites pas « chin chin » (en japonais, le mot désigne les parties génitales masculines), mais « *kampai !* ».

Usage des bains communs

Qu'il s'agisse des salles de bains communes des *ryokan*, **o furo**, des bains publics de quartier, **sento**, ou des bains de sources chaudes, **onsen**, il convient de se déshabiller entièrement et de ranger ses affaires dans un casier du vestiaire avant d'entrer dans la pièce d'eau chauffée. Le port du maillot n'est pas autorisé, et risque même de provoquer des incidents. Les plus pudiques masqueront leur nudité avec la petite serviette fournie par l'établissement. En tout état de cause, les bains sont presque toujours divisés en deux parties, une pour chaque sexe. Mais prenez garde à ne pas vous tromper d'entrée ! Vous devez d'abord vous laver et vous rincer sous les douchettes à l'extérieur du bassin chaud avant d'y entrer. Ce dernier est fait pour se relaxer, il faut surtout ne pas y mettre du savon et le laisser propre. Ne videz jamais l'eau du bain en sortant, d'autres l'utiliseront après vous.

SE LOGER

Les différents types d'hébergement

▸ *Campings*

Le camping est bien développé au Japon. C'est le mode d'hébergement le plus économique, et aussi un excellent moyen pour visiter les Parcs nationaux et régions de nature de Hokkaido, du Tohoku et d'Okinawa. Malheureusement, la majorité des campings n'ouvrent que durant les vacances d'été, en juillet-août, et sont alors pris d'assaut. L'équipement sur place est souvent limité, mieux vaut apporter sa tente et son matériel. Le JNTO édite une brochure gratuite, ***Camping in Japan***, où sont recensés les principaux campings de l'archipel, avec une fiche descriptive des prix, installations et moyens d'accès. Elle est téléchargeable sur le site : www.jnto.go.jp/eng/location/rtg. Vous trouverez aussi des informations en anglais sur le site de **Outdoor Japan**, www.outdoorjapan.com.

▸ *Auberges de jeunesse*

On compte près de 360 auberges de jeunesse au Japon, offrant des dortoirs – et parfois aussi quelques chambres individuelles – propres et très bon marché. La nuit en dortoir tourne autour de 3 500 ¥, le petit-déjeuner coûte environ 500 ¥ et le diner 1 000 ¥. L'attrait de ces auberges est très variable. Certaines campent dans de vilains bâtiments loin des centres-ville, d'autres offrent des locaux pimpants ou un cadre champêtre idyllique. Il n'y a pas de limite d'âge pour être admis dans une auberge de jeunesse, mais les règlementations un peu strictes et l'ambiance de pensionnat scolaire peuvent ne pas plaire à tous. Il n'est pas non plus nécessaire d'être affilié à la Fédération des auberges de jeunesse, toutefois si vous pensez dormir souvent dans des auberges, prenez la carte d'adhérent avant votre départ, car les non-membres doivent payer un supplément de 1 000 ¥/nuit. Les prix indiqués dans ce guide sont ceux appliqués aux non-membres.

Le site de la **Japan Youth Hostel Association**, www.jyh.or.jp, recense toutes les auberges de jeunesse du Japon par région, avec pour chacune d'elle une fiche descriptive et la possibilité de réserver en ligne. Durant la haute saison et les vacances d'été, il est indispensable de réserver longtemps à l'avance. Le reste du temps, réservez au moins 2 j. avant. Le JNTO publie également une ***Japan Youth Hostel Map*** gratuite, disponible dans les principaux offices de tourisme. En France, contactez la **Fédération unie des auberges de jeunesse**, 27 rue Pajol, 75018 Paris, ✆ 01 44 89 87 27, www.fuaj.org.

▸ *Capsule hotels*

Invention typiquement japonaise, paraissant sortie d'un univers de science-fiction, les *capsule hotels* se destinent à une clientèle masculine d'employés de bureaux qui, ayant raté leur dernier train, ou trop fatigués ou trop ivres pour rentrer vers leur lointaine banlieue, cherchent un **endroit pas cher** (3 000 à 4 000 ¥/capsule) où passer la nuit. Situés à proximité des gares ou dans les quartiers des bars et des clubs, ces hôtels admettent rarement les femmes. Les capsules, superposées en

rang le long de couloirs, évoquent de petites cabines de bateau. Mesurant 2 m de long sur 1 m de large et 80 cm de haut, ces boîtes individuelles contiennent juste un lit pour s'allonger, mais sont bien équipées (climatisation, télévision, radio, réveil-matin et lampe de chevet). Les *capsule hotels* sont pourvus de casiers fermant à clé, de distributeurs automatiques (rasoirs, boissons), d'une salle de bains commune et parfois d'un sauna. L'expérience peut être amusante pour un étranger, à condition de ne pas être claustrophobe.

▸ *Love hotels*

Autre curiosité née de l'imagination des Nippons, ces hôtels fripons accueillent des couples désireux de passer un moment agréable en toute discrétion. Tout est conçu pour préserver l'anonymat, notamment la réception (on choisit sa chambre en photo sur un panneau électronique, en pressant l'un des boutons, puis on paye à un petit guichet aveugle). On reconnaît les *love hotels* à leurs façades délirantes, aussi kitsch et rococo que les édifices de Disneyland. Les chambres déclinent un choix varié de thématiques : jungle, maison de poupée, cachot SM, clinique privée, décor vénitien ou parisien, harem... sans oublier les rideaux roses, miroirs au plafond, console pour la musique et les jeux de lumières, préservatifs, films payants et autres accessoires à la demande. Les chambres se prennent soit pour 2-3h durant la journée (env. 4000 ¥), soit pour la nuit entière (env. 8000 ¥).

▸ *Business hotels*

Souvent situés aux abords des gares, ces hôtels de style occidental sont conçus pour les voyageurs en déplacement professionnel et à budget réduit. Pour les touristes, ils ont l'avantage d'offrir un **bon confort à prix doux**. Les chambres ressemblent à celles des motels américains, mais en plus petit : lits jumeaux, salle de bains en plastique thermoformé, équipement sobre et purement fonctionnel. Malgré leur taille étroite, elles sont toujours propres et bien équipées (climatisation, télévision, sèche-cheveux, *yukata*, etc.). Dans les *business hotels* les plus économiques (6000 à 10000 ¥/double), le service est réduit à son minimum grâce à de nombreux distributeurs automatiques.

▸ *Hôtels occidentaux classiques*

Les grandes villes abritent quantité d'hôtels de style occidental appartenant à des chaînes japonaises ou internationales. Il s'agit en général d'établissements de grosse capacité (plus de 100 ch.), dotés de nombreuses infrastructures (parkings, restaurants, bars, boutiques). La plupart incluent aussi quelques chambres de style japonais, avec tatamis et futons, mais le gros du bataillon est constitué de chambres avec moquette et literie occidentale. Le standing est très varié, allant de l'hôtel de catégorie moyenne (12000 à 18000 ¥/double) au luxueux hôtel quatre étoiles (30000 à 60000 ¥/double). Le personnel parle un anglais impeccable. Dans ces hôtels, une taxe de 10 à 15 % est ajoutée pour le service, et les petits-déjeuners sont facturés de 1000 à 2500 ¥ (en formule buffet).

▸ *Minshuku*

Répartis sur tout l'archipel, principalement dans les zones rurales, les *minshuku* sont des **maisons familiales** pratiquant une formule de *bed & breakfast* comparable à nos chambres d'hôte. Comme dans les *ryokan*, les clients dorment dans des chambres japonaises en tatamis. Mais le confort et les prix sont plus modestes que dans les *ryokan*. Les chambres n'ont pas de salle de bains privée (on partage la salle de bains commune), les clients déroulent et rangent eux-mêmes leur futon et les serviettes sont parfois facturées en supplément. Les prix, comme dans tous les hébergements traditionels japonais, sont indiqués par personne. En général, comptez 6000 ¥/nuit, 1000 ¥/petit-déj. (japonais) et 1500 ¥/dîner. Une longue liste de *minshuku* au Japon figure sur le site www.minshuku.jp, lequel permet également de faire des réservations.

Shukubo

Certains **temples** bouddhistes servent également d'auberges appelées *shukubo*, qui proposent le gîte et le couvert aux pèlerins de passage. Pour les touristes, c'est une fabuleuse occasion de côtoyer au plus intime la vie monastique du Japon, en participant aux prières du matin et aux séances de méditation zen. La plupart des temples servent en outre une délicieuse cuisine végétarienne *(shojin ryori)*. Koya-san, grande cité sacrée du Kansai, abrite les plus fameux *shukubo* du pays *(voir p. 353)*. Le prix moyen est d'environ 10000 ¥/pers., repas inclus.

Ryokan

Les *ryokan* sont les **auberges japonaises traditionnelles**, avec des chambres tatamis et des repas japonais. Il existe toutes sortes de *ryokan* : classiques ou modernes, humbles et familiaux ou au contraire très luxueux. Mais tous partagent une atmosphère relaxante et un art de recevoir raffiné. Il serait impensable de visiter le Japon sans dormir dans de tels endroits. Les chambres, qui s'ouvrent par des cloisons coulissantes, dévoilent un espace dépouillé : une table basse, quelques coussins et un *tokonoma*, alcôve décorée d'un bouquet de fleurs ou d'une calligraphie (il ne faut pas y marcher ni y poser ses valises). Un futon (matelas avec couette) y sera déroulé à même le sol pour la nuit, puis rangé le matin dans un placard par le personnel. Un *yukata* (kimono en coton léger) est fourni aux clients, qu'on peut porter pour se déplacer à l'intérieur du *ryokan*. Hormis dans les *ryokan* modestes, les chambres ont une salle de bains, mais il y a toujours aussi une salle commune pour le bain chaud *(o furo)*, parfois alimenté par une source thermale, dont l'accès est séparé pour chaque sexe. Certains *ryokan* permettent en outre de réserver l'*o furo* quelques heures pour un usage privatif.

Les *ryokan* indiquent les prix par personne en incluant les repas (petit-déjeuner et dîner), servis dans une salle à manger et parfois en chambre. En général, il est difficile de prendre une chambre sans les repas. Comptez 6000 ¥/pers. pour les *ryokan* les plus basiques, de 15000 à 20000 ¥ pour un *ryokan* de charme, de 30000 à 80000 ¥ pour les *ryokan* les plus hauts de gamme. La **Japan Ryokan Association** dispose sur son site Internet d'une large liste de *ryokan* classés par région, avec leurs coordonnées : www.ryokan.or.jp.

Hébergements de longue durée

Pour un long séjour au Japon, à condition de ne pas bouger, le plus économique consiste à louer une **gaijin house**, appelée aussi *guesthouse*. Il s'agit de studios ou d'appartements équipés, à Tokyo ou Kyoto, que les étrangers peuvent louer en totalité ou juste à la chambre (env. 50000 ¥/mois), en partageant dans ce cas avec d'autres les parties communes. On peut dénicher des adresses sur Internet, dans les revues d'annonces comme **Tokyo Classified** (www.tokyoclassifieds.com) ou par des agences comme **Sakura House** (www.sakura-house.com).

Les prix

Voir également « Budget à prévoir », p. 14.

Les hébergements sélectionnés dans ce guide sont classés par fourchette de prix. Les prix indiqués sont calculés pour **deux personnes sans les repas**, en haute saison.

Informations et réservations en ligne

Hormis les sites déjà indiqués, voici d'autres liens utiles à consulter :

www.itcj.jp - Le site des Welcome Inn, réseau d'hôtels et de *ryokan* habitués aux étrangers et dont les prix pour une chambre double ne dépassent pas 13000 ¥.

www.jpinn.com - Le réseau des Japanese Inn regroupe une centaine de petits *ryokan* et *minshuku* bon marché à travers le Japon.

www.nikkanren.or.jp/english - Le site de la Japan Tourist Hotel Association, avec fiches détaillées des hôtels et *ryokan* par région.

www.j-hotel.or.jp - La Japan Hotel Association rassemble des hôtels de qualité.

www.japanhotel.net - Un grand choix d'hôtels et de *ryokan* de diverses catégories, classés par région et décrits par des fiches.

www.itravel.jp - Site de réservation en ligne d'hôtels et de *ryokan* variés.

www.mytrip.net - Rakuten Travel est la plus grosse agence de réservation d'hôtels en ligne du Japon, avec parfois des réductions sur le prix des chambres.

www.japaneseguesthouses.com - Le site présente près de 500 *ryokan* traditionnels au Japon classés par région, avec fiches descriptives.

www.toho.net - Le réseau Toho regroupe des petites auberges rurales, surtout à Hokkaido, qui pratiquent des prix très bas (autour de 5000 ¥/pers.).

SE RESTAURER

Voir également « Cuisine », p. 120.

Où se restaurer

Les restaurants japonais n'ont pas toujours un menu en anglais, ni un personnel anglophone. Mais il est souvent possible de se tirer d'affaire en pointant du doigt les reproductions en cire des plats exposées en vitrine. Hormis dans les grandes villes, les repas sont d'ordinaire servis de 11h30 à 14h et de 18h à 22h. Partout, vous serez accueilli par un tonitruant « *Irashaimase !* » (« bienvenue ») avant d'être placé à une table ou au comptoir. La majorité des restaurants se spécialisent dans **un seul type de cuisine** : brochettes, nouilles, sushis, tempuras, fugu, crabe, curry, etc. Beaucoup proposent à midi un menu *(teishoku)* à prix avantageux, alors que la carte du soir est souvent plus onéreuse. Le service n'existe pas, hormis dans les grands restaurants où un supplément de 10 à 15 % peut être facturé, et le pourboire est inutile. On paye en apportant sa note à la caisse avant de sortir.

▸ *Restaurants spécialisés*

Kare-ya - Petites gargotes servant du riz au curry *(kareraisu)* à prix imbattables, généralement situées dans ou près des gares.

Kushikatsu-ya - Restaurants de brochettes frites dans de l'huile bouillante.

Okonomiyaki-ya - Bistrots pas chers où l'on prépare sur une plaque de cuisson l'*okonomiyaki*, une crêpe-omelette fourrée de choux blanc, soja, porc ou crevette, garnie de nouilles, d'un œuf, le tout cuit sur une plaque chauffante et servi avec une sauce brune.

Ramen-ya - Ils servent des plats bon marché de *ramen*, nouilles chinoises servies en soupe avec d'autres ingrédients, mais aussi des raviolis chinois et du riz sauté.

Soba-ya - Tables spécialisées dans les *soba* et *udon*, les nouilles japonaises, servies froides en sauce ou bien chaudes en soupe avec des garnitures variées.

Sukiyaki-ya - Restaurants chic et ruineux, car la bonne viande de bœuf est un luxe au Japon. Le *sukiyaki* est une cuisson sur plaque à base de viande et de légumes, accompagnés d'une sauce de soja, d'oignons et de tofu.

Sushi-ya - Restaurants de sushis et sashimis, souvent des bars où l'on s'assied au comptoir pour observer le chef cuisinier les préparer. Un bon restaurant de sushis peut coûter très cher, mais il en existe aussi une catégorie à bas prix très répandue, les **kaiten-zushi**, où les assiettes de sushis défilent sur un convoi tournant sur lequel on pioche ce que l'on désire. La couleur de l'assiette indique son prix.

Tempura-ya - Parfois très onéreux, ils cuisinent des assortiments de tempuras, beignets de poisson, légumes, champignon et crevette à la friture légère.

Tonkatsu-ya - Ils proposent des *tonkatsu*, côtelettes de porc pané, et des *korokke* (croquettes de pomme de terre).

Unagi-ya - Tables raffinées qui mitonnent de l'anguille *(unagi)* grillée.

Yakiniku-ya - Il s'agit des barbecues coréens, en général à prix modérés, où chacun fait griller à sa table des lamelles de viande marinée et des fruits de mer.

Yakitori-ya - On y mange des *yakitori*, brochettes de poulet grillées à la braise.

Autres types de restaurant

Les **izakaya** sont des genres de bistrots ou de tavernes très populaires au Japon. Ils servent des petits plats et des en-cas tels que calmar séché, pickles, salades, sashimis et mets grillés *(robata)* pour accompagner bières et autres boissons.

Les **shokudo** et **famiresu** *(family restaurant)* sont des restaurants à petits prix situés près des gares ou dans les sous-sols des grands immeubles. Ils proposent des plats variés, parfois occidentaux, et des menus *(teishoku)* très bon marché.

À l'opposé, les restaurants de **kaiseki ryori** sont les maîtres de la haute cuisine japonaise, offrant toute une série de plats d'un goût et d'une esthétique raffinés. Certains restaurants proposent des menus *kaiseki* à des prix abordables (de 5000 à 8000 ¥) pour les touristes, mais la meilleure cuisine *kaiseki* se déguste dans les *ryotei* de Kyoto, restaurants aux merveilleux jardins paysagers fréquentés par l'élite. Les prix peuvent alors être faramineux (plus de 50000 ¥).

Les restaurants des **temples**, notamment à Kyoto, concoctent une cuisine végétarienne *(shojin ryori)*, souvent à base de tofu et de *yuba* (peau de lait de soja).

La cuisine **occidentale** est bien représentée dans les grandes villes, mais rarement à son avantage, avec une foule de restaurants italiens souvent médiocres et l'inévitable cohorte des *fast foods* américains. La cuisine française, qui trône en bonne place dans les grands hôtels, est la plupart du temps chiche et prétentieuse. On aura plutôt intérêt à choisir la cuisine étrangère **asiatique**, restaurants chinois, thaïs, indonésiens, vietnamiens, souvent bon marché, ou les restaurants japonais proposant des plats fusion inspirés du Sud-Est asiatique.

Dans les **coffee shops** ou *kissaten*, vous pourrez prendre un petit-déjeuner occidental *(morning set)* composé de toasts, œufs au plat, salade et café, pour environ 500 ¥. Certains servent aussi des menus déjeuner pas chers (autour de 1 000 ¥), composés d'un plat, d'une salade, d'un bol de riz et d'une boisson.

Si vous êtes un peu fauché, arpentez les rayons alimentaires au sous-sol des grands magasins, où les commerçants proposent souvent de goûter gratuitement leurs spécialités. Prenez sinon un *bento* (plateau repas) dans un *combini*. Dans les rues commerçantes, des **yatai** (étals) proposent des plats *(ramen, takoyaki)* sur le pouce mais uniquement le soir. À Tokyo, Kyoto, Osaka ou Sapporo, certains restaurants de sushis, de *yakiniku* et de *kushikatsu* affichent parfois un attrayant menu « **All you can eat** ». La formule type permet de manger à volonté durant 90mn pour environ 2500 ¥.

Les prix

Voir également « Budget à prévoir », p. 14.

Les restaurants sélectionnés dans ce guide sont classés par fourchette de prix. Les prix sont calculés sur la base d'un menu standard ou d'un repas à la carte constitué de deux plats (entrée et plat principal), mais n'incluent pas les boissons.

SE DIVERTIR

Fêtes et festivals

Voir également « Matsuri », p. 103.

▸ *Janvier*

6 janvier - À Tokyo. Dezomeshiki, la grande parade des pompiers.

9-11 janvier - À Osaka. Fête d'Ebisu, le dieu de la Chance et des Affaires.

Mi-janvier - À Tokyo. Premier tournoi de sumo, durant 15 j.

15 janvier - À Nara. Yamayaki, Fête du feu de l'herbe sur la colline Wakakusa.

▸ *Février*

Début février - À Sapporo. Festival de la neige, durant 7 j.

3 février - Au Japon. Setsubun, Fête du jeté de haricots, dans les temples.

3 février - À Nara. Festival des lanternes au sanctuaire Kasuga. Il a aussi lieu les 14 et 15 août.

▸ *Mars*

1er-14 mars - À Nara. Omizutori, Fête de l'eau au temple Todai-ji.

3 mars - Au Japon. Hina Matsuri, Fête des poupées pour les petites filles.

Mi-mars - À Osaka. Deuxième tournoi de sumo, durant 15 j.

▸ *Avril*

1er-30 avril - À Kyoto. Miyako Odori, spectacles de danse des apprenties geishas.

8 avril - Au Japon. Hana Matsuri, Festival des fleurs dans les temples.

16-17 avril - À Nikko. Yayoi Matsuri dans le sanctuaire Futarasan.

▸ *Mai*

5 mai - Au Japon. Fête des enfants. On suspend des carpes en papier coloré.

15 mai - À Kyoto. Aoi Matsuri. Grand défilé en costume d'époque Heian.

Mi-mai - À Tokyo. Troisième tournoi de sumo, durant 15 j.

17-18 mai - À Nikko. Festival du sanctuaire Tosho-gu. Parade spectaculaire.

3e week-end de mai - À Tokyo. Sanja Matsuri, festival du sanctuaire d'Asakusa.

▸ *Juin*

1er-2 juin - À Kyoto. Théâtre nocturne de nô dans le sanctuaire Heian.

▸ *Juillet*

1er-15 juillet - À Fukuoka. Départ du sanctuaire Kushida du plus gros *matsuri* d'été de la ville, le Hakata Gion Yamagasa.

Mi-juillet - À Nagoya. Quatrième tournoi de sumo, durant 15 j.

14 juillet - À Nachi. Himatsuri, Fête du feu dans le sanctuaire de Nachi.

16-17 juillet - À Kyoto. Gion Matsuri, défilé de chars au sanctuaire Yasaka.

▸ *Août*

6-8 août - À Sendai. Le Tanabata Matsuri célèbre l'été.

Mi-août - Au Japon. Le Bon, ou Fête des morts. Elle a lieu aussi à la mi-juillet.

▸ *Septembre*

16 septembre - À Kamakura. Tournoi de tir à l'arc équestre au sanctuaire Hachiman-gu.

Mi-septembre - À Tokyo. Cinquième tournoi de sumo, durant 15 j.

▸ *Octobre*

Mi-octobre - À Nagoya. Festival de la ville, avec procession en costumes féodaux.

17 octobre - À Nikko. Festival d'automne du sanctuaire Tosho-gu.

22 octobre - À Kyoto. Jidai Matsuri, défilé en costume de diverses époques.

▸ *Novembre*

Mi-novembre - À Fukuoka. Sixième tournoi de sumo, durant 15 j.

Activités sportives

▸ *Arts martiaux et sumo*

Voir également « Arts martiaux et sumo », p. 113.

Le judo, l'aïkido, le karaté, le kendo (sabre) et le kyudo (tir à l'arc japonais) sont des disciplines très pratiquées dans l'archipel. Le Japon est d'ailleurs mondialement réputé pour ses sports de combat. Il est facile d'assister à des compétitions et des démonstrations, plus difficile en revanche de participer à des entraînements. Les tournois de sumo, qui durent 15 j., ont lieu six fois par an : en janvier, mai et septembre à Tokyo ; en mars à Osaka ; en juillet à Nagoya et en novembre à Fukuoka. À défaut d'assister en direct aux combats dans les arènes, vous pourrez suivre les retransmissions à la télévision en fin d'après-midi.

Une brochure du JNTO, intitulée ***Traditional Sports*** (téléchargeable sur le site www.jnto.go.jp), recense les *dojo* (salles d'entraînement) des différents arts martiaux à Tokyo. Elle donne aussi tous les détails sur les dates et lieux des tournois de sumo. Vous pouvez sinon contacter les fédérations sportives suivantes :

International Aikido Federation - ✆ (03) 3203 9236, www.aikikai.or.jp.

All Japan Judo Federation - ✆ (03) 3818 4199.

Japan Karatedo Federation - ✆ (03) 3503 6637, www.karatedo.co.jp.

All Japan Kendo Federation - ✆ (03) 3211 5804, www.kendo.or.jp.

All Nippon Kyudo Federation - ✆ (03) 3481 2387.

Nihon Sumo Kyokai - ✆ (03) 3623 5111, www.sumo.or.jp.

▸ *Baseball*

Importé sous l'ère Meiji, ce sport américain, appelé ici *yakyu*, est de loin le plus populaire du Japon. Les championnats, qui se déroulent entre avril et octobre, voient s'affronter les six équipes respectives des deux ligues professionnelles, la **Central League** et la **Pacific League**. Les matchs sont retransmis en direct plusieurs fois par semaine à la télévion. Les championnats universitaires sont aussi très suivis. À Tokyo, le gigantesque Tokyo Dome, dans le jardin Koraku-en, accueille les rencontres de la célèbre équipe des Yomiuri Giants *(voir p. 146)*.

▸ *Golf*

Quelque 17 millions de Japonais jouent au golf ! Malheureusement, le nombre de terrains étant limité, les *green fees* sont très élevés (env. 10000 ¥). Reste sinon la possibilité de s'amuser en tapant la balle sur les *practices* urbains, terrains souvent montés sur plusieurs étages comme des parkings d'immeuble et enveloppés de filets de protection. Une liste complète des parcours de golf du Japon, avec description, prix et coordonnées, figure sur le site www.golf-in-japan.com.

▸ *Randonnée*

Plein de chemins de randonnée bien balisés sont accessibles dans les régions montagneuses et vallonnées de l'archipel, dévoilant des sites naturels de toute beauté. Les Alpes japonaises autour de Nagano et de Kamikochi, le pèlerinage des 88 temples de Shikoku, les Parcs nationaux de Hokkaido, l'ascension du mont Fuji, les itinéraires autour de Kyoto, Nara ou Nikko... les possibilités sont innombrables. Des suggestions d'itinéraires et des informations sont données sur le site www.outdoorjapan.com. Pour des descriptions d'itinéraires détaillées, procurez-vous les guides ***Hiking in Japan*** de Kodansha.

▸ *Ski*

Le Japon compte quantité de domaines skiables bien équipés en remontées mécaniques. Les stations de Hokkaido, du Tohoku, du centre et de l'ouest de Honshu sont les meilleurs choix pour les amateurs de poudreuse. Niseko *(voir p. 458)*, à Hokkaido, offre des descentes hors pair et une animation appréciable en soirée. Hakuba, près de Nagano, a accueilli nombre d'épreuves des JO d'hiver en 1998. Gala Yuzawa, près de Niigata, est à tout juste 1h30 en Shinkansen de Tokyo. Durant les vacances et week-ends d'hiver, les stations sont bondées, mieux vaut réserver son hébergement à l'avance. Les pistes de ski au Japon ne sont ni très pentues ni très longues comparées à celles des Alpes européennes, en revanche beaucoup d'hôtels disposent d'*onsen* (sources chaudes) bien agréables pour le réconfort après l'effort. Comptez par jour, en moyenne, 4500 ¥/forfait pour les remontées et 5000 ¥ la location de l'équipement complet. La brochure du JNTO intitulée ***Skiing in Japan*** détaille, pour les principales stations de Honshu et de Hokkaido, les moyens d'accès et les hébergements. Vous trouverez plus d'informations sur le site www.snowjapan.com, véritable bible des skieurs et snowboardeurs au Japon.

▸ *Sports nautiques*

La **plongée** se pratique principalement dans les îles tropicales d'Okinawa *(voir p. 469)*, riches de splendides récifs coralliens, et dans les eaux claires et tempérées des îles de la péninsule d'Izu, au sud de Tokyo. Les plus intrépides pourront aussi expérimenter, en plein hiver, la plongée sous glace dans la mer d'Okhotsk, à Hokkaido ! Si l'éventail des choix est large, les prix sont en revanche assez dissuasifs. Pour deux plongées, avec la location du bateau et du matériel, il en coûte facilement 20000 ¥.

La **baignade** au bord des plages, *a contrario*, est totalement gratuite. Les plages de Chiba près de Tokyo, celles entre Kobe et Himeji *(voir p. 380)* dans la région du Kansai, de Kamakura *(voir p. 212)*, de la péninsule d'Izu *(voir p. 230)*, et les superbes plages de sable blanc d'Okinawa *(voir p. 469)*, attirent beaucoup de monde durant l'été. Certaines recèlent d'excellents spots de **surf** et de **windsurf**. Mais, hormis à Okinawa et dans quelques sites préservés d'Izu, du sud de Shikoku et de Kyushu, le littoral japonais est rarement à la hauteur des espérances : mer polluée aux abords des agglomérations, plages bétonnées, méduses dès la mi-août... Pour des détails sur le surf et le windsurf, voyez sur le site www.outdoorjapan.com.

Loisirs, jeux et vie nocturne

▸ *Parcs à thème*

Les Japonais raffolent des parcs à thème, qui poussent sur leur territoire comme des champignons après la pluie. Parcs **historiques** reproduisant l'apparence des villages de l'époque des samouraïs ; parcs de **miniatures** qui évoquent tour à tour les monuments des capitales du monde, la Russie, la Hollande, la Suisse ou l'Espagne ; parcs de **loisirs** tels Disneyland ou Sanrio Puroland à Tokyo, Fuji-Q Highland près du mont Fuji ; parcs **scientifiques** à l'image du Space World de Fukuoka ; parcs **aquatiques** tels Ocean Dome à Miyazaki, Disney Sea à Tokyo ou le Hakkeijima Sea Paradise à Yokohama, etc. Autant de substituts à de vraies vacances d'évasion que les citadins nippons peuvent rarement s'accorder.

▸ *Onsen*

L'archipel regorge de sources chaudes d'origine volcanique, où l'on se rend autant pour une cure de santé que pour le plaisir de se détendre *(voir « Bains », p. 110)*. Il existe une infinie variété d'*onsen*, qui diffèrent selon la composition minérale et la couleur de leurs eaux, la taille, le nombre et la nature de leurs bassins, en bois ou en pierre, intérieurs ou extérieurs *(rotenburo)*. Certains se cachent dans des grottes au bord de la mer, d'autres près d'une rivière au creux des montagnes ; les uns forment des petits *ryokan* paisibles, d'autres s'intègrent au sein de vastes complexes hôteliers. Une brochure gratuite du JNTO, ***Japanese Hot Springs***, dresse la liste des vingt meilleurs *onsen* du pays, avec horaires, prix et accès.

▸ *Spectacles, cinémas, concerts*

Malgré la barrière de la langue, assister à un spectacle classique japonais en vaut la peine. Des représentations de théâtre nô, de kabuki et de bunraku sont données régulièrement dans les grandes salles de Tokyo *(voir p. 145)*, Kyoto *(voir p. 309)* et Osaka *(voir p. 368)*. Pour l'opéra, la danse, les comédies musicales, les concerts et le cinéma, consultez les programmes publiés dans les magazines locaux comme ***Metropolis*** (www.metropolis.co.jp) à Tokyo et ***Kansai Time Out*** à Osaka et Kyoto (www.kto.co.jp). Des billets à tarifs réduits pour les spectacles (et aussi les trains et avions) sont proposés par les **discount ticket shops** *(kinken shoppu)*, petites boutiques présentes un peu partout dans les grandes villes, mais les vendeurs parlent rarement l'anglais.

▸ *Pachinko*

Industrie florissante, le *pachinko* suscite un engouement démentiel dans l'archipel, où les *pachinko parlors* (salles de jeux) font fureur. On les reconnaît à leurs escadrons de rabatteurs, lumières scintillantes, rangées de machines baignant dans un nuage de fumée et bruit assourdissant de cascades de billes métallliques. Le *pachinko* est un hybride de flipper et de machine à sous. On active la poignée en bas à droite, qui propulse une bille d'acier vers le haut, laquelle redescend à travers un parcours semé de clous, dont certaines issues sont gagnantes. La récompense ? Des billes supplémentaires, qu'on peut échanger, si on parvient à en amasser suffisamment, contre des lots *a priori* insignifiants. La loi interdit les jeux d'argent, mais, chance formidable, les lots peuvent être revendus dans une boutique juste à côté... Les vrais pro du *pachinko* y passent leurs journées, écumant les établissements pour trouver les machines les plus favorables au gain.

▸ *Karaoké*

Si vous êtes invité à sortir un soir avec des Japonais, peu de chances d'échapper à un karaoké, institution bien plus appréciée que les virées en boîte. L'occasion rêvée de mettre en valeur vos talents de star-académicien ! Symbole de la pop-culture japonaise, le karaoké fut inventé en 1971, et depuis, il a dépassé les frontières nippones pour conquérir le monde. Qui ne connaît pas son principe ? Il consiste à pousser la chansonnette en musique, en suivant les paroles qui défilent sur un écran. Les salles de karaoké au Japon se composent d'une série de petits salons meublés de canapés et d'une télévision, que l'on réserve à l'heure ou à la nuit (env. 2 000 ¥ le forfait 0h-10h), et où on peut commander à boire et à manger. L'avantage, c'est que leur catalogue comprend des titres par millier, dont certains en anglais et parfois en français. Faites votre sélection, et roulez jeunesse !

ACHATS

Artisanat, antiquités

▸ *Amulettes*

À l'entrée des temples et sanctuaires, des boutiques et étals vendent de multiples talismans porte-bonheur qui peuvent faire l'objet de collections, notamment les *ema*, tablettes de bois votives des sanctuaires shinto.

▸ *Estampes*

Les œuvres originales sont vendues dans des boutiques spécialisées. Contrairement à une idée reçue, les prix ne sont pas forcément tous élevés, cela dépend de la qualité, de la rareté et de l'état de conservation de l'estampe. On peut très bien trouver de ravissantes *ukiyo-e* anciennes à moins de 15000 ¥. Si votre budget est limité, des reproductions de bonne qualité sont aussi diffusées.

▸ *Laques, bois et bambou*

Le choix est immense : objets fonctionnels (bols, baguettes, plateaux, peignes) ou décoratifs (statuettes, poupées, boîtes). Pour les objets de petite taille, faciles à transporter, les prix sont en majorité très abordables. Mais pour les laques les plus soignées ou les meubles en bois anciens, les sommes demandées peuvent être astronomiques.

▸ *Papier et calligraphie*

Le papier japonais fait main *(washi)* est d'une qualité exceptionnelle, souvent moucheté ou rehaussé de couleurs vives et d'incrustations de pétales de fleur. Il entre dans la fabrication de nombreux objets (carnets, boîtes, cahiers, mais aussi éventails et origamis). Les boutiques spécialisées dans les papiers vendent souvent aussi des encens et du matériel pour la calligraphie : pinceaux, encre, pierre à encre. Autant de bonnes idées de cadeaux.

▸ *Parapluies*

En bambou et papier huilé, les parapluies traditionnels *(kasa)* forment des ombrelles très décoratives, en vente dans les magasins d'artisanat.

▸ *Poteries, céramiques*

Le nombre de potiers au Japon est phénoménal. Bols, assiettes, coupes ou bouteilles se trouvent dans toutes les boutiques de poterie de village, dans les grands magasins et centres artisanaux des villes. Chaque région a son style et ses spécialités, en grès ou en porcelaine. Les plus beaux modèles de Bizen, d'Arita ou d'Imari peuvent atteindre des millions de yens. Dans les grands magasins, on déniche souvent des pièces à prix soldés ou des céramiques de qualité ordinaire et bon marché, constituant des cadeaux très typiques.

▸ *Poupées*

Les poupées japonaises *(ningyo)* ne sont pas des jouets mais des objets de collection aux finitions parfois précieuses et sophistiquées, notamment celles de Kyoto et de Kyushu. Lors du Hina Matsuri (3 mars), on offre des poupées aux filles et lors de la Fête des enfants (5 mai), des poupées de samouraï aux garçons. Toutes peuvent représenter d'intéressants souvenirs à rapporter.

▸ *Sabres*

Anciens attributs des samouraïs, les mythiques sabres japonais *(katana)* atteignent des prix faramineux, en raison du soin apporté à leur fabrication. À défaut d'un sabre authentique chez un antiquaire, vous trouverez des imitations de bonne qualité et à prix raisonnables dans les grands magasins.

Autres achats

▸ *Produits alimentaires*

Confiserie, gâteaux - On les achète non pas tant pour le contenu (les gâteaux aux haricots rouges sont d'un goût très particulier) que pour le contenant, des boîtes ravissantes et empaquetages colorés qui font de merveilleux souvenirs.

Saké - Comme pour les vins, il existe des centaines de sakés différents, dont certaines bouteilles aux étiquettes calligraphiées du plus bel effet. Les rayons d'alimentation des grands magasins ont en général leurs cavistes, qui sauront vous conseiller sur le choix d'un bon saké dans les limites de votre budget.

Thé - Au royaume de la cérémonie du thé et du thé vert, on songera naturellement à rapporter quelques sachets pour les amis. Vous pouvez aussi investir dans une théière, mais attention, les modèles en fonte sont lourds à transporter.

▸ *Matériel électronique et photographique*

Les grands bazars d'électronique se concentrent dans certains quartiers comme Akihabara à Tokyo *(voir p. 177)* ou Den Den Town à Osaka *(voir p. 370)*, où les prix sont souvent avantageux. Les grandes chaînes comme Bic Camera ou Yodobashi proposent aussi un vaste choix et des **prix très compétitifs** par rapport à l'Europe, notamment pour les appareils photo et camescopes numériques, les montres, radios, lecteurs de DVD, baladeurs MP3, etc. Les tarifs sont à peu près les mêmes que ceux pratiqués à Hong-Kong ou Singapour, mais avec le risque d'arnaque en moins. Autre avantage, on y trouve toutes les nouveautés et gadgets high-tech dernier cri. N'hésitez pas à demander si un discount peut vous être accordé, certains magasins consentent parfois des rabais de 10 %. Attention toutefois, avant d'acheter un produit, vérifiez bien sa compatibilité, en particulier au niveau des normes électriques et des logiciels, et assurez-vous qu'il inclut un mode d'emploi en version française ou anglaise. Prenez de préférence des modèles conçus pour l'exportation.

▸ *Musique et vidéos*

Les grandes chaînes comme HMV, Towers Records ou Virgin Megastore disposent d'un bon choix de CD et de DVD étrangers à des prix légèrement inférieurs à ceux pratiqués en France, notamment pour les nouveautés. On trouve en outre quantité de boutiques pour les occasions. Seul souci sur les DVD, le menu de base est en japonais, et les versions et sous-titres disponibles n'incluent pas le français.

▸ *Vêtements, textiles*

Les grands magasins vendent quantité de kimonos en soie de superbe qualité, mais à des prix inabordables. Mieux vaut se rabattre sur les boutiques d'occasion, où les modèles se négocient en général entre 5000 et 20000 ¥. Les

Tableau des correspondances des tailles														
Chaussures	Hommes							Femmes						
Japon	25	25,5	26	26,5	27	27,5	28	23	23,5	24	24,5	25	25,5	26
Europe	40	41	42	43	44	45	46	36	37	38	39		40	
Vêtements	Hommes							Femmes						
Japon	S		M		L		LL	7	9	11	13	15	17	19
Europe	44	46	48	50	52	54	56	36	38	40	42	44	46	48

yukata (kimonos en coton léger) neufs coûtent eux bien moins cher, autour de 4000 ¥. Pour la mode moderne, des chaînes comme Uniqlo (équivalent japonais de Gap) commercialisent des vêtements à prix modérés. Les grandes marques de couture japonaise (Yamamoto, Miyake) sont en revanche très onéreuses. Mais des promotions ont lieu durant les **soldes**, généralement en janvier et juillet.

Où acheter

Grands magasins

Les grandes chaînes comme Daimaru, Seibu, Takashimaya, Mitsukoshi ou Isetan offrent, sur plusieurs étages, un choix de produits d'une grande variété et de très bonne qualité. Pratique pour faire ses achats lorsqu'on dispose de peu de temps. Le service est parfait, et le personnel parle souvent l'anglais. Dernier avantage, elles acceptent en général les cartes de crédit. Les prix sont toutefois assez élevés.

Combini

Les *combini*, ou *convenience store*, sont présents à chaque coin de rue sous diverses enseignes : Lawson, Family Market, 7 Eleven, etc. Ces supérettes de quartier ont le mérite d'être ouvertes en permanence et de rassembler, sur une petite surface, un choix incroyable de produits, des caleçons à la nourriture en passant par les magazines, cosmétiques, piles, etc. Pratique pour les courses au quotidien, les petites fringales, mais pas vraiment fait pour dénicher cadeaux et souvenirs.

100 Yens Shops

Disséminés un peu partout, notamment près des gares, dans les galeries commerçantes et les grandes surfaces, les *hyakuen shops* sont des magasins de discount qui, comme leur nom l'indique, vendent toutes sortes d'articles au tarif unique de 100 ¥. Un très bon plan pour les petits souvenirs et cadeaux car on peut y trouver, au milieu de produits pour la maison et la vie de tous les jours, quantité d'objets typiques : baguettes, jouets, éventails, vaisselle, etc.

Boutiques spécialisées

Les principales villes abritent, dans leurs quartiers commerçants, une pléiade de boutiques et d'ateliers spécialisés. C'est là que vous trouverez les meilleurs produits d'artisanat, les objets rares et insolites, à condition de consacrer un certain temps à la recherche. Les plus pressés opteront pour les grands centres d'artisanat pour touristes, comme l'Oriental Bazaar à Tokyo *(voir p. 147)* ou le Kyoto Craft Center *(voir p. 311)*.

Marchés aux puces

Appelés « *nomi-no-ichi* » en japonais, les marchés aux puces se tiennent la plupart du temps le matin dans l'enceinte des temples et sanctuaires, comme celui du sanctuaire Togo le dimanche à Tokyo *(voir p. 147)*. L'ambiance est animée, et on peut y dénicher des objets intéressants, des kimonos d'occasion et des souvenirs pas trop chers.

Détaxe

Sur chaque achat, une taxe sur la consommation de 5 % est perçue, en principe incluse dans le prix affiché. Toutefois, les voyageurs étrangers peuvent obtenir une détaxe au-delà de 10000 ¥ d'achat. La taxe peut être soit retirée de la facture lors de l'achat, soit remboursée après avoir rempli un formulaire. Dans les deux cas, vous devrez présenter votre passeport. La détaxe ne s'applique pas sur les produits courants (alimentation, cosmétiques, alcool, cigarettes, médicaments, piles ou pellicules), mais en revanche elle fonctionnne sur l'électronique et le matériel photo. Des comptoirs *duty free* pour étrangers sont installés dans la plupart des grands magasins, et les boutiques hors taxes sont signalées par un logo *tax free* en anglais. Cependant, ces dernières pratiquent des prix souvent très exagérés. En réalité, n'importe quelle boutique d'électronique peut vous faire la détaxe si vous la demandez. N'oubliez pas, enfin, que la détaxe au Japon ne vous exempte pas du paiement de la TVA française lors du passage en douane.

Expédier ses achats

Si vous devez envoyer un colis par la poste, préférez le service rapide (**EMS**), qui prend env. 5 j. vers la France, plutôt que le service économique (SAL), qui met env. 6 sem. De plus, le service EMS offre une meilleure assurance et la possibilité de suivre l'état de son envoi sur le site www.ems-post.jp.

LIRE, VOIR, ÉCOUTER

Livres

▸ *Civilisation, société*

BARRAL Étienne, ***Otaku, Les enfants du virtuel***, J'ai Lu, 2001. Enquête sur la jeune génération japonaise, dont la vie est entièrement consacrée au multimédia.

BARTHES Roland, ***L'Empire des signes***, coll. Points Essai, Seuil, 2005. Réédition d'un classique de la sémiologie, fruit d'un voyage au Japon mené dans les années 1970.

BENEDICT Ruth, ***Le Chrysanthème et le Sabre***, Picquier Poche, 1995. Une étude approfondie des coutumes japonaises, publiée en 1946 par une ethnologue travaillant pour les États-Unis. Par certains aspects, l'œuvre n'a pas pris une ride.

BERQUE Augustin (sous la dir. de), ***Dictionnaire de civilisation japonaise***, Hazan, 1994. Les arts, la littérature, la pensée, la société, la vie quotidienne, etc, traités par les meilleurs spécialistes et illustrés par de nombreuses images.

DELAY Nelly, ***Le Japon éternel***, coll. Découvertes Histoire, Gallimard, 2001. La civillisation japonaise et ses arts à travers l'histoire. Petit résumé richement illustré.

FRÉDÉRIC Louis, ***Le Japon, Dictionnaire et civilisation***, coll. Bouquins, Robert Laffont, 2002. Dictionnaire de référence très complet, avec pas moins de 20000 articles sur la littérature, l'histoire, la géographie, l'architecture, les temples, etc.

GOLDEN Arthur, ***Geisha***, LGF Poche, 2000. Un best-seller écrit par un journaliste américain, qui retrace la vie d'une célèbre geisha de Gion dans les années 1930.

GOMARASCA Alessandro, ***Poupées, robots : la culture pop japonaise***, Autrement 2002. Voyage dans la vie quotidienne et l'imaginaire d'une jeunesse mutante.

GUILLAIN Robert, ***Les Geishas***, Arléa Poche, 1997. Ayant vécu quarante ans en Asie comme journaliste, l'auteur fait revivre le monde des geishas avant guerre.

JOLIVET Muriel, ***Homo Japonicus***, Picquier Poche, 2002. Le Japon familier raconté par les hommes qui y vivent, résultat d'une longue enquête sur le terrain.

LEBLANC Claude, ***Le Japoscope 2006***, Ilyfunet, 2006. Un résumé synthétique de l'actualité japonaise, qui passe en revue à peu près tous les domaines.

NOTHOMB Amélie, ***Stupeurs et tremblements***, LGF Poche, 2001. Les déboires d'une *office lady* belge au sein d'une grande firme japonaise, racontés avec humour.

PELLETIER Philippe, ***Le Japon***, coll. Idées reçues, Le Cavalier Bleu, 2004. Petit ouvrage instructif qui passe au cribe les principaux clichés et préjugés touchant le Japon. Du même auteur, ***Japon, crise d'une autre modernité***, Éditions Belin - La Documentation française, 2003.

PONS Philippe et SOUYRI Pierre-François, ***Le Japon des Japonais***, Liana Levi, 2004. Par le correspondant du *Monde* et le directeur de la Maison franco-japonaise à Tokyo, un bon petit guide socio-culturel sur les mœurs et coutumes des Nippons.

RICHIE Donald, ***Tokyo, extravagante et humaine***, Autrement, 2000. Une flânerie inspirée à travers le labyrinthe des quartiers-villages de la capitale.

SABOURET Jean-François (sous la dir. de), ***Japon, peuple et civilisation***, La Découverte Poche, 2004. Articles sur la géographie, l'histoire, les religions, la société et les arts du Japon écrits par une équipe de spécialistes universitaires.

▸ *Histoire*

HERSEY John, ***Hiroshima***, 10/18, 2005. En août 1946, le reporter américain rassemble les témoignages de six rescapés de l'horreur. En 1985, il a repris contact avec les victimes et raconte, dans un dernier chapitre, ce qu'elles sont devenues.

REISCHAUER Edwin O., ***Histoire du Japon et des Japonais***, coll. Points Histoire, Seuil, 1997. En deux tomes, des origines à nos jours. Dernière édition réactualisée.

VIÉ Michel, ***Histoire du Japon***, Que sais-je ?, PUF, 2002. Un bon condensé.

▸ *Art, culture, religion*

BUISSON Dominique, ***L'Architecture sacrée au Japon***, ACR, 2000. Les temples et sanctuaires du Japon, leur style et architecture, illustrations à l'appui.

DELAY Nelly, ***L'Estampe japonaise***, Hazan, 2004. L'histoire des estampes des origines à nos jours, leurs thèmes, les principaux artistes, etc.

FRANCK Bernard, ***Dieux et bouddhas du Japon***, Odile Jacob, 2000. Reprise des leçons données au Collège de France par un fin connaisseur des religions du Japon.

KEANE Marc Peter, ***L'Art du jardin au Japon***, Philippe Picquier, 1999. Les principes et des techniques des jardins japonais, par un grand spécialiste de la question.

SHIMIZU Christine, ***L'Art japonais***, Flammarion, 2001. Panorama complet des arts du Japon, de la préhistoire au 20e s., à un prix très abordable.

WATTS Alan W., ***Le Bouddhisme zen***, Payot, 1996. Rédigé par un Américain en 1960, l'ouvrage constitue un bonne présentation de cette philosophie de la vie.

▸ *Romans et récits de voyage*

BARICCO Alessandro, ***Soie***, Folio Gallimard, 2001. Un court roman poétique et captivant, dont l'histoire se déroule entre la France et le Japon au 19e s.

BOUVIER Nicolas, ***Chronique japonaise***, Payot Poche, 2001. Magnifique récit de voyage au Japon par un des maîtres de l'écriture itinérante.

▸ *Littérature japonaise*

ABE Kobo, ***La Femme des sables***, Stock, 2002. L'histoire d'un professeur qui se retrouve par hasard dans un petit village menacé d'être englouti par le sable.

BASHO Matsuo, ***Friches***, Verdier Poche, 2006. Le poète Basho (1644-1694) est considéré comme l'inventeur du haïku, court poème disant l'évanescence du monde.

IBUSE Masuji, ***Pluie noire***, Folio Gallimard, 2004. Roman autour de la malédiction qui frappe les rescapés de Hiroshima. Il fut porté à l'écran par Imamura Shohei.

INOUE Yasushi, ***Le Fusil de chasse***, LGF Poche, 1992. Trois lettres écrites à un homme mystérieux par son épouse, sa maîtresse et la fille de cette dernière.

INOUE Yuki, ***Mémoires d'une geisha***, Picquier Poche, 1999. Témoignage quasi documentaire sur l'apprentissage du dur métier de geisha au début du 20e s.

KAWABATA Yasunari, ***Romans et nouvelles***, La Pochothèque, Albin Michel, 1997. Intègre la totalité des œuvres de Kawabata traduites en français, dont ***Pays de neige***, ***Les Belles endormies***, ***Nuée d'oiseaux blancs***, ***Tristesse et beauté***, ***Kyoto***.

La plupart des romans de MISHIMA Yukio, ***Le Pavillon d'or***, ***Le Marin rejeté par la mer***, ***Confessions d'un masque***, ***Après le banquet***, etc., sont chez Folio Gallimard.

MURAKAMI Haruki, ***La Fin des temps***, Points Roman, Seuil, 1994. Un récit hors norme, dont l'intrigue se déroule entre deux univers parallèles qui finissent par se rejoindre. Du même auteur, ***La Course au mouton sauvage***, Points Roman, Seuil, 1992, et ***Kafka sur le rivage***, Belfond, 2006.

MURAKAMI Ryu, ***Miso Soup***, Picquier Poche, 2003. Un roman au vitriol ayant pour décor le quartier interlope de Shinjuku à Tokyo. Du même auteur, et dans la même collection, ***Les Bébés de la consigne automatique***.

MURASAKI Shikibu, ***Le Dit du Genji***, POF, 1998. Une des plus grandes œuvres de la littérature écrite, il y a près de mille ans, par une noble dame japonaise.

NAGAI Kafu, ***Du côté des saules et des fleurs***, Picquier Poche, 1994. Roman d'amour et de jalousies dans l'intimité des maisons de plaisir.

OE Kenzaburo, ***Le Jeu du siècle***, Folio Gallimard, 2000. Un siècle d'histoire japonaise vue à travers l'aventure de deux frères qui regagnent leur village familial. Du même auteur, ***M/T et l'Histoire des merveilles de la forêt*** ou ***Lettres aux années de nostalgie***.

SOSEKI Natsume, ***La Porte***, Picquier Poche, 1997. Du même auteur, disponibles en collections de poche : ***Botchan***, ***Le Voyageur***, ***À travers la vitre***, ***Je suis un chat***.

TANIZAKI Junichiro, ***Éloge de l'ombre***, POF, 1996. L'esthétique japonaise vue par un des maîtres de la littérature nippone. Du même auteur, en Folio Gallimard : ***Journal d'un vieux fou***, ***La Confession impudique***. Œuvres complètes dans la Pléiade.

URABE Kenko, ***Les Heures oisives***, Gallimard, 1987. Réflexions sur la Cour, la nature humaine, la religion, l'amour, etc., d'un moine érudit et poète du 14e s.

YOSHIMOTO Banana, ***Kitchen***, Folio Gallimard, 1996. Deux personnages livrés à leurs sentiments, suite au décès d'un proche, et cherchant un remède à la solitude.

YOSHIMURA Akira, ***Naufrages***, coll. Babel, Actes Sud, 2004. Dans un village isolé du bord de mer, des feux sont allumés pour naufrager les navires lors des tempêtes.

Films

FUKASAKU Kinji, ***Battle Royale***, 2000.

IMAMURA Shohei, ***La Ballade de Narayama***, 1983. ***L'Anguille***, 1997.

ITAMI Juzo, ***Tampopo***, 1987.

KITANO Takeshi, ***Sonatine***, 1993. ***Hanna-Bi***, 1996. ***Kids Return***, 1997. ***Aniki, mon frère***, 2000. ***Dolls***, 2003.

KOBAYASHI Masaki, ***La Condition humaine***, 1959. ***Hara Kiri***, 1963.

KOIZUMI Takashi, ***Après la pluie***, 2000.

KUROSAWA Akira, ***Les Sept Samouraïs***, 1954. ***Les Bas-Fonds***, 1957. ***Dersou Ouzala***, 1975. ***Kagemusha***, 1980. ***Ran***, 1985. ***Rhapsodie en août***, 1991.

MIYAZAKI Hayao, ***Mon voisin Totoro***, 1988, ***Porco Rosso***, 1995. ***Le Voyage de Chihiro***, 2002, ***Le Château ambulant***, 2005. Grand maître du dessin animé nippon.

MIZOGUCHI Kenji, ***Les Sœurs de Gion***, 1936. ***Les Contes de la lune vague après la pluie***, 1953. ***Les Amants crucifiés***, 1954. ***La Rue de la honte***, 1956.

OSHIMA Nagisa, ***Contes cruels de la jeunesse***, 1960. ***Furyo***, 1983. ***Tabou***, 2000.

OZU Yasujiro, ***Voyage à Tokyo***, 1953. ***Le Goût du saké***, 1978.

Musique

▸ *Musique traditionnelle*

Compilation de musique japonaise, 2 CD, Naïve, 2003.

L'Empire du Soleil-Levant, compilation de musique japonaise, Kailash, 2003.

TAMBA Akira, ***La Musique classique du Japon*** (livre + CD), POF, 2001.

Kodo, ***Best of Kodo***, Columbia Tristar, 1995. Celèbre groupe de *taiko* (tambours).

▸ *J-Pop et J-Rock*

AMURO Namie, ***Queen of the Hip-hop***, Avex Dd, 2006.

Asian Kun Fu Generation, ***Fan Club***, Sony, 2006.

AYUMI Hamasaki, ***Miss-Understood***, Avex Dd, 2006.

B'z, ***The Best Pleasure***, Jb, 1998. ***Circle***, Phantoms Import, 2005.

Every Little Thing, ***4 force***, Import, 2001.

Glay, ***The Frustrated***, Toshiba Emi, 2006. ***Pure Soul***, Universal, 1999.

Globe, ***Cruise Record***, 2 CD, Import, 1999.

HIKARU Utada, ***Ultra Blue***, Toshiba Emi, 2006.

X Japan, ***Jealousy***, Sony, 1998.

Cartes

Japan Atlas, A Bilingual Guide, Kodansha.

Japan Road Atlas, 1/250000 et 1/600000 (pour Hokkaido), Shobunsha.

Tokyo City Atlas, A Bilingual Guide, Kodansha.

SE DÉBROUILLER EN JAPONAIS

Le japonais s'écrit en combinant des *kanji* (idéogrammes chinois) et deux alphabets, le *hiragana* et le *katakana* (pour les mots d'origine étrangère). Pour l'écriture en *romaji* (lettres romaines), on utilise une transcription phonétique simplifiée, sans accent. La prononciation est la même qu'en français, à quelques détails près. Les voyelles composées se prononcent chacune séparément. **Ai** se dit « aï ». Le **u** se prononce soit « ou » soit « eu » et s'entend à peine. Le **e** se dit « é ». La lettre **g** se prononce « gue ». Le **j** se dit « dj ». Le **ch** se prononce « tch ». Le **r** est roulé, très proche d'un « l ». Le **s** est doublé en « ss ». Le **w** se dit « oua ».

Glossaire des toponymes

-bashi ou **-hashi**	pont	**-ken**	préfecture
chome	quartier	**-kita**	nord
-dake ou **-take**	pic	**-ko**	lac
-daki ou **-taki**	cascade	**-koen**	parc, jardin
-dani ou **-tani**	vallée	**-ku**	arrondissement

HOTE
our les bonnes petites adresses,
suivez le guide.
MICHELIN
France
HOTELS & RESTAURANTS
MICHELIN
w York
City

-dera ou **-tera**	temple	**-machi**	commune
-do	salle d'un temple	**-minami**	sud
-dori ou **-tori**	rue	**-minato**	port
-en	jardin	**-mon**	porte
-gawa ou **-kawa**	rivière, fleuve	**-mura**	village
-hama	plage	**-nishi**	ouest
-hanto	péninsule	**-onsen**	source thermale
-higashi	est	**-saka** ou **-zaka**	pente
-in ou **-ji**	temple	**-shi**	ville
-iwa	rocher	**-taisha**	sanctuaire
-jima ou **-shima**	île	**-to**	pagode
-jinja ou **-jingu**	sanctuaire	**-torii**	portique
-jo	château	**-ura** ou **-wan**	baie, crique
-kai	mer	**-yama**	montagne, mont
-kaigan	côte	**-zan** ou **-san**	mont

Conversation de base

Oui / non	hai / iié
Bonjour (matin)	ohayo gozaimasu
Bonjour (journée)	konichiwa
Bonsoir	konban wa
Bonne nuit	oyasumi nasai
Au revoir	sayonara
Comment allez-vous ?	ogenki desuka ?
Très bien, merci	hai, genki desu
Merci (beaucoup)	arigato (gozaimasu) / domo arigato
Non, merci	iie, kekko desu
Il n'y a pas de quoi	doitashimashite
Je vous en prie (entrez, servez-vous)	dozo
Excusez-moi / pardon	sumimasen / gomennasai
S'il vous plaît	onegai shimasu
Enchanté	hajime mashite
Quel est votre nom ?	o namae wa nan desuka ?
Je m'appelle...	watashi wa ... desu
Quelle est votre nationalité ?	nani jin desuka ?
Je suis français	watashi wa furansu-jin desu
Parlez-vous anglais ?	eigo ga hanasemasuka ?
Je comprends / ne comprends pas	wakarimasu / wakarimasen
Pouvez-vous répéter ?	mo ichido itte kudasai ?
Comment dit-on ... en japonais ?	nihongo de ... wa nan to imasuka ?
Pouvez-vous l'écrire en anglais ?	eigo de kaite kudasai ?
Attendez un instant s'il vous plaît	chotto mate kudasai
J'aime... / je n'aime pas...	... ga suki desu / ... ga kirai desu

Le temps

Janvier	ichi-gatsu	**Lundi**	getsu-yobi
Février	ni-gatsu	**Mardi**	ka-yobi
Mars	san-gatsu	**Mercredi**	sui-yobi

Avril	shi-gatsu	**Jeudi**	moku-yobi
Mai	go-gatsu	**Vendredi**	kin-yobi
Juin	roku-gatsu	**Samedi**	do-yobi
Juillet	shichi-gatsu	**Dimanche**	nitshi-yobi
Août	hachi-gatsu	**Aujourd'hui**	kyo
Septembre	ku-gatsu	**Maintenant**	ima
Octobre	ju-gatsu	**Hier**	kino
Novembre	ju-ichi-gatsu	**Demain**	ashita
Décembre	ju-ni-gatsu		

Ce matin / cet après-midi	kesa / kyo no gogo
Ce soir / cette nuit	koban / konya
Demain matin	ashita-no-asa
Demain après-midi	ashita-no-gogo
Demain soir	ashita-no-yoru
Après-demain	asatte
Quelle heure est-il ?	nan ji desuka ?
Tard / tôt	osoi / hayai

S'orienter

Droite / à droite	migi / migi ni
Gauche / à gauche	hidari / hidari ni
Tout droit	masugu
Devant / derrière	mae / ushiro
Je veux aller à...	... ni ikitai desu
Où se trouve... ?	... wa doko desuka ?
Où est-ce ? / c'est ici	doko desuka ? / koko desu
Est-ce près ? / est-ce loin ?	chikai desuka ? / toi desuka ?
On peut y aller à pied ?	aruite wa ikemasuka ?
Pouvez-vous me faire un plan ?	chizu o kaite kudasai ?
Je suis perdu	mayoimashita

Les transports

Avion / aéroport	hikoki / kukoo
Gare / train	eki / densha
Métro / tramway	chikatetsu / romen densha
Bateau	fune, boto
Bus / arrêt de bus	basu / basu-tei
Bicyclette / louer	jitensha / chingashi-suru
Voiture / permis de conduire	kuruma / unten-menkyo
Station de taxis	takushi noriba
Arrêtez-vous ici s'il vous plaît	koko de tomatte kudasai
Un billet pour... s'il vous plaît	... yuki no kippu o kudasai
Aller simple / aller retour	katamichi kippu / ofuku kippu
Place réservée / non réservée	chite seki / jiyu seki
Seconde classe / première classe	nito / itto
Guichet / consigne	kippu uriba / nimotsu azukarijo
À quelle heure part le bus pour... ?	... iki no basu wa nanji ni demasuka ?
À quelle heure arrive-t-on ?	nanji ni tsukimasuka ?

Combien de temps faut-il ?	donogurai kakarimasuka ?
Quel le quai du train pour... ?	... yuki wa nan homu desuka ?
Est-ce que c'est le train pour... ?	... yuki no densha wa kore desuka ?
À quelle station sommes-nous ?	kono eki wa doko desuka ?
Prévenez-moi quand on arrivera à...	... ni tsuitara oshiete kudasai
Les communications	
Cabine téléphonique	koshu denwa
Carte téléphonique	terefon kado
Appel international	kokusai denwa
Allô	moshi moshi
Bureau de poste	yubin kyoku
Carte postale / lettre	hagaki / tegami
Timbre	kitte
Par avion / en recommandé	kokubin / kakitomebin
Les visites	
Office de tourisme	kanko annaijo
Ouvert / fermé	eigyo-chu / kyujitsu
À quelle heure cela ouvre / ferme ?	nanji ni akimasuka / shimarimasuka ?
Entrée / sortie	iriguchi / deguchi
Où sont les toilettes ?	otealai wa doko desuka ?
Centre-ville	machi-no-chushin
Musée	hakubutsukan
L'argent, les achats	
Banque	ginko
Pouvez-vous changer de l'argent ?	ryogae ga dekimasuka ?
Combien ça coûte ?	ikura desuka ?
Vous prenez les cartes de crédit ?	kurejito kado wa tsukaemasuka ?
Cher / bon marché	takai / yasui
Avez-vous... ?	... wa arimasuka ?
Qu'est ce que c'est ?	kore wa nan desuka ?
Puis-je essayer cet article ?	kite mite mo ii desuka ?
Petit / grand	okii / chisai
Je prends ça	kore o kudasai
À l'hôtel	
Avez-vous une chambre libre ?	heya ga arimasuka ?
Je voudrais réserver une chambre	heya o yoyaku shitai desu
J'ai / je n'ai pas de réservation	yoyaku wa shimashita / shite imasen
Chambre simple / double / twin	shinguru / daburu / tsuin
Chambre japonaise / occidentale	washitsu / yoshitsu
Chambre avec salle de bains	ofuro tsuki no heya
Quel est le prix de la nuit ?	ippaku ikura desuka ?
Je resterai 1 / 2 / 3 nuits	ippaku / nihaku / sanpaku tomarimasu
Avez-vous un accès Internet ?	netto akusesu wa arimasuka ?
Puis-je laisser mes bagages ?	nimotsu o azukate mo ii desuka ?
Je quitte l'hôtel demain	asu shuppatsu shimasu

Appelez-moi un taxi s'il vous plaît	takushi o yonde kudasai
Clé / passeport / réception	kagi / pasupoto / furonto

Au restaurant

Une table pour deux s'il vous plaît	futari onegaishimasu
Avez-vous un menu en anglais ?	eigo no menyu wa arimasuka ?
Donnez-moi ... s'il vous plaît	... o kudasai
La même chose que mon voisin	tonari no hito to onaji mono o kudasai
Petit-déjeuner / déjeuner / dîner	choshoku / chushoku / yushoku
Chaud / froid	atsui / tsumetai
J'ai faim / je n'ai plus faim	onaka ga sukimashita / onaka ga ippai
C'est bon	oishii desu
Garçon, l'addition, s'il vous plaît !	sumimasen, okanjo onegaishimasu !

Urgences / Santé

J'ai mal à la tête / ventre / dents	atama / onaka / ha ga itai desu
Au secours !	tasukete !
Appelez une ambulance	kyukyusha o yonde kudasai
Appelez la police	keisatsu o yonde kudasai
J'ai besoin d'un médecin	isha ga hitsuyo desu
Où est l'hôpital le plus proche ?	byoin wa doko ni arimasuka ?
J'ai perdu mon passeport	pasupoto o nakushimashita
Ambassade	taishi kan
Poste de police / pharmacie	koban / kusuriya

Les chiffres et numérations

0	zero, rei				
1	ichi	**6**	roku	**11**	ju-ichi
2	ni	**7**	nana	**100**	hyaku
3	san	**8**	hachi	**200**	ni-hyaku
4	yon	**9**	kyu	**1000**	sen
5	go	**10**	ju	**10000**	ichi-man
100000	ju-man	**1 million**	hyaku-man		
1 personne	hitori	**2 personnes**	futari		
3 personnes	sannin	**4 personnes**	yonin…		

Bêtisier du « franponais », le français à la sauce japonaise

Pour beaucoup de Japonais, les mots français évoquent un univers de distinction et de glamour parisien dont s'inspirent les fabricants de mode et de parfum, comme par exemple la marque « Comme ça du mode », bien connue dans l'archipel. Mais la liste des barbarismes tirés du français s'étend à d'autres domaines. Voici quelques perles relevées ici et là par des voyageurs : « La clape » (nom d'une crêperie). « Mademoiselle non-non » (discothèque à Tokyo). « Chou à la crèmerie » (pâtisserie de Kobe). « Avoir du chic » (marque de chaussures). « Cocue » (boutique de prêt-à-porter). « Rue de Anniversaire » (galerie marchande). « Cher pette oiseau de fanfaronnade » (plat du jour d'un restaurant). « Château Bof » (carte des vins d'un restaurant chic). « Petit Marie » (agence matrimoniale). « Hotel Papion » (enseigne d'un hôtel).

650
A
8
650
¥650
650
仲見世

JAPON EN DIRECT

高

LE JAPON VU PAR ..

GÉOGRAPHIE

Situé à la bordure orientale du continent asiatique, le Japon forme un arc insulaire montagneux qui s'étire sur 3000 km, entre les 20e et 46e parallèles nord. D'une surface terrestre assez modeste (377873 km², soit 70 % de la France), l'archipel dispose en revanche d'une surface maritime considérable, une zone exclusive de pêche dilatée sur plus de 4,5 millions de km², soit la taille du sous-continent indien. Ni privé de ressources naturelles, ni vraiment surpeuplé, le Japon se caractérise par une nature grandiose mais inhospitalière. Pour faire vivre sa population, il lui a fallu exercer une emprise efficace sur ce milieu hostile, dont l'aménagement patient et ingénieux lui a permis d'édifier une économie puissante.

UNE GUIRLANDE INSULAIRE ÉPARPILLÉE

Isolé aux confins de l'Orient, l'archipel appartient à la **ceinture de feu** du Pacifique, cette guirlande d'îles instables qui marque la limite des plaques tectoniques. Sa forme convexe, qui reproduit le tracé du rivage, témoigne de son ancien attachement au continent, telle une crevette accrochée au ventre de l'Asie. La distance qui le sépare des côtes est de 900 km dans sa partie centrale, mais de seulement 180 km entre Kyushu et la péninsule coréenne, et de 300 km entre Hokkaido et la Sibérie. Malgré ces faibles distances, la navigation difficile dans ces détroits, jadis infestés de pirates, a longtemps entravé les échanges avec les pays riverains, ce qui explique le relatif **isolement** dans lequel a vécu le Japon jusqu'au milieu du 19e s.

Le particularisme du Japon est aussi la conséquence d'un territoire morcelé sur de vastes amplitudes, fractionné en une myriade d'îles à la topographie chaotique. Avec **8645 îles** officiellement répertoriées, le Japon forme une véritable galaxie insulaire, comparable aux archipels émiettés des Philippines ou de l'Indonésie. À cette différence, toutefois, que sa population et ses activités se concentrent sur **quatre îles principales** : Hokkaido (79000 km²) au nord, Honshu (227000 km²) au centre, Shikoku (18000 km²) au sud-est et Kyushu (37000 km²) au sud-ouest. Plus loin au sud s'étend l'archipel d'Okinawa (Ryukyu), près de Taiwan.

UN RELIEF TOURMENTÉ

Du point de vue géologique, la genèse de l'archipel japonais est récente. Vers la fin de l'ère primaire, la grande plaque sous-marine de l'océan Pacifique, après être entrée en collision avec la plaque continentale, commença à s'enfoncer sous elle. Une série de plissements et de soulèvements successifs firent s'élever des montagnes et s'ouvrir des failles profondes. Des roches en fusion jaillirent des entrailles de la terre, donnant naissance à une intense activité volcanique, qui se poursuit de nos jours. L'omniprésence des **montagnes** (70 % du territoire), l'étroitesse des plaines (la plus grande, celle du Kanto, ne dépasse pas 15000 km²), un relief fortement accidenté, constitué pour l'essentiel de pentes supérieures à 15 %, et partout la vision de pics aiguisés surplombant l'océan, de vallées étroites où coulent des torrents, de cratères volcaniques fumants et grondants, attestent d'une terre toujours en formation.

Les **volcans** *(kazan)* sont parmi les éléments les plus remarquables du paysage : le Japon en compte plus de 250, principalement à Hokkaido, au nord de Honshu et à Kyushu. Une cinquantaine sont toujours actifs, qui émettent des fumerolles, des volutes de cendres et des nuages de vapeur, comme l'impressionnant Sakurajima, près de Kagoshima. Ils connaissent parfois des éruptions violentes, tels le Mihara, sur l'île d'Oshima, en 1986. La plupart ont la forme de cônes, à l'image du plus parfait d'entre eux, le **mont Fuji** (3776 m), le sommet le plus élevé et le plus sacré du pays. Sa dernière éruption remonte à 1707.

Une longue dorsale montagneuse parcourt les îles de l'archipel, dont les points culminants (une trentaine de sommets de plus de 3000 m) se dressent au sein des trois monts Akaishi, Kiso et Hida, les « **Alpes japonaises** » qui dominent le centre de Honshu. Ailleurs les montagnes dépassent rarement 2000 m, mais les pentes sont la plupart du temps très escarpées.

VARIÉTÉ DES RIVAGES

Les longues côtes (33000 km) du Japon offrent aussi des paysages contrastés, où s'opposent les vastes plages rectilignes de la **mer du Japon**, à l'ouest, aux péninsules bordées d'abruptes falaises et aux baies échancrées du **Pacifique**, côté est. Les côtes sont baignées par deux courants marins, l'un froid descendant du nord, l'Oyashio, l'autre chaud remontant de l'équateur, le Kuroshio. Leur rencontre crée des zones riches en espèces marines. Les îles n'étant que les parties émergées d'une énorme chaîne montagneuse, elles sont bordées par des **fosses marines** parfois abyssales, comme le Nampo-shoto (10374 m), sur le littoral pacifique, prolongé au sud par la célèbre fosse des Mariannes (11034 m). La mer du Japon est formée de plateaux sous-marins qui plongent parfois jusqu'à 3500 m. La **mer Intérieure** *(Setonaikai)*, entre Honshu, Shikoku et Kyushu, est quant à elle peu profonde, mais agitée de courants violents.

LA CONQUÊTE DE L'ESPACE

En raison du relief accidenté, seul 30 % du territoire est habitable. Les surfaces agricoles exploitables (13 %), occupées par des rizières, se regroupent dans les étroites **plaines littorales** (Kanto, Nobi, Niigata), les vallées encaissées et les bassins enclavés entre les montagnes, là où se rencontrent aussi les plus fortes densités de population. D'où la sensation d'un espace exigu et urbanisé, en particulier dans la gigantesque « **mégalopole du Pacifique** » qui s'étire, sur 1000 km, de Tokyo à Fukuoka, en passant par Yokohama, Nagoya, Kyoto, Osaka et Kobe. Le long de cet axe majeur, les immenses étendues urbaines et industrielles, les lignes de trains à grande vitesse (Shinkansen), les réseaux routiers, tunnels et ponts géants, les fleuves corsetés de digues, les côtes bétonnées et les terrains gagnés sur la mer témoignent d'une nature largement domestiquée, où le moindre lopin de terre porte l'empreinte de l'activité humaine.

Réduites comme peau de chagrin, les campagnes n'offrent plus guère le visage bucolique d'antan, hormis les régions rurales restées à l'écart du développement industriel du côté de la mer du Japon et dans les extrémités périphériques comme le nord de Hokkaido, le sud de Kyushu et l'archipel d'Okinawa (Ryukyu). S'ils vénèrent la **nature**, les Japonais ne la conçoivent pas comme une valeur opposée à l'ordre humain. Aussi leur paraît-il naturel que l'homme la modifie à sa guise. La tradition privilégie non pas la nature sauvage, mais sa version reconstruite artificiellement, et la sensibilité esthétique s'accommode fort bien de la coexistence d'une raffinerie de pétrole à côté d'un temple ou d'un jardin traditionnel.

LA FLORE ET LA FAUNE

Reste que cette attitude prédatrice envers l'environnement, au profit de l'agriculture et de l'industrie, a eu des effets désastreux en matière d'écologie. Depuis quelques années, une prise de conscience s'est effectuée au sein de la société japonaise sur la nécessité de préserver les richesses sauvages de l'archipel. Depuis 1972, le pays a ainsi renforcé la protection de ses Parcs nationaux *(kokuritsu-koen)*, qui sont désormais 28, répartis sur les différentes îles, auxquels s'ajoutent une cinquantaine de Parcs « quasi nationaux » *(kokutei-koen)*.

Le pays des arbres et des fleurs

Favorisées par le climat et le relief, les **forêts** constituent le grand atout naturel du Japon. Elles couvrent les deux tiers du territoire et recèlent 186 espèces d'arbres et 4500 variétés de plantes indigènes. Du nord au sud, et selon l'altitude, se succèdent cinq grandes zones végétales : la forêt boréale à sapins et bouleaux de Hokkaido ; la forêt tempérée à larges feuilles caduques (hêtres, érables, chênes) dans le nord et le centre de Honshu ; la forêt à feuillage luisant et persistant (chênes verts, lauriers, bambous, camélias), qui allait jadis de la plaine du Kanto à Kyushu, mais qui a presque disparu ; enfin la forêt subtropicale des îles du Sud, où prospèrent palmiers, fougères arborescentes, lianes, grands bambous et mangroves côtières. Environ 25 % des forêts sont encore intactes, le reste étant exploité et souvent uniformément reboisé par des cryptomerias, grands conifères évoquant des séquoias, ou par des cyprès, dont le bois sert à la construction.

Deux forêts ont été classées au Patrimoine mondial de l'Unesco : la forêt de hêtres de Shirakami-Sanchi, au nord de Honshu, et la forêt de cèdres de Yakushima, au sud de Kyushu.

Dans les parcs et le long des avenues, on croise aussi des ginkgos dont les feuilles en éventail se parent d'un jaune éclatant à l'automne, qui contraste alors avec le rouge flamboyant des érables. La rose et éphémère éclosion des fleurs des **cerisiers** *(sakura)*, au printemps, est suivie comme un événement à travers tout le pays, donnant lieu à de grands pique-niques. D'autres cycles de floraison colorent les jardins au fil des saisons : pruniers, pivoines et azalées au printemps, iris et lotus en été, chrysanthèmes à l'automne, etc.

Animaux sacralisés mais menacés

La **faune** variée de l'archipel comprend aussi bien des animaux des tropiques du Sud-Est asiatique, de la zone tempérée de Corée et de Chine et des zones subarctiques de Sibérie. Hokkaido est le domaine des ours bruns, hermines, visons, faisans, grues, phoques ou morses. Les îles de Honshu et Shikoku abritent sangliers, cerfs sika, renards, fouines et canards mandarins. Kyushu s'enorgueillit de ses singes, de ses tortues de mer géantes et de ses poissons colorés des récifs coralliens. Au nord, la mer sert de refuge aux otaries, lions de mer et baleines à bec.

Parmi les animaux fétiches de l'archipel figurent le macaque japonais, dont on voit souvent des colonies se prélasser dans les sources chaudes de Nagano en hiver, ou encore les biches de Nara, qui sont plus d'un millier à s'ébattre au cœur de la ville. Mais beaucoup d'espèces rares ou endémiques sont menacées, telles les grues japonaises, les ours noirs d'Asie, les loutres et les chats sauvages d'Iriomote. Les ibis à crête, jadis emblèmes du Japon, se sont éteints en 1997, et font depuis l'objet d'une tentative de réintroduction.

Les Japonais, à l'instar des Chinois, accordent une place très importante aux animaux dans leur folklore. Ainsi le renard *(kitsune)*, considéré comme le messager divin d'Inari, le dieu de l'Agriculture, est vénéré dans de nombreux sanctuaires, tandis que l'effigie du chien viverrin *(tanuki)*, ventre bedonnant et brandissant un flacon de saké, trône sur le comptoir des bars.

ALÉAS ET CATASTROPHES NATURELLES

La légende prétend que les séismes qui secouent l'archipel sont causés par les convulsions d'un énorme poisson-chat (le *namazu*) vivant sous les îles, et que la divinité Kashima s'efforce de tenir en respect. Le Japon est surtout situé au carrefour de quatre grandes plaques tectoniques, dont les chevauchements créent de formidables pressions sur l'écorce terrestre, libérant plus de 10 % de l'énergie sismique de la planète. C'est pourquoi le pays figure parmi les plus exposés aux **tremblements de terre**. Chaque année, on y recense de nombreuses secousses, la plupart imperceptibles par l'homme. Le séisme le plus dévastateur fut celui de Kanto, en 1923 (140 000 morts). Plus récemment, le tremblement de terre de Kobe, en 1995, qui a fait 6 433 morts et 43 700 blessés, a dévoilé les limites d'un système de prévention et de sécurité pourtant bien rôdé.

Les séismes, lorsqu'ils se produisent en mer, peuvent aussi causer de redoutables **tsunamis**, ou raz-de-marée, dont les vagues peuvent atteindre jusqu'à

35 m au contact du littoral. Les vagues tueuses peuvent d'ailleurs venir de loin : en 1960, un séisme au Chili, de magnitude 8,5, a détruit de nombreux bâtiments et fait plus d'une centaine de victimes sur l'archipel. La tectonique des plaques, enfin, provoque régulièrement de dangereuses **éruptions volcaniques**, forçant la population à évacuer à la hâte.

Les turbulences climatiques qui affectent le Japon peuvent aussi se révéler désastreuses : en hiver, d'épaisses **chutes de neige** paralysent le littoral sur la mer du Japon, tandis qu'à l'automne, des **typhons** tropicaux remontent le long de la façade pacifique.

Mais les soubresauts de la nature ont un caractère régulier et prévisible. Le pays a appris à s'en prémunir en mettant au point de nombreuses parades, notamment contre les **inondations**, les crues et les **glissements de terrain**. Le volcanisme a aussi ses bienfaits, comme les sources chaudes *(onsen)*, qui font les délices des Japonais. Aussi les dégâts causés par la nature sont-ils perçus non comme de scandaleuses catastrophes, mais plutôt comme d'inévitables aléas.

CLIMAT : L'ENVERS ET L'ENDROIT

Étiré des banquises sibériennes de la mer d'Okhotsk aux mangroves tropicales d'Okinawa, le Japon connaît des climats régionaux variés, qu'accentuent les contrastes d'altitude. Dans l'ensemble, le climat est dominé par l'alternance saisonnière des vents. L'hiver, des vents glacés soufflent de Sibérie et provoquent de fortes chutes de neige sur le versant de la mer du Japon, appelé le « **Japon de l'envers** » *(Ura Nihon)*. Protégé par la barrière montagneuse des Alpes centrales, le versant pacifique, ou « **Japon de l'endroit** » *(Omote Nihon)*, connaît au contraire des hivers secs et ensoleillés. En été, des vents chauds et humides arrivent du sud-est. Des masses d'air tropical maritime remontent vers le nord, et provoquent, à la fin du printemps, de fortes pluies de mousson *(baiu)*. Après les chaleurs moites de l'été, les précipitations peuvent être diluviennes durant la seconde saison des pluies, entre fin août et début septembre, et s'accompagner de cyclones sur les îles méridionales.

POPULATION : AMORCE D'UN DÉCLIN

L'opposition entre l'envers et l'endroit se renforce dans l'occupation du sol : un Japon rural et peu peuplé à l'ouest et au nord, qui contraste avec une façade littorale sur le Pacifique et sur la mer Intérieure urbanisée et industrialisée. La région de Tokyo concentre à elle seule le quart de la population sur 2 % du territoire. L'essor démographique des villes, débuté avec l'industrialisation dans les années 1950, a entraîné un dépeuplement massif des campagnes. Le pourcentage de la population rurale (23 %) diminue d'année en année, laissant des régions désertées.

Le **vieillissement** de la population est un autre sujet d'inquiétude. La part des plus de 65 ans, qui était de 18 % en 2001, devrait grimper à 36 % en 2050. Ce prévisible *papy-boom* s'accompagne d'une forte baisse de la natalité, si bien que la croissance naturelle de la population est désormais en panne. En 2005, pour la première fois, le Japon a vu sa population diminuer. Selon les prévisions, elle devrait descendre autour de 100 millions en 2050, au lieu des 127,6 millions actuels, déclin qui fait peser une menace sur l'avenir économique du pays.

HISTOIRE

Le Japon a longtemps fait figure de bout du monde évoluant en vase clos. Pourtant, l'océan qui l'entoure n'a jamais constitué un obstacle infranchissable. Les barrières furent avant tout d'ordre politique et culturel. L'histoire de l'archipel est ainsi marquée par l'alternance de périodes d'**ouverture** aux influences étrangères et de phases de **repli**, durant lesquelles le Japon digère ces apports de civilisation et les adapte à son usage. Dans l'esprit du Japon ancien cohabitent deux penchants antagonistes : l'avidité de la connaissance extérieure et le mépris à l'égard des « barbares étrangers ». À rebours des autres nations d'Asie, le pays ne sera jamais colonisé ni occupé, hormis une brève période à la fin de la Seconde Guerre mondiale, au terme de laquelle les États-Unis lui restitueront sa souveraineté. Grâce à l'exceptionnelle prospérité acquise depuis 1945, le Japon mène désormais une diplomatie active sur la scène mondiale, où il espère trouver une place politique à la mesure de sa puissance commerciale.

PRÉHISTOIRE ET PROTOHISTOIRE

(40000 av. J.-C.-fin du 6e s.)

L'origine du peuplement de l'archipel reste obscure. Les premiers habitants, des chasseurs-cueilleurs utilisant des armes et des outils de pierre taillée, arrivèrent sans doute dans le sillage des troupeaux de gibier qui migrèrent sur l'archipel lors des grandes glaciations du Paléolithique. L'abaissement du niveau des mers permit alors des passages depuis la Sibérie, au nord, et la Corée, à l'ouest. Il est possible aussi que des migrants soient venus du Pacifique sud pour faire souche sur les îles de Kyushu et d'Okinawa.

Les potiers du Jomon

Voici 12000 ans, le climat se réchauffe et le niveau des eaux remonte, isolant l'archipel du continent. À la même époque se met en place une civilisation appelée « **Jomon** » (10000-300 av. J.-C.), caractérisée par ses poteries décorées à l'aide de cordes enroulées sur des bâtonnets. Ces céramiques, parmi les plus anciennes du monde, connurent de nombreuses variantes de forme : vases à fonds pointus puis à fonds plats, bords décorés de protubérances flamboyantes, statuettes humaines *(dogu)* aux yeux globuleux et à la signification énigmatique. Les hommes habitaient alors des huttes primitives, se nourrissaient de coquillages, de plantes, de graines, de tubercules, de poissons, de daims et de cochons. Une agriculture rudimentaire, sur brûlis, apparaît dans le Nord et l'Est de l'archipel, donnant naissance, vers 1000 av. J.-C., aux premières bourgades, groupées autour de mégalithes.

Riziculture et métallurgie

Durant l'ère **Yayoi** (300 av. J.-C.-300 apr. J.-C.), d'importantes mutations se font jour : la riziculture inondée, le travail du bronze et du fer et la poterie au tour sont introduits dans le Sud et l'Ouest du Japon, sous l'impulsion des hommes venus de Chine et de Corée. Les nouveaux migrants refoulent les hommes du Jomon tardif vers le nord de Honshu et de Hokkaido, où ils se mêlent à une population autochtone originaire de Sibérie, les Aïnous. Les communautés yayoi érigent des maisons de bois aux toits de chaume et des greniers sur pilotis. Elles pratiquent le chamanisme et utilisent d'étranges objets rituels en bronze, les *dotaku*, sorte de cloches gravées de scènes quotidiennes qui, plantées en terre sur des piliers, servaient sans doute au culte de fertilité.

La civilisation des *tumuli* antiques, les **kofun** (4e s.-fin du 6e s.), prend la relève. Influencée par les royaumes coréens, elle se caractérise par l'apparition de sépultures gigantesques, ceintes de douves et ornées de statuettes. Les tombeaux sont disséminés à travers le territoire, principalement à l'ouest et au centre du Japon. La richesse des chambres funéraires et la quantité d'armes exhumées au cours des fouilles laissent penser qu'il s'agissait d'une société de guerriers cavaliers dominée par une aristocratie puissante.

Naissance d'un État

Divisée en clans *(uji)*, cette aristocratie va se fédérer, vers la fin du 4e s., en une influente dynastie régnant sur la plaine du **Yamato**, au sud de Kyoto. Connue par les chroniques chinoises comme le royaume des Wa, la cour de Yamato parviendra bientôt à contrôler presque tout le pays. Un embryon d'État s'organise, avec à sa tête un empereur qui prétend tirer son autorité de la déesse solaire Amaterasu. Des relations diplomatiques se tissent avec les dynasties du continent, celle du Paekche de Corée et les Jin de Chine, permettant la transmission des techniques et inventions héritées des Chinois comme le tissage de la soie, la poterie vernissée, l'art de la laque, la peinture, l'architecture et l'écriture.

LA PÉRIODE ANCIENNE

(552-1185)

Durant la période **Asuka** (552-710), du nom d'un village du Yamato devenu la capitale, le **bouddhisme** commence à se développer sur l'archipel. Supplantant le shinto, il devient la religion officielle en 594. Sous la régence de Shotoku Taishi (574-622), une constitution est promulguée qui organise la centralisation du pouvoir à travers un corps administratif hiérarchisé. En 645, le prince Nakano-ohe et le clan Nakatomi s'emparent du trône et inaugurent une série de grandes réformes visant à faire de l'État une copie conforme du modèle centralisé de la cour chinoise des Tang, auprès de laquelle sont envoyés ambassadeurs et étudiants. L'empereur prend le titre de *tenno*, « souverain céleste », et l'État le nom de « *Nihon* », « pays du soleil levant ».

Essor des villes et du bouddhisme

L'époque **Nara** (710-794), la nouvelle capitale du royaume, marque l'apogée du système de centralisation bureaucratique à la chinoise. Des codes administratifs et pénaux sont édictés, qui resteront en application pendant plus d'un millénaire. La société est divisée en trois catégories : au sommet de la pyramide, l'empereur et sa famille ; puis les hommes libres *(ryomin)*, c'est-à-dire les fonctionnaires et administrateurs ; enfin les sujets *(senmin)*, astreints à l'obéissance. En 712 et 720 paraissent les *Kojiki* et *Nihon shoki*, récits légendaires sur l'origine du monde et de la dynastie impériale *(voir « Littérature », p. 115)*.

Nara devient le foyer d'une culture riche et vivante, qui voit la construction de grands monastères. L'empereur **Shomu** ordonne, en 745, l'édification du Todai-ji et de son Grand Bouddha de bronze *(Daibutsu)*, promu dieu Gardien de la nation *(voir p. 345)*. Vers 760 paraît la première grande anthologie poétique du Japon, le *Man'yoshu* *(voir « Littérature », p. 115)*. Des campagnes miliaires permettent enfin à la cour impériale d'étendre sa tutelle sur le Nord-Est de l'archipel. Mais les moines bouddhistes de Nara cherchent à accroître leur contrôle de l'État. En 765, un religieux ambitieux, Dokyo, parvient même à se faire nommer Premier ministre. Aussi, pour échapper à leur emprise, l'empereur décide-t-il de transférer la capitale à Heian, l'actuelle Kyoto.

Les fastes de la cour impériale

La période **Heian** (794-1185) marque une sorte d'âge d'or de la civilisation japonaise, durant lequel se développe un art de vivre et une culture raffinés. Princes, dignitaires et courtisanes vivent alors dans l'univers harmonieux de fastueux palais, aux salles ornées de peintures et d'objets précieux. Pour affirmer leur puissance, les aristocrates font construire des temples et des villas richement décorés, où trônent des statues couvertes d'or et où se déploient des jardins évoquant le paradis bouddhique.

Sous l'égide des **Fujiwara**, une puissante famille noble qui parvient, vers la fin du 9e s., à imposer son ascendant sur la famille impériale et à diriger les affaires de l'État, se développe à la Cour une vie tournée vers l'hédonisme, la poésie et les jeux, vouant un véritable culte à la beauté. Soumises à une étiquette rigoureuse, les dames de la Cour consacrent leur temps à la calligraphie et à l'écriture de récits. L'une d'elle, Murasaki Shikibu, rédige vers l'an 1000 le premier grand roman japonais en langue parlée, le **Dit du Genji** *(Genji monogatari)*, chef-d'œuvre de la littérature nationale *(voir « Littérature », p. 115)*. Désormais dotée d'une écriture propre, la culture japonaise s'émancipe de l'influence chinoise. Le Japon rompt d'ailleurs ses relations diplomatiques avec la Chine en 894.

La montée des clans guerriers

Mais, tandis que la Cour s'isole dans son luxe délicat, la situation se détériore dans les provinces. Vers l'an 900, troubles politiques, brigandages et famines se développent dans des régions livrées à elles-mêmes. Le pouvoir central commence à s'étioler et ne parvient plus à maintenir son emprise sur le pays. Affranchies de la tutelle de la capitale, les provinces passent sous la coupe des familles aristocratiques et des monastères qui se taillent de vastes domaines privés *(shoen)*. Pour faire régner l'ordre et défendre leur terre, les seigneurs locaux mettent sur pied des armées personnelles et organisent des groupes de guerriers à cheval, les *bushi*, ou **samouraïs**. Les luttes pour la possession des terres et du pouvoir vont accroître l'importance de ces guerriers qui, à partir du 12e s., forment la caste la plus puissante du pays. La principale guerre oppose deux clans qui parviennent à supplanter les Fujiwara : les **Minamoto**, établis dans le Kanto, et les **Taira**, qui règnent sur le littoral de la mer Intérieure. En 1156, puis en 1159, les affrontements tournent à l'avantage des Taira. Mais les Minamoto prennent leur revanche en écrasant les Taira à la bataille navale de Dan-no-Ura, en 1185, et installent alors un gouvernement militaire à Kamakura.

LE MOYEN ÂGE

(1185-1573)

L'époque **Kamakura** (1185-1333) marque le premier régime des guerriers. Yoritomo, le suzerain des Minamoto, se voit décerner en 1192 le titre de **shogun** (général en chef) par l'empereur, lequel n'a plus d'autorité autre que morale. Le shogun devient le détenteur du pouvoir effectif sur l'archipel, qu'il gouverne par l'intermédiaire de ses propres vassaux, les *kenin*. Cette organisation féodale se consolide sous la régence des Hojo, descendants des Taira, qui prennent le pouvoir à partir de 1219 et promulguent un nouveau code de lois. La reprise des relations avec la Chine permet l'introduction du bouddhisme zen, dont les techniques d'ascète et de méditation font de nombreux adeptes parmi les guerriers.

En 1274 et 1281, les **armées mongoles**, qui dominent alors presque toute la Chine, tentent d'envahir le Japon mais échouent : leurs navires sont mis en déroute par un typhon providentiel, auquel les Japonais donnent le nom de « vent providentiel » *(kamikaze)*. L'effort de guerre fut cependant lourd et le régime n'a plus les ressources pour récompenser ses vassaux. L'empereur Go-Daigo profite du mécontentement pour soulever les chefs de clans et, en 1333, parvient à restaurer l'autorité impériale.

Les guerres civiles féodales

La victoire de Go-Daigo est de courte durée : en 1336, le général Ashikaga Takauji entre en rébellion contre l'empereur et crée une nouvelle dynastie shogunale, s'appuyant sur la branche du Nord de la famille impériale. L'empereur et ses fidèles se réfugient au sud de Nara, et une guerre larvée éclate entre les deux camps, qui se poursuit jusqu'en 1392. Le shogun Ashikaga Yoshimitsu parvient à s'imposer, mais, durant toute l'ère **Muromachi** (1336-1573), le pays reste en proie à un profond chaos, marqué par des révoltes paysannes et d'interminables conflits de succession.

À la Cour, néanmoins, le régime shogunal atteint sa splendeur, et on assiste à l'émergence d'une nouvelle esthétique : création du théâtre nô *(voir « Théâtre », p. 118)*, construction du pavillon d'Or à Kyoto *(voir p. 331)*, apparition des premières porcelaines, de l'art floral *(ikebana)* *(voir « Artisanat », p. 108)*, de la cérémonie du thé *(voir « Cuisine », p. 126)* et de la peinture de l'école Kano *(voir « Art », p. 90)*. Dans le même temps, l'essor des

Des moines à l'égal des dieux

Dans les temples du Japon, des sculptures ou peintures figurent des moines bouddhistes vénérés. Parmi eux, deux maîtres de l'époque Heian, qui furent dépêchés en Chine par l'empereur afin d'y rechercher de nouvelles doctrines. **Saicho** (767-822) était un moine qui s'était retiré pour méditer sur le mont Hiei, à l'est de Kyoto. En 802, l'empereur Kammu l'envoie en mission à la cour des Tang, voyage dont il ramène trois ans plus tard les enseignements de l'école Tendai. Selon cette doctrine, chaque individu porte en lui la nature du Bouddha et peut parvenir à gagner son salut par la méditation. Son monastère sur le mont Hiei *(voir p. 336)* devient le sanctuaire de cette nouvelle secte, aujourd'hui l'une des plus influentes du Japon. Un autre moine, Kukai (774-835), connu plus tard sous le nom de **Kobo Daishi**, rapporte en 806 de Chine une autre doctrine ésotérique, le Shingon, fondée sur la lecture des mandalas (diagrammes symboliques de l'univers) et la récitation des mantras (paroles sacrées). Il fonde, en 819, un ermitage au sud de Nara, sur le mont Koya-san *(voir p. 355)*. Kukai fut aussi l'inventeur des caractères *kana*, à l'origine de l'écriture japonaise.

échanges avec le continent entraîne une croissance économique. Le pays s'ouvre aux marchés étrangers et ses commerçants fondent de multiples comptoirs en Asie du Sud-Est. Les premiers **Européens** débarquent dans l'archipel en 1542, où ils introduisent le christianisme (missions de François Xavier) et les armes à feu.

Pourtant, pendant cette période, la guerre civile fait rage dans le pays ; la misère et l'anarchie politique fragilisent le pouvoir central. Au cours de la **guerre d'Onin** (1467-1477), les clans guerriers s'affrontent jusque dans les rue de Kyoto, dévastant la ville et ses palais. En 1493, le shogun est renversé par un coup d'État organisé par les seigneurs féodaux, ou **daimyo**, qui, jusqu'à la fin du 16e s., vont se disputer le pouvoir.

LE JAPON PRÉMODERNE

(1573-1867)

En 1568, un modeste seigneur de Nagoya, Oda **Nobunaga**, cherche à étendre son hégémonie. Tirant avantage des arquebuses introduites par les jésuites, ses troupes anéantissent le puissant clan rival des Takeda à la bataille de Nagashino, en 1575. Nobunaga abolit le titre de shogun et se rend maître du pays au terme d'une répression féroce. Entre 1573 et 1576, il fait passer au fil de l'épée 20000 religieux bouddhistes du mont Hiei et d'Osaka qui avaient osé lui tenir tête.

Les dictateurs rétablissent l'ordre

Une paix relative s'instaure, consolidée après la mort de Nobunaga, en 1582, par **Toyotomi Hideyoshi**, son ancien général en chef. Ce dernier, fin stratège, se fait bâtir le château d'Osaka *(voir p. 371)*, forteresse stratégique permettant de contrôler le pays. Il interdit le port des armes aux paysans, éloigne les samouraïs des terres, modernise l'administration et mène à bien la réunification du Japon. Entre 1592 et 1597, Hideyoshi se lance à la conquête de la Corée et projette d'envahir la Chine, mais ses offensives sont repoussées. Après sa mort, en 1598, un autre général, **Tokugawa Ieyasu** (1542-1616), est sur les rangs. Il s'impose après la bataille de **Sekigahara**, en 1600, dont il sort vainqueur face au fils de Hideyoshi. Nommé shogun, Tokugawa Ieyasu installe son gouvernement militaire *(bakufu)* à Edo, future Tokyo.

Edo ou le règne des Tokugawa

L'époque **Edo** (1603-1867) ouvre une longue période de paix et de relative prospérité pour le Japon, qui devient une civilisation urbaine. Tandis que les empereurs continuent d'incarner à Kyoto un pouvoir symbolique, les shoguns Tokugawa exercent le pouvoir de fait depuis la nouvelle capitale.

Pour mieux contrôler ses vassaux, le shogunat les contraint à venir résider la moitié de l'année à Edo. Les *daimyo* récalcitrants se voient retirer leurs terres et leurs armées. La société entière est étroitement surveillée, ordonnée et hiérarchisée : des nobles jusqu'aux parias, en passant par les soldats, les paysans, les artisans et commerçants, chaque classe est verrouillée par un statut rigide et des règles d'obéissance inspirées par le confucianisme chinois.

Sur le plan extérieur, la période est marquée par la **fermeture** complète du pays. En 1612, Tokugawa Ieyasu interdit le christianisme et, à partir de 1616, seul un port restera ouvert aux étrangers (celui de Hirado, puis de Nagasaki). Les persécutions contre les missionnaires chrétiens conduisent à la grande révolte de **Shimabara**, sur l'île de Kyushu, en 1637. Le *bakufu* réprime férocement et chasse tous les Occidentaux du pays en 1639. Seuls les Hollandais et les Chinois conservent la permission de commercer à Nagasaki.

L'isolement du Japon n'empêche nullement l'expansion interne et la hausse du niveau de vie. La prospérité du commerce fait la richesse des marchands des cités, les *chonin*, et des gros propriétaires fonciers. Devenues, grâce à un excellent réseau de communication, les centres économiques du pays, les villes d'Edo et d'Osaka connaissent un essor rapide. Une culture bourgeoise et populaire s'épanouit, qui voit fleurir le goût des plaisirs éphémères, l'art des estampes (les *ukiyo-e*) *(voir « Art », p. 90)*, le kabuki *(voir « Théâtre », p. 119)*, les recueils de poèmes haïku *(voir « Littérature », p. 116)* et les marionnettes bunraku *(voir « Théâtre », p. 119)*.

Englué dans sa rigidité passéiste, le shogunat a pourtant du mal à faire face aux changements sociaux, aux révoltes des paysans écrasés d'impôts et aux pillages des guerriers qui, devenus oisifs, s'appauvrissent. En 1657, un grave incendie ravage Edo, faisant plus de 100 000 morts. Mais le choc vient des **Occidentaux**, qui forcent le Japon à sortir de son isolement. En 1853, l'escadre américaine du commodore Perry mouille en rade de Tokyo. Le shogun est contraint de signer des traités commerciaux avec les États-Unis, puis avec les autres grandes puissances. Consciente des risques que fait peser la supériorité militaire des étrangers et de la nécessité de s'ouvrir à leurs connaissances, la classe dirigeante finit par déposer le shogunat discrédité par sa faiblesse et rétablit l'empereur, en 1868.

La légende des 47 rônins

Les rônins étaient les samouraïs qui, privés de leur seigneur, se transformaient en mercenaires vagabonds. En 1701, Asano Naganori, seigneur du fief d'Ako, blesse d'un coup de sabre Kira Yoshinaka, un proche du shogun d'Edo qui l'avait insulté. Pour le punir de l'affront, le shogun confisque ses terres et le condamne au *seppuku* (suicide rituel). Les samouraïs d'Asano, devenus des rônins, se dispersent, mais 47 d'entre eux, menés par Oishi Kuranosuke, fomentent un complot afin de venger leur maître. Déjouant la surveillance de leurs ennemis, ils attaquent la demeure de Kira et le décapite. Leur mission accomplie, ils se suicident sur ordre du shogun et sont enterrés à côté de la tombe d'Asano, dans l'enceinte du temple Sangaku-ji de Tokyo. Cette histoire célèbre a fait depuis trois siècles l'objet de multiples romans, films, adaptations théâtrales et musicales.

LA RESTAURATION DE L'ÈRE MEIJI

(1868-1912)

Installé dans la nouvelle capitale de Tokyo, le « gouvernement éclairé » du jeune empereur **Mutsuhito** (1852-1912), plus connu sous son titre posthume Meiji Tenno, entreprend une vague de **réformes** qui constituent un tournant radical dans l'histoire du Japon. L'ancienne société féodale est abolie, et ses fiefs redécoupés en préfectures. Les samouraïs doivent désarmer ou intégrer la nouvelle armée ; les paysans obtiennent le droit de propriété des terres ; l'impôt, le commerce, les finances, l'éducation, la justice et l'administration sont refondus. Une Constitution est adoptée en 1889 qui, même si elle accorde l'omnipotence des pouvoirs à l'empereur de droit divin, instaure un parlement avec une Chambre des représentants élus.

La création d'une nouvelle monnaie, la **modernisation** de l'industrie, des mines, des réseaux routiers et des chemins de fer vont de pair avec une expansion économique et une occidentalisation du pays. Les conditions de vie s'améliorent, et la démographie enregistre une hausse spectaculaire. Les bases du capitalisme japonais sont jetées avec la création des *zaibatsu*, groupes financiers qui s'affirment dans la plupart des secteurs industriels. L'enseignement obligatoire, l'envoi de missions à l'étranger et l'appel à des experts occidentaux permettent de combler le retard technologique.

Pour affirmer sa place dans la cour des grands, le Japon se lance dans une **politique expansionniste**. La guerre sino-japonaise de 1894-1895 lui permet de prendre Formose (Taiwan). La guerre avec la Russie, en 1904-1905, lui donne l'occasion de prendre pied en Mandchourie, d'annexer le sud de l'île de Sakhaline puis la Corée, en 1910.

Vie et mort des samouraïs

Apparus vers le milieu du 10e s., les samouraïs étaient à l'origine des gardes armés au service d'un aristocrate de la Cour, d'un seigneur de grand domaine *(daimyo)* ou d'un shogun. Bénéficiant d'un statut héréditaire, ils étaient soumis à un code de l'honneur, le *bushido*, ou « voie du guerrier ». Ce code régissait les relations de solidarité au sein des clans, les règles de bravoure au combat, et prescrivait une fidélité inconditionnelle au maître, jusqu'à se donner la mort par *seppuku*. À l'époque Edo, les samouraïs recevaient de leur chef une rente et parfois des terres en récompense de leurs services. Ils constituaient alors une sorte d'aristocratie militaire, seule habilitée à porter le sabre long *(katana)* et le sabre court *(wakasashi)*. Tous ces privilèges leur seront retirés en 1876, durant l'ère Meiji, lorsqu'ils furent réduits au rang de simples citoyens.

LA MONTÉE DU NATIONALISME

(1912-1937)

Sous le règne de l'empereur **Yoshihito** (ère **Taisho**, 1912-1926), l'expansion coloniale se poursuit. À la faveur de la Première Guerre mondiale, le Japon met la main sur les possessions allemandes du Pacifique (archipels Marshall, Carolines et Mariannes) et obtient de la Chine la consolidation de ses droits en Mandchourie. En 1919, une insurrection nationaliste en Corée est réprimée dans le sang. En 1921, le pays, qui siège aux côtés des Alliés vainqueurs, fait son entrée à la Société des Nations : plus rien, dès lors, ne semble s'opposer à sa suprématie en Extrême-Orient.

La guerre a aussi permis au Japon de renforcer son industrie et ses exportations, et d'acquérir une puissance financière considérable. Mais en contrepartie, les prix s'envolent et les salaires ne suivent pas. Une situation sociale explosive s'installe. Un parti communiste japonais voit le jour en 1922, immédiatement interdit. Les progressistes gagnent néanmoins les élections et engagent le pays dans une voie plus démocratique. Le suffrage universel masculin est accordé en 1925.

Japon impérial et impérialiste

L'avènement de l'empereur Hirohito, qui inaugure l'ère **Showa** (1926-1989), signe le retour en force des ultranationalistes, soutenus par les militaires. La **crise économique** qui frappe l'archipel à partir de 1927 provoque chômage massif, conflits sociaux et turbulences politiques. Elle sert d'argument à ceux qui prônent l'expansion militaire. En 1931, l'armée nippone prend prétexte d'un sabotage de la voie ferrée pour envahir la **Mandchourie**, où un État fantoche est mis sur pied. Critiqué sur la scène internationale, le Japon quitte la SDN en 1933 et s'allie avec l'Allemagne hitlérienne en 1936. Sur le plan intérieur, les assassinats d'opposants et les tentatives de putschs organisés par les jeunes fascistes renforcent la militarisation de la société. Le Japon relance sa politique d'armement et, en 1937, ses troupes attaquent la **Chine**.

LE JAPON DANS LA GUERRE

(1937-1945)

Le conflit en Chine oblige le Japon à s'investir dans une économie de guerre : la mobilisation nationale est décrétée, les libertés sont suspendues et les ouvriers, réquisitionnés. Syndicats et partis politiques s'unissent au service de la patrie. Après la Chine, les Japonais en quête de pétrole et de matières premières s'avancent peu à peu dans la conquête du reste de l'Asie (Indochine, Birmanie, Thaïlande, Malaisie, Indonésie, Philippines, Singapour), dans l'objectif affiché de constituer un « **nouvel ordre** », une « sphère de paix et de coprospérité » dans un Extrême-Orient libéré de l'emprise occidentale.

Un axe Berlin-Rome-Tokyo se met en place, puis un pacte de neutralité est signé avec l'URSS en 1941. Les Américains ripostent par un embargo pétrolier, ce qui leur vaut l'attaque aérienne de **Pearl Harbor** en décembre 1941. La destruction d'une partie de la flotte américaine du Pacifique provoque l'entrée en guerre des États-Unis. En juin 1942, l'avancée de la marine japonaise est stoppée à la **bataille de Midway**. La contre-offensive s'organise et, dès la fin 1944, l'archipel subit les premiers raids aériens. En avril 1945, les Américains débarquent à Okinawa. Devant le refus japonais de déposer les armes, ils lancent, les 6 et 9 août, deux bombes atomiques sur **Hiroshima** et **Nagasaki**. Le 15 août, le Japon capitule.

RECONSTRUCTION ET CROISSANCE

(1945-1973)

Pour le Japon, le bilan de la guerre est terrible : 2 millions de morts civils et militaires, 4 millions de blessés, des villes et une économie ravagées, toutes les possessions en Asie et dans le Pacifique perdues et, pour couronner le tout, un territoire national désormais sous tutelle américaine. Mais le pays se relève rapidement de ses ruines et enregistre même, de 1955 à 1973, un essor économique exceptionnel.

L'occupation américaine

De 1945 à 1952, sous l'égide du général MacArthur, les forces américaines mettent en œuvre la démilitarisation de la société, l'épuration de la fonction publique, la dissolution des *zaibatsu*, ces grands trusts impliqués dans l'économie de guerre, la réforme agraire et la démocratisation du pays (liberté de la presse, vote des femmes). Une Constitution est votée en 1946, qui retire à l'empereur son pouvoir politique et son rang divin et affirme l'engagement du Japon à ne plus entretenir d'armée.

Mais le déclenchement de la **guerre froide**, l'instauration de la République populaire de Chine et le début de la guerre de Corée, en 1950, obligent les Américains à un revirement : le Japon devient une carte stratégique essentielle dans leur politique de défense en Asie. Il s'agit désormais de relever rapidement son économie. L'industrie prend un nouveau départ, et les grandes firmes japonaises se reconstituent, telles Mitsui et Mitsubishi. En 1951, après la signature d'un traité de paix, le Japon retrouve son indépendance.

La « Haute Croissance »

La reconstruction s'organise. Pilotée par le tout-puissant MITI (ministère du Commerce et de l'Industrie), la politique industrielle s'efforce de concentrer la production sur des secteurs de base (pétrochimie, sidérurgie). De 1955 à 1973, s'amorce une ère de **prospérité** sans précédent : les récoltes agricoles abondent, la croissance industrielle, tirée par le marché intérieur, se diffuse aux biens d'équipement et de consommation, et le Japon se tourne vers l'exportation. De nouvelles entreprises innovantes percent, comme Sony qui, dans les années 1960, est à l'origine de presque toutes les inventions d'électronique grand public, ou Toyota, qui élabore de nouvelles méthodes de travail qualitatif dans l'automobile. La richesse nationale s'accroît à grand rythme et assure le plein emploi. La médaille a cependant ses revers : congestion des villes sur le littoral pacifique, pollution (scandale des eaux souillées par le mercure à Minamata, de 1953 et 1972), contestation sociale et poussée des partis populistes.

Au plan international, le Japon démilitarisé, alors unique démocratie parlementaire de la région, se pose en champion de la paix : il signe un nouveau traité de sécurité avec les États-Unis, normalise ses relations diplomatiques avec l'URSS, entre à l'ONU en 1956 et parvient à renouer ses liens avec les pays asiatiques. L'organisation des Jeux olympiques à Tokyo, en 1964, symbolise ce retour en grâce sur la scène mondiale. En 1972, l'île d'Okinawa, restée jusqu'alors sous occupation américaine, est restituée au Japon. Les relations diplomatiques sont également rétablies avec la Chine en 1972.

CRISE ET REDÉPLOIEMENT

(1973-1993)

Fort dépendant des hydrocarbures, le Japon est frappé de plein fouet par le premier **choc pétrolier** de 1973. L'inflation atteint des sommets, et la croissance s'effondre. La machine économique doit alors se restructurer au profit des industries à forte productivité technologique, investir dans la recherche et les secteurs de pointe. L'activité repart grâce à l'intensification des échanges avec l'étranger et la conquête de nouveaux marchés, notamment aux États-Unis. À l'issue de ce redéploiement, le Japon devient la **deuxième puissance économique** de la planète.

La décennie 1980 est marquée par une croissance forte, mais aussi par un gonflement des marchés financiers et immobiliers, lié à la hausse du yen et du crédit bancaire. L'éclatement, à partir de 1991, de la **bulle spéculative**, provoque l'effondrement de la Bourse de Tokyo et des faillites en cascade. La révélation de scandales financiers et d'affaires de corruption éclabousse le Parti libéral-démocrate (PLD), qui dirigeait le pays depuis 1955, et entraîne sa défaite électorale en 1993.

À la mort de l'empereur Hirohito, en 1989, son fils Akihito, âgé de 56 ans, monte sur le trône, inaugurant l'ère **Heisei** ou « accompagnement de la paix ». En 1992, il débute une série de voyages à l'étranger, dont en Chine.

LE TEMPS DES REMISES EN CAUSE

(De 1993 à aujourd'hui)

Le **marasme** économique qui sévit au cours de la décennie 1993-2003, aggravé par la crise asiatique de 1997, a sérieusement ébranlé la confiance des Japonais dans leur modèle de développement traditionnel. La persistance du chômage et la hausse des inégalités ont mis fin au consensus social qu'assuraient l'expansion et la sécurité de l'emploi à vie. La cohésion nationale se fissure, des phénomènes inquiétants apparaissent (hausse des sans-abris, des suicides, de la criminalité), qui jettent le doute sur la pérennité du « miracle japonais ».

L'année 1995, à cet égard, fut terrible : en janvier, le **tremblement de terre** de Kobe fait 6433 morts et 43700 blessés. Deux mois plus tard, un **attentat au gaz sarin** perpétré dans le métro de Tokyo par la secte **Aum** cause 12 morts et 5500 blessés. Ces épisodes tragiques incitent le pays à réfléchir sur ses choix de société, sur la nécessité d'améliorer la transparence politique, la qualité de vie, la santé, l'environnement. Sur le plan économique, d'importantes **réformes** structurelles sont lancées afin d'assainir le système financier et d'assouplir les réglementations.

Vers une révision de la diplomatie

La remise en cause porte aussi sur l'action du Japon dans le monde et sur le rôle qu'il souhaite jouer à l'avenir. Depuis 1991, une loi autorise les **forces d'autodéfense** japonaises à participer à des missions de maintien de la paix de l'ONU. Elles sont intervenues au Cambodge, au Timor, en Bosnie, au Kosovo et en Afghanistan. En 2003, un contingent de 600 soldats est envoyé en Irak. Si l'aide financière au développement reste l'outil favori de sa politique étrangère, le Japon n'entend plus rester subordonné aux États-Unis. Sans se départir de son pacifisme, il revendique désormais un rôle politique à sa mesure avec, à la clé, un siège permanent au Conseil de sécurité de l'ONU.

DATES CLÉS

Voir « Histoire », p. 73.

Préhistoire et protohistoire (40 000 av. J.-C.-fin du 6e s.)

10 000-300 av. J.-C. - Civilisation Jomon. Sédentarisation, apparition de la poterie puis de l'agriculture sèche.

300 av. J.-C.-300 apr. J.-C. - Civilisation Yayoi. Développement de la métallurgie et de la riziculture inondée.

4e-6e s. - Civilisation des *kofun*, les *tumuli* funéraires. Naissance d'un État dans le Yamato.

La période ancienne (552-1185)

552-710 - Époque Asuka. Introduction du bouddhisme et des principaux éléments de la civilisation chinoise.

710-794 - Époque Nara. Mise en place des codes de loi. Construction de monastères dans tout le pays.

794-1185 - Période Heian (Kyoto). Sous la domination des Fujiwara, la cour impériale au faîte de sa splendeur.

Le Moyen Âge (1185-1573)

1185-1333 - Époque Kamakura. Les shoguns issus du clan Minamoto passent sous la coupe des Hojo.

1336-1573 - Époque Muromachi. Les shoguns Ashikaga détiennent le pouvoir. Début de l'anarchie féodale. Le Japon est divisé en fiefs que se disputent les seigneurs de la guerre. Arrivée des premiers marchands portugais et des missionnaires chrétiens.

Le Japon prémoderne (1573-1867)

1573-1603 - Époque Momoyama. Les souverains Nobunaga, Hideyoshi puis Ieyasu réunifient le pays.

1603-1867 - Époque Edo ou époque Tokugawa. Apogée de l'Ancien Régime japonais. Interdiction du christianisme et fermeture du pays.

1853-1867 - Période Bakumatsu. Fin du shogunat. Arrivée des Occidentaux.

L'ère Meiji (1868-1912)

1868 - Les grandes réformes ouvrent la voie à la modernisation du pays.

1889 - Promulgation de la Constitution.

1884-1895 - Guerre sino-japonaise.

1904-1905 - Guerre russo-japonaise.

1910 - Annexion de la Corée.

La montée de l'impérialisme et la guerre (1912-1945)

1912-1926 - Ère Taisho. Quelques timides avancées démocratiques.

1919 - Traité de Versailles : le Japon récupère les possessions allemandes dans le Pacifique et en Chine.

1923 - Tremblement de terre du Kanto.

1926 - Début du règne de l'empereur Hirohito (ère Showa).

1931 - Occupation de la Mandchourie.

1937 - Début de la guerre avec la Chine. Massacres de Chinois à Nankin.

1941 - Attaque japonaise sur Pearl Harbor. Les États-Unis entrent en guerre.

1942 - Bataille de Midway.

1945 - Bombes nucléaires sur Hiroshima et Nagasaki. Le Japon capitule.

Cerisiers en fleur et kimono : l'image éternelle du Japon.

De 1945 à nos jours

1945-1952 - Occupation par les troupes américaines. Nouvelle Constitution.

1956 - Le Japon entre à l'ONU.

1964 - Tokyo accueille les Jeux olympiques. Le Shinkansen entre en service.

1972 - Restitution d'Okinawa.

1973 - Choc pétrolier et récession.

1978 - Traité d'amitié avec la Chine.

1989 - Décès de Hirohito. Son fils, l'empereur Akihito, lui succède (ère Heisei).

1991 - Éclatement de la bulle spéculative. Nouvelle récession.

1995 - Tremblement de terre de Kobe. Attentat au gaz sarin à Tokyo.

2002 - Le Japon organise la Coupe du monde de football avec la Corée.

2004 - Envoi de troupes en Irak.

2005 - Exposition universelle d'Aichi.

Septembre 2006 - La princesse Kiko donne naissance au prince héritier Hisahito. Sinzo Abe élu Premier ministre.

ADMINISTRATION ET ÉCONOMIE

Depuis l'après-guerre, le Japon bénéficie d'une remarquable stabilité politique avec, solidement ancrée au pouvoir, une majorité conservatrice issue du Parti libéral-démocrate. Les grands principes qui sous-tendent son action – engagement en faveur d'une économie libérale, alliance étroite avec les États-Unis, développement industriel et conquête de nouveaux marchés en vue d'améliorer le bien-être matériel de la population – suscitent un assez large consensus. Façonnée par une longue tradition monarchique et de strictes hiérarchies, la société japonaise reste attachée à l'ordre établi. Un ordre dont le leitmotiv, depuis un demi-siècle, est la mobilisation de tous en faveur des impératifs de la croissance.

LE SYSTÈME POLITIQUE

Le Japon dispose d'un système parlementaire proche de celui de la Grande-Bretagne, avec un parlement bicaméral, la Diète, composé de la Chambre des réprésentants et de la Chambre des conseillers. La **Constitution** de 1946 est fondée sur le principe de la souveraineté populaire, de la séparation des pouvoirs et du pacifisme. Même si l'article 9 affirme le renoncement à la guerre et donc, en théorie, à l'entretien d'une armée, le pays compte 250000 soldats, équipés de destroyers, de chars et d'avions de combat modernes, que l'on désigne pudiquement par le terme de « forces d'autodéfense ».

L'**empereur** n'a plus aucun pouvoir politique, mais reste le pivot de la nation, le symbole de l'intégrité du pays et de l'unité de son peuple. Il joue un rôle honorifique lors des cérémonies officielles et des fêtes nationales. Le **pouvoir exécutif** est dévolu au Cabinet. Il se compose du Premier ministre, qui en assure la présidence, et des ministres d'État, qui doivent tous être des civils. Le Premier ministre est choisi parmi les membres de la Diète. Cette dernière désigne toujours, en pratique, le chef de la formation politique arrivée en tête aux élections législatives. Le Cabinet est responsable de son action devant la Diète et dispose, inversement, du pouvoir de dissoudre la Chambre des réprésentants.

Le **pouvoir législatif** appartient à la Diète. Elle se compose d'une Chambre des représentants, ou Chambre basse, de 480 membres élus pour quatre ans, et d'une Chambre des conseillers, ou Chambre haute (sorte de Sénat), de 242 élus, renouvelée pour moitié tous les trois ans. Les élections législatives mêlent le scrutin majoritaire à un tour et une dose de proportionnelle.

Le **pouvoir judiciaire** est contrôlé par une Cour suprême qui garantit son indépendance et veille aussi au respect de la Constitution. Elle a sous sa juridiction les cours d'appel, tribunaux de districts, tribunaux familiaux et tribunaux d'instance. Les pourvois en cassation sont traités par la Cour suprême.

Une alternance encore limitée...

Il existe un large éventail de **partis politiques** au Japon, depuis le Parti communiste *(Kyosanto)* jusqu'au Parti nationaliste *(Kokuminto)*, en passant par le *Komeito*, parti de centre droit émanant de la puissante secte religieuse Soka Gakkai. Mais le véritable jeu politique s'organise entre deux grandes formations : le Parti libéral-démocrate (PLD, *Jiyu Minshuto*), au pouvoir presque sans interruption depuis 1955, et le Parti démocrate du Japon (PDJ, *Minshuto*), qui a fait une percée notable aux élections de 2003. Issu du PLD, le Premier ministre Shinzo Abe dirige le gouvernement depuis 2006.

... hormis aux élections locales

Le Japon est divisé administrativement en huit grandes provinces (ou régions) : Hokkaido, Tohoku, Kanto, Chubu, Kinki, Chugoku, Shikoku et Kyushu. Chacune est à son tour divisée en préfectures *(ken)*, qui sont 47 au total. Les communes locales se répartissent en villages *(mura)*, bourgs *(machi)* et villes *(shi)*. Les préfectures sont administrées par des gouverneurs et les villes, par des maires, dans les deux cas élus pour quatre ans. Les assemblées locales sont aussi élues, si bien que les collectivités ont une autonomie assez importante vis-à-vis de l'administration centrale. Une forme intéressante de **démocratie directe** s'exerce au niveau local, par le biais de pétitions et de référendums populaires. Leur pratique s'est multipliée au cours des dernières années, notamment pour protester contre l'installation de centrales nucléaires.

UNE ÉCONOMIE PROSPÈRE

Au terme d'une spectaculaire période d'expansion de 1955 à 1990, le Japon est devenu la **deuxième puissance économique** du monde. En 2004, son PIB (produit intérieur brut) s'élevait à 3625 milliards d'euros (France : 1648 milliards) et son taux de chômage à 4,7 % (France : 9,8 %). Le pays a pourtant traversé deux crises majeures, d'abord avec le choc pétrolier en 1973, puis avec l'éclatement de la « bulle spéculative » à partir des années 1990 *(voir « Histoire », p. 81)*. Pour retrouver son dynamisme et s'adapter à l'évolution mondiale, le Japon a dû opérer des mutations radicales. Certaines pratiques traditionnelles dans les entreprises, comme l'emploi à vie et le salaire à l'ancienneté, ont été sacrifiées sur l'autel de la compétitivité.

Une civilisation du riz et de la mer

L'archipel n'est pas totalement dénué de matières premières : il possède des **eaux** généreuses pour la pêche, l'irrigation des rizières et l'hydroélectricité ; du **bois** en abondance pour la construction ; quelques gisements de **minerais** (zinc, fer, plomb, cuivre, argent) et de **charbon**. Mais l'exploitation du sous-sol est peu rentable, si bien que le Japon doit importer l'essentiel. La production d'énergie ne couvre que 20 % des besoins. L'absence de **pétrole** est un handicap sérieux, qui rend le pays dépendant de ses approvisionnements au Moyen-Orient. Aussi le Japon tente-t-il d'accroître sa production d'autres énergies (nucléaire, gaz, houille, électricité thermique). La part du **nucléaire** est montée à 12 %.

L'exiguïté des terres arables, peu favorable à l'agriculture, a été compensée par une maîtrise ancestrale des techniques d'irrigation et des engrais et par une mécanisation intensive. Base de l'alimentation, le **riz** fut durant des siècles, avec la culture du théier et du mûrier (pour le ver à soie), le pilier de la civilisation japonaise. La riziculture occupe encore la moitié des surfaces cultivées, soit 7 % du territoire. Elle se pratique surtout dans les plaines côtières au nord, le reste étant occupé par des cultures à haute valeur ajoutée (fleurs, fruits et légumes). Mais l'ensemble s'apparente plutôt à du jardinage. Les parcelles agricoles sont si petites (1,3 ha en moyenne) qu'elles sont souvent exploitées à mi-temps ou confiées à des femmes ou des retraités. Les 5 %

d'actifs du secteur primaire (1,3 % du PIB) subsistent grâce aux importantes subventions de l'État, lequel soutient fortement les prix de vente du riz.

Les **produits de la mer** tiennent une grande place chez les Japonais, les plus grands consommateurs de poissons au monde après les Islandais. Les courants marins amènent de nombreuses espèces en bordure de l'archipel, qui alimentent une riche pêche côtière. Le Japon a aussi développé une puissante pêche lointaine grâce à sa flotte de navires-usines (thon, saumon, crabe royal). Il se classe au 4e rang mondial pour sa production de produits marins et au 1er rang pour ses importations. L'aquaculture (algues, poissons, coquillages) est aussi un secteur en plein essor.

Une industrie mondialisée

À défaut de ressources suffisantes, le Japon a bâti une économie presque détachée du milieu naturel grâce à l'industrie et au commerce. Il importe matières premières, produits alimentaires et énergie et exporte ses produits manufacturés. L'**industrie** (31 % du PIB) est le point fort du Japon, qui occupe le 1er ou le 2e rang mondial dans plusieurs domaines : construction navale, automobile (20 % du marché mondial), chimie, robotique, électronique, semiconducteurs, télématique, bio-industries et nouveaux matériaux. Le pays a commencé dans les années 1950 et 1960 par des fabrications de base (sidérurgie, automobile, chimie) pour les laisser ensuite à d'autres pays asiatiques et se concentrer sur des secteurs plus sophistiqués (informatique, robotique, hi-fi). Désormais, les entreprises japonaises d'automobiles, d'appareils électriques ou d'électronique délocalisent de plus en plus leurs usines vers des pays où la qualité du travail est élevée et la main-d'œuvre bon marché (Chine, Corée, Thaïlande, Malaisie), puis réimportent au Japon les produits finis.

Troisième **exportateur** mondial, le Japon vend presque exclusivement des produits manufacturés à haute valeur ajoutée, principalement vers les États-Unis, la Chine et la Corée-du-Sud, pays dont il importe en retour des produits à plus faible coût. Grâce aux énormes excédents commerciaux accumulés, le Japon a procédé à des investissements massifs à l'étranger, devenant ainsi une grande puissance financière.

Atouts et nouveaux défis

Parvenue à un stade de maturité avancée, l'économie nippone est entrée dans l'ère des services et des hautes technologies. Le secteur **tertiaire** occupe une position dominante (64 % de l'emploi et 68 % du PIB). Affligé d'une économie rurale et presque ruinée voici cinquante ans, le Japon s'est donc hissé au rang de grande nation moderne avec une étonnante rapidité.

Ce **succès** s'explique par plusieurs facteurs : le taux d'épargne élevé, qui permet aux entreprises d'investir massivement grâce à un crédit bon marché ; une main-d'œuvre éduquée et consciencieuse ; des innovations technologiques importantes ; une intervention étatique efficace à travers le METI (ministère de l'Économie, de l'Industrie et du Commerce extérieur), qui élabore les stratégies industrielles à long terme ; la concentration des entreprises en grands conglomérats qui dominent l'économie et sous-traitent à une nébuleuse de PME où les coûts du travail sont peu élevés, etc.

Mais le Japon reste **vulnérable** face aux fluctuations de l'économie mondiale, en raison de sa dépendance énergétique et de la faiblesse de sa demande intérieure. Les investissements sont freinés par le poids de la dette des entreprises et par la crise du secteur bancaire depuis les années 1990. Des déficits publics colossaux, un système de retraite menacé par le vieillissement de la population, une hausse du yen par rapport au dollar qui pénalise les exportations sont autant d'ombres pour l'avenir. Enfin, l'économie japonaise est aujourd'hui confrontée à la rapide montée en puissance de la Chine, de l'Inde et autres pays émergents d'Asie, qui lui imposent d'aller toujours plus vite pour maintenir son avance technologique.

La matière grise, or du futur

Des robots pour garder les enfants, des bus sans chauffeur, des murs tapissés d'écrans géants, etc. L'Exposition universelle d'Aichi, en 2005, a donné le ton : en mobilisant ses forces créatrices, le Japon entend renouer avec les inventions dernier cri qui ont fait le succès de ses entreprises, tel le Walkman de Sony en 1979. Qu'il s'agisse de téléphones portables, de nanotechnologies, d'espace ou de robotique, les ingénieurs japonais sont à la pointe de l'innovation. Le Japon est le pays qui consacre le plus d'argent à la recherche : 3,5 % du PIB, soit quatre fois plus que la France. Le secteur privé n'est pas en reste. Des entreprises telles Canon, NEC ou Toshiba investissent des sommes faramineuses dans la matière grise, conscientes que seule l'évolution technologique leur permettra de maintenir leur avantage industriel.

ART

La culture japonaise puise ses origines dans le vieux fonds de la civilisation chinoise, sa voisine et son aînée. Cette influence primitive fut sensible aux époques Asuka (552-710) et Nara (710-794), durant lesquelles l'art nippon conserve de nombreux traits communs avec l'art bouddhique chinois. À partir de l'époque Heian (794-1185), il s'affranchit de ces emprunts pour entrer dans des voies originales. Une culture autonome et brillante s'élabore, dans le cadre d'une cour raffinée qui privilégie un rapport intime avec la nature, fait d'images poétiques et d'émotion. Cette sensibilité teintée de mélancolie, due au sentiment de la fugacité des choses de ce monde, imprègne avec force les peintures décoratives des écoles Tosa et Kano, du 15e au 17e s., puis les estampes *ukiyo-e* de l'époque Edo, du 17e au 19e s. Paysages au fil des saisons, portraits délicats et scènes de la vie citadine mettent ainsi en lumière cette approche esthétique plus intuitive et ludique qu'intellectuelle, attentive à la spontanéité du geste, au rendu du mouvement, à l'harmonie des couleurs, qui caractérise l'art japonais.

AUX ORIGINES DU GÉNIE PLASTIQUE

L'art sculptural japonais éclôt vers le troisième millénaire avant notre ère, au milieu de l'époque Jomon, avec l'apparition de poteries cordées représentant des figurines humaines, souvent féminines, les **dogu**. Ces poupées d'argile aux formes arrondies, aux yeux globuleux fendus d'un simple trait, étaient sans doute attachées à des rituels chamaniques venus de Sibérie. Elles disparaissent à l'époque Yayoi, plus connue pour ses poteries utilitaires, ses lances, miroirs et cloches *(dotaku)* en bronze.

À partir du 4e s. surgissent des sculptures très originales, les **haniwa**, des poteries cylindriques qui étaient placées en rond autour des grandes sépultures *(kofun)*. Leurs sommets s'ornent de figurines variées, qui représentent maisons, bateaux, objets, guerriers, musiciens, prêtresses et animaux stylisés. Les corps des personnages sont raides, leurs bras atrophiés, des cavités dessinent la bouche et les yeux, révélant un souci de réalisme assez frustre mais charmant de naïveté.

LA SCULPTURE BOUDDHIQUE

L'introduction du bouddhisme, en 538, va bouleverser le rapport de l'art au sacré. La nouvelle religion qui parvint au Japon, *via* la Chine et la Corée, était déjà dotée d'un panthéon très codifié sur le plan iconographique, avec notamment les effigies du Bouddha Shakyamuni coulées dans le bronze. Confrontés à un vocabulaire esthétique et des techniques inconnues, les artisans japonais se forment à l'école des praticiens venus du continent tel Tori-Busshi, artiste d'origine chinoise qui sculpte, en 628, la fameuse triade de Shaka (Shakyamuni) du sanctuaire du Horyu-ji, près de Nara *(voir p. 349)*. Cette sculpture en bronze doré, influencée par le style chinois des Wei du Nord, se distingue par ses drapés délicats, le hiératisme et la minceur des corps, et des visages aux formes étirées, frontales et aiguës. La statuaire chinoise des Sui et du début des Tang inspire, à partir de 645, des volumes plus ronds et des figures aux sourires enfantins, telles la monumentale tête en bronze du Bouddha Yakushi conservée au Kofuku-ji de Nara *(voir p. 344)* ou la Kudara Kannon du Horyu-ji *(voir p. 350)*, sculptée en bois de camphrier.

Nara ou l'apogée de la statuaire

L'époque **Nara** (710-794) marque l'âge d'or de la sculpture bouddhique, au cours de laquelle, fécondée par l'influence chinoise des Tang, s'épanouit une statuaire pleine de sensualité et de force expressive. Des œuvres colossales sont édifiées, à l'image du Daibutsu de bronze du Todai-ji *(voir p. 346)*. Les artistes utilisent des matériaux variés comme la laque appliquée sur une armature de bois et de chanvre ou l'argile. Plus malléables que le bronze, ces matériaux favorisent la recherche du volume et du mouvement et autorisent une plus grande finesse du modelé, comme l'illustrent l'Ashura du Kofuku-ji *(voir p. 345)* ou bien les Quatre Rois célestes du Kaidan-in dans le Todai-ji *(voir p. 346)* aux regards terrifiants.

De la maturité au crépuscule

Durant l'époque **Heian** (794-1185), une nouvelle esthétique se met en place sous l'influence des sectes Shingon et Tendai, qui voit surgir tout un panthéon de divinités à l'aspect farouche, dotées de têtes et de bras multiples. Les sculptures exhibent des silhouettes massives, aux visages austères et aux formes amples, moulées dans des draperies. Le mandala sculpté du monastère To-ji à Kyoto *(voir p. 321)* est représentatif de cette statuaire.

Vers le 11e s., un style japonais émerge, en même temps que s'impose le culte du Bouddha Amida et la croyance en son paradis de la Terre pure. L'art se fait plus serein ; un retour au naturel s'opère à mesure que la technique du bois assemblé, qui permet un rendu plus réaliste, se perfectionne. Le maître Jocho, qui réalise en 1053 l'Amida en bois doré du Byodo-in à Kyoto *(voir p. 337)*, incarne ce style fait de douceur et d'harmonie, reflet de l'art de vivre qui prévaut à la cour des Fujiwara.

Après s'être enlisée, au 12e s., dans un académisme un peu maniéré, la sculpture bouddhique trouvera un second souffle à l'époque **Kamakura** (1185-1333). Stimulés par le réalisme de l'art chinois Song, les artistes japonais cherchent à renouer avec la vigueur et l'équilibre classique de l'époque Nara, dont ils restaurent ou remplacent les statues des sanctuaires ravagés durant les guerres civiles. Le sculpteur majeur de l'époque fut Unkei. Ses travaux, tels les Nio, les deux colosses qui gardent de la porte principale du Todai-ji *(voir p. 346)*, ou le portrait de Muchaku, l'un des pères de la secte Hosso, visible au Kofuku-ji *(voir p. 345)*, sont des chefs-d'œuvre de justesse et de force spirituelle. Jamais, par la suite, la sculpture bouddhique ne parviendra à renouer avec une telle splendeur. Alors que la société se tourne peu à peu vers des préoccupations plus profanes, elle perd toute inspiration et décline.

LA PEINTURE BOUDDHIQUE

Les plus anciennes peintures japonaises remontent environ au 4e s., mais il ne s'agit que de fresques rudimentaires (dessins de chevaux, bateaux, étoiles ou carquois) qui ornent les parois des chambres funéraires des *kofun*. La véritable peinture débute avec l'arrivée du bouddhisme. Comme en sculpture, le style des premières peintures, tels les panneaux laqués d'un reliquaire portatif du milieu du 7e s., conservé au Horyu-ji *(voir p. 349)*, montre un caractère chinois très marqué. L'influence Tang imprègne fortement les peintures murales du Horyu-ji décrivant les paradis des quatre Bouddhas Amida, Shaka, Yakushi et Miroku, exécutées à la fin du 7e s. Ces œuvres furent malheureusement détruites dans un incendie en 1949.

Au début du 8e s., un « bureau de peinture » est attaché à la **cour de Nara**, dont les artisans, émules de maîtres chinois, se chargent d'orner palais et sanctuaires de décors muraux, paravents et broderies. Bien peu d'œuvres ont subsisté, sinon le paravent des Beautés sous les arbres du Shoso-in *(voir p. 346)* ou le portrait de Kichijoten, la déesse du Bonheur, représentée sous les traits d'une élégante aristocrate de l'époque Tang, au sanctuaire du Yakushi-ji *(voir p. 348)*.

À partir du 9e s., sous l'ère **Heian** (794-1185), le bouddhisme propagé par les sectes Tendai et Shingon favorise la floraison des mandalas (diagrammes symboliques), des représentations de divinités et des portraits des patriarches copiés sur le modèle chinois, dans un style parfois sévère et un peu figé.

L'esthétique sophistiquée de l'aristocratie Heian donne néanmoins naissance, au début du 11e s., à des œuvres religieuses d'une grande élégance, aux vives couleurs rehaussées de fils d'or, à l'exemple des peintures qui ornent le Hoo-do (pavillon du Phénix) du Byodo-in *(voir p. 337)*, près de Kyoto, qui représentent la descente sur terre d'Amida, venu accueillir les fidèles dans son paradis de l'Ouest.

LE STYLE NATIONAL OU YAMATO-E

Le recul de l'influence chinoise, aux 11e et 12e s., permet à la peinture de rompre avec ses anciens modèles. Le style *kara-e* et ses paysages d'inspiration Tang cèdent la place au style *yamato-e*, typiquement japonais. Les artistes illustrent cloisons, paravents, éventails et rouleaux enluminés horizontaux *(emaki)* de sujets profanes puisés dans la littérature et l'histoire ; de travaux des champs, de paysages célèbres dans lesquels la sensibilité nationale trouve à s'exprimer. L'exemple le plus connu sont les rouleaux du début du 12e s. illustrant le *Genji monogatari* *(voir « Littérature », p. 115)*, où alternent extraits calligraphiés du roman et peintures. On y trouve tous les traits typiques du *yamato-e* : personnages statiques et stéréotypés, couleurs vives et opaques, lignes obliques et toitures enlevées qui modifient la perspective et ouvrent une vue plongeante.

À la fin de l'ère Heian et durant l'époque **Kamakura** (1185-1333), qui est aussi celle des guerriers, s'impose un style plus masculin, avec des compositions plus dynamiques, un réalisme accru, inspiré par l'art chinois des Song, des lignes fortes tracées à l'encre de Chine et soutenues par des couleurs transparentes. Les *emaki* racontent des légendes, scènes de guerre, impressions de voyages, histoires inspirées de la vie populaire et satires animalières pleines d'humour, comme le *Choju giga* de Toba Sojo.

LA PEINTURE D'INSPIRATION ZEN

L'époque **Muromachi** (1336-1573) voit se développer, sous la férule des moines zen, l'art de la calligraphie et de la peinture à l'encre venue de Chine. Dans les splendides résidences des religieux supérieurs et des aristocrates cernées de jardins secs, les alcôves *(tokonoma)* s'ornent de rouleaux verticaux *(kakemono)* calligraphiés et les portes à glissières *(fusama)* de lavis. Ces peintures monochromes sont tracées avec une encre plus ou moins diluée qui, du noir intense au gris de fumée pâle, suggère un monde évanescent de fleurs, bambous et paysages dépouillés invitant à la méditation. Parmi les artistes de l'époque, Sesshu (1420-1506) s'impose par ses puissantes compositions de montagnes escarpées et de pins noueux, paysages inspirés par sa visite en Chine, mais qu'il parvient à adapter au goût japonais.

LE TRIOMPHE DE L'ART DÉCORATIF

Qualifiée, à juste titre, de « Renaissance japonaise », l'époque **Momoyama** (1573-1603) inaugure la plus brillante période de la peinture décorative sur panneaux. Renouant avec le colorisme du *yamato-e*, les artistes réalisent sur les *fusuma* et les paravents des palais et châteaux féodaux de monumentales et éclatantes compositions polychromes, éclairées par des fonds d'or ornés de fleurs, d'arbres et d'oiseaux.

Le peintre Sotatsu (première moitié du 17e s.) adapte la technique du lavis à la couleur, réalisant des compositions aux larges nappes colorées. Son disciple Korin (1658-1716) exécute de véritables symphonies d'or, de nacre et de couleurs harmonieuses. Dans le sillage de Tosa Mitsuyoshi, l'école **Tosa** illustre des thèmes littéraires dans l'esprit des *emaki* de l'ère Heian. Mais c'est surtout **Kano** Eitoku (1543-1590) et son école qui rayonne avec leurs éblouissants panneaux à fond d'or et d'argent. Les Kano sont aussi les auteurs des *Namban Byobu* (paravents des « Barbares du Sud »), décrivant l'arrivée des Portugais à Nagasaki.

L'UKIYO-E ET LES ESTAMPES

Au début du 17e s. s'affirme une nouvelle classe bourgeoise, les marchands et commerçants enrichis d'Edo, Kyoto et Osaka, qui agissent en mécènes et passent commande aux ateliers. Les artistes développent à leur usage une peinture de genre qui a pour sujet les scènes bigarrées de la vie citadine, les acteurs de théâtre kabuki et les *bijin*, courtisanes de haut rang célèbres pour leur beauté, leurs talents de danseuses et de musiciennes. Au même moment, l'art de l'estampe progresse. Les gravures sur bois qui servent à illustrer les romans populaires connaissent un tel succès que les ateliers se mettent à les imprimer séparément et les rehaussent à la main de couleurs minérales. Moronobu (1618-1694) sera le premier à produire des estampes sur feuilles séparées illustrant des scènes de la vie quotidienne d'Edo, appelées « **ukiyo-e** », ou « images du monde flottant ». Le « monde flottant » *(ukiyo)* désigne, dans le vocabulaire bouddhiste, ce monde de douleur, d'illusion et de fugacité qu'est la vie humaine. Mais au 17e s., le terme avait pris une résonance hédoniste pour évoquer surtout le kabuki *(voir « Théâtre », p. 119)* et les quartiers réservés des geishas (Yoshiwara à Edo et Shimabara à Kyoto). Un monde citadin fait de légèreté, de liberté, de plaisir et d'insouciance, dont les peintures et estampes *ukiyo-e* se font les reflets.

L'époque **Edo**, au 18e s., est l'âge d'or de l'*ukiyo-e*. Vers 1750, une nouvelle technique d'impression est mise au point par le peintre Harunobu (1725-1770), qui permet de graver des estampes entièrement polychromes. L'*ukiyo-e* devient une forme d'expression artistique accomplie, avec ses multiples écoles et ateliers. Les artistes de l'école Torii, comme Kiyonobu (1664-1729) ou Kiyomasu (actif de 1697 à 1720) se spécialisent dans les portraits d'acteurs de kabuki. Ils seront suivis par les maîtres Shunsho (1726-1792), qui campe les acteurs dans leur vie intime, et **Sharaku** (actif vers 1794), dont les portraits grinçants sont mondialement renommés. D'autres peintres s'attachent aux scènes érotiques et aux portraits de courtisanes, comme Kiyonaga (1752-1815), qui les dépeint dans leurs costumes somptueux, et surtout **Utamaro** (1753-1806), qui immortalise ses jeunes modèles graciles dans des portraits sur fond en mica.

Au début du 19e s., **Hokusai** (1760-1849) renouvelle le genre avec le paysage. Utilisant le bleu de Prusse récemment introduit, la perspective linéaire et l'étude de la lumière, il élabore de nombreuses vues de sites, dont les célèbres ***Trente-six Vues du mont Fuji***. **Hiroshige** (1797-1858) est connu quant à lui pour ses ***Cinquante-trois Relais du Tokaido***, une série de paysages de la route d'Edo à Kyoto au fil des saisons.

LA TENTATION DE L'OCCIDENT

Au cours du 18e s., les artistes japonais avaient déjà pu s'initier à la peinture italienne ou flamande par l'entremise des Hollandais présents sur l'îlot de Dejima, face à Nagasaki. L'ouverture du pays sous l'ère **Meiji** *(voir « Histoire », p. 78)* va accélérer la diffusion de l'esthétique occidentale, son approche de la lumière et de la perspective, pour donner naissance à un mouvement occidentalisant baptisé « *Yoga* », incarné par des peintres tels Asai Chu (1856-1907) ou Kuroda Seiki (1866-1924). Beaucoup d'artistes partent alors étudier en Europe.

En réaction apparaît un mouvement visant à revivifier la tradition nationale, le *Nihonga*, autour de Okakura Tenshin (1862-1913), Yokoyama Taikan (1868-1958) et Shimomura Kanzan (1873-1930). La sculpture connaît aussi un renouveau avec Takamura Kotaro (1883-1956), dont les nus s'inspirent de Rodin. D'autres créateurs retournent aux sources chinoises de la peinture à l'encre, tel Hishida Shunso (1874-1912). Les avant-gardes européennes feront aussi des émules sur l'archipel durant l'ère **Taisho** (1912-1926) : fauvisme avec Koide Narashige (1887-1931), surréalisme avec Koga Harue (1895-1933) et cubisme avec Togo Seiji (1897-1978).

L'ART MODERNE ET CONTEMPORAIN

L'après-guerre est surtout dominé par l'influence originale du mouvement **Gutaï**, fondé en 1954 par Yoshihara Jiro (1905-1971), qui est à l'origine du *happening* et d'un courant abstrait encore présent de nos jours. Dans les années 1950, les chefs de file de l'abstraction ont pour noms Domoto Hisao, Yamaguchi Takeo, Tanaka Atsuko. Les grandes tendances de l'art occidental sont présentes au Japon, comme le minimalisme (Tanaka Shintaro), le pop art (Akasegawa Genpei) ou l'art conceptuel (Kawara On). Mais l'empire des traditions japonaises se manifeste avec force dans les mouvements d'avant-garde qui privilégient le dépouillement des matériaux (Lee Ufan), la sculpture en terre ou en bois (Saito Yoshishige, Yaki Kazuo, Nakamura Kimpei), ou chez les artistes qui perpétuent la peinture décorative et la calligraphie.

Utilisant des supports variés (photo, vidéo, performances), la création d'aujourd'hui s'inscrit à la croisée de plusieurs domaines, de l'univers de la haute technologie à celui à de la culture de masse. Le design (Isamu Noguchi, Tanaka Ikko) y tient une place privilégiée, l'alliance de l'esthétique et de la fonctionnalité étant l'un des traits de l'art nippon.

Le japonisme en Europe

Avec l'ouverture de l'ère Meiji, les échanges s'intensifient avec le Japon. Aux Expositions universelles de Londres (1862) et de Paris (1867, 1878), l'Europe découvre les estampes des maîtres de l'*ukiyo-e*. Les impressionnistes y trouvent des voies d'exploration inédites : cette manière originale d'appréhender les couleurs, la composition et les perspectives sera pour eux une révélation majeure. À la manière d'Utamaro, Manet intègre ainsi aplats colorés, plans coupés et ruptures d'horizon dans ses tableaux. Monet, qui possédait une collection de 250 estampes, puise les couleurs de ses nymphéas dans les estampes de Hiroshige. Van Gogh, qui fréquentait la galerie de Samuel Bing, célèbre marchand d'art japonais à Paris, reprend la technique des traits ondulants de Hokusai dans ses paysages d'Arles. Toulouse-Lautrec réinvente, dans les cabarets de Montmarte, le monde flottant d'Edo. L'art du Japon sera ainsi une source d'inspiration pour plusieurs générations d'artistes : Degas, Gauguin, Cézanne, Matisse, Klimt et d'autres.

ARCHITECTURE

Voir illustrations p. 94.

Riche en forêts, le Japon a développé, au moins jusqu'à l'ère Meiji (1868-1912), une architecture du bois et non de la pierre. Les structures en bois de l'archipel sont non seulement d'une grande beauté, mais elles font aussi preuve, depuis plusieurs siècles, d'une solidité stupéfiante, résistant aux vents, aux pluies et surtout aux séismes. Que ce soit la pagode à cinq étages du temple Horyu-ji qui s'élance vers le ciel *(voir p. 349)*, le temple Todai-ji qui abrite une colossale statue de Bouddha *(voir p. 345)* ou le château de Himeji semblable à un héron blanc *(voir p. 383)*, ces édifices en bois sont des plus fascinants.

TRAITS GÉNÉRAUX

L'architecture, au Japon, est conçue comme une partie intégrante du paysage naturel, dans lequel elle cherche à se fondre avec harmonie, en privilégiant les lignes horizontales, les matériaux sobres et discrets (bois, papier, chaume et paille de riz). De larges baies, des vérandas et galeries relient les parties intérieures des habitations ou des temples à la nature environnante. Les constructions se dressent sur des pilotis ou des terrasses en maçonnerie qui préservent de l'humidité du sol. Les toits, bas et lourds, occupent toujours un volume important. Constitués de plans superposés, ces grands chapeaux incurvés s'animent aux extrémités d'auvents et d'avant-toits reposant sur des consoles. Une solide ossature de poutres horizontales et de piliers assure le soutien. Les murs, qui n'ont donc aucun rôle porteur, se réduisent le plus souvent à de simples cloisons tendues de papier translucide *(shoji)* et portes coulissantes *(fusuma)*. Le bois est laissé à nu et les colonnes fendues, afin de supporter les écarts climatiques. De même, les assemblages ne sont ni cloués, ni collés, ni visés, et peuvent ainsi jouer avec souplesse.

Les maisons se caractérisent par leur aspect modulaire, standardisé, selon des dimensions définies par les tatamis (nattes fixées sur un matelas de paille comprimée). Un séjour, par exemple, comprend de six à huit tatamis. Autre trait majeur de l'architecture traditionnelle, son aspect éphémère. On reconstruit régulièrement les édifices, à l'image du temple d'Ise *(voir p. 256)*, le sanctuaire shinto le plus sacré du Japon, qui est refait en entier tous les vingt ans.

L'ARCHITECTURE RELIGIEUSE

On distingue deux types, shinto et bouddhique. L'**architecture shinto** prend sa source dans le style des greniers sur pilotis de la préhistoire. Les plus anciens sanctuaires sont montés sur de hauts piliers enfoncés dans le sol, qui soutiennent une véranda à balustrade et arborent des toitures à double pente, en chaume ou en écorces de cyprès, que coiffent des rondins de bois disposés en épis. L'espace sacré est clôturé par une série d'enceintes précédées de portiques appelés « *torii* ». Sous l'influence du bouddhisme, l'architecture shinto évolua durant la période Heian (8e s.-12e s.) vers des styles plus sophistiqués, où apparaissent cloîtres, pavillons, toits incurvés à pignons, piliers laqués et escaliers d'entrée couverts d'un auvent. Un bon exemple en est le Tosho-gu à Nikko *(voir p. 240)*.

L'**architecture bouddhique** se déploie dans des complexes monastiques comprenant, au sein d'une enceinte percée de portes monumentales *(chu-mon)*, une ou plusieurs pagodes *(to)*, un pavillon central (*kondo* ou *hondo*), qui abrite les images sacrées, et une série de bâtiments annexes. Les toits des pagodes, de trois, cinq ou sept étages, en tuiles, sont à double ou quadruple pente avec des encorbellements élaborés. Dans les premiers monastères, tel le Horyu-ji près de Nara, le plus ancien temple en bois du monde, ou bien le Todai-ji de Nara *(voir p. 345)*, les Japonais s'efforcent tant bien que mal de respecter les canons chinois d'un plan symétrique organisé selon l'axe nord-sud. Mais à partir de l'ère Heian, les monastères établis dans les montagnes s'organisent davantage selon la topographie du terrain. La période Kamakura (1185-1333) voit l'adoption de styles empruntés à la Chine des Song, où les toits s'ornent de bords relevés et de multiples consoles décoratives.

L'ARCHITECTURE MILITAIRE

À partir du 10e s., pour se protéger des attaques, les seigneurs font édifier au sommet de collines ou de crêtes des places fortifiées flanquées d'une tour de guet et protégées par des palissades et des remblais. Mais c'est surtout au milieu du 16e s., lors des grandes guerres féodales, que furent construits la majorité des **châteaux** japonais. Ces forteresses imposantes, cernées de doubles ou de triples enceintes ponctuées de douves et de bastions, occupaient les points stratégiques. Elles abritaient familles, sectes religieuses et troupes armées. Le cœur du dispositif était formé par la demeure du *daimyo* (seigneur féodal), un donjon parfois haut de sept étages, qui servait d'ultime refuge et d'observatoire. Avec le retour de la paix, au 17e s., les châteaux perdent leur fonction militaire et se muent en palais de prestige, autour desquels se forment des villes. La plupart de ces fastueux édifices ont disparu. Ceux qui restent debout ont été restaurés et convertis en musée, à l'image du château de Himeji *(voir p. 383)*, le plus beau et le mieux conservé du Japon.

L'ARCHITECTURE CIVILE

L'architecture privée se scinde en deux groupes, celui des palais et villas des castes dominantes et celui des maisons populaires. Les **résidences aristocratiques** obéissent, à partir de l'ère Heian (794-1185), à un style appelé « **shinden** ». Il s'agit d'un ensemble de pavillons autonomes, montés sur pilotis et reliés par des galeries, qui s'articule autour d'un bâtiment central, réservé au maître des lieux, situé au fond d'un jardin clos, face à un étang. Le Palais impérial de Kyoto *(voir p. 323)* en est une bonne illustration. Le style *shinden* déclina ensuite pour laisser place à un style palatial plus aristocratique, le **shoin**. Le terme, qui désignait à l'origine le cabinet de lecture, avec son écritoire et son alcôve, s'applique aux résidences seigneuriales de la fin du 16e s., construites en une série de pièces en enfilade, séparées par des cloisons mobiles et recouvertes de tatamis. Le pavillon d'Or et le pavillon d'Argent à Kyoto *(voir p. 331 et p. 327)* sont des exemples de style *shoin*. À la même époque se développe aussi l'architecture dépouillée des pavillons de thé *(sukiya)*, dont la villa Katsura à Kyoto *(voir p. 332)* est le parfait modèle.

L'**architecture populaire** s'incarne dans le style rustique et chaleureux des **minka**, maisons rurales traditionnelles, où se trouvent mêlés les activités agricoles et l'habitat. Une entrée au sol en terre battue ouvre sur l'*irori*, le foyer central qui sert de cuisine, et sur des pièces au sol de tatamis. Une galerie extérieure *(engawa)*, coiffée d'un toit en chaume, court autour de la demeure. L'équivalent urbain sont les **machiya**, modestes maisons de bois aux toits de tuiles dont on voit encore quelques exemplaires dans le quartier de Gion à Kyoto *(voir p. 326)*.

LES ARCHITECTES ET LA VILLE

Véritables laboratoires de l'architecture d'aujourd'hui, les villes japonaises foisonnent de gratte-ciel futuristes et de bâtiments extraordinaires signés par de grands architectes. Parmi les plus marquants, on retiendra d'abord **Tange Kenzo** (né en 1913), auteur notamment du pharaonique hôtel de ville de Tokyo (1991) *(voir p. 180)*. Maki Fumihiko (né en 1928) mêle avec talent le modernisme occidental et le sens de l'espace propre à la tradition japonaise. On lui doit, entre autres, le Spiral Building de Tokyo (1985) *(voir p. 194)* et le musée national d'Art moderne de Kyoto (1986) *(voir p. 328)*. Enfin **Ando Tadao** (né en 1941) pratique un art dépouillé, presque minimaliste, attentif à la nature environnante et aux jeux de lumière. Il a réalisé en 1995 le musée d'Art contemporain Benesse House sur l'île de Nao-shima à Shikoku *(voir p. 409)*.

LES JAPONAIS

Sur une superficie de 378 000 km², un peu plus du tiers est habitable pour 127,6 millions de Japonais. Soit, à titre comparatif, un cinquième du territoire français occupé par le double de sa population actuelle. Cet espace exigu serait, aux dires de certains, l'une des causes caractérisant le civisme des Japonais. Mais si l'on ajoute l'espace maritime, le territoire du pays passe, en terme de superficie, du 62e au 4e rang mondial.

UN PEUPLE HOMOGÈNE ?

Les Japonais se définissent volontiers comme un peuple homogène. Cette homogénéité tient surtout à un modèle socioculturel unique et normatif (l'individu s'efface devant le

Résidence d'époque Nara
Le Dempodo – élément du temple Horyu-ji
Résidence de la Dame Tachibana (8e s.)

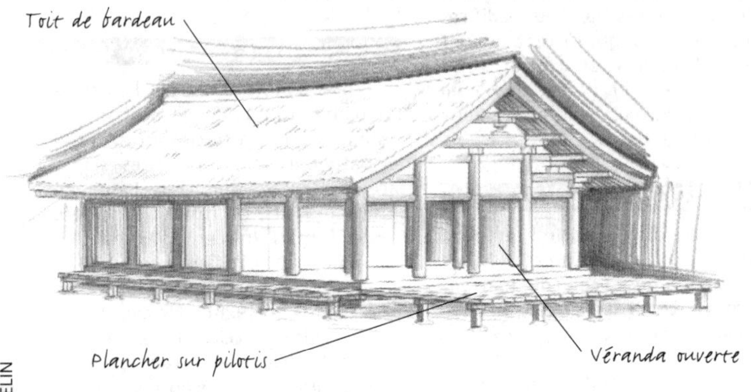

H. Choimet / MICHELIN

Château de Himeji (début 17e s.)

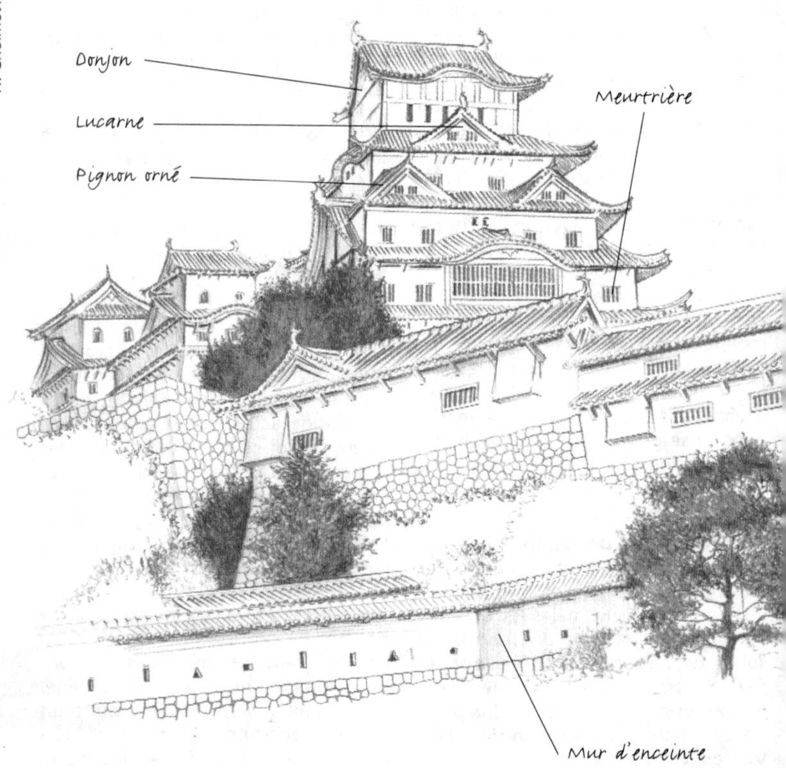

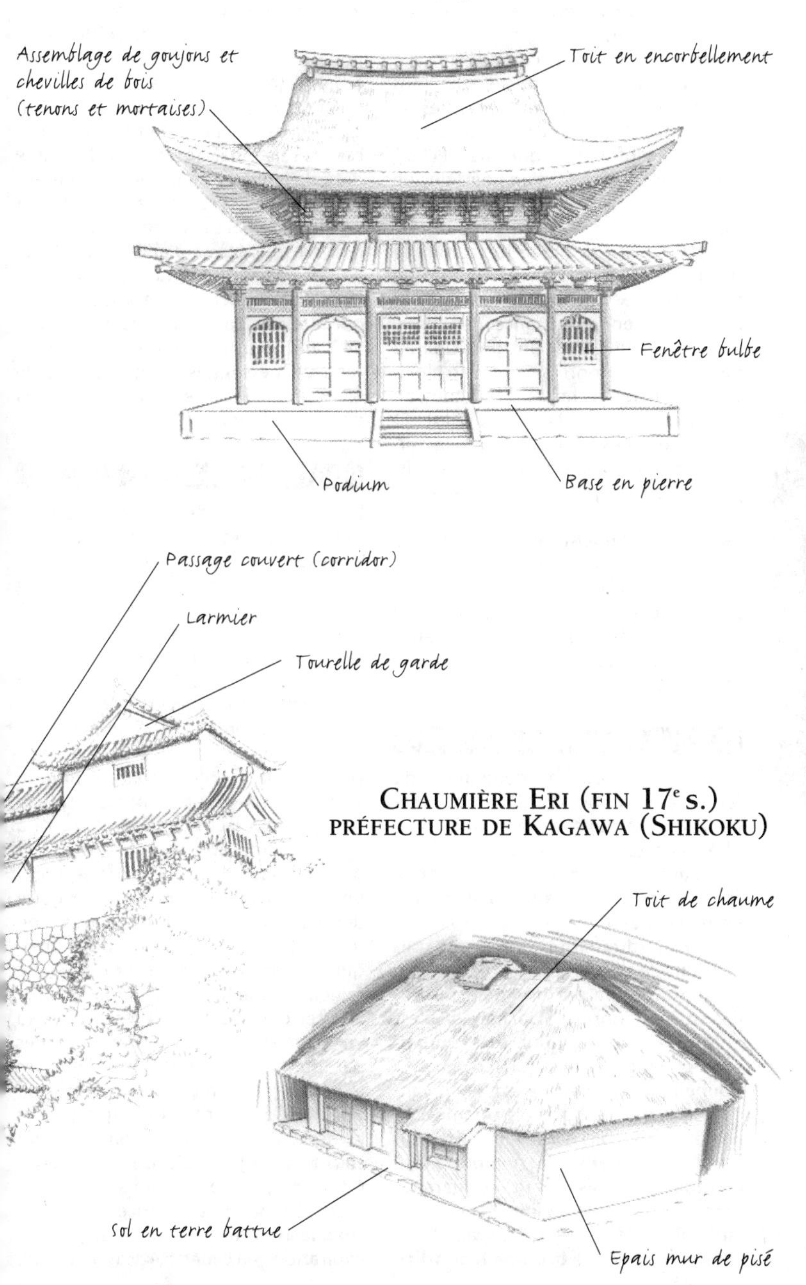
TEMPLE ZEN – LE SHOFUKUJI JIZODO (DÉBUT 15e s.)
Assemblage de goujons et chevilles de bois (tenons et mortaises)
Toit en encorbellement
Fenêtre bulbe
Podium
Base en pierre
Passage couvert (corridor)
Larmier
Tourelle de garde
CHAUMIÈRE ERI (FIN 17e s.)
PRÉFECTURE DE KAGAWA (SHIKOKU)
Toit de chaume
Sol en terre battue
Epais mur de pisé

corps collectif), qu'a peut-être ici plus qu'ailleurs renforcé et entretenu le creuset de l'**insularité**, sans oublier les causes historiques (le pays fut fermé pendant trois siècles, *voir « Histoire », p. 77*). Cette cohésion relève aussi plus d'une volonté politique (les termes de « nation » et de « race » sont encore souvent confondus) que de recherches scientifiques. Si, d'un point de vue ethnique, seule la population autochtone des Aïnous *(voir encadré, p. 459)* se différencie de l'identité culturelle japonaise, il ne fait aucun doute que de nombreux **flux migratoires** (probablement en provenance de Chine, de Sibérie, de Corée) ont participé au peuplement progressif de l'archipel. Seulement les recherches, ou tout au moins leurs résultats, font défaut. Et les flux étudiés sont aussitôt transformés et qualifiés de proto-japonais. Une sorte de **japonité** innée est donc défendue pour caractériser les origines du peuplement de l'archipel. « La famille impériale japonaise peut-elle être d'origine étrangère ? Coréenne, par exemple ? Doit-on le dire ? Peut-on le dire ? » interroge Philippe Pelletier dans son livre ***Japon, crise d'une autre modernité***.

QUELLE SOCIÉTÉ À VENIR ?

L'évolution socio-économique du Japon a entraîné un déclin du rôle de la famille dans la vie quotidienne. L'héritage culturel **confucianiste** (on est d'abord le membre d'une lignée familiale avant d'être un individu) est bousculé par une montée en charge de l'**individualisme**. Les Japonaises refusent de plus en plus le diktat de la famille tuteurée par une gent masculine souvent ingrate. Si le mariage n'est plus une priorité pour les femmes, elles privilégient leur carrière professionnelle (son absence est en revanche vécu par les hommes comme une perte de pouvoir). Le divorce a fait un bond considérable (le nombre a été multiplié par trois durant les quarante dernières années). Selon le ministère japonais de la Santé, du Travail et des Affaires sociales, le **taux de fécondité** (nombre d'enfants par femme de 15 à 49 ans) a été de 1,27 enfant en 2005, le seuil théorique de renouvellement étant de 2,1. La dégradation des revenus, le coût élevé de l'éducation des enfants (congé de maternité et système de garderie insuffisants), l'émancipation des jeunes femmes, avec pour corollaire un mariage plus tardif et une date de conception du premier enfant (proche de 30 ans), expliqueraient en grande partie cette faiblesse. Le nombre de décès a d'ailleurs, en 2005, dépassé de 10000 celui des naissances. Avec une **espérance de vie** moyenne qui atteint 78 ans pour les hommes et 84,7 ans pour les femmes, le pourcentage de personnes âgées de plus de 65 ans pourrait être supérieur au tiers de la population.

PORTRAIT DE M. K.

La température de la lunette chauffante et la pression du jet d'eau giratoire sont cette fois parfaitement bien réglées. M. K. sort visiblement satisfait des toilettes. Comme le veut l'usage, il troque aussitôt les sandales des toilettes contre une nouvelle paire. À peine sorti de la douche, il se rase en fixant une partie de la glace spécifiquement traitée pour ne jamais s'embuer. C'est en revanche en chaussette qu'il marche dans la pièce centrale, condition *sine qua non* pour fouler un tatami fleurant bon le foin coupé. Mme K. a roulé le futon qu'elle a aussitôt rangé dans le placard. La table basse regagne sa position centrale. L'exiguïté des lieux ordonne souvent que l'on mange là où l'on a dormi. Dans quelques instants la famille sera assise en tailleur. Mme K. repart à la cuisine. Elle revient avec un nouveau plateau en main et, tout en se délestant des pantoufles d'un doux mouvement des chevilles, jette un œil sur son émission télévisuelle favorite. Un étranger est en train de promouvoir, en allemand sous-titré en japonais, un nouvel aspirateur petit et extrêmement puissant. Médusée, la présentatrice répond à chaque aspiration de l'appareil par une expiration saccadée : « Hai hai, oui,

oui », que prolonge à son insu M. K. en train d'inspirer une dernière bolée de *miso*. Il se lève déjà tandis que le fils dévore des corn-flakes au-dessus d'un manga. M. K. s'incline devant la porte d'entrée. Il met ses souliers, après avoir soigneusement laissé derrière lui ses sandales dans le sens opposé à celui du départ. Un réflexe quotidien gage de politesse à l'égard d'autrui, qui peut-être lui-même, quand le soir venu ses pieds appareilleront des sandales pointant déjà la bonne direction.

Costume gris anthracite, chaussures noires, valise sombre en main, M. K. se fond dans la masse. La pression sociale est si forte que chacun entend se faire remarquer le moins possible. Cette **uniformisation** était déjà la norme à l'époque des Tokugawa, les samouraïs privilégiant la sobriété aux futilités discriminantes qui pouvaient nuire à la cohésion du groupe. Seuls les jeunes gens portent des habits ou des coiffures exubérantes, une marginalité qui est aussi la norme à l'âge adolescent. La masse compacte s'égrène à l'entrée du métro. M. K. regarde sa montre. Aux heures de pointe, les femmes disposent désormais de leur propre voiture. La proximité des corps engendrait de trop nombreux attouchements. À peine descendu du métro, M. K. se dirige vers la plate-forme 22, à l'endroit précis où le repère tracé sur le sol indique l'arrêt de la voiture. Des queues se sont formées tous les vingt mètres. Il achète un paquet de cigarettes au distributeur automatique, qui vend aussi toutes sortes de cafés en boîte : couleur rouge pour le café chaud, bleu pour le café froid. Il est exactement 7h04. Le Shinkansen Yamabiko démarre.

Le long fleuve de la vie

La majorité des passagers, essentiellement des hommes, somnole. Quelques-uns ont les yeux braqués sur leur téléphone portable, certains prenant connaissance des dernières informations ; d'autres regardent la météo ; d'autres encore cherchent une rue sur un plan, ou tout simplement envoient SMS ou e-mails en lieu et place de conversations téléphoniques prohibées dans le train. La porte automatique se dérobe soudain. Le contrôleur s'incline au milieu du couloir puis vérifie sur son écran électronique l'occupation des places. Il se retourne, courbe une nouvelle fois un uniforme jalonné de boutons dorés avant de sortir du wagon. M. K. jette un œil au journal. Un titre retient son attention : un professeur de lettres a été licencié pour avoir refusé de se lever pendant l'hymne national que le nouveau directeur venait d'introduire à l'école. Le tribunal a tranché en faveur de l'employeur. Plusieurs comités de défense, composés essentiellement de femmes, se sont alors constitués. Ils fustigent ce nouveau nationalisme qui a coûté hier si cher au Japon. M. K. et sa sœur avaient parlé de cette affaire la veille. Une discussion houleuse s'en était suivie achoppant sur des considérations plus générales. À 30 ans, celle-ci n'est toujours pas mariée mais revendique haut et fort son statut de **femme célibataire** préférable à celui d'épouse souvent mal mariée, beaucoup de mariages étant encore arrangés. La femme de M. K. a même soutenu sa belle-sœur, en rappelant le taux de divorce élevé – il a presque triplé entre 1960 et 2000 – malgré une mise à l'index social qui affecte durement les femmes divorcées (perte de la sécurité sociale attachée à l'emploi du mari, pensions aléatoires, etc.). Les paysages se succèdent dans un profond silence. Par moment, d'immenses carpes en tissu accrochées au faîte de mâts en bambou flottent au-dessus des jardins. Le 5 mai, ce sera la Fête des enfants. Chaque famille espère, à l'image de ce poisson tenace, que son ou ses garçons remonteront avec courage et succès le long fleuve de la vie.

Une rémunération indexée sur l'ancienneté

Le train arrive en gare d'Utsunomiya, au nord-est de Tokyo. Il est 7h54. Des milliers de passagers descendent. Dans un réflexe collectif, chacun trie ses déchets avant de les jeter après moult vérifications dans l'un des trois conteneurs sélectifs. M. K. entre dans son **entreprise**. Les gardiens saluent et s'inclinent, puis c'est au tour des standardistes, de deux électriciens rencontrés fortuitement, d'une femme de ménage et enfin des collègues de répondre à cette chaîne infinie de dominos policés. Comme chaque jour M. K. arrive une dizaine de minutes en avance, vingt minutes quand il a rendez-vous avec un client, ce dernier précédant généralement de dix minutes l'heure du rendez-vous fixé. M. K. recharge son portefeuille en cartes de visite, indispensables pour entreprendre quoi que ce soit dans la journée. Son bureau est une vaste pièce où cohabitent une trentaine de personnes. Pas facile de régler une affaire délicate. Mais depuis dix ans, M. K. en a pris l'habitude. Sa récente mutation dans cette filiale de son groupe n'a en rien modifié son environnement professionnel, excepté le temps de transport supplémentaire quotidien : 2h30 pour 220 km aller-retour. M. K. ne se plaint pas, c'est le sort commun de la plupart des travailleurs. Il sait aussi que sa fidélité à l'entreprise tient surtout à une rémunération indexée sur l'ancienneté. M. K. sort son sceau professionnel avec lequel il va référencer les correspondances de la journée. Il se rappelle soudain qu'il doit aussi récupérer son sceau administratif, celui qu'il a fait enregistrer auprès de sa mairie pour valider toutes ses déclarations. À la mi-journée, il va s'acheter avec un collègue un *bento*, un panier repas fourni avec des serviettes nettoyantes. Deux autres collègues les rejoignent. On bavarde. L'un va aller voir un match de la Coupe du monde de basket-ball à Sendai ; un autre explique que son fils, instituteur, dort depuis deux jours dans l'école, bien que les cours soient annulés, en raison des conditions climatiques épouvantables. En fin de journée, chacun recouvre son bureau avec un drap pour dissuader les voleurs dit-on, plus sûrement les regards indiscrets des collègues.

Bénir sa nouvelle voiture

19h : M. K. s'installe au comptoir d'un **izakaya** (de *zaka*, « saké ») avec trois collègues de bureau. On commande des *yakitori* et toutes sortes de petits plats destinés à accompagner les bières. À tour de rôle, chacun sert l'autre. L'alcool aidant, les conversations s'animent, brisent le formalisme de la journée, dépassent la réserve hiérarchique.

21h : on décide de boire un dernier verre avec des hôtesses, histoire de prolonger la conversation avec des confidentes plus neutres et plus accortes. On discute et l'on boit encore, on parle du travail, de sa famille.

22h : pour M. K., il est temps de repartir. Demain, il doit dîner avec le responsable de son département. Des cohortes de *salarymen* s'épaulent et se tiennent avant de s'engouffrer dans les taxis.

22h37 : le Shinkansen repart pour Utsunomiya. Dans deux semaines, c'est la **Golden Week**. Des millions de Japonais partiront en vacances. M. K. aussi. Peu importe que tout soit bondé et que les prix soient généralement doublés, car le sentiment culpabilisateur de prendre individuellement des vacances se dilue dans ce mouvement d'ampleur nationale. Si M. K. a droit à dix-neuf jours, il n'en prendra que la moitié. Il a promis à sa femme de l'emmener du côté de Matsumoto. Il doit aussi prendre rendez-vous avec le prêtre shintoïste pour bénir leur nouvelle voiture. Si la soirée ne s'éternise pas trop avec son responsable, il ira se changer les idées au *pachinko* demain soir. Propulser des billes en acier dans ces sortes de flippers machines à sous le détend furieusement. M. K. a déjà fermé les yeux. Le contrôleur s'incline respectueusement au milieu du couloir.

RELIGION

Le sentiment religieux japonais est passablement diffus, éclectique et déroutant. Les Japonais ne sont pas de fervents adeptes attachés à un dogme, un livre saint ou un dieu unique. Leur tradition polythéiste a donné jour à un « bricolage » très fluide entre les pratiques **shinto** et **bouddhique**, auxquelles se mêlent des croyances populaires teintées de taoïsme et de confucianisme. Les statistiques sont éloquentes : on recense quelque 215 millions de fidèles dans l'archipel, répartis au sein de 180000 organisations religieuses, soit presque deux fois plus de croyants que d'habitants ! Le phénomène s'explique par le **caractère non exclusif** des croyances. Au cours de sa vie, un même individu aura par exemple son baptême dans un sanctuaire shinto, son mariage dans une église chrétienne et ses funérailles dans un temple bouddhique. À la veille d'un voyage, il fera un pèlerinage dans tel temple qui délivre des amulettes censées protéger des accidents de la route ; avant l'entrée à l'université, dans tel autre qui favorise la réussite aux examens, etc. Les Japonais ont donc une **approche pragmatique** de la religion, ils la considèrent surtout comme un instrument pour demander aux dieux d'exaucer leurs souhaits. Dans les maisons, on voit souvent dans une pièce un autel bouddhiste et, dans une autre, un sanctuaire shinto. Être à la fois bouddhiste et shintoïste, c'est ainsi une bonne manière d'augmenter ses chances de succès.

LE SHINTO

Le shinto, ou « voie des dieux », est la plus **ancienne** religion du Japon et a façonné bien des aspects de sa culture, comme l'attachement à la communauté et au travail, le culte des ancêtres et la vénération de la nature. Il émergea peu à peu, entre les 3ᵉ et 11ᵉ s., d'un ensemble de pratiques et de croyances indigènes liées au chamanisme, au culte des morts et aux rites agraires. Sa mythologie, consignée au début du 8ᵉ s. dans le *Kojiki* et le *Nihon shoki*, raconte comment les dieux Izanagi et Izanami créèrent l'archipel nippon et donnèrent naissance aux autres divinités dont la figure centrale est **Amaterasu**, la déesse solaire vénérée au sanctuaire d'Ise, supposée être l'ancêtre de la dynastie impériale.

Religion animiste et panthéiste, le shinto vénère les **kami**. Ces « esprits supérieurs » ou « forces vitales » sont une myriade de divinités présentes dans tous les aspects de la vie et qui se manifestent sous différentes formes : il y a les *kami* de la nature qui habitent dans les rochers, les arbres, les fleuves et les montagnes ; les *kami* des clans guerriers et du commerce, les *kami* des rizières, qui sont invoqués lors des semailles et des récoltes ; les *kami* célestes qui résident dans les « hautes plaines du ciel » et les *kami* terrestres, dont peuvent faire partie certains êtres humains d'exception après leur mort.

Rites de purification

Les *kami* sont souvent représentés par des symboles *(shintai)* tels que miroir, sabre ou effigie, qui sont gardés au secret dans le bâtiment central *(honden)* des sanctuaires. Ces esprits sont en général bienveillants, à condition de les honorer avec respect et de se purifier les mains et la bouche à l'aide d'une louche avant de se présenter à eux. Les fidèles tentent d'attirer leur attention en sonnant une cloche ou en frappant deux fois dans leurs mains avant de prier. Les plus superstitieux accrochent des ex-voto aux piliers du sanctuaire. On les implore en particulier pour tout ce qui touche à la **fécondité** et à la transmission de la **vie** lors des naissances et mariages. L'âme des nouveau-nés est ainsi placée sous la protection des divinités après une visite au sanctuaire, qu'on renouvelle ensuite à 3, 5 et 7 ans.

Le shinto s'est largement amalgamé au bouddhisme au cours de l'histoire, au point que les *kami* ont été réinterprétés comme des incarnations des bouddhas et des bodhisattvas. Durant la période Meiji, le pouvoir impérial tenta bien de séparer le shinto du bouddhisme pour l'ériger en doctrine d'État. Jusqu'en 1945, ce shinto officiel servit surtout de vecteur aux idées nationalistes, sans parvenir vraiment à changer une pratique populaire qui, aujourd'hui encore, reste entachée de syncrétisme.

LE BOUDDHISME

Né en Inde vers le 6e s. av. J.-C., le bouddhisme parvient au Japon *via* la Corée environ douze siècles plus tard, sous la forme du **Mahayana**, ou bouddhisme du Grand Véhicule. Promu religion d'État à la fin du 6e s., il se développe alors rapidement, tout en coexistant avec le shinto déjà solidement implanté. La doctrine bouddhique repose sur une réflexion selon laquelle la douleur, universellement répandue, tire son origine du désir et de l'ignorance. Par l'ascèse et la méditation, le sage peut parvenir à l'éveil et se libérer du cycle des réincarnations pour devenir bouddha. Le bouddhisme Mahayana insiste sur l'importance des bodhisattvas (**bosatsu** en japonais), ces êtres sur la voie de l'éveil qui renoncent au nirvana pour se consacrer au salut de l'humanité tout entière. Une version très populaire des *bosatsu* au Japon sont les **jizo**, statues drapées de tabliers rouges et tenant un bâton de pèlerin, qui protègent les enfants, les femmes enceintes et les voyageurs. La vénération de **Kannon** (Avalokitesvara), divinité de la Miséricorde, est aussi très répandue.

Le bouddhisme japonais se caractérise par la multiplicité des **sectes** et des écoles apparues au fil de l'histoire, elles-mêmes subdivisées en une pléiade de branches et sous-branches. Toutes ont en commun d'avoir opéré une synthèse avec les anciennes croyances shinto. La secte **Shingon**, qui a ses quartiers sur le mont Koya, rassemble le plus grand nombre d'adhérents. Introduit de Chine par le moine Kukai au début du 9e s. *(voir encadré, p. 77)*, ce courant ésotérique voit dans l'univers la manifestation du grand Bouddha solaire Dainichi Nyorai, avec qui le fidèle tente de s'identifier par la méditation et la récitation de mantras (paroles sacrées). Fondée à la même époque par le moine Saicho *(voir encadré, p. 77)*, la secte **Tendai** développe aussi une approche ésotérique centrée sur le *sutra* du Lotus. À l'époque médiévale, le bouddhisme adopte une tournure plus simple et plus populaire avec les sectes amidistes du Jodo Shu et du **Jodo Shinshu** qui propagent la foi dans le Bouddha **Amida** (Amitabha en sanscrit), dont l'invocation suffit à chacun pour assurer son salut et renaître au paradis de la Terre pure.

Les jizo

Dans les temples du Japon, vous croiserez souvent de petites statuettes coiffées de bonnets rouges représentant un moine. Il s'agit de *jizo*, venus sur terre pour protéger les humains, notamment les enfants. Les parents ayant perdu leur bébé (souvent mort *in utero*) chargent un *jizo* de veiller sur son âme pour pallier à l'absence de sépulture.

Le dépouillement du zen

En réaction à cet abandon à une force extérieure, le **zen** venu de Chine, propagé au début du 13e s. par les prêtres Eisai et son disciple Dogen, affirme au contraire la possibilité d'atteindre l'**éveil** par soi-même, « ici et maintenant ». La secte **Rinzai** d'Esai procède par l'absurde. Le disciple doit répondre à une énigme qui n'a pas de solution logique et oblige ainsi la pensée à se libérer de ses entraves. La secte Soto de Dogen met en œuvre le *zazen*, la méditation assise dans la position du lotus. Durant les séances, les maîtres donnent à leurs élèves de légers coups de bâton pour aider leur esprit à faire le vide. Cette forme **épurée** du bouddhisme, qui prône le détachement et la sobriété, a eu une forte influence sur la culture et l'art de vivre japonais.

Le dernier grand réformateur fut le moine **Nichiren** (1222-1282). Rejetant avec violence les autres doctrines accusées de décadence, il fonda sa propre secte, la Nichiren-shu, qui entendait régénérer le bouddhisme et l'imposer comme religion nationale.

Au-delà de cette surabondance doctrinaire, le bouddhisme tire surtout

Le Kanto Matsuri d'Akita, une des innombrables fêtes religieuses.

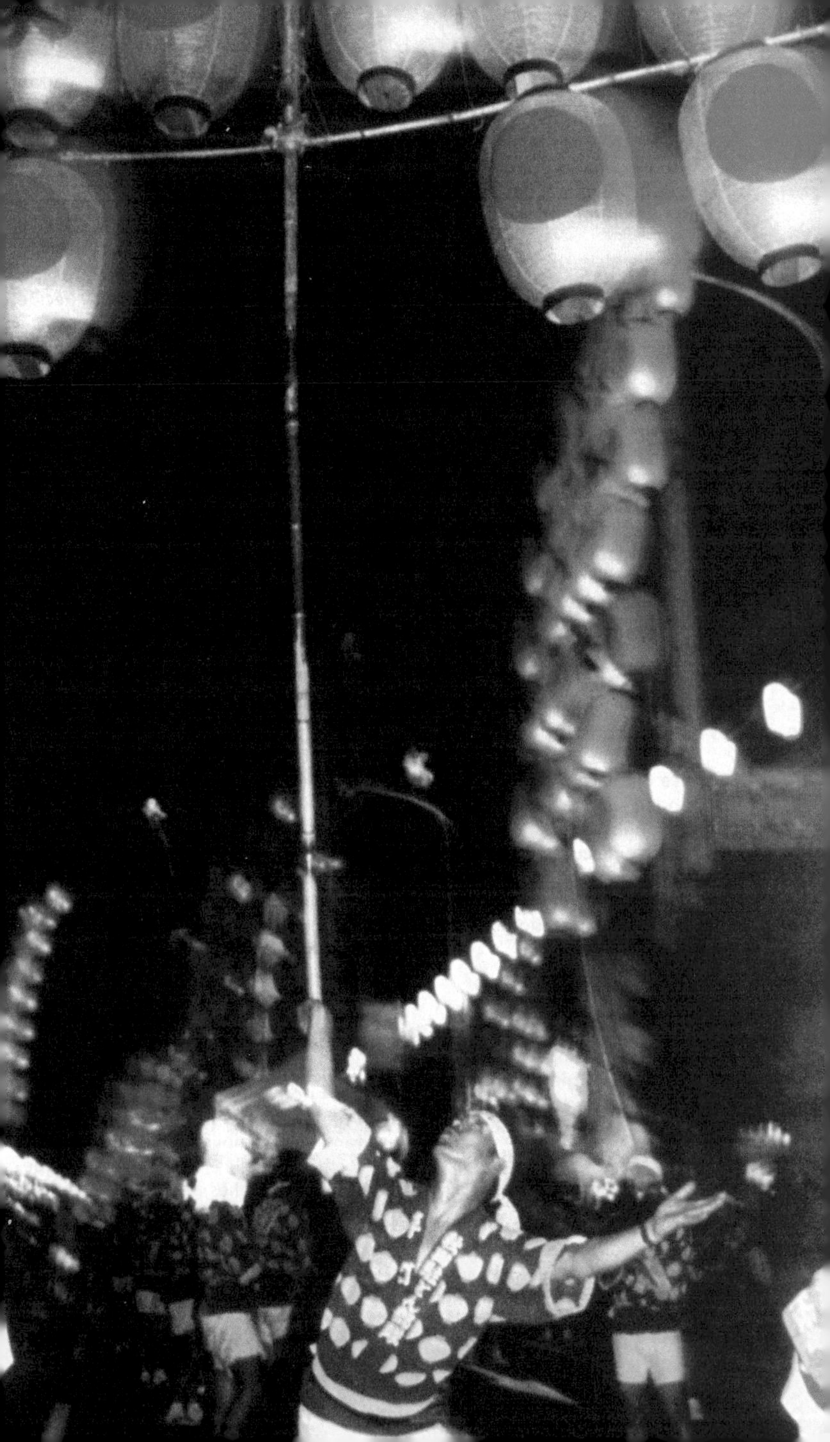

sa popularité des cultes rendus aux ancêtres et des cérémonies **funéraires** dont il s'est fait une spécialité. Les bonzes s'occupent ainsi des enterrements, tiennent les registres familiaux et vont de maison en maison pour réciter des prières à la mémoire des morts, une activité souvent lucrative.

LES AUTRES COURANTS RELIGIEUX

Le taoïsme

Le taoïsme chinois a eu une influence notable sur la culture japonaise à travers l'astronomie, la divination et la prédiction de l'avenir, dont les Japonais sont friands. La théorie du **yin** et du **yang** *(ommyodo)*, introduite à la cour de Heian vers le 10e s., est à l'origine de nombreuses croyances concernant les tabous, l'observance des jours fastes et néfastes pour les cérémonies, etc.

Le confucianisme

Le confucianisme, lui aussi d'origine chinoise, fut présent dans l'archipel dès l'introduction du bouddhisme, au 6e s. Ce système de pensée contribua à la mise en place d'une morale politique fondée sur l'harmonie sociale, les vertus d'obéissance et de loyauté, et vint renforcer le **culte des ancêtres** et celui de l'empereur. Le confucianisme joua également, avec le zen, un rôle majeur dans l'élaboration du code des samouraïs *(bushido)*.

Le shugendo

Le *shugendo*, ou « voie de l'ascèse », est un exemple intéressant de **syncrétisme religieux**, qui emprunte à la fois au shinto, au bouddhisme ésotérique et au taoïsme. Fondé au 6e s. par En-no-Gyoja, le *shugendo* repose sur des pèlerinages et des retraites dans la montagne. Ses adeptes s'imposent des escalades ardues et des prières sous des cascades d'eau glacée afin de fortifier leur foi. Jadis assimilés à des sorciers, ils portent un costume d'ermite qui rappelle celui des chamans sibériens.

L'influence chrétienne

Le christianisme débarque au Japon avec le missionnaire jésuite François Xavier à Kagoshima, en août 1549. Les premières missions étaient concentrées à Kyushu, au sud de l'archipel. Leurs efforts d'évangélisation portèrent si bien leurs fruits qu'à la fin du siècle, il y avait déjà 300000 chrétiens japonais. Pour contrer ce succès grandissant, le shogun Ieyasu Tokugawa décide en 1612 de persécuter les convertis et d'exiler les missionnaires. Ce n'est qu'en 1871, après plus de deux siècles de fermeture, que le christianisme fait son retour. Mais il ne dispose alors que d'une liberté surveillée, et il faudra attendre 1945 pour que soit vraiment admise la liberté de culte. Malgré la popularité croissante des mariages célébrés selon le rite chrétien, le christianisme ne concerne aujourd'hui qu'une minorité de Japonais (environ 2 %). Cette croyance exclusive en un dieu unique leur paraît trop contraignante.

LES NOUVELLES RELIGIONS

L'urbanisation galopante a coupé de nombreux Japonais de leurs racines familiales qui les rattachaient à un temple bouddhique ou à un sanctuaire shintoïste. En manque de repères, beaucoup de jeunes citadins cherchent à redéfinir leur appartenance communautaire et à satisfaire leur quête de spiritualité au sein des **nouvelles sectes** issues du bouddhisme et du shinto, qui leur promettent des bienfaits rapides, voire l'avènement du paradis sur terre. Souvent dirigées par des leaders charismatiques, ces « nouvelles religions » enregistrent un essor depuis les années 1950. Profitant de l'affaiblissement des religions institutionnelles, elles ont su conquérir de nouvelles franges de population déboussolée par l'évolution de la société, auprès desquelles elles exercent un prosélytisme actif.

La plus florissante de toutes, la **Soka Gakkai**, ou « société pour la création des valeurs », revendique près de

10 millions de membres au Japon. Cette organisation issue de l'une des branches de la secte bouddhiste Nichiren-shu est aujourd'hui à la tête d'un véritable empire financier et immobilier. Elle dispose de journaux, et même d'un influent parti politique, le *Komeito*, allié des conservateurs au pouvoir.

Par ailleurs, la prolifération de nouvelles sectes, dont l'idéologie intolérante et violente n'a plus rien à voir avec le bouddhisme, a pris une ampleur inquiétante au Japon, comme l'a révélé l'attentat meurtrier commis en 1995 dans le métro de Tokyo par la secte **Aum**.

MATSURI

Voir également le calendrier des fêtes et festivals, p. 48.

Les *matsuri* sont innombrables au Japon. Rien que sur l'île de Sado Gashima, on n'en compterait pas moins de 365 par an. Les Japonais auraient-ils un caractère particulièrement festif ? À moins que cela ne soit guidé par l'insularité qui agite, au fond de chaque îlien, des sentiments de solitude, d'isolement et de tristesse. C'est dire si cet esprit festif peut prendre racine sur des motifs beaucoup moins joyeux.

« Fête » se dit en japonais *matsuri*. Ce terme vient du verbe *matsuru*, qui signifie « respecter et invoquer les dieux ». Les *matsuri* ont donc, à l'origine, un rôle essentiellement **religieux** puisqu'il il s'agissait d'apaiser « ce qui est au-dessus », les *kami*, ces manifestations divines qui peuvent surgir dans toutes choses et qui se révèlent à nous autant qu'elles nous révèlent à nous-mêmes par ce sentiment de plénitude ou de mal-être qui se dégage en nous au contact d'une montagne, d'un rocher, d'une rivière, d'un être, d'un arbre, d'une écorce... Indissociablement liées à la **nature**, les divinités sont donc omniprésentes. Et plus la nature se manifeste, plus les *kami* se rappellent aux hommes et de manière plutôt colérique, par des éruptions volcaniques, des séismes ou encore des raz-de-marée. Nul doute qu'apaiser les esprits n'est pas une sinécure au Japon. La tâche est rude et doit être prise avec sérieux. Si les *matsuri* marquent à la fois un temps sacré *(hare)* et ludique *(ke)*, gageons que l'hédonisme se conjugue rarement avec ces fêtes, car du bon déroulement des rites dépend souvent la survie d'une communauté.

APAISER LES KAMI, APAISER SA FAIM

Et cette survie passe déjà par le produit de bonnes **récoltes**. Apaiser les dieux, c'est une chance supplémentaire d'apaiser son ventre à la saison prochaine. Les *matsuri* vont donc soutenir les deux temps forts du cycle agricole : ensemencements, au printemps, et récoltes, à l'automne. Ainsi, le Sanno Matsuri des 14 et 15 avril, donné en l'honneur de Hie-Jinja, divinité gardienne de la moitié sud de la vieille ville de Takayama *(voir p. 262)*, exprime le souhait des paysans d'obtenir de bonnes récoltes, tandis que le festival automnal des 9 et 10 octobre remercie Sakurayama de ses bienfaits (Sakurayama protégeant cette fois la moitié nord). Ville de haute montagne, peu propice aux productions céréalières, Takayama ne badinait pas avec le risque de faim, comme d'ailleurs la plupart des autres villes du Japon, un pays autrefois essentiellement agricole, arc-bouté sur moins de 20 % de terres arables.

Ces périodes clés, pour être des plus importantes, ne sont pas suffisantes. Les *kami* sont exigeants autant que les peurs humaines. Aussi ces deux festivals sont-ils entrecoupés par d'autres rites : les fêtes du feu du Nouvel An (Hino-Matsuri), période de **purification** indispensable pendant laquelle sont brûlées symboliquement les impuretés de l'année ; la fête bouddhique des morts (Bon), qui se déroule dans tout le pays (juillet-août), et qui consiste à accueillir l'âme des **ancêtres** rendant visite à leur famille puis à les guider pour qu'ils puissent regagner le monde des esprits. Des petites embarcations munies d'une lanterne vont alors dériver dans la nuit au fil des rivières.

COMMENT HONORER LES DIEUX ?

La relique de la divinité *(mitama)* est sortie du sanctuaire shinto ou du temple bouddhiste, selon les convictions religieuses locales. Elle est ensuite placée sur un palanquin sacré, le **mikoshi**, sorte de minisanctuaire portatif, placé sur les épaules des fidèles. Bien qu'invisible – pour ne pas engendrer d'images idolâtres – elle circule en tête d'une **procession** qui, elle, est des plus visibles puisqu'il s'agit aussi bien de fédérer les hommes que de plaire aux *kami*. Ces longues processions vont d'un point à l'autre de la ville. Dans la péninsule de Noto *(voir p. 284)*, de gigantesques lanternes portatives, les *kiriko* – ils pouvaient peser 2 t et s'élever jusqu'à 15 m de haut –, informent ainsi les dieux de la dévotion des hommes avant de terminer leur course dans la mer du Japon, matrice et symbole de fertilité. Pour le *matsuri* de Kurama-no-Hi, les habitants de Kurama, au Kansai, ont pris pour habitude de traverser le village en brandissant des torches de plus de 5 m de haut. « Yosh ! Yosh ! », crient les porteurs habillés souvent du *fundoshi* (cache sexe traditionnel) et d'un haut de kimono portant généralement au dos le blason de l'association à laquelle ils appartiennent. La divinité circule, précédée par un bestiaire purificateur (des hommes avec des masques de lions chassent les mauvais esprits), suivi par un cortège de **chars** de plusieurs tonnes chacun, rivalisant de beauté dans leurs atours de bois finement sculptés. Chaque famille montrait ainsi son savoir-faire, respectueux des dieux et respecté par les hommes parmi lesquels se trouvaient peut-être de futurs commanditaires...

POUR MIEUX FRATERNISER ENTRE HOMMES

Lors des *matsuri* ce ne sont donc plus les hommes qui se rendent au sanctuaire dans un acte de dévotion intime et individuel, mais les divinités qui viennent à eux et auxquelles ces derniers répondent par un acte de piété collectif et fraternel. Le *matsuri* est donc une fête essentiellement **populaire** qui va, au fil des siècles, agréger de nouveaux liants de socialisation, annexer de nouvelles valeurs autour desquelles aime se fédérer une collectivité (quartier, ville, région, nation). Le *matsuri* Aoi (15 mai) de Kyoto, par exemple, qui était au départ un rite de purification est aujourd'hui une évocation historique de l'ère Heian, une des périodes les plus sophistiquées du Japon. Le Jidai Matsuri (22 octobre), à Kyoto toujours, commémore lui, depuis la fin du 19e s., la création de la capitale impériale en organisant le plus grand défilé japonais, près de 2000 figurants en costume de différentes époques.

Quels qu'en soient les motifs, spirituel, historique, culturel, identitaire, les *matsuri* sont toujours un prétexte pour faire la fête, et dans la **bonne humeur**. Car, pour nombre de Japonais, ils permettent de retrouver leurs amis d'enfance, leur famille, leur *furusato* (village ou région d'origine) qu'ils ont parfois délaissés pour venir travailler dans la capitale. Désormais, c'est moins la nature qu'on essaie d'apaiser que celle de son être en butte à une culture urbaine de plus en plus déshumanisante. Il suffit de voir comment dans ces processions menées par les dieux, les Japonais en épousent la moindre ondulation, en aspirent le moindre souffle. Les parades sont alors des monômes, qui, sous prétexte de suivre les dieux, chahutent la société des hommes, sa hiérarchie, son conformisme, sa rigidité. Pour le bonheur de tous, on boit à la santé de chacun, enivré par la boisson des *kami*, ce saké tiré du riz, une céréale qu'on récolte seulement après avoir loué bien des divinités.

Le costume traditionnel.

COSTUME TRADITIONNEL

La tenue japonaise traditionnelle est appelée « **kimono** », aussi bien pour les hommes que pour les femmes. C'est un vêtement plat, aux lignes droites, qui cache le corps plus qu'il ne le met en valeur. Il se compose d'une longue robe taillée dans une seule pièce de tissu, que l'on ajuste ensuite par un pli à la taille. Le pan gauche se glisse sur le pan droit et se ferme par une ceinture en tissu *(obi)*. Chez les femmes, il s'agit d'une large ceinture rigide pourvue d'un nœud *(obiage)* dans le dos. Les hommes portent des kimonos de teintes sombres et unies, aux manches courtes ouvertes sous les aisselles. Les plus formels ajoutent par-dessus un pantalon-jupe plissé et une veste ample appelée *haori*. En hiver, on enfile une veste en tissu épais, le *tanzen*. Les kimonos féminins ont des manches plus longues ouvertes sous les aisselles. Ils sont ornés de motifs et couleurs variant selon les saisons. Chez les hommes et chez les femmes, le kimono se porte avec des **tabi** (chaussettes à orteils séparés), des **geta** (socques en bois) ou des **zori** (sandales en paille) pour les tenues habillées.

L'USAGE DU KIMONO

Le kimono est volontiers porté dans l'**intimité** familiale et lors des fêtes, en particulier les **mariages**. Les jeunes épouses revêtent alors un kimono blanc et un somptueux manteau rouge aux brocarts de soie rehaussés de fils d'or et d'argent, qui est souvent transmis par héritage ou loué, en raison de son prix exorbitant. On mettra aussi un kimono pour les *matsuri* (fêtes), la cérémonie du thé, pour aller voir un spectacle de nô ou de kabuki ou pour pique-niquer sous les cerisiers en fleur. Le port du kimono est assez contraignant, surtout pour les femmes. Il confère une allure un peu guindée qui n'est pas dépourvue de charme ni d'élégance, mais **peu pratique** dans la vie ordinaire, où on lui préfère le vêtement occidental *(yofuku)*.

LES TYPES DE KIMONO

Le plus protocolaire est le *kuro tomesode*, un kimono noir orné des cinq blasons familiaux *(mon)* endossé lors des mariages par les femmes proches de la mariée. L'*iro tomesode*, un kimono de couleur frappé des *mon*, est porté lui par les invités du mariage. Le **furisode** est le kimono de cérémonie des jeunes filles *(voir encadré)*. Les motifs bariolés s'étalent sur toute la surface de l'habit, que retient un *obi* très compliqué. L'*iromuji* désigne un kimono de couleur mais sans motifs ou avec de discrets motifs géométriques. On l'utilise pour la cérémonie du thé, ou, s'il est noir, lors des funérailles. Pour les réceptions officielles, on choisit le *homongi*. Généralement en satin ou crêpe de soie, il est décoré de motifs éclatants et rehaussé de broderies. Le *komon*, plus usuel, convient aux rencontres moins formelles et aux fêtes. Enfin le kimono le plus décontracté, le **yukata**, est en coton léger, le plus souvent teint en indigo sur fond blanc. On le porte pour le bain ou lors des grosses chaleurs en été.

ARTISANAT

Au Japon, il n'existe pas de démarcation nette entre les beaux-arts et l'artisanat, les deux étant issus d'une même histoire et pareillement estimés. L'artisanat populaire est florissant, et profite d'un gros effort de promotion. Les potiers, sculpteurs de masques nô, forgeurs de sabre, tisserands ou laqueurs les plus illustres peuvent même être classés « Trésors nationaux vivants », c'est-à-dire reconnus comme détenteurs d'un savoir-faire élevé au rang de patrimoine culturel national.

LA CÉRAMIQUE

Les Japonais ont toujours nourri une forte inclination pour les céramiques *(yakimono)*, notamment pour les grès. Bols à riz ou à thé, vases à encens ou à fleurs, jattes, jarres, coupes et bouteilles à saké, théières ou simples porte-baguettes sont déclinés avec

Avoir 20 ans en kimono

Le deuxième lundi de janvier donne lieu à la *seijin shiki*, une cérémonie qui consacre le passage des jeunes de 20 ans à l'âge adulte. Le rituel donne aux jeunes filles l'occasion de revêtir un superbe kimono, le *furisode*. Le jour de la majorité marque une étape importante pour les adolescents japonais qui, depuis leur plus jeune âge, portent l'uniforme *(seifuku)*, celui du collège puis du lycée. Durant la brève période des études universitaires, ils auront désormais toute latitude de se faire remarquer par des tenues criardes, par des coiffures et des maquillages fantaisistes. Tout rentrera dans l'ordre avec l'entrée dans la vie active, qui sonne l'heure du retour à l'austère costume-cravate et au tailleur strict. Dans les magasins, les usines, les banques, chaque entreprise impose une tenue réglementaire à ses employés. Un habillement ostentatoire serait alors mal considéré, car cela reviendrait à se désolidariser du groupe pour attirer l'attention sur soi.

d'infinies nuances de coloris, de formes et de textures, fruits d'une longue histoire.

La poterie commença à être façonnée dans l'archipel il y a 12000 ans, à l'époque Jomon, avec des pots décorés à l'aide de cordes tressées. Vers le 5e s. furent introduits de Chine et de Corée la cuisson à haute température avec couverte à la cendre *(sueki)* et le modelage au tour, puis au 7e s., l'art des glaçures du type céladon et *sansai* (céramiques à trois teintes). À compter du Moyen Âge, six villes, surnommées les « **six fours traditionnels** », rassemblent les principales manufactures de l'archipel : Seto, Tokoname, Echizen, Shigaraki, Tanba et **Bizen**. Les potiers de Seto, en particulier, développèrent les pièces de faïence et de grès flambé, au décor floral enrichi de coloris jaunes ombrés de rouge et de brun foncé *(voir p. 253)*.

Au début du 17e s., les fours de la région de Mino produisent des pièces nouvelles de toute beauté, comme les céramiques *kiseto* (blanc teinté de jaune), *seto-guro* (bols à thé d'un noir moiré), *shino* et *oribe*, aux tonalités de blanc, jaune, brun et vert. De nouveaux centres de production surgissent comme à Karatsu, sur l'île de Kyushu, d'où provient une belle céramique aux glaçures gris brun. La **cérémonie du thé** *(voir p. 126)*, qui fait alors de fervents adeptes, suscite une forte demande en vaisselle raffinée, bols à thé *raku-yaki* d'une facture à la fois simple et exquise, plats et assiettes à décor orné de glaçures brun foncé *(ko-takatori)*, et, vers la fin du 18e s., *satsuma* blanc aux ornements bigarrés. À Kyoto se met en place un style digne du faste de la capitale impériale, avec les *kyo-yaki*, céramiques aux décors d'émaux colorés, dont les grands maîtres furent Nonomura Ninsei et Ogata Kenzan.

La porcelaine, quant à elle, prospère à partir du début du 17e s., grâce à la découverte d'un gisement de kaolin à Izumiyama, au nord de Kyushu. Les porcelaines étaient expédiées du port d'Imari, d'où leur nom d'« *imari-yaki* ». D'abord peintes en bleu cobalt sur fond blanc, elles s'enrichiront ensuite de tons rouge-orange d'une grande douceur, donnant naissance à des décorations aux coloris merveilleux.

LES LAQUES ET LE BAMBOU

Le travail du bois sert souvent de support à la décoration du **laque** *(shikki)*, dans lequel les artisans japonais excellent. Coffres, boîtes, étagères, vaisselle et peignes sont enduits d'une laque noire ou rouge, incrustée de nacre et rehaussée de poudres d'or et d'argent pour les objets les plus précieux. Tout au long de l'histoire, les meilleurs peintres ont contribué à décorer les laques de compositions naturalistes (oiseaux, fleurs) aux couleurs délicates. La laque provient de la sève de l'arbre à laque, une résine que l'on raffine et enrichit de pigments jusqu'à former un vernis coloré lisse et brillant. Le laquage est un travail lent et minutieux, qui exige de passer au moins vingt couches entrecoupées de fins ponçages afin d'obtenir une surface parfaitement lustrée.

Le travail du **bambou** sert à fabriquer jouets, ombrelles, lanternes, cerfs-volants et vanneries, très présentes au quotidien (emballages, paniers).

LES TEXTILES

Les plus anciens vêtements japonais étaient tissés en chanvre ou en fibres d'écorces de mûrier. La laine et le coton n'apparurent que tardivement. Mais c'est surtout dans le tissage de la **soie**, très tôt utilisée, que les Japonais donnèrent la mesure de leur talent : brocarts, satins, gazes, crêpes et taffetas entraient dans la confection des costumes de théâtre nô et des kimonos de la noblesse. La soie servait aussi de support aux peintures bouddhiques. Les techniques de teinture des étoffes sont variées. Les fils peuvent être teints avant d'être tissés (technique du *kasuri*) ou les tissus peints de motifs colorés en appliquant une pâte de riz (technique *yuzen*). L'indigo fut longtemps la couleur la plus populaire. Il a été remplacé aujourd'hui par des produits synthétiques.

L'IKEBANA ET LES BONSAÏS

L'**ikebana**, ou arrangement floral, vise à rendre hommage à la nature, à son harmonie et à sa beauté éphémère. L'asymétrie des lignes et le dépouillement des bouquets sont recherchés. C'est un art aux règles codifiées, qui s'apprend dans l'une des 3000 écoles de l'archipel, avec un diplôme à la clé. Surnommée aussi « *kado* », ou « voie des fleurs », l'*ikebana* tire son origine des offrandes florales pratiquées jadis dans les temples bouddhiques. Il connaît plusieurs variantes : les compositions monumentales, les discrets bouquets à trois unités (symboles du ciel, de la terre et de l'homme) qui ornent le *tokonoma* (alcôve) ou encore l'offrande d'une fleur simple mais parfaite pour la cérémonie du thé. Aujourd'hui, l'*ikebana* est surtout pratiqué par les femmes.

L'art du **bonsaï**, l'arbre nain, est une technique de culture en pot venue de Chine. La croissance est ralentie par la ligature des branches et l'utilisation d'une terre peu profonde. L'esthétique privilégie là encore l'asymétrie.

La magie de l'origami

Inventé en Chine voici des siècles, l'origami est un des passe-temps les plus célèbres du Japon. L'idée au départ est de plier un carré de papier en une foule de formes différentes, figuratives ou géométriques, sans utiliser de ciseaux ni de colle. Parmi les origamis les plus courants figure la grue, symbole de paix et de guérison. On voit aussi souvent des fleurs, ballons, poissons, grenouilles, etc. Les puristes n'utilisent qu'une seule feuille. Avec plusieurs feuilles colorées, les plus doués réalisent des œuvres incroyables, par exemple un tyrannosaure ou une tour Eiffel parfaitement représentés. D'autres, avec un simple ticket de métro, font surgir un renard, un lapin, un cygne ou un cobra. On peut plier aussi des billets de banque, une façon amusante de payer l'addition dans un restaurant. Le grand maître moderne de l'origami est sans conteste Yoshizawa Akira, une légende vivante au Japon, créateur de centaines de nouveaux modèles.

JARDINS JAPONAIS

L'origine du jardin japonais prendrait racine dans le **culte des morts** (d'origine coréenne pensent certains historiens) de l'ère dite « période Kofun » (à partir du 4e s.). Ce nom désigne de gigantesques tertres funéraires autour desquels étaient placés des cylindres de terre cuite *(haniwa)*. Éminences, vallonnements, pierres, objets, fossés emplis d'eau se répondent dans un espace clos. Cette topographie codifiée va inspirer les sanctuaires shinto. Mais au culte des morts (cette pratique s'éteint avec l'introduction de la crémation par les bouddhistes au 6e s.) succède le culte des forces et des formes naturelles propre à la religion **shinto.** Désormais au cœur de ce rapport qu'on veut le plus harmonieux entre hommes et divinité, le jardin japonais devient la modélisation parfaite de ces lieux où les dieux se manifestent.

Cette modélisation transmise par les Coréens *via* la Chine a été puisée dans la représentation cosmogonique du monde indien : terre bouddhique et axe du monde, le mont Meru, cerclé de sept montagnes et de sept mers parfumées. Cette vision, les Japonais l'adaptent au fil des siècles selon leurs critères de représentation. Aussi n'existe-t-il pas un mais différents styles de jardin japonais. Une diversité qui traite cependant du même thème – représenter un **microcosme idéal** – et s'appuie sur des règles de composition similaires (pierres, arbres, collines, eau avec pour corollaire fondamental qu'on ne dirige la nature qu'en s'y soumettant, quitte parfois à la contrarier un peu pour la rendre plus sauvage). Cette humilité s'inscrit à rebours des lois de la symétrie qui gouvernent les jardins à la française. Mais si les statues sont chassées par des pierres, ces dernières n'évincent pas les œuvres : seulement, là où témoigne généralement la main de l'homme ont seulement agi la force de l'eau et du vent.

LES QUATRE TYPES DE JARDIN JAPONAIS

Se promener dans un jardin japonais ne sert pas seulement à prendre l'air mais à réveiller cette nature profonde qui sommeille en nous ; ce « jardin intérieur », disent certains. Ainsi, selon l'humeur, les Japonais peuvent flâner dans un jardin-promenade ou découvrir l'intimité d'un jardin de thé. Ils peuvent aussi de façon plus statique se livrer à la contemplation d'un jardin-paradis ou s'interroger sur ces rébus, « écorché de paysage », selon Claudel, que sont ses incroyables jardins secs.

Les jardins-paradis

Les jardins-paradis apparaissent dans le contexte troublé qui sévit à la fin de l'époque Heian (794-1185). Les guerres civiles font rage. Elles mettent en relief le caractère transitoire et éphémère de la vie humaine. À cette vision, il faut opposer de nouvelles images, celles d'un jardin réenchantant le monde. Le jardin-paradis est l'interprétation de cette terre d'**espoir**. Sa représentation se fait sous l'égide d'Amida, le Bouddha qui fit vœu de faire renaître en son pays, la Terre pure, tous ceux qui avaient foi en lui. Symboles bouddhiques, les lotus envahissent alors les étangs.

Les jardins secs

Les jardins secs fleurissent, si l'on peut dire, dans les monastères au 15e s. Leur esprit est tiré du **zen**, un bouddhisme imprégné de taoïsme, rigoureux dans son enseignement qui prône la méditation sans objet et la pensée sans pensée. Autant de paradoxes qu'apprécient les castes guerrières et que concrétise avec force, malgré son dénuement total, le jardin sec.

L'exemple le plus célèbre est le jardin de Ryoan-ji, ou « temple du Dragon paisible », créé à la fin du 15e s. à Kyoto *(voir p. 331)*. Quoi de plus facétieux que de représenter le mouvement de l'eau par des vagues de sable ? Sur une surface plane, minuscule (200 m²), quinze pierres arpentent une plage de sable blanc soigneusement ratissée. L'économie de moyens et la rareté des éléments contraste avec le nombre d'interprétations possibles. Les rochers seraient l'ossature ; le sable, la fluidité sanguine irriguante. Ainsi, à l'immuable s'opposerait l'éphémère ; au solide, le liquide ; à la permanence, l'impermanence ; au présent, son devenir ; la roche ne devient-elle pas sable ? D'autant plus que les traces de râteau se font circulaires autour des rochers imitant ce mouvement de vagues rabotant les récifs.

Les jardins de thé (cha-niwa)

Ludique au 14e s., religieuse au 15e s., la cérémonie du thé, appelée *cha-no-yu* (« eau du thé »), devient à l'époque Momoyama (1573-1603) un rituel esthétique. Simple, bas de plafond (on doit s'incliner, un geste d'humilité), construite en bois recouverte de chaume, la chambre de thé, ou *cha-shitsu*, est d'un dépouillement et d'un calme total. Encore faut-il pour le goûter avoir l'esprit au diapason de cette **sérénité** caractéristique du *cha-no-yu*. Le *cha-shitsu* va alors s'environner d'un espace inédit : le *roji*, jardin de thé, émerge entre la maison d'habitation et la chambre de thé. Il a pour fonction de décanter les pensées agitées du visiteur. Aussi le jardin doit-il être discret (peu ou pas de fleurs), sans ostentation (un arbre seul est parfois autorisé) pour inviter la personne au recueillement et à la solitude. Son esthétisme conjugue la beauté **simple** des choses qui passent avec l'inaltérabilité des traces du temps passé (le *wabi-sabi*). Les pierres de passage *(tobi-ishi)* guident nos pas, les faibles lumières fusant des lanternes de pierre *(ikekomi)* focalisent notre concentration. Le *tsukubai*, vasque servant aux ablutions précédant le rituel du thé, va donner au *cha-no-yu* sa dimension spirituelle. L'acte de purification intérieure peut alors commencer.

Les jardins-promenade

Alors que le Japon se replie sur lui-même pendant la période Edo (1603-1867), les jardins-promenade surgissent dans les grandes villes. De très grandes dimensions (le Ritsurin-koen de Takamatsu s'étend sur 75 ha, *voir p. 423*), ils sont la propriété du shogun ou de *daimyo* fortunés. Leur composition mêle de manière **syncrétique** différents éléments pris aux jardins précédents : étangs, îles, collines artificielles, rochers, chemins pavés, lanternes, etc. Le thème religieux s'efface, quant à lui, au profit d'une démarche plus **esthétique** ou culturelle.

La composition du Kenroku-en de Kanazawa *(voir p. 279)* met en exergue le concept de beauté idéale caractérisant l'art du jardin. Le Koraku-en d'Okayama *(voir p. 406)* réunit tous les artifices d'une nature sauvage pour avoir été disciplinée. Le Suizen-ji de Kumamoto *(voir p. 447)* évoque en miniature les 53 étapes du Tokaido (Edo-Heian). Espace vert en milieu urbain, adulé pour son pouvoir évocateur, le jardin-promenade est très prisé des Japonais. Chaque année, ils sont des millions à s'y rendre pour faire le *hanami*, autrement dit regarder *(mi)* les fleurs *(hana)* des cerisiers *(sakura)*. On pique-nique alors entre collègues, entre amis ou en famille. La floraison des *sakura* est un événement national. Au Shinjuku Gyoen à Tokyo, *(voir p. 182)*, le Premier ministre en profite pour donner sa *garden-party*.

BAINS

Le dynamisme des **volcans** est à l'origine des sources bouillantes qui alimentent les *onsen*, près de 4000 sources chaudes, dont plus de la moitié ont été transformées en stations thermales. Développé dès l'époque Edo, ce plaisir des eaux s'est popularisé grâce à la religion shinto. Par le bain, le corps se purifie tout en restant en contact avec la nature. L'eau symbolise la voie de la guérison et la satisfaction des vœux. Jadis, ces sources naturelles étaient même les jardins secrets des guerriers qui les utilisaient pour soigner leurs blessures. Au 17e s., les nombreux pèlerinages qui sillonnent les routes du pays contribuent à leur essor. De nombreux établissements fleurissent sur les sites, les bassins étant creusés directement dans le sol. Aujourd'hui, c'est au tour des touristes et vacanciers de prendre le relais des pèlerins d'antan. Ces vingt dernières années, le nombre de **stations thermales** n'a cessé d'augmenter, offrant aux citadins stressés le temps et l'espace pour prendre un nouveau souffle avant de s'immerger à nouveau dans le tourbillon du travail.

LE RITUEL DU BAIN

D'après Moriyama Takashi, auteur de l'***Abécédaire du Japon***, le bain fait partie des trois composantes de la vie quotidienne des Japonais avec le « manger » et le « dormir ». Les premiers bains publics, ou **sento**, apparaissent dès le 8e s., où hommes et femmes s'y baignent nus, discutant dans des bassins voisins. En 1871, cédant à la pression pudibonde occidentale, un édit impérial oblige néanmoins à la séparation des sexes, et, à présent, seuls quelques rares *onsen* n'ont pas renoncé à cette mixité aquatique. Moment de **relaxation** et de **purification**, le bain reste toutefois un instant privilégié où les êtres se mélangent, où distance et classes sociales s'estompent, le

Fabrication artisanale d'éventails.

petit salarié y papotant sans complexe avec ses patrons, comme le faisaient autrefois les seigneurs avec leurs soldats. Cette « fréquentation des corps » *(hadaka-no-tsukiai)*, chère aux Japonais, permet également de créer une atmosphère conviviale qui coupe le baigneur de sa vie extérieure et de ses soucis. Dans les années 1970, la seule ville de Tokyo comptait plus de 2500 bains publics. Avec le développement des salles de bains privées, ce chiffre n'a cessé de baisser. Toutefois, malgré des installations toujours plus perfectionnées (jets tournants, réglages automatiques de la température, etc.), le rituel du bain est resté le même : on se savonne à l'extérieur de la baignoire dans un espace spécialement aménagé à cet effet (parfois minuscule) et on ne change pas l'eau du bain, qui sert pour toute la famille. Le bain se prend à **haute température**, avant de se coucher, afin de réchauffer le corps et de pallier ainsi au manque de chauffage des habitations.

Les ustensiles du bain

Si les baignoires japonaises ont évolué de la forme du tonneau vers la forme rectangulaire, elles restent néanmoins plus profondes que les occidentales car on doit pouvoir s'y plonger jusqu'au cou. Les plus traditionnelles sont en bois *hinoki* (sorte de cèdre) ou *sugi* (cryptomère), dont elles gardent l'odeur et la couleur ainsi qu'un toucher presque sensuel. Parmi les accessoires *(furo-oke)* utilisés, notons le *koshikake*, petit siège sur lequel on s'accroupit pour se laver et se rincer à l'aide d'une *maru-ko-oke* (cuvette) ; le *sunoko*, caillebotis qui jouxte le bassin ; ou encore le *te-oke*, cuvette plus profonde munie d'un manche qui sert à prélever dans le bain l'eau nécessaire à ses ablutions.

LES VERTUS CURATIVES DES ONSEN

Si le plaisir et la convivialité sont les principales motivations des Japonais quand ils se rendent au bain, il faut néanmoins distinguer le bain public aménagé *(sento)* de la **source thermale naturelle** *(onsen)*. Celle-ci, pour se voir reconnue comme telle, doit avoir une température dépassant les 25 °C et être riche en éléments minéraux. Elle est le plus souvent construite sur la source même et complétée par un sanctuaire shinto ou un temple bouddhiste, sa valeur curative lui donnant un **caractère sacré**, considérée comme une manifestation des dieux. Aujourd'hui, les plus âgés affectionnent ses vertus thérapeutiques, mais, de tout temps, ces sources ont accompagné une sorte de rite saisonnier destiné à renforcer le corps.

Les *onsen* sont légion sur l'ensemble du territoire, installés sur des sites spectaculaires, dont le cadre naturel se révèle de toute beauté. Ils dégagent une odeur de soufre ou de terre, et leurs eaux, parfois transparentes, peuvent être laiteuses, boueuses, voire un peu jaunâtres. Beaucoup d'entre eux donnent sur la mer comme à Katsuura, Shimoda ou Shirahama, d'autres sont nichés près d'une rivière, comme à Nikko *(voir p. 243)*. Dans les Alpes japonaises, on se baigne au milieu des crêtes enneigées, à l'instar de la région de Nagano (Jigoku-dani, *voir p. 270*), où l'on peut même assister à la baignade des singes. Beppu est connue pour ses bains de sable chaud *(sunaburo)* *(voir p. 435)*, et, plus près de Tokyo, les Japonais n'hésitent pas à faire des allers-retours dans la journée pour se relaxer dans les *onsen* de Hakone *(voir p. 220)* ou de la péninsule d'Izu *(voir p. 230)*. En creusant à près de deux kilomètres sous terre, des sources chaudes ont même été drainées puis aménagés au cœur de la capitale.

Chaque *onsen* possède ses propres **spécificités curatives**. Selon les régions et la composition des eaux, ils soigneront rhumatismes, problèmes de peau, maux de ventre, hypertension, etc. Toutefois, la priorité d'un séjour thermal reste de décompresser en s'amusant, de se délasser des journées harassantes de travail et de jouir de la présence des autres, quitte à s'enivrer de bière ou de saké dans les bassins grâce à un système de plateaux flottants. Ce succès grandissant explique la surexploitation de certains sites, dont les aménagements vont à l'opposé du *onsen* isolé dans son havre de verdure. Un paradoxe que l'on retrouve dans certaines villes, où de gigantesques établissements comptant plus de 850 bains sont un exemple frappant du plaisir de masse poussé à l'extrême.

AU SEIN DES RYOKAN

Onsen et *ryokan* sont souvent liés. Au sein de ces derniers, prendre son bain obéit à un rituel dont il est important de connaître les règles. L'idéal est de rester une, voire plusieurs nuits sur place mais on peut aussi n'y passer qu'un moment en payant un droit d'entrée. À certaines heures, les bains peuvent être mixtes, mais, en général, il existe un espace réservé aux hommes et un autre pour la gent féminine, distingués par un *noren* (court rideau) estampillé des idéogrammes correspondants. Une fois installé dans son *ryokan*, le client revêt un fin peignoir en coton *(yukata)*. Il peut ensuite se rendre au bain à sa convenance, même à minuit si l'envie le prend. Sur place, les installations comptent systématiquement deux zones distinctes, une **zone sèche**, où l'on s'habille et se déshabille ; une **zone humide**, qui, outre les bassins, comprend un espace avec une évacuation d'eau permettant de se doucher et de se savonner en dehors du bain. Les plus grands *ryokan* possèdent plusieurs bassins plus ou moins chauds ainsi qu'un bain extérieur, ou **rotenburo**, situé à l'écart, parfois en pleine nature. Ces bassins, de dimensions variables, peuvent être en bois, en pierre, creusés dans le sol et s'ouvrent sur un jardin ou un paysage. On se baigne nu, simplement armé d'une petite serviette qui permet de s'éponger, de protéger sa pudeur ou d'y appuyer sa tête au moment de s'assoupir. Attention, l'eau peut être très chaude ; il faut donc éviter d'y rester trop longtemps, d'autant que les *onsen* agissent sur le corps et qu'ils peuvent procurer une très grande fatigue par la suite.

ARTS MARTIAUX ET SUMO

Au Japon, l'histoire des arts martiaux est fortement liée aux luttes incessantes entre clans. Ainsi, il est important de distinguer les nouvelles voies martiales *(shin budo)* des anciennes pratiques, alors techniques de combat entre samouraïs régies par un code d'honneur appelé *bushido*. Après l'ère Meiji, la caste des samouraïs est abolie et le port des deux sabres, signe distinctif de ces guerriers, interdit. Nous n'évoqueront donc qu'une fraction infime de ces disciplines, les plus connues et les plus pratiquées aujourd'hui. Symbole fort au Japon, le sumo est également une pratique qui allie discipline sportive, combat rituel et divertissement populaire.

LES ARTS MARTIAUX

Le judo ou la « voie de la souplesse »

Le judo est l'adaptation d'une forme de lutte chinoise étudiée pour le combat au corps à corps. Il est connu au Japon depuis le 17e s. et a été codifié en 1882 par Kano Jigoro. Il se pratique pieds nus dans un *dojo* et se compose principalement de techniques de projections *(nage waza)*, de contrôles *(katame waza)* et d'attaques des points vitaux du corps *(atemi waza)*. Il s'est rapidement imposé comme sport international et a été introduit au Jeux olympiques de Tokyo en 1964.

L'aïkido ou la « voie de l'harmonie des énergies »

Fondé par Ueshiba Morihei au cours du 20e s., l'aïkido est un art martial qui tente d'utiliser la force et la volonté de l'adversaire. En maîtrisant son **ki**, ou énergie vitale, on retourne contre lui sa propre force et on le repousse ainsi, en le touchant à peine. La non-violence et la notion de *ki*, commune à tous les arts martiaux, sont ici fondamentales pour réagir de façon proportionnée et immédiate à une attaque. Les techniques utilisées, qu'elles soient à mains nues ou avec des armes en bois, empruntent à divers arts martiaux (judo, karaté, kendo). Dans l'esprit de l'aïkido, il n'y a pas de combat et donc, à de rares exceptions près, pas de compétition.

Le kendo ou la « voie du sabre »

À l'origine, le *kenjutsu* était pratiqué par les samouraïs avec un sabre d'acier *(katana)*. Devenu kendo, cet art martial est aujourd'hui l'équivalent de l'escrime au **sabre** japonais. Le sabre est désormais en bois ou en bambou, et les compétiteurs portent un masque ainsi que de nombreuses protections sur les bras et le corps. Il s'agit de dégainer la lame avant que l'adversaire ne riposte. Les « coups de taille » portent sur la tête, les bras et le tronc ; ceux d'estoc, à la gorge. Des points sont accordés lorsque ces parties du corps ont été atteintes.

Le kyudo ou la « voie de l'arc »

La pratique du **tir à l'arc** (kyudo), d'origine très ancienne, a été fortement influencée par le zen. Les qualités de concentration et de maîtrise de soi sont primordiales, et le tir n'est que l'aboutissement d'une longue préparation spirituelle de l'archer. Avant de décocher une flèche, huit étapes sont exécutées afin de trouver l'harmonie parfaite entre le corps et l'esprit. Chaque mouvement est codifié, l'objectif étant la recherche du mouvement pur, esthétique, demandant le minimum de tension musculaire et le maximum d'énergie. Le kyudo est encore largement pratiqué de nos jours, tant par les hommes que par les femmes.

Le karate-do ou la « voie de la main vide »

Le karaté a été développé à Okinawa au 17e s. suite à l'interdiction du gouvernement japonais d'utiliser les armes, car il craignait les révoltes locales. Contraints par cet édit, les autochtones inventent un mode de **combat à mains nues**, auquel se mêlent les apports de la boxe chinoise pour devenir le karaté, qui se diffusera ensuite à l'ensemble du Japon. Ce dernier se compose de techniques de percussion qui utilisent l'ensemble des armes naturelles du corps (doigts, mains ouvertes et fermées, avant-bras, pieds, tibias, coudes, genoux, tête, épaules, etc.) en vue de bloquer les attaques adverses ou d'attaquer. Codifié au début du 20e s. par Funakoshi Gichin, il est devenu depuis 1922 un sport de compétition alliant qualités mentales et concentration. Aujourd'hui, le Japon compte 95 styles officiels de karaté et 700 recensés. Parmi eux, le *shintaido*, la « nouvelle voie du corps », est créé dans les années 1960 par une équipe de pratiquants d'arts martiaux réunis autour de maître Aoki. D'après ses fondateurs, il se présente comme un art martial moderne, une pratique de santé, un yoga dynamique, un art corporel d'avant-garde et une voie spirituelle. Il compte un nombre croissant de pratiquants en France.

LE SUMO OU « SPORT DES DIEUX »

Pratiqué depuis 1500 ans au Japon, le sumo est bien plus qu'un sport. À l'origine, il s'agissait d'un combat rituel accompagnant les cérémonies de certains temples, dont le résultat permettait de prédire la volonté des dieux. À l'époque Nara (8e s.), le sumo devint un divertissement réservé à la cour impériale. À partir d'Edo (17e s.), ces luttes sont codifiées et les participants commencent à être sélectionnés pour leur poids. Le sumo prend alors la forme d'un **divertissement** populaire, un art de vivre dont la forme reste presque inchangée aujourd'hui.

Considérés comme des demi-dieux, les *sumotori* sont vénérés et admirés par de nombreux fans parmi lesquels on compte une grande proportion de femmes. Lors du combat à mains nues, deux mastodontes s'affrontent à l'intérieur d'un espace circulaire *(dohyo)*, dont le diamètre est strictement fixé (4,55 m). Le combat, intense, est généralement très bref. Sa durée varie de quelques secondes à quelques minutes maximum. L'action est gouvernée par 48 règles, ou prises, qui délimitent douze mouvements comprenant eux-mêmes trois techniques : la poussée, la torsion et le jet par-dessus le corps. Aujourd'hui, le nombre de prises a été porté à 82. Le match est gagné lorsque l'un des lutteurs touche l'**extérieur du cercle** avec une partie quelconque de son corps autre que la plante des pieds, ou si l'autre combattant le contraint à tomber par terre. Beaucoup de concentration et d'énergie sont nécessaires aux *sumotori*, ainsi qu'une grande maîtrise technique alliée à une force herculéenne, chaque combattant pesant entre 100 et 200 kg.

Au-delà du combat, de nombreux rituels entourent les matchs. Une fois sur le ring, les deux adversaires prennent diverses postures, se balancent d'une jambe sur l'autre afin d'écarter les mauvais esprits. Une position accroupie et relaxée signifie le respect porté à son adversaire, les bras écartés indiquent que le lutteur ne cache aucune arme et combattra loyalement. Enfin, avant l'affrontement final, les adversaires jettent quelques poignées de sel pour purifier le *dohyo*. Les lutteurs s'accroupissent alors l'un en face de l'autre, posent les mains par terre, se concentrent et s'observent. Le rituel recommence un certain nombre de fois puis le combat s'engage.

LITTÉRATURE, THÉÂTRE, CINÉMA

Les lettres et les arts du spectacle japonais sont d'une richesse et d'une fécondité encore mal connues en Europe. À côté de genres restés figés dans un style élitiste et un peu compassé comme le théâtre nô ou bien de films commerciaux stéréotypés, la scène moderne prolifère de jeunes talents novateurs. La popularité du théâtre kabuki ou des poèmes haïku témoigne, en outre, de la vivacité des traditions anciennes.

LITTÉRATURE

La littérature japonaise évolue avec l'histoire du pays : **aristocratique** et courtoise sous l'ère Heian, elle sera d'inspiration **épique** pendant les siècles de luttes féodales, puis bourgeoise et **populaire** à l'époque Edo. Après l'ouverture du pays, en 1868, elle opère une synthèse originale de ses traditions avec la culture occidentale.

La littérature ancienne

Les premiers textes littéraires, inspirés par la culture chinoise, apparaissent à l'époque Nara. Le *Kojiki (Chronique des choses anciennes)*, écrit en 712, que complète en 720 le *Nihon shoki (Chronique du Japon des temps anciens)* furent compilés sous la houlette du gouvernement afin de légitimer sa politique. Composés en caractères chinois, ces recueils de mythes et de généalogies intègrent quelques compositions poétiques. Vers 760 paraît la première grande anthologie poétique de l'archipel, le **Man'yoshu** *(Recueil des dix mille feuilles)*. Elle rassemble pas moins de 4500 poèmes, principalement de *waka* de 31 syllabes.

L'invention, au 9es., des caractères *kana*, qui permettent de transcrire phonétiquement le japonais, donne forme à une littérature autochtone, à travers les anthologies impériales de poésie, dont le *Kokin wakashu* publié en 905. Une littérature en prose voit aussi le jour dans des récits tel l'*Ise monogatari (Contes d'Ise)* ou des journaux intimes comme le *Tosa nikki (Journal du voyage de Tosa)* en 935.

Les salons littéraires des femmes de la cour de Heian vont produire, au début du 11e s., deux œuvres magistrales, le *Makura-no-Soshi (Notes de chevet)* de dame Sei Shonagon et surtout le **Genji monogatari** *(Dit du Genji)* de dame Murasaki Shikibu. Ce roman immense, qui relate les amours du prince Genji sur fond d'intrigues et de jeux galants, s'impose vite comme le chef-d'œuvre inégalable de la littérature japonaise.

La littérature médiévale

Du 12e au 16e s., les lettres s'orientent vers des registres nouveaux, poèmes *renga* (séries de *waka* enchaînées), recueils de contes et de légendes, récits historiques et surtout **romans guerriers**, qui retracent la lutte entre les clans féodaux Taira et Minamoto. Le plus connu, le *Heike monogatari* (*Dit de Heike*, vers 1220), est une sorte de chanson de geste que les moines itinérants récitaient accompagnés d'un instrument apparenté au luth, le *biwa*.

À la cour impériale cependant, la mode est encore aux anthologies poétiques et journaux de voyage tel l'*Izayoi nikki*. Un nouveau genre s'illustre, celui des notes « au fil du pinceau » *(zuihitsu)*, où transparaît la vision bouddhiste sur la vanité des choses, comme dans le *Tsurezuregusa (Les Heures oisives)*, écrit par Urabe Kenko vers 1330.

La littérature d'Edo

Durant la période Edo (1603-1867), avec l'apparition d'une nouvelle classe de citadins et de marchands, le goût du public se tourne vers des **ouvrages en prose** illustrés, plus faciles d'accès. La vogue est alors aux romances d'amour et récits du monde éphémère, aux récits historiques mêlés de fantastique comme les *Contes de pluie et de lune* (1775) de Ueda Akinari ; aux fables animalières et aux fictions humoristiques tel *L'homme qui ne vécut que pour aimer* (1682) de **Saikaku**.

Des dramaturges tel Chikamatsu Monzaemon composent des pièces pour le théâtre de poupées *(joruri)* puis pour le kabuki. La poésie connaît aussi un renouveau avec des poèmes courts de 17 syllabes baptisés **haïku**, dont les thèmes s'inspirent de la nature. Ceux de **Basho Matsuo** dans *La Sente étroite du bout du monde* (1694) offrent un modèle du genre.

La littérature moderne

Avec l'ouverture de l'ère Meiji, le roman moderne à l'occidentale devient une tentation irrésistible, qui invite à la remise en cause des règles classiques. Futabatei Shimei innove par un langage au style familier dans *Nuages flottants* (1889), qui décrit le désarroi d'un homme dans un Tokyo en pleine mutation. **Mori Ogai** raconte, dans *La Danseuse* (1890), les déboires amoureux d'un étudiant japonais à Berlin. Les romans de **Natsume Soseki**, comme *La Porte* (1910), traduisent les incertitudes du Japon face à l'introduction de la culture occidentale. Le début du siècle est aussi dominé par un courant naturaliste avec des auteurs tel **Nagai Kafu**, dont les romans dépeignent l'univers décadent des faubourgs de Tokyo.

Les années 1920 voient l'émergence d'un groupe d'écrivains dits « prolétariens », dont Kobayashi Takiji est le meilleur représentant. Parallèlement, le mouvement « sensations nouvelles », créé en 1925, attire des auteurs d'avant-garde au style expressionniste comme **Kawabata Yasunari**. D'autres suivent des voies plus personnelles, tel **Tanizaki Junichiro**, auteur de nombreux chefs-d'œuvre dont l'*Éloge de l'ombre* (1933).

Des années 1950 à nos jours

L'expérience douloureuse de la Seconde Guerre mondiale laisse derrière elle un sentiment de perte et de chaos, que traduit bien **Dazai Osamu** avec *La Déchéance d'un homme* (1948). Kawabata écrit des élégies à la mémoire du Japon perdu où perce une nostalgie teintée de tristesse (*Le Lac*, 1954). **Mishima Yukio**, rendu célèbre par *Confession d'un masque*, puis par *Pavillon d'or*, glorifie les valeurs ancestrales du Japon. Il se donne publiquement la mort par *seppuku* à Tokyo en 1970. Inoue Yasushi livre de grandes fresques historiques du Japon. **Abe Kobo** suit une veine plus psychologique, avec des romans très kafkaïens, tel *La Femme des sables* (1962), qui plongent le lecteur dans un monde à la lisière du réel et du cauchemar.

Délicieux moment de détente dans un onsen.

Les années 1960 et 1970 révèlent une nouvelle génération d'auteurs au style brut et incisif, en particulier **Oe Kenzaburo**, prix Nobel de littérature en 1994, sans doute le plus représentatif d'entre eux. La littérature contemporaine ne connaît plus aucun tabou, à l'image de Murakami Haruki, Yoshimoto Banana et **Murakami Ryu** dont les romans, tel *Miso Soup* (2003), mettent en scène un monde urbain dominé par le sexe et la violence.

THÉÂTRE

La plupart des formes de théâtre du Japon ont leur origine dans les très anciennes danses shinto d'invocation aux *kami* *(voir « Religion », p. 99)*, les **kagura**, auxquelles on se livrait lors des récoltes. Le *bugaku*, le nô et le *kyogen*, qui étaient jadis l'apanage de l'aristocratie, appartiennent au genre dit « classique ». Le kabuki et le bunraku, nés durant l'époque Edo, relèvent d'un registre plus populaire.

Le bugaku

Venues de Chine et de Corée, ces **danses traditionnelles** avec musique d'accompagnement *(gagaku)* furent introduites au Japon vers le 7e s. À l'époque Heian, elles devinrent un spectacle réservé à la Cour. Aujourd'hui, c'est la Maison impériale de Tokyo qui se charge d'organiser les spectacles de *bugaku*. Des représentations sont données dans les grands sanctuaires lors des fêtes nationales. Hiératiques et dépourvues de toute action dramatique, ces danses sont exécutées avec lenteur, selon une chorégraphie rigide et solennelle. Les acteurs portent parfois des masques qui évoquent des divinités bouddhiques ou des personnages caricaturaux. Sur scène, les danseurs de gauche évoluent avec majesté dans de lourds costumes, ceux de droite dans un style plus enlevé et des habits plus légers. Un orchestre de flûtes, de gongs et de tambours les accompagne.

Petite histoire du manga

Qui ne connaît pas les célèbres bandes dessinées japonaises ou mangas, nommées ainsi en référence au dessin (« *ga* ») et au divertissement (« *man* ») ? À l'origine, les mangas tirent leur association dessin/texte des *emakimono*, dont on découvrait l'histoire en déroulant les rouleaux. Le *Genji monogatari*, premier grand texte de la littérature japonaise (11e s.), en serait le plus fameux représentant. Au 17e s., les romans illustrés ont un tel succès que les ateliers se mettent à imprimer séparément les images, donnant naissance à l'art des estampes. C'est précisément Hokusai, un des grands artistes d'*ukiyo-e*, qui donnera leur nom aux mangas (19e s.), laissant présager là une primauté de l'image qui caractérise effectivement le genre du manga. Sous l'occupation américaine (1945-1952), les mangas, inspirés des *comics*, prennent leur forme moderne, celle que nous connaissons aujourd'hui.

Le nô et le kyogen

Le théâtre **nô**, pour les Japonais, semble exprimer la quintessence de la civilisation de l'ancien Japon, comme figée pour l'éternité. En dépit de son absence de renouvellement, cet art jadis étroitement lié à l'aristocratie guerrière enregistre un franc succès : on compte pas moins de 65 troupes et théâtres permanents dans l'archipel, auxquels s'ajoutent les nombreux monastères qui ont conservé leur scène de nô traditionnelle en plein air. En été, les représentations nocturnes à la lueur des feux sont fréquentes.

Héritier des drames de *kagura* et des danses populaires, le nô est apparu au milieu du 14e s. à la cour des shoguns Ashikaga. Il fut codifié par les dramaturges **Kan-ami** (1333-1384) et son fils **Zeami** (1363-1443) qui, à eux deux, créèrent l'essentiel des 250 pièces que compte le répertoire. Le nô est un théâtre noble et sacré. Les dialogues sont psalmodiés et se mêlent à des chants, des danses, des déplacements très lents et des poses affectées qui confèrent au spectacle l'allure d'une **cérémonie hiératique**. Le chœur des chanteurs est accompagné d'un orchestre de tambours et de flûtes. Les acteurs, somptueusement costumés, sont tous masculins. Seuls l'acteur principal *(shite)* et le second rôle *(tsure)* portent des masques, lesquels représentent des femmes, des princes, des guerriers et des démons. La scène ne comprend aucun décor à l'exception d'un cyprès, laissant toute sa place à l'imaginaire et à la magie. La pièce est entrecoupée par des intermèdes comiques appelées « **kyogen** », qui servent à délasser les auditeurs. Ces farces grotesques connurent un grand essor à l'époque Edo, jusqu'à former un genre à part entière.

Le kabuki

Le kabuki naquit à la fin du 16e s. dans les faubourgs de Kyoto, où il fut mis au point par un groupe de courtisanes menée par la danseuse et chanteuse Okuni. Les actrices de ce nouveau théâtre, en raison de leurs mœurs dissolues, se voient interdites de scène par un édit du shogun en 1629. Elles sont alors remplacées par de jeunes éphèbes dont les pratiques libertines font également scandale, si bien qu'en 1652, ils sont à leur tour supplantés par des hommes d'âge mûr qui, depuis lors, incarnent les rôles féminins. Ces acteurs travestis sont appelés « **onnagata** ». Durant la période Edo, le kabuki acquiert sa forme définitive avec sa scène pivotante desservie par une passerelle surélevée par laquelle les acteurs entrent et sortent de scène, ses maquillages et ses costumes flamboyants, ses héros légendaires et ses spectacles **baroques** où se mêlent les trois arts du *ka* (chant) du *bu* (danse) et du *ki* (art dramatique).

Difficile de résumer les quatre à cinq heures d'une pièce de kabuki : c'est une valse étourdissante de danses, d'acrobaties, de combats mimés, d'entrées et de sorties ; une parade de costumes chamarrés, une cascade d'intrigues et de rebondissements qui oscille sans cesse entre le drame épique et la parodie bouffonne. La pièce met en scène des personnages liés le plus souvent à l'univers des samouraïs, dont les acteurs campent les caractères par des maquillages symboliques et un jeu très codifié. Plus que l'action, c'est le génie des **acteurs** qui suscite l'admiration du public, leurs poses immobiles et mimiques expressives. Chaque rôle du répertoire est traditionnellement dévolu à une famille d'acteurs, qui se le transmet de père en fils. La plus célèbre lignée est celle de Danjuro, le héros redresseur de torts.

Le bunraku

Né au 17e s., ce théâtre de poupées est issu des anciennes épopées chantées du *joruri*. Le bunraku partage avec le kabuki un même répertoire de pièces historiques et de drames bourgeois. Les deux ont d'ailleurs été longtemps en rivalité. Le bunraku associe la manipulation des **marionnettes** *(ningyo)* à un récit chanté sur accompagnement musical au *shamisen*, guitare à trois cordes et à long manche. Les marionnettes de grande taille, superbement costumées, sont actionnées au niveau des mains et des pieds par deux assistants cagoulés de noir, tandis que le maître, à visage découvert, manipule les yeux, les sourcils et les lèvres de la poupée. L'ensemble exige une savante coordination et dégage une extraordinaire impression de vie.

CINÉMA

L'histoire du cinéma nippon commence au début du siècle avec des reprises des pièces de kabuki, jouées par les acteurs de théâtre alors en vogue. Un peu plus tard, dans les années 1920, à l'époque du muet, fleurit le commerce des *benshi*, ces narrateurs qui, lors des projections, lisent les intertitres des films et les commentent au gré de leur inspiration. Avec l'arrivée du cinéma parlant, au début des années 1930, les studios japonais s'engagent dans la production de films d'époque inspirés de la littérature nationale et de films de sabre grand public. Au même moment s'affirme aussi un courant réaliste et contemporain, avec des films à tendance sociale qui dépeignent la vie du petit peuple, comme *Gosses de Tokyo* (1932) d'**Ozu Yasujiro** et *Les Sœurs de Gion* (1936) de **Mizoguchi Kenji**. Mais, de 1937 à 1945, la censure militaire impose les films de propagande, aussi faut-il attendre les années 1950 pour voir renaître un cinéma de qualité.

Les œuvres japonaises s'exportent alors sur le marché international. En 1951, **Kurosawa Akira** décroche le Lion d'or du Festival de Venise pour son film *Rashomon* (1950), qui sera suivi par d'autres comme *Vivre* (1952), *Les Sept Samouraïs* (1954) et *Les Bas-Fonds* (1957). Ce succès incite le public occidental à s'intéresser aux grands noms du cinéma nippon tels Mizoguchi (*Les Contes de la lune vague après la pluie*, 1953), Ozu (*Voyage à Tokyo*, 1953), Naruze Mikio et Shindo Kaneto (*L'Île nue*, 1960).

La concurrence de la télévision, à partir des années 1960, oblige les grands producteurs à se tourner vers des recettes plus commerciales, notamment toute une série de films érotiques ou de science-fiction tel *Godzilla* (1954). Des compagnies, telle la Shochiku, financent malgré tout de jeunes cinéastes qui, dans l'esprit de la « nouvelle vague » française, imposent une nouvelle esthétique et un regard décapant sur la société japonaise. Les deux personnalités les plus marquantes en sont **Oshima Nagisa** (*Nuit et brouillard du Japon*, 1960, puis *L'Empire des sens*, dont la sortie, en 1976, provoqua un véritable scandale) et **Imamura Shohei**, réalisateur de *La Ballade de Narayama*, Palme d'or à Cannes en 1983, et de *Pluie noire* (1989), qui décrit la discrimination dont sont victimes les rescapés de Hiroshima.

Le cinéma japonais d'aujourd'hui est ainsi à deux vitesses : d'un côté une grosse industrie axée sur les films d'animation, mélodrames, comédies, films de sabre ou de gangsters ; de l'autre un cinéma d'auteur apprécié à l'étranger, mais qui peine à trouver une audience dans l'archipel en raison du faible nombre de salles indépendantes. Bien des films prestigieux des années 1980-1990, tels *Ran* de Kurosawa ou *Furyo* d'Oshima, ont été coproduits avec la France ou l'Angleterre. Pourtant, une foule de cinéastes talentueux sont apparus au cours des dernières décennies (Oguri Kohei, Itami Juzo, Tsukamoto Shinya). La plus intéressante révélation récente est sans doute **Kitano Takeshi**, acteur comique adulé et auteur de films d'une étourdissante beauté comme *Dolls*, réalisé en 2002.

CUISINE

Le Japon compterait près de 20 000 centenaires. Leur secret ? Une cuisine saine et équilibrée qui privilégie le **cycle des saisons** et la **fraîcheur des produits**. On mange pour se nourrir mais surtout pour se faire du bien. L'été, pour pallier à la chaleur humide, on opte pour des saveurs salés et vinaigrés, tandis que l'hiver, lorsque le froid sévit, les potées et fondues rassemblent les convives autour d'une marmite garnie d'un bouillon brûlant. De même, on se réfère aux produits de saison : pousses de bambou *(takenoko)* et crustacés au printemps, champignons (*matsutake*, *shiitake*) à l'automne, etc.

Au souci d'harmoniser la table à la ronde des jours s'ajoute le besoin de satisfaire le **plaisir des yeux**. On joue sur les formes et les couleurs des aliments, associés en autant de tableaux puis magnifiés par une vaisselle multiple et variée. Pas d'abondance ni de grosses portions mais une succession de petits plats, tels un jeu de piste gustatif qui achève de satisfaire tous les sens.

Néanmoins, dans ce pays insulaire, où aucun endroit n'est à plus de cent kilomètres des côtes, le **riz** et les **produits de la mer** restent les deux éléments essentiels de la cuisine quotidienne. À chaque foyer son autocuiseur pour préparer le riz cuit appelé *gohan*, synonyme de « repas » dans la langue japonaise. Quant aux poissons et crustacés, leur consommation reste impressionnante, à l'image des supermarchés locaux qui présentent près de 300 variétés différentes à leurs clients. Malgré tout, les mœurs évoluent vite et la « contrée de la luxuriante plaine des épis de riz du soleil levant » possède aujourd'hui une gastronomie extrêmement diversifiée, dont une cuisine familiale *(katei ryori)* riche et inventive. De plus, les grandes villes affichent des spécialités du monde entier. De célèbres chefs tels Joël Robuchon, Alain Ducasse ou Pierre Gagnaire sont à présent installés à Tokyo. Parallèlement, de plus en plus de restaurants japonais ont trouvé clients dans l'Hexagone. Et, s'ils restent encore trop souvent synonymes de sushis, sashimis ou *yakitori* et sont, pour le moins à Paris, majoritairement tenus par la communauté chinoise, de nombreux établissements autochtones restent à découvrir.

LA CUISINE DES MERS

Les Japonais consomment près de 70 kg de poissons et fruits de mer par an et par habitant, contre 30 kg environ en France. La fraîcheur des produits s'avère fondamentale, et il n'est pas rare de se voir présenter le poisson vivant au point qu'il bouge encore dans l'assiette. Véritable institution, le poisson cru est le plus souvent associé au riz, sous forme de petites bouchées dans le cas des sushis ou en accompagnement dans le cas des sashimis. Crus mais aussi salés, séchés, rôtis, grillés, tout est possible pour accommoder les produits de la mer.

Sushis et sashimis, la magie du cru

Le **sushi** est une petite boule de riz assaisonnée de vinaigre et d'un peu de sucre. Elle est ensuite recouverte d'une tranche de poisson cru, de coquillages, d'œufs de poisson, etc. Les plus appréciés sont ceux au thon avec ses variantes, à la daurade royale *(tai)*, à l'anguille de mer *(anago)*, aux crevettes *(ebi)*, aux coquilles Saint-Jacques *(hotate)*, à l'omelette (légèrement sucrée), aux oursins *(uni)*, aux œufs de saumon *(ikura)*. Ces deux derniers sont souvent entourés d'une feuille d'algue *(nori)*. Le sushi est ensuite trempé dans de la sauce soja et accompagné de *wasabi* et de gingembre confit *(beni-shoga)*. Il est l'un des rares aliments que l'on peut manger avec les doigts. Parmi ses nombreuses déclinaisons, on trouve les **maki**, rouleaux d'algues séchées fourrés de riz, de poisson ou de légume, et les *onigiri*, boules de riz en forme de triangle prise dans un cône d'algue.

Le **sashimi** consiste en de fines tranches de poisson cru savourées le plus souvent en entrée afin d'en apprécier le goût délicat. Comme le sushi, il est accompagné de sauces et condiments et demande aux cuisiniers une maîtrise parfaite de l'art de la découpe *(hocho-sabaki)*. Dans les grands magasins, le nombre impressionnant de couteaux et lames en dit long sur l'importance d'un art alliant beauté, concentration et précision du geste, tout en tenant compte de la spécificité de chaque poisson. Le thon *(maguro)*, sa version grasse *(toro)* et l'espadon *(mekajiki)* se coupent en tranches épaisses ; le saumon *(sake)*, la daurade *(tai)* en tranches fines ; l'anguille de mer *(anago)* ou de rivière *(unagi)* en fins tronçons, etc. Si la consistance et l'étrangeté de certains poissons effraient parfois les Occidentaux, les nombreuses vitamines et oligoéléments présents dans ces chairs crues sont une vraie source de jouvence.

Le bento

Les *bento* sont des petites boîtes garnies de riz, de légumes, de viande, de sushis, de beignets, organisés de façon équilibrée afin de remplacer un repas ou d'improviser un pique-nique. Il en existe de toutes les formes et pour tous les goûts. Idéal pour les trajets en train, les *ekiben* (*bento* de gare) varient d'une région à l'autre et restent toujours abordables.

Le poisson dans tous ses états

Quand ils ne le consomment pas cru, les Japonais savent aussi apprêter le poisson selon mille recettes. Parmi elles, les **grillades** (*yakizakana* ou *yakimono*) ou les fameuses *unagi*, anguilles grillées sur la braise puis nappées d'une sauce de soja sucrée, le tout servi sur un lit de riz. Les Japonais apprécient également les **produits séchés**, à l'instar de la seiche ou de la sardine, les soupes, comme le *kaki-nabe*, aux huîtres, particulièrement goûteux. Enfin, l'une des spécialités de la région de Sendai est le *kamaboko*, pâte de poisson à la chair ferme et blanchâtre vendue sous forme d'en-cas.

Les algues

Très peu caloriques, riches en protéines et micronutriments, les algues sont omniprésentes dans la cuisine japonaise. Parmi les plus connues, citons le **wakame**, idéal pour parfumer soupes et bouillons, qui se déguste aussi en salade ; la **nori**, algue violette au parfum délicat, qui se vend principalement pour enrouler les *maki* ; le **kombu**, sorte de grosse lanière marron à la base du bouillon japonais.

Sauces, condiments et saumures

Indispensables pour accompagner poissons et fruits de mer, les sauces et condiments se retrouvent également dans la cuisine quotidienne. Pâte de haricot de soja écrasée avec des ferments (à base de riz, d'orge, etc.), le **miso** se conserve indéfiniment et s'utilise autant comme aliment (en soupe notamment) qu'en assaisonnement ou en base de sauces épaisses. Le *shoyu*, composé de soja fermenté, de grains de blé, de malt, d'eau et de sel, est un incontournable des tables de restaurant, souvent présenté sous la marque Kikkoman. Il peut être légèrement adouci par l'adjonction d'un peu de saké sucré *(mirin)*. Pour relever les plats, un ingrédient est particulièrement prisé : le **wasabi** *(voir encadré)*. Enfin, les Japonais apprécient beaucoup les légumes marinés *(tsukemono)* et les fruits séchés : radis blanc, saumure de choux, prune séchée et salée, etc.

Le wasabi

Le *wasabi*, ou « rose trémière des montagne », est une racine verte qui se cultive principalement dans les régions d'Izu et de Nagano. Nécessitant beaucoup de soin, ainsi qu'une eau pure, on la trouve le plus souvent dans le lit adjacent des rivières. Une fois récoltée, elle sera vendue de 500 à 2 000 ¥, en fonction de sa qualité (un an et demi étant l'âge idéal). Elle est ensuite transformée par adjonction d'eau en pâte ou en poudre, puis utilisée pour relever sushis ou sashimis. Dans les *ryokan* traditionnels, il est d'usage de présenter cette racine entière accompagnée d'une petite râpe. Le goût est alors sans commune mesure avec la vulgaire moutarde verte obtenue par une racine parente connue sous le nom de raifort.

LA CUISINE DES TERRES

D'après le magazine ***Wasabi***, le Japon compterait près de 200000 *ramen-ya* réalisant un chiffre d'affaire de plus de sept milliards d'euros. Qui a dit que les Japonais n'aimaient pas les nouilles ? À toute heure du jour ou de la nuit, *ramen*, *udon* et *soba* sont aspirés à grand bruit, car, au Japon, pour montrer que l'on apprécie son bol de nouilles, on fait « tsuru tsuru », une technique qui sert également à ne pas se brûler.

L'univers des nouilles

D'origine chinoise, les **ramen** sont apparues vers 1870 dans le Chinatown de Yokohama. Depuis, ces fines nouilles de blé tendre servies dans un bol de bouillon ont conquis tous les Japonais.

L'univers des nouilles !

©Tokushima Prefecture/©JNTO

Pratiques et bon marché, elles se déclinent de mille manières au point que la ville de Yokohama leur a même consacré un musée *(voir p. 212)*.

Plus raffinée et donc plus chère que sa consœur *ramen*, la nouille **soba** est composée de farine de sarrasin avec parfois l'addition d'un peu de blé. Riche en vitamine, elle se déguste chaude *(kake)*, accompagnée d'un bouillon, ou froide *(zaru)*, servie sur un panier de bambou tressé. À la fin du repas, il est de coutume de boire l'eau de cuisson du *soba* froid, agrémentée d'une sauce. Dans le Sud-Ouest de l'archipel, on apprécie aussi l'**udon**, une grosse nouille blanche faite de farine de blé, d'eau et de sel. Elle se mange dans un bouillon brûlant, à l'instar de l'*udonsuki*, grande marmite d'hiver dans laquelle on trempe légumes, boulettes de viande ou de poisson avant d'ajouter les *udon*. Attention, une fois dans l'eau bouillante, cette grosse nouille doit s'avaler rapidement sinon, elle gonfle et perd élasticité et flexibilité, secret de sa saveur. Enfin, au-delà des ces trois types de pâtes, citons les **gyoza**, d'origine chinoise, raviolis fourrés de légumes ou de viande.

Le fugu ou le plaisir de goûter sa peur

Le fugu, appelé également « poisson-lune » ou « poisson-globe », est un poisson toxique très recherché par les consommateurs nippons. Il est d'autant plus apprécié que, mal préparé, il provoque la paralysie des systèmes respiratoire et nerveux du gourmet. Sa toxicité tient à la tétrodotoxine accumulée dans le foie ou les œufs en consommant d'autres organismes empoisonnés. On serait actuellement en passe de produire des fugu sans toxine, donc sans danger, une révolution qui mettrait ce poisson à la portée des gastronomes les moins intrépides ou les plus désargentés. Car il faut compter au minimum 10 000 ¥ pour un sashimi de fugu, ce met ne pouvant être préparé que par des cuisiniers qui en maîtrisent parfaitement la découpe, laquelle est sanctionnée depuis les années 1950 par un diplôme délivré par le ministère de la Santé. Les décès annuels étant assez rares, les formations semblent de bonne qualité... Il n'empêche : le plaisir de pouvoir goûter sa propre mort pimente les repas et la chair de ce poisson, que d'aucuns jugeraient un peu fade.

La revanche des carnivores

Dans le passé, le bouddhisme interdisait l'abattage d'animaux et la consommation de viande. Aujourd'hui, les mœurs ont changé. Les amateurs de bonne chère n'auront aucun mal à trouver des établissements spécialisés dans telle ou telle préparation. Ainsi, les **yakitori-ya** proposent des brochettes de poulet *(tori)* grillé *(yaki)* et autres langues de bœuf *(tan)*, foies de poulet *(kimo)*, ou boulettes *(tsukune)* de viande, etc. Il existe encore des restaurants dans lesquels on sert principalement des côtelettes *(katsu)* de viande, celles de porc panées *(tonkatsu)* accompagnées d'une salade de choux étant les plus fameuses. La catégorie des fondues, ou cuisson au pot *(nabe)*, très appréciées l'hiver ou en famille, se décline dans un nombre croissant de restaurants affichant des formules conviviales. Le **sukiyaki**, « grillade sur un soc », se présente dans un pot contenant une sauce légèrement sucrée. On y glisse légumes, fines tranches de bœuf, tofu, puis chacun se sert à sa guise. Autre mode, le **shabu-shabu** désigne une fondue de bœuf agrémentée de légumes et trempée dans une sauce relevée ; *shabu-shabu* faisant, en réalité, référence au bruissement des baguettes qui s'agitent dans le bouillon. Enfin, les *nabemono* sont des plats d'hiver mijotés en sauce *(nimono)*, à l'instar du *chanko-nabe*, le pot-au-feu des *sumo-tori*, riche en protides.

De nombreux plats offrent également le choix entre viande, légumes ou poisson pour agrémenter son assiette ou son bol de riz. Il en est ainsi des curries, importés par les Anglais en 1870 et extrêmement populaires à présent ; des **donburi**, bols de riz que l'on garnit à sa guise de côtelettes de porc panées ou d'omelettes et d'oignons frits *(katsudon)* ou d'une friture de bœuf aux oignons *(gyudon)* ; sans compter les nombreuses versions végétariennes à l'instar du *tendon*, à base de tempura de crevette. Dans le même genre, les *kamameshi* associe différents ingrédients de saison préparés dans un petit pot. Enfin, parmi les nombreuses spécialités régionales, citons le sashimi de cheval (Kyushu) ou la langue de bœuf rôtie au charbon (Sendai).

La cuisine à l'huile ou sur plaque

Traditionnellement, la cuisine japonaise nécessite peu de matière grasse. Dans le passé, l'huile, trop précieuse, était surtout utilisée pour les lampes. Néanmoins, à partir d'Edo, la culture du sésame a permis d'en produire, et, au 16e s., les Portugais initièrent les Japonais au **tempura**, un beignet léger qui enrobe légumes, poisson ou crevettes. Aujourd'hui, cette dernière se consomme en plat unique, trempée dans un bol de bouillon à base de sauce soja ou en garniture, sur un bol de riz, de nouilles, etc. C'est le renouvellement régulier de l'huile qui fait la qualité d'un restaurant. L'**okonomiyaki** est originaire de l'Ouest du Japon et particulièrement apprécié à Hiroshima et Osaka, où recettes et ingrédients varient. Il s'agit d'une crêpe épaisse fourrée de choux blanc, soja, porc ou crevette, garnie de nouilles, d'un œuf, le tout cuit sur une plaque chauffante et servi avec une sauce brune. Enfin, le *teppanyaki* (à base d'huile de soja) est une grillade sur plaque chauffante de morceaux de bœuf, crevettes, coquilles Saint-Jacques et légumes.

LA CUISINE DES CIEUX

Les Japonais aiment à dire qu'ils ont la nourriture la plus diversifiée au monde tant ils savent varier les produits et épuisent toute la gamme de l'univers végétal, animal et marin, recomposé à l'infini en de nouvelles créations.

Que boit-on au Japon ?

Outre le thé vert, les Japonais sont de grands amateurs de bière. Les marques Sapporo, Kirin et Asahi sont les plus consommées. Autre boisson populaire, le saké, vin de riz titrant de 14 à 18°, peut se boire glacé, tiède ou chaud. Ses crus sont innombrables et de qualités inégales. Attention néanmoins, « saké » est un terme générique signifiant « boisson alcoolisée », le terme japonais pour « alcool de riz » étant *nihonshu*. Autre breuvage apprécié, le *shochu* est une eau-de-vie de riz distillée qui peut contenir patates douces, blé, maïs, voire parfois de la mélasse. Il se boit pur, coupé à l'eau (le plus souvent chaude) ou avec des glaçons et est surnommé la « vodka japonaise ». Enfin, depuis une dizaine d'années, on observe une nette progression de la consommation de vins et de champagnes, en particulier chez les femmes.

Sur place, au-delà des sushis, sashimis et autre *yakitori*, la gastronomie nous entraîne au fin fond des traditions et de l'imagination humaine.

La grande cuisine japonaise (kaiseki)

Le terme *kaiseki* fait allusion aux moines zen qui, affamés, transportaient des pierres *(seki)* chaudes dans leurs poches *(kai)* afin de soulager leur sensation de faim. Né avec la cérémonie du thé, à l'instar de la cuisine zen *shojin ryori* *(voir p. 126)*, il est ensuite devenu le symbole de la gastronomie traditionnelle.

La tradition *kaiseki*, inspirée des banquets, s'adresse à la fois au gourmand et à l'esthète. Jeu de boîtes, de surprises, de couleurs, rébus de goûts, senteurs et saveurs, microcosme dans le macrocosme, haute voltige de la gastronomie, elle déploie une vaisselle abondante et variée, autant de natures mortes et miniatures où le moindre détail compte. Les services s'y succèdent, douze comme le veut la tradition, dans un rituel orchestré pour apprécier les différentes gammes d'une cuisine qui commence par le cru avant d'enchaîner les mille et une façons d'apprêter un plat (bouilli, rôti, grillé, frit, etc.). Sur une assiette immaculée, une feuille de cerisier prise en tempura dialogue avec une carotte. Au cœur d'un minuscule plateau d'une blancheur éclatante, quelques tiges de fougères sont rassemblées en fagot et emmaillotées par une fine crêpe à l'œuf. Puis, un homard fait son apparition, royal dans sa marmite en fonte. Chaque nouveau service est annoncé par le piétinement discret des *tabi* (chaussons japonais), suivi du glissement furtif des *fusuma*. Puis, dans le bruissement intime des kimonos, une main délicate dépose le nouveau plateau et arrange une multitude de petits plats, bols, soucoupes et autres coffrets magiques. Le repas devient alors ludique et sensuel, un interminable ballet qui enchante les papilles et raconte des histoires. Seule la conclusion est toujours invariable : un bol de riz et ses légumes marinés, suivi de l'irremplaçable soupe *miso*.

La cuisine zen (shojin ryori)

La cuisine zen, ou *shojin ryori*, est arrivée au 6e s. avec l'introduction du bouddhisme chinois. *Shojin* signifiant la purification en vue de l'illumination, il s'agit donc autant d'une pratique que d'une cuisine. Au 13e s., elle devient plus populaire et s'associe à la cérémonie du thé sous le nom de *chakaiseki*. Simple et raffinée, servie avant le thé, son rôle est de nourrir l'esprit avant l'estomac. Ses ingrédients majeurs se composent de fruits, de légumes, de champignons, mais aussi d'innombrables plantes et racines dont l'incontournable soja, décliné sous de nombreuses recettes que l'on retrouve dans la gastronomie traditionnelle à l'instar des **tofu** (lait de soja caillé), *natto* (soja jaune fermenté) et *yuba* (pellicule se formant à la surface du lait de soja bouillie consommée en ruban). Il existe aussi des préparations originales et ludiques comme les flans de gluten ou les sucettes de taro *(koriaku)*. En revanche, afin de respecter la saveur naturelle des aliments, tout assaisonnement épicé est proscrit.

La cérémonie du thé (cha-no-yu)

Importé de Chine pour ses qualités médicinales, le thé s'est progressivement adapté à la vie japonaise. À la fin du 12e s., le moine Eisai invente le **matcha**, poudre de thé battue avec un fouet de bambou. Le breuvage obtenu, amer et fort, devait favoriser la méditation des bonzes. Au 15e s., Shuko, maître de cérémonie du shogun Yoshimasa à Kyoto, inaugure les premiers **rites**. Ils seront élevés à la perfection par Sen-no-Rikyu (1522-1591), maître de thé de Toyotomi Hideyoshi, qui a défini quatre principes majeurs. Le *wa*, l'« harmonie », relie l'hôte à ses invités, aux saisons et aux ustensiles utilisés. Le *kei*, le « respect », concerne les personnes mais aussi les objets du thé. Le *sei*, la « pureté », désigne les rituels de purification qui ont lieu tout au long de la cérémonie, mais également le thé lui-même, que rien ne doit altérer. Enfin, le *jaku*, la « tranquillité d'esprit », ne pourra s'atteindre qu'en respectant les trois premiers principes, la voie du thé. L'authenticité, le dépouillement et la beauté mélancolique sont également des notions importantes.

Une fois s'être purifiés avec les eaux lustrales de la fontaine, les invités pénètrent dans le pavillon dédié à la cérémonie par une étroite ouverture qu'ils ne peuvent franchir que courbés et sur les genoux. La chambre est nue, à l'exception du *tokonoma* (alcôve dédiée à la décoration) orné d'une calligraphie *(kakemono)* et d'un arrangement floral *(ikebana)* aussi simple que possible. Les participants, agenouillés sur le tatami, forment un carré autour du maître de thé. Celui-ci fait chauffer de l'eau dans une bouilloire en fonte puis prépare la cuillère à thé en bambou, la boîte à thé et le bol. Tous les gestes sont précis, codifiés à l'extrême. Le maître verse ensuite la poudre de thé, l'eau chaude puis fouette le mélange qui devient mousseux. Avant de goûter ce premier thé, très amer *(koicha)*, il est de coutume de déguster quelques pâtisseries fines pour se sucrer la bouche. Un thé plus léger sera ensuite servi dans des bols individuels. La coutume est alors de le faire tourner trois fois entre ses mains jusqu'à présenter le motif qui l'orne face aux autres invités. Autrefois réservé aux hommes, cette cérémonie est à présent populaire auprès des tous les Japonais.

SILLONNER LE JAPON

En partance pour le mont Kaimon-dake.

5 jours	Tokyo
Suggestions de visite	**Jour 1.** Ginza *(p. 157)* et Harajuku-Omotesando *(p. 191)*. **Jour 2.** Palais impérial (Higashi-Gyoen) *(p. 153)* et Kitanomaru-koen *(p. 154)*. **Jour 3.** Ueno *(p. 169)* et Yanaka *(p. 176)*. **Jour 4.** Asakusa *(p. 163)* et Odaiba *(p. 201)*. **Jour 5.** Meiji-jingu *(p. 195)*, Nishi-Shinjuku *(p. 178)* et Kabuki-cho *(p. 182)*.
Transports	À pied, en métro, en vélo (à Ueno et Yanaka), en bateau sur la rivière Sumida.
Conseils	Prenez le bateau d'Asakusa à Odaiba. Au retour prenez le monorail Yurikamome qui circule sur le Rainbow Bridge.
1 semaine	**Des tours de Yokohama au sommet du mont Fuji**
Boucle de 380 km au départ de Tokyo	**Jour 1.** Départ pour Yokohama : visite du quartier futuriste de Minato Mirai 21 *(p. 209)* puis balade à Yamate *(p. 212)*. **Jour 2.** Kamakura : visite des temples de Hase, promenade sur la baie de Sagami *(p. 217)* puis découverte du Hachiman-gu *(p. 216)*. **Jour 3.** Poursuite de la visite des temples entre Kamakura et Kita-Kamakura *(p. 217)*. **Jour 4.** Péninsule d'Izu : visite de Shimoda *(p. 230)*. **Jour 5**. Départ pour Shuzenji et journée sur place *(p. 233)*. **Jour 6.** Route pour Kawaguchiko. Ascension du mont Fuji en soirée *(p. 223)*. **Jour 7.** Lever de soleil sur le mont Fuji. Tour du cratère et descente. Retour à Tokyo.
Transports	En train de Tokyo à Yokohama. En train pour Kamakura. Train de Kamakura à Shimoda. En bus entre Shimoda et Shuzenji. En train et en bus pour Shuzenji-Kawaguchiko en passant par Mishima. Bus de Kawaguchiko pour rentrer à Tokyo.
Étapes	Yokohama, Kamakura (2 nuits), Shimoda, Shuzenji, mont Fuji.
Conseil	Attention, l'ascension au mont Fuji n'est possible que pendant les mois de juillet et août.
4 jours	**Escapade à Nikko**
Boucle de 280 km au départ de Tokyo	**Jour 1.** Tokyo-Nikko. À l'arrivée, balade de Kanman-ga-fuchi, puis visite de la villa impériale Tamozawa *(p. 242)*. **Jour 2.** Journée consacrée aux temples de Nikko *(p. 239)*. **Jour 3.** Excursion au lac Chuzenji et à la source d'eau chaude naturelle de Yumoto *(p. 243)*. **Jour 4.** Dernières flâneries à Nikko et retour à Tokyo en soirée.
Transports	En train entre Tokyo et Nikko. Sur place, à pied ou en bus.
Conseil	Essayez de caler votre visite avec un festival, le plus important se déroulant les 17 et 18 mai *(p. 239)*.

Perspective de la Tokyo Tower et du mont Fuji.

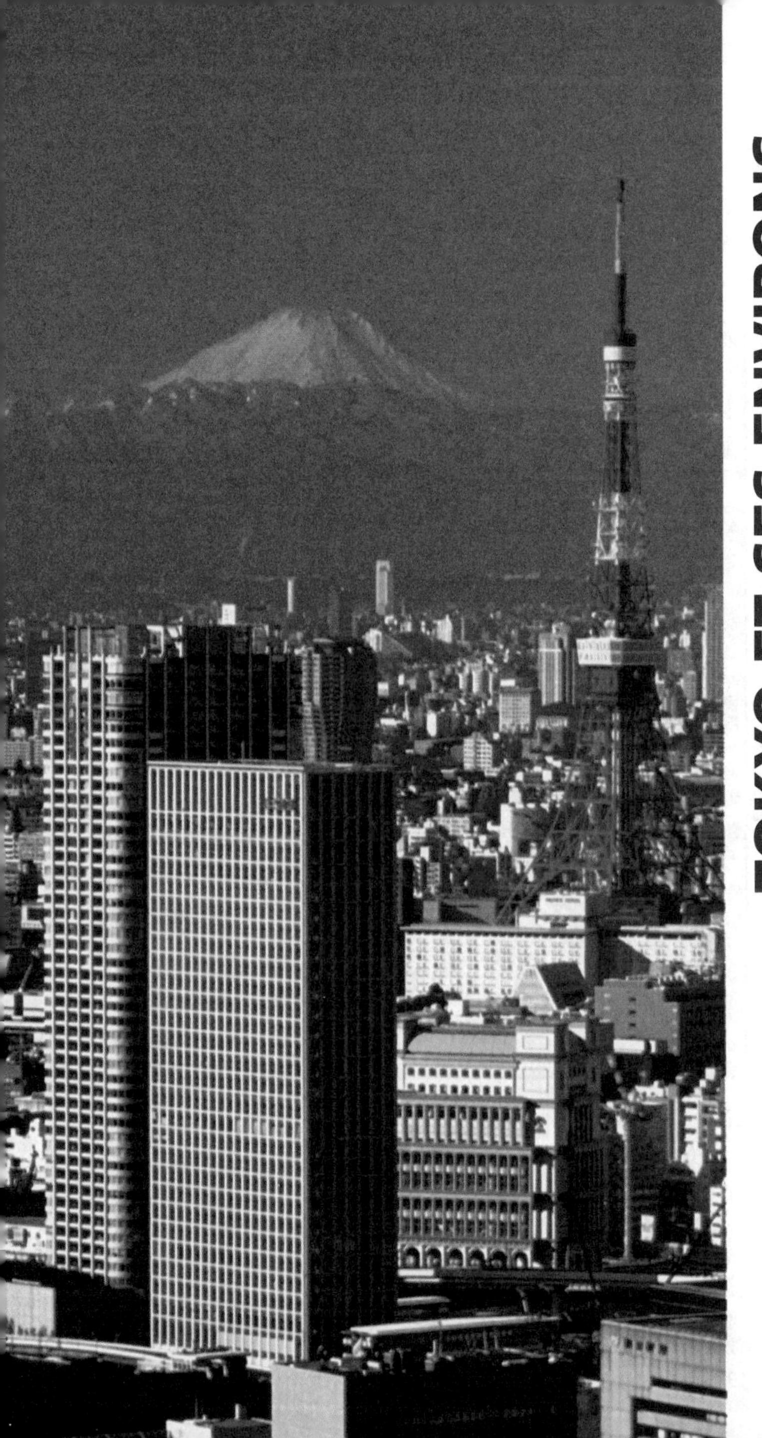

TOKYO ET SES ENVIRONS

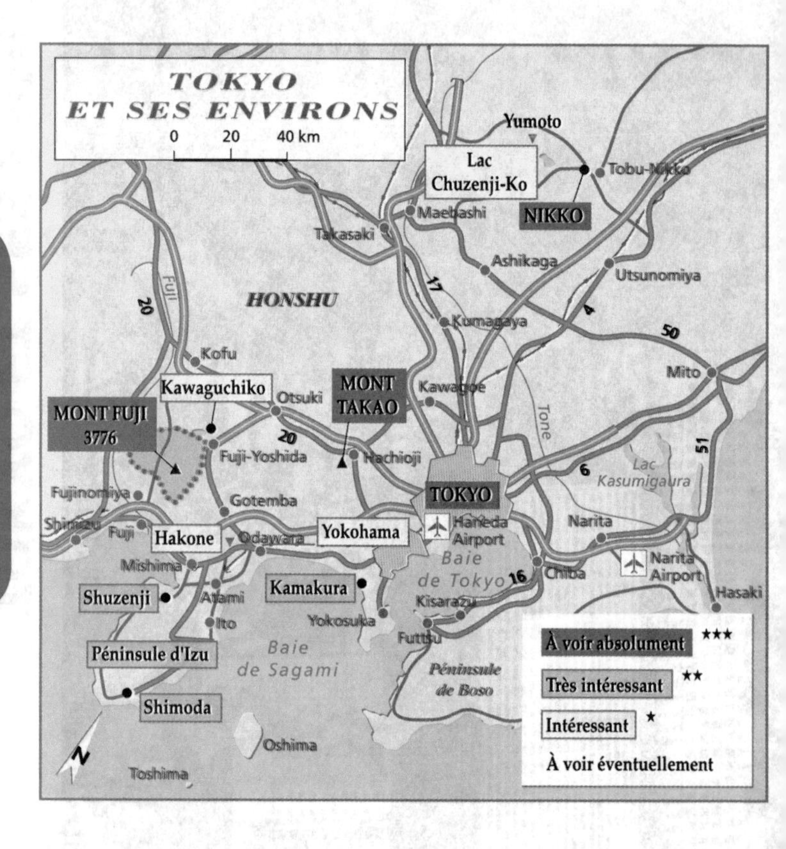
TOKYO
ET SES ENVIRONS
0
20
40 km
Yumoto
Lac
Chuzenji-Ko
Tobu-Nikko
NIKKO
Maebashi
Takasaki
Ashikaga
Utsunomiya
HONSHU
Fuji
20
17
4
Kumagaya
50
Kofu
Mito
Kawaguchiko
Otsuki
MONT
TAKAO
Kawagoe
MONT FUJI
3776
Tone
20
Fuji-Yoshida
Hachioji
51
6
Lac
Kasumigaura
Fujinomiya
TOKYO
Gotemba
Shimizu
Fuji
Hakone
Odawara
Yokohama
Haneda
Airport
Narita
Mishima
Baie
de Tokyo
16
Chiba
Narita
Airport
Shuzenji
Atami
Kamakura
Kisarazu
Hasaki
Ito
Yokosuka
Futtsu
À voir absolument
Baie
de Sagami
Péninsule
de Boso
Très intéressant
Péninsule d'Izu
Shimoda
Intéressant
Oshima
N
Toshima
À voir éventuellement

TOKYO★★★

東京

Le choc urbain...

Quelques repères

Tokyo, la « capitale de l'Est », anciennement Edo - 12630000 hab., 8500000 dans les 23 arrondissements *(ku)* - 2187 km² - Plan général p. 134, plan du métro p. 136, plans détaillés, voir par quartier.

À ne pas manquer

Ginza, très chic.

Asakusa, très populaire.

Ueno et ses musées.

Contempler la forêt de gratte-ciel de Shinjuku.

Harajuku-Omotesando, très branché.

Le sanctuaire Meiji et le parc Yoyogi.

Perdre son temps dans un jardin.

Conseils

Comptez 4 jours.

Allez au bout de la nuit à Roppongi, Shinjuku ou Shibuya.

Une ville pour marcher et faire du vélo, étonnant!

Guettez les perles d'architecture contemporaine.

Empruntez le Rainbow Bridge qui enjambe la baie de Tokyo.

Explorez les grands magasins, du sous-sol au dernier étage.

Longtemps Tokyo n'a pas été cette ville debout, absolument droite. Les premiers gratte-ciel n'ont éclos qu'au début des années 1960 quand les limitations de hauteur furent abandonnées. Depuis il n'a cessé d'en pousser. C'est à quel quartier surpassera New York ou ses semblables! Et un peu partout des bataillons de grues sont à pied d'œuvre pour relever le défi. Pour un choc, c'en est un! Tokyo, comme nourrie par une intarissable sève de béton, semble proliférer et se transformer perpétuellement, à la fois s'élever et se répandre jusqu'à l'horizon, voire au-delà. Au milieu de tous ces édifices épris de verticalité, les autoroutes se déploient parfois jusqu'au-dessus des toits, tandis que les voies de chemin de fer tissent et retissent leurs toiles. Sous terre, le métro n'est pas en reste avec son dédale de couloirs, de galeries et ses gigantesques stations. Ajoutez la foule à ce décor hallucinant, et Tokyo rime avec chaos. Et pourtant toute harmonie n'a pas disparu. À l'ombre d'une tour, à l'abri d'une route suspendue, comme par miracle, résistent toujours un arbre, quelques fleurs, un petit jardin, un temple. En catimini, des quartiers alignent en bordure de leurs allées fleuries des maisonnettes. D'un coup, elle est loin la frénésie urbaine, laissant place à la douceur de vivre assis à la terrasse d'un bistrot de guingois. Surprise! La mégapole cachait dans ses entrailles bouillonnantes des villages endormis qui invitent à flâner mais également nombre de parcs, véritables paradis de verdure que l'on quitte toujours à regret. Voilà que notre perception est en train de changer : on étouffait, on respire; on se pressait, on déambule; on subissait le stress, on reçoit de l'énergie; on se sentait écrasé par les buildings, on admire l'architecture contemporaine; et alors qu'on la trouvait plutôt laide Tokyo, on se prend à la trouver jolie.

Arriver ou partir

En provenance de l'étranger, vous atterrissez au Narita International Airport. En provenance du Japon, vous arrivez soit au Haneda Airport, soit à l'une des gares principales (Tokyo Station, Ueno, Shinjuku ou Shinagawa), soit à l'embarcadère des ferries à Ariake sur l'île d'Odaiba.

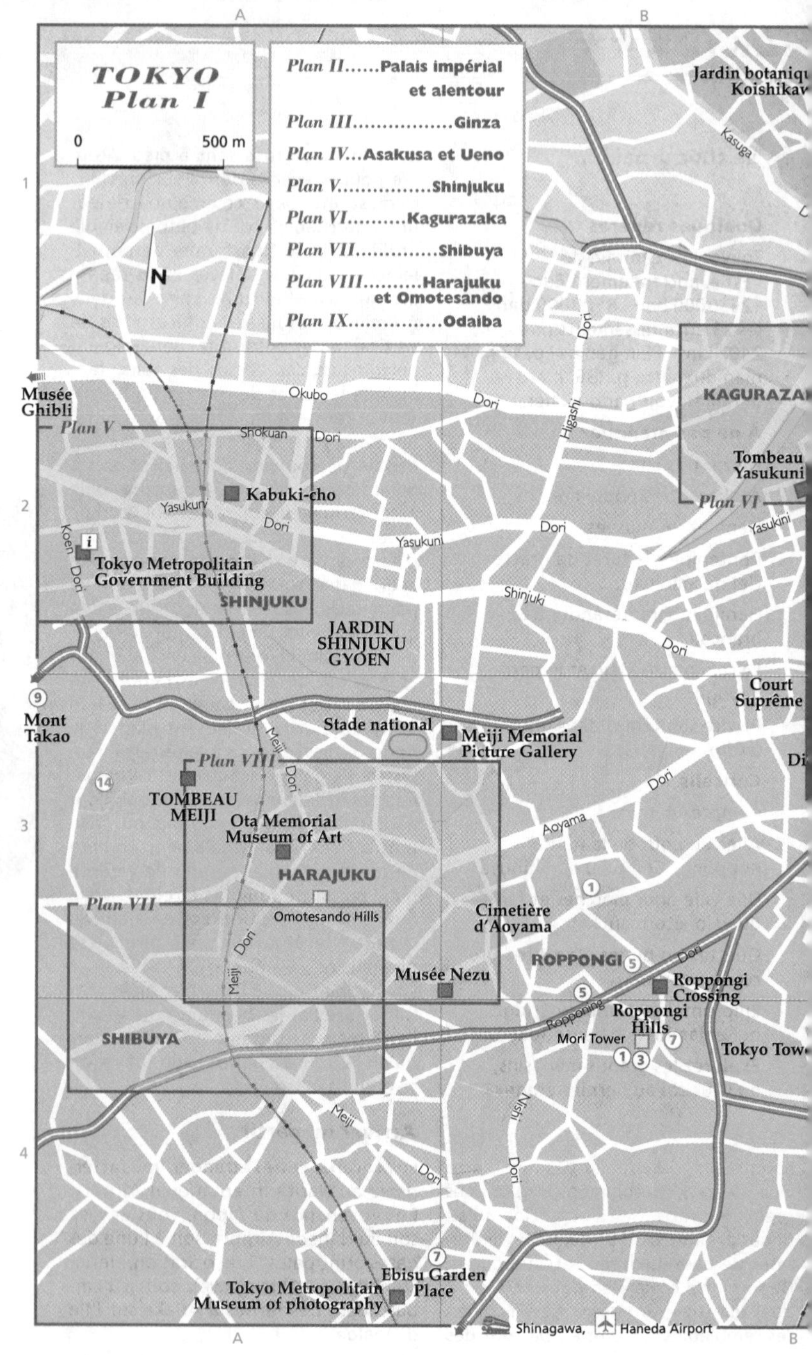
TOKYO
Plan I
0 500 m
N
Plan II......Palais impérial et alentour
Plan III.................Ginza
Plan IV...Asakusa et Ueno
Plan V...............Shinjuku
Plan VI..........Kagurazaka
Plan VII.............Shibuya
Plan VIII.........Harajuku et Omotesando
Plan IX...............Odaiba
Jardin botaniqu
Koishikav
Kasuga
Musée Ghibli
Okubo
Dori
Higashi
Dori
KAGURAZA
Plan V
Shokuan
Dori
Kabuki-cho
Yasukuni
Dori
Koen Dori
Tokyo Metropolitain Government Building
SHINJUKU
Yasukuni
Dori
Tombeau Yasukuni
Plan VI
Yasukuni
Shinjuki
Dori
JARDIN SHINJUKU GYOEN
Mont Takao
Stade national
Meiji Memorial Picture Gallery
Court Suprême
Meiji
Dori
Plan VIII
TOMBEAU MEIJI
Ota Memorial Museum of Art
HARAJUKU
Aoyama
Dori
Plan VII
Omotesando Hills
Cimetière d'Aoyama
Dori
Meiji
ROPPONGI
Musée Nezu
Roppongi Crossing
Ropponing
Roppongi Hills
Mori Tower
SHIBUYA
Tokyo Tow
Meiji
Dori
Nishi
Dori
Ebisu Garden Place
Tokyo Metropolitain Museum of photography
Shinagawa, Haneda Airport

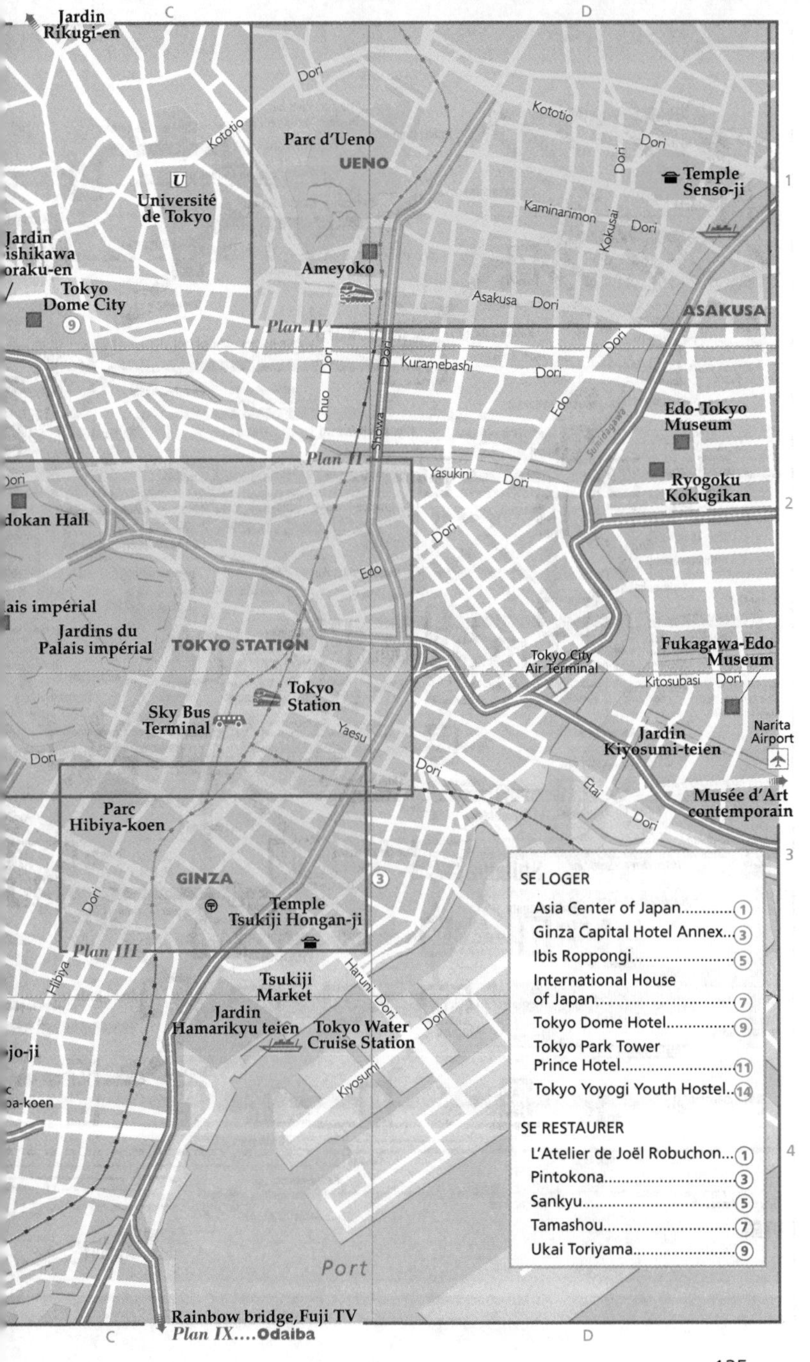

Jardin Rikugi-en
Parc d'Ueno
UENO
Kototio
Dori
Temple Senso-ji
Université de Tokyo
Jardin
ishikawa
oraku-en
Kaminarimon
Kokusai
Ameyoko
Tokyo Dome City
Asakusa Dori
ASAKUSA
Plan IV
Kuramebashi
Dori
Chuo
Showa
Edo
Sumidagawa
Edo-Tokyo Museum
Plan II
Yasukini
Ryogoku Kokugikan
dokan Hall
ais impérial
Jardins du Palais impérial
TOKYO STATION
Tokyo City Air Terminal
Fukagawa-Edo Museum
Kitosubasi
Tokyo Station
Sky Bus Terminal
Yaesu
Jardin Kiyosumi-teien
Narita Airport
Etai
Musée d'Art contemporain
Parc Hibiya-koen
GINZA
Temple Tsukiji Hongan-ji
Plan III
Hibiya
Tsukiji Market
Harumi
Jardin Hamarikyu teien
Tokyo Water Cruise Station
jo-ji
a-koen
Kiyosumi
Port
Rainbow bridge, Fuji TV
Plan IX.... Odaiba
SE LOGER
Asia Center of Japan............1
Ginza Capital Hotel Annex...3
Ibis Roppongi............5
International House of Japan............7
Tokyo Dome Hotel............9
Tokyo Park Tower Prince Hotel............11
Tokyo Yoyogi Youth Hostel..14
SE RESTAURER
L'Atelier de Joël Robuchon...1
Pintokona............3
Sankyu............5
Tamashou............7
Ukai Toriyama............9

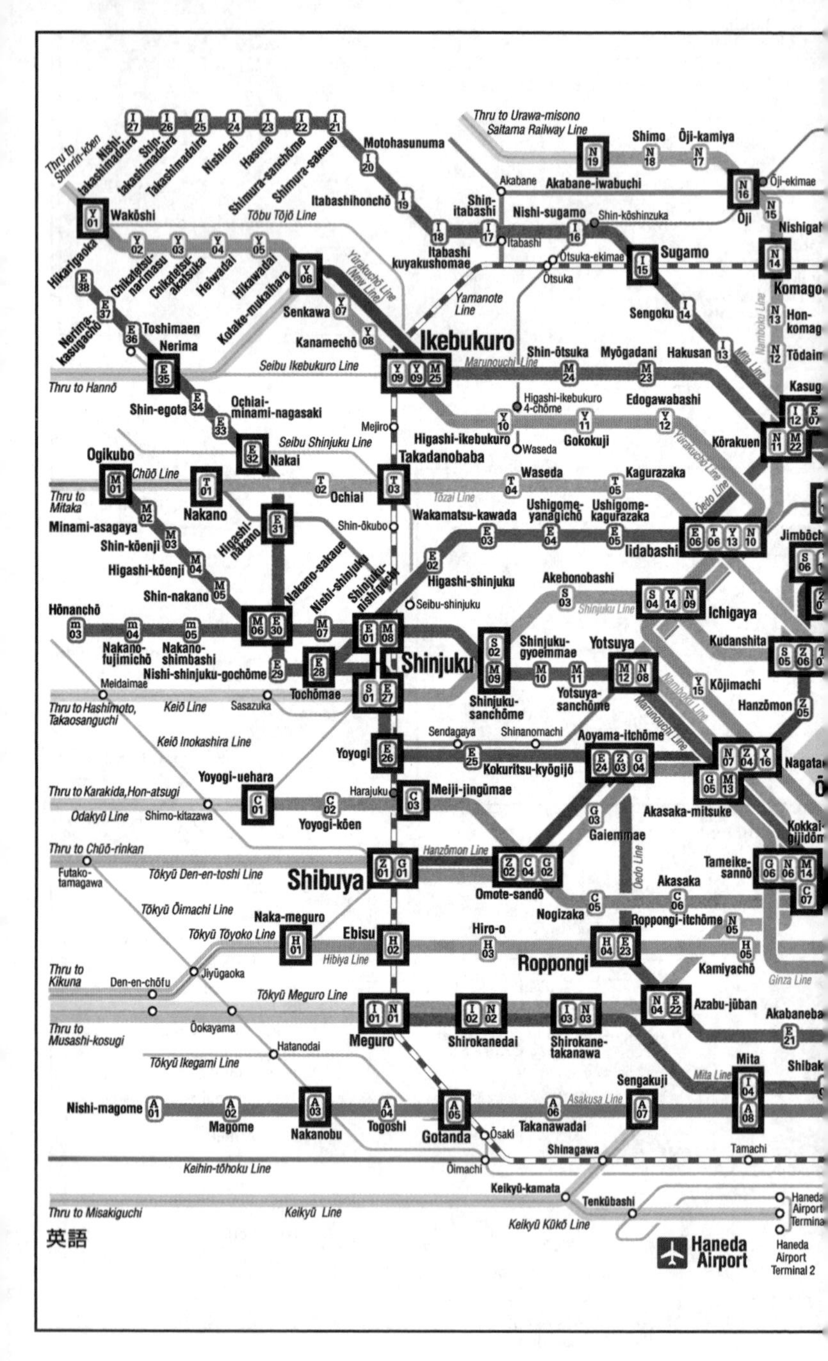
Thru to Shinrin-kōen
Nishi-takashimadaira
Shin-takashimadaira
Takashimadaira
Nishidai
Hasune
Shimura-sanchōme
Shimura-sakaue
Motohasunuma
Itabashihonchō
Wakōshi
Tōbu Tōjō Line
Hikarigaoka
Chikatetsu-narimasu
Chikatetsu-akatsuka
Heiwadai
Hikawadai
Kotake-mukaihara
Senkawa
Kanamechō
Nerima-kasugachō
Toshimaen
Nerima
Seibu Ikebukuro Line
Thru to Hannō
Shin-egota
Ochiai-minami-nagasaki
Nakai
Seibu Shinjuku Line
Ogikubo
Chūō Line
Thru to Mitaka
Nakano
Ochiai
Minami-asagaya
Shin-kōenji
Higashi-kōenji
Shin-nakano
Higashi-nakano
Nakano-sakaue
Nishi-shinjuku
Shinjuku-nishiguchi
Hōnanchō
Nakano-fujimichō
Nakano-shimbashi
Nishi-shinjuku-gochōme
Meidaimae
Thru to Hashimoto, Takaosanguchi
Keiō Line
Sasazuka
Tochōmae
Keiō Inokashira Line
Yoyogi-uehara
Thru to Karakida, Hon-atsugi
Odakyū Line
Shimo-kitazawa
Yoyogi-kōen
Thru to Chūō-rinkan
Futako-tamagawa
Tōkyū Den-en-toshi Line
Tōkyū Ōimachi Line
Naka-meguro
Tōkyū Tōyoko Line
Thru to Kikuna
Den-en-chōfu
Jiyūgaoka
Tōkyū Meguro Line
Thru to Musashi-kosugi
Ōokayama
Hatanodai
Tōkyū Ikegami Line
Nishi-magome
Magome
Nakanobu
Togoshi
Gotanda
Keihin-tōhoku Line
Thru to Misakiguchi
Keikyū Line
英語
Thru to Urawa-misono
Saitama Railway Line
Shimo
Ōji-kamiya
Akabane
Akabane-iwabuchi
Ōji-ekimae
Ōji
Nishigah
Shin-itabashi
Nishi-sugamo
Shin-kōshinzuka
Itabashi
Itabashi kuyakushomae
Ōtsuka-ekimae
Ōtsuka
Sugamo
Komago
Yūrakuchō Line (New Line)
Yamanote Line
Sengoku
Hon-komag
Ikebukuro
Marunouchi Line
Shin-ōtsuka
Myōgadani
Hakusan
Mita Line
Namboku Line
Tōdaim
Kasug
Higashi-ikebukuro 4-chōme
Edogawabashi
Mejiro
Higashi-ikebukuro
Waseda
Gokokuji
Yūrakuchō Line
Kōrakuen
Takadanobaba
Waseda
Kagurazaka
Tōzai Line
Ōedo Line
Wakamatsu-kawada
Ushigome-yanagichō
Ushigome-kagurazaka
Shin-ōkubo
Iidabashi
Jimbōch
Higashi-shinjuku
Akebonobashi
Seibu-shinjuku
Shinjuku Line
Ichigaya
Kudanshita
Shinjuku
Shinjuku-gyoemmae
Yotsuya
Kōjimachi
Shinjuku-sanchōme
Yotsuya-sanchōme
Hanzōmon
Sendagaya
Shinanomachi
Aoyama-itchōme
Yoyogi
Kokuritsu-kyōgijō
Nagata
Harajuku
Meiji-jingūmae
Akasaka-mitsuke
Gaiemmae
Kokkai-gijidōm
Hanzōmon Line
Shibuya
Omote-sandō
Akasaka
Tameike-sannō
Nogizaka
Roppongi-itchōme
Ebisu
Hiro-o
Hibiya Line
Roppongi
Kamiyachō
Ginza Line
Azabu-jūban
Akabaneba
Meguro
Shirokanedai
Shirokane-takanawa
Mita
Shibak
Mita Line
Sengakuji
Asakusa Line
Takanawadai
Ōsaki
Shinagawa
Tamachi
Ōimachi
Keikyū-kamata
Tenkūbashi
Keikyū Kūkō Line
Haneda Airport
Haneda Airport Terminal 2

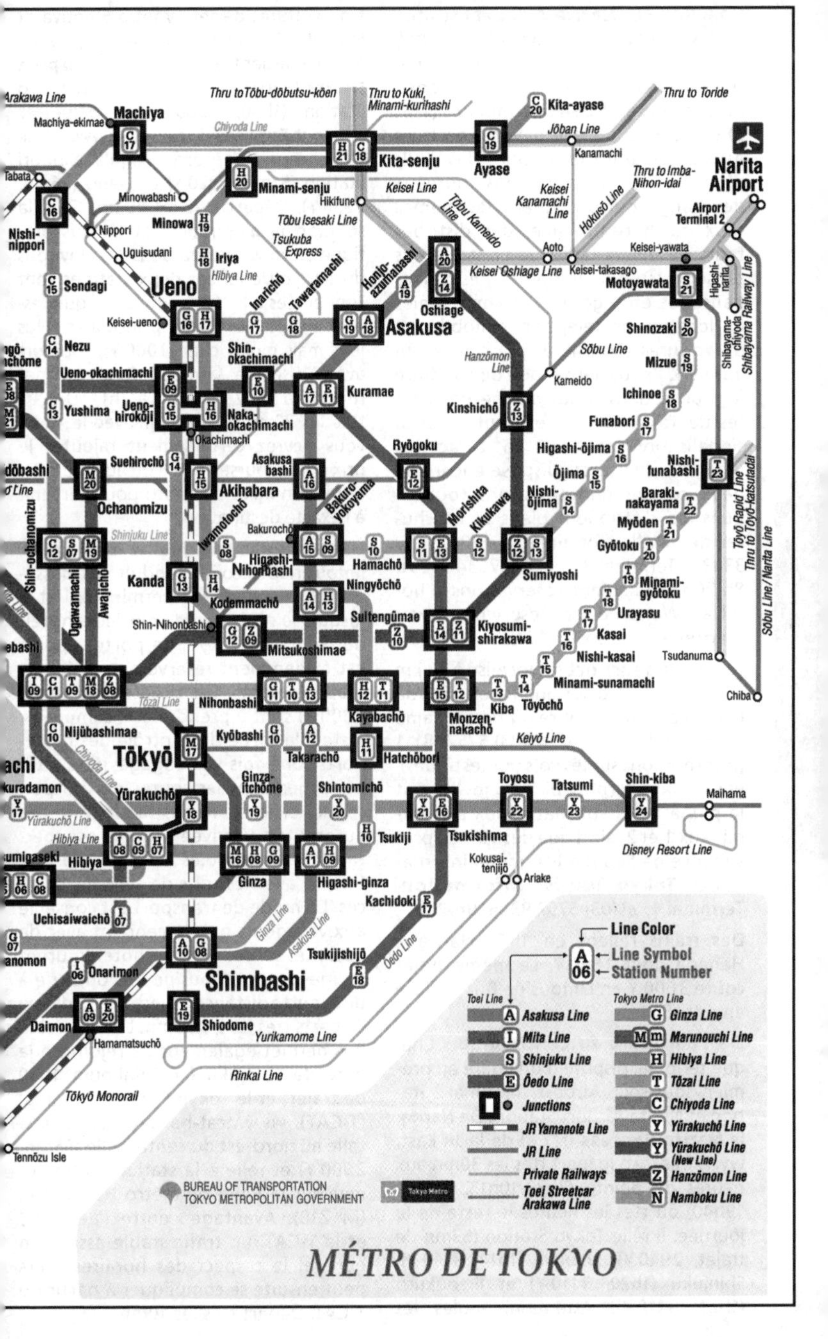

MÉTRO DE TOKYO

En avion - Le **Narita Airport** est situé à près de 70 km à l'est de Tokyo *(Plan I, D3 en dir.)*, ✆ (04) 7634 8000 (informations sur les vols), www.narita-airport.jp. Il comprend deux terminaux (1 et 2) entre lesquels une navette gratuite assure les transferts. Dans les halls d'arrivée se trouvent des bureaux de change qui pratiquent les mêmes taux qu'en centre-ville, des distributeurs de billets (après le contrôle des passeports) qui acceptent les cartes bancaires étrangères, des compagnies de location de téléphones mobiles et de voitures (7h-21h30) pour ceux qui auraient l'audacieuse idée de conduire à gauche dans le labyrinthe des routes de Tokyo sans être rebutés par la signalisation routière en caractères japonais. L'aéroport dispose encore de deux centres d'informations touristiques qui distribuent plans et brochures de la ville. Terminal 1, ✆ (04) 7630 3383 ; Terminal 2, ✆ (04) 7634 6251. 8h-20h. Également réservations d'hôtel au Welcome Inn Reservation *(voir « Adresses utiles », p. 144)*.

Le **Haneda Airport** est localisé à 20 km au sud de Tokyo sur une île en face de la baie à l'embouchure du fleuve Tama *(Plan I, B4 en dir.)*, ✆ (03) 5757 8111 (informations sur les vols domestiques), www.tokyo-airport-bldg.co.jp. Il reçoit la plupart des vols nationaux aux terminaux 1 et 2, ainsi que des vols en provenance de Séoul au terminal international. **Tokyo Tourist Information**, Terminal 1, ✆ (03) 5757 9345. 9h-22h.

Des trains relient en 1h45 Narita à Haneda pour 1 560 ¥. Le même trajet coûte 3 000 ¥ en Limousine Bus et dure env. 1h15.

De l'aéroport au centre-ville - Chaque terminal dispose d'une gare au premier sous-sol : Airport Terminal 2 Station et Narita Airport Station. De Narita, le **Narita Express** (N'EX) de la JR East, www.jreast.co.jp, part ttes les 30mn aux heures de pointe (7h30-10h15, 15h15-19h40) ou ttes les heures le reste de la journée. Il relie Tokyo Station (53mn de trajet, 2 940 ¥), Shibuya (1h14, 3 110 ¥), Shinjuku (1h20, 3 110 ¥) et Ikebukuro (1h21, 3 110 ¥). Attention, seules les trois voitures de tête vont à Shibuya et Shinjuku. Si vous disposez de temps et de moins d'argent, optez pour le **Airport Narita** (Rapid Service) qui rejoint Tokyo Station (1h30, 1 280 ¥). Le **Skyliner Airport Express** de Keisei, www.keisei.co.jp, vous transporte jusqu'à Nippori Station (51mn, 1 920 ¥) et Ueno (56mn, 1 920 ¥). Départ ttes les 40mn. C'est la solution la plus rapide et la plus pratique si vous résidez dans les environs du parc d'Ueno. Les deux stations sont connectées à la Yamanote Line, qui dessert ensuite les gares principales. Plus lent mais moins cher (1 000 ¥), toujours avec Keisei, le **Limited Express** met Nippori à 1h07 et Ueno à 1h11. Départ ttes les 20mn. Pensez, qu'avec le train, vous devrez certainement rajouter le prix d'une course en taxi ou au minimum celui d'un billet de métro pour parvenir à l'exacte destination.

La compagnie **Limousine Bus**, www.limousinebus.co.jp, conduit ses passagers du hall d'arrivée (terminaux 1 et 2) jusqu'à la réception de plusieurs hôtels du centre de Tokyo. Ce porte-à-porte est évidemment réservé aux meilleurs établissements. Les tickets (autour de 3 000 ¥) sont à prendre aux comptoirs, juste à la sortie du contrôle des passeports. Une fois vos bagages étiquetés et rangés dans les soutes par un personnel efficace, le bus file le long des autoroutes. L'arrivée à Tokyo est spectaculaire : les voies se superposent, flirtent avec les toits de certains édifices. Ce mode de transport est conseillé aux voyageurs qui descendent avec de pesantes valises dans un hôtel figurant au menu des Limousine Bus ou situé à une courte distance à pied de l'un d'eux. Départs ttes les 5 à 30mn. Le Limousine Bus permet également de rejoindre la gare de Shinjuku (au minimum 1h30 de trajet) et le Tokyo City Air Terminal (T-CAT), www.tcat-hakozaki.co.jp, installé au nord-est du centre-ville (55mn, 2 900 ¥) et relié à la station Suitengumae sur la ligne de métro Hanzomon (M° Z10). Avantage : entre l'aéroport et le T-CAT, un trafic stable assure en général le respect des horaires. Cela peut ensuite se compliquer à partir du T-CAT. Départ ttes les 10mn.

Autre solution pas très avantageuse toutefois : le **taxi**, ☏ (04) 7634 8755. Une course jusqu'aux arrondissements de Bunkyo, Chiyoda et Chuo coûte autour de 17000 ¥, et 19000 ¥ jusqu'à Shinjuku, Shibuya ou Minato. Six fois plus cher qu'un Limousine Bus et pas plus rapide !

De Haneda, départ ttes les 5 à 10mn, du **Tokyo Monorail**, www.tokyo-monorail.co.jp, qui conduit à la station Hamamatsucho de la Yamanote Line (20mn, 470 ¥). Un **Limousine Bus** coûte 900 ¥ et un **taxi** 6000 ¥ pour rejoindre le centre de Tokyo.

En train - Tokyo possède quatre gares principales reliées à la JR Yamanote Line. Si vous arrivez en Shinkansen de l'ouest (Osaka, Kyoto), vous descendez à **Tokyo Station** *(Plan I, C3)*, en plein centre-ville, ou à **Shinagawa**, à 6 km au sud-ouest *(Plan I, B4 en dir.)*. Venant du nord (Nagano, Akita, etc.), vous terminez généralement à Tokyo Station. Quelques trains poussent jusqu'à **Ueno**, à 4 km au nord-est *(Plan I, C1)*.

Pour Nagano, départ ttes les 20mn du Shinkansen Asama (1h35 de trajet, env. 8000 ¥). Pour Nagoya et Kyoto, départ ttes les 5 à 15mn du Shinkansen Nozomi (respectivement 1h40 de trajet, 10580 ¥, et 2h20, 13320 ¥). Pour Osaka, départ ttes les 5 à 20mn du Shinkansen Nozomi (2h50, env. 13850 ¥) ou de la JR Tokaido Line.

Pour plus d'information, se reporter au site www.hyperdia.com.

En bus - Les bus longue distance (Highway Bus, en japonais *Kosoku Bus*) arrivent dans les grandes gares situées sur la Yamanote Line (Tokyo Station, Shinagawa, Shibuya, Shinjuku et Ikebukuro). Ils sont de 20 à 50 % moins chers que le train. Les prix peuvent varier sensiblement entre les compagnies. Pour Nagoya, 4 bus/j. (deux le jour et deux la nuit) avec les compagnies **Keio**, **Meitetsu** et **Orion Tour** (6h30-7h de trajet, de 3500 ¥ à 5100 ¥). Pour Kyoto, départ des JR Bus Kanto et Nishinihon JR Bus 5 fois/j. (deux le jour et trois la nuit) (8h, de 5000 ¥ à 8000 ¥). Pour Osaka, départ des JR Bus Kanto, Nishinihon JR Bus, Keikyu/Hankyu Osaka Line 16 fois/j. (huit le jour et huit la nuit) (env. 8h, de 5000 ¥ à 8600 ¥). Pour Hiroshima, départ des Odakyu, Hiroden, JR Kanto Bus 2 fois/j. (la nuit) (11h, 11600 ¥).

Pour plus d'information, reportez-vous au site www.bus.or.jp.

En bateau - En larguant les amarres à Tokushima (Shikoku) avec la compagnie **Ocean Tokyu Ferry** (1 bateau/j., 18h de traversée, 9500 ¥ sans couchette, 17500 ¥, première classe) ou à Kita-Kyushu (même compagnie, 1 bateau/j., 34h, 13500 ¥ sans couchette, 26000 ¥ première classe), vous abordez au port d'Ariake à Odaiba *(Plan IX, C1)*. De là, des bus rejoignent la station de métro Shin-kiba (M° Y24). Sinon, la Yurikamome Line (station la plus proche, Kokusai-Tenjijo-Seimon) passe sur le Rainbow Bridge pour s'arrêter à Shimbashi (M° A10, M° G08). Autre alternative, la Rinkai Line qui rejoint Shinjuku.

Se repérer

En fonction de la durée de votre séjour, l'acquisition d'un plan anglais-japonais peut s'avérer utile, comme le ***Tokyo City Atlas, A Bilingual Guide***, Kodansha.

Tokyo ne possède pas de noms de rues. Contrairement au système occidental en vigueur dans le monde entier qui veut qu'une rue ait un nom ou un numéro, ici, à l'exception de quelques grandes avenues *(dori)*, qui copient quelques glorieuses homologues étrangères et de quelques allées piétonnes fort commerçantes, les rues conservent l'anonymat. Quiconque apprend cela, marque d'abord de l'étonnement, puis de l'incompréhension et pour finir de l'incrédulité. Il pressent que sa rationnalité devient ici un handicap. Comment font alors les Tokyoïtes pour se déplacer, se repérer, se rencontrer dans une ville aussi vaste, dense et inextricable et accessoirement pour rendre hommage aux plus grandes personnalités nippones, généraux, hommes d'État, artistes, etc. ? Cela paraît tout simplement impossible et pourtant ça marche... pas trop mal grâce à une nomenclature basée sur le cadastre. Outre la désignation de l'arrondissement auquel on ajoute le suffixe *ku* et la mention d'un quartier, l'**adresse** comporte en général une série de trois numéros (2-11-3 Ginza, Chuo-ku) : le premier correspond à celui d'un *chome*, c'est-à-dire à la subdivision d'un quartier en plusieurs blocs; le second renvoie au bloc; le troisième est attribué au bâtiment, en fonction de sa date de construction et non pas selon son emplacement par rapport aux édifices qui le précèdent ou lui succèdent sur le terrain. Ce dernier élément ne simplifie pas les choses, le 3 pouvant, par exemple, côtoyer le 17 ou le 8. Sur la majorité des immeubles, des poteaux téléphoniques ou des réverbères, est apposée une plaque de métal portant l'inscription des numéros (les trois ou seulement les deux derniers). La même adresse peut aussi s'écrire 11-3 Ginza, 2-chome, Chuo-ku.

Si les employés de la poste et les policiers s'y orientent aisément, les habitants de Tokyo comme frappés de myopie ont une appréciation assez floue de la situation quand ils s'aventurent en territoire inconnu. Quant aux taxis, ils n'arrivent pas toujours à destination en dépit de plans et de GPS. Les visiteurs, eux, sont voués à chercher leur chemin plus d'une fois. Dans ce cas, il est recommandé de s'adresser aux aimables policiers postés dans l'une des nombreuses cabines de police *(koban)*, elles-mêmes souvent installées aux croisements stratégiques.

Très naturellement, hôteliers, restaurateurs ou commerçants distribuent des **cartes de visite** avec au verso un plan agrémenté de points de repères (station de métro, building, feux de circulation, voie ferrée, magasin, etc.). Autre conséquence de l'absence de noms, on préfère se donner rendez-vous dans les stations de métro sans omettre de préciser la sortie exacte pour se diriger ensemble vers la destination finale. La statue du chien Hachiko à la sortie de la gare de Shibuya est sans doute le plus fameux des points de ralliement.

Le **centre** de la capitale se trouve à l'intérieur de la ligne circulaire de la Japan Railways appelée Yamanote (JR), qui dessert les principales gares de Shibuya, Shinjuku, Ikebukuro, Ueno, Nippori, Tokyo Station, Ebisu et de nouveau Shibuya. Il s'est développé autour du Palais impérial et son immense jardin défendu par des fortifications. À de rares exceptions, le guide explore des quartiers situés à l'intérieur ou aux abords de la Yamanote Line (JR).

Choisir son quartier

Ginza, le quartier huppé aligne ses boutiques de luxe et ses grands magasins. Rien de guindé néanmoins. Sa situation très centrale en fait un point idéal pour rayonner. À côté, **Tokyo Station** trône au milieu d'immeubles de bureaux. Pour la fantaisie mieux vaut se déplacer mais pas au proche Palais impérial, le « centre vide » de la capitale qui garde ses distances, noblesse oblige ! Au nord, **Ueno** a toujours quelque chose d'autrefois, quelque chose de l'ancienne ville basse (Shitamachi), où logeait le peuple. L'agitation qui prévaut autour de sa gare a vite fait de laisser place à la tranquillité et à la verdure. Accolé à Ueno, **Asakusa**, qui faisait aussi partie de Shitamachi, est restée populaire et très commerçante. Son fameux temple, le Senso-ji, attire la foule, jour après jour. Les gratte-ciel de **Shinjuku** en imposent, tout comme son très chaud quartier de Kabuki-cho qui ne dort pas de la nuit. **Kagurazaka** est beaucoup plus sage. **Shibuya**, tout comme **Harajuku**, frémit d'énergie. Jeune et branché, ne pas s'abstenir. **Roppongi**, à l'image de Shinjuku, pense que ses nuits sont plus belles que ses jours. **Odaiba**, à l'écart du centre-ville, joue la carte futuriste.

Comment circuler

En métro - Autant il est facile de se perdre dans les rues de Tokyo, autant sous terre tout devient plus facile grâce à une impeccable signalétique en caractères latins qui combine codes de couleur avec des lettres et des chiffres. Outre son nom et sa couleur, chaque station est identifiée par deux coordonnées : une **lettre** correspondant à l'initiale du nom de sa ligne (sauf exception) et un **numéro** situant sa position entre le départ et le terminus. Ces coordonnées se retrouvent sur les quais et sur les plans à l'intérieur d'un cercle de la couleur de sa ligne. Changer à Shirokane-Takanawa puis sortir à Tameike-Sanno se transforme en changer à I03 puis sortir à N06. Outre qu'elles sont plus visibles que les noms des stations quand on se trouve dans la rame, ces coordonnées permettent d'évaluer aisément le chemin qui reste à parcourir en se référant à l'évolution croissante ou décroissante des chiffres. On peut aussi compter sur une voix qui annonce en anglais, dans un accent qui ne dépareillerait pas dans les grandes plaines du Middlewest, la prochaine station ainsi que toutes les correspondances.

Les adresses du guide mentionnent les coordonnées de la station de métro la plus proche afin de permettre un repérage rapide sur la carte de métro *(voir p. 136)*.

L'admiration que l'on peut éprouver pour ce métro s'accroît encore lorsqu'on découvre que la quasi-totalité des stations est équipée de toilettes gratuites et immaculées, ainsi que de consignes automatiques. On déchante en revanche quand il faut marcher jusqu'à 800 m le long des couloirs pour rejoindre un quai. Les stations à la taille démesurée sont, en effet, dotées de plusieurs entrées et sorties, parfois très éloignées les unes des autres. Mieux vaut avant de sortir, identifier sur des panneaux jaunes situés sur les quais la sortie adéquate sous peine d'allonger son parcours une fois à l'air libre. La complexité de la gare de Shinjuku, qui combine métro et trains, donnera le vertige à n'importe quel novice.

Le réseau se compose de douze lignes, huit gérées par le **Tokyo Metro**, www.tokyometro.jp, et quatre par le **TOEI Subway**, www.kotsu.metro.tokyo.jp. Les entrées des huit premières sont signalées par des panneaux ronds, où se détache sur fond bleu un M blanc; les quatre autres sont reconnaissables à leur panneau rectangulaire avec au centre une sorte de parachute blanc, en fait un ginkgo stylisé, qui est l'emblème de Tokyo. En cas de station commune, le panneau, toujours rectangulaire, affiche une locomotive de face. Dans chaque station, on peut se procurer un **plan de métro**.

Le site www.tokyo-subway.net permet d'élaborer un itinéraire, d'en calculer la durée et le prix.

Un ticket à la journée sur les huit lignes de Tokyo Metro coûte 710 ¥, 1 000 ¥ si l'on y ajoute les quatre lignes TOEI, 1 580 ¥ avec en plus les bus TOEI et le réseau de la Japan Railways Company (JR). Si vous prévoyez d'emprunter souvent le métro pendant plusieurs jours, il est préférable d'acheter le **Passnet** de 1 000, 3 000 ou 5 000 ¥ (valable uniquement pour le Tokyo Metro et les lignes TOEI). Pas d'économie en perspective, car la carte est débitée à chaque passage d'au moins 160 ¥; en revanche, plus besoin d'acheter de tickets jusqu'à l'épuisement du crédit. Demi-tarif pour les enfants de 6 à 12 ans, quel que soit le billet.

Si vous achetez vos tickets au fur et à mesure, vous trouverez, contre pièces ou billets, des machines qui les éditent. Le tarif minimum d'un ticket est 160 ¥. Il augmente en proportion de la distance parcourue jusqu'à 300 ¥. Des tableaux récapitulatifs indiquent les prix pour chaque station. Quand ces derniers sont uniquement en japonais, c'est-à-dire assez souvent, payez le minimum (160 ¥) et acquittez un complément si votre ticket est refusé à la sortie. Des machines *(fare adjustment machine)* sont prévues à cet effet. Vous y insérez votre ticket, elles calculent la somme due et impriment un nouveau ticket une fois le complément payé. Vous pouvez aussi vous adresser à l'employé de service.

Assez étrangement pour une ville si grande et si animée, le métro ferme autour de 0h30.

En JR - La **Yamanote Line**, qui fait une boucle autour du centre de Tokyo (env. 1h), n'est pas seulement un bon moyen de transport, c'est aussi l'occasion d'avoir un aperçu de la ville, car la ligne est aérienne. D'une pierre deux coups : ceux qui ne maîtrisent pas l'anglais pourront également en profiter pour se perfectionner en suivant sur des écrans vidéo, fixés au-dessus des portes, une brève leçon offerte par Berlitz entre deux spots de pub. Le tarif minimum d'un ticket est 130 ¥. À la sortie, le même système d'ajustement des prix que pour le métro est appliqué. Un ticket JR ne permet pas de prendre le métro. Attention donc aux voyages qui combinent les deux. La JR exploite aussi la Chuo Line, qui relie Tokyo Station à Shinjuku puis à la banlieue jusqu'aux montagnes de Takao, à l'ouest. La Sobu Line (de Chiba, à l'est, à Mitaka, à l'ouest) dessert en parallèle les mêmes stations que la Chuo Line en traversant le centre-ville

Le **Tokyo Free Kippu** (1 580 ¥) est valable 1 j. dans le métro, les bus, le JR à l'intérieur de Tokyo (23 arrondissements).

En bus - Contrairement au métro, les bus, à de rares exceptions près, affichent leur destination en *kanji*. Polyglottes et aventuriers paieront 200 ¥/ticket, quelle que soit la distance.

En taxi - Les deux premiers kilomètres coûtent 660 ¥ et chaque kilomètre supplémentaire, env. 300 ¥. Les prix sont majorés de 30 % entre 23h et 5h. Les taxis peuvent s'avérer pratique sur de courtes distances et indispensables après 0h30, lorsque le métro ferme. Le parc de taxis tokyoïtes est de 50 000 voitures. Ne soyez pas surpris : les portes arrières s'ouvrent et se ferment automatiquement.

Face aux difficultés rencontrées par certains chauffeurs pour arriver à bon port, il est préférable de pouvoir pointer sur une carte la destination. À défaut de plan, il est alors judicieux d'indiquer un site facilement repérable (métro, grand magasin, etc.) à proximité de l'adresse où l'on se rend et de terminer à pied. Gain de temps assuré.

En vélo - L'idée peut sembler saugrenue. Du vélo dans pareille jungle urbaine hérissée de tours et traversée de part en part par des autoroutes et de grandes avenues ? Et pourtant, les Tokyoïtes sont des fervents adeptes de la petite reine. Ils roulent de préférence sur les trottoirs, slalomant au milieu des piétons avec dans la main un parapluie quand il pleut. D'un coup de sonnette, ils vous commandent de garder votre trajectoire au moment de vous dépasser. Certains quartiers comme Ueno, Yanaka ou Asakusa se prêtent particulièrement bien à des balades, tandis que de nombreux hôtels louent des vélos à la journée pour une modique somme (200 ¥/j.).

En bateau - Les bateaux de la **Tokyo Cruise Ship Company**, www.suijobus.co.jp, naviguent sur la rivière Sumida entre Asakusa (pont Azuma) et Odaiba. Divers circuits sont proposés. L'un d'eux fait halte au jardin Hamarikyu au départ d'Asakusa (35mn de trajet, 720 ¥). Malgré le bétonnage des rives, cette balade a le mérite de donner une autre image de la ville. De Hinode Pier, situé à 5mn de Hamarikyu, on peut réembarquer et pousser jusqu'à Odaiba (quatre escales différentes).

Location de vélos - **Sumida Park**, près du guichet du bateau-bus de Sumida Park, Asakusa, M° G19 *(Plan IV, C2)*. 6h-20h. 200 ¥/j.

Muji, 3-8-3 Yuraku-cho, Chiyoda-ku, JR Yuraku-cho Station, sortie Kyobashi *(Plan III, B1)*. 10h-20h. Lun.-vend. 525 ¥/j., w.-end 1 050 ¥/j. Caution de 3 000 ¥.

Adresses utiles

Informations touristiques - **Tokyo Tourist Information Center**, Metropolitan Government Bldg n° 1, 1F, M° E28, JR Shinjuku Station, sortie ouest *(Plan I, A2)*, ✆ (03) 5321 3077, www.tourism.metro.tokyo.jp. 9h30-18h30. Un minimum d'informations sous un maximum de béton.

Tourist Information Center (TIC JNTO), Tokyo Kotsu Kaikan Bldg, 10F, 2-10-1 Yuraku-cho, Chiyoda-ku, M° Y18, sortie A8 *(Plan III, B1)*, ✆ (03) 3201 3331,

Pause gourmande à Asakusa.

©JNTO

TOKYO

手焼せんべい 胡麻 8枚 500円
手焼せんべい 無地 8枚 500円
手焼せんべい 亀 8枚

www.jnto.go.jp, 9h-17h Fermé 1er janv. (accueil tél. seul.). Le TIC JNTO comprend un comptoir du **Welcome Inn Rservation** pour trouver un hébergement à Tokyo et dans tout le pays à un prix raisonnable. Les hôtels membres du réseau s'engagent à ne pas dépasser les tarifs suivants : 8000 ¥/single et 13000 ¥/double pendant au moins les 2/3 de l'année. Réserv. à faire sur place ou bien sur le site Internet.

Si vous prévoyez d'arpenter les musées, il vous sera avantageux d'acheter le **Grutt Pass** (2000 ¥) qui donne accès à 49 musées ou galeries d'art de Tokyo gratuitement ou avec une réduction. Demandez-le au guichet d'un des musées membres du réseau, auquel appartiennent tous les plus grands.

Banque / Change - **Citibank**, Ote Center Bldg, 1F, 1-1-3 Otemachi, Chiyoda-ku, M° M18, sortie C9 *(Plan II, B2)*, ✆ (03) 3215 0051. Tlj sf w.-end 9h-15h. Distributeurs de billets 24h/24. Les distributeurs de billets de la Citibank acceptent les cartes bancaires occidentales. Il y des agences à Ginza, Shibuya, Roppongi, Aoyama, Shinjuku, Akasaka, etc.

Poste - **Tokyo Central Post Office**, 2-7-2 Marunouchi, Chiyoda-ku, M° M17, JR Tokyo Station, sortie Marunouchi *(Plan II, B3)*, ✆ (03) 3284 9500. 24h/24.

Urgences / Santé - Pompiers, ✆ 119 ou (03) 3212 2111. 24h/24h. Renseignements en anglais.

Le centre d'information médicale du gouvernement de Tokyo **Himawari**, www.himawari.metro.tokyo.jp/qq/qq13enmnlt.asp, assure un service d'informations en langues étrangères au sujet des institutions médicales de la capitale, ✆ (03) 5285 8181 (9h-20h), ainsi qu'un service de traduction en urgence, ✆ (03) 5285 8185 (17h-20h) en cas de difficulté de compréhension après admission dans un hôpital.

Le centre international d'information médicales **Amda Service**, ✆ (03) 5285 8088, http://homepage3.nifty.com/amdack/english/E-index.html, fournit les adresses de médecins parlant une langue étrangère sur l'ensemble du Japon. Lun.-vend. 9h-17h.

Tokyo Medical and Surgical Clinic, 32 Mori Bldg, 3-4-30 Shiba-koen, Minato-ku (à côté de la Tokyo Tower), M° I06, M° E21 *(Plan I, B4)*, ✆ (03) 3436 3028, www.tmsc.jp. Sauf urgence, consultations sur rendez-vous. Lun.-vend. 9h-17h30 (sam. 13h).

Tokyo British Clinic, Daikanyama Y Bldg, 2F, 2-13-7 Ebisu-nishi, Shibuya-ku, M° H02, sortie n° 2, JR Ebisu Station, sortie ouest *(Plan I, A4)*, ✆ (03) 5458 6099, www.tokyobritishclinic.com. Sauf urgence, consultations sur rendez-vous. Lun.-vend. 9h-17h30 (sam. 13h).

Pharmacie - **Hibiya Pharmacy**, Mitsui Bldg, 1-1-2 Yuraku-cho, Chiyoda-ku, M° Y18 *(Plan III, B1)*, ✆ (03) 3501 6377.

Représentations diplomatiques - **Ambassade de France**, 4-11-44 Minami-Azabu, Minato-ku, M° H03 *(Plan I, B4)*, ✆ (03) 5420 8800, www.ambafrance-jp.org. Répondeur fournissant informations et consignes aux ressortissants français en cas de catastrophe, ✆ (03) 5420 8979. Permanence consulaire, ✆ 090 4524 6858.

Ambassade de Belgique, 5 Niban-cho, Chiyoda-ku, M° Y15, sortie n° 5 *(Plan I, B2)*, ✆ (03) 3262 0191, www.diplomatie.be/Tokyofr.

Ambassade de Suisse, 5-9-12 Minami-Azabu, Minato-ku, M° H03, sortie n° 3 *(Plan I, B4)*, ✆ (03) 3473 0121, www.eda.admin.ch/tokyo_emb.

Ambassade du Canada, 7-3-38 Akasaka, Minato-ku, M° G04, M° Z03 *(Plan I, B3)*, ✆ (03) 5412 6200, www.dfait-maeci.gc.ca/asia/main/japan/tokyo-fr.asp.

Centre culturel - **Institut franco-japonais**, 15 Ichigaya-Funagawara-cho, Shinjuku-ku, JR Iidabashi Station, sortie ouest *(Plan VI, A2)*, ✆ (03) 5206 2500, www.institut.jp.

Se loger, se restaurer

▸ ***Voir nos adresses par quartier***

Palais impérial (p. 151), Ginza (p. 157), Asakusa (p. 163), Ueno (p. 169), Shinjuku (p. 179), Kagurazaka (p. 183), Shibuya (p. 186), Harajuku (p. 191) et Roppongi (p. 196).

Dans la ville de toutes les tentations culinaires, dont certaines se payent au prix fort, il est possible de manger pour trois fois rien dans les chaînes de restaurant bon marché (Yoshinoya, Sukiya, Tendon et consorts), qui proposent des menus (de 400 à 600 ¥) constitués d'un bol de riz servi avec de la viande, et, au choix, des soupes *miso*, du poisson, des salades, etc. Autre possibilité : les *combini (convenience stores)* que l'on trouve sans même les chercher tant ils sont nombreux (24h/24, 7j./7). Parmi les plus connus : 7 Eleven, Lawson, AM/PM, etc. On y sert des sandwichs (autour de 120 ¥), des *onigiri* (galettes de riz enrobées d'une feuille d'algue séchée et diversement fourrées; comptez entre 90 et 130 ¥), des soupes, des plats à réchauffer. Chaque *combini* est équipé d'un four à micro-ondes et dispose d'eau chaude pour les soupes. Enfin, les grands magasins (Mitsukoshi, Matsuya) disposent généralement d'un impressionnant rayon alimentaire au sous-sol et vendent des *bento* (paniers repas) à prix raisonnables.

Faire une pause Sortir, boire un verre

Procurez-vous le ***Metropolis***, www.metropolis.co.jp, un hebdomadaire en anglais très utile pour être informé des concerts, expos, séances de cinéma, sports, boîtes de nuit tendance, restaurants gastronomiques, etc. Il est distribué gratuitement dans une ribambelle de cafés, restaurants, hôtels, magasins, ainsi que dans les centres d'informations touristiques (Haneda Airport, Keisei Ueno Station). Autre source : le site **www.realtokyo.co.jp** référence les événements culturels de la capitale (cinéma, expos, théâtre, danse, concerts, etc.). Pour les clubbers, rendez-vous sur **www.clubbers-house.net**, qui recense une centaine de clubs avec un lien vers chacun.

Cinémas - Il y a pléthore de salles. Pour les programmes et horaires le mieux est de se reporter au ***Metropolis*** *(voir ci-dessus)*, qui a la bonne idée de pointer sur une carte les différents cinémas. Prix moyen d'une place : 1 800 ¥.

Feu sur la cigarette

En octobre 2002, l'arrondissement de Chiyoda prenait des mesures anti-cigarettes. Interdiction de jeter un mégot par terre, de fumer en marchant ou à l'arrêt dans les zones signalées par des panneaux ou des inscriptions au sol, le contrevenant s'exposant à payer une amende allant jusqu'à 50 000 ¥. Dans le centre-ville, d'autres arrondissements (Taito, Shinjuku, Shibuya) lui emboîtèrent le pas, en adoptant toutefois des punitions moins sévères. Conséquence, on peut voir dans les rues des fumoirs où s'agglutinent des fumeurs brimés mais qui toujours résistent, le Japon conservant un taux de tabagie supérieur à l'Europe ou aux États-Unis.

Virgin Toho Cinemas, Roppongi Hills, Keyakizaka Complex, 6-10-2 Roppongi, Minato-ku, M° H04, M° E22 *(Plan I, B4)*. Le plus grand complexe de Tokyo. Séances toute la nuit durant le w-end.

Théâtres - **Kabuki-za Theater**, 4-12-5 Ginza, Chuo-ku, M° H09 *(Plan III, C2)*, ✆ (03) 5565 6000 (réservations), www.kabuki-za.co.jp. Spectacles en matinée 11h-15h45 et en soirée 16h30-21h. Inauguré en 1889, le théâtre fut détruit en 1945 et reconstruit à l'identique en 1951. Des audioguides en anglais (650 ¥ + 1 000 ¥ de caution) fournissent des commentaires relatifs à l'intrigue, à la musique, aux acteurs. Env. 2 500 ¥ au 3e étage à 17 000 ¥ au 1er étage. Le 4e est réservé aux spectateurs désirant voir un seul acte *(makumi)*.

National Theater of Japan, 4-1 Hayabusa-cho, Chiyoda-ku (à côté de la Cour suprême), M° Z05, M° Y16 *(Plan II, A2)*, ✆ (03) 3230 3000 (réservations), www.ntj.jac.go.jp. Spectacles de kabuki, bunraku, nô, *kyogen*. Location d'audioguides en anglais au même tarif que le Kabuki-za Theater. De 1 500 à 6 500 ¥.

Tokyo Takarazuka Theater, 1-1-3 Yuraku-cho, Chiyoda-ku, M° C09, M° H07 *(Plan III, B1)*, ✆ (03) 5251 2001, http://kageki.hankyu.co.jp. Revue haute en couleur créée en 1914 à Takarazuka (à côté d'Osaka), qui mêle comédie musicale, opéra et danse. Les actrices, car il n'y a que des actrices, sont vénérées. De 3500 ¥ à 10000 ¥. *Voir aussi « Takarazuka », p. 374.*

▸ *Pour les cafés, bars, clubs, etc., voir nos adresses par quartier*

Palais impérial (p. 153), Ginza (p. 160), Asakusa (p. 166), Ueno (p. 173), Shinjuku (p. 180), Kagurazaka (p. 185), Shibuya (p. 188), Harajuku (p. 192) et Roppongi (p. 199).

Loisirs

Survol en hélicoptère - **Helicopter Cruising**, 14 Chidori, Urayasu, Chiba City, M° T18, puis taxi (15mn), JR Keiyo Line, Maihama Station, puis taxi (5mn) *(Hors plan)*, ✆ (47) 380 5555, www.excel-air.com. Deux circuits à 21h (15mn, 9800 ¥ ou 20mn, 14800 ¥), un circuit au coucher du soleil (15mn, 8000 ¥), deux circuits 2h avant le coucher du soleil (5mn, 3900 ¥ ou 15mn, 8000 ¥). Demi-tarif pour les enfants, réductions pour les plus de 60 ans.

Arts martiaux - **Sumo Ryogoku Sumo - Kokugikan**, 1-3-28 Yokoami, Sumida-ku, M° E12, JR Sobu Line, Ryogoku Station *(Plan I, D2)*. Le stade accueille trois tournois de sumo par an (15 j. en janv., mai et sept.). Les billets sont en vente un mois avant le début de la compétition, mais il faut savoir que les meilleures places (box pour 4 pers.) sont généralement réservées par les grandes entreprises. Le jour de la compétition, des places situées au sommet des gradins (moins chères, 3600 ¥) sont mises en vente à partir de 9h au Kokugikan. Les combats commencent à 10h mais les meilleurs n'entrent en lice qu'à partir de 16h. Le musée attenant expose quantité d'objets (tabliers, statues, sculptures, photos, etc.). Lun.-vend. 10h-16h30. Gratuit.

Si vous souhaitez assister à un entraînement de sumo, l'écurie *(heya)* **Tokitsukatze**, 3-15-4 Ryogo-ku, Sumida-ku, JR Sobu Line, Ryogoku Station *(Plan I, D2)*, ✆ (03) 5600 2561 (réservations), accueille les visiteurs de 7h à 10h.

Kodokan Judo Institute, 1-16-30 Kasuga, Bunkyo-ku, M° M22, M° N11 *(Plan I, C1)*, www.kodokan.org. Tlj sf dim. 17h-20h. Il est possible d'assister aux entraînements qui se déroulent sur le grand *dojo* (7e étage) depuis les gradins (8e étage). Pour pratiquer, que l'on soit débutant ou confirmé, il faut s'acquitter d'une adhésion à vie au Kodokan (8000 ¥) et d'une cotisation mensuelle (5000 ¥). Le musée (lun.-vend. 10h-17h; gratuit) intéressera avant tout les mordus qui auront une respectueuse pensée pour le fondateur du judo et du Kodokan, Jigoro Kano (1860-1938), et dont le *judogi* (appelé improprement « kimono ») tout rapiécé est exposé telle une relique.

Shiseikan (Meiji-jingu Budojo), 1-1 Yoyogi-Kamizono-cho, Shibuya-ku, JR Yoyogi Station, sortie Kitasando *(Plan I, A3)*. Tlj. Fondé en 1973 dans le parc Yoyogi, à côté du Treasure Museum, ce *dojo* dispense des cours de *kyudo* (tir à l'arc traditionnel), *kendo*, judo et aïkido. 5000 ¥ de droits d'entrée et 3000 ¥/mois.

Japan Karate Association, 2-23-15 Koraku, Bunkyo-ku, JR Iidabashi Station, sortie est *(Plan I, B1)*, www.jka.or.jp. Tlj sf dim. Sitôt inscrit, sitôt sur les tatamis. 14500 ¥ de cotisation annuelle et 10000 ¥/mois.

Aikikai (siège mondial de l'aïkido), 17-18 Wakamatsu-cho, M° E03, sortie Kawadacho *(Plan I, A2)*, www.aikikai.or.jp. Tlj. La Mecque de l'aïkido ! 8400 ¥ de droits d'entrée et 10500 ¥/mois.

Base-ball - **Tokyo Dome**, ou « Big Egg », Tokyo Dome City, 1-3-61 Koraku, Bunkyo-ku, M° M22, M° N11 *(Plan I, C1)*. Un temple du base-ball où jouent les Yomiuri Giants. Le stade de 55000 places est recouvert d'une membrane soutenue grâce à la pressurisation de l'air. Madonna, Michael Jackson sont venus sans leur batte pour y chanter.

Origami - **International Origami Center**, 1-7-14 Yushima, Bunkyo-ku, M° C12 *(Plan I, C1)*, www.origamikaikan.co.jp. Tlj sf dim. 10h-17h30. Depuis 1859. Le centre offre des leçons gratuites, où les débutants sont bienvenus.

Cérémonie du thé - **Imperial Hotel** *(voir « Se loger », p. 158)*. Réservations,

✆ (03) 3504 1111. Tlj sf dim. 10h-16h. Fermé 1er-15 août. Le cours dure 20mn (1500 ¥).

Sado Kaikan, 3-39-17 Takadanobaba, Shinjuku-ku, M° T03, JR Takadanobaba Station *(Plan I, A1)*, ✆ (03) 3361 2446 (réservations). Mar., merc. et jeu. à 11h30 et 14h. Le cours dure 1h (2000 ¥).

Ikebana - **Ohara School**, 5-7-17 Minami-Aoyama, Minato-ku, M° G02, M° C04, sortie B1 ou B3 *(Plan VIII, B2)*, ✆ (03) 5774 5097, www.ohararyu.or.jp/english/index_e.html. Réservez au moins 1 j. à l'avance. Cours en anglais merc. 10h-12h, jeu. 10h-12h et 13h30-15h30. 2000 ¥ + fleurs (de 1500 à 2500 ¥). On peut observer en payant (800 ¥).

Massages - **Nikissimo**, La Porte Aoyama, 5F, 5-51-8 Jingumae, Shibuya-ku, M° C04, M° G02 *(Plan VIII, B2)*, ✆ (03) 5766 1103. Massages avec des mélanges d'huiles essentielles procurant au choix : stimulation, relaxation, sérénité, sensualité ou harmonie. À partir de 8400 ¥ (jambes et pieds). On peut venir en couple.

Fêtes et festivals

Le **Sanja Matsuri**, un des grands festivals de Tokyo, se tient chaque année le 3e w.-end de mai, vendredi inclus, et attire à peu près deux millions de spectateurs *(voir encadré, p. 167)*. Deux autres rassemblements détiennent la palme de la notoriété, le **Sanno Matsuri** et le **Kanda Matsuri**. Le premier se déroule les années paires (9-16 juin) à partir du sanctuaire Hie, à Akasaka. Des *mikoshi* (temples portatifs) sont transportés en une longue procession, les participants ayant revêtu des costumes anciens et colorés. Le second a lieu les samedi et dimanche les plus proches de la mi-mai (années impaires) à partir du sanctuaire Kanda Myojin à Kanda.

Achats

Au-delà de 10000 ¥ d'achats le même jour, vous pouvez bénéficier d'une remise de 5 % équivalente à la taxe sur la consommation. Se munir de son passeport et de ses factures et se présenter au guichet de remboursement. Certains articles, tels que les cosmétiques et les produits alimentaires, sont exclus de la remise.

www.superfuture.com : les accros du shopping trouveront une belle moisson de magasins classés par quartier et pointés sur des cartes.

Marché aux puces - **Hanazano Jinja**, 5-7-13 Shinjuku, Shinjuku-ku, M° M09 *(Plan V, C1)*. Tous les dimanches, de l'aube au crépuscule.

Togo Jinja, 1-5-3 Jingumae, Shibuya-ku, JR Harajuku Station *(Plan VIII, A1)*. 1er, 4e et 5e dim. 4h-17h. Un des marchés aux puces les plus réputés de la capitale se trouve dans le jardin du sanctuaire Togo, à proximité de l'effervescente Takeshita-dori.

Shopping - **Oriental Bazaar**, 5-9-13 Jingumae, Shibuya-ku, M° C03 *(Plan VIII, B2)*, ✆ (03) 3400 3933. Tlj sf jeu. 10h-19h. Un souvenir à emporter, un cadeau à faire alors que le temps presse, une seule adresse : l'Oriental Bazaar. On y trouve kimonos, *yukata*, baguettes, estampes, vases, etc.

Grands magasins - **Mitsukoshi**, 1-4-1 Nihonbashi Muromachi, Chuo-ku, M° G12, M° Z09 *(Plan II, C2)*, ✆ (03) 3241 3311. 10h-19h30. Assurément l'un des plus beaux grands magasins de Tokyo. La première boutique, créée au 17e s., vendait exclusivement des kimonos. Aujourd'hui, c'est un temple de la consommation sur trois sous-sols et sept étages. Le 1er sous-sol (B1F) est une caverne d'Ali Baba, un paradis des gourmands friands de mignardises, pâtisseries et sucreries. Également *bento* à se damner.

Un second Mitsukoshi se trouve au croisement Ginza 4-chome, à côté du Matsuya (4-6-16 Ginza) *(Plan II, B1)*. 10h-20h.

Matsuya, 3-6-1 Ginza, Chuo-ku, M° G09 *(Plan III, B1)*, ✆ (03) 3567 1211. 10h-20h. L'alter ego de Mitsukoshi, en moins prestigieux.

Matsuzakaya, 6-10-1 Ginza, Chuo-ku, M° G09 *(Plan III, B2)*, ✆ (03) 3572 1111. 10h-20h. L'ater ego du Matsuya.

Wako, 4-5-11 Ginza, Chuo-ku, M° G09 *(Plan III, B1)*, ✆ (03) 3562 2111. Tlj sf dim. 10h30-18h. Du genre classique, chic et cher, ce qui tient les jeunes à distance.

Isetan, 3-14-1 Shinjuku, Shinjuku-ku, M° M09 *(Plan V, C1)*, ✆ (03) 3352 1111. 10h-20h. Des grands couturiers et des moins grands.

La Forêt, 1-11-6 Jingumae, Shibuya-ku, M° C03, JR Harajuku Station *(Plan VIII, A1)*, ✆ (03) 3475 0411. 11h-20h. Au croisement de Meiji-dori et d'Omotesando, le bâtiment de plusieurs étages est un repaire de boutiques de prêt-à-porter fréquenté surtout par les ados. Magasin de musique au sous-sol.

Caverne d'Ali Baba - **Don Quijote**, 3-14-10 Roppongi, Minato-ku, M° H04 *(Plan I, B3)*, ✆ (03) 5786 0811. 11h-7h. Tout et n'importe quoi pour quatre sous : parapluies, algues séchées, casseroles, vibromasseurs, peluches, etc. Celui de Shinjuku est ouvert 24h/24.

Bricolage / Jardin - **Tokyu Hands**, Times Square Bldg, 5-24-2 Sendagaya, Shinjuku-ku, M° M08, JR Shinjuku Station *(Plan V, B2)*. 10h-20h30. Pour se faire une idée du paradis qui accueille le bricoleur nippon ou bien s'acheter un outil pas forcément indispensable mais qu'on ne trouve nulle part ailleurs.

Électronique - **Laox**, 1-2-9 Soto-Kanda, Chiyoda-ku, M° H15, JR Akihabara Station *(Plan I, C2)*, ✆ (03) 3255 9041. 10h-21h. Au cœur d'Electric Town, un temple de l'électronique parmi d'autres (AKKI, Onoden, Takarada, etc.) : micro, télécom, image, son et... souvenirs.

Photographie - **Yodobashi Camera**, 1-11-1 Nishi-Shinjuku, JR Shinjuku Station, sortie ouest *(Plan V, B2)*, ✆ (03) 3346 1010. 9h30-21h. La Mecque des appareils photo à prix réduits où l'on peut marchander. Aussi hi-fi et informatique.

Thé - **Rabuzan**, 3-4 Kagurazaka, Shinjuku-ku, JR Iidabashi Station *(Plan VI, A1)*, ✆ (03) 3260 3401. En face du temple Zenkoku-ji, un magasin de thé japonais très bien achalandé où il est possible de goûter à différentes variétés.

Le grand magasin

À Tokyo, le grand magasin est une curiosité touristique en soi. Généralement de taille imposante, il regorge d'articles sur plusieurs étages, quoi de plus normal, mais possède aussi agences de voyages, galeries d'art, officines de toilettage pour chiens, bureaux de change, jardins en terrasse sur le toit, restaurants, cafés, épiceries fines au sous-sol... De quoi y passer des heures.

Saké - **Sake Shop Fukumitsuya**, 5-5-8 Ginza, Chuo-ku, M° G09 *(Plan III, B1)*, ✆ (03) 3569 2291. 11h-21h (dim. 20h). Sakés à déguster et à acheter. Également en vente la panoplie du parfait amateur de saké, soit verres, carafe, bols, etc.

Papier - **Kyukyodo**, 5-7-4 Ginza, Chuo-ku, M° G09 *(Plan III, B1)*, ✆ (03) 3571 4429. 11h-19h30. Des papiers mais aussi de l'encens, des outils de calligraphie, des cartes postales.

Itoya, 2-7-15 Ginza, Chuo-ku, M° G09 *(Plan III, C1)*. 10h-19h. Reconnaissable à son enseigne au trombone rouge, le magasin propose plusieurs types de papier japonais et mille autres articles de bureau. Deux annexes à Ginza.

Isetatsu, 9-18-2 Yanaka, Taito-ku, M° C15 *(Plan IV, A1)*, ✆ (03) 3823 1453. 10h-18h. Un magasin dont la création remonte à 1864. Grande variété de *chiyogami* (papier japonais décoré de motifs colorés) et d'articles (serviettes, sous-verre, éventails, etc.) qui en reprennent les dessins.

Kurodaya, 3-8-8 Asakusa, Chuo-ku (près de Nakamise-dori), M° G18, M° A18 *(Plan IV, C2)*, ✆ (03) 3844 7511. Tlj sf lun. 11h-19h. Depuis 1856, cette échoppe s'est bâtie une solide réputation dans le *chiyogami* décliné sous forme de cartes, enveloppes, boîtes et autres.

Céramiques - **Soi**, 3-17-13 Asakusa, Taito-ku, M° G18 *(Plan IV, B2)*, ✆ (03) 3843 9555. Tlj sf dim. 10h-18h. Des verres originaux et d'une extrême finesse. Les moins chers (autour de 1 000 ¥) sont conçus au Japon puis fabriqués en Chine ou en Roumanie. Et bien d'autres éléments de vaisselle tous raffinés, ce qui dénote à Kappabashi-dori où les magasins ne brillent guère par le goût de l'esthétique.

La Ronde d'Argile, 3-4 Kagurazaka, Shinjuku-ku, JR Iidabashi Station *(Plan VI, B2)*, ✆ (03) 3260 6801. Tlj sf lun. et dim. 12h-19h. Choix intéressant de céramiques, verres, couverts, *tenugui* (serviette servant à se laver, se tenir les cheveux, s'essuyer, etc.).

Laques - **Wajimaya Zen-ni**, 3-8-8 Ginza, Chuo-ku, M° G09 *(Plan III, B1)*, ✆ (03) 3564 8211. Tlj sf dim. 11h-19h. Les pièces exposées nécessitent jusqu'à douze mois d'un travail très minutieux. Au final, on touche à la perfection laquelle se paie cher, hélas.

Kimonos - **Morita**, 5-12-2 Minami-Aoyama, Minato-ku, M° C04, M° G02 *(Plan VIII, B2)*. 10h-19h. Certains kimonos ont plus de 100 ans et coûtent jusqu'à 100 000 ¥.

Sabres - **Nihon Token**, 3-8-1 Toranomon, Minato-ku, M° G07 *(Plan I, C3)*, ✆ (03) 3434 4321. Tlj sf dim. 9h30-18h (sam. 17h). Le rendez-vous des fines lames. Une des meilleures adresses de Tokyo.

Mode - **Shibuya 109**, 2-29-1 Dogenzaka, Shibuya-ku (en face de la statue de Hachiko) *(Plan VII, B2)*, M° G01, ✆ (03) 3477 5111. 10h-21h. Au royaume enchanté et déjanté de la mode ado nippone.

Mangas - **Mandarake**, Beam Bldg, 31-2 Udagawa-cho, Shibuya-ku, M° G01, M° Z01 *(Plan VII, A1)*, ✆ (03) 3477 0777. 12h-20h. Au pays des mangas et de leurs jouets associés. Oh, surprise ! Des employées chantent des génériques de dessin animé sur scène.

Librairies - **The Isseido Booksellers**, 1-7 Kanda, Jimbo-cho, Chiyoda-Ku, M° Z07, sortie A7 *(Plan I, C2)*, ✆ (03) 3292 0071. Tlj sf dim. 10h-18h30. Une institution (histoire, art, livres anciens, en japonais et langues étrangères) dans le quartier des libraires. Des pièces exceptionnelles à des prix astronomiques.

Kinokuniya, Takashimaya Times Square, 5F, JR Shinjuku Station, sortie sud *(Plan V, C2)*, ✆ (03) 5361 3301. 10h-20h. L'enseigne est très connue et très présente au Japon et en Asie. Recommandé pour son choix de livres et de magazines étrangers.

Si vous aimez...

Les jardins : Jardin Hamarikyu-teien *(p. 163)*, jardin Rikugi-en *(p. 176)*, Jardin national Shinjuku Gyoen *(p. 182)*, jardin Koishikawa Koraku-en *(p. 185)*.

Les musées : Musée Idemitsu *(p. 156)*, Bridgestone Museum *(p. 157)*, Edo-Tokyo Museum *(p. 168)*, musée d'Art contemporain *(p. 169)*, Musée national de Tokyo *(p. 174)*.

Les temples et sanctuaires : Yasukuni-jinja *(p. 155)*, Senso-ji *(p. 166)*, Tosho-gu *(p. 174)*, Meiji-jingu *(p. 195)*.

La mode : Les boutiques de Ginza *(p. 161)*, Harajuku *(p. 191)*, Omotesando *(p. 194)* et Aoyama *(p. 194)*.

Les cimetières : Cimetière de Yanaka *(p. 176)*, cimetière d'Aoyama *(p. 195)*.

Les ambiances de village : Yanaka *(p. 175)*, Nezu *(p. 176)*, Kagurazaka *(p. 183)*.

L'architecture contemporaine : Tokyo International Forum *(p. 156)*, Dior Bldg *(p. 162)*, Hermès Bldg *(p. 162)*, Mikimimoto 2 Bldg *(p. 162)*, Shiseido Bldg *(p. 162)*, Tokyo Metropolitan Governement Bldg *(p. 180)*, Louis Vuitton Bldg *(p. 194)*, Tod's Bldg *(p. 194)*, Prada Bldg *(p. 194)*, Mori Tower *(p. 199)*, Fuji TV Bldg *(p. 202)*.

Les arts martiaux : Le Ryogoku Kokugikan pour le sumo, le Kodokan Judo Institute pour le judo et l'Aikikai pour l'aïkido *(p. 146)*.

France Tosho, Tabata Bldg, 4F, 1-12-9 Nishi-Shinjuku, Shinjuku-ku, JR Shinjuku Station, sortie ouest *(Plan V, B2)*, ✆ (03) 3346 0396. Tlj sf w.-end 10h-18h. Les francophones apprécieront.

HISTOIRE

Jusqu'à la fin du 16e s., rien ne laissait présager que Tokyo, qui ne s'appelait pas encore ainsi, deviendrait un jour cette mégapole hors norme dévoreuse d'espace, dont le seul nom évoque universellement gigantisme, surpopulation et hypermodernité. Longtemps, sur les rives du fleuve Sumida, juste avant qu'il ne rejoigne le Pacifique au fond d'une grande baie bien protégée et ouverte au sud, il n'y eut qu'un village de pêcheurs qui se prélassait adossé à de modestes collines. **Edo**, son nom d'alors, signifiait sobrement « porte de la Baie ». Rien de notable ne survint jusqu'à l'édification en 1457 d'un premier fort par Ohta Dokan, un hobereau un brin bâtisseur et poète à ses heures. L'événement fut assez retentissant pour que l'on retienne communément cette date comme celle de la fondation de la ville. Toutefois, ce n'est qu'en 1590 que se joua le destin d'Edo. Cette année-là, un seigneur ambitieux, **Tokugawa Ieyasu** *(voir « Histoire », p. 77)* en fait sa base pour conquérir le pouvoir. Une décennie passe et le voilà à la tête d'un Japon unifié. Si la cour de l'empereur demeure à Kyoto, le pouvoir politique, aux mains du shogun, se déplace à Edo dont la nouvelle importance exige de grands travaux. En priorité, les Tokugawa, appelés à régner pendant deux siècles et demi, agrandissent le château du glorieux aïeul. Dès 1640, il surpasse en taille tous les autres à travers le pays. Tandis qu'à l'ouest se développe Yamanote, la ville haute, belle, salubre et réservée à l'aristocratie; à l'est s'étend Shitamachi, la ville basse, marécageuse, où grouille la populace des marchands et artisans, tous tributaires des voies d'eau pour leurs affaires. L'essor est brisé en 1657, lorsque le grand **incendie** de Meireki ravage 60 % des édifices dont 350 temples et sanctuaires, et cause la mort de plus de 100000 personnes. Malgré cela, Edo compte, au début du 19e s., 800000 habitants, ce qui en fait la plus grande métropole du monde devant New York. Elle devient **capitale** sous le nom de Tokyo, la « capitale de l'Est », le 13 septembre 1868, date de la restauration de la dynastie impériale Meiji *(voir « Histoire », p. 78)*.

Le 1er septembre 1923 est un autre jour funeste pour la cité dont l'histoire n'est finalement qu'une succession de destructions et de reconstructions. Un terrible **tremblement de terre** ébranle la ville. La plupart des 140000 victimes meurent brûlées vives dans les feux nés de la secousse et attisés par un vent violent. Une vingtaine d'années plus tard, Tokyo subit les **bombardements** américains, qui vont crescendo jusqu'en août 1945. À la fin de la guerre, un quart de la ville est rasé jusqu'au sol. Dans le centre, dans un rayon allant de Hibiya à Shinjuku, soit près de 8 km, plus rien ne subsiste. Tokyo peut-elle renaître ? On en doute jusque dans les années 1950 lorsque les États-Unis apportent leur appui financier, considérant le Japon comme une rempart contre le communisme triomphant en Asie. La croissance économique et démographique reprend. En 1964, l'organisation des Jeux olympiques confirmera aux yeux du monde la bonne santé retrouvée : nouveaux édifices toujours plus hauts, autoroutes urbaines et lignes ferroviaires se multiplient. Dans les années 1980, Tokyo connaît un boom sans précédent et devient une **superpuissance économique** à l'échelle internationale, et finalement la ville la plus chère du monde. De Hong-Kong, de Chine, des Philippines, d'Inde, de Thaïlande, des immigrés, par la prospérité alléchés, affluent. Les années 1990, moins glorieuses, voient l'éclatement d'une grave crise financière qui provoque notamment l'apparition de SDF dans les parcs et les gares principales. Aujourd'hui, ils

L'incendie aux longues manches

Le grand incendie de Meireki a été surnommé l'« incendie aux longues manches », car, d'après la légende, il fut causé par un kimono à manches longues qui provoquait de façon mystérieuse la mort de celles qui le portaient. Le jour où des prêtres bouddhistes, pour se débarrasser de ce fléau, le jetèrent au feu, une saute de vent soudaine provoqua l'embrasement du temple puis celui de la ville.

sont toujours là. Pour ne rien arranger, un attentat au gaz sarin est commis par la secte Aum dans le métro (1995). Bilan : 12 morts et 5500 blessés. La ville est sous le choc. Depuis 2000, la roue semble de nouveau prête à tourner. La prolifération de gratte-ciel dans plusieurs quartiers est un signe qui ne trompe pas. Tokyo pourrait ébaucher une énième métamorphose. 30 % de ses édifices n'ont-ils pas été construits après 1985 ?

PALAIS IMPÉRIAL ET ALENTOUR★★

皇居

(Plan II) Comptez une bonne journée.

Au cœur de l'inextricable jungle urbaine qu'est Tokyo se trouve une clairière, un espace vide. Pas de ville, plus de ville, mais à la place un large périmètre de verdure protégé par des douves. C'est là, sur l'emplacement de l'ancien château d'Edo, que demeure l'empereur, invisible et entouré de mystère. Seule une partie du Palais impérial se dévoile librement : le jardin Est *(Higashi-Gyoen)*, où subsistent des vestiges de la citadelle. Au nord, Kitanomaru-koen est un parc occupé par une poignée de musées. Il jouxte le musée Yasukuni. À l'est du palais, Marunouchi, le quartier historique des affaires, déroule ses grands boulevards où poussent arbres et bureaux. Encore plus à l'est, Nihonbashi est le centre financier de la capitale, où sont installées les banques et la Bourse de Tokyo. Entre les deux, l'imposante gare centrale, Tokyo Station, arbore ses vieilles briques, non loin des parois de verre de l'ultramoderne International Forum. Au sud du Palais, le parc Hibiya est séparé de la Diète (Parlement japonais) par une rangée compacte de ministères.

Adresses utiles

Poste / Retrait - **Poste centrale**, 2-7-2 Marunouchi, Chiyoda-ku *(Plan II, B3)*, ✆ (03) 3284 9500. 7 j./7, 24h/24.

Se loger

Autour de 25000 ¥

Yaesu Fujiya Hotel 八重洲冨士屋ホテル

2-9-1 Yaesu, Chuo-ku, M° Y18, sortie n° 3, JR Tokyo Station, sortie Yaesu sud, ✆ (03) 3273 2111, www.yaesufujiya.com - 377 ch. L'hôtel, quasiment en face de Tokyo Station, déçoit un peu vu son prix. Chambres petites au charme très relatif. Reste qu'il est bien situé. Desservi par le Limousine Bus.

À partir de 60000 ¥

Four Seasons Hotel - Tokyo at Marunouchi

フォーシーズンズホテル丸の内東京

Pacific Century Place, 1-11-1 Marunouchi, Chiyoda-ku, JR Tokyo Station, sortie Yaesu sud, ✆ (03) 5222 7222, www.fourseasons.com - 57 ch. Particulièrement apprécié par les riches hommes d'affaires, cet hôtel est très central. À part ça, il est d'un luxe éblouissant. Pourquoi hésiter ? Recomptez quand même vos yens. Desservi par le Limousine Bus.

Mandarin Oriental Hotel

マンダリン・オリエンタル東京

2-1-1 Nihonbashi Muromachi, Chuo-ku, M° G12, sortie n° 7, ✆ (03) 3270 8800, www.mandarinoriental.com - 157 ch. Le dernier-né des hôtels de luxe de Tokyo et certainement l'un des plus beaux. Le *lobby* de verre, au 38e étage, est tout simplement époustouflant. Ici, tout semble précieux, baigné dans une atmosphère envoûtante. Attention au spa : on voudrait ne plus jamais en sortir. Desservi par le Limousine Bus.

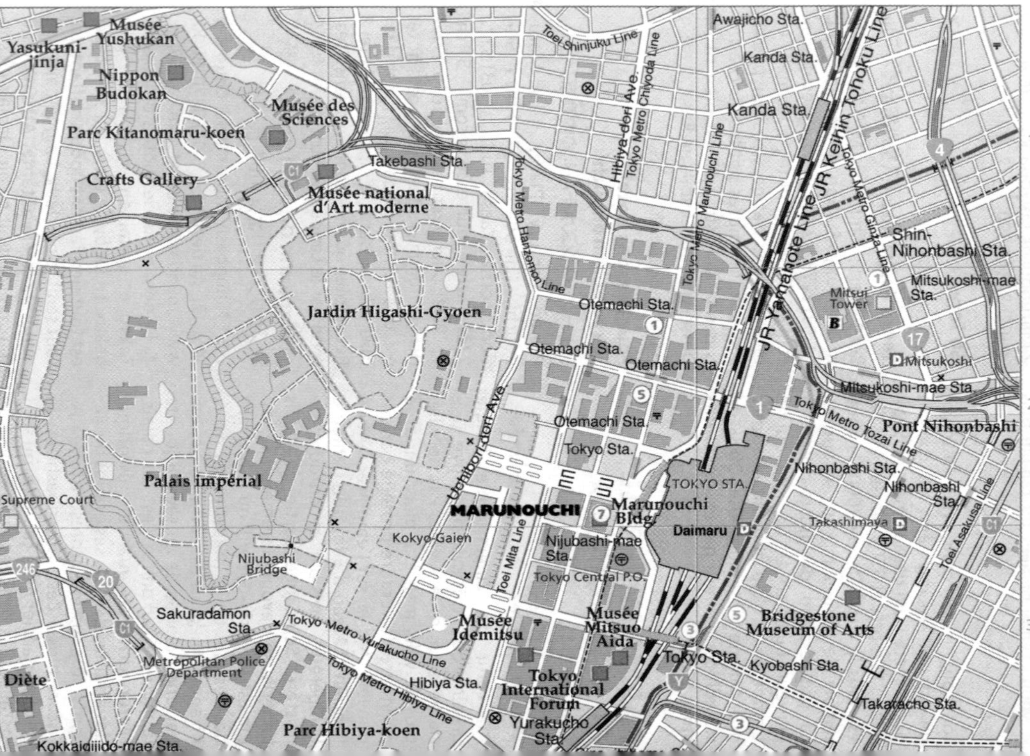

SE LOGER

- Mandarin Oriental Hotel.. 1
- Marunouchi - Four Seasons Hotel........ 3
- Yaesu Fujiya Hotel............ 5

SE RESTAURER

- Otemachi Cafe................ 1
- Gonpachi........................ 3
- Hibiki.............................. 5
- Sens & saveurs................ 7

Se restaurer

De 1 000 à 2 000 ¥

Otemachi Cafe 大手町カフェ

1-6-1 Otemachi, Chiyoda-ku, M° C11, M° M18, sortie C7, (03) 3211 7692. Tlj sf dim. 9h30-23h. Une salle spacieuse où prospèrent divers arbustes et plantes entre lesquels sont disposés tables, chaises, fauteuils au style hétérogène. L'ambiance est tout à fait apaisante. À midi, le menu à 1 000 ¥ (rôti de porc au curry, pâtes, salade et gâteau au potiron) se laisse manger.

Gonpachi (G-Zone) 権八 (G・Zone)

1-2-3 Ginza, Chuo-ku, M° G10, sortie n° 3, M° A 12, sortie A4, (03) 5524 3641. 11h-3h30. Sous la ligne de chemin de fer, le Gonpachi est un restaurant spacieux qui sert avec célérité *soba*, riz, brochettes. Il partage l'endroit avec trois autres établissements, La Bohême (italien), Zest Cantina (mexicain) et Monsoon (asiatique), tous membres de la chaîne Global-dining, qui essaime à travers la ville.

Autour de 6 000 ¥

Hibiki 響

1-2-1 Otemachi, Chiyoda-ku, M° C11, (03) 5208 8275. Lun.-vend. 11h-23h, sam. 16h-22h. Fermé dim. Grandes baies vitrées pour les façades, décor épuré de verre et de bois à l'intérieur. Cuisiniers en toque, clientèle sur son 31. La carte est alléchante : anguille grillée aux oignons verts, sashimi d'aubergines juteuses dans leur sauce de prune, gelée d'amandes au lait de soja, *tiramisu*, etc.

À partir de 15 000 ¥

Sens et Saveurs サンス・エ・サヴール

Marunouchi Bldg, 35F, 2-4-1 Marunouchi, Chiyoda-ku, M° M17, JR Tokyo Station, (03) 5220 2701. 11h-22h. Tokyo sur Méditerranée avec les frères Pourcel, superbement installés au 35e étage d'un immeuble donnant sur les jardins du Palais impérial. Menus à partir de 5 000 ¥ à midi.

Sortir, boire un verre

Bar - Molecular Bar, Mandarin Oriental Hotel *(voir ci-dessus, « Se loger »)*, (01) 2080 6823. 18h-20h30. Réserv. impérative. En retrait de l'exquis Oriental Lounge, douze chaises sont installées autour d'un comptoir derrière lequel un chef prépare une kyrielle de snacks, tapas, desserts, petits fours. Pour 8 000 ¥, on en déguste plus d'une vingtaine (tapas d'oursin et thé vert, tapas de caviar de carottes, etc.), le tout agrémenté de cocktail, bière, vin et café.

Loisirs

Balade en bus - Sky Bus Tokyo, comptoir au RdC du Mitsubishi Bldg, en face de Tokyo Station (sortie Marunouchi sud) *(Plan II, B3)*. Départ ttes les heures (10h-18h) pour un trajet de 45mn autour du Palais impérial, de Higashi-Gyoen, de la Diète, etc., à bord d'un bus à double étage (1 200 ¥).

PALAIS IMPÉRIAL★

皇居

(Plan II, A2) Comptez une demi-journée.

M° C10, sortie n° 6.

Le Palais impérial est retranché à l'intérieur de l'ancienne citadelle d'Edo cernée par de larges fossés remplis d'eau. Cette dernière fut construite par le seigneur Ohta Dokan, en 1457, mais son sort bascula quand le shogun Tokugawa Ieyasu s'y établit, en 1603. Appelé à régner pendant plus de deux siècles et demi, le clan Tokugawa la transformera en la plus grande place forte du Japon. Quand chute le shogunat en 1868, l'empereur Meiji s'y installe. Incendies, tremblement de terre, et finalement bombardements de 1945 laisseront sur pied très peu d'édifices originaux. Le Palais impérial abrite, outre le bâtiment du palais (1968), plusieurs résidences disséminées dans le jardin Fukiage. Est inclus aussi, le jardin Est *(Higashi-Gyoen)* qui fut aménagé en 1968 pour accueillir le public. **Niju-bashi**, le pont de pierre à deux arches, constitue l'entrée principale du palais. Il est situé à l'extrémité d'une grande esplanade plantée de pins noirs japonais.

Visite du Palais impérial

http://sankan.kunaicho.go.jp. Visite guidée limitée à quelques lieux (75mn) tlj sf w.-end à 10h et 13h30. Fermé 28 déc.-4 janv. et en fonction de l'agenda impérial fourni sur le site Internet. Gratuit. Les personnes de moins de 18 ans doivent être accompagnées par un adulte. La réservation est impérative et mieux vaut s'y prendre à l'avance (jusqu'à 4 j. avant la visite). La procédure via Internet, http://sankan.kunaicho.go.jp/order/index_EN.html, est rapide. Muni d'un permis que vous imprimez et de votre passeport, il ne vous reste plus qu'à vous présenter 10mn avant le début de la visite à la porte Sakashita-mon. On peut aussi réserver par téléphone (jusqu'à 1 j. avant la visite), ✆ (03) 3213 1111, mais il faut ensuite se présenter au Palais pour faire la demande d'un permis. En dehors de ces visites réglementées, le public peut accéder au palais les 23 déc. (anniversaire de l'empereur) et 2 janv. pour transmettre ses vœux à la famille impériale. Audioguide et brochure en anglais (gratuit).

Le Palais impérial restera une *terra incognita*, même après la visite : on ne le voit que de l'extérieur, puis on passe sur le Niju-bashi; quant aux résidences, elles restent cachées.

Jardin Higashi-Gyoen★

皇居東御苑

M° C11; M° M18. Tlj sf lun. et vend. 9h-16h30 (nov.-fév. 16h). Gratuit.

Le jardin Est offre une agréable balade entre les douves et ce qui reste ou a été restauré de la citadelle, c'est-à-dire bien peu : des remparts, quelques corps de garde et le donjon **Fujimi-Yagura** à deux étages. Ce dernier constitue l'unique édifice datant de la période Edo. Le nom indique que l'on pouvait, à son sommet, voir au loin le mont Fuji. L'accès principal du jardin est **Ote-mon**, qui était déjà la plus grande porte du Palais à l'époque Edo. Dans sa forme actuelle, elle date de 1967. Quelques mètres plus avant, le modeste Sannomaru Shozokan expose gratuitement un mince échantillon de pièces des collections impériales (peintures, calligraphies, etc.). Dans le pavillon à côté, on peut acheter des souvenirs et surtout une carte du jardin fort utile *(150 ¥)*. Il est également possible d'entrer ou de sortir par Kita-Hane-bashi-mon et Hirakawa-mon.

PARC KITANOMARU-KOEN

北の丸公園

(Plan II, A1)

3-1 Kitanomaru-koen. M° T08, sortie n° 1B.

Au nord du jardin Est *(porte Kita-Hane-bashi-mon)*, le parc Kitanomaru vaut surtout le détour pour ses musées.

Musée national d'Art moderne★★

国立近代美術館

(Plan II, A-B1)

www.momat.go.jp. Tlj sf lun. 10h-17h (vend. 20h). Musée : 420 ¥; Crafts Gallery : 200 ¥.

Rénové en 2002, le musée présente une très intéressante collection d'art japonais (peintures, sculptures, photographies, etc.) depuis l'époque Meiji jusqu'à nos jours. La présence de quelques œuvres occidentales permet de situer les artistes japonais dans un contexte international. À côté, dans un bâtiment de brique rouge (1910), ancien siège de la garde impériale, fut ouvert, en 1977, une annexe : la **Crafts Gallery** *(II, A1)*. À l'honneur ici, différentes pièces artisanales (céramiques, laques, verres, tissus, etc.).

Musée des Sciences

科学技術館

(Plan II, A1)

www.jsf.or.jp. 9h30-16h50. 600 ¥.

Le musée mise sur l'interactivité afin d'éveiller les enfants aux prodiges de la science tout en les distrayant. On a, paraît-il, pu observer la présence de quelques adultes, il y a déjà fort longtemps.

Nippon Budokan

日本武道館

(Plan II, A1)

De forme octogonale et de style japonais, le Nippon Budokan fut conçu pour accueillir les épreuves de judo lors des Jeux olympiques de 1964. Son nom signifie « Salle d'arts martiaux japonais ». Régulièrement s'y tiennent les championnats nationaux de judo, karaté, aïkido, ainsi que de grands concerts. Les Beatles furent les premiers, en 1966, dont un enregistrement a été gravé, ***Live at Budokan***. D'autres ont suivi : Deep Purple, Bob Dylan ou plus récemment les Stones, en 2003.

YASUKUNI-JINJA★

靖国神社

(Plan II, A1)

3-1-1 Kudankita, Chiyoda-ku (à l'est en sortant du parc Kitonamaru, derrière le Nippon Budokan). M° Z06; M° T07.

Fondé en 1869, le sanctuaire Yasukuni (« Pays serein ») est situé au bout d'une allée bordée de ginkgos et de lanternes de pierre, dont la majesté est rehaussée par la présence de deux imposants portiques. Une large banderole blanche suspendue au toit de la façade du premier pavillon de bois arbore des chrysanthèmes à seize pétales de la famille impériale. Dans un autre pavillon, situé à l'arrière, sont conservés les « registres des âmes » sur lesquels figurent les noms des soldats tombés pour la patrie : des samouraïs qui participèrent au renversement du shogun en 1868 aux kamikazes de la Seconde Guerre mondiale, qui, avant de s'envoler, se lançaient un « Nous nous reverrons à Yasukuni ». Au total, 2,4 millions de morts sont honorés. Parmi eux, depuis le transfert de leurs cendres et plaques commémoratives en 1978, quatorze criminels de guerre condamnés et exécutés après 1945. Autant cette présence ravit certains nostalgiques et extrémistes, autant elle ravive la fureur de la Chine et de la Corée. En s'y rendant en pèlerinage chaque année de son mandat (2001-2006), l'ancien Premier ministre Koizumi Junichiro n'a pas craint de provoquer des tollés diplomatiques.

War Memorial Museum Yushukan

遊就館

www.yasukuni.or.jp. 9h-17h. 800 ¥.

Au détour du sanctuaire, le Yushukan-jinja (« Pavillon pour apprendre auprès des hommes de bien »), fraîchement rénové, est un musée à la gloire des forces militaires japonaises. Dans le hall d'accueil trône un chasseur Zéro. Une des premières salles servant à énoncer que la majeure partie de l'Asie se trouvait, au début du 19e s., colonisée par les puissances occidentales, les autres s'emploient à démontrer comment le Japon allait la libérer pour assurer à tous une plus grande prospérité. La description de certains événements historiques (annexion de la Corée, par exemple) laisse pensif.

TOKYO STATION

東京駅

(Plan II, B2)

La gare de Tokyo fut érigée entre 1908 et 1914 en bordure du nouveau quartier d'affaires de Marunouchi, sa façade principale, à l'ouest, faisant face au Palais impérial. Inspirée de la gare centrale d'Amsterdam, sa structure en acier et brique devait lui donner un air de ressemblance avec feu Ginza Bricktown *(voir p. 157)*. Elle a survécu au tremblement de terre de 1923, fut partiellement démolie durant les bombardements de 1945, puis reconstruite à l'identique à l'exception des deux coupoles.

QUARTIER MARUNOUCHI

丸の内

(Plan II, B2)

Le quartier Marunouchi, aussi appelé « village Mitsubishi » du nom du groupe qui y possède de nombreuses sociétés, est en train de se diversifier. Ainsi, le nouveau et luxueux

Marunouchi Building, appartenant bien sûr à la firme, est un immeuble de bureaux auquel sont associées de nombreuses autres activités : boutiques, restaurants, bars, mais aussi universités, laboratoires, etc. Les travaux qui se poursuivent dans le secteur devraient confirmer la tendance.

TOKYO INTERNATIONAL FORUM★★

東京国際フォーラム

(Plan II, B3)

3-5-1 Marunouchi, Chiyoda-ku. M° Y18; JR Yurakucho Station. www.t-i-forum.co.jp. 8h-23h.

Du fait de son style avant-gardiste et de ses coûts de construction exorbitants (presque 1 milliard de dollars), ce bâtiment, symbole de la bulle spéculative *(voir « Histoire », p. 81)*, fut d'abord vivement critiqué. Il reçoit aujourd'hui près de 50000 visiteurs par jour et trouve petit à petit sa vitesse de croisière. Conçu par Rafael Vinoly, le Forum frappe surtout par son gigantesque **hall de verre★★★** transparent (60 m de hauteur sur 210 de longueur), dont la forme en amande épouse la courbure des voies ferrées. Sa voûte, semblable à une carène métallique, est soutenue par deux piliers colossaux. Une place piétonnière plantée d'arbres sépare le hall d'un bâtiment formé de quatre cubes disposés selon un ordre de taille croissant. Des passerelles suspendues au dessus des frondaisons les relient au hall. La liaison est aussi assurée en sous-sol. Le complexe a une vocation multifonctionnelle : conventions, expositions, concerts, restauration, etc.

▶ Au 1er sous-sol, le **musée Mitsuo Aida★** *(www.mitsuo.co.jp; tlj sf lun. 10h-17h30; 800 ¥)* révèle dans une ambiance feutrée les œuvres du poète Aida Mitsuo calligraphiées par ses soins. La sérénité des mots, l'élégance des signes favorisent un état de douce torpeur.

MUSÉE IDEMITSU★★

出光美術館

(Plan II, B3)

Teigeki Bldg, 9F, 3-1-1 Marunouchi, Chiyoda-ku. M° Y18. Tlj sf lun. 10h-17h. 800 ¥.

La collection présentée appartenait à Idemitsu Sazo, fondateur de la société pétrolière éponyme. Elle rend hommage aux arts japonais (céramiques, calligraphie zen, estampes), chinois et coréen (céramiques). Doit-on à une toquade de M. Idemitsu la présence incongrue de quelques toiles de Georges Rouault et d'Edward Munch ? À l'entrée, une salle de repos avec fauteuils permet d'admirer le Palais impérial, qui s'étend au pied de l'immeuble.

PARC HIBIYA-KOEN

日比谷公園

(Plan II, B3)

M° C09.

Premier parc de type occidental créé à Tokyo (1903), Hibiya est idéal pour faire une pause. En le traversant d'est en ouest, on atteint un quartier de ministères qu'il faut franchir pour arriver jusqu'à la **Diète**, le Parlement japonais *(M° M14; tlj sf w.-end 8h-17h; gratuit)* *(Plan II, A3)*. Achevé en 1936, après dix-sept ans de travaux, l'édifice est surmonté d'un toit pyramidal qui lui donne des airs du mausolée d'Halicarnasse, l'une des Sept Merveilles du monde antique.

PONT NIHONBASHI

日本橋

(Plan II, C2)

Au nord est de Tokyo Station sur la Chuo-dori. M° G11; M° A13.

Nihonbashi (littéralement « pont du Japon ») est un pont historique, dont la forme actuelle à double arche de pierre remonte à 1911. Il enjambe la rivière Nihonbashi du quartier Nihonbashi dans l'arrondissement de...

Chuo. Depuis les années 1960, une voie express le recouvre intégralement ce qui s'avère pratique en cas de pluie. Construit en bois une première fois en 1603 par Tokugawa Ieyasu, il servait de « km 0 » pour mesurer les distances à travers le pays. Les cinq principales routes y convergeaient, notamment le **Tokaido** entre Edo et Kyoto *(voir p. 223)*. Hiroshige l'a maintes fois représenté dans ses estampes, et une réplique est présentée au musée d'Edo-Tokyo *(voir p. 168)*.

BRIDGESTONE MUSEUM OF ARTS★★

ブリヂストン美術館

(Plan II, C3)

1-10-1 Kyobashi, Chuo-ku (au sud du pont Nihonbashi en descendant Chuo-dori jusqu'au croisement avec Yaesu-dori). M° M16; M° Y18. www.bridgestone-museum.gr.jp. Tlj sf lun. 10h-20h (dim. 18h). 800 ¥.

Le géant japonais du pneumatique a ouvert, dès 1952, un musée centré sur les impressionnistes, postimpressionnistes et artistes de divers horizons du 20e s. Plusieurs Japonais, inspirés par le style occidental, sont aussi représentés. Un seul mot : remarquable.

GINZA★★

銀座

(Plan III) Comptez une journée.

En 1872, un incendie fit partir en fumée Ginza. Pour la reconstruire, on employa, à la place du bois, des briques. Ginza prit alors le surnom de « *Rengagai* », la « ville en brique » *(Bricktown)*. Ginza signifiant le « lieu où l'on frappe la monnaie d'argent », une certaine continuité se trouvait ainsi respectée depuis le 17e s., car une brique représente, après tout, une belle somme d'argent. Le parallèle n'est pas si farfelu qu'il y paraît. Bricktown édifiée par un Anglais, Thomas Waters, selon un plan très régulier et des standards européens, suscita d'abord la curiosité des habitants puis l'intérêt des entrepreneurs, qui y développèrent des commerces approvisionnés en produits occidentaux. Les maisons en brique allaient transformer Ginza en un quartier à la pointe de la modernité et de la mode, et assurer sa prospérité. En dépit des dégâts causés par le grand tremblement de terre de 1923, puis des destructions de la Seconde Guerre mondiale, Ginza a gardé le cap : chic et snob. Entre les espaces commerciaux d'avant-garde plantés en rangs serrés sur la Chuo-dori et les alentours, les restaurants et bars pullulent, pas toujours visibles, au dernier étage d'une tour ou dans les sous-sols.

Se loger

Autour de 15000 ¥

Ginza Capital Hotel

銀座キャピタルホテル本館

2-1-4 Tsukiji, Chuo-ku, M° Y20, ☏ (03) 3543 8211, www.ginza-capital.co.jp - 256 ch. Un *business hotel* très ordinaire : décoration passe-partout, couleurs ternes, chambres plutôt exiguës, SdB de type caisson de décompression pour plongeur mal en point. À son crédit, localisation plutôt centrale pour un prix raisonnable.

Ginza Capital Hotel Annex

銀座キャピタルホテル新館

3-1-5 Tsukiji, Chuo-ku, M° Y20, M° H10, ☏ (03) 3543 8211, www.ginza-capital.co-jp - 318 ch. À une centaine de mètres, l'Annex vaut l'original en termes de prestations et de tarifs.

De 20000 à 26000 ¥

Ginza Yoshimizu 銀座吉水

3-11-3 Ginza, Chuo-ku, M° A11, M° H09, ☏ (03) 3248 4432, www.yoshimizu.com - 12 ch. Une perle de *ryokan* dans un quartier qui n'en compte plus. Fondé en 2003, le Yoshimizu se remarque dans la rue à sa porte à claire-voie flanquée de chaque côté de bambous. Chambres impeccables dotées de grandes SdB pour celles qui en ont une. Accueil chaleureux. Au dernier étage, deux *o furo* restent ouverts toute la nuit. Le petit-déj. organique est succulent (inclus).

De 30 000 à 40 000 ¥

Mercure メルキュールホテル銀座東京

2-9-4 Ginza, Chuo-ku, M° Y19, sortie n° 11, M° G09, M° H08, sortie n° 13, ✆ (03) 4335 1111, www.accorhotels.co.jp - 187 ch. Idéalement placé au cœur de Ginza, le Mercure distille le charme discret de la France en ornant ses murs de quelques photos du terroir en noir et blanc. Une subtile organisation de l'espace optimise la surface un tantinet réduite des chambres à la décoration soignée. Besoin d'une adresse, d'un plan, le personnel se met en quatre pour vous renseigner.

À partir de 40 000 ¥

Imperial Hotel 帝国ホテル

1-1-1 Uchisaiwai-cho, Chiyoda-ku, M° H07, M° C09, ✆ (03) 3504 1111, www.imperialhotel.co.jp - 1 057 ch. Le premier Imperial Hotel a vu le jour en 1890. L'architecte américain Frank Lloyd Wright le remplaça par un bâtiment plus grand de style oriental, qui, le jour même de son inauguration, en 1923, échappa au grand tremblement de terre. L'œuvre de Wright, endommagée par la guerre, fut finalement détruite en 1968 et remplacée deux ans plus tard. Situé en bordure du parc Hibiya, cet établissement qui accueillit les plus grands dignitaires fournit des prestations à la hauteur de sa glorieuse histoire. Desservi par le Limousine Bus.

Se restaurer

Les abords de la voie de chemin de fer, entre les stations de Shimbashi et Yurakucho, sont truffés de restaurants très bon marché, plutôt de type *yakitori-ya* avec, pour certains, tables et bancs dehors. Il n'y a que l'embarras du choix.

Moins de 2 000 ¥

Narukami 鳴神

4-13-3 Ginza, Chuo-ku, M° A11, ✆ (03) 6226 4360. 10h-20h (w.-end 18h). Endroit charmant à deux pas du Kabuki-za Theater, où l'on sert avec style de bons menus (sushis, *udon*, pâtisserie) à prix doux. Fait aussi salon de thé.

Kajiya Bunzo 鍛冶屋文蔵日比谷店

1-7-13 Uchisaiwai-cho, Chiyoda-ku, M° Y18. Sous la voie de chemin de fer que l'on sent vibrer à l'occasion. Optez pour la salle traditionnelle, au fond, à laquelle on accède après avoir ôté ses chaussures que l'on remise dans une consigne. Bon choix de *nabe*, sashimis, *yakitori*. La télécommande sert à appeler le serveur.

Sushizanmai すしざんまい有楽町店

2-1-3 Yuraku-cho, Chiyoda-ku, M° Y18, ✆ (03) 3500 2201. 24h/24. Sous la voie de chemin de fer. Passé 1h du matin, il y a encore cinq cuisiniers qui s'affairent derrière le comptoir, tandis que les ordres de commande fusent. Il n'y a pas d'heure pour les sushis. Pour 2 000 ¥ on est plus que rassasié.

Sakura Suisan さくら水産銀座三丁目店

Ginza Sunny Bldg, B2F, 3-4-16 Ginza, Chuo-ku, M° G09, ✆ (03) 3561 3671. « *Always the same lowest price* », c'est le slogan du restaurant, affiché à côté d'un poisson bondissant. On commande en cochant au crayon les cases d'un formulaire parfaitement incompréhensible. Pourquoi ne pas se fier au hasard ? Il y a en fait des colonnes sashimis, grillades, tempuras, salades, amuse-gueules. Ambiance populaire et prix plutôt bas. Les plus bas ? Pas sûr.

De 7 000 à 10 000 ¥

Faro ファロ資生堂

Shiseido Bldg, 10F, 8-8-3 Ginza, Chuo-ku, M° G09, ✆ (03) 3572 3911. Tlj sf dim. 11h30-23h. Un restaurant italien à l'avant-dernier étage du Shiseido Building. Très classe évidemment. Un maître d'hôtel un brin compassé donne le ton, mais la cuisine est délicieuse. Le chariot des desserts, notamment, donne le tournis : *pannacota*, tiramisu, *zuppa inglese*, tarte aux myrtilles, etc. Menu midi à 3 200 ¥ très intéressant. Vous noterez qu'à cette heure, comme dans la majorité des établissements de ce type à Tokyo, la clientèle est exclusivement féminine.

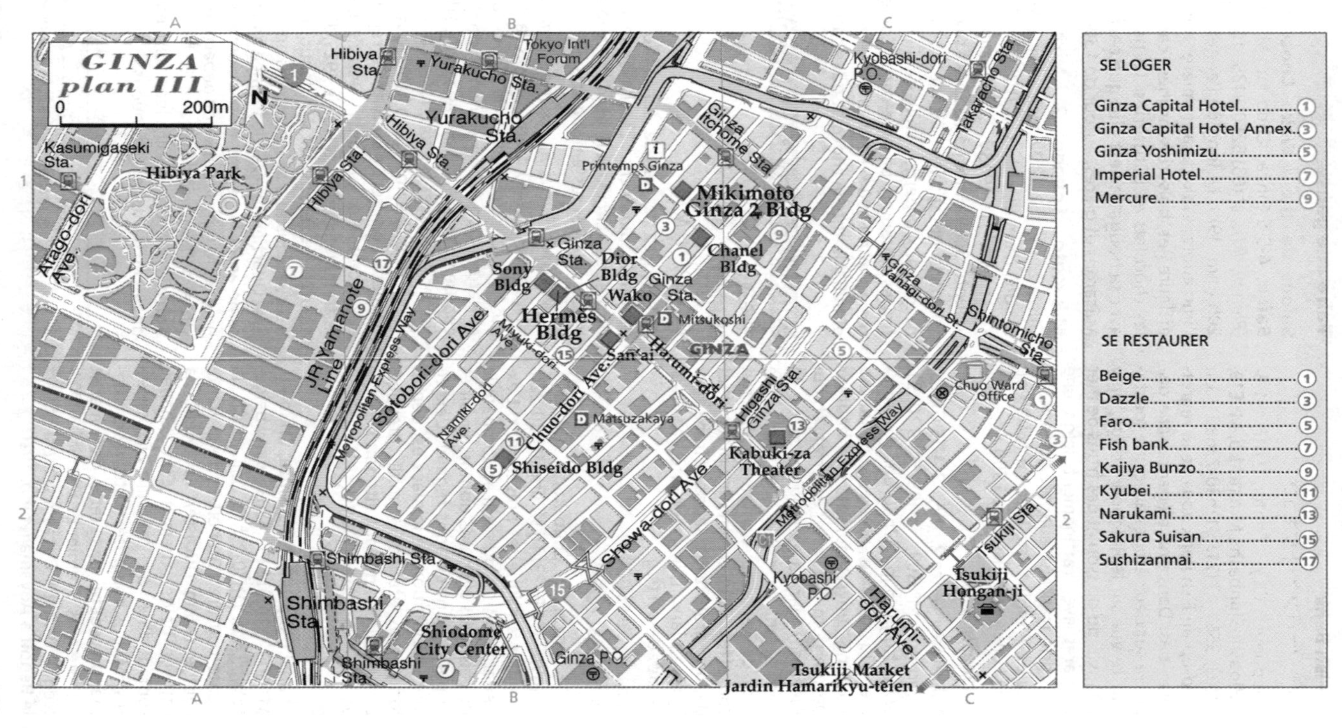
GINZA
plan III
0
200m
N
A
B
C
1
2
Kasumigaseki Sta.
Hibiya Park
Atago-dori Ave.
Hibiya Sta.
Yurakucho Sta.
Tokyo Int'l Forum
Yurakucho Sta.
Hibiya Sta.
JR Yamanote Line
Metropolitan Express Way
Sotobori-dori Ave.
Printemps Ginza
Mikimoto Ginza 2 Bldg
Ginza Itchome Sta.
Chanel Bldg
Ginza Sta.
Sony Bldg
Dior Bldg
Ginza Sta.
Wako
Hermès Bldg
Mitsukoshi
San'ai
Miyuki-dori Ave.
GINZA
Harumi-dori
Namiki-dori Ave.
Chuo-dori Ave.
Matsuzakaya
Shiseido Bldg
Higashi Ginza Sta.
Kabuki-za Theater
Showa-dori Ave.
Ginza Yanagi-dori St.
Shintomicho Sta.
Kyobashi-dori P.O.
Takaracho Sta.
Chuo Ward Office
Kyobashi P.O.
Tsukiji Sta.
Tsukiji Hongan-ji
Harumi-dori Ave.
Shimbashi Sta.
Shimbashi Sta.
Shiodome City Center
Shimbashi Sta.
Ginza P.O.
Tsukiji Market
Jardin Hamarikyu-teien
SE LOGER
Ginza Capital Hotel 1
Ginza Capital Hotel Annex. 3
Ginza Yoshimizu 5
Imperial Hotel 7
Mercure 9
SE RESTAURER
Beige 1
Dazzle 3
Faro 5
Fish bank 7
Kajiya Bunzo 9
Kyubei 11
Narukami 13
Sakura Suisan 15
Sushizanmai 17

Fish Bank

フィッシュバンク・トウキョウ

Shiodome City Center, 41F, 1-5-2 Higashi-Shinbashi, Minato-ku, M° E19, ✆ (03) 3569 7171. 11h30-23h30. Un *hold-up* au Fish Bank vous ne le regretterez pas. Dans une élégante salle disposée sur deux étages avec une spectaculaire vue sur le Rainbow Bridge, on y déguste du poisson et des fruits de mer préparés avec raffinement selon une tradition française adaptée aux saveurs locales. À midi, Pasta Lunch à 1 600 ¥ ou Grill Lunch de poissons à 1 900 ¥.

Dazzle ダズル

Mikimoto Ginza 2, 9F, 2-4-13 Ginza, Chuo-ku, M° G09, ✆ (03) 5159 0991, www.huge.co.jp. 17h30-0h. Au sommet du sublime nouveau Mikimoto Building, un restaurant à la hauteur de son nom. On reste, en effet, ébloui *(dazzled)* par la magnificence de la décoration. Le cellier logé dans une tour de verre qui domine la salle fait son effet. Tout comme les plats : filet de bar grillé avec sauce safranée au beurre blanc, foie gras sauté, sans parler des desserts…

À partir de 15000 ¥

Kyubei 久兵衛

8-7-6 Ginza, Chuo-ku, M° G09, ✆ (03) 3571 6523. Tlj sf dim. 11h30-22h. Manger à Kyubei et puis mourir. L'expérience ultime du sushi en compagnie de cuisiniers avenants dont le devoir et le plaisir sont de vous régaler. L'excellente réputation de la place est depuis longtemps établie. À midi, premiers prix à 4000 ¥, qui ont vite fait de s'envoler au-delà de 20000 ¥.

Beige ベージュ東京

Chanel Bldg, 10F, 3-5-3 Ginza, Chuo-ku, M° G09, ✆ (03) 5159 5503, www.beige-tokyo.com. 11h30-21h30. L'alliance de la haute couture (Chanel) et de la haute cuisine (Alain Ducasse). Le tweed, la couleur beige, chers à Coco Chanel, sont déclinés des fauteuils aux assiettes. Menus composés autour des thèmes du végétal, de la terre, de la mer et du foie gras. Premier prix à midi 6000 ¥ (végétal). Alain Ducasse a aussi ouvert le Benoit à Aoyama *(voir p. 192)*.

Faire une pause

Salons de thé - **Wako Chocolate Salon**, 4-5-5 Ginza, Chuo-ku, M° G09 *(Plan III, B1)*, ✆ (03) 5250 3135. 10h30-20h (dim. 19h). Le long de l'annexe de l'immeuble Wako. La lumière dorée effleure les boiseries brunes, caresse les chocolats et pâtisseries. Le parfait avec sa nougatine est plus que parfait. Macarons et glaces, autour de 1 300 ¥.

Mikimoto Lounge 2, Mikimoto Ginza 2, 3F, 2-4-12 Ginza, Chuo-ku, M° G09 *(Plan III, B1)*, ✆ (03) 3562 3134. Tlj sf dim. 11h-19h30. Luxe, calme et volupté. Splendides pâtisseries à savourer dans un service Mikimoto : *pannacota* aux asperges, mille-feuille aux fraises, pudding banane-coco. Comptez autour 1 200 ¥ pour une pâtisserie et 800 ¥ le thé, le chocolat ou le café.

CHUO-DORI ET HARUMI-DORI

中央通り

晴海通り

M° G09; M° M16.

Prévoyez la balade sur Chuo-dori plutôt le dimanche, car l'avenue est fermée à la circulation, tandis que tous les commerces restent ouverts.

▶ **Wako★** *(Plan III, B1)* *(voir également « Achats », p. 148)* trône depuis la fin du 19e s. au croisement de Chuo-dori et Harumi-dori *(Ginza 4-chome)*, dont il épouse en rondeur l'un des angles. Édifié par l'horloger Hattori, futur Seiko, il est coiffé d'une horloge, à l'abri sous un clocheton qui sert de point de repère aux nombreux passants. Détruit par le tremblement de terre de 1923, l'immeuble fut reconstruit à l'identique et a survécu jusqu'à nos jours sans encombre. Quartier général de l'armée américaine après la guerre, c'est aujourd'hui un *depato* (terme dérivé de *department store*), soit un grand magasin. En face, le **San'ai** se révèle le soir, quand brillent, de bas en haut, tous ses néons.

Ginza, un quartier à la pointe de la modernité et de la mode.

KYOCERA
京セラ
GINZA SAN-AI
kintetsu world express

Remontez Harumi-dori vers le parc Hibiya.

▶ Comme à Omotesando, le magasin **Dior★★** *(Plan III, B1)* est l'œuvre de Sejima & Nishizawa. Une peau métallique blanche aux milliers de perforations laisse voir, à l'intérieur, une seconde peau illuminée. Un peu plus loin, Renzo Piano a érigé pour **Hermès★★★** *(Plan III, B1)* une maison de quinze étages revêtue de briques de verre aux arêtes argentées *(expositions temporaires et petit jardin au dernier étage)*. La nuit, l'édifice s'illumine à la façon d'un gigantesque lampion. Son voisin, le **Sony Building** (Ashihara Yoshinobu) *(Plan III, B1)*, exhibe les dernières trouvailles technologiques de l'entreprise. Plus de 5 millions de visiteurs par an !

Du Wako, descendez Harumi-dori vers le Tsujiki Jogai Market.

▶ On croise le **Kabuki-za Theater** *(Plan III, C2)* *(voir également « Sortir, boire un verre », p. 145)*. Inauguré en 1889, le bâtiment fut détruit par le feu en 1921, par le séisme de 1923 et finalement par les bombardements de 1945. Reconstruit pour la troisième fois, il rouvrit ses portes en 1951. Avec son style emprunté à la période Edo, le théâtre tout de béton armé ne manque pas de se faire remarquer, notamment son pignon incurvé.

Du Wako, remontez Chuo-dori vers Ueno.

▶ À deux blocs, la façade de verre noir de **Chanel★** (Peter Marino) *(Plan III, B1)* est incrustée de 700 000 diodes qui s'éclairent quand la nuit tombe. Elle sert également de vaste écran de télévision. Dans la petite rue perpendiculaire qui file derrière s'élève la sublime tour **Mikimoto Ginza 2★★★** (Ito Toyo) *(Plan III, B1)*, dont les parois d'acier rose pâle sont percées de manière aléatoire par des fenêtres aux formes irrégulières, qui font comme des bulles remontant à la surface. Temple de la perle de culture, l'immeuble porte le nom du joailler qui en inventa la technique, il y a plus d'un siècle *(voir également « Toba », p. 257)*.

Descendez Chuo-dori vers Shiodome.

▶ Le **Shiseido Building★★** (Bofill) *(Plan III, B2)* se détache de la masse grâce à ses panneaux de couleur rouge. Au sous-sol du géant du cosmétique, l'une des plus anciennes galeries d'art de Ginza *(tlj sf lun. 11h-19h, dim. 18h)*.

TSUKIJI JOGAI MARKET★★

築地場外市場

(Plan I, C3)

5-2-1 Tsukiji, Chuo-ku. M° E18, sortie A2. www.tsukiji-market.or.jp. Tlj sf dim. 5h-13h.

▶ Plutôt que d'arriver directement sur les lieux en métro, on peut choisir de marcher à partir de la Tsukiji Station *(M° H10)*. Juste à la sortie, le **Tsukiji Hongan-ji** (1934, Ito Chuta) *(Plan III, C2)* est un curieux temple bouddhiste qui mêle différents styles, chinois, indien, javanais et japonais de la période Edo.

Engagez-vous dans la Shin-Ohashi-dori.

▶ Précédant le marché proprement dit, un amas de bicoques abrite boutiques, restaurants, bouis-bouis divers et variés, le tout baignant dans une odeur assez forte de poissons et crustacés. La foule se presse pour faire des courses ou manger sur le pouce.

▶ Le **marché de gros de Tokyo** *(Tsujiki Jogai Market)*, fameux avant tout pour ses poissons pêchés à travers tous les océans (3 000 t par jour vendues, 450 espèces), approvisionne aussi la ville en viandes, fruits, légumes et fleurs. La criée, où les visiteurs ne sont pas admis officiellement, commence à 5h30. Une fois terminée, commence le ballet frénétique des restaurateurs et commerçants qui prennent livraison. Déboulent de partout d'étranges véhicules, sorte de triporteur doté, à l'avant, d'un énorme capot cylindrique et, à l'arrière, d'une plate-forme. Un sacré remue-ménage ! Installé à Nihonbashi avant 1923, le marché pourrait être de nouveau déplacé autour de 2015. Affaire à suivre.

SHIODOME

汐留

(Plan III, B2)

M° E19.

Là où s'étendait une ancienne gare de fret se dresse depuis 2002 un impressionnant bouquet de gratte-ciel, qui accueillent quelques sièges sociaux et pléthore de commerces et restaurants. Le concept de *sky-restaurant* trouve ici sa plus belle illustration. Perchées aux plus hauts étages, les tables huppées jouissent d'un fabuleux panorama.

▸ Notez en particulier le **Shiodome City Center** (Kevin Roche), une élégante tour revêtue de glaces aux reflets verts. Elle surplombe une réplique de l'ancienne gare de Shimbashi, d'où partit, en 1872, le premier train du Japon. Un peu à l'écart, l'effilée tour **Dentsu** (Jean Nouvel), du nom de la plus grande entreprise de publicité japonaise, est l'hôte du Caretta Shopping Center et du **musée de la Publicité** *(ADMT pour Advertising Museum Tokyo) (tlj sf lun. et dim. 11h-18h, sam. 16h30; gratuit)*, dont certaines pièces remontent au début de l'ère Edo.

JARDIN HAMARIKYU-TEIEN★

浜離宮庭園

(Plan I, C4)

1-1 Hamarikyu-teien, Chuo-ku. M° E19; M° G08. 9h-17h. 300 ¥.

Un jardin en bordure de l'océan auquel on peut accéder en bateau-bus à partir d'Asakusa, par exemple *(voir « Comment circuler », p. 142)*. Au printemps, ses champs de pivoines explosent de couleurs. L'étang, en communication avec la mer, voit son niveau monter et descendre au rythme des marées.

ASAKUSA★★

浅草

(Plan IV) Comptez une demi-journée + 35mn de croisière sur la Sumida jusqu'au jardin Hamarikyu-teien.

Pour beaucoup, Asakusa (prononcez *Asaksa*), avec ses maisons basses, ses allées, son temple vénéré, ses magasins terriblement surannés pour qui vient de Harajuku ou Shibuya, a gardé quelque chose de l'atmosphère du vieux Tokyo. Pourtant, Asakusa, autrefois le cœur battant de la ville basse (Shitamachi), ne fut épargné ni par le tremblement de terre de 1923 ni par les bombardements de 1945. Si le temple Senso est resté très populaire après sa reconstruction (1958), le quartier, connu comme le haut-lieu du divertissement de la capitale avant guerre (les premiers cinémas et cabarets de la capitale virent le jour à Rokku un périmètre coincé entre l'avenue Kokusai et le temple), n'a jamais retrouvé tout son lustre. En mai, le festival Sanja, déjà fameux à l'époque Edo, électrise la foule accourue des quatre coins de la ville.

Adresses utiles

Informations touristiques - Centre culturel touristique d'Asakusa, 2-18-9 Kaminarimon, Taito-ku, M° A18, M° G19 *(Plan IV, C2)*, ✆ (03) 3842 5566. 9h30-20h. Accueil aimable et service très efficace. Chaque dimanche, le centre organise deux visites guidées gratuites de Senso-ji et des alentours en anglais (à 11h et 14h, durée 1h). Devant l'entrée, des *rickshaws* attendent le client pour un tour du quartier (8000 ¥/2 pers./30mn).

Se loger

Auberges de jeunesse

Khaosan Tokyo

カオサン東京ゲストハウス

2-1-5 Kaminarimon, Taito-ku, M° G19, ✆ (03) 3842 8286, www.khaosan-tokyo.com - 8 ch., 2 dortoirs. Accoler le nom mythique de la Khaosan Road de Bangkok, qui reçoit tous les routards de la terre, à celui de Tokyo dit assez bien l'ambition du lieu : accueillir les voyageurs au long cours pour un prix modique et un confort modeste, le tout dans une ambiance chaleureuse. Terrasse sur le toit qui surplombe la Sumida. La première nuit, vous devrez vous acquitter d'un supplément draps (200 ¥). Internet gratuit. 2000 ¥/pers.

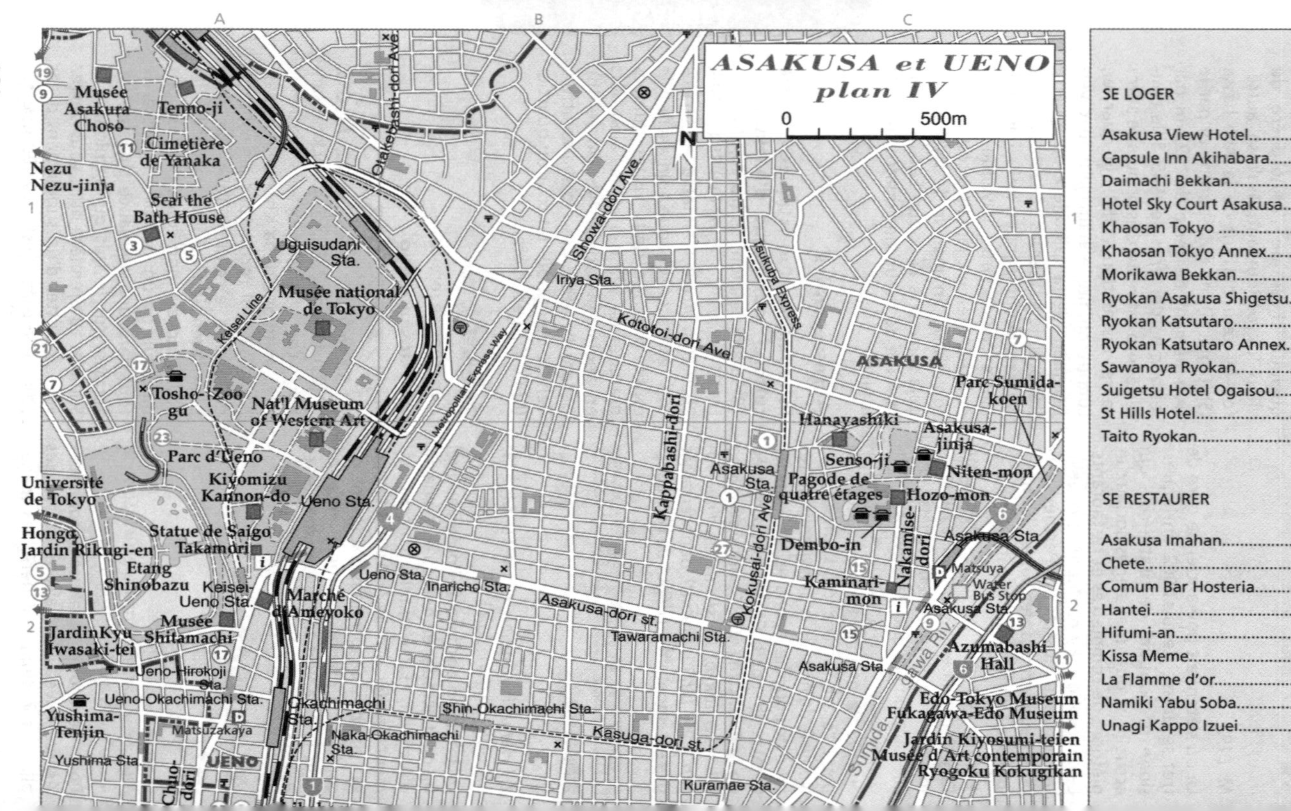

SE LOGER

- Asakusa View Hotel 1
- Capsule Inn Akihabara 3
- Daimachi Bekkan 5
- Hotel Sky Court Asakusa 7
- Khaosan Tokyo 9
- Khaosan Tokyo Annex 11
- Morikawa Bekkan 13
- Ryokan Asakusa Shigetsu 15
- Ryokan Katsutaro 17
- Ryokan Katsutaro Annex 19
- Sawanoya Ryokan 21
- Suigetsu Hotel Ogaisou 23
- St Hills Hotel 25
- Taito Ryokan 27

SE RESTAURER

- Asakusa Imahan 1
- Chete 3
- Comum Bar Hosteria 5
- Hantei 7
- Hifumi-an 9
- Kissa Meme 11
- La Flamme d'or 13
- Namiki Yabu Soba 15
- Unagi Kappo Izuei 17

Khaosan Tokyo Annex
カオサン東京ゲストハウス・アネックス

2-2-5 Higashi-Komagata, Sumida-ku, M° G19, sortie n° 4, M° A18, sortie A2b, ✆ (03) 5856 6560, www.khaosan-tokyo.com - 70 lits en ch. et dortoirs. Situé sur l'autre rive de la Sumida, l'annexe offre plus de chambres que la maison mère. Elle est aussi plus proche du Bar 23 (19h-2h), où l'on propose aux clients de Khaosan des boissons à des prix qui favorisent la consommation (333 ¥), les longues discussions et les rencontres. 2000 ¥/pers.

À partir de 6000 ¥

Taito Ryokan 台東旅館

2-1-4 Nishi-Asakusa, Taito-ku, M° G18, sortie n° 3, ✆ (03) 3843 2822, www.libertyhouse.gr.jp - 9 ch. Une petite maison aux murs décrépits, un intérieur en bois où le temps a laissé sa patine et quelques outrages, un mobilier fatigué, cela donne un *ryokan* pas cher et sans prétention. Il y a quelque chose de Khaosan Tokyo au Taito Ryokan, dont le jeune patron, anglophone averti, cultive une décontraction qui frise parfois la désinvolture. Douches communes.

Autour de 8000 ¥

Hotel Sky Court Asakusa
ホテルスカイコート浅草

6-35-8 Asakusa, Taito-ku, M° G19, ✆ (03) 3875 4411, www.skyc.jp/asakusa-e.htm - 96 ch. Hôtel sans charme qui possède une écrasante proportion de *singles*. Le manque de surface impose des SdB bien riquiqui, qui donnent l'impression d'entrer dans un bathyscaphe. Avis aux amateurs de sensations fortes. Atout n° 1 : le prix aussi riquiqui que les chambres. Location de vélos (200 ¥/j.). Une partie de l'hôtel est gérée par une auberge de jeunesse. Chambre individuelle à 5250 ¥.

De 14000 à 17000 ¥

Ryokan Asakusa Shigetsu
旅館浅草指月

1-31-11 Asakusa, Taito-ku, ✆ (03) 3843 2345, www.shigetsu.com - 33 ch. Niché dans une ruelle, tout à côté du temple Senso-ji et de la très fréquentée Nakamise Street, ce *ryokan* (chambres japonaises et occidentales) est un havre de paix. Son entrée est placée entre deux buissons qui signalent la coupure avec le monde extérieur. Le petit-déj. japonais copieux et varié est un régal (non compris). Deux *o furo* à l'étage avec vue sur la pagode du temple Senso-ji. Internet gratuit.

Autour de 28000 ¥

Asakusa View Hotel 浅草ビューホテル

3-17-1 Nishi-Asakusa, Taito-ku, M° G19, ✆ (03) 3847 1111, www.viewhotels.co.jp/asakusa - 338 ch. S'élevant très au-dessus du quartier d'Asakusa, pourtant peu enclin à la verticalité, la tour de l'Asakusa View Hotel se repère de loin et permet de voir encore bien au-delà si l'on opte pour un étage élevé. L'hôtel est comme cet homme, charmant au demeurant, dont les chaussettes blanches ruinent l'élégance de son beau costume noir. Quelques fautes de goût qui n'enlèvent rien à son agrément. Le 6e étage bâti autour d'un jardin comporte des chambres japonaises.

Se restaurer

De 1500 à 3000 ¥

Namiki Yabu Soba 並木藪蕎麦

2-11-9 Kaminarimon, Taito-ku, M° G19, ✆ (03) 3841 1340. Tlj sf mar. 11h30-19h. Logé dans une petite maison, coincée entre deux grands immeubles modernes, ce restaurant prépare des nouilles depuis 1913. On peut s'asseoir sur des tatamis à gauche ou sur des chaises à droite. Minimenu en anglais qui vous donne la marche à suivre pour manger correctement les pâtes (servies froides ou chaudes). Aspirer bruyamment est recommandé. Service assuré avec prestance et bonne humeur par des dames d'un certain âge.

De 3000 à 6000 ¥

La Flamme d'Or
アサヒビール・フラムドール

1-23-1 Azumabashi, Sumida-ku, M° G18, ✆ (03) 5608 5381. 11h30-22h. La décoration porte la griffe de Philippe Starck. Une banquette de cuir longe un mur concave tendu de velours gris ton sur ton avec le béton nu de la salle, où sont érigés des piliers ovoïdes. Carte inégale : si le carpaccio de poulpe de Hokkaido flatte le palais, le *shabu-shabu* ne laisse pas un grand souvenir. Ne partez pas sans faire un tour aux toilettes, spectaculaires dans le genre. Menu en anglais.

Asakusa Imahan 浅草今半

3-1-12 Nishi-Asakusa, Taito-ku, M° G18, ✆ (03) 3843 2224. 11h30-20h30. Situé à l'un des angles de Kokusai Street, le restaurant annonce la couleur en affichant sur sa façade une tête de bœuf. On se flatte ici de proposer une viande de grande qualité à déguster en *shabu-shabu* ou en *sukiyaki*. Menu en anglais.

Sortir, boire un verre

Bar - **Kappabashi Coffee**, 3-25-11 Asakusa, Taito-ku, M° G18 *(Plan IV, B2)*, ✆ (03) 5828 0308. 8h-20h. Un lieu élégant qui attire comme il se doit des jeunes gens élégants, amateurs de pâtisseries très fines.

Loisirs

Croisières - **Tokyo Cruise Ship**, à côté du pont Azuma, M° A18, sortie n° 4 *(Plan IV, C2)*, www.suijobus.co.jp. 10h-17h. Départ ttes les 30 à 40mn. Descente de la rivière Sumida en passant au-dessous de onze ponts. Comptez 35mn pour le trajet Asakusa-Hamarikyu-teien *(voir p. 163)* (720 ¥) et 40mn pour Asakusa-Hinode Pier (760 ¥). De Hinode Pier, des bateaux partent à destination d'Odaiba.

SENSO-JI★★

浅草寺

(Temple d'Asakusa aussi appelé Asakusa Kannon) (Plan IV, C2) Comptez 2h.

D'après la légende, les origines du temple remontent à l'an 628 quand deux pêcheurs, les frères Hamanari, découvrirent dans leurs filets, qu'ils avaient jetés dans la rivière Sumida, une minuscule statuette en or de **Kannon**, la déesse bouddhiste de la Miséricorde. Avec le chef du village, Haji-no-Nakatomo, ils édifièrent un abri pour conserver la statuette. Shokai, un prêtre bouddhiste, dut le juger indigne d'accueillir la divinité puisqu'il entreprit de le remplacer par un temple qui sera achevé en 645. Plusieurs fois détruits, plusieurs fois reconstruits, les édifices d'aujourd'hui sont pour la plupart en béton. Pourtant rien de factice dans l'atmosphère du lieu qui baigne toute la journée dans le brouhaha joyeux d'une foule omniprésente.

▶ Située au sud, **Kaminari-mon★**, la monumentale « porte du Tonnerre », constitue l'accès principal au temple. Entre ses piliers laqués de rouge est suspendu un lampion bien joufflu frappé d'un idéogramme qui rappelle le nom de l'entrée. De part et d'autre, deux statues grimaçantes effraient sans peine les mauvais esprits qui pourraient rôder. À droite veille Fuujin, le dieu du Vent; à gauche, Raijin, le dieu du Tonnerre.

▶ Au-delà de Kaminari-mon débute **Nakamise-dori**, une allée commerçante très bien achalandée en souvenirs de toutes sortes, produits traditionnels (peignes, ceintures, éventails, *yukata*, kimonos, etc.), sucreries ou encore *sembei* (biscuits de riz). Ceux qui craindraient de repartir bredouilles peuvent arpenter les ruelles perpendiculaires, également bien fournies en échoppes.

▶ Sur la gauche de Nakamise-dori, avant de franchir une seconde porte *(Hozo-mon)*, se trouve la statue du Bouddha Botokesan Nadi, assis de façon désinvolte, une jambe en tailleur, l'autre pendant à demi-fléchie sur le devant du socle. Ses genoux, un pied, le crâne sont polis à force d'être caressés par les visiteurs venus demander son intercession pour guérir ou simplement rester en bonne santé. Derrière un bâtiment se cache le jardin de **Dembo-in** *(pour le visiter,*

Sanja Matsuri

Chaque année, le 3e w.-end de mai, se déroule un des grands festivals de Tokyo autour de l'Asakusa-jinja. Il attire à peu près deux millions de spectateurs. Le premier jour, en début d'après-midi, un millier de résidents en habit traditionnel défilent sur Nakamise-dori jusqu'au sanctuaire pour obtenir des divinités protection et prospérité. Le deuxième jour, à partir de midi, une centaine de *mikoshi* (temples portatifs) de taille moyenne paradent dans les rues hissés sur de robustes épaules. Le troisième jour, c'est l'apothéose : les trois *mikoshi* appartenant au sanctuaire et pesant chacun jusqu'à 1 t quittent leur domicile à 6h pour ne rentrer qu'à 20h, après avoir sillonné le quartier, portés dans une cohue indescriptible par des gaillards vêtus d'une veste *(happi)*, d'une sorte de pagne *(fundoshi)*, la tête ceinte d'un bandeau *(hachimaki)*. En clôture, le sanctuaire accueille des spectacles de danse shintoïste et des concerts de musique.

il faut au préalable s'assurer qu'il ne s'y tient aucune cérémonie en téléphonant au (03) 3842 0181 ; groupes de 2 ou 3 pers. maximum) que l'on attribue au grand maître jardinier du 17e s., Kobori Enshu. Il fait partie de la résidence du supérieur du temple.

▸ À peu près au même niveau mais cette fois sur la droite de Nakamise-dori se trouve le modeste campanile **Benten-yama**, dont la cloche sonne chaque matin à 6h.

▸ À l'extrémité de Nakamise-dori se dresse le **Hozo-mon**, une porte qui fut reconstruite en 1964. Elle recèle à l'étage de précieux sutras chinois du 14e s.

▸ Voici enfin le **temple principal★** précédé d'un large brûleur d'encens en bronze généralement pris d'assaut par les promeneurs. Le rituel veut que l'on dirige vers soi la fumée des dieux, supposée curative, en brassant l'air avec les mains. Une fois cette précaution prise, il ne reste plus qu'une volée d'escaliers à gravir pour s'apercevoir qu'il n'y a rien à voir ou presque. La statuette de Kannon, 7 cm au plus, est réputée trop divine pour être exposée à la vue de tous. Certains visiteurs s'avancent jusqu'au seuil de l'autel, jettent quelques pièces dans un grand coffre de bois, adressent un brève prière en joignant les mains, puis tapent dans leurs mains deux fois, saluent en s'inclinant et repartent à reculons ; d'autres, contre quelques yens, s'emparent d'un cylindre plein de baguettes numérotées, en extraient une au hasard par un petit orifice, et, dans un tiroir correspondant au numéro de leur baguette, piochent un papier *(omikuji)* sur lequel est inscrite leur chance (*daikichi* « très grande chance », *kichi* « grande chance », *shokichi* « chance moyenne », *kyo* « malchance »). Le papier est ensuite enroulé et attaché à un arbre pour se prémunir contre le mauvais sort.

▸ À gauche, une **pagode★** de quatre étages, entièrement reconstruite en 1973, atteint 53 m de haut. Au Japon, seule la pagode du temple To-ji, à Kyoto, la dépasse.

▸ À droite, l'**Asakusa-jinja** est un sanctuaire shintoïste érigé en 1649 afin de rendre hommage aux deux frères qui pêchèrent la statuette de Kannon et au chef du village. Par miracle, l'édifice a survécu aux bombardements de 1945. Il est aussi connu sous le nom de « Sanja-sama », ou le « temple des Trois Gardiens » en référence aux personnes citées plus haut. La porte **Niten-mon** (1618) contrôle l'accès oriental du temple.

HANAYASHIKI

浅草花やしき

(Plan IV, C2)

À côté du Senso-ji. Tlj sf mar. 10h-18h. 900 ¥ + un droit pour chaque attraction.

À quelques pas de Senso-ji, un parc d'attractions miniature et désuet dont l'histoire remonte à plus de 150 ans : montagnes russes, grande roue, etc.

PARC SUMIDA-KOEN

隅田公園

(Plan IV, C2)

Situé sur les deux rives de la rivière, entre le pont Azuma et le pont Sakura, ce parc est parfait pour admirer les cerisiers en fleur. Le dernier samedi de juillet, on y tire un grand feu d'artifice *(Hanabi Taikai)*, l'un des plus spectaculaires de Tokyo et qui remonte à l'ère Edo.

KAPPABASHI-DORI★

かっぱ橋通り

(Plan IV, B2)

À mi-chemin entre Asakusa et Ueno, la rue bien rectiligne de Kappabashi-dori aligne, sur près d'un kilomètre, des magasins tout entiers consacrés aux ustensiles de cuisine. Professionnels comme particuliers sont sûrs d'y trouver leur bonheur : il ne manque rien, même pas les faux plats en résine que l'on trouve d'ordinaire exposés dans les vitrines des restaurants.

AZUMABASHI HALL★

アサヒビール吾妻橋ホール

(Plan IV, C2)

Sur la rive gauche de la Sumida, à l'extrémité du pont Azuma, il est un immeuble aux façades de verre noir qui ne passe pas inaperçu, avec à son sommet une forme à la fois intrigante et scintillante conçue par Philippe Starck (1990). Officiellement, il s'agit d'une immense flamme d'or (43 m de long) censée symboliser l'esprit de conquête des employés de la grande brasserie Asahi. Circonspects, certains Tokyoïtes préfèrent la nommer affectueusement l'« Étron d'or », ce qui ne l'empêche pas d'être devenue un des emblèmes de la ville. Également surnommé « Super Dry Hall », du nom de la plus fameuse bière Asahi, le bâtiment jouxte celui du siège de l'entreprise (Asahi Beer Tower) dont la silhouette dorée évoque une chope pleine d'une bière blonde avec son col de mousse.

EDO-TOKYO MUSEUM★★

江戸東京博物館

(Plan I, D2)

1-4-1 Yokoami, Sumida-ku. M° E12, sortie A4 ; JR Sobu Line, Ryogoku Station. http://edo-tokyo-museum.or.jp. Tlj sf lun. 9h30-17h30 (sam. 19h30). 600 ¥.

L'imposant bâtiment blanc imiterait un entrepôt sur pilotis, mais on pourrait aussi bien le prendre pour le vaisseau spatial de Goldorak. À l'intérieur, l'ancienne Edo, dont il ne reste rien d'origine, le Tokyo disparu sous les bombes de 1945 et celui qui renaîtra sont évoqués principalement à travers une série d'édifices reconstitués. Après avoir franchi une réplique du pont Nihonbashi *(voir p. 156)*, la promenade nous mène devant un théâtre de kabuki, à la demeure d'un seigneur, dans le quartier des plaisirs ou celui de Ginza Bricktown *(voir p. 157)*... Aussi plaisant qu'instructif.

RYOGOKU KOKUGIKAN

両国国技館

(Plan I, D2)

1-3-28 Yokoami, Sumida-ku. M° E12 ; JR Sobu Line, Ryogoku Station. Musée : tlj sf w.-end 10h-16h30. Pour assister à un combat, voir p. 146.

Entre le musée et la rivière Sumida se dresse le Ryogoku Kokugikan, le stade national de sumo inauguré en 1985, qui abrite un petit **musée** où sont exposés des portraits d'anciennes gloires et divers objets en rapport avec le sumo, certains assez anciens. Dans les alentours, des restaurants servent le fameux *chanko nabe*, le ragoût bien gras à base de viande ou de poisson, de légumes et de riz, qui donne aux combattants leur embonpoint.

FUKAGAWA-EDO MUSEUM★

深川江戸資料館

(Plan I, D3)

1-3-28 Shirakawa, Koto-ku. M° Z11; M° E14. 9h30-17h. Fermé 2e et 4e lun. du mois. 300 ¥.

À la façon du Edo-Tokyo Museum, le musée recrée un quartier (Fukagawa) de la rive gauche de la Sumida, tel qu'il existait au 19e s., avec ses magasins, entrepôts, tavernes, logements, etc. Depuis, beaucoup d'eau a coulé sous les ponts de la Sumida.

MUSÉE D'ART CONTEMPORAIN★★

東京都現代美術館

(Plan I, D3 en dir.)

4-1-1 Miyoshi, Koto-ku. M° Z11, sortie B2; M° E14, sortie A3. www.mot-art-museum.jp. Collection permanente : tlj sf lun. 10h-18h; 500 ¥.

Ce musée aux très vastes salles se partage entre collections permanente et temporaires. L'occasion de découvrir des artistes japonais d'après-guerre tels que Yoshida Katsuro, Nakamura Kazumi, Noda Tetsuya; ou de revoir Roy Lichtenstein, Andy Warhol, David Hockney. Pratique : des fiches *(en anglais)*, au format carte postale à emporter, présentent brièvement le travail de chaque artiste.

JARDIN KIYOSUMI-TEIEN★

清澄庭園

(Plan I, D3)

3-3-4 Kiyosumi, Koto-ku. M° E14; M° Z11. 9h-17h. 300 ¥.

☺ La visite de ce jardin se combine facilement avec celle du Fukagawa-Edo Museum, très proche, et celle du musée d'Art contemporain, à une douzaine de minutes à pied.

L'étang, dont les bords sont parsemés de pierres de différentes régions, occupe la majeure partie de l'espace. Une colline artificielle plantée d'azalées rougeoie chaque année en mai.

UENO ET ALENTOURS★★★

上野

(Plan IV) Comptez 2 jours.

Ueno se confond avec son parc, l'un des plus grands de Tokyo, qui fut créé en 1873 par le gouvernement Meiji sur les ruines du domaine du temple Kan-eiji. Au début du 17e s., le shogun décidait de fonder un temple sur cette colline dans le but de protéger son château des esprits malins venus du nord-est. Bien lui en pris. Edo se développa au-delà de toute espérance sous le très long règne des Tokugawa (1603-1867), et le temple fit des petits, Kan-eiji devenant le plus grand centre bouddhiste du Japon. Quand en 1868, le shogunat fut renversé *(voir p. 78)*, des fidèles livrèrent, dans l'enceinte du temple, une ultime bataille contre l'empereur qui se solda, outre leur défaite, par la destruction quasi complète des édifices. Le malin avait finalement triomphé. Restait un grand espace qui, naturellement, se transforma en parc public. Aux alentours du parc d'Ueno, les quartiers de Yanaka, Nezu et plus loin Hongo invitent à musarder.

Adresses utiles

Informations touristiques - Keisei Line, Ueno Station, en face du guichet de la station *(Plan IV, A2)*, ✆ (03) 3836 3471. 9h30-18h30.

Pour des visites guidées (en anglais) du quartier, vous pouvez vous inscrire au **Ueno Green Salon** de la cafétéria-galerie du même nom, tout de suite à droite en venant de la station JR Ueno *(Plan IV, A2)*. Mer., vend. et dim. à 10h30 et 13h30 (90mn, prix selon votre bon cœur).

Se loger

De 8000 à 10000 ¥

Capsule Inn Akihabara

カプセルイン秋葉原

6-9 Akihabara, Taito-ku, M° G14, M° H15, JR Akihabara Station, ✆ (03) 3251 0841, www.capsuleinn.

com - 224 capsules. Un *capsule hotel* mixte avec cinq étages réservés aux hommes, trois aux femmes. Les capsules, 28 par étage, sont empilées sur deux rangées. La seconde est interdite aux femmes qui, aux dires du propriétaire, pourraient tomber en empruntant l'échelle faute de pouvoir résister à une soirée alcoolisée aussi bien que les hommes... Est-ce une mesure de compensation ? Elles reçoivent une serviette plus grande que les hommes. Et une clé pour fermer l'accès à leur dortoir; on ne sait jamais. En arrivant, on laisse ses chaussures à l'accueil et l'on reçoit un pyjama bleu ciel. Distributeur de slips, caleçons, chaussettes, chemises et tricots de corps.

Sawanoya Ryokan 澤の屋旅館

2-3-11 Yanaka, Taito-ku, M° C14 sortie n° 1, ✆ (03) 3822 2251, www.sawanoya.com - 12 ch. Une famille au complet vous accueille : la grand-mère qui veille sur ses deux petits-enfants; le grand-père qui déambule avec, perchée sur son épaule, une perruche trentenaire dont quelques fientes zèbrent le kimono; la mère et le père qui vaquent entre cuisine et chambres. La clientèle est avant tout internationale. Depuis 25 ans, 90 nationalités ont défilé ici, et 30 % y reviennent, signe que l'adresse est bonne. Demandez la clé si vous rentrez après 23h. 2 ch. avec SdB privée, Internet gratuit, location de vélos (200 ¥/j.), lavomatic.

Ryokan Katsutaro 旅館勝太郎

4-16-8 Ikenohata, Taito-ku, M° C14, sortie n° 2, ✆ (03) 3821 9808, www.katsutaro.com - 7 ch. Presque 40 ans et pas toutes ses dents. Il souffre de la comparaison avec son alter ego, le très jeune Katsutaro Annex, mais il coûte moins cher. Accueil sympathique comme à l'Annex, ici vous rencontrez le frère, là-bas, la sœur. Trois chambres ne disposent pas de SdB privée. Internet gratuit, lavomatic.

De 10000 à 14000 ¥

Le *ryokan* **Homeikan** dispose de trois bâtiments sur la colline de Hongo : Daimachi, Honkan et Morikawa.

Daimachi Bekkan 鳳明館台町別館

5-12-9 Hongo, Bunkyo-ku, M° M21, M° E08, ✆ (03) 3811 1186, www.homeikan.com - 31 ch. Créé en 1950, l'établissement a un vrai cachet. Dans le hall, dans les couloirs, le sol est fait de galets noirs brillants *(nachi ishi)*, comme passés au cirage, où affleurent des souches de bois poli *(keyaki)*. Chaque chambre est décorée de manière différente avec des troncs d'arbre insérés dans les murs. Un glouglou provient du jardin : c'est un bassin où sommeillent des carpes. Quel calme ! On trouve moins de charme aux chambres « économiques » avec par terre du lino et aux murs un moindre soin apporté aux détails. Dommage que le petit-déj. ne soit pas servi au delà de 8h. Bain familial privé au RdC, deux autres au sous-sol, Internet gratuit, lavomatic.

Sur le côté, le **Honkan** est le seul *ryokan* qui appartienne au Patrimoine national. Les 25 ch. accueillent surtout des groupes.

Morikawa Bekkan 鳳明館森川別館

6-23-5 Hongo, Bunkyo-ku, M° N12, ✆ (03) 3811 8171, www.homeikan.com - 33 ch. À côté d'un temple bouddhiste, qui ressemble étrangement à une église, et d'une ancienne maison en bois de trois étages. Un cran en dessous du Daimachi Bekkan. L'*o furo* vaut le détour pour ses fresques de coraux et de poissons sur les murs.

Suigetsu Hotel Ogaisou
水月ホテル鷗外荘

3-3-21 Ikenohata, Taito-ku, M° C14, sortie n° 2, ✆ (03) 3822 4611 - 126 ch. Juste derrière le zoo, cet hôtel se compose de trois bâtiments disposés autour de la maison et du jardin du romancier Mori Ogai, dont la seule renommée semble attirer les clients japonais. L'ambiance se voulant traditionnelle (chambres japonaises mais également

Les vœux que chacun dépose sur une tablette de bois, au Yushima-Tenjin.

合格御礼
開運

occidentales), les employées portent de seyants kimonos. Deux *o furo*, une salle pour la cérémonie du thé.

Ryokan Katsutaro Annex

アネックス勝太郎旅館

3-8-4 Yanaka, Taito-ku (à 15mn à pied du Ryokan Katsutaro), M° C15, sortie n° 2, (03) 3828 2500, www.katsutaro.com - 17 ch. Fondé en 2001 à proximité d'une rue piétonne très commerçante et du cimetière de Yanaka, ce *ryokan* sent encore le neuf. Son élégante façade de briquettes grises donne une bonne image de l'ensemble : chic, sobre, moderne et confortable. Si vous rentrez tard le soir, demandez le code d'accès. Internet gratuit, location de vélos (200/j.), lavomatic.

St. Hills Hotel

お茶の水セントヒルズホテル

2-1-19 Yushima, Bunkyo-ku, JR Ochanomizu Station, (03) 3831 0081, www.sthills.co.jp - 150 ch. Avec deux tiers de *singles*, cet hôtel s'adresse avant tout à une clientèle d'hommes d'affaires pressés et peu soucieux de prestige. Fonctionnel et assez central.

TOKYO

Se restaurer

De 1000 à 2000 ¥

Chete

5-4-14 Yanaka, Taito-ku, M° C15, sortie n° 1, (050) 1033 1825. 11h-23h (repas 12h-15h). Café de poche où quelques tables se serrent les pieds. L'une posée sur un tatami donne l'impression d'être exposée en vitrine. Pour manger sur le pouce ou simplement boire un coup. Carte plus ou moins bilingue. En swahili, « *chete* » veut dire « marché », et l'on peut effectivement faire des emplettes dans la boutique attenante (bijoux, chaussures, vêtements).

Kissa Meme 喫茶めめ

5-2-29 Yanaka, Taito-ku, M° C15, (03) 3821 9118, http://kissameme.jugem.jp. 10h-23h. Prière de se déchausser sur le perron avant d'entrer dans la vieille maison de bois à l'intérieur cosy. Tatamis, commodes, piano et plein de vieux 33 tours : Astrud Gilberto, Oscar Peterson, John Coltrane, etc., ainsi que du classique. Pour 1200 ¥ maxi, on mange un plat avec trois boules de riz assaisonnées différemment (légumes de saison, sésame noir, noix et curry), suivi d'un dessert. Thé en supplément.

De 5000 à 10000 ¥

Comum Bar Hosteria

バール・オステリア・コムム

103 Matsuda Flat, 1-2-8 Yanaka, Taito-ku, M° C14, (03) 3823 4015. 11h30-23h. Envie de *pasta al dente* arrosée d'un vin italien. Entrez dans cette petite *osteria* où le menu est inscrit sur des murs aussi noirs que de l'ardoise. Le patron japonais s'en sort avec les honneurs.

Unagi Kappo Izuei 鰻割烹伊豆栄本店

2-12-22 Ueno, Taito-ku, M° C14, (03) 3831 0954. 11h-21h30. L'adresse est bien connue des amateurs d'anguilles. Celui ou celle qui n'en a jamais goûté peut faire ses premiers pas ici, où le poisson est préparé de préférence grillé, accompagné d'une sauce maison légèrement piquante dont la recette est gardée secrète.

Hantei はん亭

2-12-15 Nezu, Bunkyo-ku, M° C14, (03) 3828 1440. Tlj sf lun. 12h-22h (dim. 21h30). Le restaurant, logé dans une grande maison de bois, est renommé pour ses *kushiage*, des brochettes panées de viande, de poisson et de légumes. L'originalité est au bout des petites piques servies par deux : coquille Saint-Jacques, racines de lotus, gingembre, tofu de pomme de terre, haricot, etc., le tout accompagné de riz, de soupe et de thé. À midi menu intéressant à 3500 ¥.

À partir de 14000 ¥

Hifumi-an 一二三庵

4-2-18 Sendagi, Bunkyo-ku, M° C15, sortie n° 2, JR Nishi-Nippori Station, sortie n° 1, (03) 03 3822 2078, www.hifumi-an.com. Tlj sf lun. 17h-22h30. Réserv. obligatoire (en français *via* un courriel). Dans une ravissante maison, un jeune chef régale au maximum une quinzaine de personnes chaque soir en leur concoctant une cuisine traditionnelle des plus raffinées. Menu unique comprenant une dizaine de plats : entrée, soupe claire, sashimi, plat mijoté, grillade, salade, riz, soupe, petits légumes marinés, fruit, dessert japonais, thé. Possibilité de prendre un cours de cuisine puis d'en déguster le résultat.

Faire une pause

Café - **Bousingot**, 2-33-2 Sendagi, Bunkyo-ku, M° C15 *(Plan IV, A1 en dir.)*, ✆ (03) 3823 5501, www.bousingot.com. Tlj sf mar. 13h-20h (vend.-sam. 22h, dim. 19h). Librairie-café dans laquelle on peut siroter, entre autres choses, diabolo menthe, cappuccino, Corona et vins de table français. Déco années 1960-1970, chaises fourmi, ambiance jazzy.

Pâtsisserie - ☺ **Nezuno-Taiyaki,** 1-23-9 Nezu, Bunkyo-ku, M° C15, sortie n° 1 *(Plan IV, A1 en dir.)*. Tlj sf mar. et vend. 10h30-rupture de stock (début d'après-midi). Depuis des lustres, M. Hayashi Shozo prépare des *tai-yaki* (petit gâteau en forme de poisson et fourré d'*anko*, une purée de haricots rouges), qui font le délice du quartier. Depuis 1996, il jouit d'une reconnaissance internationale attestée par une lettre de félicitations de l'ambassadeur des États-Unis, dans laquelle le diplomate affirme avoir trouvé ici le cœur du Japon *(Nippon-no-kokoro)*. La longue file d'attente signale l'endroit.

PARC D'UENO★

上野公園

(Plan IV, A1-2) Comptez une journée.

M° G16 ; M° H17, sortie n° 6/7; JR/Keisei Line, Ueno Station, sortie Koen. La visite du parc s'articule du sud au nord, de l'ouest à l'est.

Lorsqu'en avril, les mille cerisiers du parc se mettent en rose, les Tokyoïtes affluent pour admirer le spectacle et faire ripaille, assis sur des nappes posées sur la pelouse. Ambiance garantie quand l'alcool fait son effet. En temps plus ordinaire, le parc est un plaisant lieu de promenade que l'on peut agrémenter d'une visite de musée. Par endroits, les bâches bleues tendues sous les arbres ou accrochées à des murs servent d'abris à des sans-domicile.

Statue de Saigo Takamori

西郷隆盛像

(Plan IV, A2)

Au départ de la Keisei-Ueno Station, une rampe d'escaliers mène à la statue de bronze de Saigo Takamori (1899). Vêtu d'un simple *yukata* et promenant son chien, cet homme n'en a pas l'air, et pourtant il fut l'un des derniers samouraïs. Saigo Takamori (1827-1877) en combattant au service de l'empereur, lui a permis de monter sur le trône en 1868. Nommé ministre de la Guerre, il démissionne de son poste en 1873 quand il s'aperçoit que la modernisation en cours condamne les guerriers traditionnels. Réfugié chez lui, à Kagoshima, il s'occupe d'une des dernières écoles de *budo* avant de prendre la tête d'une révolte en janvier 1877. Après plusieurs mois de lutte, son armée de rônins est finalement défaite. Blessé sur le champ de bataille, Saigo se fait *seppuku*, et son lieutenant lui tranche la tête. La légende est en marche. L'empereur le réhabilitera en 1891.

Dirigez-vous vers l'étang Shinobazu. Au coin sud-est, à 5mn du Benten-do, se trouve le musée Shitamachi.

Musée Shitamachi★

下町風俗資料館

(Plan IV, A2)

2-1 Ueno-koen, Taito-ku (au coin sud-est de l'étang, à 5mn de Benten-do). Tlj sf lun. 9h30-16h30. 300 ¥.

▶ Le musée redonne vie à l'ancienne atmosphère populaire de la ville basse *(Shitamachi)* en reconstituant la maison d'un marchand de lanières de *geta* (sandales de bois), un atelier de chaudronnerie, une boutique de confiserie, tels qu'on les trouvait avant le grand tremblement de terre et les bombardements de 1945.

▶ À l'étage, des collections de photos, d'ustensiles, de jouets, d'appareils, évoquent une époque plus proche mais déjà lointaine. Il y a aussi un salon-cuisine avec, contre le mur, sa machine à coudre, et, dans un angle, une télévision. Sa simplicité, son ordre méticuleux émeuvent.

Du musée, remontez vers le nord.

Kiyomizu Kannon-do

清水観音堂

(Plan IV, A2)

Édifié en 1631, le mausolée Kiyomizu Kannon est une réplique en miniature du temple Kiyomizu-dera de Kyoto *(voir p. 325)*. Il est dédié à Senju (« aux Mille Bras ») Kannon et à **Kosodate Kannon**, la protectrice de la maternité. Les femmes désirant un enfant lui rendent visite. Si leur prière est exaucée, elles donnent en échange une poupée. Tous les 25 septembre, un service est dit en l'honneur des poupées, qui sont ensuite brûlées.

Étang Shinobazu

不忍池

(Plan IV, A2)

▶ L'étang Shinobazu, divisé en trois bassins par un cordon de terre transformé en allée, est réputé pour ses **lotus** qui éclosent entre août et septembre. Des pédalos *(700 ¥/30mn)* aux carénages géants en forme de cygne permettent de voguer sur les flots incognito ou presque, alors qu'à proximité des volatiles s'ébattent dans la roseraie. Des grands cormorans, dont la survie est menacée au Japon, ont trouvé refuge dans un coin de l'étang, lequel est aussi une réserve ornithologique.

▶ Sur une minuscule île artificielle se dresse le **Benten-do**, un temple du 17ᵉ s. reconstruit en 1958 et dédié à Benten (aussi nommée « *Benzaiten* »), la déesse des Arts, des Sciences et de la Sagesse.

Tosho-gu★★

東照宮

(Plan IV, A1)

Été : 9h-18h; hiver : 9h-16h30. 200 ¥.

Au bout d'une allée plantée d'arbres et bordée par 200 imposantes lanternes de pierre, on arrive au sanctuaire Tosho, qui, au cours des siècles, échappa miraculeusement à toutes les catastrophes. Il est dédié à Tokugawa Ieyasu, fondateur de la dynastie du même nom *(voir p. 77)*, et fut construit en 1651 par son petit-fils, Iemitsu. Le nom de ce sanctuaire shinto signifie « Lumière de l'Orient » et dérive du titre posthume « Tosho Dai Gongen » (la « grande incarnation illuminant l'Orient »), attribué par la cour impériale à Tokugawa Ieyasu en voie de divinisation. Le mur qui entoure l'édifice est remarquable pour ses sculptures de poissons, fleurs, oiseaux, etc., tout comme la Kara-mon (porte de style chinois), dont les piliers sont ornés de deux dragons que l'on attribue à Hidari Jingoro, un fameux sculpteur de l'époque Edo.

Zoo d'Ueno

上野動物園

(Plan IV, A1)

9h30-17h. 600 ¥ (+12 ans gratuit).

Le zoo, fondé en 1882, possède plus de 400 espèces d'animaux, dont un panda géant (Ling Ling) qui se passerait bien de sa célébrité auprès des enfants pour aller mâcher du bambou dans les forêts chinoises. À l'intérieur s'élève une pagode de quatre étages (17ᵉ s.), jadis appartenant au temple Kan-eiji.

Musée national de Tokyo★★

東京国立博物館

(Plan IV, A1) Comptez 2h.

www.tnm.go.jp. Tlj sf lun. 9h30-17h30 (avr.-sept. : w.-end 18h). Le Hyokei-kan, 1ᵉʳ édifice à gauche, n'accueille que des expositions temporaires. 420 ¥ billet combiné pour les cinq bâtiments.

En 1872, pour la première fois, un musée fut créé au Japon. Il s'agissait du Musée national de Tokyo.

Aujourd'hui, ses collections consacrées au Japon et à l'Asie orientale sont riches d'environ 100 000 pièces, dont 2 500 sont exposées selon un roulement assez rapide afin de préserver les plus fragiles.

▸ Le bâtiment principal, baptisé « *Hon-kan* », est tout entier dédié à l'art japonais de la période Jomon (10000-300 av. J.-C.) *(voir « histoire » p. 74 et « Art » p. 87)* jusqu'aux peintures du début du 20e s. Dans l'intervalle, se glissent bien des merveilles : costumes de théâtre nô et de kabuki, *ukiyo-e*, laques, céramiques, sculptures bouddhiques, etc. Une salle est réservée aux Trésors nationaux.

▸ Situé derrière le Hon-kan, le Heisei-kan expose, au rez-de-chaussée, une collection de vestiges archéologiques japonais. Les **haniwa** (4e s.-6e s.), littéralement « cylindres de terre », sont des figurines qui représentent très simplement mais avec beaucoup d'expressivité des hommes ou des animaux. Leur usage était funéraire. L'arrivée du bouddhisme amenant des changements dans les modes d'inhumation entraînera leur disparition. Les **dogu** (poupées d'argiles) de la fin de la période Jomon sont des statuettes féminines aux grands yeux, dont les larges hanches symbolisent la fécondité.

▸ À droite du Hon-kan, le Toyo-kan se consacre aux arts orientaux non japonais : Chine, Corée, Asie du Sud-Est, Inde, Moyen-Orient et... Égypte. Bouddhas et momies en perspective.

▸ Derrière le Hyokei-kan, la galerie des trésors de Horyu-ji, construite par l'architecte Taniguchi Yoshio (également à l'origine de l'agrandissement du MoMA de New York), conserve 319 trésors provenant du temple de Horyu-ji de Nara *(voir p. 349)*, cédés à la famille impériale en 1878. Parmi les éléments les plus remarquables, des statues bouddhiques, ainsi que des masques de théâtre *gagaku* (6e s.-8e s.) en bois, dont les représentations mêlaient le mime, les danses masquées et la musique.

National Museum of Western Art

国立西洋美術館

(Plan IV, A2)

www.nmwa.go.jp. Tlj sf lun. 9h30-17h30 (vend. 20h). 420 ¥.

Ici, occidental a tendance à rimer avec français. En effet, la collection qui fut constituée par un grand patron japonais au début du 20e s. compte en majorité des peintres français (18e s.-début 20e s.), le tout dans un bâtiment construit par Le Corbusier. Dans le jardin, des sculptures de Rodin telles que ***Le Penseur*** ou ***La Porte de l'enfer***.

MARCHÉ D'AMEYOKO★

アメヤ横丁

(Plan IV, A2) Comptez 1h.

JR Ueno Station, sortie Hiroko-ji. 10h-19h.

En provenance de la gare, une arcade portant l'inscription « *Ameya-yokocho* » marque l'entrée d'un grand bazar. Entassées sous la voie ferrée et débordant dans les ruelles voisines, des flopées de boutiques, tout étal dehors, aspirent les badauds. Tout a commencé au lendemain de la Seconde Guerre mondiale quand, dans un Tokyo privé de tout, les environs de la gare demeurée intacte accueillirent un marché noir approvisionné par les gens de la campagne. Avec des patates douces, ces derniers confectionnaient notamment des confiseries *(ame)* qui donnèrent au lieu son nom : l'« allée des Confiseurs », ou « *Ameya-yokocho* », abrégé en « Ameyoko ». Depuis le commerce s'est bien diversifié, et l'on trouve aussi bien du poisson cru ou séché que des chaussures ou des vêtements, tous les articles étant vendus à des prix plancher.

QUARTIER DE YANAKA★★

谷中

(Plan IV, A1) Comptez une demi-journée.

M° C15; JR/Keisei Line, Nippori Station.

Un quartier à découvrir en marchant au fil de ruelles assoupies où, à travers les palissades des petites maisons dont quelques-unes sont en bois, jaillissent plantes et fleurs qui donnent presque un air de campagne. La présence de nombreux temples et sanctuaires accentue l'atmosphère calme, seulement troublée par la rue commerçante **Yanaka Ginza**, dans laquelle l'on déniche quelques spécialités culinaires.

Cimetière de Yanaka★★

谷中霊園

(Plan IV, A1)

▸ Enfoui sous les arbres, notamment bon nombre de cerisiers, le cimetière de Yanaka ressemble à un parc dans lequel on aurait disposé, comme par inadvertance, des pierres tombales. On y entre sans s'en apercevoir, car l'endroit n'est pas délimité par une quelconque enceinte. On en ressort, de même, avec à l'esprit le souvenir d'une agréable balade en compagnie de chats et d'oiseaux. Parmi les personnalités qui reposent ici, citons **Tokugawa Yoshinobu** (1837-1913), le dernier des shoguns. Son altesse doit côtoyer une tueuse en série, Takashi Oden (1847-1879), qui fut la dernière condamnée à mort décapitée.

▸ Dans l'angle qui jouxte Nippori Station s'ouvre la porte du temple **Tenno-ji**. Au bas d'une légère pente, un bouddha en cuivre (1690) médite. À ses pieds un écriteau avec ces mots : « Puisse la paix régner sur terre. »

Musée Asakura Choso★★

朝倉彫塑館

(Plan IV, A1) Comptez 45mn.

7-18-10 Yanaka, Taito-ku. M° C15, sortie n° 2; JR Nippori Station, sortie nord. Tlj sf lun. et vend. 9h30-16h30. 400 ¥.

Au cœur de Yanaka vivait **Asakura Fumio** (1883-1964), considéré comme le père de la sculpture moderne japonaise. Il lui fallut presque sept ans pour achever la construction (1936) de son atelier en béton noir résolument moderne, auquel il adjoignit une maison en bois traditionnelle et un délicieux jardin japonais avec son étang parsemé de grosses pierres plates. Comme il devait faire bon y vivre et travailler! L'ensemble est devenu son musée, un lieu à l'harmonie discrète, une étape obligée pour qui se promène à Yanaka. Bronzes pleins de vigueur, en particulier les chats que l'artiste adorait. De la terrasse sur le toit, belle **vue** sur les alentours.

Scai the Bath House

スカイ・ザ・バスハウス

(Plan IV, A1)

Kashiwayu-Ato, 6-1-23 Yanaka, Taito-ku. M° C14, sortie n° 1; JR Nippori Station, sortie nord. www.scaithebathhouse.com. Tlj sf lun. et dim. 12h-19h. Gratuit.

La galerie d'art contemporaine a élu domicile dans un ancien bain public. Elle expose les artistes japonais et étrangers les plus en vue de la scène internationale (Miyajima Tatsuo, Nakamura Masato, Anish Kapoor).

JARDIN RIKUGI-EN★★

六義園

(Plan I, C1 en dir.)

6-16-3 Honkoma-gome, Bunkyo-ku, M° N14. 9h-17h. 300 ¥.

Splendide jardin au relief escarpé fondé en 1702 par Yanagisawa Yoshiyasu, un fidèle vassal du cinquième shogun. Fin lettré, il imagina de reconstituer 88 vues inspirées par la poésie japonaise. Autant de bornes furent plantées pour signaler les vues mais seules 32 ont subsisté. Très beau **panorama** du haut de la colline Fujishiro-toge (35 m) qui pointe au milieu de l'étang. Une merveilleuse balade hors du temps. Y a-t-il une ville autour? On en douterait.

QUARTIER DE NEZU

根津

(Plan IV, A1 en dir.) Comptez 1h30.

M° C14.

À l'ouest de Yanaka, le quartier de Nezu lui ressemble beaucoup. Même vie de village à l'écart de l'agitation, mêmes ruelles où il fait bon flâner. Le sanctuaire **Nezu-jinja** *(M° C14, sortie n° 1; M° C15, sortie n° 1)*, du début du 18e s., est blotti sous les frondaisons des cèdres et des ginkgos. On y accède par une enfilade de *torii* (portes) peintes en rouge. La **colline** en surplomb est plantée d'azalées, dont la floraison est très attendue. Ainsi, entre mi-avril et début mai, les visiteurs se pressent pour admirer le décor éclatant de rose et de violet pendant que, dans leur traditionnel étang, carpes et tortues font des ronds dans l'eau.

DE UENO À HONGO

Comptez 2h.

Jardin Kyu Iwasaki-tei

旧岩崎邸庭園

(Plan IV, A2)

1-3-45 Ike-no-hata, Taito-ku. M° C13, sortie n° 3. 9h-17h. 400 ¥.

Au sud-ouest de l'étang Shinobazu se trouvent le jardin Kyu Iwasaki-tei. Au centre trône une résidence en bois de style occidental (1896), propriété du fondateur de la firme Mitsubishi. Elle fut conçue par l'architecte anglais Josiah Condor, qui joua un rôle de premier plan dans la formation des étudiants japonais à un nouveau style. Une maison de tradition japonaise jouxte la résidence.

Université de Tokyo

東京大学

(Plan I, C1)

Campus de Hongo, 7-3-1 Hongo, Bunkyo-ku. M° M21; M° N12.

▸ À la sortie du parc d'Ueno, en remontant vers le nord en se repérant à l'étonnant immeuble blanc semblable à une pagode en Lego qui fut l'hôtel Sofitel, on longe le sanctuaire Sakaiinari qui précède de peu une petite route *(sur la gauche)*, laquelle mène (via *Ike-no-hata Gate)* à l'université de Tokyo, aussi appelée « *Todai* ». Depuis sa création en 1877, elle forme l'élite japonaise. Le campus, vaste et très vert, s'intègre parfaitement dans la ville. En plein centre, un sous-bois très ombrageux au relief en cuvette, cache l'étang **Sanshiro**, nommé ainsi d'après le titre d'un roman de Natsume Soseki qui dirigea la chaire de littérature anglaise de l'université. Juste à côté, le Hall Yasuda est percé en son milieu par une porte en ogive moyenâgeuse, coiffée d'une haute tour où est accrochée une horloge. On se croirait presque dans une université britannique.

▸ Après avoir traversé le campus, on se retrouve sur la Hongo-dori. De ce côté, l'**Aka-mon**, toute laquée de rouge, est l'une des anciennes portes de l'université. La colline de Hongo commence en face. Là encore, le temps semble suspendu. On tend l'oreille à laquelle ne parvient qu'un chant d'oiseau. Avant la fondation de l'université, le quartier était celui des geishas. Les autorités municipales jugeant que les étudiants risquaient de se trouver distraits les prièrent d'aller se faire voir ailleurs.

Yushima-Tenjin

湯島天神

(Plan IV, A2)

En descendant vers le sud en direction de la station Yushima. M° C13.

Le Yushima-Tenjin est un sanctuaire dédié à Sugawara Michizane, un lettré de la période Heian, qui fut assimilé à Tenjin, le dieu des Études. Nombreux sont les étudiants qui viennent y faire un vœu avant les examens. Sur une tablette de bois *(ema)*, ils écrivent ce qu'ils attendent de lui.

QUARTIER D'AKIHABARA

秋葉原

(Plan IV, A2 en dir.)

M° H15; JR Akihabara.

De la pointe sud du parc d'Ueno, la **Chuo-dori** descend jusqu'à Ginza. En chemin, elle traverse sur plusieurs blocs répartis à droite et à gauche le quartier d'Akihabara surnommé « *Electric Town* ». Vous entrez dans le royaume

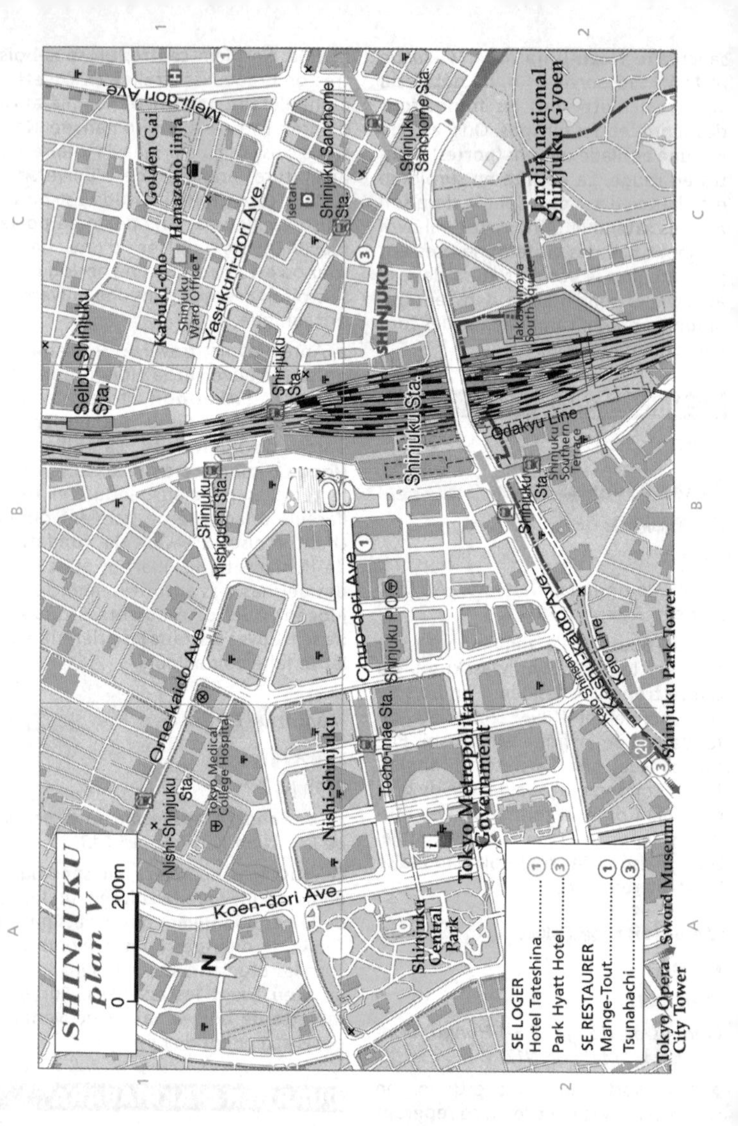

des appareils électriques ou électroniques, vendus neufs ou d'occasion, dans des boutiques comme dans des grands magasins : téléphones mobiles, ordinateurs, jeux vidéo, appareils photos, caméras, etc. *(voir également « Achats », p. 148)*. En perpétuelle mutation, le quartier attire maintenant les *otaku*, des passionnés d'animation et de BD.

SHINJUKU★
新宿

(Plan V) Comptez une fin d'après-midi et/ou une soirée.

À l'ouest de Shinjuku (**Nishi-Shinjuku**), un bataillon de gratte-ciel veille sur la ville. Dominant tous les autres du haut de ses deux tours grises et massives, le Tokyo Metropolitan Governement Building inspire presque de l'effroi. Il a vaguement un air de Notre-Dame de Paris, cependant même Quasimodo n'y retrouverait pas son Esmeralda. Quelque chose cloche : c'est trop grand ! On reste en effet écrasé par la démesure de cet édifice (243 m), lui-même entouré de géants dépassant les 200 m. Surgit alors la curieuse sensation d'être à Gotham City, la ville colossale, sombre et maléfique où Batman combat le vice et le crime, une fois la nuit tombée. Si, se déplaçant de ce point vers le nord-est, le super-héros franchissait l'imposante gare de Shinjuku, l'une des plus fréquentée du monde avec pas moins d'une soixantaine d'accès, il déboucherait à Kabuki-cho, le quartier chaud voire malfamé où prolifèrent bars à hôtesses, *sex shops*, *peep shows*, salons de massage, *pachinko*, et aussi cinémas, restaurants... Sûr que ce justicier trouverait ici de quoi s'occuper ! Dans le prolongement, à Golden Gai, où s'entassent sur quelques ruelles une flopée de cafés microscopiques, il n'entrerait certainement pas vider un verre de peur de froisser sa belle cape. De là, en descendant vers le sud, il prendrait une bouffée d'air pur bien méritée dans le ravissant Jardin national Shinjuku, non sans avoir fait quelques emplettes dans les nombreux grands magasins établis sur le chemin. Si Batman existait, il habiterait sûrement à Shinjuku, manière de joindre l'utile à l'agréable.

Adresses utiles

Informations touristiques - Tokyo Tourist Information Center, Metropolitan Government Bldg n° 1, 1F, M° E28, JR Shinjuku Station, sortie ouest *(Plan V, A2)*, ✆ (03) 5321 3077, www.tourism.metro.tokyo.jp. 9h30-18h30. Le centre organise une dizaine de visites guidées dans différents quartiers et en plusieurs langues (dont en français). Lun.-vend. à 13h au départ de Shinjuku (5 pers. mini). L'âge minimum requis est 20 ans. Réserv. sur place ou *via* Internet.

Se loger

De 12000 à 16000 ¥

Hotel Tateshina ホテルたてしな

5-8-6 Shinjuku, Shinjuku-ku, M° M08, sortie C7, JR Shinjuku, ✆ (03) 3350 5271, http://tateshina.co.jp/eindex.htm - 67 ch. Entre les taches, la moquette paraît bien fade. Il faudrait déplacer le lit pour se faire une idée de la couleur d'origine, mais pareille manœuvre réclamerait au préalable l'abattage des murs. La SdB est un prodige de miniaturisation ; quant à la déco, elle déprimerait même Amélie Poulain. À part ça, vous économiserez des yens, tout en dormant au cœur de Shinjuku. En été, préférez le bâtiment principal à l'annexe, dont les couloirs sont étouffants en l'absence de climatisation générale. La gare JR est à 15mn à pied. Il est préférable pour économiser ses forces d'arriver en métro.

À partir de 50000 ¥

Park Hyatt Hotel パークハイアット東京

3-7-1-2 Nishi-Shinjuku, Shinjuku-ku, M° E28, ✆ (03) 5322 1234, http://tokyo.park.hyatt.com - 177 ch. Vous aimez le luxe, vous avez vu et revu ***Lost in Translation***, et par chance vous êtes insomniaque, alors revivez, entre couloirs, ascenseurs et bars, les errances des personnages que vous avez aimés avec, à vos pieds, la ville. Accessoirement, il y a une somptueuse piscine « d'altitude ». Desservi par le Limousine Bus.

Se restaurer

Moins de 2000 ¥

Tsunahachi 天ぷら新宿つな八総本店

3-31-8 Shinjuku, M° N09, ✆ (03) 3352 1012. Établissement d'un grand âge, vénéré pour ses tempuras. Pour une poignée de yens, un copieux assortiment de tempuras (crevette, poisson, champignon, racine de lotus) accompagné de riz, soupe *miso* et légumes marinés. Assez naturellement, la maison mère a donné naissance à des petits Tsunahachi, à Tokyo et ailleurs.

Autour de 10000 ¥

Le Mange-Tout ル・マンジュ・トゥ

22 Nado-cho, Shinjuku-ku, ✆ (03) 3268 5911. Tlj sf dim. 18h30-21h. Chef rigoureux, Tani Noboru mêle savoir-faire français et japonais pour une cuisine inventive. Un seul menu en 15 plats pour 10000 ¥. Parmi les vins : cornas à la carte !

Sortir, boire un verre

Au nord du parc de Shinjuku (M° M09, sortie C8), **Shinjuku Nichome** *(Plan V, C2)* est le quartier gay de la capitale avec une profusion de bars sur un petit périmètre.

Bars - **New York Bar**, Park Hyatt Hotel, 52F *(voir ci-dessus, « Se loger »)*, ✆ (03) 5323 3458. 17h-0h (jeu.-sam. 1h). Droits d'entrée 2000 ¥ à partir de 20h (19h le dim.). À défaut de dormir dans le Hyatt, on peut venir y siroter un verre sur un air de jazz et devant un panorama stupéfiant.

Bar Le Matin, 3-11-5 Nishi-Ogikubo, Suginami-ku, JR Chuo Line, Nishi-Ogikubo Station, sortie sud *(Hors plan)*, ✆ 090 8317 1574. 20h-1h. À des années-lumière du New York Bar, un petit bar à vins tenue par Hiroko dans un quartier bohème, populaire et cosmopolite (Coréens, Thaïlandais, Bengalis, Indiens, etc.), où l'on mange pour quatre sous.

TOKYO

SHINJUKU OUEST

Plus la peine de chercher ailleurs, voici un très bon coin à gratte-ciel. En fait le plus grand de Tokyo et le plus ancien. Ils ont poussé comme des champignons à partir des années 1970, et si haut qu'on pourrait se croire victime d'une hallucination. Comme il se doit, beaucoup sont équipés d'un observatoire à leur sommet.

Tokyo Metropolitan Government★★★

東京都庁

(Plan V, A2)

2-8-1 Nishi-Shinjuku, Shinjuku-ku. M° E28. Observatoire nord : tlj sf 2e et 4e lun. du mois 9h30-23h; observatoire sud tlj sf 1er et 3e lun. du mois 9h30-17h30 (23h quand l'observatoire nord est fermé).

▸ Inauguré en 1991, le bâtiment construit par Tange Kenzo accueille la municipalité de Tokyo qui se trouvait précédemment à Marunouchi dans un édifice conçu par le même architecte et détruit pour faire place au Tokyo International Forum *(voir p. 156)*. Le bâtiment principal est composé des deux tours jumelles qui culminent à 243 m, avec chacune un observatoire gratuit au 45e étage que l'ascenseur atteint en seulement 55 s. Sa conception parasismique lui permettrait de résister à une secousse aussi puissante que celle de 1923. À peine si les 13000 personnes qui y travaillent en semaine interrompraient leurs activités au cas malheureux où cela se produirait.

▸ À deux encablures de la mairie, Tange Kenzo, encore lui, est le créateur de **Shinjuku Park Tower** (235 m) *(Plan V, A2 en dir.)*, un édifice formé de trois tours de hauteur décroissante reliées entre elles et abritant entre les 39e et 52e étages le luxueux Park Hyatt Hotel.

Tokyo Opera City Tower

東京オペラシティタワー

(Plan V, A2 en dir.)

3-20-2 Nishi-Shinjuku, Shinjuku-ku. M° E29, sortie A2; Keio New Line, Hatsudai Station, sortie est. www.operacity.jp.

▸ À l'ouest de Shinjuku Park Tower *(10mn à pied)* s'élève la troisième tour la plus haute de Shinjuku (234 m), qui abrite notamment une sublime **salle de concerts** classiques, toute habillée de bois de chêne et dont l'acoustique est réputée parfaite, une **galerie d'art** *(tlj sf lun. 12h-20h; 1000 ¥)*, qui défend l'art contemporain et soutient les jeunes artistes japonais, et le **NTT Intercommunication Center** *(tlj sf lun. 10h-18h; un espace gratuit et des*

Le bataillon de gratte-ciel de Shinjuku.

expositions à prix variables), qui présente des œuvres mariant art et nouvelles technologies électroniques.

▸ Derrière la tour, le **New National Theater** est un complexe de trois salles pouvant accueillir opéra, ballet, danse contemporaine et théâtre.

Sword Museum

刀剣博物館

(Plan V, A2 en dir.)

4-25-10 Yoyogi, Shibuya-ku. Keio New Line, Hatsudai Station. Tlj sf lun. 9h-16h. 525 ¥. Brochure en anglais.

Qu'un musée soit consacré au seul sabre dit assez bien l'importance symbolique de cette arme au Japon. Le sabre *(katana)* était considéré comme l'âme du samouraï. Sa fabrication relevait de l'art. Différentes écoles et maîtres forgerons rivalisaient pour atteindre la perfection. On admirera les lames, les gardes *(tsuba)*, considérées à l'égal des bijoux tant elles peuvent êtres raffinées, les poignées, les fourreaux, etc.

SHINJUKU EST

À l'est *(higashi)* de l'immense gare de Shinjuku, le quartier perd en hauteur ce qu'il gagne en chaleur humaine.

Kabuki-cho★★

歌舞伎町

(Plan V, C1)

M° M08; JR Shinjuku Station, sortie est.

Après la Seconde Guerre mondiale, il fut question de reconstruire dans cette partie de Shinjuku, le théâtre de kabuki de Ginza ce qui reviendrait, pour un Parisien, à voir trôner l'auguste Comédie-Française au cœur de Pigalle (d'origine populaire, le kabuki avait gagné ses galons d'art classique). Jugée saugrenue, l'idée fut finalement abandonnée. Toutefois, le quartier qui avait failli mal tourner allait dorénavant s'appeler « *Kabuki-cho* », littéralement le « quartier du Kabuki ». Le soir, les employés viennent ici boire sans modération de l'alcool de riz et bien d'autres choses. Loin d'eux tout esprit d'ostracisme. L'ambiance est plutôt tapageuse, un brin sordide, vulgaire mais point trop, et c'est justement pour ça qu'on est là.

Golden Gai★★

新宿ゴールデン街

(Plan V, C1)

M° M08; JR Shinjuku Station, sortie est.

▸ Les quelques ruelles ne s'animent qu'à la nuit tombée. C'est l'heure où les habitués rejoignent leurs bars dont l'exiguïté les protège contre d'éventuels buveurs d'occasion considérés le plus souvent comme des gêneurs. En la circonstance, ne pas parler japonais est un détail qui s'avère rédhibitoire, sauf à de rares exceptions. Cela étant, une balade à jeûn dans ce village vous transporte dans un autre temps, une autre atmosphère.

▸ Accolé à Golden Gai, le sanctuaire **Hanazono-jinja** rachète le quartier de ses excès. On vient y prier le dieu des Bonnes Affaires. En novembre, le Jour du coq, selon l'ancien calendrier lunaire chinois, s'y déroule dans une grande ferveur populaire, la Fête du coq *(Tori-no-ichi)* qui remonte à l'époque Edo. On peut acheter un *kumade*, espèce de râteau décoré qui assurera la prospérité. Ne reste plus qu'à ratisser les espèces sonnantes et trébuchantes.

JARDIN NATIONAL SHINJUKU GYOEN★★★

新宿御苑

(Plan V, C2)

11 Naito-cho, Shinjuku-ku. Porte Okido (au nord-est) : M° M10, sortie n° 2; porte Shinjuku : M° M10, sortie n° 1; porte Sendagaya (au sud) : M° E25, sortie n° 15. Tlj sf dim. 9h-16h30. 200 ¥.

Il ne pousse pas que des gratte-ciel à Shinjuku mais des platanes, bien alignés et encadrant des parterres de rosiers dans un jardin à la française *(au sud-est)*, également des tulipiers et ormes du Caucase, qui, dispersés à travers une vaste prairie, égayent le jardin anglais *(au centre)*. Dans le jardin japonais *(nord-ouest)*, à proximité des deux maisons de thé *(9h-16h)*, on peut admirer des magnolias. Citons aussi en divers endroits, les cèdres de l'Himalaya, les cyprès chauves, les marronniers d'Inde, les érables, et les inévitables cerisiers, dont certains fleurissent dès mi-février. À côté de la porte Okido *(nord-est)*, une serre tropicale *(11h-15h)* abrite plus de 2000 variétés de plantes. D'abord jardin botanique (1879), le Shinjuku Gyoen fut transformé en jardin paysager impérial en 1906 sous la supervision de Henri Martine, professeur à l'école d'horticulture de Versailles. Près de la serre, une maison de repos impériale (1896) témoigne de cette période. En 1949, le jardin fut finalement ouvert au public. À peu près 60 ha de verdure dont il serait dommage de se priver.

KAGURAZAKA★

神楽坂

(Plan VI) Comptez une demi-journée.

On est toujours dans l'arrondissement de Shinjuku, mais bien loin, au propre comme au figuré, des gratte-ciel de Nishi-Shinjuku ou des rues chaudes de Kabuki-cho. Le quartier de Kagurazaka, du moins son cœur battant, occupe une colline en surplomb de la gare de Iidabashi. De part et d'autre de la rue principale (Kagurazaka-dori), assez pentue, un écheveau de ruelles invite à la promenade. Certaines, notamment à l'opposé du temple Zenkoku-ji, sont pavées et semblent encore résonner des pas des geishas qui furent nombreuses jusqu'au début de la Seconde Guerre mondiale. Aujourd'hui, quelques-unes dispensent encore leur art. Particulièrement endommagé par les bombardements, Kagurazaka a néanmoins su conserver dans ses coins et recoins une atmosphère du temps jadis, qui attire les résidents français. Rien à voir avec la Tokyo Dome City, un peu plus à l'est, qui exhibe ses attractions sans égards pour le délicieux jardin Koishikawa Koraku-en qui la jouxte.

Se loger

Auberge de jeunesse

Tokyo International Hostel 東京国際ホステル

1-1 Kagurakashi, Shinjuku-ku, JR Sobu Line, Iidabashi Station, sortie ouest, ✆ (03) 3235 1107, www.tokyo-ih.jp - dortoirs (3, 4, 5, 8 et 10 places), 2 ch. jap. (6 places). Peu d'auberges de jeunesse peuvent se targuer d'offrir une aussi belle vue à ses hôtes. Certes il y a mieux à Tokyo, mais c'est beaucoup, beaucoup plus cher. Très pratique : au pied de la grande barre qui reçoit aux 18e et 19e étages l'hôtel, on trouve une galerie commerciale avec quantité de restaurants, et il suffit de passer le pont pour prendre la JR Sobu Line. 3860 ¥/pers. en dortoir.

Autour de 20000 ¥

Wakana Ryokan 旅館和可菜

4-7 Kagurazaka, Shinjuku-ku, JR Sobu Line, Iidabashi Station, sortie ouest, ✆ (03) 3260 3769, fax (03) 3260 1264 - 3 ch. À l'opposé du temple Zenkoku-ji. 1re à gauche après le restaurant Le Bretagne à main gauche, puis 1re à droite. Le *ryokan* est situé quelques mètres en contrebas d'un salon de massage. Quasiment indécelable dans l'enchevêtrement des ruelles de Kagurazaka, ce vénérable *ryokan* tenu par une charmante dame à l'âge non moins vénérable vous plonge dans un Japon d'autrefois. Nostalgiques à la recherche de calme, posez ici, sur un tatami, votre sac. Comme il se doit, pas de SdB privée.

Tokyo Dome Hotel 東京ドームホテル

1-3-61 Koraku, Bunkyo-ku, M° M22, M° N11, JR Chuo Line, Suidobashi Station, sortie est, ✆ (03) 5805 2111, www.tokyodome-hotels.co.jp - 1006 ch. L'hôtel, tout de verre, construit par Tange Kenzo, surplombe le dôme à qui il doit son nom et les montagnes russes qui se faufilent autour du complexe LaQua. Les chambres sont spacieuses et élégantes. Au delà du 10e étage, la vue devient intéressante. En cas de match de base-ball sous le dôme, l'hôtel affiche complet. Desservi par le Limousine Bus.

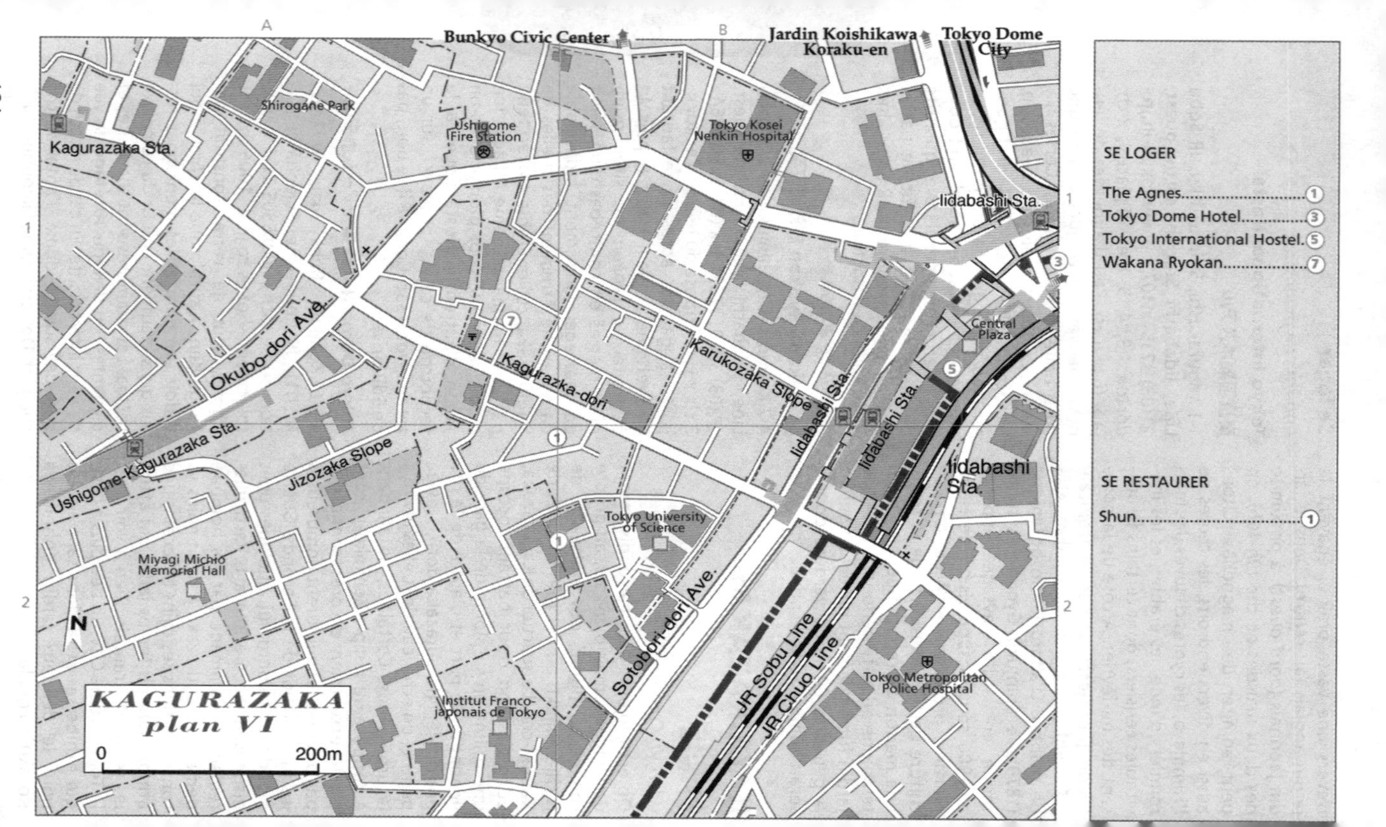
KAGURAZAKA
plan VI
0
200m
SE LOGER
The Agnes 1
Tokyo Dome Hotel 3
Tokyo International Hostel 5
Wakana Ryokan 7
SE RESTAURER
Shun 1
Bunkyo Civic Center
Jardin Koishikawa Koraku-en
Tokyo Dome City
Iidabashi Sta.
Central Plaza
JR Chuo Line
JR Sobu Line
Sotobori-dori Ave.
Karukozaka Slope
Kagurazka-dori
Jizozaka Slope
Okubo-dori Ave.
Ushigome-Kagurazaka Sta.
Kagurazaka Sta.
Shirogane Park
Ushigome Fire Station
Tokyo Kosei Nenkin Hospital
Tokyo University of Science
Tokyo Metropolitan Police Hospital
Institut Franco-japonais de Tokyo
Miyagi Michio Memorial Hall
N
A
B
1
2

De 29000 à 42000 ¥

The Agnes アグネスホテル

2-20-1 Kagurazaka, Shinjuku-ku, M° Y13, M° T06, sortie B3, JR Sobu Line, Iidabashi Station, sortie ouest, ✆ (03) 3267 5505, www.agneshotel.com - 300 ch. Hôtel de charme particulièrement apprécié des Français et des Anglais. Si dans cette gamme de prix, les hôtels de Tokyo privilégient d'ordinaire la hauteur, le Agnes se fond avec tact parmi les maisons basses de Kagurazaka. Chambres cossues dans les tons pastel, certaines avec balcon. Également appartements avec kitchenette.

Se restaurer

Autour de 3500 ¥

Shun (Kagurazaka Seasondining)

神楽坂シーズンダイニングSHUN

3-6-3 Kagurazaka, Shinjuku-ku, JR Sobu Line, Iidabashi Station, ✆ (03) 3269 7454, www.kagurazaka-shun.jp. Tlj sf w.-end 11h30-23h. Décoration épurée et lumière subtile confèrent à cet *izakaya* plein de charme. Petits plats servis en menu (huit plats, quel que soit le menu de saison, spécial ou *soba*) ou à la carte. On peut y manger du fugu !

Faire une pause

Café - ☺ Mugimaru, 5-20 Kagurazaka, Shinjuku-ku, JR Sobu Line, Iidabashi Station *(Plan VI, A1)*, ✆ (03) 5228 6393, www.mugimaru2.com. Tlj sf merc. 12h-21h. Qu'il fait bon s'installer dans ce petit café douillet pour y boire un thé ou un café et y savourer un *manju* (gâteau généralement fourré au haricot rouge).

Sortir, boire un verre

Bars - Drop, 3-4 Kagurazaka, Shinjuku-ku, JR Sobu Line, Iidabashi Station *(Plan VI, B2)*, ✆ (03) 3266 5955. 17h-0h. Un de ces bars où l'on ne s'assied pas. Un comptoir et quelques tables hautes. Si se désaltérer ne suffit pas, on peut déguster des amuse-gueules : jambon cru d'Espagne, tempuras de crevette, en prêtant l'oreille à du jazz.

☺ **Iseto**, 4-2 Kagurazaka, Shinjuku-ku, JR Sobu Line, Iidabashi Station *(Plan VI, A1)*, ✆ (03) 3260 6363. 17h-21h. Bar à sakés d'un autre temps. Intérieur tout de bois éclairé avec parcimonie. Tables basses ou tatamis. Autour de l'âtre où le patron chauffe le saké en exécutant comme un rituel, l'ambiance est quasiment au recueillement. Petites choses à grignoter.

TOKYO DOME CITY★

東京ドームシティ

(Plan I, C1)

1-3-61 Koraku, Bunkyo-ku. M° M22; M° N11. www.tokyo-dome.co.jp/e.

Complexe qui comprend un stade de base-ball (Big Egg), un spa *(LaQua; 11h-9h; à partir de 2565 ¥; tatouages interdits)*, un hôtel (Tokyo Dome Hotel), des restaurants, des commerces et un parc d'attractions. À la sortie des classes, collégiens et collégiennes se pressent pour visiter une maison hantée ou monter sur les montagnes russes *(1000 ¥)*. Absolument délirantes, ces dernières passent au travers d'un mur et de la grande roue dépourvue d'axe central. La nuit des jets d'eau dansent en musique pour le plaisir des grands et des petits.

BUNKYO CIVIC CENTER

文京シビックセンター

(Plan I, C1)

1-16-21 Kasuga, Bunkyo-ku. M° M22; JR Chuo Line, Suidobashi Station. 9h-20h.

Séparé du Tokyo Dome Hotel par la Tokyo Dome City, cet immeuble dispose au 25e étage (105 m) d'un observatoire à 330° *(gratuit)*.

JARDIN KOISHIKAWA KORAKU-EN★★

小石川後楽園

(Plan I, C1)

1-6-6 Koraku, Bunkyo-ku (entrée à l'opposé du Dome). M° E06. 9h-17h. 300 ¥.

Ce paisible jardin est adossé à la trépidante Tokyo Dome City dont on aperçoit, par endroit, à travers les cimes des arbres, le dôme et les wagonnets lorsqu'ils se hissent dans un grand vrombissement au plus haut point des montagnes russes. En dépit du voisinage, le jardin parvient à plonger le visiteur dans un plaisir béat au fil d'une promenade entre champs d'iris et vergers de pruniers.

SHIBUYA★
渋谷

(Plan VII) Comptez une journée ou une soirée.

Shibuya, qui n'est déjà pas un modèle de tranquillité la journée, se métamorphose en une ruche frénétique la nuit venue, quand les immeubles rutilent sous leurs carapaces de néons et d'écrans multicolores et que, dans le rôle des abeilles, des milliers d'adolescents en quête d'achat, de distractions butinent d'un magasin à l'autre, entrent et sortent, se rassemblent, chahutent. L'effervescence est à son comble aux alentours de l'immense gare et son dédale de couloirs. Côté Hachiko, chaque fois que les voitures sont à l'arrêt, le grand carrefour est submergé par des flots de piétons qui s'écoulent ensuite comme par enchantement dans les rues et les bâtiments. À dire vrai, le spectacle, car il s'agit d'un spectacle aux yeux du néophyte, est saisissant. Organisé autour de sa gare, le centre de Shibuya s'est construit non pas à l'initiative des pouvoirs publics mais sous l'impulsion de groupes financiers. En l'occurrence, il a été façonné par les investissements de deux compagnies rivales : d'une part Tokyu (chemins de fer Tokyu), qui détient les grands magasins Fashion Community 109 et les célèbres Tokyu Hands ; d'autre part, Seibu (chemins de fer Seibu et grands magasins Seibu et Parco). Le résultat : une gare multifonctionelle (commerces, restaurants, hôtels), des abords colonisés par les grands magasins et des façades transformées en immenses panneaux publicitaires. Grâce soit rendue aux bienveillantes Tokyu et Seibu qui se préoccupent de transporter les usagers jusqu'au seuil de leurs commerces...

Se loger

Autour de 3 700 ¥

Capsule Land Shibuya
カプセルランド渋谷店

1-19-14 Dogenzaka, Shibuya-ku, M° G01, M° Z01, ✆ (03) 3464 1777, www.capsule-land.com - 166 capsules. *Capsule hotel* à proximité de la gare et au cœur du quartier animé de Dogenzaka, qui est strictement réservé aux hommes.

De 17 000 à 20 000 ¥

☺ **Tokyu Stay Shibuya Shin-Minamiguchi**
東急ステイ渋谷・新南口

3-26-21 Shibuya, Shibuya-ku, JR Shibuya Station, sortie New South, ✆ (03) 5466 0109, www.tokyustay.co.jp - 150 appart. Tokyu Stay propose des appartements modernes de taille variable (de 15 à 34 m²) avec cuisine équipée (micro-ondes, plaque électrique, réfrigérateur) et lave-linge. À l'intérieur, tout est net. Une bonne formule pour des séjours qui durent. Le petit-déj. se prend au Jonathan's, le bar situé au sous-sol à l'extérieur de l'hôtel. Il y a une dizaine de Tokyu Stay à Tokyo, dont un second à Shibuya et trois autres dans des quartiers assez centraux (Shin-Nihonbashi, Higashi-Ginza, Yotsuya).

Shibuya Tobu Hotel 渋谷東武ホテル

3-1 Udagawa-cho, Shibuya-ku, M° Z01, ✆ (03) 3476 0111 - 197 ch. À mi-chemin entre le parc Yoyogi et la gare de Shibuya. Bon rapport qualité/prix, bon compromis entre verdure et agitation urbaine.

Autour de 30 000 ¥

☺ **Shibuya Excel Hotel Tokyu**
渋谷エクセルホテル東急

Shibuya Mark City Bldg, 1-12-2 Dogenzaka, Shibuya-ku, M° G01, M° Z01, JR Shibuya Station, ✆ (03) 5457 0109,

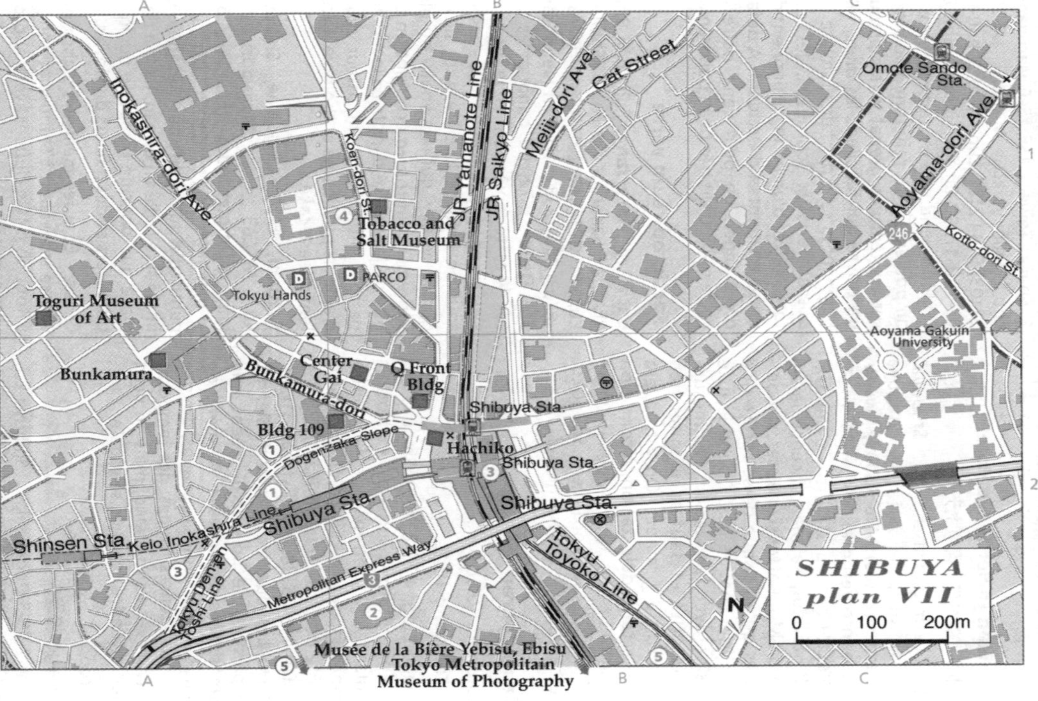
SHIBUYA
plan VII
0 100 200m
N
Omote Sando Sta.
Aoyama-dori Ave.
Kotto-dori St.
246
Aoyama Gakuin University
Cat Street
Meiji-dori Ave.
JR Yamanote Line
JR Saikyo Line
Inokashira-dori Ave.
Koen-dori St.
Tobacco and Salt Museum
PARCO
Tokyu Hands
Toguri Museum of Art
Bunkamura
Center Gai
Q Front Bldg
Bunkamura-dori
Bldg 109
Dogenzaka Slope
Hachiko
Shibuya Sta.
Shibuya Sta.
Shibuya Sta.
Shibuya Sta.
Keio Inokashira Line
Shinsen Sta.
Tokyu Den-en Toshi Line
Metropolitan Express Way
Tokyu Toyoko Line
Musée de la Bière Yebisu, Ebisu
Tokyo Metropolitain Museum of Photography
A
B
C
1
2

SE LOGER
Capsule Land Shibuya........ 1
Cerulean Tower Tokyu Hotel.............. 2
Shibuya Excel Hotel Tokyu. 3
Shibuya Tobu Hotel............ 4
Tokyu Stay Shibuya Shin-Minamiguchi........ 5
SE RESTAURER
Hatago.............................. 1
Legato.............................. 3
Tamashou.......................... 5

www.tokyuhotels.co.jp - 229 ch.
Juste au-dessus de la gare et du grand carrefour de Shibuya, l'hôtel dresse sa blanche silhouette effilée. Les chambres, douillettes et élégantes, sont décorées avec sobriété, le tout baignant dans un grand calme au cœur de l'effervescence « shibuyote ». Au nord, belle vue sur le parc Yoyogi, le Meiji-jingu et, à l'horizon, sur les tours de Shinjuku. Desservi par le Limousine Bus.

À partir de 40000 ¥

Cerulean Tower Tokyu Hotel
セルリアンタワー東急ホテル

26-1 Sakuragaoka-cho, Shibuya-ku, M° G01, M° Z01, JR Shibuya Station, (03) 3476 3000, www.ceruleantowerhotel.com - 414 ch.
À l'extérieur, sa stature en impose. À l'intérieur, sa magnificence laisse rêveur. Moquettes si épaisses, si moelleuses qu'on risque de se tordre une cheville à chaque pas. Quand le luxe voisine avec la luxation. Par mesure de sécurité et sauf sa dignité, rien n'interdit d'y ramper. On y trouvera une certaine délectation. À condition de se tenir debout, très belle vue de préférence au nord vers Shinjuku. Desservi par le Limousine Bus.

Se restaurer

Autour de 2500 ¥

Tamashou 玉笑

Kohga Bldg, 4-23-8 Ebisu, Shibuya-ku, JR Ebisu Station, sortie est et trottoir roulant (en contrebas de la maison franco-japonaise qui se trouve juste à côté du Ebisu Garden Place) *(Plan I)*, (03) 4434 5138. Tlj sf lun. 11h30-21h30. Les murs rouge terre de Sienne, le parquet de bois verni créent une atmosphère chaleureuse. Au menu de délicieux *soba* froids et chauds, du tofu sous différentes formes, des tempuras tous servis *piano, piano*, mais on peut bien attendre avant de se régaler.

Autour de 3500 ¥

Hatago 旅籠

B1F, 2-28-5 Dogenzaka, Shibuya-ku, M° G01, M° Z01, (03) 5428 3574. 11h30-23h30. Sur la Dogenzaka, un restaurant en sous-sol bien tranquille. Pour le décor, faux bambous et paravents en fer martelé. Au menu, avant tout des *soba*. Au dessert, la glace aux châtaignes est une divine surprise. Grande variété de *shochu* (eau-de-vie de riz, d'orge et de patate douce).

Autour de 7000 ¥

Legato レガート

E. Space Tower, 15F, 3-6 Maruyama-cho, Shibuya-ku, M° G01, M° Z01, (03) 5784 2120. Lun.-vend. 11h30-0h, w.-end 17h30-0h (bar jusqu'à 4h). Du plafond pend une centaine de grosses ampoules. En se reflétant faiblement sur les tentures grenat et les plaques de cuivre qui habillent les murs, elles baignent la salle dans une lumière crépusculaire. Aux fourneaux, les cuistots, coiffés d'un béret, fusionnent des goûts d'Orient et d'Occident. À défaut d'y manger, on peut venir boire un verre et jouir du très beau panorama.

Sortir, boire un verre

Bars - **Mary Jane**, Fuji Shoji Bldg, 2F, 2-3 Sakuragaoka-cho, Shibuya-ku, M° G01, M° Z01 *(Plan VII, B2)*, (03) 3461 3381. 12h-23h (vend.-sam. 0h). Depuis 1972, les banquettes vertes de cette tanière ont eu le temps de s'affaisser un peu. On y vient s'asseoir sous un halo de lumière pour siroter qui un whisky, qui une vodka ou plus sobrement un thé en écoutant un disque de jazz puisé dans la collection du patron, un grand connaisseur qui a d'ailleurs publié une anthologie. Excellent *cheese cake*.

Satoshi, 6-29-6 Jingumae, Shibuya-ku, M° C03 (sur Meiji-dori non loin d'Omotesando) *(Plan VII, B1)*, (03) 3400 8629. 12h-1h. Bar aussi minuscule qu'insolite au 1er étage d'un immeuble taillé en biseau. Il n'y a de la place que pour un comptoir, quelques tabourets et des milliers de vinyles.

Clubs - Et si les meilleurs clubs de la ville se trouvaient à Shibuya et non pas à Roppongi ? Un *clubber* averti approuvera aussitôt.

En général, les tarifs des entrées oscillent entre 2500 et 3000 ¥, incluant une ou deux boissons. Prix moyen de la boisson supplémentaire : 500 ¥.

La Fabrique de Paris a donné naissance à **La Fabrique** de Tokyo, Zero Gate Bldg, B1F, 16-9 Udagawa-cho, Shibuya-ku, M° G01 *(Plan VII, A1)*, ✆ (03) 5428 5100. On y déjeune notamment la même flammekueche qu'à la Bastille (11h-18h), on y dîne (18h-23h), on y danse *house*, électro, jazz (23h-5h).

Womb, Studio Arias, 2-16 Maruyama-cho, Shibuya-ku, M° G01 *(Plan VII, A1)*, ✆ (03) 5459 0039. Jeu. à partir de 22h, sam.-vend. à partir de 23h et dim. à partir de 14h. Fermé lun.-merc. Les plus prestigieux DJ s'y pressent et la foule fait de même en particulier les w.-ends. En dépit de l'espace, on peut donc s'y trouver très à l'étroit. Au programme, surtout de la techno et de la *house*. Pièce d'identité obligatoire.

Club Asia, 1-8 Maruyamacho, Shibuya-ku, M° G01 *(Plan VII, A1)*, ✆ (03) 5458 2551, www.clubasia.co.jp. Ouv. selon événements. Le club qui a donné à Shibuya ses rythmes de noblesse. Musiques techno, hip-hop, *trance*.

Citons aussi **Harlem**, **Simoon**, **Module**, **Air**, etc.

AUTOUR DE LA GARE

▸ À l'ouest se trouve la fameuse statue du chien **Hachiko★** *(Plan VII, B2)*. Quand on parvient à la distinguer au travers de la foule qui, à l'accoutumée, s'agglutine autour, on reste un peu déçu. Sans doute l'avait-on imaginé plus grande, proportionnelle à l'histoire édifiante qu'elle évoque *(voir encadré, p. 190)*.

▸ Au niveau de Hachiko, plusieurs avenues convergent qui forment un très grand croisement dominé par le **Building 109** *(Plan VII, B2)*, comme le nombre de magasins et restaurants qu'il abrite, et le **Q Front Building** *(Plan VII, B2)*. L'avenue **Dogenzaka** *(Plan VII, A-B2)* longe le 109 puis s'élève *(sud-ouest)* jusqu'au quartier du même nom, connu d'abord pour ses *love hotels*, fréquentés par les couples en mal d'amour et d'intimité, bien qu'il soit en voie de diversification (bars et clubs).

BUNKAMURA-DORI

文化村通り

(Plan VII, A-B2)

JR Shibuya Station, sortie Hachiko.

Avec la Dogenzaka, la Bunkamura-dori prend en sandwich le 109. Elle s'étire vers le nord-ouest. À son commencement, elle court en parallèle de Center Gai, la rue des adolescents en quête de distractions (boutiques, *pachinko*, karaokés, bars, etc.).

Bunkamura★

東急文化村

(Plan VII, A2)

2-24-1 Dogenzaka, Shibuya-ku. JR Shibuya Station, sortie Hachiko. www.bunkamura.co.jp. Horaires et tarifs en fonction des activités (renseignements en anglais sur le site). L'accès au bâtiment est gratuit.

Le groupe Tokyu, qui se pique également d'art, a conçu ce complexe qui contient salles de concerts, de théâtre (Cocoon), de cinéma et opéra (Orchard Hall), tous de la plus haute qualité technique, ainsi qu'une galerie (peintures, sculptures, photographies) et un musée d'art moderne. Le lieu propose un programmation exigeante ouverte sur le monde. Un restaurant baptisé « Les Deux Magots » décerne, depuis 1993, un prix littéraire sur le modèle de son homologue parisien.

Toguri Museum of Art

戸栗美術館

(Plan VII, A1)

1-11-3 Shoto, Shibuya-ku. JR Shibuya Station, sortie Hachiko. www.toguri-museum.or.jp. Tlj sf lun. 9h30-17h30. 1000 ¥.

À proximité du Bunkamura, ce musée fondé par l'homme d'affaires Toguri Tei est consacré à la porcelaine japonaise, chinoise et coréenne. Très belles pièces qui raviront les amateurs. Si la manufacture de Sèvres n'évoque rien pour vous, passez votre chemin.

TOBACCO AND SALT MUSEUM

たばこと塩の博物館

(Plan VII, B1)

1-16-8 Jinnan, Shibuya-ku. JR Shibuya Station, sortie Hachiko. www.jti.co.jp/Culture/museum. Tlj sf lun. 10h-18h. 100 ¥.

Tout ce que vous avez toujours voulu savoir sur le tabac et le sel sans jamais oser le demander. Des origines sud-américaines du tabac jusqu'à son expansion à travers le monde et le Japon en particulier. Quant au sel, dans un pays qui ne possède pas de mines et dont le climat humide interdit de compter sur l'évaporation naturelle, il a fallu mettre au point des techniques de production originales...

QUARTIER D'EBISU

恵比寿

(Plan I, A4)

JR Ebisu Station, sortie est.

Au sud de Shibuya, le quartier d'Ebisu s'est doté dans les années 1990 d'un vaste complexe réunissant des boutiques, des restaurants, des bars, un cinéma, et deux musées. Il s'agit de **l'Ebisu Garden Place**, qui occupe un terrain anciennement investi par la brasserie Sapporo. Entre deux corps de bâtiments, une place recouverte d'une toiture de verre permet de se promener par tous les temps. À une extrémité, une volée d'escaliers mène devant la reconstitution insolite d'un château français du 17e s., où officie le chef Joël Robuchon. Dans un autre style, la Yebisu Tower a ses restaurants d'altitude avec vues imprenables aux 38e et 39e étages.

Musée de la Bière Yebisu

恵比寿麦酒記念館

4-20-1 Ebisu, Shibuya-ku. Tlj sf lun. 10h-18h (dernière entrée 17h). Gratuit.

Hachiko, chien fidèle

Il était une fois, un jeune chien nommé Hachiko dont le maître, un professeur d'université, tous les jours prenait le train à la gare de Shibuya, située non loin de son domicile, pour se rendre à son travail en banlieue. Tous les soirs, Hachiko, l'akita blanc (chien du nord de l'île de Honshu, de la région d'Akita), l'attendait fidèlement à la sortie. Un soir de l'année 1925, le professeur ne rentra pas. Une crise cardiaque intempestive l'avait, dans la journée, terrassé. Hachiko, dès lors, s'installa aux abords de la gare pour attendre à heure fixe celui qui ne reviendrait jamais. Quand il mourut en 1934, on pleura beaucoup dans les rizières, car son incroyable fidélité était déjà connue à travers tout le Japon. Pour lui rendre hommage, une statue en bronze, le représentant assis, fut érigée à l'endroit où il avait pendant neuf ans attendu en vain. Fondue durant la guerre, elle fut reproduite en 1948. Rien de plus commun aujourd'hui que de se donner rendez-vous à la statue de Hachiko. Si d'aventure, après quelques minutes d'attente, vous perdez patience, ayez une pensée pour le brave Hachiko. Rien de tel pour relativiser et reprendre du poil de la bête.

Voir également « Sapporo », p. 459.

La brasserie Sapporo retrace l'histoire de la marque, explique les procédés de fabrication, expose du matériel, diffuses de vieilles publicités. Le parcours se conclut dans une salle de dégustation. Contre une somme modique, vous pouvez goûter un assortiment de bières Sapporo.

Tokyo Metropolitan Museum of Photography★★

東京都写真美術館

1-13-3 Mita, Meguro-ku. www.syabi.com. Tlj sf lun. 10h-18h (jeu.-vend. 20h). Entrée payante, variable selon les expositions.

Les maîtres japonais et étrangers de la photo sont ici chez eux. En deux mots : variété et qualité.

HARAJUKU★

原宿

(Plan VIII) Comptez une demi-journée ou une journée si vous êtes une victime de la mode.

Ils sont venus, ils sont tous là : les grands couturiers, les faiseurs de mode qui font ériger à la gloire de leurs produits des magasins conçus comme des temples. Pour eux, rien n'est trop grand, rien n'est trop beau, rien n'est trop brillant. Sollicités, les ténors de l'architecture contemporaine, japonais et étrangers, rivalisent d'audace et recomposent ainsi l'image de la ville à coup de *buildings* admirables pour Dior, Vuitton, Prada ou encore Tod's. Harajuku ou comment le culte du shopping transcende l'architecture. En dehors des boutiques qui fleurissent le long d'Omotesando-dori jusqu'à Aoyama, le quartier mérite le détour pour le sanctuaire impérial (Meiji-jingu), niché au cœur d'un bois, et le parc Yoyogi attenant, qui accueillit les Jeux olympiques de 1964.

Adresses utiles

Banque / Change - **Citibank**, Hanae Mori Bldg, 1F, 3-6-1 Kita-Aoyama, Minato-ku, à côté de la station Omotesando, M° C04, sortie A1 *(Plan VIII, B2)*. 9h-15h. Distributeur de billets 24h/24. Fort utile dans le quartier de toutes les tentations.

Se loger

Auberge de jeunesse

Tokyo Yoyogi Youth Hostel
東京代々木ユースホステル

3-1 Yoyogi Kamiso-no-machi, Shibuya-ku, M° C02 *(Plan I)*, ✆ (03) 3467 9163, www.jyh.or.jp - 60 ch. Adossée à la forêt qui abrite le Meiji-jingu et au cœur du Centre olympique, cette auberge ne dispose que de chambres individuelles au confort spartiate. Un non-adhérent paye un surplus de 600 ¥, soit 3 600 ¥/pers. Caution de 2 000 ¥ pour la clé.

Se restaurer

De 2000 à 4000 ¥

☺ **Fujimamas フジママズ**

6-3-2 Jingumae, Shibuya-ku, M° C03, ✆ (03) 5485 2262, www.fujimamas.com. 11h-23h. Coincé entre les boutiques d'Omotesando et celles de Cat Street, le restaurant est une bonne étape pour les adeptes du lèche-vitrine. Plats d'inspiration asiatique et internationale. Aux cuisines comme dans la salle, les employés viennent du monde entier (vingt nationalités). Grand espace, petits prix, service efficace. Menu en anglais.

Riz Café リズカフェ

4-28-8 Jingumae, Shibuya-ku, M° C03, ✆ (03) 5785 3799. 12h-23h45 (dim. 22h). Sur un air de jazz et dans un décor de vieilles affiches Dubonnet et Cinzano, qui évoquent une France en voie de disparition, on peut déguster un excellent chocolat chaud et une non moins excellente crème brûlée. Pour quelque chose de plus consistant et salé, on se tournera vers la salade de confits ou la saucisse aux lentilles. Le 2e étage, très douillet, invite à traîner.

Lotus Café ロータス

4-6-8 Jingumae, Shibuya-ku, M° C04, sortie A2, ✆ (03) 5772 6077, www.heads-west.com. 11h-3h. La sobriété du béton tranche avec les couleurs rose et violet, sans doute choisies pour évoquer la fleur de lotus. Décor très design et très chic. Au menu : pâtes, risotto, pizza, viande. Carte en anglais.

Le Bretagne ル・ブルターニュ表参道

4-9-8 Jingumae, Shibuya-ku, M° C04, sortie A2, ✆ (03) 3225 3001, www.le-bretagne.com. Tlj sf lun. 11h30-23h, dim. 11h-22h. Envie de Finistère à l'autre bout de la terre ? Le Bretagne sert galettes de sarrasin, crêpes, cidre, calvados, etc. On s'y croirait. Menu déjeuner à partir de 1 650 ¥.

Crayon House クレヨンハウス東京

B1F, 3-8-15 Kita-Aoyama, Shibuya-ku, M° C04, sortie A1, ✆ (03) 3406 6409. 11h-19h. Un magasin de jouets en bois peut cacher dans son sous-sol deux restaurants bio, l'un de style japonais (Hiroba), l'autre de style français (Home). Au déjeuner, le buffet de Hiroba à 1700 ¥ est une affaire.

Zen Cube キューブ・ゼン

Gate Square Bldg, 1F, 5-2-14 Jingumae, Shibuya-ku, M° C04, sortie A1, ✆ (03) 5464 3331. 18h-23h. Les stores, qui séparent en compartiments la salle et la mezzanine, créent une ambiance intimiste. Grande variété d'amuse-gueules (tofu au foie d'anguille, par exemple) et de plats concoctés dans des creusets de pierre *(ishi yaki)*. Le gâteau au potiron incite à la mastication plutôt qu'à la méditation. On fait tinter une sonnette pour appeler le serveur. Menu en anglais.

De 4000 à 8000 ¥

Galali ガラリ

3-6-5 Jingumae, Shibuya-ku, M° C04, sortie A2, ✆ (03) 3408 2818, www.galae.com. 18h-3h (dim. et j. fériés 23h). En venant d'Omotesando, le restaurant est au fond d'une impasse, elle-même à gauche après le magasin de vélo Protech. Une douce lumière met en valeur les bois de la salle. Sur le solide comptoir constitué de deux madriers sont alignées douze sortes de sel à prendre avec le saké, façon tequila. Délicieux sashimis servis sur un lit de glace. Ne partez pas sans avoir goûté à la glace au thé vert.

À partir de 11000 ¥

Benoit ブノワ

La Porte Aoyama, 10F, 5-51-8 Jingumae, Shibuya-ku, M° C04, sortie B2, ✆ (03) 5468 0881, www.benoit-tokyo.com. 11h30-22h. Il y avait celui de Paris, il y a désormais celui de Tokyo, les deux sous la houlette d'Alain Ducasse. Cuisine méditerranéenne raffinée dans un cadre lumineux qui manque cependant de chaleur. Formules déjeuner à 4 000, 5000 et 6000 ¥.

Faire une pause

Café - **THC (Café Liberté)**, THC Bldg, 6-16-23 Jingumae, Shibuya-ku, JR Harajuku Station *(Plan VIII, A2)*, ✆ (03) 5778 2081, www.tokyohipstersclub.com. 12h-23h30. Au 2e étage d'un cube de béton, il y a un café avec une petite terrasse très verte (plats à 1000 ¥, déjeuner à 1300 ¥). Au-dessous, salle d'expositions et magasin de fringues branché. Menu en anglais.

Café-coiffeur - **Café Nalu**, MM Bldg, 1F, 4-9-2 Jingumae, Shibuya-ku, M° C04 *(Plan VIII, B2)*, ✆ (03) 5786 1781. 12h-0h. Un exemple de la formule café-coiffeur très en vogue à Harajuku. Au RdC, on prend un thé; au sous-sol, on se refait une beauté.

Café-galerie - **Watari-um**, 3-7-6 Jingumae, Shibuya-ku, M° G03 *(Plan VIII, B1)*, ✆ (03) 3402 3001. 11h-19h. Le bâtiment construit par Mario Botta est à la fois une galerie d'art, une librairie d'art, une papeterie et un café. À vous de choisir.

Pâtisserie - **Torindo**, 3-6-12 Kita-Aoyama, Minato-ku, M° G02 *(Plan VIII, B2)*, ✆ (03) 3400 8703. 10h-19h. Pâtisseries traditionnelles, fruits et légumes confits (gingembre, carottes, lotus, champignons et céleris), tous ravissants, tous appétissants.

Sortir, boire un verre

Bars - **Bar Shizen**, 1F, 2-28-5 Sendagaya, Shibuya-ku, JR Harajuku Station *(Plan VIII, B1)*, ✆ (03) 3746 1334. Tlj sf w.-end 19h-2h. Le bar appartient à un designer. Dans la journée, c'est un magasin où sont exposées ses créations. À 19h, on les met de côté, et hop! c'est un bar avec de bonnes bouteilles de vin.

Le Sang des Poètes, 2-3-26 Jingumae, Shibuya-ku, M° G03 *(Plan VIII, B1)*, ✆ (03) 5751 5598. Lun.-vend. 18h-1h, sam. 15h-22h. Fermé dim. Ce bar de poche est perché au dernier étage d'un immeuble étroit et tout noir. Sans son nom inscrit en lettres de néon rouge, il serait presque invisible la nuit. On y accède par un escalier métallique en colimaçon placé à l'extérieur. L'ambiance intimiste semble appréciée par quelques habitués du quartier.

Soho's, V28 Bldg, 4F, 6-31-17 Jingumae, Shibuya-ku, M° C03, JR Harajuku Station *(Plan VIII, A2)*, ✆ (03) 5468 0411. 11h30-23h30 (vend.-

HARAJUKU ET OMOTESANDO
plan VIII

0 200m

SE RESTAURER

Benoit 1
Crayon House 3
Fujimama 5
Galali 7
Le Bretagne 9
Lotus Café 11
Riz Café 13
Zen Cube 15

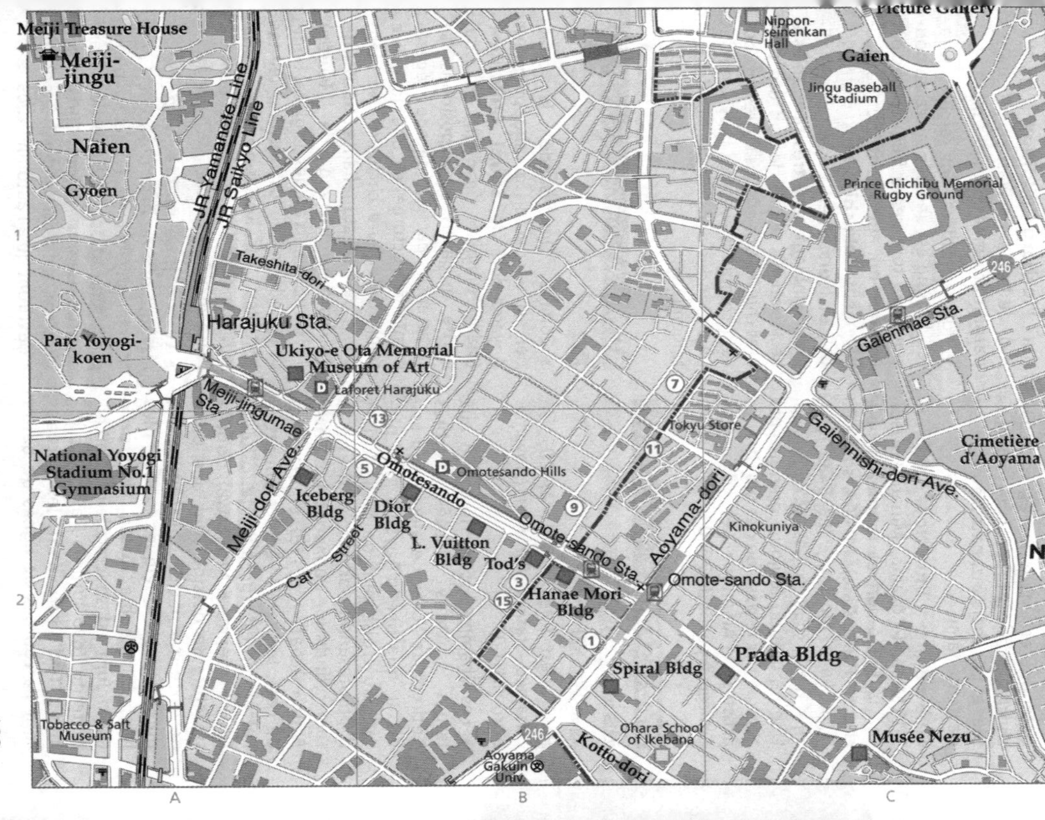

sam. 4h). Surplombant le croisement d'Omotesando-dori et de Meiji-dori, le Soho's, grâce à son immense baie vitrée, offre une vue spectaculaire sur le quartier. En plus d'y boire un verre, on peut y manger de la cuisine italienne revisitée.

The Camel, 2-5-1 Nishi-Azabu, Minato-ku, M° G02, M° H04 *(Plan VIII, C2)*, ✆ (03) 3498 1217. Tlj sf dim. 18h-tard. Les loupiotes suspendues à la devanture promettent une atmosphère détendue et légère. Bières, cocktails, *shochu*, alcool de prune, vins. Plats simples et pas chers (riz, pâtes, etc.) en cas de petite faim.

Club de jazz - Blue Note Tokyo, 6-3-16 Minami-Aoyama, Minato-ku (suivez la Kotto-dori et tournez à gauche au Papas Café), M° C04, sortie B3 *(Plan VIII, B2 en dir.)*, ✆ (03) 5485 0088. Tlj sf dim. 17h30-1h. Réserv. conseillée. Une réputation toujours grandissante assurée par le passage des plus grands artistes d'Amérique et d'Europe. Concert à partir de 7000 ¥.

OMOTESANDO★

表参道

(Plan VIII, B2)

Par l'ouest (Meiji-jingu) : M° C03; JR Harajuku Station. Par l'est (Aoyama-dori) : M° C04.

▶ Les Champs-Élysées de Tokyo aux larges trottoirs plantés d'arbres s'étirent de l'orée de Meiji-jingu jusqu'au quartier d'Aoyama. En partant du croisement de Meiji-dori et d'Omotesando-dori, où se dresse la tour cylindrique du magasin La Forêt *(voir « Achats », p. 148)*, en direction de l'est, le premier édifice qui attire l'attention est, sur la droite, celui de **Dior★** (Sejima & Nishizawa), dont la structure se dessine sous une peau de verre translucide qui scintille à la nuit tombée. Quelques mètres plus loin, l'immeuble **Louis Vuitton★** (Aoki Jun) est spectaculaire. L'architecte Ito Toyo surprend avec le bâtiment **Tod's★★**, dont les façades sont parcourues de lignes de béton enchevêtrées avec, dans les interstices, des plaques de verre aux formes multiples. À l'extrémité de l'avenue, le **Hanae Mori Building★** de Tange Kenzo, reste emblématique. **Cat Street** *(Plan VIII, A-B2)*, près du croisement dont on est parti, foisonne de boutiques aux architectures intéressantes. Notons, par exemple, le HHstyle par Ando Tadao, qui abandonne ici le béton au profit d'une carapace d'acier. Non loin, dans Meiji-dori, l'**Iceberg Building★** *(Plan VIII, A2)*, de Benjamin Warner, affiche ses parois déformées de glace bleutée.

▶ Hors considérations architecturales, la zone est une pépinière de boutiques en tout genre fréquentées par les ados, qui apprécient tout particulièrement **Takeshita-dori** *(Plan VIII, A1)*, et leurs aînés. Le terrain, le climat, semblent aussi très favorables à l'éclosion de salons de coiffure tous plus chic les uns que les autres, et souvent combinés avec des bars. Une des plus grandes densités au monde, certainement.

AOYAMA

青山

▶ Comme Omotesando, le quartier est un paradis du shopping. Sur Aoyama-dori, le **Spiral Building★** (Maki Fumihiko) *(Plan VIII, B2)*, qui abrite magasins et expositions, se caractérise par sa façade légèrement déstructurée et une immense rampe intérieure circulaire. Ne manquez pas la stupéfiante **boutique Prada★★★** (Herzog & de Meuron) *(Plan VIII, C2)*, six étages de glaces bombées en forme de losange, aux teintes vert-bleu. Sur **Kotto-dori** *(Plan VIII, B2)*, quelques antiquaires disputent la place au prêt-à-porter.

▶ Le très prisé **musée Nezu** *(Nezu Institute of Fine Arts) (Plan VIII, C2)* à Minami-Aoyama est fermé au public pour rénovation. Sa collection d'art oriental (Japon, Chine, Corée), son ravissant jardin avec ses maisons de thé n'ouvriront qu'à l'automne 2009.

Cimetière d'Aoyama★★

青山霊園

(Plan VIII, C2)

M° G02; G03.

L'allée centrale est recommandée pour ses superbes cerisiers en fleur quand vient le mois d'avril.

Un cimetière comme on les aime. Ombragé pour prévenir contre l'insolation les personnes venues faire sur les concessions de leurs proches d'affectueuses révérences et les promeneurs, beaucoup plus nombreux, venus simplement prendre un bol d'air frais et de tranquillité dans cet oasis qui défie le béton environnant. Le cimetière peut se flatter d'héberger des locataires de qualité : politiciens (Inukai Tsuyoshi, un Premier ministre assassiné en 1932), poètes, romanciers tels que Shiga Naoya (1883-1971), l'une des figures de la littérature moderne japonaise qui proposa dans un essai publié en avril 1946 que le Japon adoptât le français comme langue nationale. L'idée dut sembler farfelue, et c'est bien dommage, ça nous aurait facilité la conversation avec les autochtones... Il y a aussi un chien, le fameux Hachiko *(voir encadré, p. 190)*, dont les cendres sont ensevelies à côté de celles de son maître, le professeur Ueno Eisaburo.

MEIJI-JINGU★★★

明治神宮

(Plan VIII, A1) Comptez 1h30.

Le sanctuaire impérial est le lieu shintoïste le plus sacré de Tokyo. Il fut construit en 1920 pour recevoir les âmes du très vénéré empereur **Meiji** (Mutsuhito) et de son épouse, la non moins vénérée impératrice Shoken (1850-1914). Il se compose d'un domaine intérieur à l'est (Naien) et d'un domaine extérieur à l'ouest (Gaien), les deux distants d'environ 1 km.

Gaien

神宮外苑

(Plan VIII, C1)

M° G04; JR Sendagaya Station.

Au centre du Gaien se trouve le pesant édifice du **Meiji Memorial Picture Gallery** *(9h-17h; 500 ¥)*. Il présente en quatre-vingts peintures, dont la valeur est avant tout historique, les différentes étapes de la vie de l'empereur. Curieusement, les stades ne manquent pas tout autour. Il y a le National Stadium, qui fut le principal stade des JO de 1964, le Tokyo Metropolitan Gymnasium (1990) ou encore le Jingu Baseball Stadium (1926).

Naien★★★

神宮内苑

(Plan VIII, A1)

M° C03; JR Harajuku Station.

▸ On accède au sanctuaire en empruntant une large et longue allée de graviers taillée dans une forêt profonde. Le colossal portique *(torii)* qui l'enjambe indique que l'on est sur la bonne voie. Avant de toucher au but, engouffrez-vous, sur la gauche, dans ce coin qui semble inextricable, le **Gyoen**★★ *(8h30-17h; 200 ¥)*. Ce jardin intérieur protégé par une épaisse végétation transporte le promeneur bien loin de la ville, dans un temps immobile. À l'une des pointes de l'étang, un jardin d'iris fut créé pour l'impératrice Shoken selon un dessin de son époux. Il resplendit en juin lors de l'éclosion.

▸ En sortant, filez à gauche vers le sanctuaire, une réplique (1958) de l'original, détruit durant les bombardements de la Seconde Guerre mondiale. On admirera sa structure en bois de cyprès japonais et son toit de tuiles de cuivre. Pour 100 ¥, on peut piocher un **waka** (poème court traditionnel) écrit par l'empereur ou l'impératrice et en méditer l'enseignement. Ainsi : « Regarde et apprend de la pierre qui a été creusée par les gouttes de pluie. » ou « Écarte l'idée qu'un devoir est trop difficile. Rien n'est impossible. » Au nord, la **Meiji Treasure House** expose sans conviction des objets ayant appartenu au couple. Mieux vaut se balader dans le parc.

Au nord du Meiji-jingu, vous pouvez continuer la visite par le musée Ota.

UKIYO-E OTA MEMORIAL MUSEUM OF ART

太田記念美術館

(Plan VIII, A1)

1-10-10 Jingumae, Shibuya-ku. M° C03, sortie n° 5. www.ukiyoe-ota-muse.jp. Tlj sf lun. 10h30-17h30. Fermé du 27 au dernier jour du mois pour le renouvellement des expositions et 11 déc.-3 janv. 700 ¥.

Le musée est tout entier consacré à l'art des *ukiyo-e* ou « images du monde flottant », depuis ses origines, au 17e s. *(voir « Art », p. 90)*. La collection est constituée par les 12 000 pièces (estampes et peintures) réunies à partir des années 1920 par Ota Seizo V (1893-1977), le directeur d'une compagnie d'assurances. Tous les maîtres sont là : Moronobu, Harunobu, Utamaro, Sharaku, Hokusai, ou encore Hiroshige.

PARC YOYOGI-KOEN

代々木公園

(Plan VIII, A1)

Il s'agit du plus grand parc de Tokyo. À ce titre, il est apprécié par les joggers. Des groupes de musiciens y donnaient des concerts le dimanche jusqu'au jour où l'on estima que l'ordre public était menacé par les rassemblements qui s'ensuivaient. À l'extrémité sud du parc, on peut apprécier les silhouettes gracieuses des deux **stades olympiques** (Yoyogi Sports Center) conçus par Tange Kenzo en 1964. Le plus grand, de forme elliptique, était réservé à la natation, tandis que le plus petit, de forme circulaire, revenait au basket. Tournées vers l'extérieur, les lignes concaves des couvertures en acier suspendues à des poutres en béton armé produisent des formes aussi surprenantes que ravissantes.

Foule sentimentale

Hatsumode est la première visite de l'année faite à un temple ou un sanctuaire. Jusqu'au 7 janvier, on peut ainsi demander que la chance nous sourie pour les mois à venir. À cette occasion, le Meiji-jingu peut recevoir entre 3 et 4 millions de visiteurs en une seule journée.

ROPPONGI★

六本木

(Plan I) Comptez une demi-journée et/ou une nuit.

Un samedi soir à Roppongi. Devant le café Almond, situé à l'un des angles du carrefour de Roppongi, il y a foule. Ils sont nombreux à s'être donné rendez-vous ici. La nuit ne fait que commencer. Dans le fond, on aperçoit la Tokyo Tower qui brille et partout des enseignes de bars, des néons de restaurants. Impossible d'arpenter le boulevard grouillant sans se faire alpaguer par des rabatteurs qui font l'article : alcool, karaoké, filles, etc. Le quartier se laisse un peu aller, soigne un côté tapageur, côtoie le sordide tandis que les boîtes de nuit qui, depuis les années 1980, ont forgé la réputation festive de Roppongi n'ont plus la même aura. Plusieurs ont disparu. La situation est grave mais loin d'être désespérée. Certes, le style change mais il y a toujours autant de personnes, notamment autant d'étrangers qui viennent s'amuser. En outre, le style n'évolue pas que vers le pire, à preuve le complexe immobilier de Roppongi Hills (2003) qui associe habilement bureaux, commerces, résidences, restaurants, culture et divertissement. Dans quelques mois, l'achèvement de l'ambitieux et futuriste projet de Tokyo Midtown sur Gaien-Higashi-dori, de l'autre côté du

Le parc Chidorigafuchi.

TOKYO

carrefour, confirmera la tendance tout-en-un : confort, modernité, technologie, loisirs et travail. Il sera peut-être temps de renommer Roppongi. Littéralement, cela signifie « six arbres », mais comment dit-on deux complexes en japonais ?

Adresses utiles

Banque / Change - Money Exchange World Currency Shop, Roppongi Hills, 6F, West Walk *(Plan I, B4)*, ✆ (03) 5413 1722. Lun.-vend. 11h-19h, w.-end 12h-17h.

Se loger

Autour de 12000 ¥

Asia Center of Japan

ホテルアジア会館

8-10-32 Akasaka, Minato-ku, M° G04, M° Z03, M° E24 sortie n° 4, ✆ (03) 3402 6111, www.asiacenter.or.jp - 173 ch. Non loin du quartier enfiévré de Roppongi, cet établissement récent situé au sommet d'une colline offre, en toute simplicité, calme et confort pour un prix très raisonnable. En tous cas, les groupes d'étudiants étrangers semblent s'y plaire.

Autour de 20000 ¥

Ibis Roppongi アイビスホテル六本木

7-14-4 Roppongi, Minato-ku, M° H04, sortie A4, ✆ (03) 3403 4411, www.ibis-hotel.com - 182 ch. Les noctambules apprécieront de pouvoir rentrer à pied après avoir écumé les clubs et bars de Roppongi. L'espace plutôt réduit ne devrait pas les importuner outre mesure. Chambre semi-double à 16000 ¥.

À partir de 24000 ¥

International House of Japan

国際文化会館

5-11-16 Roppongi, 5-chome, Minato-ku, M° N04, sortie n° 4, ✆ (03) 3470 4611, www.i-house.or.jp. À 10mn à pied de la tour Mori, belle adresse réouverte en avril 2006. Magnifique jardin traditionnel en bordure d'un immeuble inspiré dans les années 1950 par Le Corbusier. Mobilier high-tech. Sobre et raffiné. Il faut être parrainé par un membre pour pouvoir résider dans ce lieu.

À partir de 30000 ¥

Tokyo Park Tower Prince Hotel

東京プリンスホテル・パークタワー

4-8-1 Shibakoen, Minato-ku, M° E21, sortie Akabane-bashi, M° I05, sortie A4, ✆ (03) 5400 1111, www.princehotels.co.jp/parktower - 673 ch. La tour dressée au centre d'un espace vert semble comme une fusée sur son pas de tir. Elle voisine avec le Prince Hotel construit par Tange Kenzo, le temple de Zojo-ji et la Tokyo Tower. Des étages élevés, vue imprenable sur la baie de Tokyo et le Rainbow Bridge. Desservi par le Limousine Bus.

Se restaurer

À partir de 1500 ¥

Pintokona ぴんとこな

Roppongi Hills, Metro Hat, Hollywood Plaza, B2F, 6-4-1 Roppongi, Minato-ku, M° H04, M° E23, ✆ (03) 5771 1133. 11h-23h. Les sushis déposés dans des coupelles défilent sur un tapis roulant longeant le comptoir. Il n'y a qu'à tendre le bras pour se servir. À chaque couleur de coupelle correspond un prix (de 150 ¥ à 650 ¥). Robinet d'eau chaude sur le comptoir pour préparer son thé. On peut aussi commander.

À partir de 3000 ¥

Sankyu 燦紅 (さんきゅう)

Roppongi Shinsei Bldg, 1F, 3-1-18 Nishi-Azabu, Minato-ku, M° H04, ✆ (03) 5771 6201. Tlj sf dim. 11h30-0h. Au bout d'un couloir de graviers, on dépose ses chaussures avant de pénétrer dans un décor rustique. Le bœuf australien ou japonais *(wagyu)* est à l'honneur, le dernier s'avérant nettement plus cher, légende oblige. Mais sa chair marbrée de graisse est un délice.

Autour de 8000 ¥

L'Atelier de Joël Robuchon

ラアトリエ・ドゥ・ジョエル・ロブション

Roppongi Hills Hillside, 2F, 6-10-1 Roppongi, Minato-ku, M° H04, M° E23,

✆ (03) 5772 7500. 11h-23h. Lignes pures d'un intérieur en rouge et noir, lumière caressante. Une élégance qui n'empêche pas la décontraction, tant mieux! Plats tout en délicatesse. L'atelier est celui d'un artiste. Service aussi efficace que charmant. À midi menu à partir de 4000 ¥.

Sortir, boire un verre

Bar - **Agave**, Clover Bldg, B1F, 7-15-10 Roppongi, Minato-ku, M° H04 *(Plan I, B3)*, ✆ (03) 3497 0229. Tlj sf dim. 18h30-2h (sam. 4h). Marre de Roppongi ? Partez au Mexique. Il suffit de passer la porte de l'Agave, c'est tout de suite le dépaysement. Marre du saké ? Buvez de la tequila. Il y en a 400 à l'Agave, qui porte bien son nom puisque c'est avec l'agave (plante mexicaine) que l'on fabrique cette boisson d'homme, un rien brutale.

Clubs - Tout *clubber* qui se respecte vous dira que ce n'est plus comme avant, que Roppongi a perdu son âme en devenant la vitrine internationale de la nuit tokyoïte. Aujourd'hui, si l'on a la classe, il faut aller à Shibuya. Voilà pour la tendance, mais c'est ici que l'on trouve toujours la plus grande densité de boîtes de nuit, ici où les étrangers viennent en nombre.

Velfarre, Velfarre Bldg, 7-14-22 Roppongi, Minato-ku, M° H04, sortie n° 4 *(Plan I, B3)*, ✆ (03) 3402 8000. Fermé lun.-merc. L'un des plus grands clubs de Tokyo. Attention l'ambiance est à son maximum vers 23h, car la boule à facettes cesse de miroiter à 1h. *Trance*, *house*, techno, salsa. Pièce d'identité exigée (20 ans minimum).

Lexington Queen, 3rd Goto Bldg, B1F, 3-13-14 Roppongi, Minato-ku, M° H04, M° E23 *(Plan I, B3)*, ✆ (03) 3401 1661. Dim.-merc. 10h-5h, jeu.-sam. 9h-5h. Un classique ! Depuis vingt ans, mannequins, stars de rock et de cinéma internationales s'y retrouvent en présence d'une foule composée essentiellement de Japonaises sensibles aux paillettes.

Gaspanic Club 99, B1F, 3-15-24 Roppongi, Minato-ku, M° H04, M° E23 *(Plan I, B3)*, ✆ (03) 3470 7190. À partir de 21h. Où l'offre et la demande se rencontrent. Étrangers soucieux de lier connaissance avec des Japonaises et vice-versa, et qu'importe la musique. Dans le genre, on ne fait pas mieux. Certifié Roppongi !

Yellow, Cesaurus Nishi-Azabu, B1-B2F, 1-10-11 Nishi-Azabu, Minato-ku, M° H04, M° C05 *(Plan I, B4)*, ✆ (03) 3479 0690. Les meilleurs DJ nippons et étrangers ont fait sa réputation. Quant à son *sound system*, il n'a pas d'égal. Avant tout *house* et techno. Pièce d'identité exigée (20 ans minimum).

ROPPONGI HILLS★★

六本木ヒルズ

(Plan I, B4)

6-10-1 Roppongi, Minato-ku. M° H04, M° E23. www.roppongihills.com. Magasins : 11h-21h sf exception; restaurants : 11h-23h.

Le vaste projet immobilier de Roppongi Hills porté par la Mori Building Corporation a été achevé en 2003 après dix-sept années de travaux. Comprenant plusieurs bâtiments dont un colossal gratte-ciel de 54 étages, la Mori Tower, un hôtel de luxe, le Grand Hyatt Tokyo, ce complexe dédié au divertissement est doté de musées, de cinémas, d'une salle de spectacle en plein air; quant aux magasins et aux restaurants, il y en a en veux-tu ? en voilà ! Ajoutez à cela des résidences. Celles et ceux qui resteraient perdus au milieu de ces collines, où béton et verdure (le jardin Mori et son étang) vivent en bonne intelligence, peuvent opter pour une visite guidée en anglais *(1 100 ¥ ou 1 500 ¥ pour le grand tour; réserv. 7 j. avant au (03) 6406 6677)*. L'occasion de voir sur le toit du Keyakizaka Complex, un jardin où pousse du riz.

▶ La pièce maîtresse de Roppongi Hills reste la **Mori Tower★★**, conçue par l'atelier américain Kohn Pedersen Fox.

À ses pieds, ***Maman***, l'araignée géante en bronze de Louise Bourgeois. Il en existe cinq répliques du même métal dont une se trouve au musée Guggenheim de Bilbao. À son sommet, un musée et un observatoire.

▶ Le **Tokyo City View★★** *(52F; www.tokyocityview.com; 9h-1h; 1 500 ¥ billet combiné avec le Mori Art Museum)*, splendide observatoire, est placé à l'avant-dernier étage (250 m) de la tour, qui culmine elle à 270 m. Sa position au sommet d'une colline lui permet de dominer la Tokyo Tower pourtant plus haute (333 m). On ne se lasse pas de la vue à 360° de jour comme de nuit. Par temps clair, on peut apercevoir à l'ouest le mont Fuji. Au même niveau, la **Mori Arts Center Gallery** *(10h-20h; prix variable selon les expositions)* propose une programmation éclectique. Un étage au dessus, le **Mori Art Museum★★** *(53F; www.mori.art.museum; 10h-22h, mar. 17h; 1 500 ¥ billet combiné avec la Tokyo City View)* met en avant l'art contemporain du Japon et d'ailleurs (architecture, design, vidéo, photographie, mode). Il ne possède pas encore de collection permanente et ferme donc entre deux expositions temporaires.

TOKYO TOWER★

東京タワー

(Plan I, B4)

4-2-8 Shibakoen, Minato-ku. M° E21; M° H05; M° I06. www.tokyotower.co.jp. 9h-22h. Observatoire principal : 820 ¥; observatoire spécial : 820 ¥ + 600 ¥.

Rien à dire, elle est plus haute que notre tour Eiffel dont elle s'inspire (333 m contre 324 m). Cependant, elle n'en a pas le caractère novateur. La tour Eiffel fut achevée en 1889, tandis que la Tokyo Tower fut inaugurée en 1958. Toute de rouge et de blanc selon les contraintes imposées par la sécurité aérienne, la Tokyo Tower sert d'antenne de télécommunication. Elle attire les foules (plus de 3 millions de visiteurs par an) pour ses deux observatoires, l'un situé à 150 m, l'autre à 250 m. C'était jusqu'en 2003, année où fut érigée la Mori Tower, le plus haut point d'observation de Tokyo. Aux premiers étages, l'aquarium, le musée de Cire, le musée Guinness des records peuvent intéresser les enfants.

ZOJO-JI★

増上寺

(Plan I, C4)

4-7-35 Shibakoen. M° E21. www.zojoji.or.jp/en/index.html.

À l'ouest de la Tokyo Tower s'étend le parc de Shiba qui abrite en son sein Zojo-ji, un temple bouddhiste fondé en 1393 et déplacé sur ce site en 1598, à la suite de l'installation à Edo du shogun Tokugawa Ieyasu. Zojo-ji deviendra le temple de la dynastie Tokugawa tout en continuant à servir de séminaire à la secte de la Terre pure (Jodo Shu). Il pouvait accueillir jusqu'à 3 000 étudiants (moines ou novices). Plusieurs fois dévasté par le feu, le temple qui fut l'un des plus grands du Japon, reçut le coup de grâce lors des raids de 1945. Il fut partiellement reconstruit dans les années 1970.

▶ La **Sangedatsu-mon★**, ou « porte de la Triple Délivrance » (colère, bêtise, cupidité), est le seul vestige et aussi l'unique témoignage de l'époque Edo à Tokyo. Haute de 21 m, elle fut édifiée en 1622 et servait d'accès principal.

▶ Dans le grand hall *(Daiden)* sont conservées l'image du Bouddha Amida, à sa droite, celle de Honen (1133-1212), le fondateur de l'école de la Terre pure, et à sa gauche, celle de Shan Tao, maître chinois de cette doctrine et l'inspirateur de Honen. D'après ce dernier, la psalmodie du nom du Bouddha Amida était le seul moyen qui permettait de renaître dans la Terre pure, sorte de paradis.

▶ Dans le parc, un cèdre de l'Himalaya fait son important. Il fut planté en 1879 par le général Grant, alors président des États-Unis. Un lointain successeur, George H. W. Bush (1988-1992) fit de même plus d'un siècle plus tard.

NATIONAL ART CENTER ★★

(Plan I, B4)

7-22-8 Roppongi, Minato-ku. Chiyoda Line, Nogi-zaka Station, sortie n° 6. www.nact.jp. Tlj sf mar. 10h-18h (vend. 20h). Tarif en fonction de l'exposition.

Tout nouveau, tout beau, le NAC de Tokyo vient d'ouvrir ses portes. Son créneau : des expositions temporaires couvrant toutes les périodes artistiques. Le **batiment★★**, qui évoque le mouvement des vagues, allie esthétique et écologie (ses panneaux recueillent 100% de l'énergie solaire).

ODAIBA★

お台場

(Plan IX) Comptez une demi-journée.

Il suffit de passer le pont, c'est tout de suite l'aventure : sur une île artificielle le Japon a construit la ville du futur, Odaiba. Son nom provient des batteries de canons implantées dans la baie d'Edo au 19e s. par le shogun pour se protéger des invasions étrangères. Cette précaution n'empêcha pas qu'il y eût Perry en la demeure, en 1853. Nullement impressionné, le commodore américain s'avança, en effet, dans la baie pour imposer l'ouverture du pays au commerce international. Un siècle et des lustres plus tard, un Japon libéral et en plein boom économique entreprit de dynamiser quelques-uns de ces sites, bien embarrassés avec leurs batteries à plat. Conçu dans l'euphorie des années 1980, l'ambitieux projet d'urbanisation fut mis à mal par la récession qui s'ensuivit. N'avait-on pas vu trop grand? Et le train *nec plus ultra* à cheval sur le majestueux Rainbow Bridge n'allait-il pas traverser la baie à vide? Finalement plus de peur que de mal, Odaiba attire la foule sans faillir avec ses avenues et bâtiments XXL (Fuji TV, Tokyo Big Sight), sa grande roue, ses musées, ses centres commerciaux, ses salles de jeux, ses hôtels de luxe, ses restaurants, sa plage où l'on joue au volley-ball, chevauche une planche à voile ou, plus tranquillement, fait bronzette. On peut aussi s'y promener sans autre but que de voir la ville qu'on a laissée derrière soi, sous un autre angle. Elles sont admirables, les silhouettes saillantes des gratte-ciel qui se découpent à l'horizon. Des couples d'amoureux viennent les contempler au soleil couchant avec émotion. Et dire qu'ils aimeraient tellement être seuls.

Comment circuler

En Yurikamome - *Voir ci-dessous.*

En bateau - Moins futuriste que le Yurikamome, il reste spectaculaire pour aborder Odaiba.

Asakusa-Odaiba (Station Odaiba Kaihin-koen) : aller à 10h05, 11h55, 13h55 et 15h55; retour à 10h50, 12h50, 14h50 et 16h50. 45mn de trajet, 1 520 ¥.

Hinode Pier-Odaiba (Station Odaiba Kaihin-koen) : départ à l'aller entre 10h20 et 16h45; départ au retour entre 11h10 et 17h15. 460 ¥.

Hinode Pier-Odaiba (Palette Town et Tokyo Big Sight) : départ à l'aller entre 9h40 et 16h40; départ au retour entre 9h10 et 17h15. 400 ¥.

Hinode Pier-Odaiba (Museum of Maritime Science) : aller à 10h10, 12h et 14h (16h sam.-dim. seul.); retour à 11h40, 13h30 et 15h30 (17h30 sam.-dim. seul.). 400 ¥.

YURIKAMOME★★

ゆりかもめ

Un train part approximativement ttes les 5mn de Shimbashi Station (M° A10, M° G08). Circule entre 6h et 0h30 de Shimbashi à Toyosu (terminus), et entre 5h40 et 0h30 de Toyosu à Shimbashi. Le tarif varie en fonction de la distance, de 180 à 370 ¥. Comptez 310 ¥ jusqu'à Odaiba Kaihin-koen Station (Seaside Park), la première après le Rainbow Bridge.

À 800 ¥, le One-Day Open Pass est une affaire vu qu'il n'est pas très agréable de marcher entre les sites disséminés sur l'île. Les adeptes du manège, eux, n'hésiteront pas une seconde à prendre et reprendre le Yurikamome.

Prendre le Yurikamome (la « mouette rieuse ») constitue un événement en soi. Ce train à pilotage automatique se fraie à bonne hauteur un passage entre les *buildings* du front de mer, s'enroule sur lui-même dans une boucle quasi complète avant d'enjamber d'un trait la vaste baie, perché sur le Rainbow Bridge, qui offre des panoramas remarquables. Sur l'île, qui se rapproche assez vite, se détache le colossal Fuji TV Building drapé dans ses reflets métalliques. On descend de voiture en ayant l'impression d'avoir fait un tour de manège !

RAINBOW BRIDGE★

レインボーブリッジ

(Plan IX, A1)

Suspendu au-dessus de la baie depuis 1993, ce pont en acier relie le front de mer de Tokyo à Odaiba. Entre les deux pylônes plantés dans l'océan et culminant à 127 m, sa longueur est de 570 m. Outre le Yurikamome, il est parcouru par des véhicules automobiles alors que de chaque côté des allées ont été aménagées pour les piétons *(les vélos sont interdits)*. Du côté Tokyo, les marcheurs y accèdent à partir d'un ascenseur situé à proximité de Shibaura-Futo Station *(avr.-oct. : 9h-21h; nov.-mars : 10h-18h; fermé 3e lun. du mois et le jour suivant un j. férié; gratuit)*.

FUJI TV BUILDING★★

フジテレビ本社ビル

(Plan IX, A1)

M° U08.

▸ Impressionnant, le bâtiment construit par Tange Kenzo est un bloc perforé long de 210 m et haut de 120 m, entièrement recouvert d'aluminium et de verre, qui fait penser à un mécano géant. Le 7e étage, auquel on accède par un escalator semblable à celui du Centre Georges-Pompidou, est un jardin suspendu qui accueille diverses manifestations. Au sommet (25e étage), est accrochée une sphère de 32 m de diamètre, revêtue de titane, servant d'observatoire *(tlj sf lun. 10h-20h; 500 ¥)*.

▸ Sur le rivage, une réplique de la **statue de la Liberté** n'en mène pas large du haut de ses 11,50 m. En 1998, dans le cadre de l'Année de la France, la petite sœur de la célèbre statue du port de New York, celle qui se dresse sur l'île des Cygnes à Paris, avait été prêtée au Japon et installée à cet endroit. Pendant un an, des millions de Japonais vinrent la saluer. Quand elle s'en retourna chez elle, les Japonais qui s'y était attachés en commandèrent une copie définitive (2000).

MUSEUM OF MARITIME SCIENCE

船の科学館

(Plan IX, A2)

3-1 Higashi-Yashio, Shinagawa-ku. M° U08. www.funenokagakukan.or.jp. 10h-17h (w.-end 18h). 1 000 ¥.

Un paquebot de béton sert de bâtiment à ce musée qui expose quantité de maquettes. À quai, il y a deux vaisseaux : le *Yotei-maru* qui reliait Aomori à Hokkaido jusqu'à l'ouverture du tunnel en 1988, le *Soya*, un ancien cargo brise-glace qui fut aussi le premier navire d'observation scientifique japonais dans l'Antarctique (1956-1962).

NATIONAL MUSEUM OF EMERGING SCIENCE AND INNOVATION

日本科学未来館

(Plan IX, A2)

2-41 Aomi, Koto-ku. M° U08. www.miraikan.jst.go.jp. Tlj sf mar. 10h-17h. 500 ¥.

Le musée présente les avancées scientifiques : robots humanoïdes, nanotechnologies, supraconductivité, modules d'habitation pour station spatiale, etc. Un tour d'horizon étourdissant et interactif, qui ravit les enfants.

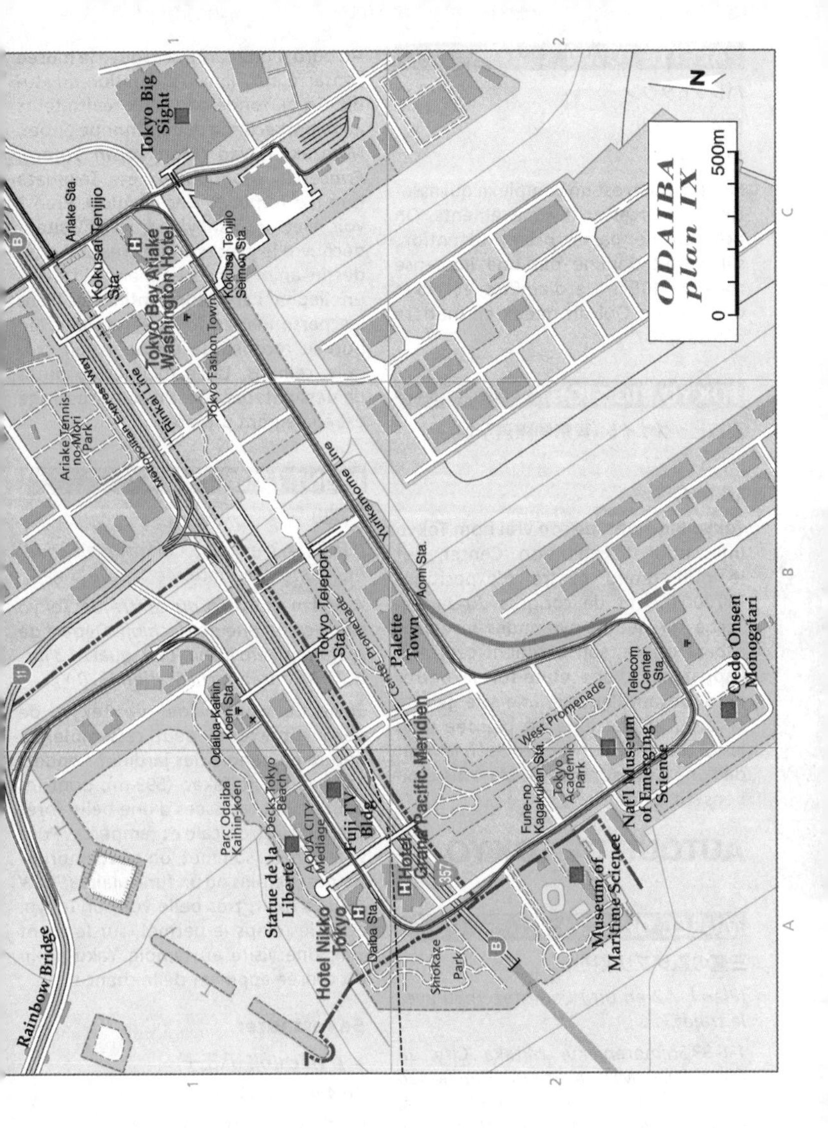

OEDO ONSEN MONOGATARI

大江戸温泉物語

(Plan IX, B2)

2-57 Aomi, Koto-ku. M° U09. Grand bain intérieur : entre 11h et 8h, 2 700 ¥; entre 18h et 2h, 1 900 ¥; suppl. de 1 575 ¥ si l'on reste au-delà de 2h. Tatouages interdits.

Un *onsen* qui récrée l'atmosphère d'Edo. À l'entrée, on choisit son *yukata* (kimono en coton) parmi une vaste collection, puis en route pour les bains à l'intérieur ou en plein air mais jamais mixtes. Parmi les prestations : bain de sable, massage du corps et des pieds, soins esthétiques, etc.

PALETTE TOWN

パレットタウン

(Plan IX, B2)

M° U10.

Palette Town est un complexe qui associe commerces et divertissements. On pourrait ne pas y prêter attention, s'il n'était dominé par une immense roue de 100 m de diamètre et 115 m de hauteur. Qui dit mieux en matière d'enseigne ?

TOKYO BIG SIGHT

東京ビッグサイト（東京国際展示場）

(Plan IX, C1)

M° U11.

Tokyo Big Sight, de son vrai nom Tokyo International Exhibition Center, est le plus grand centre d'expositions (80 000 m²) et de congrès du Japon. Juché sur quatre pyramides inversées à base carrée, son bâtiment central a l'apparence d'une plate-forme pétrolière. Devant l'entrée, une scie géante en acier et plastique est plantée dans le sol comme pour le découper. Il s'agit de l'une des neuf œuvres d'art disséminées sur le site.

AUTOUR DE TOKYO

MUSÉE GHIBLI★★

三鷹の森ジブリ美術館

(Plan I, A2 en dir.) Comptez 1h30 avec le trajet.

1-1-83 Shimorenjaku, Mitaka City. JR Chuo Line, Mitaka Station, sortie sud (à 20mn de Shinjuku Station). De là, navette (5mn, 300 ¥ AR). Tlj sf mar. 10h-18h. Les entrées ne se font que ttes les 2h à partir de 10h. En raison des quotas de places, mieux vaut réserver son billet à l'avance dans son pays d'origine, auprès des filiales étrangères du Japan Travel Bureau, www.jtb-uni.com (pour le site français ; 15 € l'entrée). Au Japon, les magasins Lawson détiennent l'exclusivité de la vente.

Au bord d'une forêt, se trouve le musée consacré aux films d'animation du studio Ghibli fondé par deux réalisateurs au talent reconnu dans le monde entier, Miyazaki Hayao ***(Mon voisin Totoro, Princesse Mononoke)*** et Takahata Isao ***(Le Tombeau des lucioles)***. Rien à voir avec un Disneyland, ici le visiteur découvre le processus de création d'un dessin animé en cheminant à travers un lieu à l'ambiance intimiste. Tous les personnages sont là, et dans un bureau reconstitué on peut voir croquis, cellulos, table lumineuse, outils de dessinateurs, etc. Un court métrage est également projeté.

MONT TAKAO★★★

高尾山

(Plan I, A3 en dir.) Comptez au minimum une demi-journée avec le trajet.

À 50 km et 50mn du centre de Tokyo sur la commune de Hachioji. Départ de la station Keio à Shinjuku, quai n° 3 jusqu'à Takaosanguchi Station (370 ¥).

Envie de vous évader de Tokyo, de découvrir à quoi peut ressembler la nature en dehors des jardins ? Rendez-vous au mont Takao (599 m), dont les pentes sont tapissées d'une belle forêt à la fois subtropicale et tempérée. Pour se rendre au sommet, on peut emprunter des chemins ou un funiculaire *(900 ¥ AR)*. Là haut, très belle vue sur Tokyo, et, si le temps le permet, sur le mont Fuji. Une visite au temple Yaku-ou-in est censée apporter de la chance.

Se restaurer

▸ *À Hachioji* (八王子)

De 4 500 à 8 500 ¥

Ukai Toriyama **うかい鳥山**

3426 Minami-Asakawa, Takaosanguchi Station *(Plan I)*, ✆ (04) 2661 0739. 11h-21h30 (dim. 20h). Navettes gratuites entre la station Takaosanguchi et le restaurant situé à quelques kilomètres. Le restaurant composé de plusieurs maisons traditionnelles aux toits de chaume est tapi sous les frondaisons, dans une luxuriante vallée à proximité du mont Takao. Un torrent roule des épaules, des étangs se font discrets. Un réseau de sentiers est parcouru par des serveuses empressées et en kimono. La nourriture est exquise et présentée avec élégance. Le cadre est enchanteur. Une adresse idéale pour parachever une balade au mont Takao, mais nul besoin de prétexte pour venir jusqu'ici.

LE SUD DE TOKYO★★

☺ **Les temples et jardins**

☹ **Trop de voitures près de l'océan**

Quelques repères

Préfecture de Kanagawa - Yokohama : 25 km de Tokyo ; 3 577 436 hab. ; plan p. 207 - Kamakura : 50 km de Tokyo ; 170 000 hab. ; plan p. 214 - Carte régionale p. 132.

À ne pas manquer

Le Chinatown de Yokohama.

La forêt de bambou du Hokoku-ji, à Kamakura.

Les temples de Kita-Kamakura au petit matin.

Conseils

Pensez à changer vos devises et travellers à Yokohoma. À Kamakura, retrait d'espèces possible uniquement à la poste.

À Kamakura, commencez la visite des temples tôt le matin et évitez les week-ends.

Attention, pas de café Internet à Kamakura.

À 30mn à peine de Tokyo, Yokohama est une ville cosmopolite ouverte sur le monde, ancienne bourgade de pêcheurs devenue, en un siècle à peine, le plus grand port du Japon. Aujourd'hui, ses visées futuristes n'en font pas moins une cité agréable, jouissant de nombreux parcs et surtout d'un nombre record de musées, qui vous aideront à mieux saisir le destin d'une ville à part, fer de lance des inventions du début du siècle. Si vous disposez de jours supplémentaires, prolongez votre excursion à Kamakura. Outre une profusion de temples et de sanctuaires – en tout plus de soixante édifices –, elle connaît un développement touristique sans précédent, dû également à son immense baie léchée par l'océan.

YOKOHAMA★

横浜

Comptez une demi-journée.

Arriver ou partir

En train - **Yokohama Station** *(A1)*. Prenez le métro pour rejoindre Sakuragicho Station et le quartier central de Minato Mirai 21. Deux lignes relient les aéroports de Tokyo à Yokohama : la Narita Express Line part de Narita (90mn de trajet, 4 180 ¥), tandis que la Keihin Kyuko Line part de Haneda (20mn, 470 ¥). De Tokyo Station, départ de la Tokaido Line (28mn, 450 ¥), de la Yokosuka Line (31mn, 450 ¥) ou de la Keihin Tohoku Line (40mn, 450 ¥).

En bus - Limousine Bus des aéroports de Narita (90mn, 3 500 ¥) ou de Haneda (30mn, 560 ¥).

Comment circuler

À pied - Un système de marquage au sol appelé « *Kaiko Promenade* » relie les principaux sites du centre-ville. Plusieurs itinéraires sont proposés.

En métro - Le Municipal Subway traverse la ville du nord au sud (une ligne). Comptez entre 200 et 400 ¥ en fonction du trajet parcouru.

En train - Préférez les trains de banlieue (lignes Tokyu-Toyoko et JR Negishi) à la ligne de métro. Ils sont plus rapides et moins chers.

En bus - Les bus touristiques Akai-Kutsu sont reconnaissables à leur style rétro rouge et jaune. Départ régulier de Sakuragicho Station pour les principaux sites touristiques (100 ¥). Les stations sont annoncées en anglais.

Location de vélos - En face de la Landmark Tower *(A1)*. 10h-17h. 500 ¥/j.

Adresses utiles

Informations touristiques - **Tourist Information**, Sakuragicho Station *(A2)*. 9h-19h. Renseignements en anglais.

Banque / Change - **Citibank**, Yokohama Station *(A1)*. 9h-16h. Pour changer espèces, travellers, etc.

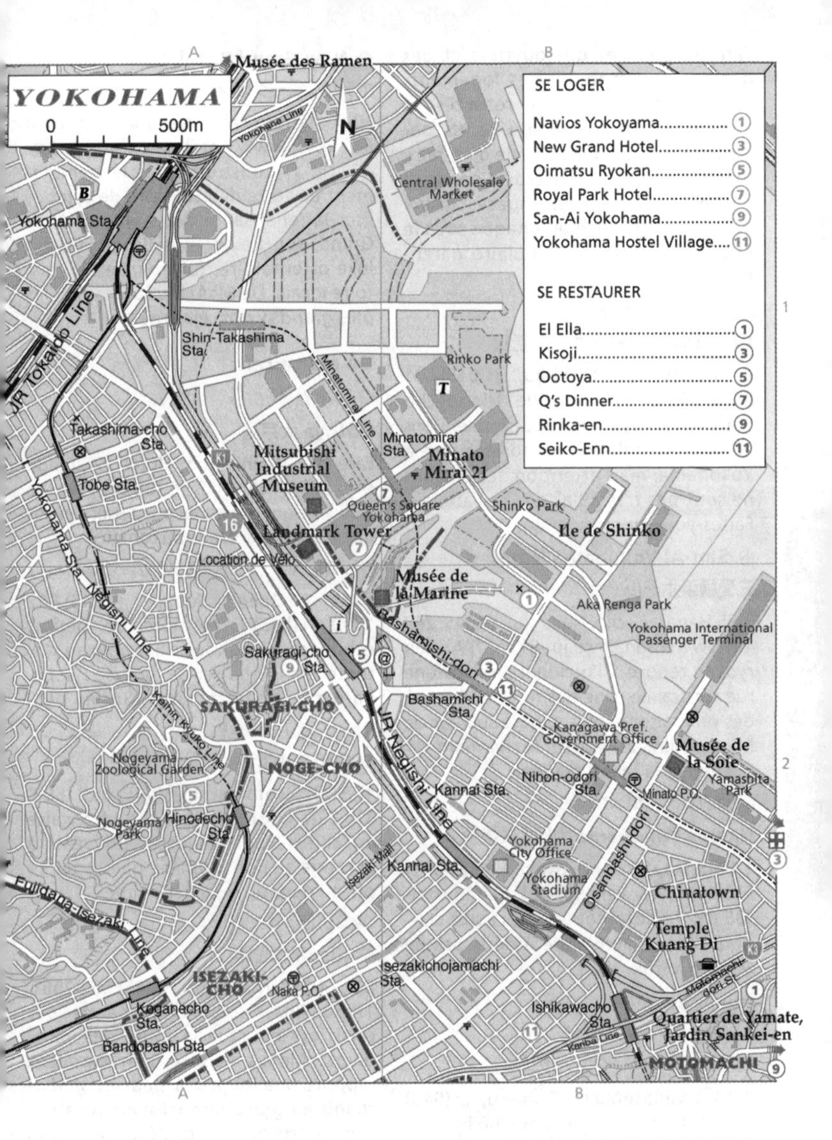

Poste / Retrait - 1-1 Sakuragi-cho *(A2)*. 9h-18h. Distributeur de billets ATM à l'entrée et services postaux au 3e étage.

Internet - **Washington Hotel**, Sakuragi-cho, *(A2)*. 24h/24. 100 ¥/10mn.

Santé - **Medical Clinic**, 82 Yamate-cho *(B2, en dir.)*. 9h-17h. Médecins anglophones.

Se loger

De 4500 à 8000 ¥

Yokohama Hostel Village

ヨコハマホステルヴィレッジ

Sanwa Building, 1F, 3-11-2 Matsukage-cho, ✆(045) 633 3696, http://hostel.funnybee.co.jp - 60 ch. Dans l'ancien quartier des ouvriers et des dockers de Kotobuki, des logements laissés vacants par les retraités et anciens migrants ont été repris par l'Hostel Village, qui a décidé d'en faire un eldorado pour routards. Chambres petites mais propres, espace cuisine et *laundry*, terrasse aménagée sous le toit. Une ambiance populaire garantie.

De 8000 à 12000 ¥

Oimatsu Ryokan ホテル老松

22 Oimatsu-cho, Nishi-ku, ✆(045) 231 2926 - 26 ch. À 5mn de Hinodecho Station, un *ryokan* tout simple dans un quartier calme. Une adresse rare à Yokohama, mais attention, les patrons ne sont pas très à l'aise avec l'anglais. Faites-vous aider.

☺ **San-Ai Yokohama Hotel**

三愛横浜ホテル

3-95 Hanasaki-cho, Naka-ku, ✆(045) 242 4411, www.sanaih.co.jp - 81 ch. Ancien *ryokan* rénové à l'occidentale dans une rue très calme. Une des rares adresses à des prix raisonnables dans le secteur de Minato Mirai 21. Vue sur le charmant jardin depuis la salle à manger.

De 12000 à 20000 ¥

Navios Yokohama ナビオス横浜

1-1 Shinko, 2-chome, Naka-ku, ✆(045) 633 6000, www.navios-yokohama.com - 135 ch. Hôtel tout confort très classique, idéalement situé à deux pas de Minato Mirai.

Plus de 20000 ¥

☺ **Royal Park Hotel**

横浜ロイヤルパークホテル

2-2-1-3 Minatomirai, Nishi-ku, ✆(045) 221 1111, www.yrph.com - 603 ch. Logées entre les 52e et 67e étages de la Landmark Tower, les chambres du Park Hotel ont toutes une vue vertigineuse. Superbes volumes et hublots façon matelot dans la salle d'eau. Essayez aussi les merveilleux sushis du Shikitei (68e étage) et la cérémonie du thé dans une chambre réaménagée. Magique !

☺ **New Grand Hotel**

ホテルニューグランド

10 Yamashita-cho, Naka-ku, ✆(045) 681 1841, www.hotel-newgrand.co.jp - 400 ch. Construit après le tremblement de terre de 1923 afin de symboliser la renaissance de la ville, le New Grand, son Rainbow Ballroom et son luxe ostentatoire, font partie de l'histoire locale. De McArthur à Chaplin, les plus grands y ont séjourné.

Se restaurer

Moins de 1000 ¥

Ootoya 大戸屋

Face au Washington Hotel, Sakuragi-cho, ✆(045) 664 0117. 10h-22h. Sets de sushis, beignets, viandes ou poissons grillés que l'on avale accoudé au comptoir.

Q's Dinner クイーンズダイナー

Tower A, Queen's Square, ✆(045) 682 1000. 11h-23h. Pléthore de petites échoppes du monde entier pour se sustenter sans épuiser sa bourse : *soba*, barbecue, pizza, *dim sum*, curries, etc.

De 1000 à 2000 ¥

El Ella エルエラ

1F, 3-132, Motomachi, ✆(045) 661 1688. 11h-22h. Cuisine italienne ou française au choix. Pour déguster un veau à l'orange ou une soupe de palourdes au pistou dans un quartier animé.

De 2000 à 4000 ¥

☺ **Kisoji** 木曽路

B1F, 4-55 Ohta-cho, ✆(045) 664 2961. 11h30-23h. Kisoji ou le charme des relais qui ponctue la route des voyageurs. Menus *kaiseki* d'un excellent rapport qualité/prix à midi et *shabu-shabu* au *gomadare* (sésame local) le soir. Autre option, la découverte des *kishimen* (nouilles de Nagoya).

Seiko-Enn 生香園

5-80 Aioi-cho, Naka-ku, ✆(045) 651 5152. 11h30-21h30. Cuisine cantonaise dans un charmant décor traditionnel.

☺ Citons également les chinois de Chinatown, dont l'intégralité des restaurants est répertoriée sur une carte, disponible à l'office de tourisme. 11h30-22h30. Il y en a pour tous les goûts et pour tous les budgets. Parmi les cantonais, citons les incontournables **Heichinro** et **Manchinro**. Pour une cuisine du Sichuan plus épicée, essayez le **Shei Shei**. Spécialités shanghaïennes au **Jo Gen Ro** à l'instar des *dazha xie*, crabes à la chaire savoureuse. Enfin, cuisines pékinoises au **Tourin**, **Kaseiro** ou **Anrakuen**.

Plus de 4000 ¥

Rinka-en 隣花苑

52-1 Sannotani Honmoku (derrière le parc Sankei-en), ✆(045) 231 0824. 12h-17h. Réserv. obligatoire. Ancienne demeure (14e s.) d'un prêtre shinto attachée à un temple d'Izu, la maison fut déplacée à Yokohama et offre un rare témoignage de l'architecture d'Izu d'alors. On y sert les fameux *sankei soba* dont la recette se transmet de génération en génération.

Sortir, boire un verre

Bars - **Chinatown** *(B2)* est l'un des quartiers les plus vivants le soir. Sinon, pour une ambiance plus masculine mais très japonaise, essayez les nombreux *izakaya* de **Noge-cho** *(A2)* (18h-1h). Enfin, rue **Motomachi** *(B2)*, vous trouverez un quartier plus branché, apprécié des touristes.

Achats

Shopping - **Bashamichi-dori** *(B2)*. Lèche-vitrine et *izakaya* dans cette rue *(michi)* des deux-roues *(basha)*, en référence à l'époque où les étrangers s'y promenaient alors en diligence.

Motomachi *(B2)* est une rue commerçante très appréciée des touristes.

Aka Renga Park, Minato Mirai 21 *(B2)*. Ancien entrepôt de soie transformé en centre commercial et culturel.

Papier - **Isetatsu**, 184 Yamate *(B2, en dir.)*. 10h-18h. Jolie petite maison pour découvrir le *chiyogami*, papier coloré utilisé depuis 300 ans pour fabriquer des poupées, présenter des pâtisseries, des cadeaux, etc.

HISTOIRE

En 1854, Yokohama devient l'un des premiers ports japonais à s'ouvrir au commerce extérieur. En 1872, elle inaugure la première ligne de chemin de fer, celle qui la relie à Tokyo. Cité des « premières fois » qu'elle doit à son ouverture précoce sur l'étranger, Yokohama fait sa fortune sur la soie, dont elle détient le monopole malgré les tentatives récurrentes de Kobe de récupérer le marché. À la fin du 19e s., le quartier de Kannai (« À l'intérieur de la porte ») protège les intérêts d'une soixantaine de familles étrangères se promenant en calèche dans la peur des samouraïs « tentant d'expulser les barbares de la terre des dieux ». Au début du 20e s., Yokohama devient une ville agréable et tranquille où il fait bon vivre. Mais le terrible tremblement de terre de 1923, puis les bombardements de la Seconde Guerre mondiale l'anéantissent presque entièrement. Elle réussit néanmoins à renaître miraculeusement de ses cendres pour devenir une mégalopole dynamique et moderne, dont le front de mer futuriste évoque les dragons asiatiques à l'instar de Hong-Kong ou de Shanghai.

VISITE DE LA VILLE

MINATO MIRAI 21★★

みなとみらい21

Sakuragicho Station.

Pour opérer une transition avec les anciennes activités navales et industrielles, le front de mer fut entièrement relooké en un « Port du futur pour le 21e s. ». Emblème de cette zone, la **Landmark Tower★★** (296 m) *(A1)* a été construite en 1993 par Hugh Stubbins, un architecte américain. Une vue vertigineuse s'offre au visiteur du 69e étage, accessible par un ascenseur fulgurant *(10h-22h ; 1000 ¥)* qui vous montera à la vitesse de 1 étage/s., soit 1mn pour atteindre le 60e étage ! En face, sur l'**île de Shinko** *(B1-2)*, une immense grande roue de 45 wagons (le violet porte bonheur) *(700 ¥/15mn)* permet d'apercevoir le dôme vert de la maison des Douanes (tour de la Reine), la préfecture de Kanagawa (tour du Roi) et le hall commémoratif de l'inauguration du port de Yokohama (tour du Valet), reconstruit cinquante ans après le tremblement de terre.

Mitsubishi Industrial Museum

三菱みなとみらい技術館

(A1)

Derrière la Landmark Tower. Tlj sf lun. 10h-17h30. 300 ¥.

Sur son ancien site industriel, la compagnie Mitsubishi (qui a financé une partie du projet Minato Mirai 21) a fondé un musée, véritable mine d'informations sur les technologies avancées dans des domaines tels que l'environnement, l'espace, l'océanographie ou l'énergie. Nombreuses maquettes dont la reconstitution d'une usine d'incinération, le modèle d'une fusée pour aller sur la Lune, la voiture du futur roulant sans essence grâce à un système de rail. Aussi un simulateur de vol en hélicoptère très prisé *(réservez votre tour)*.

Musée de la Marine★

横浜マリタイムミュージアム

(A-B2)

Face à la Landmark Tower. Tlj sf lun. 10h-17h. 600 ¥.

Construit comme un bateau face au superbe **Nippon Maru★** amarré sur le dock attenant, le musée abrite une présentation de la marine marchande au 19e s. et revient sur l'histoire du port et l'arrivée au Japon du Commodore Perry *(voir « Histoire », p. 78)*. Aussi de nombreuses maquettes et panneaux explicatifs sur l'activité du port : exportation de soie, commerce de coton avec la Chine, etc.

Musée de la Soie

シルク博物館

(B2)

2F, 1 Yamashita-cho, Naka-ku (à 20mn de marche de la Landmark Tower en longeant le port). Tlj sf lun. 9h-16h30. 500 ¥.

Au cours du 19e s., le Japon est l'une des étapes de la route de la soie. Produit dans les régions du Kanto, de Koshin et du Tohoku, le précieux tissu était ensuite acheminé vers le port de Yokohama pour être exporté vers l'Europe et l'Amérique. Le musée en retrace l'histoire mais aussi les procédés de fabrication : du ver à soie au cocon, en passant par le filage et le traitement du tissu. À l'étage, exposition de vêtements traditionnels (kimonos) et de cérémonie (robes de nô, kabuki et bunraku), où l'on apprend qu'une femme pouvait enfiler jusqu'à douze kimonos, ou que les samouraïs fermaient le leur sur le côté gauche pour cacher leur sabre.

Descendez Osanbashi-dori pour atteindre Chinatown (10mn à pied).

CHINATOWN★★

中華街

(B2)

M° Motomachi-Chukagai.

▶ Situé au cœur de Yokohama, dos au nord et face au soleil levant, un bon *feng shui* pour un quartier prospère. Chinatown a le vent en poupe. Durant la seconde moitié du 19e s., le port de Yokohama s'ouvre au commerce. Afin de mieux traiter avec les Japonais, Cantonais et Shanghaïens, *compradores* habitués à parler affaires avec les étrangers depuis le traité de Nankin (1842) sont appelés à l'aide par les Occidentaux. Très vite, tout un quartier se forme : restaurateurs, tailleurs, chausseurs, réparateurs en tout genre. En 1860, on compte près d'un millier de ressortissants chinois qui possèdent leurs écoles, leurs temples et aussi leurs codes. Aujourd'hui, à l'ère du nouvel eldorado touristique, plus de 200 restaurants sont répartis entre les huit portails vermillon qui quadrillent le quartier.

Le quartier chinois de Yokohama.

華王飯店
歓迎光臨
横濱中華街
老正興
華王飯店

▸ Prenez quelques minutes pour visiter le **temple Kuang Di** (1862), dédié à Guangyu, général *han* élevé au rang de dieu des Guerriers, dont les exploits sont contés dans le ***Roman des Trois Royaumes***. Vénéré pour sa droiture, il est devenu le patron des comptables et commerçants.

Pour rejoindre le quartier de Yamate, marchez 15mn à l'est de Chinatown.

QUARTIER DE YAMATE★★

山手

(B2, en dir.)

C'est à Yamate que s'installèrent Français, Anglais et Américains lorsqu'ils arrivèrent à Yokohama dans la seconde moitié du 19e s. Aujourd'hui, cette colline tranquille offre une promenade agréable entre le **Harbour View Park**, dont on découvre une belle vue sur le port, l'église catholique et le **cimetière**, construit pour la flotte du Commodore Perry avant de devenir celui des résidents étrangers. Le quartier compte également de nombreux musées, dont celui de la Littérature moderne *(en japonais)*. En bas du cimetière, on rejoint la rue Motomachi et ses nombreuses boutiques.

Jardin Sankei-en★★

三渓園

(B2, en dir.)

58-1 Sannotani Honmoku. Bus nº 8 de Minato Mirai 21. 9h-17h. 500 ¥.

Propriété privée d'un marchand de soie (Hara Tomitaro) jusqu'en 1906, ce superbe jardin, la « troisième vallée », telle est la traduction de *sankei*, est à présent ouvert au public. On y déambule entre étang aux lotus, petits ponts de cèdre et jardins intérieurs. Résidence de la famille Hara, la **Kakushokaku★**, vient d'être restaurée pour 2 milliards de yens par des artisans spécialisés : magie des *fusuma* (parois coulissantes), énorme porte coffre-fort en pierre de sable et vastes salons tatamis. Autres joyaux classés, la pagode à trois étages déménagée de l'ancien temple Tomyo-ji de Kyoto et la **chaumière Yanohara★★,** dont l'impressionnant toit révèle une charpente en bois tenue par d'épais brins de paille noués aux poutres. Idéale en cas de tremblements de terre, ces nœuds offrent souplesse et résistance tout à la fois. Une dernière halte au **Rindo-an** permet d'apprécier une cérémonie du thé raffinée.

Musée des Ramen

新横浜ラーメンミュージアム

(A1, en dir.)

2-14-21 Shin-Yokohama, Kohoku-ku. 11h-23h. 300 ¥.

Un peu excentré, cet immense musée est dédié aux fines nouilles de blé *(ramen)*, originaires de Chine. Outre quelques animations autour des *instant ramen*, type Bolino, une reconstitution du Tokyo des années 1960 offre un grand choix de gargotes régionales pour goûter les *ramen* façon Keyaki, Hachiya, etc.

KAMAKURA★★

鎌倉

Comptez 2 jours.

Cité de temples et de jardins, la ville a été le centre du shogunat pendant près de 150 ans. De nombreux pèlerins et visisteurs se rendent aujourd'hui à Kamakura, qui compte plus de soixante édifices religieux. Si les premiers se doivent d'en parcourir plus d'une trentaine, les seconds se limitent aux grands temples zen de Kita-Kamakura, ainsi qu'au Hachimangu, au Grand Bouddha et à quelques autres sites de leur choix. Outre les trésors culturels d'une ville rompue à la culture des samouraïs, Kamakura est aussi devenue le paradis des surfeurs, qui envahissent la **baie de Sagami** le week-end. Il est loin le temps où la petite cité du « grenier » *(kura)* des « faux » *(kama)* vivait d'agriculture et d'eau salée.

Arriver ou partir

En train - Kamakura Station *(B2)*. De Tokyo Station, Yokosuka Line *via* Yokohama (55mn de trajet, 890 ¥). De Yokohama, Yokosuka Line (30mn, 230 ¥). Pour Shimoda, Yosuka Line, puis Shinkansen Odoriko.

Se repérer

Les temples de Kamakura sont répartis entre **Kita-Kamakura** *(A-B1)*, au nord, la ville de **Kamakura**, où ils s'égrènent un peu partout, et le quartier de **Hase** *(A2)*, au sud, près des plages. Au sein de chaque quartier, les temples sont accessibles à pied.

Comment circuler

En train - De Kamakura, Enoden Line pour Hase (15mn de trajet, env. 250 ¥) et Yokosuka Line pour Kita-Kamakura (15mn, env. 250 ¥).

En bus - Nombreux bus pour les principaux temples au départ de Kamakura Station.

En vélo - Hase et Kita-Kamakura ne sont qu'à 15-20mn en vélo de Kamakura. Location à Kamakura Station *(B2)*. 500 ¥/h ou 1 500 ¥/j.

Adresses utiles

Informations touristiques - Tourist Information, Kamakura Station *(B2)*, ✆(0467) 22 3350. 9h-17h30.

Poste / Retrait - Wakamiya-Oji *(B2)*. 9h-19h. Distributeurs de billets ATM. 9h-21h.

Se loger

Auberge de jeunesse

Hase Youth Hotel

鎌倉はせユースホステル

5-11 Sakanoshita, ✆(0467) 24 3390, www1.kamakuranet.ne.jp/hase_yh - 1 ch. jap., 2 dortoirs. À 3mn de marche de Hase Station, une toute petite auberge en bois ouverte depuis trois ans par un couple adorable qui parle un peu anglais. Bibliothèque-salon, coin cuisine, *o furo* très propre. À côté se trouve le sanctuaire shinto Goryo-jinja, peu fréquenté mais charmant. 4000 ¥/pers.

De 4500 à 8000 ¥

Komachi-so 小町荘

2-8-23 Komachi-so, ✆(0467) 23 2151 - 4 ch. Petite pension discrète tenue par une vieille dame qui vit là depuis 1957. *O furo* et chambres japonaises.

De 8000 à 12000 ¥

Hotel New Kamakura

ホテルニュー鎌倉

13-2 Onarimachi, ✆(0467) 22 2230 - 26 ch. Juste derrière la gare, sur une place tranquille où trône un superbe cerisier. Chambres japonaises petites mais très agréables. La nouvelle aile est plus confortable, mais les chambres, plus onéreuses.

B. B. House B・Bハウス

2-22-31 Hase, ✆(0467) 25 5859 - 5 ch. Une blanche demeure à côté des plages, intégralement réservée à la gent féminine. Calme et verdoyant. Chambres japonaises.

De 12000 à 20000 ¥

Ajisai Classical Hotel

クラシカルホテルあじさい

1-12-4 Yukinoshita, ✆(0467) 22 3492 - 12 ch. À deux pas du Hachiman-gu, chambres petites mais fonctionnelles. Même si l'hôtel est pratique, il reste sans charme.

Shangrila Tsurugaoka

シャングリラ鶴岡

1-9-29 Yukinoshita, ✆(0467) 25 6363, fax (0467) 25 6456 - 10 ch. Petit *business hotel* donnant sur l'allée des cerisiers, au cœur de la ville.

Plus de 20 000 ¥

Park Hotel 鎌倉パークホテル

33-6 Sakanoshita, ✆(0467) 25 5121, www.kamakuraparkhotel.co.jp - 46 ch. Un peu loin du centre-ville, le Park Hotel propose des chambres grand confort et d'un *rotenburo* avec vue sur l'océan. Personnel aux petits soins.

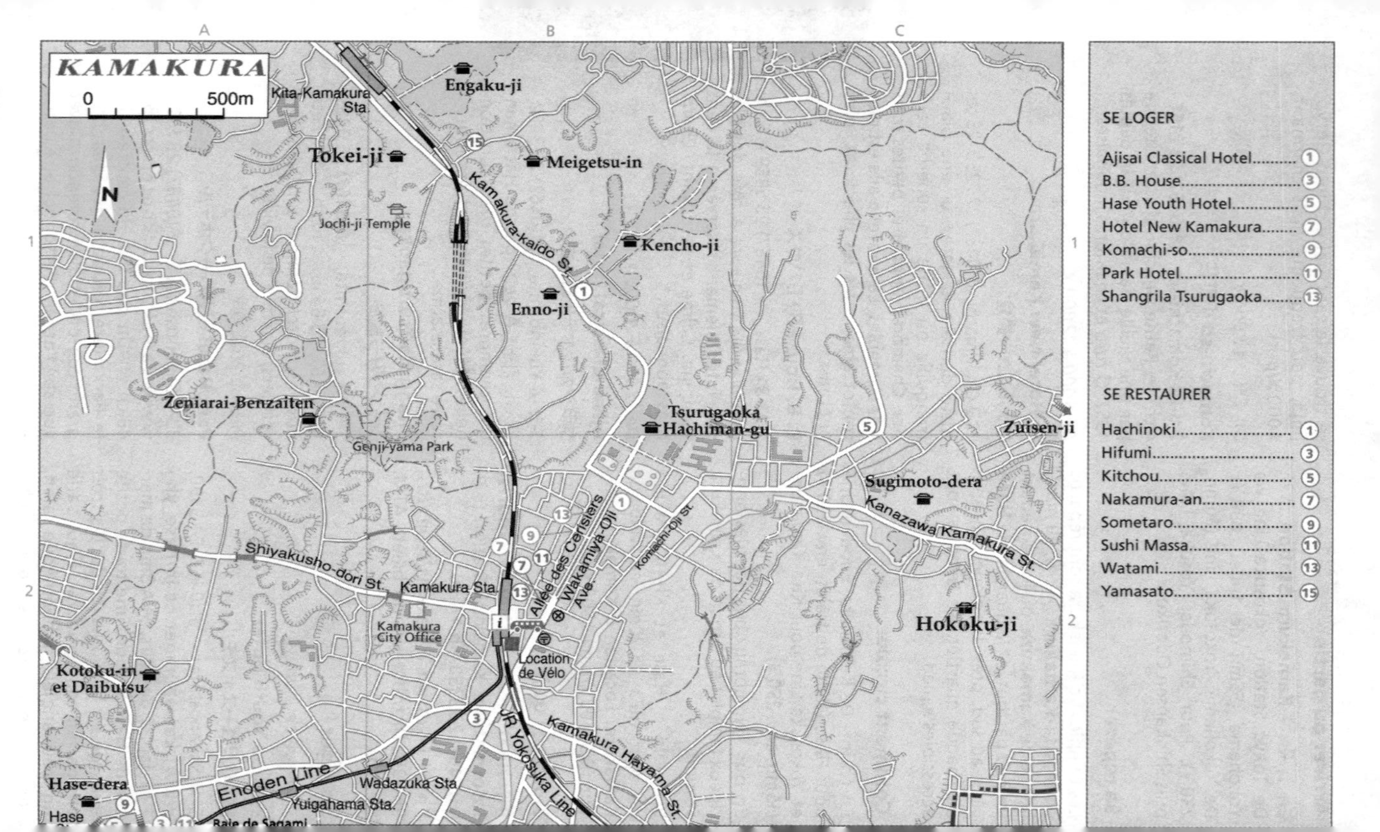
KAMAKURA
0
500m
N
Kita-Kamakura Sta.
Engaku-ji
Tokei-ji
Meigetsu-in
Jochi-ji Temple
Kamakura-kaido St.
Kencho-ji
Enno-ji
Zeniarai-Benzaiten
Tsurugaoka Hachiman-gu
Zuisen-ji
Genji-yama Park
Sugimoto-dera
Kanazawa Kamakura St.
Shiyakusho-dori St.
Kamakura Sta.
Allée des Cerisiers
Wakamiya-Oji Ave.
Komachi-Oji St.
Kamakura City Office
Location de Vélo
Hokoku-ji
Kotoku-in et Daibutsu
Kamakura Hayama St.
JR Yokosuka Line
Enoden Line
Wadazuka Sta.
Yuigahama Sta.
Hase-dera
Hase
Baie de Sagami
A
B
C
1
2
SE LOGER
Ajisai Classical Hotel.......... 1
B.B. House.......... 3
Hase Youth Hotel.......... 5
Hotel New Kamakura.......... 7
Komachi-so.......... 9
Park Hotel.......... 11
Shangrila Tsurugaoka.......... 13
SE RESTAURER
Hachinoki.......... 1
Hifumi.......... 3
Kitchou.......... 5
Nakamura-an.......... 7
Sometaro.......... 9
Sushi Massa.......... 11
Watami.......... 13
Yamasato.......... 15

Se restaurer

Moins de 1000 ¥

Sometaro 染太郎

3-12-11 Hase, (0467) 22 8694. 11h-22h. Dans cette salle calme et boisée, une patronne de caractère installe un à un ses convives face à d'immenses plaques chauffantes. Chacun peut se faire cuire son omelette japonaise à son goût.

Nakamura-an 中村庵

1-7-6 Komachi-dori, (0467) 25 3500. Tlj sf jeu. 11h45-17h. Spécialité de *soba* préparés à la minute par un cuisinier habile. Très populaire.

Yamasato 山里

321 Yamanouchi, (0467) 22 2156. 10h30-17h. À deux pas du Meigetsu-in, un restaurant charmant avec une terrasse attenante auréolée de bambou. Au menu : *soba*, *udon* mais aussi thé et pâtisseries maison.

De 1000 à 2000 ¥

Watami 和民

3F, 1-6-17 Komachi-dori, (0467) 60 4731. 11h30-0h. Sashimis, brochettes, *okonomiyaki*, *gyoza*. Vaste choix et ambiance jeune et populaire. Un peu trop enfumé parfois mais ouvert tard.

De 2000 à 4000 ¥

Sushi Massa 寿司眞

2-9-3 Komachi-dori, (0467) 23 5563. Tlj sf merc. 11h-22h. Pour une envie de sushis à déguster au comptoir.

Kitchou 帰蝶

3-25 Nikaido, (0467) 22 1071. Tlj sf lun. 11h30-22h. Une belle entrée fleurie avant de pénétrer dans le salon tatamis aux tables basses en bois rouge laqué, le « retour du papillon », telle est la traduction de Kitchou, offre raffinement et délices : miniatures de tofu et potiron, boules de poisson, sucettes de soja, etc.

Hachinoki 鉢の木

À l'entrée du Kencho-ji, (0467) 22 8719. Tlj sf lun. 11h-16h. Fermé le soir. Ouvert depuis 41 ans, ce restaurant attaché au temple possède à présent deux annexes près du Meigetsu-in. Idéal pour découvrir la cuisine zen : assortiments de plats végétariens très raffinés servis dans une vaisselle rouge, qui signe la marque du respect.

Plus de 4000 ¥

Hifumi 日文

2-9-62 Yuigahama, (0467) 22 8676. Tlj sf lun. 11h30-21h. Cuisine *kaiseki* au service des saveurs maritimes et des spécialités locales. Au printemps, le sorbet cerise sonne comme un clin d'œil saisonnier aux cerisiers en fleur.

Faire une pause

Pâtisseries - Imoyoshi, à droite du Hachiman-gu *(B2)*. 9h30-18h. Spécialités de glaces et de gâteaux à la patate douce.

Toshima-ya, 2-11-19 Komachi-dori *(B2)*. 9h-19h. Pâtisseries fines et spécialité de sablé en forme de pigeon.

Loisirs

Massages - 1-9-3 Yukinoshita *(B2)*. 10h30-19h. Massage des pieds (5500 ¥/1h) ou du corps (3000 ¥/30mn) avec des huiles odorantes.

Fêtes et festivals

Kamakura Matsuri (2e dim. d'avr. et à la mi-sept.) : parade dans les rues et concours d'archers au Hachiman-gu. Le 2e mar. d'août, un grand feu d'artifice est donné sur la baie de Sagami.

Achats

Thé - Edamura-en, 16-3-2 Komachi-dori *(B2)*. Tlj sf dim. 9h30-19h. Thé *matcha*, battoirs et outils à thé.

Kimonos - Antique Kimono, 31-7-2 Komachi-dori *(B2)*. Kimonos et *obi* recyclés, donc moins chers (8000 ¥ et 18000 ¥).

HISTOIRE

Suite à la victoire des Minamoto sur les Taira à la bataille de Dan-no-Ura, en 1185, le chef du clan, Yoritomo, fonde un gouvernement militaire à Kamakura et se voit décerner le titre de shogun par l'empereur. C'est le début de l'ère Kamakura. Pendant près de quarante ans, le clan Minamoto restera à la tête du shogunat. Mais, en 1219, la terrible Masako, épouse de Yoritomo, élimine tous ses rivaux et prend le pouvoir au nom de son clan, les Hojo. Sous cette nouvelle régence, les relations avec la Chine se renouent, qui permettent l'introduction du bouddhisme zen. Dans le même temps, de nombreux temples et palais sont édifiés. L'ère Kamakura s'achèvera en 1333, affaiblie par les invasions mongoles. Tout au long des 14e et 15e s., la ville restera un important centre militaire avant de décliner peu à peu.

VISITE DE LA VILLE

DE TEMPLE EN SANCTUAIRE

Comptez une journée.

Commencez votre visite en flânant le long de l'allée des cerisiers *(Wakamiya-Oji)*, qui rejoint le Hachiman-gu.

Tsurugaoka Hachiman-gu★

鶴岡八幡宮

(B1)

Musée du Trésor : 9h-17h ; 100 ¥.

Trois grands *torii* (portique) rouges créent une perspective de l'allée des cerisiers jusqu'au Hachiman-gu, sanctuaire des Minamoto, construit en 1063 dans les faubourgs de Kamakura, puis déplacé au centre-ville, en 1191, par Yoritomo, le premier shogun du clan. Masako, sa femme, imagina les trois ponts que l'on enjambe pour rejoindre une vaste esplanade où se trouve le **Maidono**, un pavillon de danse tristement célèbre. Yoritomo, jaloux de son frère Yoshitsune, força la maîtresse de ce dernier, Shizuka, à s'y produire. En septembre, un festival de danses nô rend hommage à cette femme. Un peu plus loin, un imposant **ginkgo** témoigne, lui aussi, des relations tumultueuses du clan Minamoto. En 1219, accusant le troisième shogun de la mort de son père Yoriie (le deuxième shogun), Kugyo se glissa derrière l'arbre et l'assassinat. Dans le **sanctuaire supérieur** *(Kamino Miya)*, des objets de culte sont exposés, plus largement rassemblés dans le musée attenant.

Rejoignez Kamakura Station.

Hokoku-ji★★★

報国寺

(C2)

2-7-4 Jomyo-ji. Bus n° 23 de Kamakura Station, 3e arrêt. Temple et jardin sec : 9h-16h ; pavillon de méditation : ouv. dim. seul. 7h-12h. 200 ¥

Temple zen de la secte Rinzai, son fondateur, Butsujo, suivit les enseignements de Mugaku, un moine chinois à l'origine de l'introduction du zen au Japon. Il est enterré derrière le bâtiment principal, au cœur d'une **forêt de mille bambous** particulièrement enchanteresse sous la pluie. Il est possible de déguster un thé *matcha* dans le pavillon du fond. Au printemps, le chant hésitant des bébés rossignols vient percer le silence.

Redescendez la Kanazawa Kamakura St., direction Kamakura (10mn à pied).

Sugimoto-dera★★

杉本寺

(C2)

8h30-16h30. 200 ¥.

Il s'agit du plus vieux temple de Kamakura (734), planté sur une colline à laquelle on accède par une longue volée de marches couvertes de mousse et scandées de banderoles blanches estampillées du nom des donateurs. **Deux gardiens** sculptés par Unkei en gardent l'entrée. À l'intérieur, trois **statues de Kannon aux onze têtes**.

Suivez les fléchages jusqu'au Zuisen-ji (20mn à pied).

Zuisen-ji★

瑞泉寺

(C1, en dir.)

9h-17h. 100 ¥.

Ce temple est connu pour son **jardin zen**, créé en 1327 par Muso, un moine-jardinier célèbre dont la statue est intégrée au jardin. Ce dernier privilégia la combinaison de l'eau et des rochers et l'adaptation à l'environnement préexistant. On y découvre également quelques végétaux autochtones comme les fleurs de radis ou le *mitsumata*, plante à fleurs blanches utilisée dans la fabrication du papier traditionnel. En haut de la colline, le **pavillon Ichiran-tei**, prisé des moines et poètes, offre un panorama sur Hakone et le mont Fuji.

QUARTIER DE HASE

長谷

Comptez une demi-journée.

Après la visite de Hase, prenez le temps de vous baigner à la plage de la **baie de Sagami**, à portée de pas des temples.

Hase-dera★★

長谷寺

(A2)

3-11-2 Hase (à 5mn à pied de la gare de Hase). 8h-17h30. 300 ¥.

Un temple bouddhiste de la secte Jyodo dédié à Kannon, représentée par une imposante **statue de bois** (9 m) surmontée de onze petites têtes. D'après la légende, la statue serait la jumelle de celle du temple Yamato-Hasedera à Nara, issue du même bloc de camphrier, puis échouée à Kamakura en 736. Cette version est néanmoins contestée par les historiens, pour lesquels Kannon n'était pas connue avant l'ère Heian (à partir de la fin du 8e s.) au Japon. Faites un tour dans le hall Kaikoku-do, qui abrite la déesse Ugajin de la Richesse.

Remontez la rue principale vers le nord.

Kotoku-in et Daibutsu★

高徳院と大仏

(A2)

7h-18h. 200 ¥.

À l'origine (1243), le **Grand Bouddha★** de Kamakura *(Daibutsu)* était en bois, mais cinq ans à peine après sa construction, il fut détruit par un typhon. Il en fut de même pour le pavillon qui l'abritait, reconstruit de nombreuses fois par les shoguns Ashikaga. Depuis 500 ans, c'est une immense statue de bronze (12 m pour 125 t) représentant Amida en méditation qui trône sur la ville, résistant aux tempêtes et tremblements de terre, dont celui de 1923 !

Suivez le fléchage, direction nord, pour le Zeniarai-Benzaiten (20mn à pied).

Zeniarai-Benzaiten★★

銭洗弁財天

(A1)

Le Jour du serpent du Mois du serpent de l'Année du serpent, la déesse-serpent Ugajin souffla au shogun Yoritomo l'existence d'une source au sud-ouest de Kamakura. Ce site devint alors l'un des plus populaires de la ville. On y accède aujourd'hui par un tunnel, puis une allée de *torii* (portique) qui débouche sur un vaste amphithéâtre de verdure. Sur place se déploie une succession d'autels où l'on vient prier Ugajin, assimilée à la divinité de la Richesse. Offrandes d'œufs (le met préféré du serpent), de monnaie, son de cloche et double battement de main (rituel shinto) ont pour objectif de l'amadouer. Suit le passage à la source : on vient y laver pièces et billets (soigneusement séchés ensuite) dans l'espoir que leur valeur double.

KITA-KAMAKURA

北鎌倉

(B1) Comptez une journée.

Kita-Kamakura compte cinq grands temples zen, dont les fameux Kencho-ji et Engaku-ji.

Engaku-ji★★

円覚寺

À 5mn à pied de la gare. 8h30-17h. 300 ¥.

Cet immense temple aux fenêtres bulbes, caractéristiques de l'architecture zen, est le deuxième des cinq grands temples zen de Kamakura. Il fut érigé en l'honneur des soldats japonais et guerriers mongols morts pendant la double invasion de Khubilai (1274 et 1281). Elle se solda par un échec dû à un terrible typhon baptisé « vent providentiel » *(kamikaze)*, dont le nom fut repris par les pilotes qui se jetaient sur les navires américains lors de la guerre du Pacifique. Le bâtiment principal du temple abrite un gigantesque **Shakyamuni** de 2,6 m, assis sur un lotus. Le lieu est également connu pour la qualité de son enseignement et forme de nombreux moines.

Redescendez la Kamakura-kaido (5mn de marche pour le Tokei-ji).

Tokei-ji★★★

東慶寺

8h30-17h. 200 ¥.

Le Tokei-ji fut surnommé « temple du Divorce » jusqu'à la restauration de l'ère Meiji, car les femmes malheureuses en mariage pouvaient s'y retirer. On découvre une très belle **statue en bois de Kannon** (14e s.), dont le pied gracile dépasse légèrement du vêtement. Plus récente mais également très émouvante, une sculpture en bois du chef des moines, décédé en 2006, trône dans le pavillon de méditation.

Toujours en redescendant la Kamakura-kaido, le Meigetsu-in est à 5mn à pied.

Meigetsu-in★★

明月院

8h30-17h. 300 ¥.

Fondé par Uesugi Norikata en 1380, ce temple offre une promenade fleurie entre iris, hortensias *(juin)*, pêchers et cerisiers en fleurs *(avr.-mai)*. Dans le bâtiment principal, belle statue de **Kannon** (1520) assise sur un lotus face à un jardin sec. Non loin, on peut se recueillir sur la tombe de Hojo Tokiyori, cinquième régent du clan Hojo.

Kencho-ji★★

建長寺

À *10mn à pied du Meigestu-in par la Kamakura-kaido. 8h30-16h. 300 ¥.*

Il s'agit du plus grand temple zen de Kamakura, fondé en 1253 par Rankei Doryu, maître zen venu de Chine. L'accès se fait par une première porte *(So-mon)* avant d'accéder à la porte interne *(San-mon)*, construite en 1854 par Bantetsu. Dans le bâtiment principal, **Jizo Bosatsu** (Ksitigarbha) protège les criminels, alors nombreux dans la région. Derrière le Hojo, pavillon de méditation, un étang dessiné par Muso prend la forme de l'idéogramme « esprit ». Les moines du Kencho-ji suivent trois ans d'enseignement avant de rejoindre leur temple d'affectation.

Enno-ji★

円応寺

Juste en face du Kencho-ji. 8h30-17h. Gratuit.

Charmant petit temple (1250) qui renferme une **statue d'Emma**, gouverneur des Enfers. À ses côtés, alignement de sculptures très expressives de bodhisattvas en argile.

Le Grand Bouddha (Daibutsu) *de Kamakura.*

國寶
鎌倉大佛

LE MONT FUJI★★★
LA RÉGION DE HAKONE★

Le jeu des saisons sur le Fuji

La multiplicité des transports pour se rendre d'un site à l'autre à Hakone

Quelques repères

Hakone : préfecture de Kanagawa ; 100 km de Tokyo ; 14600 hab. - Mont Fuji : préfecture de Yamanashi ; 90 km de Tokyo ; alt. 3776 m ; carte p. 224 - Carte régionale p. 132.

À ne pas manquer

Le *onsen* Yuno-Sato de l'hôtel Okada, à Hakone.

La vue du mont Fuji depuis le lac Kawaguchiko.

Conseils

Comptez 3 jours.

À Hakone, achetez le Free Pass pour vos transports, rentable dès le 2e jour.

N'oubliez pas que le mont Fuji ne se gravit qu'en juillet et en août.

Pensez à prendre des vêtements chauds pour le mont Fuji, car le temps est très changeant entre la base et le sommet.

Le mont Fuji, site emblématique du Japon, constitue le point culminant du pays, dont on aperçoit le cône enneigé de loin en loin. Chaque été, ils sont des milliers à venir gravir ce volcan vénéré du shinto. L'ascension, certes populaire, reste néanmoins une jolie prouesse que chaque Japonais se doit d'avoir fait une fois dans sa vie. Le proverbe ne précise-t-il pas : « Le sage gravit le Fuji une fois, seul le fou le ferait deux fois. »

LA RÉGION DE HAKONE★

箱根

Comptez 2 jours.

Encerclé par les montagnes, traversé par le Tokaido, la barrière douanière de Hakone permettait de contrôler les voyageurs en route pour Edo. Aujourd'hui, cette région volcanique dominée par le mont Fuji a développé une véritable enclave touristique faite de stations thermales et d'hôtels grand luxe.

Arriver ou partir

En train - D'**Odawara Station**, comptez 20mn de bus (360 ¥) pour Hakone-Yumoto, 40mn pour Moto-Hakone (env. 500 ¥). De Tokyo Station, départs réguliers du JR Shinkansen (42mn de trajet, 1450 ¥) et du JR Tokaido (1h35, 1450 ¥). De Shinjuku Station (Tokyo), départs réguliers de l'Odakyu Line (env. 1h30, 850 ¥).

En bus - Odakyu Express Bus, 14 bus/j. de Shinjuku Station (2h10 de trajet, 1950 ¥).

Comment circuler

En bus - **Hakone Tozan Bus** et **Izu-Hakone Bus** assurent des liaisons régulières entre les principaux sites.

En train électrique - Pratique et pittoresque pour les sites répartis entre Hakone-Yumoto et Gora (300 ¥/ticket).

Le **Hakone Free Pass**, valable 3 j., comprend la quasi-totalité des transports sur place et des réductions sur certains sites. Comptez 5500 ¥ comprenant le transport de Shinjuku Station (Tokyo) et 4130 ¥ d'Odawara.

Adresses utiles

Informations touristiques - **Tourist Information**, Hakone-Yumoto Station, ✆(0460) 5 8911. 9h-17h. Excellentes informations en anglais.

Poste / Retrait - Odawara Station. 8h-21h. Gora Station. 9h-17h30.

Se loger

La région de Hakone compte de nombreux *ryokan* et hôtels de grand luxe.

De 4500 à 8000 ¥

Fuji Hakone Guest House 富士箱根ゲストハウス

912 Sengokuhara, (0460) 4 6577, www.fujihakone.com - 14 ch. À la fois auberge de jeunesse (service minimum) et *guesthouse*, la Fuji accueille les routards du monde entier. *Onsen*, *rotenburo*, Internet, cuisine et salon. Mais surtout, un couple hyperactif et adorable engagé dans mille causes.

De 8000 à 12000 ¥

Moto-Hakone Guest House 元箱根ゲストハウス

103 Moto-Hakone, (0460) 3 7880, fax (0460) 4 6578 - 5 ch. À 10mn du lac Ashi, une version miniature de la Fuji Guest House. Même couple aux commandes, mais l'accueil a été délégué à un ami anglophone. Sympathique et pratique.

Choraku-so Nakaji Ryokan 長楽旅館

525 Kowakidani, (0460) 2 2192, fax (0460) 2 4533 - 4 ch. Charmant *ryokan* à deux pas de l'Open Air Museum. La patronne, impressionnante d'énergie pour ses 80 ans, orne les chambres de ses calligraphies.

De 12000 à 20000 ¥

Kiritani Hakone-so 桐谷箱根荘

1320 Gora, (0460) 2 2246 - 24 ch. Sur les hauteurs de Gora, superbe villa flanquée d'une annexe, le tout transformé en *ryokan*. Vue splendide sur la montagne. *Onsen* et salons tatamis pour le dîner. Très belle adresse.

Plus de 20000 ¥

Hotel Okada ホテルおかだ

Hakone-Yumoto, (0460) 5 6000, www.hotel-okada.co.jp - 191 ch. Entre le *ryokan* et l'hôtel grand luxe, l'Okada possède un des *onsen* (Yuno-Sato) les plus appréciés de Hakone : *rotenburo*, cascades, roches reconstituées, un petit paradis dont on peut aussi profiter si l'on n'est pas client de l'hôtel (1600 ¥).

Yoshimatsu 佳松

521 Hakone-Machi, (0460) 3 6661, www.hakone.co.jp - 19 ch. Superbe *ryokan* agrémenté d'un jardin intérieur et d'un *onsen* magnifique. Les chambres, très épurées, comprennent un *rotenburo*, où l'on peut se baigner en admirant le mont Fuji à l'horizon.

Fujiya Hotel 富士屋ホテル

359 Miyanoshita, (0460) 2 2211, www.fujiyahotel.co.jp - 155 ch. Flower Palace, Kikka-so, Forest Lodge, Restful Cottage, le Fujiya et ses annexes forment un véritable musée alliant éclectisme architectural à une histoire haute en couleur. Des visites guidées d'une heure de ce temple du must vous permettront d'en savoir plus et de partir sur les traces d'Einstein, de Charlie Chaplin ou des empereurs du Japon.

Se restaurer

Attention, peu de restaurants sont ouverts le soir, car la plupart des *ryokan* servent à dîner.

Moins de 1000 ¥

Gyoza Center 餃子センター

1300-537 Gora, (0460) 2 3457. 11h30-17h. Une salle chaleureuse pour déguster des raviolis fourrés au porc, aux légumes, au *natto*. En tout, treize variétés au choix accompagnées de soupe *miso*. Essayez aussi son voisin, le **Honfa**, un restaurant chinois.

Daichi 大地

75 Sengokuhara, (0460) 4 5585. 11h-23h. Tables de bois et nattes de jonc, la chaleur est dans la salle autant que dans l'assiette : poulet fondant et côtelettes de porc bien craquantes.

De 1000 à 2000 ¥

Hatsuhana はつ花

Hakone-Yumoto, (0460) 5 8287. Tlj sf merc. 10h-19h. Héroïne célèbre du siècle dernier, Hatsuhana sauva son mari malade en lui servant des *soba* à la pâte d'igname. La scène se passe à Hakone, ici même dans cette maison, qui depuis ne désemplit pas. Plat fétiche : le *teijyo soba* à la pâte d'igname...

Komatsu Ya 小松屋

35 Moto-Hakone, ✆ (0460) 3 6253. 11h30-17h. Face au lac Ashi, sets de *soba*, tempuras ou *donburi*.

Plus de 4000 ¥

Akatsuki-tei 暁亭

Dans l'hôtel Hakone-Yumoto, ✆ (0460) 5 7330. 11h30-21h. Réservez. Somptueuse maison en bois entourée d'un jardin et émaillée de salons épurés pour une cuisine *kaiseki* ultraraffinée.

Achats

Artisanat - 103 Moto-Hakone (à côté de la Moto-Hakone Guest House). 10h-16h. Depuis soixante ans, M. Katase confectionne des poupées *kokeshi*. Certaines sont classiques, d'autres étonnamment contemporaines. Il y en a pour tous les goûts, à tous les prix (de 3500 à 250000 ¥). Ambassadeur de la *kokeshi* d'avant-garde, M. Katase aime parler à ses poupées.

Hakone-zaiku, 103 Hatajuku. 9h-17h. Boutique et musée consacrés à la marqueterie, spécialité de Hakone. Démonstrations sur place.

LA BOUCLE DE HAKONE

Comptez une journée.

Cet itinéraire classique débute à Hakone-Yumoto, où l'on peut profiter des installations thermales. Vous devrez ensuite prendre le train électrique jusqu'aux stations de Chokoku-no-Mori puis de Gora, au nord du site. On pique alors vers le sud et le lac Ashi *via* le téléphérique. La traversée du lac permet de rejoindre Moto-Hakone et Hakone-Machi. Retour vers Hakone-Yumoto par la route du Tokaido.

Tenzan Open-Air Spa★

天山湯治郷

Hakone-Yumoto (500 m après l'hôtel Okada). 9h-22h. 1 200 ¥. Nécessaire de bain non fourni.

Un immense complexe thermal où l'on peut choisir entre six bains de températures différentes (jusqu'à 44 °C !) ou profiter des bassins extérieurs, dans les rochers. Il y a aussi un sauna, des salons de massages, plusieurs restaurants, etc.

Open Air Museum★

彫刻の森美術館

Train électrique de Hakone-Yumoto à Chokoku-no-Mori Station. 9h-17h. 1 600 ¥.

Un musée en plein air où l'on se promène entre les sculptures de Niki de Saint-Phalle, Henry Moore, Bourdelle, Rodin, Inoue Bukichi, etc. Depuis 1984, un pavillon dédié à Picasso a été ajouté à l'ensemble. Il est même possible de se détendre les jambes dans un bassin d'eau de source chaude, aménagé en rigole à côté de la Picture Gallery.

Musée du Petit Prince★

星の王子さまミュージアム

909 Sengokuhara. Train électrique jusqu'à Gora, puis Tozan Bus jusqu'au musée. 9h-17h. 1 500 ¥.

« L'essentiel est invisible pour les yeux. » Et pourtant, ce musée se voudrait presque exhaustif sur la vie et l'œuvre d'Antoine de Saint-Exupéry. Reconstitution du château de Saint-Maurice-de-Rémens, rue du Géographe, photos, maquettes, bureaux de l'aviateur. Un superbe hommage à Antoine et au Petit Prince.

Vallée Owaku-dani★★

大涌谷

De Gora Station, funiculaire jusqu'à Sounzan (9mn), puis téléphérique jusqu'à la station Owaku-dani (1er arrêt). 820 ¥ sf si vous avez le Free Pass.

Ce site volcanique fut formé il y a 2 900 ans suite à l'explosion du cratère de Kamiyama. Un sentier balisé propose une boucle autour de la station téléphérique, l'occasion de se promener entre les fumerolles sur quelques centaines de mètres. On peut aussi déguster sur place des œufs noirs *(kuroi tamago)*, cuits dans les eaux bouillonnantes des sources chaudes, et profiter de la très belle vue sur le mont Fuji.

Croisière sur le lac Ashi

芦ノ湖

D'Owaku-dani, prenez le téléphérique jusqu'à Togendai (2 arrêts). À la sortie, suivez le flot des visiteurs qui rejoint l'embarcadère un peu plus bas. Comptez 1 020 ¥ + 970 ¥ si vous n'avez pas le Free Pass.

De Togendai, des bateaux pirates descendent le lac Ashi *(45mn)* jusqu'à Moto-Hakone ou Hakone-Machi. Si le ciel est dégagé, vous jouirez d'une belle vue sur le mont Fuji.

Temple de Hakone★

箱根神社

Moto-Hakone (au bord du lac). Gratuit.

La visite se poursuit par ce très beau sanctuaire fondé par le prêtre Mangan en 757. Son **torii** (portique) rouge se détache sur les eaux du lac Ashi.

Ancien Checkpoint★

箱根関所

Longez le lac Ashi en direction de Hakone-Machi (15mn à pied). Gratuit.

Pendant les 300 ans du shogunat Tokugawa, le *checkpoint* de Hakone eut pour fonction de démasquer tout individu ou gang pouvant menacer le pouvoir des shoguns. Les personnes non munies d'un passe en règle étaient systématiquement refoulées hors d'Edo. Ce système permettait également de contrôler les va-et-vient des *daimyo*, dont les épouses avaient été rassemblées à Edo afin d'avoir un moyen de pression supplémentaire. De plus, chaque année, le shogun obligeait ces seigneurs à organiser une immense parade en son honneur, tradition militaire visant à épuiser leurs réserves financières afin qu'ils n'aient plus les moyens de faire la guerre. Sur place, le **musée du Checkpoint** *(9h-17h ; 300 ¥)* présente des documents d'époque (laissez-passer, passeports, etc.), des lances et masques grimaçant pour intimider les plus coriaces, et un moulage des fonctionnaires responsables des contrôles. D'ici 2008, une copie de l'ancien *checkpoint*, actuellement en construction, devrait être achevée.

L'ancienne route du Tokaido★★

旧東海道

En face du Checkpoint, l'avenue des Cèdres permet de rejoindre l'ancienne route du Tokaido.

La route du Tokaido était la voie empruntée jusqu'au 19e s. par chaque nouveau shogun, de Tokyo à Kyoto, pour recevoir l'investiture de l'empereur. Elle serpentait entre montagnes, forêts et mer sur 489 km. On la retrouve entre Moto-Hakone et Hakone-Yumoto, un tronçon pavé (1619) qui se parcourt en deux heures. En chemin, possibilité de déguster un *ama-sake* (doux et sucré) à l'**Amazake Chaya** *(7h-17h30)*, une maison de thé rustique où les samouraïs faisaient une pause avant de reprendre la route. Quelques foulées plus tard, le **musée du Tokaido** *(9h-17h ; 70 ¥)* expose des objets illustrant la vie de ces guerriers à l'époque Edo (palanquins, vanneries, etc.).

MONT FUJI★★★

富士山

Comptez 2 jours.

Fuji-san ou Fuji-yama, l'évocation du mont Fuji résonne comme une promesse. Planté à 3 776 m, il domine les préfectures du Yamanashi (face nord) et de Shizuoka (face sud). Son cratère enneigé forme un cône presque parfait que l'on peut admirer jusqu'aux faubourgs de Tokyo.

Arriver ou partir

En train - De Tokyo (Shinjuku Station), la Azusa Line mène à Otsuki (65mn de trajet, 1 280 ¥). À Otsuki, il vous faudra continuer par la Fuji-Kyuko Line jusqu'à Kawaguchiko *(B1)* (50mn, 1 110 ¥). Nous vous conseillons de privilégier le bus depuis Tokyo, beaucoup plus pratique *(voir ci-dessous)*.

En bus - De Tokyo (Tokyo Station ou Shinjuku Station), départ régulier pour Fujiyoshida *(B1)* et Kawaguchiko *(B1)*

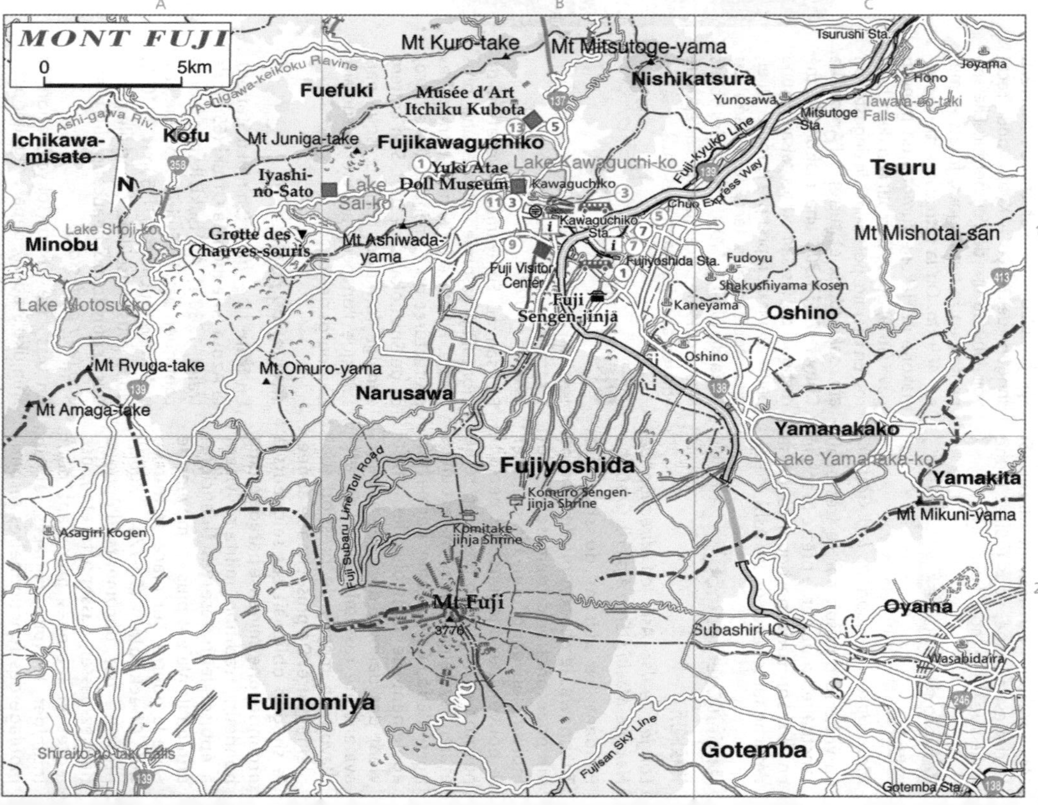

SE LOGER

Ashiwada Hotel.................. 1
Ebisu-ya Hotel.................... 3
Fujiyoshida Youth Hostel.. 5
Hotel Fuyokaku.................. 7
Kawaguchiko Youth Hostel............. 9
Pension Sakanoshita......... 11
Sunnide Village................. 13

SE RESTAURER

Hanaya............................. 1
Hoto-Fudo......................... 3
Nagomi.............................. 5
Totoyamichi....................... 7

(2h de trajet, 1700 ¥). Si vous arrivez par Mishima, prenez le Express Fuji Bus entre Kawaguchiko et Mishima (2h20, env. 2100 ¥). Il vous faudra peut-être changer de bus à Gotemba.

Se repérer

Le Parc du Mont Fuji s'organise autour de cinq lacs et de deux villes : **Fujiyoshida** *(B1)* et **Kawaguchiko** *(B1)*. Fujiyoshida est plutôt une ville de passage avec un beau sanctuaire et un accès pratique à Yamanaka-ko, le plus grand des cinq lacs. La majeur partie des voyageurs préfèrent néanmoins loger à Kawaguchiko, sur les rives du lac éponyme qui regroupe les sites principaux et le point de départ classique pour l'ascension du mont Fuji. Les trois autres lacs, Sai-ko *(A-B1)*, Shoji-ko *(A1)* et Motosu-ko *(A1)*, plus modestes, sont l'occasion de jolies balades au sein d'une nature taquinée par le volcan.

Comment circuler

En train / En bus - De Fujiyoshida, 2 bus/h pour Kawaguchiko mais préférez le train (5mn, 210 ¥). À Kawaguchiko Station, le Retrobus (carrosserie jaune et style années 1930) fait la tournée des sites majeurs (1000 ¥/j.).

En vélo - Disponibles dans certains hôtels. Pratique pour Kawaguchiko.

Sortir, boire un verre

Spectacles - **Suo Sarumawashi**, à 5mn du musée des Beaux-Arts, au nord-est du lac, Kawaguchiko *(A1)*. 10h-16h. 6 représentations/j. l'été. 1500 ¥. Spectacle traditionnel de singes acrobates, culture millénaire au Japon.

Loisirs

Parc d'attractions - **Medieval Aristocrat's Mansion**, 3077-20 Kawaguchiko, Minamitsuru-Gun *(B1)*. 9h-17h30. 1300 ¥. Une « Petite Suisse » avec un musée des Boîtes à musique et Limonaires, ainsi que des concerts quotidiens. Aussi une chapelle, un jardin à l'européenne, une roseraie, des boutiques et un restaurant helvète, Le Rivage.

Achats

Saké - **Kaiyun Sake**, au cœur de Kawaguchiko *(B1)*. Renseignements à l'hôtel Sunnide. La fabrique de la famille Ide, productrice de saké depuis 160 ans. On peut la visiter sur demande et goûter le cru de l'année en hiver, saison du saké.

FUJIYOSHIDA

富士吉田

(B1) Comptez une demi-journée.

Vénéré comme une divinité dédiée à l'esprit du volcan, le mont Fuji fut un important lieu de pèlerinage dès l'ère Edo. Alors point de départ de cette marche sacrée, le sanctuaire **Fuji Sengen-jinja★★** *(5558 Kamiyoshida ; 9h-17h ; gratuit)* s'ouvre par une superbe allée de lanternes de pierre qui mène à un *torii* (portique) de 18 m, l'un des plus imposants du Japon, dévoilant le Honden, d'époque Momoyama (16e s.).

Adresses utiles

Informations touristiques - **Tourist Information**, Fujiyoshida Station *(B1)*, ✆(0555) 72 6700. 9h-17h. Cartes et explications détaillées pour l'ascension du mont Fuji et les alentours.

Se loger

Auberge de jeunesse

Fujiyoshida Youth Hostel
富士吉田ユースホステル

2-339 Shimo-Yoshida Honmachi, ✆(0555) 22 0533 - 5 ch. Dans une ancienne maison de ville, une toute petite auberge tenue par une famille attentive et accueillante. 3360 ¥/pers.

De 8000 à 12000 ¥

Hotel Fuyokaku ホテル芙蓉閣

2-6-18 Kamiyoshida, ✆(0555) 24 8111, www.fuyokaku.com - 70 ch. *Business hotel* situé à deux pas de Fujiyoshida Station. Pratique pour une étape.

Se restaurer

De 1 000 à 2 000 ¥

Totoyamichi 魚屋路

3831-1 Kamiyoshida, ✆(0555) 21 2115. 11h-23h. *Sushis bar* bon marché, où les assiettes défilent sur un tapis roulant. Très apprécié par les familles.

Hanaya はなや

Honcho-dori, ✆(0555) 22 2507. 10h30-15h30. Spécialité de *teuchi udon*, grosses nouilles de blé faites à la main. Elles se dégustent en soupe, froides ou accompagnées d'un bouillon chaud.

Fêtes et festivals

Le 30 juin des cérémonies marquent l'ouverture de l'ascension du mont Fuji tandis que sa fermeture est l'occasion du Festival du feu **Yoshida** (26 et 27 août). Les deux fêtes se déroulent au sanctuaire Fuji Sengen-jinja.

KAWAGUCHIKO★

河口湖

(B1) Comptez une journée.

La ville et le lac de Kawaguchiko offrent un point de vue idéal sur le mont Fuji. Au printemps, les cerisiers en fleur ajoutent à la vision « carte postale ».

Adresses utiles

Informations touristiques - Tourist Information, Kawaguchiko Station *(B1)*, ✆(0555) 72 6700. 8h30-18h. Cartes et explications détaillées pour l'ascension du mont Fuji et des sites alentour.

Fuji Visitors Center, 6663-1 Funatsu *(B1)*, ✆(0555) 72 0259. Tlj sf lun. 9h-17h. Centre de présentation du mont Fuji (films, maquettes, etc.).

Poste / Retrait - Post Office, face à la gare *(B1)*. 9h-17h. Distributeur de billets ATM.

Se loger

Auberge de jeunesse

Kawaguchiko Youth Hostel

河口湖ユースホステル

2128 Funatsu, ✆(0555) 72 0630 - 15 ch., 2 dortoirs (8 lits). Fermé l'hiver. Une adresse sans charme mais pratique et bien placée. Location de vélos, *laundry* et coin-cuisine. 3 360 ¥/pers.

De 4 500 à 8 000 ¥

☺ **Pension Sakanoshita**

リゾートイン坂の下

454 Funatsu, ✆(0555) 72 2193 - 8 ch. Réservez. Grande maison propre et lumineuse tenue par un couple adorable natif du mont Fuji. Chambres tatamis, terrasse, barbecue. Calme et pratique.

De 8 000 à 12 000 ¥

Ebisu-ya Hotel プチホテルエビスヤ

3647 Funatsu, ✆(0555) 72 0165, fax (0555) 72 1165 - 10 ch. Un imposant bâtiment blanc coiffé de tuiles rouges juste à la sortie de Kawaguchiko Station. Chaleureux et pratique. Chambres japonaises avec vue sur le mont Fuji.

De 12 000 à 20 000 ¥

Ashiwada Hotel 足和田ホテル

395 Nagahama, ✆(0555) 82 2321, www.asiwadahotel.co.jp - 19 ch. Grande bâtisse blanche posée face au lac, dotée d'une belle salle à manger vitrée. Une adresse tranquille sur une rive moins fréquentée mais bien desservie par le Retrobus (arrêt Oku-Kawaguchiko). Chambres japonaises ou occidentales.

☺ **Sunnide Village** サニーデビレッジ

2549-1 Oishi, ✆(0555) 76 6004, www.sunnide.com - 28 ch., 28 cottages. Cette ancienne villa, propriété d'un célèbre duc de Kyushu, est idéalement placée dans l'axe du lac et du mont Fuji. Elle fut rachetée par le père de M. Ide (Sunn-Ide !), qui ouvrit d'abord un restaurant puis un hôtel. Aujourd'hui, l'ensemble comprend un *ryokan*, un restaurant de renom et 28 cottages grimpant à l'assaut de la colline, très prisés des familles japonaises. Un bon plan pour les routards : si le jour même l'un des *cottages* est libre, il vous sera loué pour 4 500 ¥/pers. Vélos à disposition, Internet.

Se restaurer

Autour du mont Fuji, le dîner se prend le plus souvent à l'hôtel ou au *ryokan*.

De 1 000 à 2 000 ¥

Hoto-Fudo ほうとう不動南店

1672-2 Funatsu, ✆(0555) 72 5011. 10h30-20h. Une adresse rustique avec un vaste espace tatamis et de grandes tablées de bois noir, où l'on sert le *hoto* (potée de *udon* aux légumes et champignons) dans d'impressionnantes marmites en fonte posées sur une couronne de paille. En dégustant ces nouilles épaisses, on peut admirer les portraits de samouraïs qui venaient s'y régaler. Original et roboratif !

De 2 000 à 4 000 ¥

Nagomi 和 (なごみ)

2719-114 Kawaguchi-Fuji, ✆(0555) 76 6390. 11h-22h. Petits salons tatamis avec vue sur le mont Fuji pour déguster des mets extrêmement raffinés : rouleaux de hareng au soja, coupe des mers, etc.

Faire une pause

Salon de thé-Tenka-Jaya, 2494 Kawaguchiko *(B1)*. 10h-17h. Située sur les hauteurs du lac et jouissant d'une très belle vue sur le mont Fuji, cette maison de thé est célèbre pour avoir hébergé Dazai, illustre écrivain qui composa, entre autres, ***Cent vues du mont Fuji***. Galerie-photos et chambre de Dazai à l'étage.

À voir, à faire

▶ Le **Yuki Atae Doll Museum★★** *(Kawaguchiko-Ohashi Bridge ; 9h-17h ; 600 ¥) (B1)* présente les poupées en tissu de Atae Yuki, dont l'univers fascinant, extrêmement expressif, allie tradition et avant-garde. Sous ses doigts habiles, de petits elfes prennent vie, racontent des légendes. Ou encore, une scène des ***Mille et Une Nuits*** jouxte un tableau présentant de jeunes Londoniens en vestes à carreaux (années 1970). Extrêmement populaire, Atae Yuki a exposé à Paris (Baccarat) en 2006.

▶ Dès l'entrée, l'étonnant portail indien donne le ton à ce somptueux **musée d'Art Itchiku Kubota★★** *(2255 Fujikawaguchiko ; 9h30-17h ; 1 300 ¥) (B1)*, principalement dédié aux kimonos et à la teinture Tsujigahana, redécouverte et modernisée par Kubota Itchiku (1917-2003), artiste et collectionneur. Dans le bâtiment principal, soutenu par seize cyprès millénaires, ***Symphonie de lumière*** est l'œuvre du maître : 80 kimonos peints sur le thème des quatre saisons. Pour l'instant, seuls 44 modèles sont exposés, ceux de saisons hiver et automne. Les autres sont en cours de réalisation par la famille et les élèves du maître, élaborés d'après les croquis de l'artiste. Dans la nouvelle aile, inspirée de Gaudí, une collection de perles de verre Tombodama rend hommage à ces bijoux colorés qui ont beaucoup inspiré Kubota pour les teintes de ses kimonos. À voir également les objets de collection, le jardin, la cascade avec salon de thé et, enfin, une esplanade dédiée au spectacles de danse nô.

AUTOUR DU LAC SAI-KO

西湖周辺

(A-B1) Comptez une demi-journée.

▶ Le mont Fuji n'est pas seulement le point culminant du Japon, il est également un volcan, dont on dénombre une quinzaine d'éruptions. Le monstre s'est endormi mais ses nombreuses projections de lave ont fait apparaître quelques sites originaux. Ainsi, aux abords du lac Sai, la lave en fusion a formé la **grotte des Chauves-souris★** *(2068 Sai-ko ; 9h-17h ; 300 ¥ ; guide anglophone sur place) (A1)* de 380 m de profondeur dont la température tempérée (de 5 à 6 °C toute l'année) offre un abris idéal pour les chauves-souris. Pour y accéder, on traverse une forêt envahie de blocs de lave noire refroidie. La région compterait ainsi plus de 70 grottes en lave.

De la grotte, prenez le Retrobus pour vous rendre au nord du lac Sai (10mn).

▶ Au nord du lac Sai, le village d'**Iyashi-no-Sato** *(9h-18h ; entrée gratuite, activités payantes) (B1)* est à l'image des bourgades qui existaient dans la région il y a 40 ans.

À noter les toits de chaume *(kayabuki)* et les murs de pisé. Chaque habitation reconstruite a coûté la modique somme de 20 millions de yens. Parmi les activités présentées, des boutiques de *soba*, de fleurs, de tissage de kimono, de plantes des montagnes, etc.

ASCENSION DU MONT FUJI★★

(B2) Comptez 5-6h de marche du 5e niveau.

Fascinant, imposant, le mont Fuji est aussi un volcan actif. S'il dort depuis 1707, il est entré une quinzaine de fois en éruption depuis 864. Aujourd'hui, on vient le photographier au milieu des cerisiers en fleur au printemps ou des feuilles rouges des érables en automne. Et l'été, ils sont des milliers, en file indienne, à partir à l'assaut de ce symbole national.

Conditions d'accès

Pour des raisons climatiques et de sécurité, l'ascension du mont Fuji n'est ouverte qu'en été (juil.-août).

Adresses utiles

Informations touristiques - Renseignez-vous à l'office de tourisme de Kawaguchiko *(voir ci-dessus)*.

Se loger, se restaurer

Il est interdit de camper sur le mont, mais à partir du 5e niveau, des cabanes sont à la disposition des marcheurs souhaitant se reposer ou dormir quelques heures. Comptez entre 5000 et 7000 ¥/pers. (dîner compris). Réservez au (0555) 22 1948. Ces cabanes vendent également des en-cas très chers, mieux vaut donc prévoir de quoi manger.

La princesse du mont Fuji

Jusqu'en 1872, l'ascension du mont Fuji était interdite aux femmes et ce pour ne pas éveiller la jalousie d'une divinité shinto du Feu, la princesse Konohana Sakuya, qui, selon la croyance, habitait la montagne et possédait le pouvoir de faire fleurir les plantes.

À voir, à faire

Le mont Fuji est divisé en neuf niveaux, ou *gome*, qui étalonnent chacune des étapes de l'ascension jusqu'à 3776 m. Ainsi, le 1er niveau, Ichi-gome, correspond à 1405 m, le 2e, Ni-gome, à 1596 m, et ainsi de suite. Si autrefois les pèlerins se lançaient à la conquête du mont depuis la base, aujourd'hui la plupart des grimpeurs commencent l'ascension au 5e niveau (2305 m), Go-gome. Néanmoins, pour ceux qui souhaitent marcher depuis la base, sachez qu'il y a cinq chemins principaux jusqu'à Gogome. Face nord, côté Kawaguchiko, on peut emprunter les voies de Sengen ou de Funatsu ; face sud, côté Shizuoka, celles de Gotemba, Subachiri ou Fujimiya. À partir du 5e niveau, tous ces chemins convergent, et il reste deux options correspondant à l'ascension par la face nord ou par la face sud. Au 8e niveau, les routes nord et sud finissent par se rejoindre *(ne pas se tromper en redescendant)*. En général, on compte 5 à 6h de marche du 5e niveau *(env. 1400 m de dénivelé)*. Les Japonais aiment démarrer à 23h, torches collées au front, tel un ballet de lucioles, pour arriver avant le lever de soleil *(5h en été)*. Si vous souhaitez grimper du 1er niveau, levez le camp à 20h pour être à l'heure pour le lever de soleil. Une fois en haut, il est possible de faire le tour du cratère. Son diamètre de 800 m (250 m de profondeur) se parcourt en 1h. Ajoutez 2h pour la descente et le retour au 5e niveau.

Les courbes des plantations de thé et du mont Fuji.

LA PÉNINSULE D'IZU★★

伊豆半島

Au cœur des plus beaux onsen du Japon

Quelques repères

Préfecture de Shizuoka - Env. 100 km de Tokyo - Carte régionale p. 132.

À ne pas manquer

Les *ryokan* de Shuzenji.

Le port et la promenade Wakano-ura, à Shimoda.

Conseils

Comptez 3 jours pour profiter des *onsen*.

Passez par l'office de tourisme pour réserver un hôtel ou un restaurant. Peu de personnes parlent anglais à Shimoda.

Quelques-uns des plus célèbres romans japonais ont été écrits dans cette péninsule prisée pour ses ressources naturelles et sa quiétude. À une centaine de kilomètres de la fièvre tokyoïte, les citadins stressés viennent à présent s'y offrir une parenthèse au vert. Ils apprécient les plages ponctuées de petits villages mais aussi un relief collinaire torturé par les laves du Fuji, vénéré volcan à l'origine de nombreuses sources d'eau chaude qui font aujourd'hui d'Izu le royaume des *ryokan* de luxe. Malgré cette apparente douceur, il ne faut pas oublier que ces terres fertiles, où le *wasabi* pousse en abondance, sont implantées au cœur d'une région parmi les plus sismiques du pays. Les habitants n'en gardent pas moins toute la nonchalance des gens du Sud, sans oublier toutefois de laisser partir leurs enfants à l'école casque vissé sur la tête...

SHIMODA★★

下田

Comptez une bonne journée.

28000 hab.

Peu étendue, la ville est un paradis pour les flâneurs. La baie, le port, le parc de Shiroyama, la promenade Wakano-ura offrent autant de variantes pour se balader. De plus, un nombre impressionnant de temples et constructions originales ponctuent le quadrillage des rues. Le long de Perry Road, un petit canal bordé de maisons pittoresques et boutiques de souvenirs évoque la fin de l'ère Edo. On croise aussi de riches demeures aux murs *namako (voir encadré, p. 232)*, des bicoques de pêcheurs ou des habitations couvertes de fleurs. La ville est ainsi, tranquille et pleine de surprises. Un peu à part aussi.

Arriver ou partir

En train - **Shimoda Station**. De Tokyo Station ou Shinjuku, Odoriko ou Superview Odoriko (2h50 de trajet, 6800 ¥). Certains trains s'arrêtent à Atami (JR Line), il faut ensuite prendre une ligne privée pour Shimoda.

De Tokyo, placez-vous à gauche dans le train pour bénéficier de la vue sur la mer et la côte d'Izu.

Comment circuler

En vélo - Location à **Noguchi Rent-A-Cycle**, derrière la gare. 9h30-18h. 2000 ¥/j.

Adresses utiles

Informations touristiques - **Tourist Information**, 1-4-27 Mai Mai (près de la gare), ✆ (0558) 23 5593. 10h-17h.

Shimoda International Club, 4-1-2 Shimoda, ✆ (0558) 23 5151. Association de guides bénévoles. Réservez.

Poste / Retrait - Dans le centre. 9h-19h. Distributeur de billets ATM.

Se loger

De 8000 à 12000 ¥

Yamane Ryokan やまね旅館

1-19-15 Shimoda, ✆(0558) 22 0482 - 10 ch. Réservez *via* l'office de tourisme. Au cœur de la ville, un *ryokan* très bien tenu par un vieux couple attachant, qui parle à peine anglais.

Ryokan Nansuiso 旅館南水荘

1-21-17 Higashi-Hongo, ✆(0558) 222039, fax (0558) 22 4027 - 6 ch. Réservez *via* l'office de tourisme. Chambres claires et spacieuses avec vue sur le canal de Shimoda et les cerisiers en fleur. *Onsen*.

De 12000 à 20000 ¥

Shimoda Bay Kuroshio

下田ベイクロシオ

4-1 Kakisaki, ✆(0558) 27 2111, www.baykuro.co.jp - 42 ch. Si la coquille est quelconque, la vue est grandiose depuis les baies vitrées de ce *ryokan* tout confort : îles de la baie de Shimoda dans l'immensité du grand bleu.

Hotel Masaki ホテルまさき

6-22 Kakisaki, ✆(0558) 22 1224, fax (0558) 23 0050 - 40 ch. Chambres traditionnelles avec vue sur l'océan ou la colline attenante. Tout confort.

Plus de 20000 ¥

Kanaya Ryokan 金谷旅館

114-2 Kochi, ✆(0558) 22 0325, http://homepage2.nifty.com/kanaya - 10 ch. À 10mn en taxi de Shimoda, l'un des plus beaux *ryokan* du Japon, une institution depuis 1866. Kawabata en parle dans ses livres et son superbe escalier fut immortalisé pendant le tournage de *La Danseuse d'Izu*. On aime le splendide *onsen* entièrement en bois, fait de deux bassins de 25 m avec la possibilité pour les femmes de se baigner côté hommes (ouvert au public, 1000 ¥).

Se restaurer

Moins de 1000 ¥

Tsuruya Shokudo つるや食堂

2-5 Shimoda, ✆(0558) 22 0940. Tlj sf dim. 7h-19h30. Une petite adresse très populaire pour goûter *tendon*, *katsudon*, *toridon* ou *oyakodon*.

Tagosaku 田吾作

2-11-30 Shimoda, ✆(0558) 22 8724. 10h-20h. Petite maison blanche au toit pointu où M. Nakanishi fait griller poissons et viandes derrière son bar en bois.

De 1000 à 2000 ¥

Kiyu 亀遊

1-10-18 Shimoda, ✆(0558) 22 8698. 11h-21h. Sympathique restaurant où l'on sert quelques légumes saumurés en amuse-bouche, suivi, au choix, de poisson grillé, d'abalone sauté au beurre ou de tempuras, le tout à déguster au comptoir ou assis sur des tatamis.

De 2000 à 4000 ¥

Uo-Suke 魚助

1-6-8 Shimoda, ✆(0558) 27 3330. 11h-22h. Comptoir ou salon coquet à l'étage pour découvrir la spécialité de Shimoda : le *kin-medai*, ou « poisson aux yeux d'or »... et à la chair tendre.

Mimatsu 美松

1-15-22 Higashi-Hongo, ✆(0558) 22 5400. 11h-22h. Un bar à sushis pour goûter les produits de la mer.

Faire une pause

Salon de thé - **Le Deauville**, 1-13-7 Shimoda, ✆(0558) 27 0183. 11h-23h. Salon de thé à la française. Pâtisseries et glaces.

Sortir, boire un verre

Bar - **Garakuta**, 1-20 Shimoda (en face du Yamane Ryokan), ✆(0558) 27 2321. Tlj sf lun. 11h-0h. Petit bar très chaleureux. Ambiance locale garantie.

Fêtes et festivals

Depuis 380 ans, à la mi-août, le **Festival des tambours** anime de ses parades les rues de Shimoda.

Achats

Spécialités culinaires - **Lakura**, 3-5-5 Shimoda. Tlj sf merc. 8h-16h. Poissons séchés de Nii-jima, sel naturel de Kawazu, thé Perry produit à Shimoda, confiture d'Izu, sakés, liqueurs et un petit vin « Danseuse d'Izu » pour faire honneur à la nouvelle de Kawabata.

HISTOIRE

À la fin de l'ère Edo, les puissances étrangères font de plus en plus pression sur le Japon pour qu'il ouvre ses ports au commerce. En 1854, suite à un premier traité négocié à Yokohama, le commodore Perry débarque dans la baie de Shimoda avec son *Black Ship* et signe un traité d'amitié entre le Japon et les États-Unis au temple Ryosen-ji. Il sera représenté, dès 1856, par Townsend Harris, premier consul, devenu célèbre pour son aventure avec Okichi, une servante japonaise. En octobre 1854, c'est au tour de l'amiral Putyatin, de la Marine impériale russe, de signer un traité du même ton. Shimoda entre dans l'histoire comme l'un des premiers ports japonais ouverts au commerce international.

Les namako kabe

Anti-incendie, résistants aux typhons, à l'humidité comme aux grosses chaleurs, les murs *namako* ont également le privilège d'être graphiques. Le terme signifie « concombre de mer », à l'instar de ces croisillons formant des losanges blancs sur fond noir. À Shimoda, de nombreux marchands eurent recours à ces constructions utilisant baguettes de bambou et dalles de pisé. Malheureusement, la ville ne compte plus que cinq habitations à posséder ces murs traditionnels, et de moins en moins d'artisans sont en mesure de maîtriser une telle technique. De plus, malgré les subventions municipales, leur entretien coûte beaucoup d'argent.

VISITE DE LA VILLE

DE MAI MAI-DORI AU PORT

La promenade peut se faire à pied, ce qui vous permettra de découvrir les nombreux temples secondaires.

Hofuku-ji★

宝福寺

Mai Mai-dori. 8h-17h. 300 ¥.

Le temple est connu pour abriter la tombe et le mémorial dédié à Okichi, jeune fille de 15 ans employée chez le consul Harris, puis reniée pour avoir servi un étranger. Lorsque ce dernier quitta le Japon, elle erra sans jamais réussir à reconstruire sa vie et se jeta finalement dans la rivière Inozawa (1890). Son image est omniprésente dans les temples et musées de la ville.

Musée d'Histoire de Shimoda★★

下田開国博物館

Mai Mai-dori (à 10mn du Hofuku-ji). 8h30-17h. 1 000 ¥.

Ce musée, passionnant et très documenté, permet de découvrir l'incroyable destin de Shimoda : maquette du *Black Ship* de Perry et du port qui alimentait en eau et charbon les bateaux étrangers, modélisation de *Diana*, vaisseau de l'amiral Putyatin détruit par un typhon pendant la signature du traité d'amitié avec les Russes. Pendant sa remise en état, les Japonais acquirent de nouvelles techniques de constructions navales. Aussi, un hommage au premier photographe professionnel japonais, natif de Shimoda, Shimooka Renjo (1823-1914).

Ryosen-ji★★

了仙寺

Au croisement de Mai Mai-dori et Perry Rd (à 5mn du musée d'Histoire). 8h-17h. Musée : 500 ¥.

Le 25 mai 1854, l'ambassadeur du shogun Hayashi Daigaku et le commodore Perry signent dans ce temple le traité de Paix et d'Amitié qui allait mener à l'ouverture du port de Shimoda. Juste à côté, le musée du Trésor expose maquettes et archives relatant l'arrivée des Américains à Shimoda. À l'arrière, une salle est consacrée à l'érotisme dans la religion : image phallique du shinto, autel dédié à Inari, statues de Shiva et Parvati, lingas, *yoni*, etc.

Choraku-ji★

長楽寺

Perry Rd (à 10mn du Ryosen-ji). 8h-17h. Gratuit.

Malgré le typhon qui détruisit le *Diana*, bateau de l'amiral Putyatin, ainsi qu'une partie de Shimoda, les négociations continuèrent, et le traité russo-japonais d'amitié fut signé dans ce temple le 15 octobre 1854. L'endroit, très fleuri, a beaucoup de charme.

Vous pouvez flâner le long de Perry Rd, puis rejoindre le port.

Le port et la promenade Wakano-ura★★

下田港と和歌の浦

La promenade Wakano-ura forme une boucle qui longe le port et se prolonge jusqu'à l'aquarium, de l'autre côté de la colline abritant le parc de Shimoda. La vue sur l'océan et les pêcheurs agrémente l'ensemble.

À L'EST DE SHIMODA

L'est de la ville est surtout dévolu aux hôtels de luxe, qui font face à la baie.

Nesugata-yama★

寝姿山

Le mont Nesugata (200 m) est comparé à une belle femme couchée. L'ascension se fait en téléphérique *(à 1mn de la gare ; 9h-17h ; 1 200 ¥ AR)* et se termine à pied pour jouir du panorama. Du sommet, belles vues sur la ville depuis les différents belvédères.

Gyokusen-ji★★

玉泉寺

À 20mn à pied de la gare en longeant la baie. 8h30-17h. 300 ¥.

Résidence consulaire de Townsend Harris de 1856 à 1859, le temple rappelle les derniers jours du shogunat Tokugawa. On y trouve un petit musée dédié à Harris et les tombes émouvantes des jeunes marins américains et russes, morts pendant le service. Plus original, un monument érigé en 1931 par les bouchers de Tokyo commémore le site où la première vache japonaise fut sacrifiée pour des raisons alimentaires.

SHUZENJI★★

修善寺

Comptez une journée.

À 35 km au nord de Shimoda.

Petite station, Shuzenji est très appréciée des hommes d'affaires et politiques, qui viennent y chercher calme et tranquillité, au cœur des plus beaux *ryokan* du Japon et de leurs merveilleux *onsen*.

Arriver ou partir

En train - De Tokyo, trains directs (2h de trajet, 4 400 ¥) ou changement à Mishima pour **Shuzenji Station**. Pour Nagoya, Izuhakone Sunzu Line jusqu'à Mishima, puis Hikari (1h45, 8 370 ¥).

En bus - De Shimoda, 2 bus/j. pour Shuzenji (2h de trajet, 2 140 ¥).

Adresses utiles

Informations touristiques - **Shuzenji Tourist Association**, à la sortie du village, face à la poste, ✆(0558) 72 2501.

Poste / Retrait - À la sortie du village. 9h-17h. Distributeur de billets ATM.

Se loger

Auberge de jeunesse

Shuzenji Youth Hostel

修善寺ユースホステル

4279-152 Shuzenji (à 4 km, sur les hauteurs, bus n° 6), ✆(0558) 72 1222 - 17 dortoirs. Un grand bâtiment blanc au milieu de la nature. Tranquille et sommaire. 3 200 ¥/pers.

Plus de 20 000 ¥

Yagyu-no-Sho 柳生の庄

1116-6 Shuzenji, ✆(0558) 72 4126, www.yagyu-no-sho.com - 16 ch. Les Yagu, une famille de samouraïs célèbres pour avoir été les instructeurs d'arts martiaux des shoguns Tokugawa, ont créé ici un temple de la perfection. Pas un détail n'est laissé au hasard, des fleurs arrangées par une grande professionnelle d'*ikebana* au *onsen* auréolé de roses. *Dojo* de kendo attenant.

Les petites folies de Shuzenji

Outre le Yagyu-no-Sho *(voir ci-dessus)*, impossible de ne pas citer quelques-uns des plus grands *ryokan* qui ont fait la renommée de Shuzenji. Parmi eux, l'**Asaba Ryokan** (あさば旅館), 350 ans de service et une scène de théâtre nô transportée de Tokyo, est le havre de paix du couple Chirac quand il vient au Japon. Les deux autres incontournables sont le **Kikuya** (菊屋) et l'**Arai** (新井旅館).

Se restaurer

De 1000 à 2000 ¥

Bokunenjin 朴念仁

3451-40 Shuzenji, ✆(0558) 73 0073. 11h-15h. Si la vue est splendide depuis la baie vitrée jouxtant l'immense bambouseraie voisine, les *soba*, certes goûteux, laissent un peu sur notre faim.

☺ **Matsuba Jyaya** 松葉茶屋

4281-41 Shuzenji, ✆(0558) 72 0576. 10h-19h. Spécialité de *kamameshi*, un riz aux légumes servi dans une marmite de fonte prise dans un bloc de bois. Goûter aussi les *koriaku*, ou sucettes de taro, présentées parmi un set comprenant sashimis et *wasabi* à râper.

Faire une pause

Salon de thé - **Chadokoro Take-no-Sato Mizuguchi**, pont Katsura. 10h-20h. Thé et pâtisseries au bord de la rivière, dans un cadre enchanteur.

VISITE DE LA VILLE

PROMENADE CHIKURIN-NO-KOMICHI★★

竹林の小径

Du pont Kaede au pont Katsura, le long de la rivière éponyme (env. 600 m).

Une promenade entre forêt de bambous, ponts rougissants et cerisiers en fleur. Passé le pont Katsura, on rejoint, au cœur des eaux, la source chaude de **Tokko-no-Yu**, autrefois bain public mixte des villageois, désormais aménagée en bassin où l'on vient tremper une jambe. Lieu emblématique de Shuzenji, cette source aurait jaillie d'un rocher frappé par le bâton du moine Kobo Daishi *(voir encadré, p. 77)*.

SHUZEN-JI★★

修禅寺

Face au Tokko-no-Yu. 8h30-16h. Musée : 300 ¥.

Temple bouddhiste fondé par Kobo Daishi en 809. Il compte notamment une superbe **statue de Dainichi Nyorai** (Mahavairocana), Bouddha de l'univers auquel ce temple est dédié. Dans le musée attenant, très belle peinture bouddhiste représentant Kobo Daishi. Aussi une selle en nacre appartenant à Minamoto-no-Yoriie, deuxième shogun de Kamakura, exilé à Shuzenji, puis assassiné à 23 ans. Au cours de la restauration du temple, on retrouva un cheveu dans l'estomac d'un bouddha sculpté par Jikkei (1210). Il pourrait appartenir à Masako, mère de Yoriie, ou à la malheureuse maîtresse de Yoshitsune *(voir « Kamakura », p. 216)*, qui se rasa les cheveux et devint nonne suite à la perte de son aimé. Enfin, un masque en bois de Yoriie représente la face congestionnée du shogun lorsqu'il fut empoisonné. Il fut envoyé à Masako pour prouver que son fils avait bien été éliminé.

SHIGETSU-DEN★★

指月殿

Face au Shuzen-ji. Traversez la rivière Katsura puis suivez les panneaux.

Très beau temple, tout en bois. Masako y créa une **bibliothèque de sutras** pour le repos de l'âme de son fils. La tombe de Yoriie est un peu plus bas.

LE NORD DE TOKYO

NIKKO★★★ 日光

La beauté du site

Le manque d'animation le soir

Quelques repères

Préfecture de Tochigi - 140 km de Tokyo - 18000 hab. - Carte régionale p. 132 - Plan p. 236.

À ne pas manquer

La visite du Tosho-gu et du Taiyu-in.

L'allée des *jizo*, le long de la rivière Daiya.

Une soirée au Takai-ya.

Conseils

Comptez 2 à 3 jours.

Évitez la période du Bon, du 13 au 16 août, car Nikko est envahi par les touristes japonais.

Achetez le ticket combiné pour la visite des temples, qui se révèle très avantageux.

Nikko, ville de la « lumière du soleil », voit son destin basculer au 8e s. lorsque Shodo Shonin, célèbre moine bouddhiste, décide d'y fonder un temple. Quelques siècles plus tard, c'est au tour des seigneurs Tokugawa d'être séduits par ce havre de verdure lové au pied des montagnes. Ieyasu, premier shogun et unificateur du Japon, décide d'y établir son mausolée, le Tosho-gu. Ce dernier sera construit, puis magnifié en 1634 par son petit-fils Iemitsu, troisième shogun Tokugawa. Il est aujourd'hui le site phare de Nikko, implanté au cœur d'un ensemble de temples et de sanctuaires, qui rappellent le syncrétisme d'un pays où bouddhisme et shinto furent longtemps mêlés avant que ce dernier ne devienne religion d'État. En 1999, le site de Nikko a été inscrit sur la liste du Patrimoine mondial de l'Unesco.

Arriver ou partir

En train - Gare JR et **Tobu Nikko**, au sud du centre-ville (à 2mn à pied l'une de l'autre) *(C2)*. De Tokyo (Asakusa Station), plusieurs trains/j. directs par la Tobu Line (1h50 de trajet, 2620 ¥ ou 2h10, 1320 ¥, en fonction des trains). Pour ceux qui veulent bénéficier de leur JR Pass, il faudra prendre la JR Utsunomiya Line (trains Yamabiko ou Nasuno) de Tokyo Station jusqu'à Utsunomiya (50mn, 4800 ¥). De Shinjuku Station (Tokyo), train régulier jusqu'à Utsunomiya (1h45, 1890 ¥). Une fois à Utsunomiya, départ ttes les 20-40mn pour Nikko (50mn, 740 ¥). Si vous désirez rejoindre Niigata (port d'embarquement pour Sado), il faudra repasser par Tokyo.

Comment circuler

À pied - Les temples de Nikko se visitent à pied. Les gares sont à 20mn de marche du pont Shin-kyo.

En bus - Terminaux aux gare JR et Tobu Nikko *(C2)*. Services réguliers pour les temples et les hôtels qui s'égrènent le long de la route principale.

Pass - Il existe plusieurs *pass*, dont le **World Heritage Pass**, qui comprend le train entre Tokyo (Asakusa) et Nikko, ainsi que l'utilisation des bus et des trains Tobu à Nikko et dans ses environs (3760 ¥/2 j.). Autre solution, le **Tobu Pass** coûte 2000 ¥/2 j., si vous restez sur Nikko, ou 3000 ¥, si vous ajoutez une excursion au lac Chuzenji et à Yumoto.

Adresses utiles

Informations touristiques - Tobu Station *(C2)*. 8h30-17h. Anglais parlé.

Tourist Information Center, Gokomachi *(B2)*, ✆ (0288) 53 3795. 9h-17h. Grand centre d'informations avec un accès Internet gratuit.

Poste / Retrait - Kamihatsuishi *(B2)*. 9h-19h. Distributeur de billets ATM.

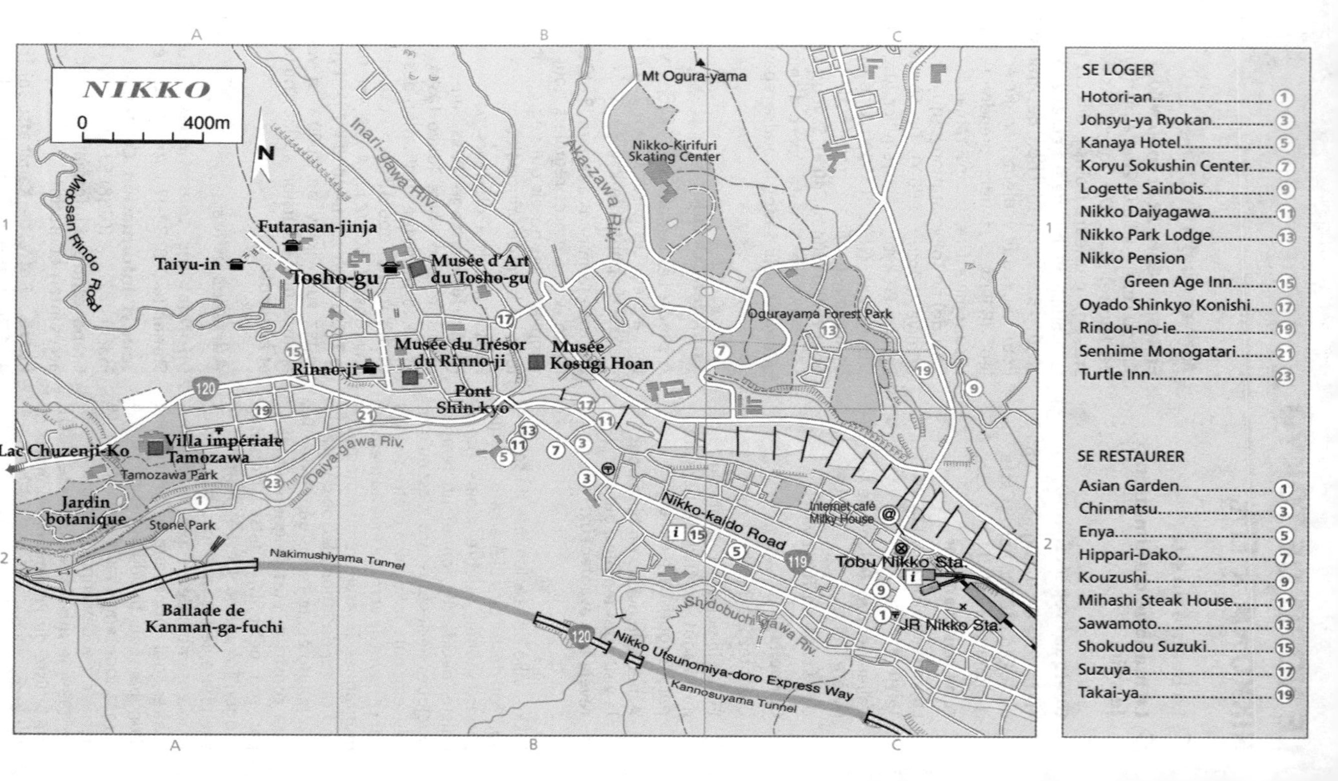
NIKKO
0
400m
N
Midosan Rindo Road
Inari-gawa Riv.
Aka-zawa Riv.
Mt Ogura-yama
Nikko-Kirifuri Skating Center
Futarasan-jinja
Taiyu-in
Tosho-gu
Musée d'Art du Tosho-gu
Ogurayama Forest Park
Musée du Trésor du Rinno-ji
Musée Kosugi Hoan
Rinno-ji
Pont Shin-kyo
Villa impériale Tamozawa
Lac Chuzenji-Ko
Tamozawa Park
Daiya-gawa Riv.
Jardin botanique
Stone Park
Nakimushiyama Tunnel
Ballade de Kanman-ga-fuchi
Nikko-kaido Road
Internet café Milky House
Tobu Nikko Sta.
JR Nikko Sta.
Shidobuchi-gawa Riv.
Nikko Utsunomiya-doro Express Way
Kannosuyama Tunnel
120
119
SE LOGER
Hotori-an 1
Johsyu-ya Ryokan 3
Kanaya Hotel 5
Koryu Sokushin Center 7
Logette Sainbois 9
Nikko Daiyagawa 11
Nikko Park Lodge 13
Nikko Pension Green Age Inn 15
Oyado Shinkyo Konishi 17
Rindou-no-ie 19
Senhime Monogatari 21
Turtle Inn 23
SE RESTAURER
Asian Garden 1
Chinmatsu 3
Enya 5
Hippari-Dako 7
Kouzushi 9
Mihashi Steak House 11
Sawamoto 13
Shokudou Suzuki 15
Suzuya 17
Takai-ya 19

Internet - Internet Café Milky House, 2-3 Inarimati *(C2)*. 10h-20h. Deux PC (300 ¥/30mn) dans ce café qui propose aussi snacks et boissons.

Se loger

Auberge de jeunesse

Nikko Daiyagawa

日光大谷川ユースホステル

1075 Nakahatsuishi-machi, (0288) 54 1974 - 4 dortoirs (24 lits). En bordure de la rivière Daiya, cette auberge toute simple, tenue par un couple anglophone et écolo, est idéalement située entre les temples et le centre-ville. 3600 ¥/pers.

De 4500 à 8000 ¥

Johsyu-ya Ryokan 上州屋旅館

911 Nakahatsuishi-machi, (0288) 54 0155, www.johsyu-ya.co.jp - 8 ch. Ce *ryokan* propose des chambres japonaises ou occidentales. Situation centrale et accueil chaleureux. Beaucoup de charme et petit prix !

Rindou-no-ie Minshuku

民宿りんどうの家

1462 Tokorono, (0288) 53 0131, rindou@smile.ocn.ne.jp - 4 ch. Un peu excentré à l'est de Nikko, des chambres coquettes sur ton de gentiane *(rindou)* dans une maison de famille.

Nikko Park Lodge 日光パークロッジ

2828-5 Tokorono, (0288) 53 1201, www.nikkoparklodge.com - 4 ch., 2 dortoirs (de 4 lits). On se croirait dans un manoir à l'anglaise dans ce petit château entouré d'un parc. Beaucoup de charme et d'idées : *o furo*, Internet, cours de yoga, dîners végétariens. Un peu excentré néanmoins mais pour les arrivées et départs, Ken, patron dynamique, sera votre chauffeur.

De 8000 à 12000 ¥

Koryu Sokushin Center

日光市交流促進センター

2845 Tokorono, (0288) 54 1013 - 12 ch. À 20mn à pied de la gare, un hôtel neuf qui évoque un centre de colonie de vacances. Chambres japonaises ou occidentales.

Turtle Inn タートルイン日光

2-16 Takumi-cho (bus direct de la gare, arrêt Sogokaikan-mae), (0288) 53 3168, www.turtle-nikko.com - 10 ch. Depuis vingt-huit ans, le Turtle et ses dynamiques patrons se mettent en quatre pour une clientèle cosmopolite et routarde. Chambres calmes et de caractère. Et une collection de tortues à faire pâlir les plus grands cheloniens ! Internet.

Hotori-an

アネックスタートル・ほとり庵

8-28 Takumi-cho, (0288) 53 3663, www.turtle-nikko.com - 11 ch. Version cosy du Turtle, dont il est l'annexe, ce *ryokan* propose des chambres au calme côté rivière, un délicieux *onsen* et un espace salon très agréable.

Logette Sainbois ロヂテ・サンボア

1560 Tokorono, (0288) 53 0082, www.itcj.jp/hdb/309019.html - 8 ch. À 15mn à pied de la gare et à 30mn des temples. Beaucoup de charme dans ce petit chalet perdu au détour d'un chemin où la maîtresse de maison tisse sa toile (deux métiers à tisser !) sur fond de piano. *O furo*, transfert assuré pour arriver et partir.

De 12000 à 20000 ¥

Nikko Pension Green Age Inn

日光ペンショングリーンエイジイン

10-9 Nishisando, (0288) 53 3636 - 9 ch. Cette immense demeure à colombages propose des chambres cosy avec rideaux fleuris et lits douillets. Ouverte depuis 30 ans, elle fut le première pension de la ville. Son emplacement au pied des temples est idéal.

Oyado Shinkyo Konishi お宿神橋小西

1030 Kamihatsuishi, (0288) 54 1101, www.nikko-konishiya.com - 21 ch. Vastes chambres de dix tatamis dans ce *ryokan* de charme où l'on dîne face au jardin. Situation très centrale.

Plus de 20000 ¥

Senhime-monogatari Inn

日光千姫物語

6-48 Yasukawama-cho, (0288) 54 1010, www.senhime.co.jp - 44 ch. Superbe hôtel à deux pas des temples. Chambres japonaises, *rotenburo* dans les rochers, *o furo* et sauna. Idéal pour un séjour relaxant.

Kanaya Hotel 日光金谷ホテル

1300 Kamihatsuishi, ✆(0288) 54 0001, www.kanayahotel.co.jp - 71 ch. Avec 135 bougies soufflées en 2007, le Kanaya est l'un des plus vieux hôtels du Japon. Plafonds à caisson, en damier, en quadrillage de bois massif ou orné de moulures dans la salle à manger classique, tout est fait pour l'œil aguerri. Quant au palais, il pourra également jongler entre la cuisine française du *dining-room*, les sushis du restaurant japonais ou les curries du Maple Leaf.

Se restaurer

Moins de 1000 ¥

Asian Garden アジアンガーデン

1-9 Matsubara-tyo, ✆(0288) 54 2801. 10h-23h. Fermé 1 j./sem. Plats au curry et menus proposés par des cuisiniers bengalis.

Hippari-Dako ひっぱりだこ

1011 Kamihatsuishi, ✆(0288) 53 2933. 10h-20h. Une petite salle où tables et murs sont estampillés de cartes de visite. Plats goûteux à petits prix : *teriyaki*, *yaki soba*, *udon* au curry, etc.

De 1000 à 2000 ¥

Chinmatsu 新松

934-1 Nakahatsuishi-cho, ✆(0288) 54 0041. Tlj sf merc. 11h-23h. Trois tables basses en enfilade au pied du comptoir et une patronne, aussi discrète qu'efficace, occupée à préparer tempuras de légumes, sashimis de daurade, etc.

Shokudou Suzuki 食堂すずき

Tochigiken, 581-2 Gokomachi, ✆(0288) 54 0662. 11h30-22h. Cuisine italienne, chinoise, coréenne ou japonaise. Idéal pour les indécis…

Suzuya 鈴屋

Derrière le musée Kosugi Hoan. 11h-20h. Spécialité de *soba*, *udon* et *yuba*, relevés de *sansho*, plante locale dont les habitants se servent pour épicer les plats.

De 2000 à 4000 ¥

Sawamoto 澤本

Kamihatsuishi-machi, ✆(0288) 54 0163. 11h-18h30. L'anguille est à l'honneur dans ce restaurant familial situé à 5mn du pont Shin-kyo. Sets variés préparés avec soin.

Enya えんや

43 Ichiyamachi, ✆(0288) 53 5605. Tlj sf lun. 11h-23h. Steak, brochettes ou *shabu-shabu*. Une salle chaleureuse où l'on sert aussi d'excellentes bières.

Kouzushi 晃寿司

9-1 Matsubara-tyo, ✆(0288) 54 0752. 10h30-22h. Tout près de la gare, une excellente adresse pour déguster plateaux de sushis ou de sashimis.

Plus de 4000 ¥

Mihashi Steak House みはしステーキハウス

1115 Kamihatu Ishimachi, ✆(0288) 54 3429. 11h30-20h. Le meilleur bifteck de Nikko ! Menu complet ou viande au poids (3000 ¥/150 g de bœuf).

Takai-ya 高井家

4-9 Hon-cho, ✆(0288) 53 0043. Sur réserv. seul. C'est sûrement une expérience assez unique qu'il vous sera donné de vivre si vous arrivez à réserver dans cet établissement un peu à part, tenu par la famille Takai depuis 1805. En cuisine, monsieur, un talent fou pour marier de nouveaux goûts à l'instar de la truite fumée marinée trois jours dans l'eau salée ou ces rouleaux de *yuba* au *wasabi*. En salle, madame, fine d'esprit et de corps, une geisha contemporaine aussi passionnante à écouter qu'à regarder évoluer. En salle, face à un jardin merveilleux, vous, hôte unique, car ici, pour bien recevoir, on reçoit peu. Alors, délassez-vous et entre les bruissements des *shoji*, écoutez donc le chant des grenouilles vertes, dont le plus grand amateur n'est autre qu'un descendant des Tokugawa. Chaque année, à la veille du Festival de Nikko, il vient prendre son dîner au son des batraciens du jardin des Takai.

Faire une pause

Salon de thé - Yuzawaya, 946 Shimohatsuishi-machi *(B2)*. 11h-17h. Deux tables agrémentées de crémaillère *(irori)* et une déco toute rustique pour siroter un thé vert accompagné de gâteaux de riz fourrés.

Fêtes et festivals

Les 17 et 18 mai, le **Festival de Nikko** rassemble des milliers de personnes venues assister à la cérémonie de Yabusame *(voir encadré)* et à la procession des 1000 guerriers portant les 100 costumes. À cette occasion, trois *mikoshi* (autel portatif) sont portés dans la foule. De nombreux rituels et cérémonie de prière se tiennent également pendant ces deux jours. Un festival similaire mais de moindre ampleur a lieu à la mi-octobre.

Yabusame

Deux fois par an, à l'occasion du Festival de Nikko, une cérémonie de Yabusame se déroule au pied du sanctuaire Tosho-gu. Les concurrents doivent toucher trois cibles placées le long d'une piste sur un cheval au galop. Le Yabusame n'est ni un sport ni un art martial, mais un rituel religieux dont l'objectif est de réjouir les dieux par son habileté et son pouvoir de concentration. Il n'y a ni vainqueur ni vaincu, seulement une quinzaine de cavaliers vêtus à la façon de Heian, Kamakura ou Edo, trois périodes importantes dans l'histoire de cette pratique. Les participants qui réussissent à toucher la cible sont honorés. Deux écoles sont homologuées pour former ces archers à cheval. Cinq ans minimum de pratique sont nécessaires.

Achats

Artisanat - Utakata, 945 Nakahatsuishi *(B2)*. 10h-18h. Kimonos, *obi*, *tabi* et superbes tissus dans cette boutique pleine de charme.

VISITE DE LA VILLE

D'Utsunomiya, on accède à Nikko par l'allée des Cèdres, soit 37 km d'arbres tricentenaires qui sont aujourd'hui répertoriés dans le ***Guiness Book***. Outre ses nombreux temples et sanctuaires, cette ville calme et verdoyante offre de nombreuses promenades et excursions des sentiers balisés de la rivière Daiya jusqu'au lac Chuzenji, fréquenté par les ambassadeurs européens au début du siècle.

PONT SHIN-KYO★

神橋

(B1)

8h-17h. 500 ¥.

D'après la légende, lorsque le pieux Shodo Shonin (735-817) voulut traverser la rivière Daiya avec ses disciples, il fut entendu par le dieu Jinja Daio qui envoya deux serpents, un bleu et un rouge, se déployer pour former un pont. À l'origine, seul l'empereur et le shogun étaient autorisés à traverser ce joli pont laqué de rouge. À présent, les touristes peuvent également le franchir contre monnaie sonnante et trébuchante...

À 5mn à pied du pont Shin-kyo, rejoigniez le musée Kosugi Hoan.

MUSÉE KOSUGI HOAN

小杉放庵記念日光美術館

(B1)

9h30-16h30. 700 ¥.

Dommage que ce superbe musée dédié à l'œuvre de Kosugi Hoan (1881-1964), peintre, dessinateur et illustrateur de talent ne présente qu'une salle consacrée à ses tableaux. Une 2e pièce est dédiée aux expositions temporaires et tous les dimanches des concerts sont organisés dans l'immense hall *(18h30-20h ; se renseigner auprès du musée)*.

LES TEMPLES DE NIKKO

Comptez une journée.

Le Rinno-ji, le Tosho-gu, le Futarasan et le Taiyu-in sont rassemblés sur le même site, au nord du pont Shin-kyo.

Il existe un billet combiné (1 000 ¥) pour la visite du Rinno-ji, du Tosho-gu, du Futarasan et du Taiyu-in. Ce ticket ne comprend pas l'entrée de certains sites, dont le musée du Trésor du Rinno-ji, le musée du Trésor du Tosho-gu et le ***Chat endormi***.

Rinno-ji★★

輪王寺

(B1)

1er temple à l'entrée du site. 8h-17h. 400 ¥ sf billet combiné.

▸ À l'origine, le Rinno-ji (secte Tendai) rassemblait plus d'une trentaine de temples éparpillés autour de Nikko. Aujourd'hui, on visite principalement le **Sanbutsu-do★** (« salle des Trois Bouddhas »), édifié en 810, dédié à Amida. Ce dernier est représenté par une immense statue de 8 m, entourée de Bato Kannon et de Senju Kannon, deux versions de la déesse de la Miséricorde, dont l'une porte une tête de cheval dorée sur le front. Derrière, le hall de prières vaut le détour pour la fresque de dragon peinte au plafond. Le lieu abrite une trentaine de bonzes, occupés tantôt par leurs prières, tantôt par la vente de souvenirs pour touristes superstitieux.

▸ Plusieurs festivals se déroulent au Rinno-ji, dont celui des « mangeurs de riz forcés » *(Gohan-Shiki) (2 avr.)*, célébré depuis l'ère Heian. À cette occasion, des prêtres bouddhistes forcent des notables à avaler d'immenses bols de riz jusqu'au dernier grain afin de conjurer le mauvais sort et d'attirer la bénédiction des dieux. Le 17 mai, les danses d'Ennen-no-mai sont une prière pour la paix dans le monde.

▸ Face au temple, le **musée du Trésor★** *(9h-17h ; 300 ¥)* rassemble de nombreux objets ayant appartenu aux religieux du Rinno-ji : cloches, brûleurs à encens à bec de grue ou de dragon, moulins à prière, mandalas en soie, etc. Plusieurs portraits sont également intéressants : celui du prêtre Shodo Shonin, ainsi qu'un rouleau de soie de Tosho Dai Gongen, titre posthume de Ieyasu, premier shogun Tokugawa, peint par son petit-fils Iemitsu lors d'un rêve qu'il fit en 1645. Partie intégrante du musée, un splendide **jardin★★** japonais tourne autour d'un petit étang.

Tosho-gu★★★

東照宮

(B1)

*Derrière le Rinno-ji. 8h-16h30. 1 300 ¥ sf billet combiné. Prévoir 520 ¥ de plus pour voir le **Chat endormi** et 500 ¥ pour le musée du Trésor.*

▸ Le sanctuaire Tosho-gu est sans conteste l'œuvre la plus impressionnante de Nikko, une prouesse architecturale de style Momoyama dont l'exubérance baroque impressionne, voire excède. Érigé par Iemitsu pour son aïeul **Tokugawa Ieyasu** (1542-1616), il nécessita la participation de 15 000 artisans. On y accédait alors par le Sennin Ishidan, l'« escalier en pierre des Mille Hommes », aujourd'hui remplacé par une piste qui débouche sur un *torii* (portique) en granit, puis une **pagode à cinq étages★** édifiée en 1650, puis reconstruite au 19e s.

▸ Passé une nouvelle volée de marches, on débouche sur la première cour où se trouve l'**écurie sacrée**, qui abrite un cheval blanc offert par la Nouvelle-Zélande. Ses panneaux sont ornés de la fameuse trinité simiesque, l'histoire d'une famille de singes sous forme de contes philosophiques, dont la morale est : « Je ne vois pas le mal, je ne dis pas le mal, je n'entends pas le mal, ainsi le mal m'épargnera. »

▸ Au fond de la cour, après la bibliothèque de sutras *(Rinzo)*, on accède au **Yakushi-do**. Ce temple bouddhique faisait parti du Rinno-ji, témoin du syncrétisme qui existait avant l'ère Meiji. Lors de la séparation entre shinto et bouddhisme, sous dérogation de l'empereur, il fut autorisé à rester en ces murs. Pour faire apprécier l'écho qui sévit en cet endroit, un prêtre frappe à fréquence régulière deux morceaux de bois.

La procession des 1 000 guerriers du Festival de Nikko.

▶ On passe ensuite le **Yomei-mon★★**, « portail de la Lumière du soleil », le monument le plus célèbre du Tosho-gu. Il est sculpté de 500 animaux mythiques et porté par douze colonnes blanches en bois précieux. Parmi les motifs d'ornementation, l'un d'eux est inversé, un geste volontaire des artistes pour éviter la perfection et apaiser les dieux qui pourraient en prendre ombrage.

▶ Une fois passé le Yomei-mon, à gauche de la cour, un pavillon abrite les palanquins sacrés contenant les autels utilisés lors du Festival de Nikko *(voir p. 239, « Fêtes et festivals »)*. Les trois principaux *mikoshi* sont dédiés à Tokugawa Ieyasu, Toyotomi Hideyoshi et Minamoto Yoritomo, trois divinités honorées dans le palais sacré du Honden. On aura d'abord franchi le **Kara-mon★**, un portail chinois datant de 1617, et le **Haiden**, une salle de prière réservée à l'origine aux *daimyo*.

▶ À droite du Haiden, le passage où est sculpté le **Chat endormi★** *(520 ¥)*, œuvre du talentueux charpentier Hidari Jingoro (1594-1634), mène à la tombe de Tokugawa Ieyasu. Le musée du Trésor *(500 ¥)* attenant présente des objets précieux du Tosho-gu.

▶ Derrière le Tosho-gu, le **musée d'Art★** *(9h-17h ; 800 ¥)* rassemble plus de 150 œuvres, dont les peintures de quatre célèbres artistes des années 1920 : Yokoyama Taikan, Nakamura Gakuryo, Arai Kanpo et Katayama Nanpu (voir son fameux ***Douze Mois de peintures sur éventail***).

Futarasan-jinja★

二荒山神社

(A1)

À l'ouest du Tosho-gu. 8h-16h30. Temple : 200 ¥ sf billet combiné ; jardin : suppl. 200 ¥.

Fondé par Shodo Shonin en 782, le sanctuaire Futarasan fut reconstruit en 1610. Il est dédié aux dieux des monts Nantai, Nyotai et Taro, symbolisant l'homme, la femme et l'enfant. Il comprend un *torii* (portique), ainsi qu'une lanterne de bronze (1923) dont la forme devient inquiétante à la nuit tombée. Elle fut surnommée la « lanterne du Spectre » et porterait encore les traces de coups d'épée laissées par un samouraï surpris par la malice des ombres.

Taiyu-in★★

家光廟大猷院

(A1)

Face au Futarasan. 8h-16h30. 550 ¥ sf billet combiné.

Ce mausolée fut bâtit par le troisième shogun **Tokugawa Iemitsu** (1604-1651) en l'honneur de son grand-père, ainsi que pour y placer sa tombe dans l'axe de celle de son aïeul. Ceci explique, qu'exceptionnellement, le sanctuaire regarde le nord et non le sud-est, comme le veut la tradition. La structure est la même que celle du Tosho-gu, quoique plus modeste.

▶ Deux gardiens Ha (première lettre du sanscrit, symbole de commencement ou de naissance) et Um (dernière lettre du sanscrit, symbole de fin ou de mort) surveillent l'entrée. Le premier ouvre la bouche, le second la ferme. Passé le bassin destiné aux eaux lustrales, on accède à un premier portail, **Niten-mon**, suivi d'une volée de marches bordées de lanternes de pierre offertes par des *daimyo*. On passe ensuite le **Yasha-mon★** puis le Karamon (portail chinois), qui mène à une salle de prière au fond de laquelle se trouve le coffre-fort de Iemitsu. On arrive alors au **Koka-mon**, tombe du troisième shogun, décédé à 40 ans et dont le corps fut transporté ici.

À L'OUEST DE LA VILLE

Balade de Kanman-ga-fuchi★★

憾満ガ淵

(A2) Comptez 1h de marche.

Départ du Stone Park, situé derrière l'hôtel Hotori-an.

Cette jolie promenade commence par la traversée d'un parc à peine aménagé, un champs de cerisiers dans lequel un géant aurait semé des roches comme des petits cailloux. On rejoint ensuite la rivière Daiya surnommée ici l'« effondrement de Kanman-ga », en raison du phénomène géologique formé par la lave du mont Nantai. On arrive alors sur l'**allée des jizo★★** *(voir encadré, p. 100)*, ces statuettes coiffées de leurs éternels bonnets rouges, qui apparaissent comme des moines pétrifiés. On les dit ensorcelés, car nul ne peut en déterminer le nombre exact. La perspective est très belle et conduit finalement à un sentier tortueux qui se désolidarise un temps des eaux pour longer une route plus passante. Continuez jusqu'au **pont Dainichi** qui vous mènera sur l'autre rive. Le paysage sur les montagnes de Nikko est de toute beauté.

Prolongez la balade par la visite de la Villa impériale via *le boulevard Hainaichi qui rejoint le centre-ville.*

Villa impériale Tamozawa★

日光田母沢御用邸

(A2)

8-27 Hon-cho. Tlj sf mar. 9h-16h. 500 ¥. Panneaux en anglais.

Résidence d'été de la famille impériale, transportée d'Edo à Nikko en 1872, la villa fut ensuite la propriété d'un riche homme d'affaires avant de s'ouvrir au public en 2000. Elle compte 106 pièces, toutes restaurées par des artisans de choix, en tout plus de 30 000 m² comprenant les chambres de l'empereur et de l'impératrice, une salle de bains tout en bois et des salons de réception somptueux. Il s'agit de la plus grande villa impériale de bois érigée pendant les ères Meiji et Taisho. Tout autour, le **jardin★**, splendide, est également ouvert à la visite. Il englobait à l'origine le jardin botanique et les faubourgs de Nikko.

LES ENVIRONS

LAC CHUZENJI-KO★

中禅寺湖

Comptez une demi-journée.

À 30 km au nord-ouest de Nikko. De Nikko (gare JR ou Tobu Nikko), bus n° 2 (50mn de trajet pour Chuzenji-ko et 1h20 pour Yumoto). Comptez 1 100 ¥ pour la journée sf si vous avez le Tobu Pass (voir « Comment circuler », p. 235).

La visite du lac Chuzenji (1 269 m) et des sources naturelles de Yumoto (1 478 m) permet de découvrir le Parc national de Nikko qui s'étend sur les hauteurs, à l'ouest de la ville.

À voir, à faire

Passé la « pente des 48 tournants » (いろは坂), un premier arrêt au téléphérique d'Akechi-daira *(710 ¥ AR)* offre un **panorama** sur le lac Chuzenji ainsi que les cascades de Kegon et de Shirakumo. Une fois sur les bords du lac, la villa de l'ambassade d'Italie *(le bus s'y arrête ; 9h-16h30 ; gratuit)* témoigne du succès de Nikko au début du siècle. En effet, lorsque le gouvernement impérial autorisa les étrangers à voyager librement (à partir de 1899), Nikko devint la première station d'été des expatriés. Passé le lac, on peut poursuivre sur **Yumoto**, où un **onsen** et un temple vous attendent *(possibilité de louer des cabines pour profiter du* onsen*)*. En chemin, on traverse le plateau de Senjogahara, une zone naturelle envahie par les fleurs au printemps.

5 jours	Nagoya et sa région
Boucle de 350 km au départ de Nagoya	**Jour 1.** Nagoya *(p. 248)*, le musée Tokugawa *(p. 251)* et le quartier nocturne de Sakae *(p. 251)*. **Jour 2.** Inuyama, le château *(p. 254)*. **Jour 3.** Ise, le sanctuaire *(p. 256)*. **Jour 4.** Croisière et rencontre avec les plongeuses Ama dans la baie d'Ago *(p. 258)*. **Jour 5.** Retour à Nagoya.
Transports	En métro à Nagoya. En train AR pour Inuyama. En train de Nagoya à Ise-shi. En bus à Ise. En train pour Futami et la baie d'Ago. En train pour revenir à Nagoya.
Étapes	Nagoya (2 nuits), Ise, Futami.
1 semaine	**Le grand tour : de Nagano à Kanazawa**
Itinéraire de 500 km au départ de Nagano	**Jour 1.** Nagano *(p. 267)* et le temple Zenko-ji *(p. 268)*. **Jour 2.** Togakushi, entre nature et sanctuaires *(p. 269)*. **Jour 3.** Matsumoto : visite du château et de la ferme de *wasabi (p. 273)*. **Jours 4 et 5.** Takayama *(p. 259)*. **Jour 6.** Shirakawa-go et le village d'Ogimachi *(p. 265)*. **Jour 7.** Kanazawa *(p. 275)* et son jardin Kenroku-en *(p. 279)*.
Transports	À pied à Nagano. En bus AR pour Togakushi. En train de Nagano à Matsumoto. Matsumoto-Takayama en bus. À pied à Takayama, puis bus pour Shirakawa-go. Bus de Shirakawa-go à Kanazawa.
Étapes	Nagano (2 nuits), Matsumoto, Takayama (2 nuits), Shirakawa-go, Kanazawa.
Conseil	Réservez votre hôtel à Togakushi ou à Shirakawa-go.
Si vous aimez...	**Le Best of**
Les hébergements à forte personnalité	Le Ryori Ryokan Kinsuiso, à Nagoya *(p. 250)*. Le Hoshidekan, à Ise *(p. 255)*. Le Tenshoji Youth Hostel et le Koto-no-Yume à Takayama *(p. 261)*. Le Yokichi Minshuku, à Shirakawa-go *(p. 265)*. Le Shimizuya Ryokan, à Nagano *(p. 268)*. Le Gokui Lodge, à Togakushi *(p. 269)*. Le Ryokan Sakaya, à Nozawa Onsen *(p. 272)*. Le Ryokan Hyakuraku-san, à Noto-Ogi *(p. 285)*. Le Kunimi-so Minshuku *(p. 287)* et le Hana-no-Ki, sur l'île de Sado *(p. 289)*.
Les spécialités gatronomiques	Le poulet *kochin* du Torigin Honten et les anguilles du Hourai-Ken *(p. 250)*, à Nagoya. Les abalones du Kaigetsu, à Toba *(p. 257)*. La cuisine *kaiseki* du Susaki, à Takayama *(p. 262)*. Le sashimi de cheval du Kura, à Matsumoto *(p. 273)*. La cuisine *shojin ryori* (végétarien) du Kotobukiya, à Kanazawa *(p. 278)*.
Les festivals, en saison	Le printemps et l'automne à Takayama *(p. 263)*. L'hiver à Nozawa Onsen *(p. 272)*. L'été sur l'île de Sado *(p. 289)*.

Les maisons traditionnelles de Shirakawa-go.

CHUBU (CENTRE DE HONSHU)

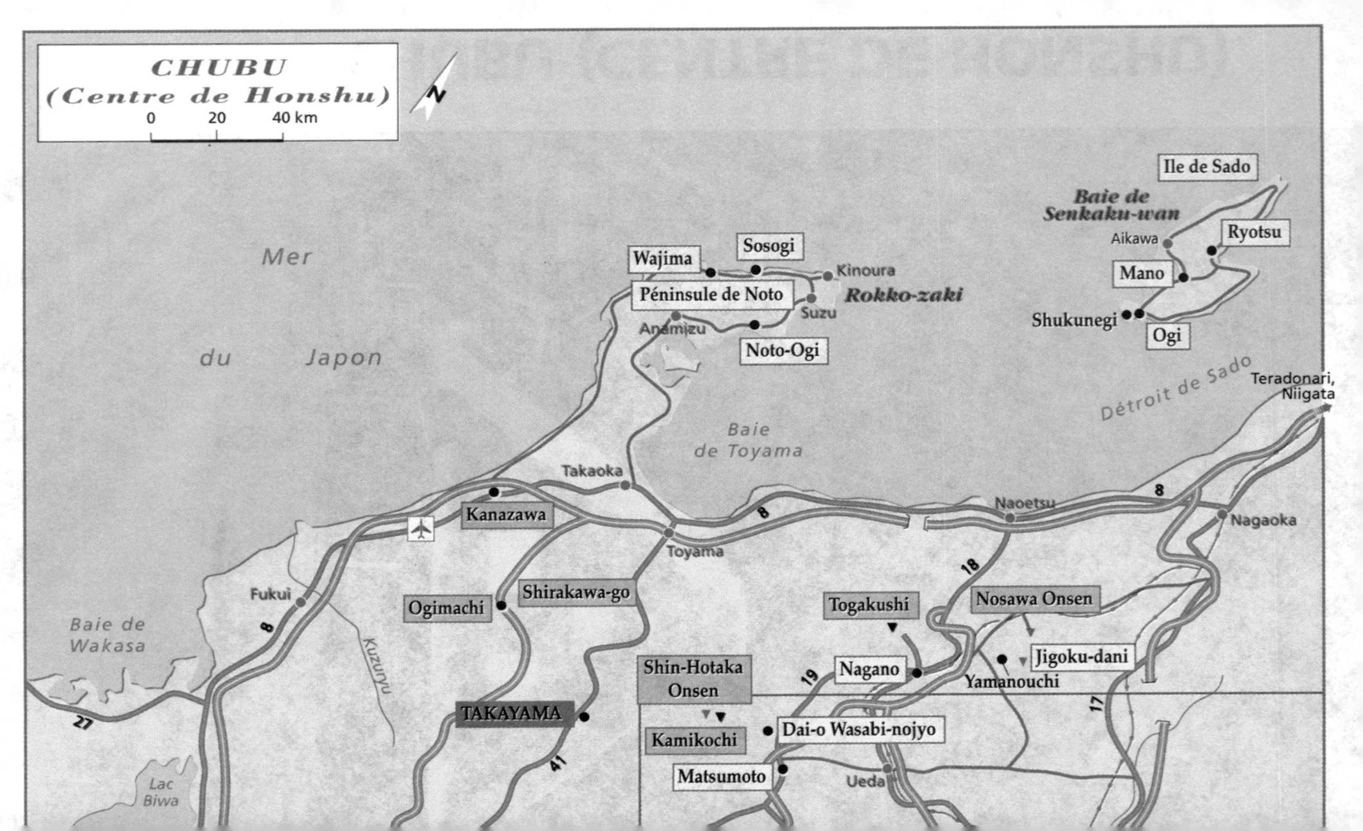
CHUBU
(Centre de Honshu)
0
20
40 km
N
Mer
du Japon
Wajima
Sosogi
Kinoura
Péninsule de Noto
Rokko-zaki
Suzu
Anamizu
Noto-Ogi
Baie de Toyama
Ile de Sado
Baie de Senkaku-wan
Aikawa
Ryotsu
Mano
Shukunegi
Ogi
Détroit de Sado
Teradonari, Niigata
Takaoka
Kanazawa
Toyama
Naoetsu
Nagaoka
Fukui
Ogimachi
Shirakawa-go
Togakushi
Nosawa Onsen
Jigoku-dani
Yamanouchi
Nagano
Baie de Wakasa
Kuzuryu
Shin-Hotaka Onsen
Kamikochi
Dai-o Wasabi-nojyo
TAKAYAMA
Matsumoto
Ueda
Lac Biwa
8
18
19
17
27
41

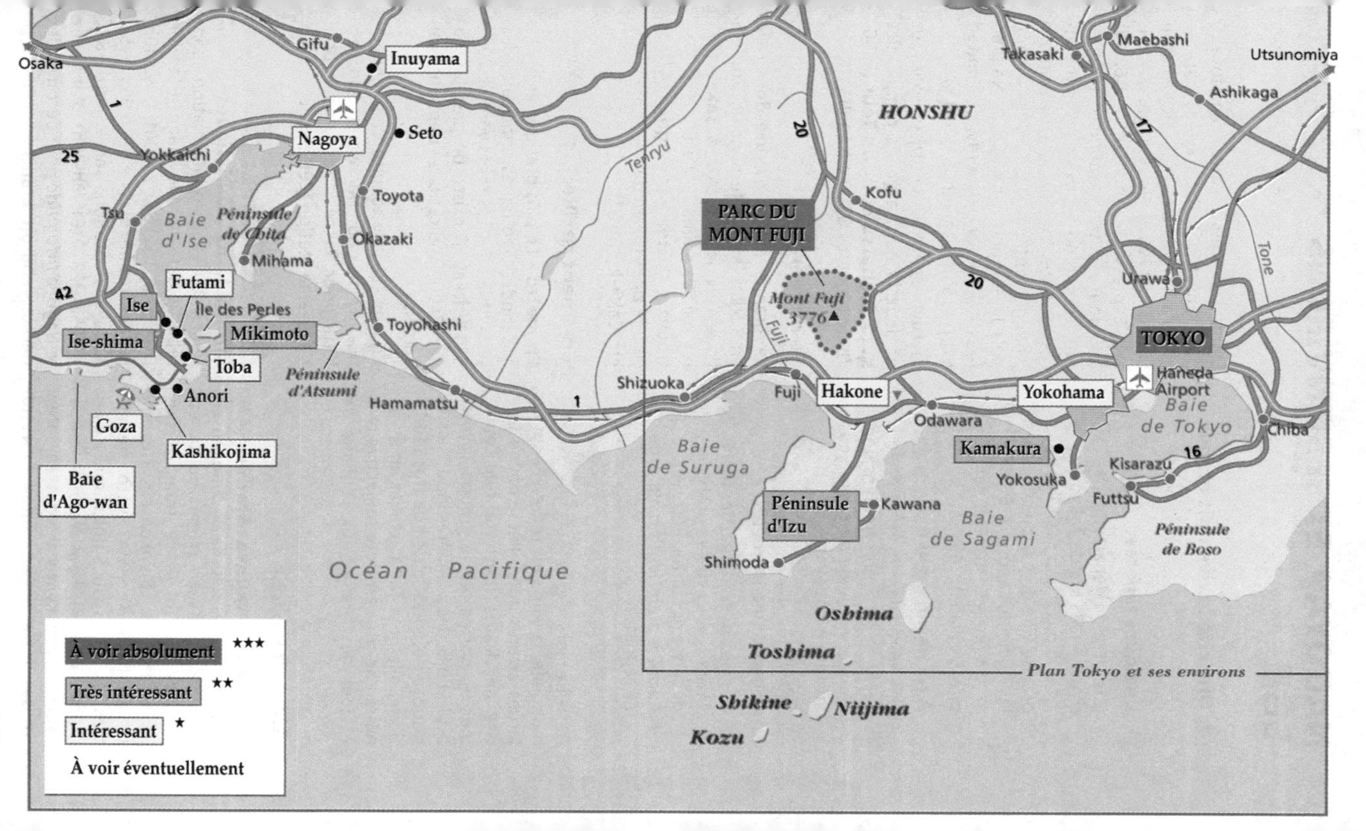
Osaka
Gifu
Inuyama
Nagoya
Seto
Toyota
Okazaki
Toyohashi
Hamamatsu
Yokkaichi
Tsu
Baie d'Ise
Péninsule de Chita
Mihama
Futami
Ise
Île des Perles
Mikimoto
Ise-shima
Toba
Péninsule d'Atsumi
Anori
Goza
Kashikojima
Baie d'Ago-wan
1
25
42
20
17
16
Tenryu
Fuji
Tone
HONSHU
Kofu
PARC DU MONT FUJI
Mont Fuji 3776
Shizuoka
Hakone
Odawara
Yokohama
Kamakura
Yokosuka
Takasaki
Maebashi
Ashikaga
Utsunomiya
Urawa
TOKYO
Haneda Airport
Baie de Tokyo
Chiba
Kisarazu
Futtsu
Péninsule de Boso
Baie de Suruga
Péninsule d'Izu
Kawana
Shimoda
Baie de Sagami
Océan Pacifique
Osbima
Tosbima
Sbikine
Niijima
Kozu
Plan Tokyo et ses environs
À voir absolument ★★★
Très intéressant ★★
Intéressant ★
À voir éventuellement

NAGOYA★ ET SES ENVIRONS
名古屋

Une cité active nuit et jour

Quelques repères

Chef-lieu du département d'Aichi - 383 km de Tokyo - 2,1 millions d'hab., soit la plus grande ville du Chubu mais aussi la 4e ville du Japon - 326 km² - 16 arr. *(ku)* - Carte régionale p. 246 - Plan p. 249.

À ne pas manquer

Une soirée dans le quartier de Sakae après avoir erré dans une immense salle de *pachinko*, jeu inventé à Nagoya.

Conseils

Comptez une journée.

Dormez dans le quartier de Sakae si vous voulez profiter de la vie nocturne. Réservez à l'avance pour l'option auberge de jeunesse.

Détruite lors de la Seconde Guerre mondiale, la ville s'est redressée sur de larges artères quadrillées comme une cité américaine. Il est vrai que l'automobile, portée par le groupe Toyota, est ici l'une des premières industries. Si Nagoya ne possède rien de très touristique, elle nous fait partager un dynamisme de cité carrefour qui active nuit et jour des braises aux couleurs de néons.

Arriver ou partir

En train - **Nagoya Station** *(A1)*. Départ ttes les heures du Shinkansen Hikari pour Kyoto (40mn de trajet, 5 340 ¥). De Tokyo, le train le plus direct est le Shinkansen Nozomi (1h40, 10 580 ¥). Pour Kyoto, départ ttes les 15mn du Shinkansen Hikari (40mn, 4 930 ¥). Pour Nara, il faudra repasser par Kyoto si vous comptez utiliser votre JR Pass, sinon Kintestu Limited Express jusqu'à Yamatoyagi, puis Kintetsu Kashihara Line Express jusqu'à Koriyama et enfin JR Yamatoji Line (2h, 3 790 ¥). Pour Nagano, Limited Express Shinano (2h50, 6 620 ¥) ou, pour un trajet moins cher mais qui comprend deux correspondances, JR Chuo Line jusqu'à Matsumoto (changement à Nakatsugawama), puis JR Shinonoi Line jusqu'à Nagano (4 310 ¥). Pour Kanazawa, Limited Express Shirasagi (2h55, 6 620 ¥).

En bus - De Tokyo, 4 bus/j. (deux le jour et deux la nuit) avec les compagnies **Keio**, **Meitetsu** et **Orion Tour** (6h30-7h de trajet, de 3 500 ¥ à 5 100 ¥).

Se repérer

La grande artère **Sakura-dori** relie en 3,5 km la gare ferroviaire, située à l'ouest de la ville *(A1)*, à **Sakae** *(B1)*, le quartier animé de l'est. Au nord se trouve le **château de Nagoya** *(A1)*; au sud, le **port** *(B3 en dir.)*. Le centre-ville est **Naka-ku** *(A-B1)*.

Comment circuler

En métro - Le plus pratique et le plus commode. Cinq lignes principales desservent la ville. Les tarifs vont de 200 à 320 ¥/ticket. Il existe un *pass* journalier (740 ¥). Indications et annonces en anglais.

En bus - La ville compte trois lignes de bus : verte pour Nagoya Station, violette pour Sakae Station, noire pour Kanayama Station (200 ¥/trajet).

Adresses utiles

Informations touristiques - Plusieurs bureaux d'information sont répartis dans la ville. Nagoya Station *(A1)*, ✆ (052) 541 4301. 9h-19h. Sakae Station *(B1)*, ✆ (052) 963 5252. Kanayama Station, sortie nord *(B3)*, ✆ (052) 323 0161. 9h-20h. Demandez le ***Nagoya Infoguide*** pour découvrir les derniers endroits branchés.

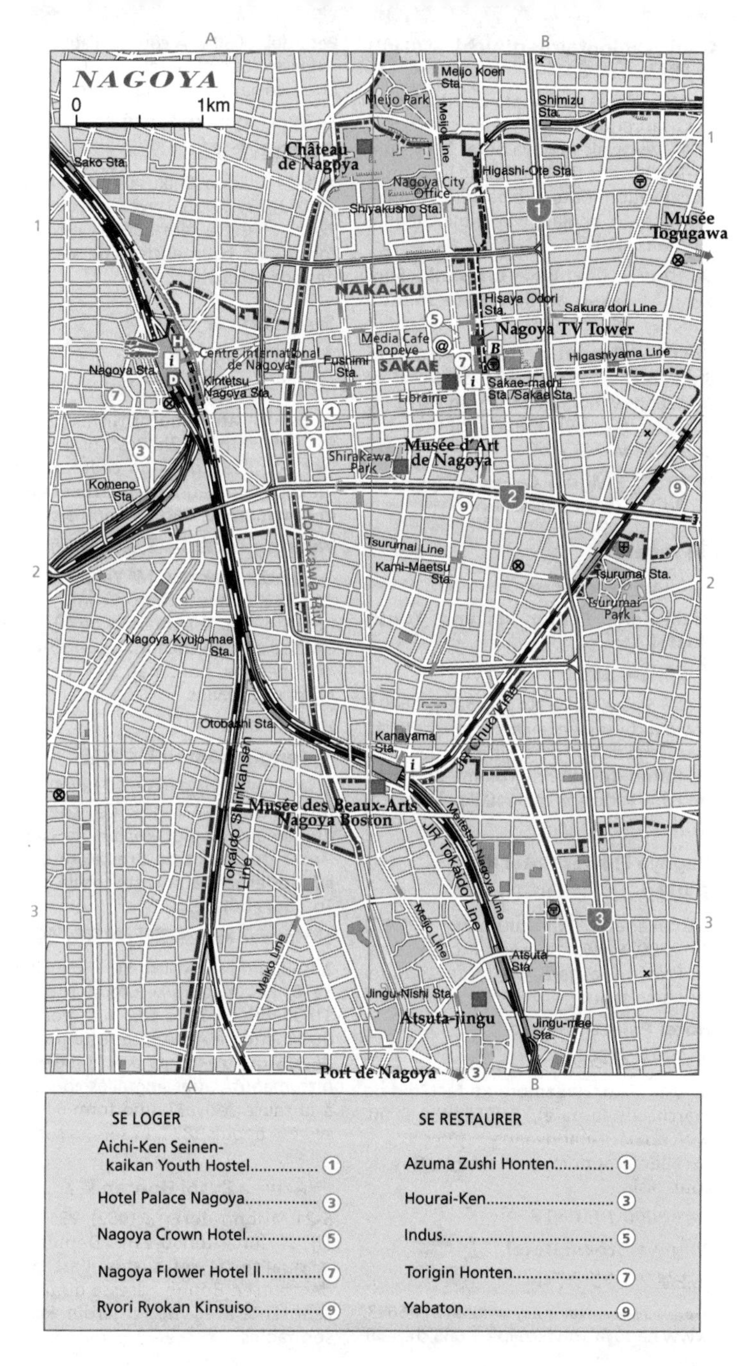
NAGOYA
0
1km
A
B
1
2
3
Meijo Koen Sta.
Meijo Park
Meijo Line
Shimizu Sta.
Château de Nagoya
Sako Sta.
Higashi-Ote Sta.
Nagoya City Office
Shiyakusho Sta.
Musée Togugawa
NAKA-KU
Hisaya Odori Sta.
Sakura dori Line
Nagoya TV Tower
Media Cafe Popeye
Centre international de Nagoya
Fushimi Sta.
SAKAE
Higashiyama Line
Nagoya Sta.
Kintetsu Nagoya Sta.
Librairie
Sakae-machi Sta./Sakae Sta.
Musée d'Art de Nagoya
Shirakawa Park
Komeno Sta.
Hori-kawa Riv.
Tsurumai Line
Kami-Maetsu Sta.
Tsurumai Sta.
Tsurumai Park
Nagoya Kyujo-mae Sta.
JR Chuo Line
Otobashi Sta.
Kanayama Sta.
Tokaido Shinkansen Line
Musée des Beaux-Arts Nagoya Boston
Meitetsu Nagoya Line
JR Tokaido Line
Meijo Line
Meiko Line
Atsuta Sta.
Jingu-Nishi Sta.
Atsuta-jingu
Jingu-mae Sta.
Port de Nagoya
SE LOGER
Aichi-Ken Seinen-kaikan Youth Hostel 1
Hotel Palace Nagoya 3
Nagoya Crown Hotel 5
Nagoya Flower Hotel II 7
Ryori Ryokan Kinsuiso 9
SE RESTAURER
Azuma Zushi Honten 1
Hourai-Ken 3
Indus 5
Torigin Honten 7
Yabaton 9

Guides volontaires d'Aichi, ✆ (0561) 75 6977.

Centre international de Nagoya, Kokusai Center Bldg, 2F *(A1)*, ✆ (052) 581 0100, www.nic-nagoya.or.jp. Mar.-sam. 9h-10h30, dim. 0h-17h. Fermé lun. Il met à disposition toute une batterie d'informations en anglais (*via* bibliothèque, journaux, TV).

Banque / Change - **Citibank**, Sugi Bldg, M° Sakae, sortie n° 7 (à 3mn de marche). 24h/24. *(B1)*.

Poste / Retrait - Nagoya Chunichi Bldg, Sakae 1-1, M° Sakae, sortie n° 13 *(B1)*. Lun.-vend. 8h-21h, sam. 9h-21h, dim. et j. fériés 9h-19h. Distributeur de billets ATM.

Internet - **Media Cafe Popeye**, 3-5-15 Nishiki *(B1)*. 24h/24.

Se loger

Auberge de jeunesse

Aichi-Ken Seinen-kaikan Youth Hostel

愛知県青年会館ユースホステル

1-18-8 Sakae, Naka-ku, ✆ (052) 221 6001, www.aichi-seinenkaikan.or.jp - 30 ch. L'auberge de jeunesse, située à deux pas du Hilton, fonctionne comme un hôtel. De 2992 ¥ (dortoir) à 5040 ¥/pers.

Autour de 10000 ¥

Nagoya Flower Hotel II

名古屋フラワーホテル・Part II

5-6 Takehashi, Nakamura-ku, ✆ (052) 4512200, www.flowerhotel.co.jp - 79 ch. Près de la gare, un *business hotel* très bien tenu.

Hotel Palace Nagoya

ホテルパレス名古屋

3-10-6 Taiko, Nakamura-ku (à 12mn de marche de la gare), ✆ (052) 452 7000, www.palace-nagoya.jp - 105 ch. Excellent rapport qualité/prix. Bus de courtoisie.

De 10000 à 15000 ¥

Nagoya Crown Hotel

名古屋クラウンホテル

1-8-33 Sakae, Naka-ku, ✆ (052) 211 6633, www.nagoyacrown.co.jp - 663 ch. Petit-déj. 1050 ¥. À côté de l'auberge de jeunesse, ce bel hôtel bien placé offre une alternative assez bon marché.

Ryori Ryokan Kinsuiso

料理旅館・金翠荘

1-28-14 Chikusa, Chikusa-ku, M° Fukiage, ✆ (052) 731 8156, www.e-ryouri.com - 12 ch. Cette rare adresse centenaire forme une belle enclave de sérénité à des prix attractifs.

Se restaurer

À partir de 1000 ¥

Indus インダス・たての街店

2F, 3-6-15 Tatenomachi, Nishiki, ✆ (052) 971 0897. 11h30-22h. Restaurant indien très populaire dans un cadre *made in India* aux couleurs chamarrées. Amical et bon marché. Carte en anglais.

Yabaton みそかつ・矢場とん本店

3-6-18 Osu, Naka-ku, M° Yabacho, ✆ 052 242 8810, www.yabaton.com. Tlj sf lun. 11h-21h. Une maison de 1947 spécialisée dans le cochon. Les *miso-katsu*, grillades de porc nappées de sauce *miso*, sont divins.

À partir de 2500 ¥

Torigin Honten 鳥銀本店

3-14-22 Nishiki, ✆ (052) 9733000, www.torigin.co.jp. 17h-0h. Ce spécialiste du fameux poulet *kochin* de Nagoya (sorte de poulet de Bresse) se décline ici, des ergots à la crête, grillé ou cru. Toujours bondé.

Hourai-Ken 蓬莱軒・神宮南門店

2-10-26 Jingu, Atsuta-ku, ✆ (052) 682 5598, www.houraiken.com. Tlj sf mar. 11h30-20h30. Situé face à la porte sud du sanctuaire Atsuta, ce restaurant sert depuis quatre-vingts ans le légendaire *hitsumabushi*, des anguilles concoctées à la sauce *teriyaki*, une formule tenue secrète depuis 1873, et servies sur un lit de riz.

Azuma Zushi Honten 東ずし本店

5-21 Misono-dori, ✆ (052) 231 8068. Tlj sf lun. 10h30-21h. Depuis 1869, la qualité de ses sushis n'est plus à démontrer. Bonne adresse dominicale reposante avec vue sur jardin. Prix raisonnables.

Sortir, boire un verre

Le quartier nocturne de **Sakae** possède la plus grande concentration de bars et de restaurants. La plupart restent ouverts tard dans la nuit. À défaut d'y manger, ce quartier vaut vraiment une visite. Entre 21h et 23h, les soies claires et mousseuses des hôtesses enveloppent les départs des *salarymen*. Un spectacle de rue.

Bars - **Information Nishiki**, 3-chome *(B1)*. Tlj sf dim. 17h-1h. Ce petit bar noir et rouge aussi gros qu'une coccinelle fonctionne comme une coopérative. On peut y goûter toutes sortes d'alcools à base de riz, de patates douces ou de maïs.

Windows on the World, Hilton Hotel, 1-3-3 Sakae, Naka-ku *(A1)*. 11h-3h (dim. 0h). Ambiance feutrée, orchestre discret, vue magnifique du 28e étage de l'hôtel Hilton. *Happy hours* 18h-20h.

Cigar Club Kanou, 1-10-30 Sakae, Naka-ku *(A1)*. Tlj sf dim. 10h-0h. Petit café très chaleureux pour amateurs de cigares.

Tiger Cafe Sakae, 1-9-22 Higashi-Sakura, Higashi-ku *(B1)*. 11h-3h (dim. 0h). Reconstitution élégante d'un bistrot parisien des années 1930. Plaid sur les genoux, les Japonaises dégustent en hiver une soupe à l'oignon.

The Red Rock, Aster Plaza Bldg, 2F, 4-14-6 Sakae *(B1)*, (052) 262 7893. 17h30-selon l'humeur. Enclave australienne accrochée au bastingage d'un long zinc en bois. Roulis garantis par temps de rugby et de bières sous pression.

Discothèque - **iD Cafe**, Mitsukoshi Bldg, 3-1-15 Sakae, Naka-ku *(B1)*. Jeu.-dim. 19h-très tard. Fermé lun.-merc. La boîte branchée de Nagoya constitue parfois un répertoire de curiosités ethnographiques.

Achats

Papier - **Kami-no-Ondo**, 11-26 Jingu, 2-chome, Atsuta-ku *(B3)*, (052) 671 2110, www.kaminoondo.co.jp. Tlj sf dim. 9h30-17h30. La dernière grande maison de fabrication de papiers artisanaux (9000 sortes) utilisés pour la calligraphie, les poupées pressées, les *shogi*, les parapluies, les paravents. Articles de grande qualité.

Librairie - **Maruzen**, 3-2-7 Sakae, Naka-ku *(B1)*. 9h50-22h. Ouvrages en anglais. Journaux français.

VISITE DE LA VILLE

CHÂTEAU DE NAGOYA★

名古屋城

(A1)

1-1 Hommaru, Naka-ku. M° Shiyakusho. 9h-16h10. 500 ¥.

Construit sur l'ordre de Tokugawa Ieyasu (1542-1616), le premier shogun de l'ère Edo, ce château, achevé en 1612, protégeait la fameuse route du Tokaido reliant Edo, l'actuelle Tokyo, à Heian, l'actuelle Kyoto. Reconstruit en béton armé après la Seconde Guerre mondiale, le château vaut surtout pour son **point de vue** sur la ville.

MUSÉE TOKUGAWA★★

徳川美術館

(B1 en dir.)

M° Ozone. Tlj sf lun. 10h-16h30. 1200 ¥.

Ouvert depuis 1935, ce musée magnifiquement rénové présente les collections familiales des Tokugawa, plus précisément celles de la branche la plus influente, le clan Owari Tokugawa de Nagoya, alors dominé par le puissant *daimyo* Tokugawa Yoshinao (1600-1650), neuvième fils du premier shogun. Parmi les 10000 pièces exposées, armures, casques, épées, (notons que le symbole de la ville, le 8, *hachi*, entouré d'un cercle, *maru*, était le sceau des Tokugawa Owari), figure aussi cette pièce maîtresse de l'art japonais, le **Dit du Genji** *(voir « Littérature », p. 115)*, livre illustré du 11e s. présenté le plus souvent *via* des reproductions en raison de sa fragilité.

NAGOYA TV TOWER

名古屋テレビ塔

(B1)

3-15 Saki, Nishiki. 10h-19h. www.nagoya-tv-tower.co.jp. 600 ¥.

La première TV Tower construite au Japon (1954) domine le quartier de Naka-ku. Juché à 100 m au-dessus du sol, l'observatoire permet aux visiteurs d'embrasser un vaste panorama qui s'étire jusqu'à la baie d'Ise.

MUSÉE D'ART DE NAGOYA

名古屋市美術館

(B2)

Dans le parc de Shirakawa. M° Fushimi. Tlj sf lun. 9h30-17h (vend. 20h).

Le musée expose quelques toiles de maîtres de l'école de Paris (Modigliani, Chagall, Laurencin). Des artistes mexicains et japonais, originaires d'Aichi (Ogisu, Kitagawa) font aussi partie du fonds permanent. Surveillez les expositions temporaires, qui sont souvent de très grande qualité.

MUSÉE DES BEAUX-ARTS NAGOYA/BOSTON

名古屋ボストン美術館

(B3)

1-1-1 Kanayama-cho. M° Kanayama, sortie sud. www.nagoya-boston.or.jp/english/eng1.htm. Tlj sf lun. 10h-19h (w.-end et j. fériés 17h). 400 ¥.

L'établissement présente par rotation quinquennale une partie des œuvres du musée des Beaux-Arts de Boston.

ATSUTA-JINGU★

熱田神宮

(B3)

1-1-1 Atsuta-jingu (à 5 km au sud du centre de Nagoya). M° Jingu-nishi.

Le sanctuaire d'Atsuta a été fondé il y a 1 900 ans lorsque l'épée sacrée Kusanagi-no-tsurugi, l'un des trois trésors sacrés symbolisant le trône impérial, y fut enchâssée. Le sanctuaire est dédié à la déesse du Soleil Ameterasu Omikami. Les œufs disposés au pied du superbe camphrier s'épanouissant à l'entrée du sanctuaire sont destinés aux serpents qu'il héberge.

PORT DE NAGOYA★

名古屋港

(B3 en dir.)

M° Nagoya-ku, sortie n° 3 (7mn à pied).

S'étirant au sud de la ville, cet ancien port dédié aux navires de charge se tourne désormais vers le tourisme. Un complexe ludo-éducatif dédié à l'univers de la mer se développe tous azimuts. L'aquarium en est la pièce maîtresse.

▸ L'**aquarium de Nagoya** *(1-3 Minato-machi; Minato-ku; www.nagoyaaqua.jp; tlj sf lun. 9h30-17h; 21 juil.-31 août 20h; 2000 ¥; enf. 500 ¥)* présente de très beaux bassins dédiés à des univers maritimes différents. Les pingouins toisent de rares bélougas. Trois fois par jour, un show est présenté. Le plus complet (quinze dauphins avec un orque) est à 13h30. Méfiez vous des premiers rangs… l'orque pèse 2,7 t.

▸ Le **navire océanographique Fuji** *(en face de l'aquarium; tlj sf lun. 9h30-17h; 300 ¥)* est le premier brise-glace japonais. Il exécuta, entre 1965 et 1983, une vingtaine de missions sur le continent antarctique.

▸ Distant d'environ 300 m du *Fuji* se dresse un curieux campanile. Il appartient au **Village italien** *(10h-21h; www.italiamura.com; sem. : gratuit; w.-end : 1 000 ¥ sous forme de coupon à déduire d'un achat)*. Dans cette toute récente Venise reconstituée villégiaturent nombre de Japonais. Les uns viennent se promener en gondole le long du canal *(800 ¥)*; les autres, se marier place St-Marc en dévorant des glaces. Curiosité insolite encadrée par une foultitude de commerces *(11h-23h)* et de restaurants, italiens, bien sûr.

LES ENVIRONS

SETO

瀬戸

Comptez une journée.

À 20 km à l'est de Nagoya. 132000 hab.

Depuis 1300 ans, Seto est dédiée à la céramique. *Seto-mono* désigne d'ailleurs le nom générique de céramique, une industrie aujourd'hui en perte de vitesse dans cette ville sururbanisée qui pourrait rebondir. Les téléphones portables, ordinateurs, semi-conducteurs ne sont-ils pas en train de devenir les nouveaux débouchés de la céramique fine ? Seto s'est jumelée à Limoges.

Arriver ou partir

En train - La ligne locale Meitetsu-Seto assure la liaison entre Nagoya et la gare de **Sakae**, dans la ville de Seto (30mn de trajet, 470 ¥).

Adresses utiles

Informations touristiques - **Association de tourisme de Seto**, 1-7-1 Suehiro-cho, ✆ (0561) 85 2730, www.city.seto.aichi.jp/setomono/kankou. Tlj sf lun. 8h30-17h15 et 10h-16h pour avoir des guides volontaires anglophones.

À voir, à faire

Différents circuits pédestres sont proposés à l'office de tourisme (voir ci-dessus) pour découvrir les racines et l'industrie de la céramique. On peut sans problème passer une journée à visiter ateliers et galeries. Les plus importants sont :

▶ Le **Musée céramique d'Aichi** *(234 Minami-Yamaguchi-cho; www.pref.aichi.jp/touji; tlj sf lun. 9h30-16h30; 400 ¥)* reste le plus grand musée de céramique au Japon et couvre une partie de l'époque Jomon *(voir « Artisanat », p. 107)*.

▶ Le **Centre d'art de la céramique** *(81-2 Minami-Nakanokiri-machi; www.city.seto.aichi.jp; tlj sf merc. 10h-17h30; gratuit)*, fondé pour former les nouvelles générations de céramistes et de verriers, est aussi accessible aux visiteurs désirant mettre la main à la pâte pour se familiariser avec les différentes techniques.

INUYAMA★

犬山

Comptez une petite journée.

À 35 km au nord de Nagoya. 70000 hab.

Ce petit bourg possède de très beaux sites. Son château, classé Trésor national – ils sont au nombre de quatre au Japon –, domine avec panache la rivière Kiso-gawa.

Arriver ou partir

En train - De la gare centrale de Nagoya, la ligne Meitetsu Nagoya-Inuyama Semi-Express conduit à la gare d'**Inuyama-yuen** (36mn de trajet, 540 ¥).

Adresses utiles

Informations touristiques - Dans la gare de Nagoya, ✆ (0568) 61 6000. 9h-17h.

Inuyama Tourist Association, ✆ (0568) 61 2825. Pour entrer en contact avec des guides volontaires anglophones.

Se loger

Auberge de jeunesse

Inuyama International Youth Hostel

犬山国際ユースホステル

162-1 Aza-Himuro, Tsugao (à 2 km de la gare Inuyama-yuen), ✆ (0568) 61 1111, www.inuyama-iyh.com - 29 ch. Un modèle du genre. À partir de 3200 ¥/pers.

À partir de 30000 ¥

Meitetsu Inuyama Hotel

名鉄犬山ホテル

107-1 Kitakoken, ✆ (0568) 612211, www.m-inuyama-h.co.jp - 124 ch. L'hôtel phare d'Inuyama lové au pied du château. Gamme de prix très étendue.

Se restaurer

De 1 500 à 3 500 ¥

Le Paradis ル・パラディ

Dans l'hôtel Meitetsu *(voir ci-dessus, « Se loger »)*. 11h30-21h. Restaurant occidental avec vue panoramique sur le château.

À voir, à faire

De la gare, tous les sites sont accessibles à pied.

▶ Datant de 1537, le **château d'Inuyama★★** *(65-2 Kita-Koken; www.inuyama.gr.jp; 9h-16h30; 500 ¥)* a été construit par Oya Yojiro Nobuyasu, l'oncle d'Oda Nobunaga, l'un des fers de lance de l'unification du Japon *(voir « Histoire », p. 77)*. Impliqué dans de nombreux conflits mais jamais au centre de réels enjeux militaires, le château échappa à la destruction. Sa structure, haute et ramassée, est emblématique des châteaux construits avant l'irruption de la poudre à canon. Une poutre porteuse, patinée par quatre siècles d'histoire, supporte l'ensemble du donjon, par ailleurs majestueusement corseté dans son armature en bois. Le sommet déroule un vaste panorama sur le mont Ena et la plaine de Nobi.

▶ À 300 m à l'est du château se trouve le jardin **Uraku-en★** *(1 Gomonsaki; 9-17h, 1er déc.-28 fév. 16h; 1 000 ¥)*, organisé autour de l'une des plus raffinées, c'est-à-dire des plus simples maisons de thé, aussi grande que trois tatamis et un quart. Construite au 17e s. par le général et maître de cérémonie de thé, Oda Uraku (1547-1621), la maison originellement dressée dans l'enclos du sanctuaire Kennin-ji de Kyoto a été déplacée et reconstruite au début du 20e s. dans cet agréable jardin.

ISE-SHIMA★★

伊勢志摩

De très beaux sites naturels

Quelques repères

Région du Kansai - Préfecture de Mie - Boucle de 350 km au départ de Nagoya jusqu'à Kashikojima - Carte régionale p. 246.

À ne pas manquer

Le sanctuaire Naiku et ses cyprès millénaires.

Conseils

Comptez au minimum 2 jours.

Pour rencontrer les plongeuses *ama* sur Anori, renseignez-vous auprès de l'office de tourisme d'Ise.

Située dans la partie méridionale de la préfecture de Mie, Ise-shima possède le sanctuaire shintoïste le plus vénéré du Japon. Il est vrai que la nature avec ses arbres millénaires est propice à la révélation divine et aux cultes des lieux.

ISE★★

伊勢

Comptez une journée.

100 000 hab.

Cette ville n'a pas d'attrait particulier si ce n'est qu'un tiers de ses 179 km² sont occupés par des bois, propriété du grand sanctuaire d'Ise qui attire chaque année plus de 6 millions de personnes. Excepté quelques poches d'architecture traditionnelle, comme en recèle le quartier Kawasaki Kaiwai, la visite d'Ise se concentrera donc essentiellement autour du sanctuaire, qui se divise en deux parties : le Naiku, ou sanctuaire intérieur, et le Geku, ou sanctuaire extérieur.

Arriver ou partir

En train - Gare centrale **Ise-shi Station**. Pour Tokyo, Kintetsu Limited Express (changement à Nagoya), puis Shinkansen Nozomi (3h de trajet, 13 670 ¥). Il n'y a que le train pour relier Nagoya à Ise par le Kintetsu Limited Express (1h24, 2 690 ¥). Départ env. ttes les 30mn de la JR Sangu Line pour Futami (8mn, 200 ¥). D'Ise-shi, deux solutions pour rejoindre Toba : la Kintetsu Limited Express Line (13mn, 820 ¥) ou le JR Rapid Mie (13mn, 230 ¥). Attention, si Ise-shi, est commune aux deux compagnies de train (Kintetsu et JR), les cinq autres gares périphériques sont desservies exclusivement par l'une ou l'autre de ces deux sociétés.

Comment circuler

En bus - Un *pass* dessert les principaux points touristiques de la péninsule (1 000 ¥/j. ou 1 600 ¥/2 j.). Chaque gare a son terminal de bus. Bus nᵒˢ 51 et 55 pour les sanctuaires Naiku et Geku.

Adresses utiles

Informations touristiques - Ise-shi Station, ✆ (052) 541 4301. 9h-19h.

Guides volontaires, 1-7-29 Iwabuchi, ✆ (0596) 21 5549, www.city.ise.mie.jp.

Poste / Retrait - Isuzugawa Station (la plus proche du sanctuaire), 37-1 Uji Nakanokiri-cho. 9h-17h. Distributeurs de billets ATM. 9h-17h30 (w.-end 17h).

Se loger

Moins de 10 000 ¥

Hoshidekan 星出館

2-15-2 Kawasaki, Ise-shi Station, sortie nord (à 10mn à pied), ✆ (0596) 28 2377, www.hoshidekan.jp - 10 ch. À l'orée du quartier Kawasaki Kaiwai, appelé autrefois les « cuisines d'Ise » en raison des commerces qui approvisionnaient le sanctuaire, ce magnifique *ryokan*, caparaçonné sous ses tuiles depuis 85 ans, maille un jardin aussi travaillé qu'une émeraude. Il est tenu par une dame énergique très attachante.

Town Hotel Ise タウンホテルいせ

1-8-18 Fukiage, Ujiyamada Station, ✆ (0596) 23 4621, fax (0596) 27 2882 - 20 ch. *Business hotel* aux chambres fonctionnelles. Anglais parlé.

Se restaurer

À partir de 1 500 ¥

Daiki 大喜

2-1-48 Iwabuchi, ✆ (0596) 28 0281. 11h-21h. Adresse réputée à des prix raisonnables. Goûtez le *tekone sushi*, plat marin traditionnel (des miettes de bonite coiffent un riz vapeur). Pour les bourses plus argentées, la maison possède un *kaiseki*, sur réserv. seul., ✆ (0596) 22 6622.

Ise-jingu

伊勢神宮

▶ Une fois traversé le quartier des marchands et franchi le pont Uji-bashi qui enjambe la rivière Isuzu-gawa (ce qui vaut à une première purification), le visiteur s'enfonce dans une forêt. 5 500 ha où se fondent cèdres et cyprès millénaires. Une lumière irradiante éclaire ces colonnes de pins aussi denses que les fûts des vieux sanctuaires. On reste interdit par la grandeur démesurée, la patine altière de ces troncs frottés d'âmes et de paumes. Apparaît alors, tapi dans la pénombre, le sanctuaire **Naiku★★★** *(à 6 km env. au sud-est de la ville; bus nos 51 ou 55; 15mn de trajet; lever du soleil-coucher du soleil; gratuit)*, dédié à Amaterasu. La déesse-mère, celle qui apporte aux hommes la lumière créatrice est, bien sûr, invisible dans cette construction en bois d'un dépouillement extrême, à l'image de cette nature dépourvue d'ornements qu'ajoutent parfois les dévots : il n'y a ni statue, ni sculpture; seul ce miroir qu'aurait offert la déesse à son petit-fils en lui disant : « Considère ce miroir comme étant mon esprit. »

▶ Le **Geku★★** *(à 10mn à pied au sud d'Ise-shi Station; lever du soleil-coucher du soleil; gratuit)*, ou sanctuaire intérieur, est consacré à Toyouke-no-Omikami, la déesse de l'Agriculture et de l'Industrie. L'environnement naturel est toutefois nettement moins éloquent que celui du sanctuaire Naiku.

La permanence de l'éphémère

Depuis le règne de l'empereur Temmu (17e s.), les sanctuaires sont détruits puis reconstruits tous les vingt ans. Plusieurs explications sont mises en avant. La première rappelle la fragilité des sanctuaires en bois, qui se dégradent rapidement. Vingt ans seraient l'intervalle idéal pour transmettre et préserver les techniques traditionnelles empreintes de codifications rituelles. La deuxième idée, empruntée à l'hindouisme, consacre la régénération des divinités : toute destruction porte en ses cendres les germes de la renaissance. Or, cela touche à l'essence même du shintoïsme et rappelle que l'architecture religieuse repose au Japon, non sur le concept d'éternité (nos cathédrales sont construites pour durer), mais sur la notion d'impermanence. Ainsi, écrivait Malraux, « le sanctuaire n'a pas de passé puisqu'on le reconstruit tous les vingt ans; il n'est pas moderne puisqu'il copie son prédécesseur. » Il est intéressant d'observer qu'il jouxte, comme par un étrange effet de miroir, un second espace en tout point symétrique au sien mais qui est seulement recouvert de pierres blanches et noires. Il s'agit en fait du lieu où, vingt ans plus tard, le sanctuaire sera reconstruit; le lieu où il sera vingt ans après détruit.

FUTAMI★

二見

Comptez 2h.

À 6,5 km au nord-est d'Ise.

Ce petit bourg est surtout visité pour ses « Rochers mariés » *(Meoto-iwa)*. Les deux rocs réunis par une corde sacrée *(shimenawa)* sont, selon la mythologie japonaise, liés à Izanagi et Izanami, le couple géniteur du Japon et de la divinité Amaterasu. Belle promenade le long de la grève au coucher de soleil.

Arriver ou partir

En train - Futaminura Station. Pour Toba, départ env. ttes les 30mn de la JR Sangu Line (10mn de trajet, 200 ¥).

Se loger

Auberge de jeunesse

Youth Hostel Taiko-ji

太江寺ユースホステル

1659 Futamicho-e, (0596) 43 2283 - 4 dortoirs (3, 6, 10 et 20 lits). De l'arrêt de bus Futami-cho Yakuba (à 2mn de la gare de Futami), prenez le bus nº 40 et descendez à Meotoiwa-Higashi-guchi. L'auberge est un ancien sanctuaire perché dans un écrin de verdure. Chlorophylle et repos garantis. *O furo* à usage privatif. 2900 ¥/pers.

À partir de 10500 ¥

Nishokan 日章館

537-1 Futamicho-e (à 10mn à pied de Futaminura Station), (0596) 43 5000 - 10 ch. Maison très amicale située en bordure de grève, non loin des Deux Rochers. Chambres japonaises et *o furo*.

TOBA★

鳥羽

Comptez une journée.

À 8 km au sud-est de Futami. Env. 5000 hab.

Porte du Parc national d'Ise-shima, la ville de Toba toise une belle baie parsemée d'îlots dont celui de Mikimoto, le père fondateur de la perliculture.

Arriver ou partir

En train - Pour Anori, Kintetsu Limited Express jusqu'à Ugata (25mn de trajet, 920 ¥), puis bus nº 91 de la gare ferroviaire d'Ugata (20mn). Pour Kashiko-jima, suivez la ligne Kintetsu Limited Express (29mn, 960 ¥) jusqu'au terminus (20mn).

Adresses utiles

Informations touristiques - Dans la gare de Toba, www.toba.or.jp. 9h-17h30.

Se loger

Moins de 8000 ¥

Road Inn Toba (Greens Hotels)

グリーンズホテルズ・ロードイン鳥羽

1-63-11 Toba, (0599) 26 5678, www.greens.co.jp - 52 ch. Classique *business hotel*.

À partir de 12000 ¥

Ryokan Kaigetsu 旅館海月

1-10-52 Toba, (0599) 26 2056, www.kaigetsu.co.jp - 13 ch. Beau *ryokan*, vieux de 120 ans, très chaleureux. Anglais parlé.

Se restaurer

À partir de 1600 ¥

Furusato-kan ふる里館

1-16-9 Toba, (0599) 262 6818. Tlj sf jeu. 11h-19h. *Shokudo* (restaurant à petits prix) tenu par des anciens pêcheurs. Beaux produits, assiettes généreuses.

À partir de 8000 ¥

Kaigetsu 海月

Dans le *ryokan* du même nom *(voir ci-dessus)*. Défilé de fruits de mer dans un très beau cadre. Comptez entre 8000 et 20000 ¥ selon les produits et les saisons : abalones (ormeaux) en mai, langoustes en oct.-avr.

Loisirs

Bains - Todaya, 24-26 Toba, (0599) 25 2500. 8h-20h. 1 500 ¥. Ce grand hôtel qui surplombe la baie de Toba possède d'incroyables *rotenburo* accessibles aussi aux visiteurs !

À voir, à faire

▶ L'**île des perles Mikimoto**★★ (ミキモト真珠島) est accessible à pied depuis Toba par un pont. Vivant, pédagogique, le **musée des Perles** *(1-7-1 Toba; www.mikimoto-pearl-museum.co.jp; janv.-nov. : 8h30-17h; déc. : tlj sf 2e mar., merc. et jeu. du mois 9h-16h30; 1500 ¥)* est incontournable pour saisir l'origine et le développement de l'industrie perlière. Au 2e étage, pièces rares avec des bijoux Art déco somptueux. L'autre bâtiment important est le Memorial Hall consacré à Mikimoto Kokichi (1858-1954). Natif de Toba, ce personnage réussit, pour la première fois au monde (1893), à élever une huître perlière. Démonstration de plongeuses *(9h-16h, été 17h; commentaires en français sur demande).*

▸ Jouxtant l'île aux Perles, le **Toba Aquarium★** *(21 mars-31 oct. : 8h30-17h; 1er nov.-20 mars : 9h-16h30 ; 2400 ¥)* présente 850 espèces marines, entre autres un couple de lamentins.

ANORI★

安乗

Comptez quelques heures.

À 22 km au sud de Toba.

Bras de mer s'étirant entre la baie de Matoya et l'océan Pacifique, la région d'Anori vaut un petit détour sur la route menant à la baie d'Ago. Elle héberge notamment un **théâtre de Bunraku** *(à proximité du sanctuaire d'Anori; se renseigner sur les jours de performances au (0599) 43 3975).* Il est également possible de visiter les petites **cahutes de plage** des dernières *ama (voir encadré)* de la région *(mieux vaut se renseigner à la Maison des ama, ✆ (0599) 66 1717).*

BAIE D'AGO-WAN★

英虞湾

Comptez une journée.

À 25 km au sud-est de Toba.

▸ Terminus de la ligne Kintetsu, **Kashikojima★** (賢島) est aussi le point de départ de croisières en bateau sur la baie d'Ago *(voir ci-dessous, « Loisirs »).*

▸ Accessible par ferry de Kashikojima, **Goza Shira-hama★** *(à la pointe du versant sud de la presqu'île)* est la plage la plus cotée de la péninsule.

▸ Toujours en ferry depuis Kashikojima, le petit port de pêche de **Wagu** vaut surtout pour son marché au poisson *(été : 5h-9h; hiver : 6h-10h).*

Ama, les travailleuses de la mer

Yamashita Teruyo plonge depuis l'âge de 16 ans. Elle est vêtue d'une combinaison blanche qui, dit-on, protège des requins. Pour la troisième fois consécutive, elle disparaît dans cette eau qui n'excède pas 13 °C au moi de mai. Chaque jour – et ce, jusqu'en septembre –, elle descend par 3 à 5 m de fond, laissant en surface, relié par une longue corde à son poignet, ce baquet destiné à recevoir une poignée d'abalones qui vaut aujourd'hui 5500 ¥ le kilo. Teruyo réapparaît. Elle émet alors, comme toutes les *ama*, ce sifflement mélancolique qui régule sa respiration, les grandes inspirations provoquant souvent de graves lésions après les plongées profondes. Teruyo a 76 ans. Elle ne dépasse que de quatre ans la moyenne d'âge des 600 autres *ama* de la région.

Arriver ou partir

En train - De Kashikojima pour Toba, Kintetsu Limited Express (29mn de trajet, 960 ¥). Pour Nagoya, départ ttes les heures du Limited Express (2h10, 3480 ¥).

Se loger

▸ ***À Kashikojima***

À partir de 13000 ¥

Shima Kanko Hotel 志摩観光ホテル

Ago-cho, Shima-shi (à quelques minutes du terminus de la gare), ✆ (0599) 43 1211, www.miyakohotels.ne.jp - 152 ch. Immense hôtel surplombant la baie. Prix très attractifs.

Loisirs

Croisières - *L'Esperanza* est amarré dans le port de Kashikojima à quelques minutes au sud de la gare. Une à deux fois par jour, selon l'affluence, cette réplique kitsch d'un galion espagnol circule entre les parcs à huîtres et la soixantaine d'îlots parsemée dans la baie d'Ago. 1500 ¥ pour 50mn.

TAKAYAMA★★★
高山

Une ville préservée au cœur des montagnes...

... mais surpeuplée les week-ends

Quelques repères

Capitale de la région de Hida - Préfecture de Gifu - 150 km de Kanazawa, 167 km de Nagoya, 280 km de Nagano, 533 km de Tokyo - 97 000 hab. - Plus vaste commune du Japon avec ses 2 200 km² - Encadrée par les monts Norikura-dake (3 026 m), Hotaka-dake (3 190 m) et Yariga-take (3 180 m) à l'est, le mont Haku-san (2 702 m) à l'ouest et le mont Ontake-san (3 067 m) au sud - Carte régionale p. 246 - Plan p. 260.

À ne pas manquer

Déjeuner au Susaki.

Participer au Sanno Matsuri, les 14 et 15 avril.

Conseils

Comptez 2 jours.

Évitez les week-ends.

Réservez très à l'avance pendant la période des festivals.

Si une journée suffit pour visiter le hameau d'Ogimachi, il est conseillé d'y passer une nuit pour déambuler au petit matin dans l'odeur du chaume, en toute tranquillité.

Mal dotée en surface plane propice aux productions agricoles, Takayama, qui signifie « Haute Montagne », se tourne rapidement vers d'autres ressources. À 600 m d'altitude, le travail du bois devient son premier revenu, à tel point que la ville s'acquitte de l'impôt impérial par des paiements en nature. Le savoir-faire des charpentiers d'hier et d'aujourd'hui est illustré par les temples et bouddhas, ainsi que les fabuleux chars décorés de la ville, qui, deux fois par an, paradent dans les rues en échiquier de Takayama. Cette géométrie a d'ailleurs valu à la ville le surnom de « Petite Kyoto ».

Arriver ou partir

En train - Takayama Station *(B2)*. De Tokyo, départs réguliers (4h de trajet, 13 540 ¥). De Nagoya, Limited Express (Wideview) Hida (2h15, 5 360 ¥).

En bus - Nohi Bus Terminal, à gauche en sortant de la gare *(B2)*, ✆ (0577) 32 1688. Pour Kanazawa, 2 départs/j. à 9h30 et 15h20 (3h de trajet, 3 300 ¥).

Se repérer

La ville est traversée du sud au nord par la rivière Miya. À l'ouest de la Miya-gawa, le quartier moderne est organisé autour de la gare ferroviaire et des grands hôtels. À l'est, le quartier historique et ses maisons marchandes.

Comment circuler

À pied / En vélo - Cette ville plate convient très bien à la marche (20mn pour traverser la ville) et au vélo (pléthore de boutiques, env. 300 ¥/h).

En pousse-pousse - Visite du quartier historique en pousse-pousse à partir du pont Naka-bashi (3 000 ¥/15mn).

Adresses utiles

Informations touristiques - Face à l'entrée de la gare *(B1)*, ✆ (0577) 32 5328, www.hida.jp. 8h30-18h30 (nov.-mars 17h). Personnel efficace.

Banque / Change - Ogaki Kyoritsu, 3-33-3 Nahasato-cho *(B2)*. Lun.-vend. 7h-19h, w.-end 8h-17h.

Poste / Retrait - À l'angle de Hirokoji-dori et de Nadumachi *(B2)*. Tlj sf w.-end 9h-19h. Distributeur de billets ATM. Lun.-vend. 8h-21h, w.-end 9h-19h.

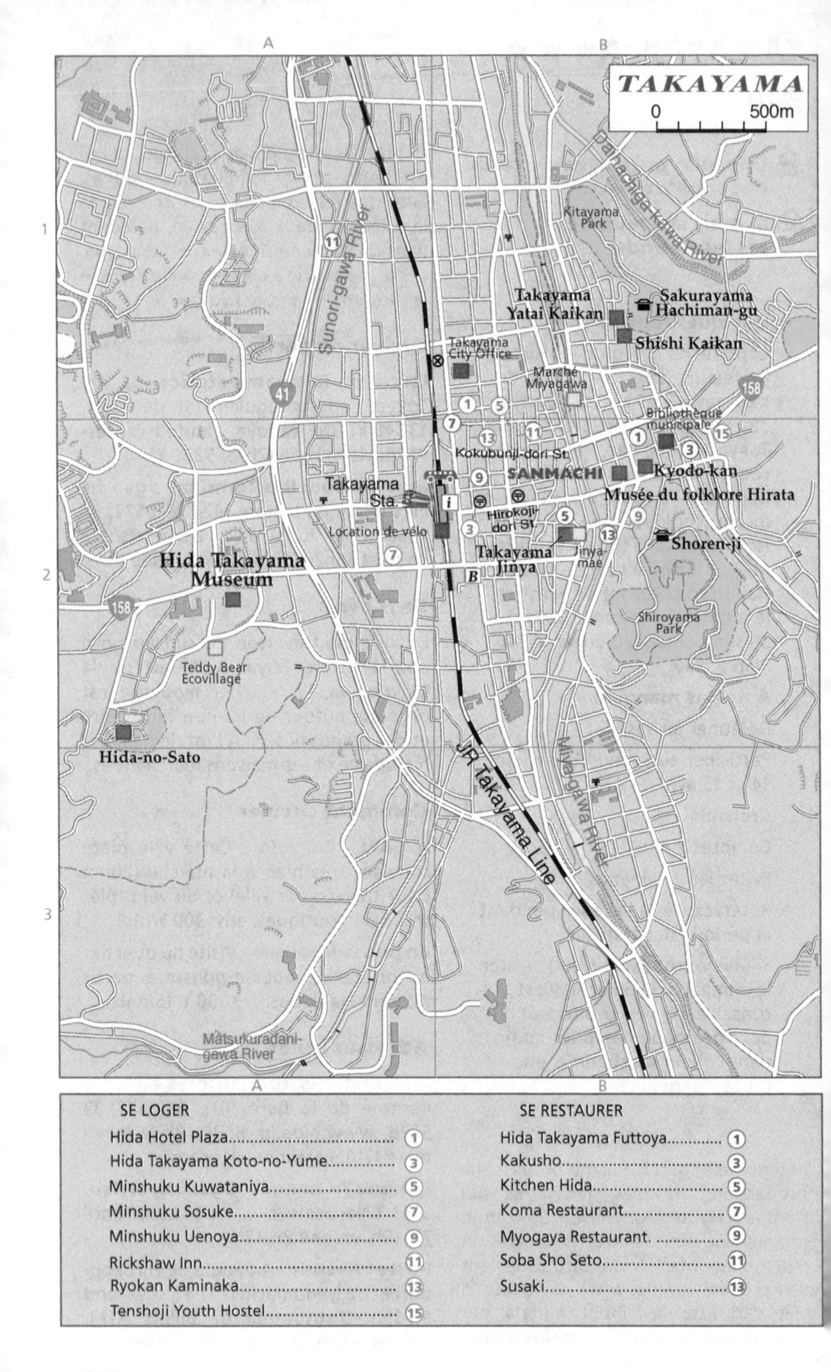

SE LOGER

- Hida Hotel Plaza ... 1
- Hida Takayama Koto-no-Yume ... 3
- Minshuku Kuwataniya ... 5
- Minshuku Sosuke ... 7
- Minshuku Uenoya ... 9
- Rickshaw Inn ... 11
- Ryokan Kaminaka ... 13
- Tenshoji Youth Hostel ... 15

SE RESTAURER

- Hida Takayama Futtoya ... 1
- Kakusho ... 3
- Kitchen Hida ... 5
- Koma Restaurant ... 7
- Myogaya Restaurant ... 9
- Soba Sho Seto ... 11
- Susaki ... 13

Internet - **Bibliothèque municipale**, 2-115 Babamachi (au nord de la ville) *(B2)*. 9h30-21h30. Mise à disposition gracieuse d'une vingtaine de postes.

City Hall, 2-18 Hanaoka-machi (face à l'hôtel Hida) *(B2)*. 8h30-17h15. Deux postes en accès libre.

Se loger

Auberge de jeunesse

Tenshoji Youth Hostel 天照寺ユースホステル

83 Tenshoji-cho, ✆ (0577)326345 -9 ch., 6 dortoirs. Cette auberge de jeunesse est logée dans les dépendances d'un temple de Teramachi, un magnifique quartier situé à l'opposé de la gare (30mn à pied), après la rivière Enako. 3360 ¥/pers. en dortoir, ajoutez 1050 ¥ pour une ch. individuelle.

À partir de 8500 ¥

Minshuku Uenoya 民宿上野屋

95 Kaminino-machi, ✆ (0577) 32 3919, www4.ocn.ne.jp/~uenoya - 5 ch. Petit-déj. 840 ¥. Maison simple et amicale pour des chambres japonaises.

Minshuku Kuwataniya 民宿桑谷屋

1-50-30 Sowamachi (à 5mn de la gare), ✆ (0577) 32 5021, www.kuwataniya.com - 9 ch. Petit-déj. 840 ¥. Bonne adresse. Accueil très sympathique.

À partir de 10000 ¥

Rickshaw Inn 力車イン

54 Suehiro-cho, ✆ (0577) 32 2890, www.rickshawinn.com - 10 ch. Une très belle adresse tenue par la généreuse Eiko. Une mine d'informations (en anglais) ! Elle s'occupe aussi d'un petit musée dédié aux ours en peluche, le Teddy Bear Ecovillage.

Minshuku Sosuke 民宿惣助

1-64 Okamoto-cho, ✆ (0577) 32 0818, www.irori-sosuke.com - 13 ch. 15750 ¥/2 pers. avec petit-déj. et dîner. Belle maison. Accueil un peu froid.

À partir de 14000 ¥

Hida Takayama Koto-no-Yume おやど・古都の夢

6-11 Hanasato-cho, ✆ (0577) 32 0427, www.takayama-koto.co.jp - 20 ch. Un atoll de raffinement verdoyant à 50 m de la gare. Prix incroyablement attractifs pour ce superbe *ryokan*.

Ryokan Kaminaka 旅館かみなか

1-5 Hanaoka-cho, ✆ (0577) 32 0451, www9.ocn.ne.jp/~kaminaka - 14 ch. Petit-déj. inclus. Pension de famille très accueillante encadrée par un beau jardin. Anglais parlé.

Hida Hotel Plaza ひだホテルプラザ

2-60 Hanaoka-cho, ✆ (0577) 33 4600, www.hida-hotelplaza.jp - 232 ch. L'un des grands hôtels luxueux de la ville. *Onsen* et piscines magnifiques. Service très professionnel.

Se restaurer

Le bœuf de Hida, les poissons de rivière, les végétaux sauvages *sansai* ramassés dans les montagnes environnantes composent les plats locaux. Plus simples, les *mitarashi dango* (boulettes de farine de riz embrochées et nappées de sauce de soja) grillent dans nombre d'échoppes. Les brasseurs de saké, reconnaissables à la boule de feuilles de cèdre *(sakabayashi)* pendue à leur devanture, sont aussi légion en raison de la pureté de l'eau qui alimente les rizières.

À partir de 750 ¥

Soba Sho Seto 蕎麦正せと

Shimookamoto-cho (à 2 km au sud de la gare, 10mn en vélo), ✆ (0577) 35 5756. Tlj sf lun. 11h-19h30. Une nouvelle adresse de *soba*. Les pâtes sont faites sous vos yeux, loin des quartiers touristiques.

Koma Restaurant お好み焼き・独楽

1-6 Hanaoka-cho, ✆ (0577) 32 6488. Tlj sf mar. 11h-21h. Restaurant *teppanyaki*. On prépare et partage des *okonomiyaki* sous l'œil espiègle et généreux des deux petites patronnes. Carte en anglais.

Myogaya Restaurant 茗荷舎

5-15 Hanasato-cho, ✆ (0577) 32 0426. Tlj sf mar. 11h30-19h. Restaurant végétarien aussi grand qu'une boîte à chaussures ordonnée comme un pétard. Nourriture simple, accueil amical, ambiance soixante-huitarde.

TAKAYAMA

À partir de 1 500 ¥

Hida Takayama Futtoya

飛騨高山・冬頭屋

Kami-ichi-no-machi, (0577) 32 0404. 11h30-19h. Réserv. conseillée. Cuisine excellente à base de produits régionaux (viandes, légumes, fougères) servis dans un cadre centenaire. 1 575 ¥ le midi. 5 250 ¥ le soir.

Kitchen Hida キッチン飛騨

1-66 Honmachi, (0577) 36 2911. Tlj sf merc. 11h30-19h45. Le fameux bœuf gavé à l'herbe tendre des montagnes de Hida se décline ici sur tous les modes.

À partir de 6 500 ¥

Susaki 料亭・州さき

4-14 Shinmei-cho, (0577) 32 0023, www.ryoutei-susaki.com. 11h30-21h. Ferm. irrégulière. Sur réserv. Une douzaine de plats saisonniers sont présentés selon l'étiquette qui prévalait à l'époque Muromachi. Manger est ici communier avec tous ses sens et ce depuis plus de 200 ans. 12 705 ¥ le soir.

Kakusho 角正

2-98 Baba-cho, (0577) 32 0174. 11h30-20h. L'autre grand restaurant de la ville se compose de six pavillons semés autour d'un somptueux jardin. Repas concoctés à base de cette nourriture végétarienne qui était autrefois réservée aux moines.

Faire une pause

Salon de thé - **La Viennoiserie de Nicolas**, 6-28 Hansato-machi (face au Best Western) *(B2)*. Tlj sf mar. 10h-19h. Sandwichs, croissants, gâteaux bretons, baguettes, espresso. Yamakoshi Kiyomi, la boulangère, a été formée par Le Nôtre.

Café - **Café Flore**, 37 Aioi *(B2)*, (0577) 35 0099. Tlj sf merc. 11h-23h. Ce café très sympathique est tenu par un Japonais fou de Paris. Cafés, desserts, sélection de vins, plus quelques en-cas peuvent être pris en terrasse !

Fêtes et festivals

Les **Festivals du printemps** (Sanno-sama) et d'**automne** (Hachiman-sama) comptent parmi les trois plus beaux du Japon. Le premier (14-15 avr.) donné en l'honneur de Hie-Jinja, divinité gardienne de la moitié nord de la vieille ville, exprime le souhait des fermiers pour l'obtention d'une bonne récolte; le second (9-10 oct.) fait part de leurs gratitudes à Sakurayama, divinité protégeant cette fois la moitié sud. Le paradoxe de ces festivals est qu'ils sont organisés par deux quartiers qui se détestent profondément. Aussi, lorsque les chars du printemps paradent, divinité en tête, escortés par des centaines de lanternes, les rues du quartier voisin sont étrangement vides et les chars inactifs, et inversement lors du Festival d'automne. C'est peut-être pour cela que le porte-bonheur de la ville, le *sarabobo* ou « bébé singe » en japonais, est ce petit personnage à tête rouge sans visage. Il reflète, dit-on, les émotions successives de leurs propriétaires.

Achats

Marchés - Marché **Jinya-mae**, en face du Takayama Jinya *(B2)*. Le **Miyagawa**, plus important, longe la rivière Miya *(B1)*. 6h-12h (nov.-mars 7h). *Tsukemono* (condiments à base de légumes sauvages), pickles, piments, *soba*, pommes, pêches, sakés, sont les produits phares de la région.

VISITE DE LA VILLE

Se promener au hasard des rues dans les quartiers historiques à l'est de la rivière Miya est un vrai plaisir si le flux touristique n'est pas trop dense.

QUARTIER DE SANMACHI★★

三町

(B2)

Le quartier commence juste après le pont Naka-bashi. Préservé dès 1979,

Une boutique du quartier historique de Takayama.

©JNTO

il s'étend sur 4,4 ha, comprenant une partie des rues Shinmei-machi, Sannomachi, Ninomachi, Ichinomachi et Katahara-machi. Les constructions protégées, érigées à la fin de la période Edo jusqu'à l'ère Meiji, sont principalement des commerces, des maisons et des garages de chars. La forme des toitures, l'importance des avant-toits, les fenêtres treillagées sont quelques-uns des éléments les plus remarquables.

Musée du folklore Hirata★

平田記念館

(B2)

39 Ninomachi. 9h-17h. 300 ¥.

Cette maison de marchands, reconstruite en 1897, à l'atmosphère délicieusement surannée présente la vie quotidienne d'une famille de la classe moyenne à l'époque Edo. Belles collections de lampes, de miroirs, de jouets.

Kyodo-kan★

高山市郷土館

(B2)

75 Kami-Ichino-machi. Mars-nov. : tlj sf merc. 8h30-17h; déc.-fév. : tlj sf merc. 9h-16h30. 300 ¥.

Centre d'études et de recherches, le musée possède plus de 75000 pièces reflétant l'histoire de la ville et de la région. Les salles présentent des objets archéologiques (matériel lithique de plus de 8000 ans), ethnographiques (comme ces équipements de pompiers, organisés dès 1783) ou religieux (belles figures de Bouddha gravées par le moine Enku, au 17e s.).

TAKAYAMA JINYA★★

高山陣屋

(B2)

1-5 Hachiken-machi (au début du pont Naka-bashi). www.pref.gifu.lg.jp/pref/s27212. 8h45-17h (nov.-fév. 16h30). 420 ¥. Pour une visite gratuite en anglais (env. 45mn), ✆ (0577) 32 0643.

En 1692, le gouvernement Tokugawa prit le contrôle de la province de Hida. Comme le shogunat résidait à Edo (Tokyo), il y dépêcha un gouverneur. Symbole de cette puissance déléguée, le Takayama Jinya était à la fois quartier résidentiel et lieu de pouvoir, administratif, judiciaire et financier, jusqu'à l'avènement de l'ère Meiji (1868). L'ensemble (on déambule de cuisine en salle de réception, de chambre de torture, en cours de justice) est d'autant plus intéressant à voir que, des soixante relais préfectoraux décentralisés par les Tokugawa, il est le dernier à pouvoir être visité sur l'archipel.

AU NORD-EST DE LA VILLE

Takayama Yatai Kaikan★★

高山屋台会館

(B1)

178 Sakuramachi. 8h30-17h. 820 ¥.

Des onze chars *(yatai)* qui paradent lors du Festival d'automne, quatre sont présentés dans le hall d'exposition du Sakurayama Hachiman-gu *(par rotation tous les trois mois)*. L'inventivité et la dextérité qui ont guidé la réalisation de ces chars en bois (le travail de plaquage, de ciselure et de laque sont admirables) font de ces pièces construites entre les 17e et 19e s. des œuvres d'art étonnantes. Le billet inclut la visite du Sakurayama Nikko-kan, une reproduction à l'échelle 1/10 du sanctuaire Tosho-gu de Nikko *(voir p. 240)*.

Shishi Kaikan★

獅子会館

(B1)

53-1 Sakuramachi. 8h30-17h. 600 ¥.

Sont exposés les nombreux masques de lion que portent les danseurs lors des *matsuri* lorsqu'ils chassent les démons et purifient les rues pour le passage de la divinité trônant sur son sanctuaire portatif. C'est aussi l'occasion unique de voir une démonstration de **karakuri**. Ces poupées mécaniques actionnées par des marionnettistes virtuoses dissimulés dans les chars sont l'apothéose du festival. Belle collection d'instruments de musique.

AU SUD-OUEST DE LA VILLE

Hida Takayama Museum★★★

飛騨高山美術館

(A2)

1-124-1 Kami-Okamoto-cho (sur la route menant au Hida-no-Sato). Accessible gratuitement (avr.-oct.) pour les détenteurs de billet via *le bus londonien stationné en gare de Takayama. www.htm-museum.co.jp. 9h-17h. 1 300 ¥.*

Ce petit bijou est placé dans un foisonnant écrin Art nouveau. L'ancienne fontaine du rond-point des Champs-Élysées, superbe œuvre de Lalique (1958), rayonne sous les lumières changeantes d'une salle octogonale. Les objets, magnifiquement mis en scène, sont signés Gallé, Daum, Comfort, Tiffany, Majorelle, Mackintosh ou, pour les plus récents, par le Japonais Ishii Koji.

Hida-no-Sato★★

飛騨の里

(A2) Comptez 2h avec le trajet.

1-590 Kami-okamoto-cho (à 1 km au sud-ouest de Takayama Station). www.hidanosato-st.net. 8h30-17h. 700 ¥ ou 1 000 ¥ billet combiné « Hida-no-Sato setto ken » trajet AR + visite (en vente au terminal des bus).

Ce musée en plein air présente des maisons typiques de la région de Hida. Nombre d'entre elles, comme la maison Wakayama construite en 1751 dans le village de Shokawa, ont été déplacées au début des années 1960 pour échapper à la montée des eaux qu'entraînait la création du barrage hydroélectrique sur la Miboro-gawa.

LES ENVIRONS

SHIRAKAWA-GO★★

白川郷

Comptez une journée.

À 76 km au nord-ouest de Takayama. 150 hab.

La belle région montagneuse de Shirakawa-go s'étend à l'ouest de Takayama en amont de la rivière Sho-gawa qui coule au pied du mont Haku-san. Avec plus d'une centaine de maisons, **Ogimachi★★** (荻町) est le principal village de *gassho-zukuri*, terme qui signifie « mains en position de prière » et qui tient à la forme de ces constructions traditionnelles inscrites au Patrimoine mondial de l'Unesco.

Arriver ou partir

En bus - De Takayama, 6 départs/j. pour Ogimachi entre 8h45 et 17h35 (1h40 de trajet, 2 400 ¥). Pour Kanazawa, 2 bus/j., un le matin et un l'après-midi (1h20).

Adresses utiles

Informations touristiques - Face au terminal des bus, à une dizaine de mètres du pont suspendu permettant l'accès au village d'Ogimachi, www.shirakawa-go.gr.jp. 8h30-17h. Cartes en anglais avec localisation des *minshuku*.

Se loger

▸ ***À Ogimachi***

À partir de 17 000 ¥

Gassho-no-yado Yokichi

合掌の宿よきち

351 Ogi-machi, ✆ (0576) 96 1417 - 5 ch. Petit-déj. et dîner inclus. Réserv. conseillée. Dans cette belle et très épurée maison traditionnelle, la propriétaire sert une cuisine régionale copieuse et goûteuse. La truite *ayu* est grillée au sel, et les légumes de montagne, finement coupés et accompagnés de *miso*, sont placés sur une feuille de magnolia *(hoba-miso)* prête à cuire au-dessus de l'âtre. *O furo* à usage privatif.

À voir, à faire

▶ Passé la rivière Sho-kawa par le pont suspendu, on peut découvrir du **point d'observation★★** *(Shiroyama Tenbodai)* un magnifique panorama sur le village *(à 40mn à pied à l'extrême nord-ouest du village; ou navettes régulières et gratuites à partir du parking Ogimachi, juste en face du second office de tourisme)*.

▶ De là, redescendez en direction de la maison **Wada★** *(9h-17h; 300 ¥)*, l'un des meilleurs témoignages de *gassho-zukuri*. Cette expression fait référence au toit de chaume très pentu qui réduit la masse de neige en hiver tout en dégageant un volume intérieur propice à des activités domestiques. On découvre sous d'impressionnantes charpentes en chêne maintenues par des cordes (pas de clous) comment les combles étaient utilisées pour la culture du ver à soie.

▶ Au retour *(à 5mn plus au sud)*, le musée attenant au **Myosen-ji** *(9h-17h; 300 ¥)* permet de mieux saisir le quotidien rural des prêtes et des moines.

▶ La balade se poursuit jusqu'au hall d'exposition du **Doburoku Matsuri** *(mai-nov. : 9h-16h; fermé le reste de l'année; 300 ¥)* dédié au festival annuel *(14-19 oct.)*, qui nécessite pour son bon déroulement la fabrication du saké Doburoku qu'on ne manquera pas de goûter !

NAGANO★ ET MATSUMOTO★

Un écrin montagnard somptueux

Quelques repères

Préfecture de Nagano - Nagano : 229 km de Tokyo, 262 km de Nagoya ; 385 000 hab. ; alt. 362 m - Matsumoto : 63 km de Nagano, 188 km de Nagoya ; 235 km de Tokyo. 213 000 hab. ; alt. 5 892 m - Carte régionale p. 246.

À ne pas manquer

Le festival du Dojo-jin, à Nozawa Onsen.

Conseils

Passez la nuit au Gokui Lodge, à Chusha, si vous suivez l'excursion du mont Togakushi.

La préfecture de Nagano, la quatrième du Japon en terme de superficie est encadrée par les monts Hida (au nord-ouest), Kiso (au sud), Aka-ishi (au sud-est) et Mikuni (au nord-est). Cette géographie belle mais hostile, source de conditions de vie difficiles, est évoquée dans *La Ballade de Narayama*, un film d'Imamura Shohei, Palme d'or à Cannes en 1983. L'histoire, tirée du livre de Fukazawa Shichiro, a pour cadre un village perdu dans les montagnes de Nagano et revient sur une tradition selon laquelle toute personne septuagénaire – assimilée en une bouche devenue désormais inutile – doit être portée par son fils sur les hauteurs de Narayama. Car c'est ici, sur la « montagne aux Chênes » que se rassemblent les âmes des morts.

NAGANO★

長野

Comptez une journée.

Située au nord de la préfecture de Nagano, cette ville s'est développée autour de son temple bouddhiste Zenko-ji, l'un des plus anciens du Japon. Ville de pèlerinage importante autrefois, ville touristique aujourd'hui, Nagano s'est mondialement fait connaître en accueillant les Jeux olympiques d'hiver, en 1998.

Arriver ou partir

En train - **Gare JR** dans le centre. De Tokyo, départ ttes les 20mn du Shinkansen Asama (le plus direct, 1h35 de trajet, 8 000 ¥). De Nagoya, comptez 2h43 et 6 620 ¥. Pour Matsumoto, le plus rapide est le JR Shinonoi Line (1h20, 1 110 ¥). Pour Kanazawa, JR Shinetsu Line jusqu'à Noetsu, puis Limited Express Hakutaka (3h54, 7 120 ¥).

En bus - Terminal des bus en face de la gare (sortie ouest), dans le bâtiment Alpino Group, www.alpico.co.jp/kbc. 6h30-19h. De Tokyo départ du Shinjuku Highway Bus Terminal (3h40 de route, 4 000 ¥).

Adresses utiles

Informations touristiques - Dans la gare JR, ☎ (026) 226 5626. 9h-18h.

Poste / Retrait - West Plaza Bldg, 9h-17h30 (w.-end 17h). Distributeur de billets ATM.

Internet - **Boo Foo Woo**, 1F, Daita Bldg, Chuo-dori (à 5mn de marche de la gare, sortie ouest). 24h/24. 390 ¥/h.

Se loger

Auberge de jeunesse

Zenko-ji Kyoju-in Youth Hostel

善光寺教授院ユースホステル

479 Motoyoshi-machi, ☎ (026) 232 2768, fax (026) 232 2767 - 5 ch. Appartenant aux dépendances du temple,

cette bâtisse centenaire est un havre de paix. 4000 ¥/pers.

De 7500 à 9000 ¥

Comfort Hotel Nagano

コンフォートホテル長野

1-12-4 Minami-Chitose, (026) 268 1611, www.choice-hotels.jp - 76 ch. Situé à 3mn à pied de la gare JR, ce récent *business hotel* bien tenu présente un excellent rapport qualité/prix.

Shimizuya Ryokan Chuokan

清水屋旅館

49 Daimon-cho, (026) 232 2580 - 18 ch. Tlj de mai à oct. Fermé le reste de l'année. Petit-déj. 800 ¥, dîner 1800 ¥. Hébergement familial très amical dans une superbe maison de 130 ans.

À partir de 16000 ¥

The Saihokukan Hotel

サイホクカンホテル

528-1 Agatamachi, (026) 235 3333, www.saihokukan.com - 89 ch. Ouvert en 1890, ce vieil hôtel réaménagé de façon un peu grandiloquente présente derrière ses colonnes de marbre de beaux espaces, à l'instar du restaurant japonais, particulièrement soigné.

Se restaurer

À partir de 600 ¥

Motoya そば処・元屋

587-3 Daimon-cho, (026) 232 0668. Tlj sf mar. 11h-20h. Restaurant populaire toujours bondé spécialisé dans les *soba* qui font la réputation de Nagano.

À partir de 1000 ¥

Yayoiza 彌生座

587-3 Daimon-cho, (026) 232 2311. 11h30-20h. Vénérable institution ouverte en 1847. Produits régionaux et montagnards comme le *shabu-shabu*, à base du fameux bœuf de Nagano.

Bikura 欅屋びくら

224-5 West Plaza Bldg, (026) 264 7717. 16h30-23h. Situé face à la sortie ouest de la gare, ce restaurant perché au 10e étage possède l'un des cadres les plus originaux de la ville. Cuisine éclectique, japonaise ou occidentale.

VISITE DE LA VILLE

Le temple Zenko-ji est le point convergent de la ville. Il suffit de suivre la longue avenue centrale qui coupe Nagano en deux et qui, à mesure qu'elle se rapproche du temple, substitue aux commerces et à la rumeur urbaine l'espace quiet des murs aveugles protégeant jardins et couvents.

ZENKO-JI★★

善光寺

À env. 2 km au nord de la gare JR. 5h30-16h (oct.-mars 6h30). Gratuit. Fête traditionnelle du Nagano Binzuru le 1er sam. d'août.

▸ Passé la porte principale *(San-mon)*, le pavillon central *(Hondo)* surprend par sa taille imposante (le second édifice en bois après le Todai-ji de Nara). La densité de son bois, d'une patine presque minérale, rappelle que ce temple, reconstruit en 1707 et classé Trésor national, attire chaque année plus de 8 millions de visiteurs. Une popularité déjà très forte au Moyen Âge, car le temple n'était affilié à aucune secte bouddhique ni le monopole d'aucun sexe. Le temple abrite la vénérable **statue d'Amitabha**, l'un des Bouddhas les plus importants du Mahayana *(voir p. 100)*. La statue, offerte par le souverain du royaume coréen de Paektche à l'empereur japonais Kimmei au 6e s. apr. J.-C., serait la plus ancienne représentation du Bouddha importée au Japon. Comme on se défie de toute image idolâtre, la statue reste cachée. Seule une copie est exhibée tous les sept ans lors de la cérémonie solennelle appelée « *Gokaicho* ».

▸ À défaut, on contemplera dans le déambulatoire l'émouvante sculpture en bois de **Binzuru★★★**. Le disciple le plus instruit de Bouddha attire quotidiennement les paumes de milliers de mains. Guérisseur, Binzuru soulage les maux pointés par les pèlerins sur son derme curateur. À force de caresses, la figure a perdu jusqu'à son regard.

NAGANO ET MATSUMOTO

▸ L'autre motivation consiste à toucher la clé du Paradis suspendue dans le labyrinthe auquel on accède par un passage souterrain situé à droite de l'autel. Moyennant 500 ¥, on déambule mains tendues dans un noir d'aveugle *(claustrophobes s'abstenir)*. Trouver cette clé assure le salut de l'âme.

LES ENVIRONS

TOGAKUSHI★★

戸隠

Comptez une journée avec le trajet au départ de Nagano.

À 20 km au nord-ouest de Nagano. Env. 5000 hab.

Ce village de haute terre accroché aux flancs du mont Togakushi est le point de départ de nombreuses excursions. Cinq sanctuaires et autre sites (musées, centres artisanaux, jardins, etc.) s'étagent entre 1000 et 1500 m d'altitude. Sur cette pente alpine, très prisée durant la période des sports d'hiver, fut fondée, au 12e s., l'école Togakure Ryu Ninjutsu, lieu de formation des **Ninja**, célèbres guerriers-espions du Japon médiéval.

Arriver ou partir

En bus - Du terminal des bus de Nagano, 12 départs/j. du Kawanakajima Bus (50mn de route, 1160 ¥), qui grimpe la vertigineuse « route de l'Oiseau », à l'aplomb du sanctuaire Zenko-ji. Il s'arrête à chacun des sanctuaires.

Adresses utiles

Informations touristiques - 1554 Toyooka, ✆(026) 254 2326, www.togakushi-21.jp. 9h-17h. Cartes en anglais.

Se loger

À partir de 16000 ¥

Gokui Lodge 宿坊・極意

3354 Togakushi (à 5mn de l'arrêt de bus Chusha), ✆(026) 254 2044, www.egokui.com - 9 ch. Petit-déj. inclus. Réserv. conseillée. Adresse majestueuse située dans un ancien *shukubo* (temple-auberge) de 400 ans attenant au temple Chusha. Accueil chaleureux et nourriture exquise. *O furo*.

À voir, à faire

Attention, la plupart des sites ne sont pas ouverts avant le 22 avr.

▸ En sortant du village de Togakushi, jetez un œil au **Tonkururin Museum Soba** *(suivez le fléchage; 9h-16h30; fermé 1er déc.-14 avr.; 250 ¥)*. Moyennant 3000 ¥ *(groupe de 1 à 4 pers.)*, les passionnés peuvent aussi apprendre à fabriquer ces pâtes à base de farine de sarrasin.

▸ Le chemin conduit aux nombreux sanctuaires qui s'étagent à flanc de montagne. Le premier, accessible après avoir grimpé 270 marches, est le sanctuaire **Hokusha★**. Sa divinité, Amenouwaharanomikoto, est propice aux arts. Le second, **Chusha★** *(à 20mn de marche)*, est dédié à la divinité de la Sagesse. Particulièrement impressionnants : les trois cèdres presque millénaires qui l'entourent.

▸ À proximité le **Kid's Village Ninja** *(tlj sf jeu. 9h-17h; fermé début déc.-fin avr.; 500 ¥)*, fait découvrir aux enfants, dans un bel écrin forestier, le monde aventureux des Ninja.

▸ En poursuivant *(20mn de marche supplémentaires)* en direction des sanctuaires les plus élevés (1400 m), **Okusha★**, qui vaut surtout pour son superbe mail de cyprès jalonnant l'accès, et **Kuzuryusha★**, les visiteurs rencontreront sur leur chemin le **Togaskushi Folk Custom Museum** *(9h-17h; fermé mi-nov.-fin avr.; 450 ¥)*. Photographies, objets, répartis dans différents bâtiments, nous éclairent sur l'histoire et les coutumes de ces guerriers de l'ombre. Le fondateur de l'école Ninja, Nishina Daisuke aurait pris pour nom Togakure Daisuke après s'être réfugié dans le village de Togakushi, autrefois « *Togakure* » (*gakure* signifiant « cacher/é »).

▶ Le jardin botanique *(Togakushi Forest Botanical Garden) (gratuit)*, le lac Kagamiike, le Centre artisanal de bambou *(Bamboo Works Center)* sont au nombre des autres curiosités où l'on peut s'attarder.

JIGOKU-DANI★

地獄谷

Comptez une demi-journée.

À 35 km au nord-est de Nagano.

La vallée de l'Enfer ouvre une fenêtre insolite sur un groupe de singes batifolant en toute liberté dans des sources d'eau chaude. Elle est dominée par les monts Kogen, domaine skiable réputé et paradis des surfeurs, à 20 km au nord-est de la préfecture de Nagano. **Yamanouchi** (山之内) reste la ville de point de départ des visites animalières.

Arriver ou partir

En train - De Nagano, départ ttes les heures entre 6h50 et 17h40 du Nagano Dentetsu (la ligne se trouve en sous-sol à 150 m à droite en sortant de la gare JR) jusqu'au terminus, **Yudanaka Station**, nom de la gare de Yamanouchi (1h de trajet, 1 130 ¥).

Se loger

▶ ***À Yamanouchi***

De 8000 à 10500 ¥

Uotoshi Ryokan 魚敏旅館

2563 Sano (à 15mn à pied de Yudanaka Station après le pont Sakae), ✆ (0269) 33 1215, www.avis.ne.jp/~miyasaka - 8 ch. Petit-déj. japonais 1 160 ¥. Pension de famille très simple dotée d'un magnifique *onsen* en bois de cyprès. Le propriétaire parle anglais.

Se restaurer

▶ ***À Yamanouchi***

À partir de 2000 ¥

☺ **Soba House Mu-an 蕎麦処・無庵**

3090 Yamanouchi-machi (à 10mn de Yudanaka Station), ✆ (0269) 33 2525. Tlj sf merc. 11h-15h. Assis en tailleur dans une belle salle lumineuse, on peut savourer des nouilles au sarrasin.

À voir, à faire

Le **parc aux Singes de Jigokudani** *(Yamanouchi-machi; 8h30-17h, nov.-mars 9h; 500 ¥)*, assez décevant, est heureusement compensé par les mimiques de ces singes étonnants. Un groupe de 250 macaques résiste à des températures de -15 °C en hiver! Comment? En s'épouillant dans des sources d'eau chaudes sous l'œil permanent d'une caméra, dont les images sont retransmises en direct sur le site www.jigokudani-yaenkoen.co.jp. *De la gare Yudanaka Station, 8 bus/j. pour Kanbayashi Onsen, arrêt Kanbashi Onsen (15mn de trajet, 220 ¥). Prenez ensuite la route qui s'élève à flanc de montagne. Après 500 m, un panneau indique sur votre gauche le chemin (très boueux selon les saisons) menant au parc (25mn de marche pour 1,6 km).*

NOZAWA ONSEN★★

野沢温泉

Comptez 1 à 2 journées.

À 50 km au nord-est de Nagano. 5000 hab.

À 650 m d'altitude, les crèmes à bronzer sentent plutôt le soufre, et les remonte-pentes, aussi noirs que des *kanji*, s'estompent sous des vapeurs laiteuses. Berceau du ski japonais, la commune résonne au son creux des socques. Une trentaine d'*onsen* sont en perpétuelle ébullition dans ses rues.

Arriver ou partir

En bus - Le plus facile. De Nagano Station (sortie est), bus ttes les heures de 11h20 à 18h40 (1h15 de trajet, 1 300 ¥).

Adresses utiles

Informations touristiques - À l'angle du carrefour central du village, ✆ (0269) 85 3111. 9h-17h30.

Les singes de Jigoku-dani.

©JNTO

NAGANO ET MATSUMOTO

Se loger

À partir de 24000 ¥

Haus St Anton

ホテル・ハウスサンアントン

Ooyudouri, Nozawa-onsen-mura, ✆ (0269) 85 3597 - 20 ch. Petit-déj. et dîner inclus. Ce petit chalet tyrolien très sympathique est tenu par un ancien champion olympique de ski. Quelques chambres ont une SdB privée.

À partir de 32000 ¥

Ryokan Sakaya さかや旅館

9329 Nozawa-onsen-mura, ✆ (0269) 85 3118, www.ryokan-sakaya.co.jp - 29 ch. Petit-déj. et dîner très raffiné inclus. Ce magnifique *ryokan* d'une grande élégance dispose d'un superbe *onsen*. Succulent *shabu-shabu* (fondue japonaise). Un séjour inoubliable

Fêtes et festivals

Dojo-jin (15 janv.) : le festival donne lieu chaque année à l'un des trois plus beaux feux d'artifice du Japon.

À voir, à faire

▶ Le **domaine skiable**, s'il n'est pas très élevé (1650 m au sommet), possède de belles pistes (8 km pour un dénivelé de 1000 m). La saison démarre généralement en décembre jusqu'à mai *(4300 ¥/pers. de forfait journalier; Nozawa compte 8 boutiques de location de skis)*.

▶ Le **musée japonais du Ski★** *(au pied des pistes; le bâtiment ressemble à une église; tlj sf jeu. 9h30-16h; 300 ¥)* présente une collection ethnographique digne d'intérêt.

▶ Nozawa Onsen possède encore treize bains publics *(gratuit)*. Le plus impressionnant est **Oyu Onsen★★**. Aussi beau qu'un sanctuaire, il trône sereinement au carrefour du village.

MATSUMOTO★ 松本

Comptez 1 à 2 journées.

Nichée à 592 m d'altitude, la ville offre un panorama exceptionnel sur les Alpes japonaises. Pour s'en convaincre il suffit de grimper au dernier étage de son château, désormais Trésor national. De ses quatre siècles d'histoire, tour à tour objet et point d'observation, la ville étonne par la modernité d'un plan urbain très quadrillé.

Arriver ou partir

En train - **Matsumoto Station**, dans le centre-ville. De Nagano, JR Shinonoi Line (1h09 de trajet, 1110 ¥). De Nagoya, le plus direct est le Limited Express (Wideview) Shinano (1h55, 5360 ¥).

En bus - **Matsuden Bus Terminal**, face à la gare sous le magasin ESPA. Pour Takayama, 4 départs/j. à 7h50, 11h10, 13h50, 17h10 (2h20, 3100 ¥). Le bus est le moyen le plus direct et le moins cher.

Comment circuler

En bus - Le bus d'excursion 100 ¥ Town Sneaker dessert les principaux sites à partir de la gare JR. *Pass* quotidien pour 300 ¥.

Location de vélos - **Rental Bicycle Sui Sui Town**, 3-7 Marunouchi (dans le hall de ville, M. Wing, à 5mn de marche au nord de la gare). Prêt gratuit.

Adresses utiles

Informations touristiques - À la sortie de la gare ferroviaire, ✆ (0263) 32 2814, www.city.matsumoto.nagano.jp. 9h30-18h.

Poste / Retrait - 2-7-5 Chuo. Tlj sf w.-end 9h-18h. Distributeur de billets ATM. 9h-21h (w.-end 19h).

Se loger

À partir de 7000 ¥

Super Hotel Matsumoto Ekimae

スーパーホテル松本駅前

1-1-7 Chuo, ✆ (0263) 37 9000, www.superhotel.co.jp - 71 ch. Petit-déj. inclus. *Business hotel* à 200 m de la gare. Loin d'être le plus original mais assurément le plus petit budget de la ville.

À partir de 10500 ¥

Marumo Ryokan まるも旅館

3-3-10 Chuo, (0263) 32 0115, fax (0263) 35 2251 - 8 ch. Pension de famille très sympathique. Le mobilier oblitéré par les carrés de lumière distribués par la lueur du jardin donne à cette maison un cachet tout particulier. *O furo* à usage privatif.

À partir de 16800 ¥

Ichiyama いちやま

2-1-17 Chuo, (0263) 32 0122, fax (0263) 32 3998 - 13 ch. Hôtel très bien tenu dans un cadre indonésien. chambres confortables, accueil discret et sympathique.

Se restaurer

Sur **Nawate-dori**, plusieurs échoppes centenaires vendent patates douces (au Mimatsuya, 8h30-19h), *soba* (au Benten Honten, tlj sf jeu. 11h-18h), pâtisseries (au Sweet, 8h30-17h).

À partir de 2 000 ¥

Kura 蔵

1-10-22 Chuo, (0263) 33 6444. Tlj sf merc. 11h30-22h. Ouvert depuis 1963 dans une ancienne conserverie de poisson, cet établissement véritable « antre papillaire » nous fait découvrir *basashi* (carpaccio de cheval), *hachinoko* (larves d'abeilles) ou tout bêtement des sushis. Yasuko, la discrète propriétaire vous convaincra en français.

Achats

Artisanat - **Belle Amie**, 3-7-23 Chuo, (0263) 33 1314. Tlj sf dim. 9h-19h. Atelier et musée, cette petite boutique fabrique depuis cinquante ans toutes sortes de poupées régionales de grande qualité, de celles en papier pressé jusqu'aux *anesama* (« sœurs ainées ») célèbres pour leurs silhouettes longiformes. Une merveille.

VISITE DE LA VILLE

CHÂTEAU DE MATSUMOTO★★

松本城

4-1 Marunouchi. À 15mn à pied de la gare; ou 100 ¥ Town Sneaker Bus, arrêt Kuromon. Château et musée : 8h30-16h30. 540 ¥ ou 600 ¥ billet combiné avec le musée.

▶ Construit au début du 16e s., par le clan Ogasawara, puis élargi et fortifié jusqu'au début du 17e s., le *Karasu-jo* ou « château du Corbeau », surnommé ainsi en raison de sa couleur noire, est l'un des premiers châteaux forts de plaine. Les meurtrières très nombreuses sont prévues à la fois pour les armes à feu et les flèches. Quant au donjon, il ne comporte pas cinq mais six étages afin de tromper l'ennemi, aujourd'hui le visiteur.

▶ À côté, le **Matsumoto City Museum** traite de l'histoire du château et des traditions de la ville. L'univers des croyances est abordé par une collection de poupées remarquables.

MUSÉE UKIYO-E DU JAPON★★

日本浮世絵美術館

2206-1 Koshiba, Shimadachi. Matsumoto Dentetsu Line jusqu'à Oniwa Station (6mn de trajet, 170 ¥). Comptez ensuite 15mn de marche de la gare. www.cjn.or.jp/ukiyo-e/index.html. Tlj sf lun. 11h-19h. 900 ¥.

Cette magnifique et gigantesque collection (100000 pièces) présentée par roulement a été rassemblée par la famille Sakai. Natives de Matsumoto, dix générations se sont succédé pour collecter ces *ukiyo-e*, attachés à décrire la vie et les mœurs du temps.

LES ENVIRONS

DAI-O WASABI-NOJYO★

大王わさび農場

Comptez une demi-journée.

À 17 km au nord-ouest de Matsumoto. De la gare de Matsumoto, JR Oito Line pour Hotaka (25mn de trajet, 320 ¥). www.daiowasabi.co.jp. Avr.-oct. : 8h40-17h20; mars : 9h-17h20; nov.-fév. : 9h-16h30. Gratuit.

D'une superficie de 15 ha pour une production annuelle de 130 t (3 400 t sont produites chaque année au Japon), cette ferme de *wasabi* implantée sur un site magnifique est l'une des plus grandes de son genre. Le prix à la pièce de cette plante qui se décline en 15 variétés peut aller de 500 à 2 000 ¥. On trouve aussi glace et thé au *wasabi*.

KAMIKOCHI★★

上高地

Comptez 1 à 2 journées.

À 37 km à l'ouest de Matsumoto. 50 000 hab. Attention, la station est fermée de mi-nov. à fin avr.

Cette station montagnarde, sise au cœur du Parc national des Alpes japonaises, forme un plateau étroit à 1 500 m d'altitude le long de la rivière Azusa. Point d'observation idéal sur les monts Hotaka, Yake et Kasumizawa, elle est aussi le point de départ de nombreux itinéraires alpins à difficultés variables : des randonnées le long du lac Taisho jusqu'au chemin ardu menant au Shin-Hotaka *(env. 4h)*. Renseignez-vous à l'office de tourisme *(voir ci-dessous)*, qui fournit un très utile guide de poche des principaux chemins de randonnée de la région.

Arriver ou partir

En bus - Départs réguliers du terminal des bus de Matsumoto (1h40 de trajet, 2 500 ¥). www.alpico.co.jp/access/route_k/honsen/index_e.html.

Adresses utiles

Informations touristiques - À côté de la station de bus. 9h30-17h. Fermé mi-nov.-fin avr. comme l'ensemble des adresses qui suivent. Cartes en anglais.

Se loger

Camping et auberge de jeunesse

Konashidaira Kyampu-jo

小梨平キャンプ場

Kamikochi, Azumi (juste à côté du pont Kappa), ✆ (0263) 95 2321. Propose terrains, tentes et bungalows entre 700 et 6000 ¥.

Nishi-Itoya Mountain Lodge (San-so)

西糸屋山荘

Kamikochi, Azumi (à l'ouest du pont Kappa), ✆ (0263) 95 2206, www.nishiitoya.com - 30 ch., dortoirs (de 8 pers.). À partir de 7 700 ¥/pers. petit-déj. et dîner inclus.

SHIN-HOTAKA ONSEN★★

新穂高温泉

Comptez une journée.

À 70 km à l'ouest de Matsumoto.

De Shin-Hotaka Onsen (1 117 m), le téléphérique *(tlj sf maintenance; 2800 ¥ AR)* mène en deux temps jusqu'au sommet de Nishi-Hotaka-guchi (2 156 m), d'où l'on jouit d'un **panorama★★** magique.

Arriver ou partir

En bus - De Matsumoto, 2 départs/j. du terminal des bus à 10h35 et 13h10 (1h50 de trajet, 2800 ¥). Pour Takayama, départs réguliers dès 6h20 (80mn, env. 2400 ¥).

Se loger

Camping

Shin-Hotaka Camping Ground

新穂高キャンプ場

À quelques minutes de l'arrêt du bus, ✆ (0578) 92 513. En été seul. À partir de 600 ¥/pers.

À partir de 38 000 ¥

Hotel Hotaka ホテル穂高

À une centaine de mètres du téléphérique, ainsi que de la station de bus de Shin-Hotaka Onsen, ✆ (0578) 92 200, www.okuhi.jp - 49 ch. Ce grand complexe sans trop de personnalité met en revanche à la disposition de ses clients de magnifiques *onsen* noyés en pleine nature, face aux montagnes.

KANAZAWA★★
LA PÉNINSULE DE NOTO★

Une ville de caractère

Quelques repères

Capitale de la préfecture d'Ishikawa - 150 km de Takayama, 256 km de Nagoya - 440 000 hab. - Au pied des Alpes japonaises, à 15 km de la mer - Carte régionale p. 246 - Plan p. 276.

À ne pas manquer

Le jardin Kenroku-en.

La structure futuriste du musée d'Art du 21e s.

Conseil

Pour une virée dans la péninsule de Noto, mieux vaut s'informer au préalable à Kanazawa, car une fois sur place les offices de tourisme sont rares et la pratique de l'anglais, plus encore.

Épargnée par la Seconde Guerre mondiale, Kanazawa n'a pas été confrontée aux reconstructions rationnelles de l'après-guerre. Rues et venelles témoignent ainsi des périodes historiques qui se sont succédé. Aux quartiers des samouraïs font écho ceux des geishas; aux ouvertures dérobées du temple des Ninja répond le musée translucide du 21e s. Quant au Kenroku-en, l'un des plus beaux jardins japonais, il est le bijou intemporel de la ville.

KANAZAWA★★
金沢

Comptez 2 jours.

Arriver ou partir

En avion - Le **Komatsu Airport** est situé à 30 km au sud-est de Kanazawa *(A3 en dir.)*. 11 vols/j. de et vers Tokyo (1h10 de vol, 18 700 ¥). Le **Komatsu Airport Limousine Bus** (1h, 1 100 ¥) relie l'aéroport au centre.

En train - **Gare JR** *(A1)*. De et vers Nagoya, 8 départs/j. du train rapide Shirasagi (2h54 de trajet, 7 130 ¥). De Takayama, comptez 5h, 2 520 ¥. Pour Anamizu (Noto-hanto), JR Nanao jusqu'à Nanao, puis Noto Railroad Nanao (2h10, 1 940 ¥).

En bus - Terminal des bus, à la sortie de la gare *(A1)*. 6h15-23h. 11 bus/j. pour Wajima (2h de route, 2 200 ¥). 10 bus/j. pour Nagoya (4h, 4 000 ¥).

Se repérer

La ville s'étire entre deux rivières : au nord, l'Asano-gawa où prend racine l'ancien **quartier Higashi Chayamachi** des geishas *(B1)*; au sud, la rivière Sai-kawa autour de laquelle s'égrènent les temples de **Teramachi** *(A3)* auxquels font écho, sur la rive opposée, les anciennes maisons de samouraïs *(A3)*. Notez que ces dernières sont à deux pas des points nerveux de la ville : **Korimbo** *(A-B2)* et la turbulente et noctambule **Katamachi** *(A3)*. Au centre, niché sur son promontoire, le **château de Kanazawa** *(B2)* côtoie le jardin Kenroku-en ainsi que de nombreuses dépendances muséographiques.

Comment circuler

En bus - Hormis les bus réguliers (200 ¥/trajet), il existe les Loop Bus (sortie est, quai 1 de la gare JR), qui permettent de faire le tour de la ville.

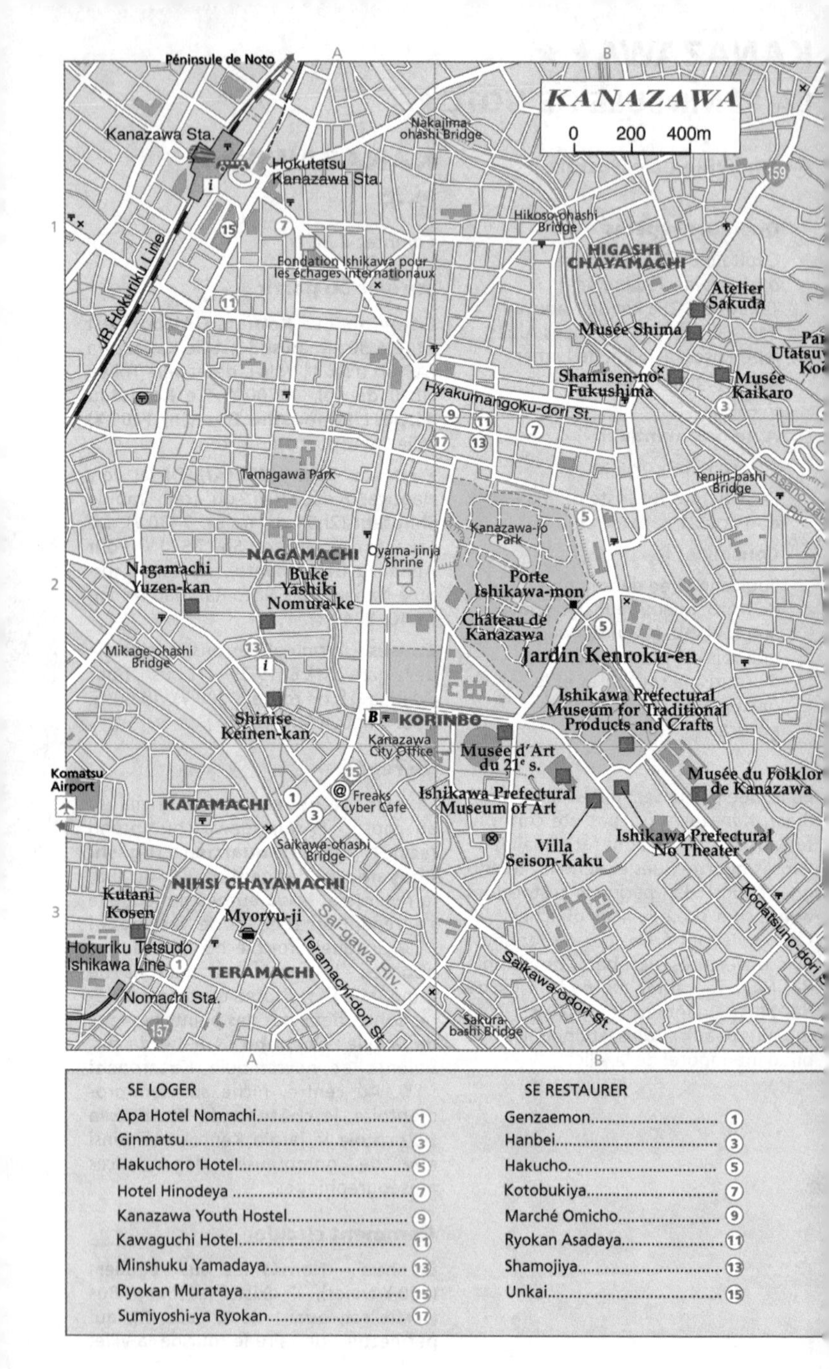
KANAZAWA
0 200 400m
Péninsule de Noto
A
B
1
2
3
Kanazawa Sta.
Hokutetsu Kanazawa Sta.
JR Hokuriku Line
Nakajima-ohashi Bridge
Hikoso-ohashi Bridge
HIGASHI CHAYAMACHI
Fondation Ishikawa pour les échages internationaux
Atelier Sakuda
Musée Shima
Shamisen-no-Fukushima
Musée Kaikaro
Hyakumangoku-dori St.
Tenjin-bashi Bridge
Tamagawa Park
Kanazawa-jo Park
NAGAMACHI
Oyama-jinja Shrine
Nagamachi Yuzen-kan
Buke Yashiki Nomura-ke
Porte Ishikawa-mon
Château de Kanazawa
Jardin Kenroku-en
Mikage-ohashi Bridge
Ishikawa Prefectural Museum for Traditional Products and Crafts
Shinise Keinen-kan
KORINBO
Kanazawa City Office
Musée d'Art du 21e s.
Musée du Folklore de Kanazawa
Komatsu Airport
KATAMACHI
Freaks Cyber Café
Ishikawa Prefectural Museum of Art
Villa Seison-Kaku
Ishikawa Prefectural No Theater
Saikawa-ohashi Bridge
NIHSI CHAYAMACHI
Kutani Kosen
Myoryu-ji
Sai-gawa Riv.
Teramachi-dori St.
Saikawa-odori St.
Kodatsuno-dori St.
Hokuriku Tetsudo Ishikawa Line
TERAMACHI
Nomachi Sta.
Sakura-bashi Bridge
159
157
SE LOGER
Apa Hotel Nomachi 1
Ginmatsu 3
Hakuchoro Hotel 5
Hotel Hinodeya 7
Kanazawa Youth Hostel 9
Kawaguchi Hotel 11
Minshuku Yamadaya 13
Ryokan Murataya 15
Sumiyoshi-ya Ryokan 17
SE RESTAURER
Genzaemon 1
Hanbei 3
Hakucho 5
Kotobukiya 7
Marché Omicho 9
Ryokan Asadaya 11
Shamojiya 13
Unkai 15

200 ¥/ticket et 500 ¥/j. le *pass*. Les Flat Bus (quai 11 de la gare JR) exécutent trois itinéraires différents dans la ville avec indications en anglais. 8h30-18h. 100 ¥. Les bus Light-up permettent une visite nocturne de la ville. Sam. seul., dernier départ à 20h50. 300 ¥.

En taxi - De la gare JR (sortie est), comptez 1300 ¥ pour aller au Kenroku-en.

En vélo - **Rent-A-Cycle**, gare JR *(A1)*. 8h-20h30. 400 ¥/h, 1200 ¥/j.

Adresses utiles

Informations touristiques - À droite de l'entrée est de la gare JR *(A1)*, ✆ (076) 232 6200, www.kazanawa-kankoukyoukai.gr.jp. 9h-19h. Présente dans l'office de tourisme l'**Association des guides bénévoles**. 10h-18h. Service en anglais ou en français (un guide). Mieux vaut réserver à l'avance, ✆ (076) 232 3933/5555.

Fondation Ishikawa pour les échanges internationaux, Rifare Bldg, 1-5-3 Honmachi (à 5mn de marche de la gare centrale) *(A1)*, ✆ (076) 262 5931, www.ifie.or.jp. Tlj sf dim. 9h-17h. Au 2e étage, un centre de documentation, la presse française et Internet gratuit.

Poste / Retrait - Korimbo 109 Department Store *(A2)*. Distributeur de billets ATM. Lun.-vend. 7h-23h, w.-end 9h-19h. Poste et distributeur ATM présents également à la gare JR.

Internet - **Freaks Cyber Cafe**, 1-50-20 Katamachi *(A3)*. 24h/24. 294 ¥/30mn. Boissons à discrétion.

Se loger

Auberge de jeunesse

Kanazawa Youth Hostel

金沢ユースホステル

37 Suehiro-cho, ✆ (076) 252 3414 - 20 ch. De la gare, bus n° 90, arrêt Youth-Hostel (25mn de trajet, 300 ¥). Agréablement nichée à l'est de la ville dans la colline boisée d'Utatsuyama, l'auberge de jeunesse est une bonne valeur bien qu'un peu excentrée. Possibilité de pick-up si réserv. 3500 ¥/pers.

À partir de 7000 ¥

Ginmatsu 民宿銀松

1-17-18 Higashiyama (arrêt de bus Hashibacho), ✆/fax (076) 252 3577, ginmatsu@nifty.com - 5 ch. Petit-déj. 1000 ¥, dîner 2000 ¥. Simple et propre, ce *minshuku* est situé dans le quartier attachant de Higashiyama.

Kawaguchi Hotel ホテル河口

2-6-23 Honmachi, ✆ (076) 223 3155 - 35 ch. Petit-déj. 480 ¥. Situé à 5mn de la gare JR, *business hotel* à un prix très attractif.

De 8000 à 9500 ¥

Minshuku Yamadaya 民宿山田屋

2-3-28 Nagamachi, ✆ (076) 261 0065 - 5 ch. Chambres simples dans une belle maison à deux pas du centre d'informations du quartier historique de Nagamachi.

Ryokan Murataya 村田屋旅館

1-5-2 Katamachi, ✆ (076) 263 0455, murataya@spacelan.ne.jp - 11 ch. Fermé 30 janv.-1er mars. Petit-déj. 500 ¥ sur réserv. Cette maison amicale (la propriétaire parle anglais et vous abreuve d'infos) est idéalement placée pour les soirées.

Hotel Hinodeya ホテルひので屋

2-17-25 Honmachi, ✆ (076) 231 5224, hinodeya@p2223.nsk.ne.jp - Genre *business hotel* bien tenu, confortable et pratique. Il est situé à quelques minutes de la gare JR (sortie est).

De 11000 à 14000 ¥

Apa Hotel Nomachi

アパホテル金沢野町

2-4-22 Nomachi, ✆ (076) 280 8111, www.apahotel.com - 100 ch. Situé dans le district de Nishi Chaya (à 2mn à pied de la station Nomachi), cet hôtel possède des chambres confortables à des prix raisonnables. L'un des moins chers de la chaîne Apa qui compte cinq autres hôtels dans la ville.

Sumiyoshi-ya Ryokan 旅館すみよし屋

54 Jukken-machi, ✆ (076) 221 0157. www.sumiyoshi-ya.com - 12 ch. Petit-déj. inclus. Beau *ryokan* charpenté de manière spectaculaire.

À partir de 18 000 ¥

Hakuchoro Hotel 金沢白鳥路ホテル

6-3 Marunouchi, ✆ (076) 222 1212, www.hakuchoro.com - 85 ch. Très bel hôtel du début du 20e s., à deux pas du jardin Kenroku-en. Magnifiques *onsen* et beau jardin japonais.

Se restaurer

Poissons et fruits de mer sont rois à Kanazawa. La spécialité de la ville sont les *kaiten-zushi*, ces comptoirs automatisés où les assiettes de sushis défilent à la chaîne. Commencez par découvrir l'un des *kaiten-zushi* du marché Omicho constitue un bon départ.

À partir de 800 ¥

Marché Omicho 近江町市場

Tlj sf dim. 8h-18h. Les *kaiten-zushi* sont alimentés par quelque 170 échoppes de légumes et de poissons (morue, daurade, crevette, crabe). Fraîcheur garantie. À vous de choisir !

Hakucho 白鳥

2-48 Kenroku-machi. Tlj sf merc. 9h-18h. Petit restaurant agréable situé à quelques minutes de la sortie Katsurazaka du Kenroku-en. Menus simples : poissons, huîtres grillés, etc.

Hanbei 半兵ヱ金沢片町店

Katamachi, ✆ (076) 233 0808. 17h-0h. Dans un décor rustique placardé d'affiches des années 1930, cet *izakaya* propose une cuisine éclectique composée de 150 petits plats pour une fourchette de prix allant de 50 à 400 ¥, selon que l'on goûte de l'utérus de vache, du poulpe cru, du tofu ou plus simplement un steak.

À partir de 1 500 ¥

Shamojiya しゃもじ屋

Jukken-machi, ✆ (076) 264 4848. Tlj sf dim. 11h30-21h. Vingt ans d'existence pour cette maison aux sashimis réputés. Il est vrai qu'elle est à deux pas du marché. À partir de 780 ¥ le midi jusqu'à 5 000 ¥ le soir.

Unkai 雲海

Ana Hotel Kanazawa, 16-3 Showa-machi. 11h30-21h30. En bordure d'un jardin japonais hissé au 5e étage de l'hôtel Ana, ce restaurant japonais propose des menus soignés dans un cadre élégant.

À partir de 3 000 ¥

Genzaemon 源左ェ門

Kigura-machi, ✆ (076) 232 7110. Tlj sf dim. 17h-23h30. Une maison cinquantenaire réputée pour la fraîcheur de ses poissons. On sympathise vite au comptoir sous l'œil espiègle de Hayashi, le patron qui lève le coude aussi vite que son couteau les filets de poissons.

Kotobukiya 壽屋

2-4-13 Owari-cho (arrêt de bus Musashigatsuji), ✆ (076) 231 6245. 11h30-19h30. Sur réserv. seul. Cette vénérable institution de 150 ans sert depuis quatre générations, dans la plus pure tradition bouddhique, des *shojin ryori*, mets végétariens d'un grand raffinement. Ce restaurant est souvent réservé pour des funérailles. Comptez plutôt 7 000 ¥ le soir.

Plus de 15 000 ¥

Ryokan Asadaya 浅田屋

23 Jukken-machi, ✆ (076) 231 2228. Sur réserv. seul. On peut, le temps d'un dîner, se retirer dans l'une des cinq pièces de ce somptueux *ryokan* patiné par 130 années d'histoire. Cuisine de type *kaiseki* qui élève produits et saisons au diapason de notes gustatives et esthétiques originales.

Sortir, boire un verre

Le quartier **Katamachi** est incontournable pour les début et fin de soirée.

Bars - **Pole Pole**, 2-31-31 Katamachi *(A3)*, ✆ (076) 261 0850. 20h-5h. Les murs noirs couverts de graffitis toisent un sol jonché de cacahouettes. Kenji, le patron, parle couramment l'anglais et n'est pas avare d'informations pour aiguiller vos soirées. Il tient également le restaurant indonésien **Legian**, une porte à côté.

Vol de Nuit, Hotel Nikko, 15-1-2 Honmachi 2 *(A1)*. 17h-0h. On se sent comme un Petit Prince dans cette ambiance feutrée, les yeux constellés d'étoiles au 29e étage.

Loisirs

Cours de cuisine - Kashi Bunka Kaikan (Ishikawa Confectionery Culture Center), arrêt de bus Owari-cho *(B2)*, ✆ (076) 221 8366. Tlj sf merc. 9h-16h30. Initiation à la confiserie, un art assez spectaculaire si l'on se fie aux fleurs exposées à l'étage. Difficile de croire qu'elles sont en sucre. Beau magasin en RdC (9h-18h).

Achats

Mode - La rue commerçante **Tatemachi-dori** *(A3)* draine les boutiques les plus branchées de la ville.

VISITE DE LA VILLE

Si le temps presse, privilégiez aux heures creuses (très tôt le matin) le jardin Kenroku. Les nombreux musées qui l'environnent ne sont pas exceptionnels mais valent quand même un petit détour. Pour les plus récalcitrants, ils se conjugueront à merveille avec les caprices du temps. Ne dit-on pas qu'il y a trois saisons par jour à Kanazawa ?

AUTOUR DU JARDIN KENROKU-EN

Jardin Kenroku-en★★★

兼六園

(B2)

1-1 Marunouchi. Mars-15 oct. : 7h-18h; 16 oct.-fév. : 8h-16h30. 300 ¥.

Au 17e s., le jardin faisait partie des dépendances extérieures du château de Kanazawa. Étendue, remodelée un siècle plus tard, sa structure fait référence aux six principes qui gouvernaient l'idéal des jardins chinois sous les dynasties Song, à savoir l'ampleur (8750 arbres, 183 espèces), la solennité, la sérénité, l'artificialité, la beauté décorative et l'abondance des eaux. *Kenroku* signifie donc « combinaison de six » avec un point névralgique qui impressionne toutes les pellicules du monde : au centre du jardin ondule l'étang Kasumi sur lequel se reflète le symbole de toute la préfecture d'Ishikawa, la célèbre Kotoji, lanterne à deux pieds aussi espiègle qu'un croc-en-jambe.

Villa Seison-Kaku★

成巽閣

(B3)

www.seisonkaku.com. Tlj sf merc. 9h-17h. 600 ¥.

Située au sud du jardin, cette charmante maison très bien préservée a été construite en 1863 par le *daimyo* Maeda pour héberger sa mère. Quelques particularités décoratives (portes coulissantes avec des incrustations de verre hollandais en lieu et place du traditionnel *shoji*) font de cette maison un espace insolite.

Les musées du centre-ville

▸ À 5mn de marche de la villa Seison-kaku, proche de la sortie est du jardin, se dresse le **Ishikawa Prefectural Museum for Traditional Products and Crafts** *(tlj sf jeu. 9h30-16h30; 300 ¥) (B2-3)*. Soie, poteries, objets en laque, jouets régionaux sont au nombre des créations artisanales.

▸ Plus réjouissante est la structure de cette école en bois construite au 19e s. Elle héberge désormais le **musée du Folklore de Kanazawa** *(tlj sf mar. 9h30-16h30; gratuit) (B3)*. Situé à proximité du site précédent, le musée expose une belle et très éclectique collection d'objets du quotidien (post-Meiji) donnés par les habitants de Kanazawa.

▸ Non loin se trouve le **Ishikawa Prefectural No Theater** *(B3)*, le plus vieux des deux théâtres que possède Kanazawa. La ville est connue pour héberger l'une des plus importantes écoles de nô *(renseignements auprès de l'office de tourisme)*.

▸ Enfin, le **Ishikawa Prefectural Museum of Art** *(www.ishibi.pref.ishikawa.jp; 9h-16h30; 350 ¥) (B3)* présente l'une des plus belles sélections permanentes d'objets anciens de la région comme ces chefs-d'œuvre de poteries Kutani.

Du jardin (sortie Katsura-zaka), on rejoint le château de Kanazawa en traversant le pont qui mène à un imposant portail.

Château de Kanazawa

金沢城

(B2)

9h-16h30. 300 ¥.

L'**Ishikawa-mon**, construite au 18e s., est l'un des rares vestiges originaux du château. Ce dernier, édifié par Sakuma Morisama en 1580, est ensuite occupé par Maeda Toshiie (1538-1599), puissant *daimyo* dépêché par Toyotomi Hideyoshi pour conquérir la province de Kaga (une partie de l'actuelle préfecture Ishikawa). La ville prend alors le nom de Kanazawa. Pendant trois siècles, de 1583 jusqu'à la restauration Meiji (1868), la famille Maeda gouverne la ville, forte des profits exceptionnels qu'engendrent ici les récoltes de riz. Le château se transforme, s'agrandit, jusqu'à l'incendie fatidique de 1881. Depuis on le restaure. Les derniers travaux s'achèvent.

Moins inexpugnable et plus transparent est le nouveau musée d'Art contemporain de la ville à l'est du château.

Musée d'Art du 21e s.★

金沢21世紀美術館

(B2)

1-2-1 Hirosaka. www.kanazawa21.jp. Tlj sf lun. 10h-18h (w.-end 20h). 350 ¥.

Ouvert fin 2004, ce musée avant-gardiste, conçu par les architectes Sejima Kazuyo et Nishizawa Ryue, est plus conceptuel que muséographique. On évolue avec plaisir sous cette forme blanche et circulaire de 28000 m², aux volumes transparents, lumineux et amovibles. Quant aux 200 œuvres exposées, elle sont surtout remarquables lorsqu'elles se fondent dans la structure.

QUARTIER DE NAGAMACHI

長町

(A2)

À 10mn en bus de la gare de Kanazawa, arrêt Korimbo (de là, 5mn de marche). À quelques pas de la Shinise Kinen-kan, la Maison des touristes du quartier de Nagamachi, ✆ (076) 263 1951, fournit conseils et brochures. 9h-17h.

Pavées de pierres plates, les venelles de l'ancien quartier résidentiel des samouraïs serpentent entre des murs de terre recouverts d'ocre jaune immergeant le promeneur dans l'atmosphère des temps féodaux.

Shinise Kinen-kan★

老舗記念館

9h30-17h. 100 ¥.

L'ancienne pharmacie chinoise Nakaya, fondée en 1759, a été transférée à l'entrée du quartier des samouraïs. C'est aujourd'hui un musée : au rez-de-chaussée, la partie apothicaire; à l'étage, les lieux de vie. Des cartels permettent de saisir au sein de chaque pièce la distribution des espaces et leur signification.

Buke Yashiki Nomura-ke★

武家屋敷野村家

1-3-32 Nagamachi. www.nomurake.com. 8h30-17h30 (oct.-mars 16h30). 500 ¥.

Si de nombreuses maisons de samouraïs ont été détruites ou reconverties durant l'ère Meiji, quelques-unes ont été préservées et sont désormais ouvertes au public, comme la Buke Yashiki Nomura. La maison appartenait à la famille Nomura, l'un des fidèles lieutenants de Maeda Toshiie, seigneur de Kanazawa en 1583. Dix générations se succédèrent, jusqu'à

Le quartier Higashi Chayamachi des Geishas.

l'abolition des clans à l'époque Meiji. La pièce noble *(Jyodan-no-Ma)* avec son plafond treillagé et ses portes coulissantes sur un jardin somptueux est un enchantement.

Nagamachi Yuzen-kan

長町友禅館

Au sud de la maison Nomura, en bordure de l'avenue Chuo-dori. ✆ (076) 264 2811. 9h-12h, 13h-17h.

Si l'on veut s'exercer à la peinture sur soie *(4000 ¥)* ou apprendre à porter un kimono *(1000 ¥)*, l'atelier de soie Nagamachi Yusen-kan en donne la possibilité.

NISHI CHAYA ET TERAMACHI

にし茶屋

寺町

(A3)

Ces deux quartiers du sud-ouest de la ville se trouvent de l'autre côté de la rivière Sai-kawa. Il suffit d'emprunter le pont Saikawa-ohashi. Comptez env. 15mn à pied du quartier des samouraïs (arrêt de bus Hirokoji sur l'avenue Minami-Odori).

De part et d'autre de cette artère centrale, vous trouverez, dos au pont :

▶ Sur votre droite, dans la rue Nishi Inter-Odori, s'étend le quartier **Nishi des Geishas** aux rues pittoresques flanquées de salons de thé. Si l'on suit le chemin de fer en direction de la station Nomachi Eki *(env. 15mn de marche vers l'est)*, on découvre le four de potier **Kutani Kosen** *(9h-16h30; gratuit; possibilité de s'initier à la peinture sur poterie à partir de 1050 ¥)*, fondé en 1868. Ces poteries traditionnelles sont produites dans la région de Kaga depuis 1650.

▶ À gauche, le temple **Myoryu-ji★**, également appelé « *Ninja-dera* » *(9h-16h; 800 ¥; sur réserv. téléphonique seul. au (076) 241 0888)*, était la cachette secrète du seigneur Maeda Toshitsune au 17e s. Le « temple des Ninja » est un vertigineux labyrinthe truffé de pièges ingénieux et d'escaliers dérobés.

▶ *Tera* signifiant « temple », il n'est pas étonnant, en remontant Teramachi-dori, d'en découvrir plus de 70, concentrés dans le **quartier de Teramachi**, dont l'Akan-ji, ou Neko-dera le « temple du Chat », que consacre son ancien cimetière de félins.

QUARTIER HIGASHI CHAYAMACHI DES GEISHAS

ひがし茶屋街

(B1)

Arrêt de bus Hashiba-cho.

Lisez les ***Mémoires d'une geisha*** de Inoue Yuki ou ***Les Geishas*** de Robert Guillain avant de vous rendre dans le quartier.

Ce quartier populaire situé au nord-est du jardin Kenroku, en bordure des rives mélancoliques de l'Asano-gawa, était l'un des grands lieux de plaisir du Japon. Reste de ce quartier, fondé en 1820, plusieurs anciennes maisons de geishas, des façades éclairées par des lampadaires du 19e s., ainsi que quelques échoppes centenaires où l'on peut encore s'initier à la pratique du *shamisen (voir ci-dessous)*. La culture était alors au cœur des plaisirs.

▶ Il est possible de visiter deux maisons de geishas. **Shima★** *(1-13-21 Higashiyama; 9h-16h; 400 ¥)*, une bâtisse typique, est parfaitement conservée. Face à elle, **Kaikaro★** *(9h-17h; 700 ¥)*, établie en 1820, possède un remarquable mobilier.

Shamisen-no-Fukushima

三味線の福嶋

Hashiba-cho. Arrêt de bus nº 6. 10h-16h. Tlj sf dim. et j. fériés. Fermé 2e et 4e sam. du mois.

Dans cette échoppe, la famille Fukushima fabrique des instruments de musique depuis 130 ans. On peut aussi s'initier, plectre en main, au *shamisen (300 ¥ avec un thé vert matcha)*, une sorte de luth à trois cordes, importé de Chine au milieu du 16e s., que les geishas adoptèrent. Sa caisse de résonance carrée est généralement en bois de santal recouverte d'une peau de chat ou de chien. Les cordes en soie sont de plus en plus remplacées par le nylon.

Atelier de feuilles d'or Sakuda

金銀箔工芸さくだ

1-3-27 Higashima. Atelier : 9h-18h; gratuit. Sessions (env. 1h) pour apprendre la technique de la dorure à la feuille d'or à 9h30, 13h15, 15h. 500 ¥.

Développée dans l'ancienne riche province de Kaga, la technique du *kinpaku* (feuilles d'or) est toujours très vivace. 90 % des feuilles d'or produites au Japon proviendraient de Kanazawa.

PARC UTATSUYAMA-KOEN

卯辰山公園

(B1 en dir.)

En continuant au nord-est, on tombe sur la colline boisée du parc Utatsuyama. Avant de gagner son sommet, le Boukodai, pour jouir d'une belle vue sur Kanazawa, on peut visiter les cinq **ateliers artisanaux Utatsuyama** *(tlj sf mar. 9h-16h30; 300 ¥)*. L'art de la céramique, de la laque, de la teinture, du métal et de la verrerie s'enchaînent avec application derrière les murs vitrés.

LA PÉNINSULE DE NOTO★

能登半島

Comptez 2 à 3 jours.

Perchée au nord de Kanazawa, la péninsule de Noto est pour nombre de Japonais une presqu'île où la modernité frénétique d'une vie active n'a plus prise. C'est d'ailleurs dans l'un de ses villages de pêcheurs que le cinéaste Imamura Shohei situe l'action de son film ***De l'eau tiède sous un pont rouge***, dans lequel un Tokyoïte, divorcé, désabusé, licencié retrouve le bonheur de vivre. La côte est restée, cependant, densément urbanisée; tandis que l'ouest déploie une nature sauvage et déchiquetée.

WAJIMA★

輪島

À 130 km au nord-est de Kanazawa. 31 000 hab.

Bourgade portuaire logée sur la côte nord-ouest de la presqu'île, Wajima est l'une des principales étapes de la péninsule. Ses points forts sont ses laques réputés mais aussi son marché. Aussi mieux vaut-il visiter la ville lorsque ce dernier bat son plein *(tlj sf 10e et 25e j. du mois)*.

Arriver ou partir

En bus - Terminal des bus **Wajima Ekimae**. Pour Sosogi, 9 bus/j. de 7h15 à 19h10 (40mn de route, 740 ¥). Pour Kanazawa, 11 bus/j. entre 5h55 et 19h10 (2h, 2200 ¥).

Adresses utiles

Informations touristiques - Dans le terminal des bus, ✆ (0768) 22 6588. 7h-18h. Peu d'informations en anglais.

Se loger

À partir de 8 500 ¥

Wajima Station Hotel

輪島ステーションホテル

19-1-50 Kawai-machi (juste à gauche en sortant de la gare), ✆ (0768) 22 0177, fax (0768) 22 1855 - 34 ch. Petit-déj. 780 ¥. *Business hotel* sympathique.

À partir de 15 000 ¥

Hotel Koushuen ホテル高州園

Incontournable en bordure de mer, à la sortie de Wajima, sur la route de Sosogi, ✆ (0120) 23 2432, fax (0768) 22 7010 - 132 ch. Petit-déj. et dîner inclus. Surplombant la côte, cet immense complexe hôtelier décline une vaste palette de services en sous-sol à fleur d'escalator ! Bar, karaoké peuvent être appréciés à la nuit tombée. Service très amical. Chambres japonaises ou occidentales.

Se restaurer

À partir de 1 500 ¥

Asaichi-shokuza Kaizen

朝市食座・海膳

Au bout de Asaichi-dori, juste à l'angle que fait la rue du marché pour longer la rivière Kawarada, ✆ (0768) 23 1842. Tlj sf 10e et 25e j. du mois 11h-14h. Le restaurant est situé au 1er étage d'un commerce fourmillant de produits locaux. Poissons, fruits de mer. Une adresse populaire.

Faire une pause

Salon de thé - Nakaura, 4-97 Waichi, ✆ (0768) 22 9876. ⊠ 9h-17h. Ce salon de thé propose le célèbre *maruyubeshi*, un gâteau composé de pulpe de citron mixée avec du riz glutineux. Cette recette centenaire fait la fierté de Wajima. Magasin en RdC (8h-18h).

À voir, à faire

▸ Le **marché du matin★** *(sur l'artère principale Asaichi-dori; tlj sf 10e et 25e j. du mois 8h-0h)* est le coin le plus animé de la ville. La centaine d'étals attire autant les touristes que les villageois, car on y trouve aussi bien fruits de mer et poissons séchés qu'un vaste inventaire d'objets en laque.

▸ Surplombant les étals, l'insolite palais baroque **Inachu Museum** *(8h-17h; 800 ¥)* est une étrange curiosité! Des copies issues du monde entier (de Rubens ou de Nattier) sont au nombre des chefs-d'œuvre revisités.

▸ Le **port** *(inévitable si l'on prolonge plus au nord l'Asaichi-dori)* mérite plus qu'un détour surtout si l'on veut se reposer du flux touristique. Dans l'indifférence générale, les pêcheurs ravaudent leurs filets sous le vol noir d'impressionnants corbeaux.

▸ L'iode en moins mais tout aussi plaisante est la visite du **Wajima Urushi Ware★** *(24-25 Kawai; dans la partie ouest de la ville, juste à côté du pont Shin-bashi traversant la rivière Kawarada; à 15mn à pied du marché; 8h30-17h; www.wajimanuri.or.jp; 200 ¥ pour la partie muséographique du 1er étage)*. Ce centre de production et d'exposition de laques (*urushi* est le nom de l'arbre, une sorte de sumac qui fournit la sève et matière première de la laque) expose plus de 5 000 objets réalisés et vendus par les 170 membres de l'Association des artisans laqueurs de Wajima. Pour un bol de soupe, les prix oscillent entre 8 000 et 50 000 ¥. Selon le procès utilisé, il peut compter 120 étapes sur six mois. La partie muséographique du 1er étage présente de superbes pièces, dont certaines ont plus de 400 ans. Des artistes-artisans sont parfois à la tâche et présentent leur technique.

▸ Sur la route 249 en direction de Sosogi *(20mn à pied de Asaichi-dori)*, on découvrira les très étonnantes collections du **Kiriko Kaikan★★** *(8h-17h; 600 ¥)*. Il s'agit de gigantesques lanternes portatives (certaines pesaient 2 t et s'élevaient jusqu'à 15 m à l'époque Edo) utilisées pour alerter les dieux lors des *matsuri*. Les *kiriko*, s'ils sont toujours en activité, ont une taille plus modeste pour passer sous les fils électriques quand leurs dévots porteurs traversent les routes pour l'immerger dans la mer lors du *matsuri* des 23, 24 et 25 août.

SOSOGI★

曽々木

À 17 km à l'est de Wajima.

De Wajima, le bus mène en 40mn au petit village de Sosogi. La route côtière, magnifique, passe devant les rizières en terrasses de Senmaida. À Sosogi, la côte n'est pas avare de beaux rochers. L'arrière-pays peut offrir une alternance muséographique en période de pluie avec la visite de la résidence **Tokikuni-ke** *(dos à la mer, à 500 m sur votre gauche à partir de la station-service de Sosogi; avr.-nov. 8h30-17h; fermé le reste de l'année)*, une bâtisse du 16e s. disposant d'un beau jardin.

Se loger

Autour de 16 500 ¥

Minshuku Yokoiwa-ya 民宿横岩屋

✆ (0768) 32 0603, www.wajima.gr.jp/yokoiwaya/index.htm - 7 ch. ⊠ Deux repas inclus. Situé en bordure de mer, l'emplacement est idéal. *O furo*.

NOTO-OGI★

能登・小木

À 25 km au sud de Sosogi.

Protégée par un profond fjord, Noto-Ogi vaut surtout un détour pour sa magnifique **baie** envahie de bateaux hauturiers. Ceux-ci arborent d'étranges rampes de lampes au-dessus des ponts. La pêche du calmar au lamparo est d'autant plus pratiquée au Japon que ses habitants en sont les plus gros consommateurs mondiaux.

Arriver ou partir

En train - Départ de la gare d'**Anamizu** seulement. Pour Kanazawa, Noto Railroad Nanao jusqu'à Nanao, puis JR Nanao (2h10 de trajet, 1 940 ¥).

En bus - Pour Anamizu, départ ttes les heures (1h25 de route, 2 200 ¥). De Sosogi, prenez la très belle route côtière desservie par le bus : Sosogi-Kinoura (40mn, 800 ¥), Kinoura, Rokko-zaki, les thermes de Yoshigaura jusqu'à Suzu (60mn, 890 ¥) puis Ogi.

Se loger

Auberge de jeunesse

Noto-Isaribi Youth Hostel

能登漁火ユースホステル

51-6 Ogi Yo Noto-cyo Housu-gun (à 8mn à pied de l'arrêt de bus Ogi-kou), ✆ (0768) 74 0150, www.suzu.or.jp/pub/isaribi/e-top/Access.html - 5 dortoirs. Dîner 1 000 ¥. Une belle auberge tenue par un pêcheur sympathique. À partir de 4 200 ¥/pers.

À partir de 25 800 ¥

Ryokan Hyakuraku-san

旅館百楽荘

Hyakura Kusou, à 30mn à pied de la station désaffectée Tsukumo-wan-Ogi en direction du sommet de la colline qui domine la baie, ✆ (0768) 74 1115, www.100raku.com - 25 ch. Ce *ryokan* insolite domine la superbe baie de Tsukumo. Un tunnel permet de descendre 30 m plus bas à hauteur des eaux du fjord où s'étire un inoubliable *onsen*. Possibilité de pêche et de plongée sous-marine.

L'ÎLE DE SADO★

佐渡島

Des traditions très vivaces

Quelques repères

Préfecture de Niigata - 38 km du point le plus proche de Honshu, 55 km de Niigata, 390 km de Tokyo - 70000 hab. - 857 km² - Itinéraire de 250 km env. - Carte régionale p. 246.

À ne pas manquer

Une performance de marionnettes au Kunimi-so Minshuku.

Conseils

Comptez au minimum 2 jours.

Mieux vaut louer une voiture si l'on veut faire le tour de l'île par la route côtière (240 km).

Appelée également l'« île de l'Exil », Sado a su se forger une culture très spécifique au contact des différents migrants qui sont venus s'y réfugier. Ainsi trouve-t-on, dès le 13e s., Juntoku, un ex-empereur, saint Nichiren, le fondateur de la secte bouddhiste du même nom, Zeami, le maître et théoricien du nô (15e s.). Ils sont relayés au 17e s. par nombre de criminels et de miséreux venus grossir les forçats de la prolifique mine d'or de Sado. D'un point de vue géographique, l'île se découpe en trois régions : les plaines de Kuninaka, au centre, sont prises en sandwich entre les chaînes de montagne du nord (Osado) ayant pour point culminant le mont Kinpoku (1173 m) et celles du sud (Kosado), deux fois moins élevées. Quant aux ressources ornithologiques, l'île héberge un volatile devenu très rare, le *toki* ou l'ibis crêté du Japon.

Arriver ou partir

En train - Pour rejoindre **Niigata** et **Naoetsu**, les deux principaux ports d'embarquement pour Sado : Shinkansen Max Toki de Tokyo à Niigata (2h06 de trajet, 10070 ¥), Limited Express Hokuetsu de Kanazawa à Naoetsu (2h, 5040 ¥), JR Shinetsu Line de Nagano à Naoetsu (1h37, 1280 ¥). Il est également possible de rallier Sendai par le Shinkansen Max Toki jusqu'à Omiya (Saitama), puis le Shinkansen Yamabiko jusqu'à Sendai (3h20, 17555 ¥).

En bateau - De **Niigita**, départ ttes les heures entre 6h et 19h30 (21 juil.-31 août 21h40) pour Ryotsu (2h30 de traversée, 1860 ¥ en ferry; 1h, 5370 ¥ en *jetfoil*). De **Naoetsu**, 2 à 4 départs/j. pour Ogi entre 7h et 16h20 en moyenne (3h05, 1860 ¥). De **Teradomari**, départ pour Akadomari (2h, 1420 ¥), la liaison la moins usitée.

Comment circuler

En bus - L'île n'ayant pas de réseau ferroviaire, elle est desservie par quinze lignes de bus de couleurs différentes, www.mijintl.com/image/bus/sadomap-buslines.gif. À l'exception de la ligne principale (Honsen, de couleur rouge), qui relie Ryotsu à Aikawa et qu'on ne peut prendre qu'aux stops prévus, les bus des autres lignes s'arrêtent n'importe où, à condition de lever la main à destination du chauffeur. Il est vrai qu'il n'y a que deux à trois passages par jour. *Pass* illimité 2000 ¥/2 j.

En taxi - **Okesa Taxi**, à la sortie du ferry, à Ryotsu. Demandez Tari Akinori, ✆ 090 3403 5626. Il parle anglais et est d'une dévotion extrême. 4500 ¥/h.

Location de voiture - À la sortie du ferry à Ryotsu se trouvent côte à côte deux *rent-a-car* aux prix similaires. Env. 5000 ¥/j. auxquels il faut ajouter 20 ¥/km et l'essence.

Adresses utiles

Informations touristiques - Au RdC du Kisen Ferry Terminal, Ryotsu, ✆ (0259) 23 3300, www.mijintl.com. Juil.-août : 7h-18h; sept.-juin : 7h30-17h30. Le principal centre d'informations de l'île distribue de très bonnes cartes. Anglais parlé.

RYOTSU★

両津

Principal bourg portuaire de Sado, Ryotsu constitue d'un point de vue logistique l'entrée la plus commode sur l'île. En revanche, ce n'est pas le coin le plus attachant.

Se loger

Auberge de jeunesse

Green Village Youth Hostel

グリーンヴィレッジ・ユースホステル

750-4 Niibo Uriuya (arrêt de bus Uryuya, direction sud de Ryotsu), ✆/fax (0259) 22 2719, www.e-sadonet.tv - 6 ch. Très belle auberge de jeunesse avec des chambres japonaises. À partir de 2 900 ¥/pers. en dortoir, 3 900 ¥/pers. en ch. seule.

À partir de 10 500 ¥

Sado Seaside Hotel

佐渡シーサイドホテル

80 Sumiyoshi (à 20mn à pied du port), ✆ (0259) 27 7211, www.sadovira.on.arena.ne.jp - 13 ch. Dîner 1 587 ¥. Hôtel pratique situé entre spa et plage. Chambres japonaises et *o furo*. Internet gratuit. Anglais parlé. Possibilité de *pick-up*.

À partir de 14 000 ¥

☺ **Kunimi-so Minshuku** 民宿国見荘

750-4 Niibo Uryuya (arrêt de bus Uryuya, direction sud de Ryotsu), ✆ (0259) 22 2316, fax (0259) 22 3693 - 11 ch. ⊭ Cette maison traditionnelle exceptionnelle a plus de 400 ans. Son propriétaire, Honda Yohachiro, qui a transformé une partie de sa maison en théâtre ne manquera pas de vous faire une petite démonstration de ses *bunya ningyo*. Les premières marionnettes portées, apparues au 16e s., seraient issues de ces boules de chiffon que les moines emmanchaient pour scander les versets sacrés du bouddhisme en les frappant sur le sol.

Se restaurer

À partir de 1 200 ¥

Tenkuni 天国 (てんくに)

206 Ryotsu-Minato. ⊭ 11h30-22h. Menus japonais simples et copieux. L'une des adresses les plus populaires de Ryotsu.

À voir, à faire

▸ Le petit musée **Sado No-gaku-no-sato** *(prenez le bus Minamisen nº 2 en direction de Sawata et descendez 10mn plus tard à l'arrêt No-gaku-no-sato; 8h30-17h; 800 ¥)* expose des masques et costumes de nô intéressants. Plus insolite, la performance de marionnettes robotisées : elles exécutent avec un soin mécanique la chorégraphie fascinante d'un spectacle de nô.

▸ Les deux superbes sites **Futatsu-game et Ono-game★★** *(de Ryotsu, Uchikaifu Line jusqu'à Washihizaki)*, reliés par un chemin pédestre, se trouvent à l'extrémité nord-est de l'île. Le nom du premier signifie, en raison de sa configuration naturelle, « deux tortues » et abrite une plage très populaire. Quant au second, inévitable à cause de sa taille (167 m), les habitants pensent qu'il abrite, comme tous les sites naturels inhabituels, une divinité.

▸ La grotte **Sai-no-kawara** contient, à deux pas du Futatsu, des centaines de *jizo* *(voir encadré, p. 100)*, qui témoigneraient du dernier arrêt que font ici les enfants quand ils rejoignent le ciel.

MANO★

真野

À 26 km à l'ouest de Ryotsu.

Près de la baie du même nom, la plus protégée de l'île, le bourg de Mano est environné de sites historiques et religieux. La plage peut être aussi une option.

Comment circuler

En bus - Les sites situés à l'est de Mano s'égrènent le long de la ligne de bus Minamisen, www.mijintl.com/image/bus/sadomap-buslines.gif.

Location de vélos - Le plus commode pour visiter Mano est toutefois de louer un vélo à l'office de tourisme, ✆ (0259) 55 3589. Mai-oct. : 8h30-17h. Fermé le reste de l'année. 1 100 ¥/j.

Se loger

De 9000 à 14000 ¥

Itoya 伊藤屋旅館

278 Mano-Shinmachi (au cœur de Mano, sur la route principale), ✆ (0259) 55 2019, www.sado.co.jp/mano - 16 ch. Ce très beau *ryokan* situé à 200 m de la plage propose des prestations de très bonne qualité. L'hôtel possède aussi un restaurant (11h-22h).

Se restaurer

À partir de 1 000 ¥

Toki 登貴

743-2 Manomachi. Tlj sf dim. 11h30-21h30. Cet *izakaya* très sympathique sert selon l'arrivage tous types de produits de la mer.

À voir, à faire

▸ **Kompon-ji★** *(le bus s'arrête en face; 8h-17h30; 300 ¥)* est connu comme l'un des 44 quartiers généraux de la secte bouddhiste Nichiren. De belles constructions aux toits de chaume impressionnants sont articulées autour d'un jardin plaisant.

Juste à l'ouest du temple, près de l'arrêt Danpu-jobus à une courte distance.

▸ **Myosen-ji** *(gratuit)*, une pagode à cinq étages de 24 m, la seule de la préfecture de Niigata, aurait nécessité deux générations de charpentiers pour pouvoir être achevée (1825). Abutsubo Nittoku, le premier disciple de Nichiren, serait à l'origine des fondations du sanctuaire (1221).

▸ Des marches en bois s'élèvent jusqu'au **Kokubun-ji**, le plus vieux temple de Sado. L'actuel édifice date de 1679. Mais les fouilles ont fait état de fondations érigées en 741 par l'empereur Shomu.

▸ Quelques kilomètres plus loin, en contrebas de la tombe de l'empereur Juntoku, apparaît le musée d'automates **Sado Rekishi-Densetsukan** *(8h-17h30; 700 ¥)*. Bien que semblable à celui de Ryotsu, il se distingue par ses personnages piochés dans l'histoire locale de l'île.

▸ Découverte en 1601, **Sado Kinzan★** *(1305 Shimo-Aikawa; de Mano prenez la ligne Ogi jusqu'à Sawata, puis la ligne Nanaura-Kaigan jusqu'à la mine d'or; www.sado.co.jp/goldensado; avr.-oct. : 8h-17h; nov.-mars : 8h30-16h30; 700 ¥)* n'a été fermée qu'en 1989. Une longévité incroyable. En 380 ans et 400 km de galeries creusées, 80 t d'or ont été exploitées. Plus de la moitié ont alimenté les finances publiques du shogunat des Tokugawa. Très didactique, le musée s'appuie sur une batterie de personnages robotisés explicitant les différents procédés qui ont permis l'exploitation de la mine. Le système de pompage des eaux de source pour alimenter en eau les galeries supérieures est très ingénieux.

OGI★

小木

À 17 km au sud-ouest de Mano. 3000 hab.

Porte d'entrée du sud-ouest de l'île desservie par les liaisons maritimes avec Naoetsu, Ogi était le port d'exportation des produits aurifères à destination de Naoetsu entre les 17e et 19e s. Plus léthargique aujourd'hui, Ogi s'anime chaque année lors du Kodo *(voir ci-dessous, « Fêtes et festivals »)*.

Comment circuler

Location de vélos - **Sado Seaside Villa Office**, à deux pas du terminal des ferries. 7h-19h. Env. 1 500 ¥/j.

Adresses utiles

Informations touristiques - Au RdC du bâtiment Marine Plaza, ✆ (0259) 86 3200. 9h-17h.

Terminal des bus - Les bus partent juste derrière le bureau de poste, situé à quelques pas de l'office de tourisme.

Se loger

Auberge de jeunesse

Ogi Sakuma So Youth Hostel
小木佐久間荘ユースホステル

Sur la route de Shukunegi, arrivé à la station-service Shell, prenez la route de droite (30mn à pied, env. 1 000 ¥ en taxi), ✆ (0259) 86 2565 - 5 ch. Fermé début oct.-fin mai. Petit-déj. 630 ¥, dîner 1 050 ¥. Maison japonaise américanisée. *O furo*. 3 880 ¥/pers.

À partir de 10 800 ¥

Kamome-so かもめ荘

11-7 Ogi (à 5mn à pied du port), ✆ (0259) 86 2064, fax (0259) 86 2618 - 12 ch. Ce *ryokan* moderne, très bien tenu, possède de magnifiques *onsen*, également accessibles pour les non-résidents (10h-21h, 350 ¥). *O furo*.

Hana-no-Ki お宿・花の木

78-1 Shukunegi (à 7mn en voiture du port), ✆ (0259) 86 2331, www2.ocn.ne.jp/~hananoki - 5 ch. Calme et volupté, pierres, bois et paravents se déclinent avec grâce dans cet exquis *ryokan*. Le dîner est somptueux (entre 3 675 et 5 250 ¥) avec, entre autres spécialités, le *zuwai-gani* (crabe). On peut apprendre aussi la poterie. Possibilité de *pick-up* au débarcadère.

Fêtes et festivals

Kodo (18-20 août) : une Fête de la terre honorée pendant trois jours par un festival de tambours. Renseignements sur le site www.kodo.or.jp/ec.

À voir, à faire

▶ Symbole d'Ogi, le **Tarai-bune** est devenu une activité touristique. Pour 450 ¥ on peut prolonger dans les eaux du port cette tradition qui consistait pour les femmes à pêcher le long des rochers, algues et abalones, à bord de petites embarcations aux allures de Jacuzzi.

Plus à l'ouest d'Ogi sur la route 45 (ligne Shukunegi, 6 passages/j. ; 11mn de trajet) apparaît sur votre droite :

▶ Le **musée du Folklore de Sadoku★** *(8h30-17h ; déc.-fév. fermé w.-end ; 500 ¥)* présente différents vestiges historiques de l'île ainsi qu'une très belle reconstruction de navire de l'époque Edo. Attenante à ce musée, une ancienne école (1920) expose des milliers d'objets tirés de la vie quotidienne des îliens qu'ils soient charpentiers, marins, agriculteurs, dans une présentation aussi réjouissante que celle d'une brocante.

Continuez sur 1,5 km.

▶ Surgit le village de pêcheurs de **Shukunegi** (210 maisons sur 1 ha), également connu sous le nom de « *barge industry* » pour sa production de navires. Toujours actif, ce village d'une centaine d'âmes possède quelques maisons centenaires, dont l'une d'elles est accessible au public *(maison Seikuro ; 9h-16h ; 400 ¥)*. Une autre s'élance à l'angle de deux rues pareille à la proue d'un navire. Il est vrai que les propriétaires de ces maisons étaient d'abord des charpentiers de marine.

5 jours	Le circuit impérial : Kyoto et Nara
Itinéraire de 185 km au départ de Kyoto	**Jour 1.** Kyoto : Palais impérial, château de Nijo, Heian-jingu, Gion, Kiyomizu-dera. **Jour 2.** Kyoto : villa Katsura, Kinkaku-ji, Daitoku-ji, Ginkaku-ji. **Jour 3.** Musée Miho, Uji (nuit à Kyoto). **Jour 4.** Nara : Todai-ji, Kofuku-ji. **Jour 5.** Nara : Kasuga Taisha, Horyu-ji.
Transports	Les jours 1 et 4, louez un vélo pour gagner du temps *(p. 295)*.
Conseils	Réservez longtemps à l'avance pour la villa Katsura. Vous pouvez faire vos visites en compagnie de guides bénévoles *(p. 310 et p. 341)*. Réservez là-aussi à l'avance.
1 semaine	**Le « Kansai Express » : survol des principaux sites**
Itinéraire de 265 km au départ de Kyoto	**Jour 1.** Kyoto : chemin de la Philosophie. **Jour 2**. Kyoto : centre, Gion et Kiyomizu-dera. **Jour 3**. Kyoto : les temples du nord-ouest. **Jour 4**. Nara. **Jour 5**. Koya-san. **Jour 6**. Osaka. **Jour 7.** Kobe et Himeji (nuit à Kobe).
Transports	Utilisez les transports publics et, en cas de fatigue, prenez des taxis pour les petits trajets urbains.
Conseils	Circuit conçu pour voir le maximum en un temps minimum. Au besoin, rajoutez quelques jours en plus. Si vous n'avez pas de Pass JR, prenez le Kansai Thru Pass *(p. 361)* pour les trois derniers jours.
Si vous aimez...	**Le Best of**
Les jardins	Les plus beaux sont à Kyoto : Ryoan-ji, Daitoku-ji, Saiho-ji, villa Katsura, Kodai-ji, Nanzen-in, Daigo-ji.
Les temples	À Kyoto : Kinkaku-ji, Kiyomizu-dera, Nanzen-ji, Koryu-ji, To-ji, Chion-in, Sanjusangen-do. À Nara : Horyu-ji, Todai-ji, Kofuku-ji. Pour l'ambiance, dormez à Koya-san.
La vie nocturne	Osaka est sans conteste le meilleur endroit pour faire la fête, avec ses innombrables bars et discothèques *(p. 368)*. Kyoto offre aussi un bonne animation *(p. 308)*.
L'architecture moderne	Kyoto Station *(p. 313)*. Le musée Miho *(p. 337)*. L'Umeda Sky Building *(p. 370)*. Le musée Suntory *(p. 372)*.
Les virées en pleine nature	La descente de la rivière Hozu, à Arashiyama *(p. 335)*. Le chemin des Dames, à Koya-san *(p. 354)*. Le sentier du Daimon-zaka, dans la péninsule de Kii *(p. 359)*.
Le shopping	Pour le matériel électronique ou la mode, à Osaka *(p. 370)*. Pour l'artisanat traditionnel, Kyoto *(p. 311)* et Nara.

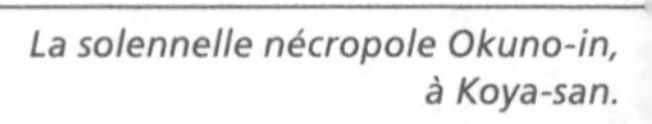

La solennelle nécropole Okuno-in, à Koya-san.

KANSAI

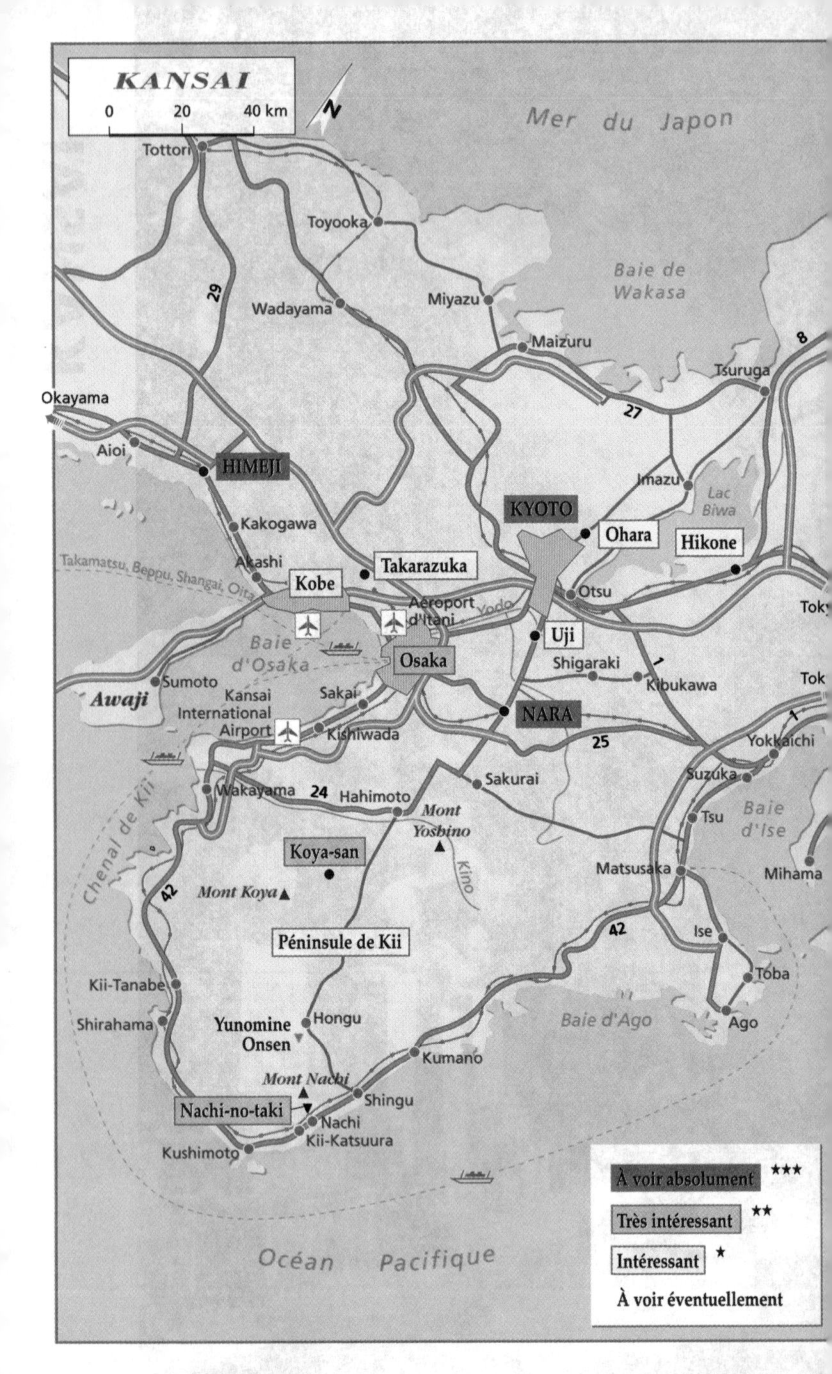
KANSAI
0
20
40 km
N
Mer du Japon
Tottori
Toyooka
Baie de Wakasa
29
Wadayama
Miyazu
Maizuru
8
Tsuruga
Okayama
27
Aioi
HIMEJI
Imazu
Lac Biwa
KYOTO
Kakogawa
Ohara
Hikone
Akashi
Takarazuka
Takamatsu, Beppu, Shangai, Oita
Kobe
Otsu
Aéroport d'Itani
Yodo
Uji
Baie d'Osaka
Osaka
Shigaraki
1
Kibukawa
Sumoto
Awaji
Kansai International Airport
Sakai
NARA
Kishiwada
25
Yokkaichi
Suzuka
Sakurai
Wakayama
24
Hahimoto
Mont Yosbino
Tsu
Baie d'Ise
Chenal de Kii
Koya-san
Kino
Matsusaka
Mihama
42
Mont Koya
42
Ise
Péninsule de Kii
Toba
Kii-Tanabe
Baie d'Ago
Ago
Shirahama
Yunomine Onsen
Hongu
Kumano
Mont Nachi
Shingu
Nachi-no-taki
Nachi
Kii-Katsuura
Kushimoto
Océan Pacifique
À voir absolument ★★★
Très intéressant ★★
Intéressant ★
À voir éventuellement

KYOTO★★★ ET SES ENVIRONS★★

京都

☺ **L'âme du Japon ancien**

☹ **Les hordes de collégiens**

Quelques repères

Capitale de la préfecture de Kyoto - 6e ville du Japon - 40 km d'Osaka, 45 km de Nara, 525 km de Tokyo - 1,5 million d'hab. - Carte régionale p. 292 - Plan général p. 314, Centre de Kyoto, p. 316, Gare de Kyoto p. 318.

À ne pas manquer

Les temples Sanjusangen-do, Kiyomizu-dera, Ginkaku-ji, Daitoku-ji, Kinkaku-ji, Ryoan-ji, la villa Katsura et le musée Miho.

Flâner dans Ponto-cho, Gion et sur le chemin de la Philosophie.

Aller dans un *sento* (bain public).

Les spectacles des geishas au printemps et à l'automne.

Conseils

Consacrez au moins 5 jours à la découverte de la ville.

Évitez si possible le mois d'avril : hôtels complets ou hors de prix.

Louez un vélo, c'est sympa et vous gagnerez du temps.

Réservez à l'avance pour les villas impériales et le Saiho-ji.

Forte de ses 2000 temples, sanctuaires et palais, Kyoto, qui fut jadis la capitale impériale (794-1868), se flatte d'être restée le centre culturel et spirituel du pays. En apparence pourtant, rien ne la distingue des autres villes du Japon : enveloppée d'une même chape de grisaille, elle cache ses monuments à l'ombre d'un urbanisme sans relief. Mais à force d'arpenter son quadrillage d'avenues et de ruelles, ses myriades de temples, ses marchés, ses quartiers d'artisans, son charme se révèle peu à peu, presque à l'insu du visiteur. Des visions surgissent, aussi fugitives que la floraison des cerisiers : ici, des amoureux goûtant la douceur du crépuscule au bord de la rivière Kamo. Là, les silhouettes évanescentes et graciles des geishas trottant d'un pas furtif, leurs *geta* claquant sur les pavés, avant de s'engouffrer dans une maison de thé. Plus on reste à Kyoto, plus elle dévoile des richesses insoupçonnées. Aussi, une fois bouclée la visite obligée des principaux temples, partez explorer ses quartiers dérobés et ses ruelles secrètes. Vous y découvrirez une ville à taille humaine où la bicyclette est reine, où les jardins sont partout, où de vaillantes maisons de bois survivent à la marche inexorable du progrès, où quelques minutes suffisent pour rejoindre, au-delà des collines, une riante campagne.

Arriver ou partir

En avion - Le **Kansai International Airport** (KIX) *(Plan I, B4 en dir.)* dispose d'un Centre d'informations touristiques (TIC). Il est relié à Kyoto Station par le JR Haruka (ttes les 30mn, 1h15 de trajet, 2980 ¥ ou 3490 ¥ avec réserv.). L'aéroport est également desservi par le bus n° 8 (ttes les 40mn, 1h45, 2300 ¥). Son arrêt se situe devant le grand magasin Avanti, à la sortie sud (Hachijo) de Kyoto Station. Sinon, les minibus des compagnies **Yasaka**, ✆ (075) 803 4800, et **MK Taxis**, ✆ (075) 702 5489, proposent un service porte-à-porte entre le Kansai International Airport et le centre de Kyoto (3000 ¥). Leurs comptoirs sont dans le hall d'arrivée. De Kyoto, réservez votre place 2 j. avant le départ.

L'aéroport d'**Itami** *(Plan I, B4 en dir.)* est relié par bus à Kyoto Station (ttes les 20mn, 55mn, 1280 ¥). L'arrêt se trouve devant le grand magasin Avanti, à la sortie sud (Hachijo) de la gare. Les minibus de MK Taxis proposent également un service porte-à-porte entre l'aéroport d'Itami et le centre de Kyoto (2000 ¥).

En train - Les Shinkansen, trains JR et Kintetsu ont pour terminus **Kyoto Station** *(Plan I, C4)*. La ligne Hankyu se prend à **Kawaramachi Station** *(Plan I, C3)*. La ligne Keihan opère de **Sanjo Station** *(Plan I, C3)*. Pour Nara, ligne JR Line (ttes les 30mn, 40mn de trajet, 690 ¥) ou Kintetsu Line (Express : ttes les 10mn, 45mn, 610 ¥). Pour Kobe, JR Line (ttes les 10mn, 50mn, 1050 ¥) ou Hankyu Line (ttes les 10mn, 60mn, 600 ¥) avec changement à Osaka-Juso. Pour Osaka, JR Line (ttes les 10mn, 30mn, 540 ¥), Hankyu Line (ttes les 10mn, 43mn, 390 ¥) ou Keihan Line (ttes les 5mn, 49mn, 400 ¥). Pour Himeji, JR Line (ttes les 10mn, 1h30, 2210 ¥). Pour Ise, Kintetsu Line (ttes les heures, 2h, 3520 ¥).

Départ ttes les heures du Shinkansen Hikari pour Tokyo (2h50, 13220 ¥), Nagoya (40mn, 5340 ¥), Hiroshima (2h10, 10990 ¥) et Fukuoka (3h20, 15410 ¥).

En bus - De **Kyoto Station** *(Plan I, C4)*, bus de nuit JR Dream à 22h et 23h pour la gare de Tokyo Station; bus JR New Dream à 22h30 et 23h10 pour Shinjuku (Tokyo) (8h de trajet, 8180 ¥ dans les deux cas). Les bus JR Seishun Dream (à 21h30, pour Tokyo Station) et JR Seishun New Dream (à 21h10, pour Shinjuku) ne coûtent que 5000 ¥, mais sont moins confortables. Pour Fukuoka, départ de Kyoto Station (côté sud, devant le grand magasin Avanti) du bus de nuit Keihan à 22h (10h, 10500 ¥).

Pass - Le **JR Kansai Pass** est valable de 1 j. (2000 ¥) à 4 j. (6000 ¥) sur le réseau JR du Kansai hormis les Shinkansen.

Le **JR Sanyo Pass** permet de voyager de 4 j. (20000 ¥) à 8 j. (30000 ¥) sur le réseau JR du Kansai et aussi sur les Shinkansen (hors Nozomi) entre Kyoto et Fukuoka (Hakata). Ces deux *pass* peuvent s'acheter sur place dans les gares JR, sur présentation du passeport.

Enfin, le **Kansai Thru Pass** est aussi une option à considérer *(voir p. 361)*.

Pour les pass *spécifiques à Kyoto, voir ci-dessous, « Comment circuler ».*

Se repérer

Étalée dans une large cuvette cernée de collines, Kyoto s'organise selon un plan en damier d'une grande simplicité. Même avec un faible sens de l'orientation, il est difficile de s'y perdre. La partie centrale de la ville s'étend du **Palais impérial** *(Plan I, C2)*, au nord, à **Kyoto Station** *(Plan I, C4)*, au sud; du **château de Nijo** *(Plan I, C3)*, à l'ouest, à la **rivière Kamo**, à l'est. La rivière Kamo marque la frontière avec les quartiers est de la ville : **Gion** *(Plan I, C3)*, célèbre quartier des geishas, et le district des collines **Higashi-yama** *(Plan I, D3)*, qui abrite quelques-uns des plus beaux temples de Kyoto. Les autres sites intéressants, tels les **Kinkaku-ji** *(Plan I, B2)* et **Ryoan-ji** *(Plan I, B2)* au nord-ouest, le **Saiho-ji** *(Plan I, A4)* et la **villa Katsura** *(Plan I, B4)* au sud-ouest, sont éparpillés sur les pourtours des collines.

La majorité des rues du centre de Kyoto portent un nom, indiqué en lettres romaines aux carrefours. À défaut de numérotation, les adresses sont situées par rapport au carrefour ou à l'avenue la plus proche. Par exemple, « Fuyacho-dori, Sanjo agaru » signifie : rue Fuyacho, au nord de la rue Sanjo (*agaru* = « au nord », *sagaru* = « au sud », *higashiiru* = « à l'est », *nishiiru* = « à l'ouest »).

Comment circuler

En métro - Le réseau se résume à deux lignes : Karasuma Line (nord-sud) et Tozai Line (est-ouest), qui se croisent à la station Karasuma-Oike. Pratique pour se déplacer rapidement à travers le centre-ville, mais pas très utile pour rejoindre les temples éloignés. Les rames fonctionnent de 5h30 à 23h30. Billet de 210 à 340 ¥, selon la distance.

En train - Plusieurs lignes parcourent la ville. La ligne Hankyu, de la station Kawaramachi-Shijo, se dirige au sud-ouest vers la villa Katsura, et rejoint au nord-ouest le secteur d'Arashiyama. Arashiyama est aussi desservi par la ligne Keifuku, de la station Shijo-Omiya, et par la JR Sagano Line, de Kyoto Station. Le nord-est de Kyoto est desservi par la Eizan Line.

En bus - Le réseau, très dense, permet d'accéder à presque tous les temples et sites touristiques. Les bus circulent de 7h à 21h, certains jusqu'à 23h. Trajet à tarif unique, 220 ¥, quelle que soit la distance. On monte par l'arrière du bus et on paye lors de la descente à l'avant, en versant l'argent dans la machine placée à côté du chauffeur. Les arrêts sont annoncés par une voix et un affichage électronique en anglais. Un très utile plan des lignes de bus, accompagné d'explications, est disponible auprès du Kyoto Tourist Information et au bureau d'information du terminal principal des bus, situé devant l'entrée centrale de la Kyoto Station.

Les bus ont des horaires de passage irréguliers, et ils restent parfois bloqués des heures dans les embouteillages. Faites les longs trajets en métro ou en train, puis prenez un bus entre la gare d'arrivée et votre destination.

Pass - La **City Bus One Day Card** (500 ¥) permet d'utiliser les bus à volonté durant une journée. La **Kyoto Sightseeing Card** est valide sur les bus et métros durant 1 j. (1200 ¥) ou 2 j. (2000 ¥) et donne en plus droit à des réductions sur quelques temples et musées. La **Traffica Kyoto Card** (3000 ¥), valable sur les bus et métros, donne droit à une valeur de 3300 ¥ en trajet. Ces cartes s'achètent aux guichets des stations de bus et de métro.

En taxi - On trouve des taxis absolument partout, lesquels acceptent jusqu'à 4 pers. Le prix est env. 600 ¥ pour les premiers 2 km, puis de 100 ¥ tous les 500 m. Si vous restez peu de temps à Kyoto, n'hésitez pas à les utiliser pour couvrir les petites distances entre les temples qui, à pied, s'avèrent vite épuisantes et, en bus, prennent un temps considérable.

Location de vélos - La bicyclette est le moyen le plus agréable et le plus commode de parcourir la ville. Exceptées les collines pentues de l'est, le terrain est plat, légèrement incliné du nord au sud, et l'on roule à loisir sur les larges trottoirs des avenues. Profitez aussi de la belle piste cyclable qui longe la rivière Kamo du nord au sud. La plupart des loueurs demandent de laisser une pièce d'identité en dépôt.

Kyoto Cycling Tour Project, ✆ (075) 354 3636, www.kctp.net, dispose de plusieurs points de location, dont l'un près de Kyoto Station (à 100 m à l'ouest de la poste centrale, près de l'hôtel APA) *(Plan III, B2)*. 9h-19h. À partir de 1 000 ¥/j. L'association organise en outre de plaisants tours guidés à vélo (3h à 6h), pour découvrir Kyoto hors des sentiers battus. Consultez son site.

Muji Rent-A-Cycle, Muji Platz, 1F, Karasuma-dori (devant Kyoto Station) *(Plan III, B2)*, ✆ (075) 353 7711. 10h-18h. Grand choix de vélos en parfait état (1050 ¥/j.). Dépôt de garantie de 3000 ¥.

Nagaharaya, Kawabata-dori (à 50 m au nord du métro Sanjo) *(Plan II, C2)*, ✆ (075) 761 3062. 10h-19h. 1 000 ¥/j.

Moins chers, l'hôtel **Tour Club** *(voir ci-dessous, « Se loger »)* loue des vélos à 800 ¥/j. Autre avantage : on peut les garder jusqu'à 21h30.

Si vous restez plus d'une semaine à Kyoto, vous avez intérêt à acheter un vélo d'occasion. Les plus basiques débutent à 3000 ¥, les modèles standard coûtent de 5000 à 7000 ¥. Voyez par exemple chez **Yamada You Shop**, angle Kawaramachi et Rokujo *(Plan III)*, ✆ (075) 351 7707. Tlj sf dim. 9h-19h.

Adresses utiles

Informations touristiques - **Kyoto Tourist Information**, Kyoto Station Bldg, 9F *(Plan III, B2)*, ✆ (075) 334 3300. 10h-18h. Fermé 2e et 4e mar. du mois. Au niveau 9 de Kyoto Station, une mine d'informations sur la ville. Plans et fascicules en anglais. Demandez aussi un exemplaire gratuit du ***Kyoto Visitor's Guide***, qui recense tous les événements du mois et aussi de bonnes adresses.

Si le Kyoto Tourist Information est fermé, adressez-vous au **Kyoto City Information Center**, au niveau 2 de la gare, ✆ (075) 343 6655. 8h30-19h.

Banque / Change - Distributeurs automatiques (ATM) acceptant les cartes étrangères dans toutes les postes, en particulier celui de la poste centrale *(voir ci-dessous)*, accessible 24h/24. La **Citibank**, Shijo-dori (entre Karasuma et Muromachi) *(Plan III, B3)*, dispose également d'un ATM international ouvert 24h/24.

Sumitomo Mitsui Exchange Corner, Hankyu Department Store, 1F, à l'angle de Shijo et Kawaramachi *(Plan III, B3)*. Lun.-vend. 11h-18h30. Change les principales devises, en espèces ou chèques de voyage, à des taux compétitifs.

UFJ World Currency Shop, Kyoto Station, 8F (juste au-dessous du Kyoto Tourist Information) *(Plan III, B2)*. Lun.-vend. 11h-17h. Taux également corrects.

Kyoto Handicraft Center, Marutamachi-dori (au nord du sanctuaire Heian) *(Plan II, C2)*. 10h-18h. Possède un bureau de change qui a l'avantage de rester ouvert le w.-end.

Poste / Retrait - **Poste centrale**, à la sortie principale de Kyoto Station, côté ouest *(Plan III, B2)*. 9h-19h (sam. 17h, dim. 12h30). Dans l'aile sud du bâtiment, un comptoir postal reste ouvert 24h/24. **Nakyagyo Post Office**, angle Sanjo-dori et Higashi-Notoin *(Plan II, B2)*. Tlj sf dim. 9h-19h (sam. 15h). Distributeurs de billets ATM. Lun.-vend. 8h-21h, w.-end 9h-17h.

Internet - **Campus Plaza**, sur le côté ouest (à l'arrière) de la poste centrale *(Plan III, B2)*, ✆ (075) 353 9111. Tlj sf lun. 9h-21h. Quinze postes en accès gratuit (limité à 1h).

Kyoto Prefectural International Center, Kyoto Station Bldg, 9F (sur le même palier que le Kyoto Tourist Information) *(Plan III, B2)*, ✆ (075) 342 5000. 10h-18h. Fermé 2e et 4e mar. du mois. 100 ¥/15mn.

Kyoto International Community House, Niomon-dori (à 500 m à l'ouest du Nanzen-ji) *(Plan II, D2)*, ✆ (075) 752 3010. Tlj sf lun. 9h-21h. Ce centre d'informations destiné aux étudiants et résidents étrangers met à disposition dix postes Internet (200 ¥/30mn).

C Coquet, angle nord-ouest de Teramachi et Marutamachi *(Plan II, B2)*, ✆ (075) 212 0882. Tlj sf jeu. 9h-21h. Ce café français au look design est agréable pour surfer en prenant un verre ou un sandwich. Trois postes gratuits pour les clients. Possibilité de brancher son ordinateur.

Fujiyama Cafe, dans l'arcade piétonne Shinkyogoku (à 100 m au nord de Shijo) *(Plan II, C3)*, ✆ (075) 221 2494. 24h/24. Un manga café de luxe. Forfait 3h à 1 030 ¥, boissons incluses.

Media Cafe Popeye, Kawaramachi (à 50 m au nord de Sanjo) *(Plan II, C2)*, ✆ (075) 253 5300. 24h/24. Autre manga café de grand confort. Forfait 3h à 920 ¥, boissons incluses.

Santé - Médecins généralistes parlant français : **Dr Hiroaki Yasui**, clinique Horikawa, Horikawa-dori, Imadegawa agaru, 865 Kitafunahashi-cho, Kamigyo-ku *(Plan I, D2)*, ✆ (075) 441 8181. **Dr Hiroshi Yamamoto**, clinique Yamamoto, Daini Kinten Bldg, 2F, Higashi-yama, Nijo nishiiru, Sakyo-ku *(Plan I, C3)*, ✆ (075) 751 7750.

Centre culturel - **Institut franco-japonais du Kansai**, 8 Izuminodo-cho, Yoshida, Sakyo-ku *(Plan I, C1)*, ✆ (075) 761 2105. Tlj sf dim. 9h30-19h (sam. 18h). Devant l'université de Kyoto. Ciné-club, médiathèque, concerts, conférences.

Agences de voyages - **JTB**, angle Shikoji-dori et Karasuma (en face de la gare) *(Plan III, B2)*, ✆ (075) 341 7142. 10h-18h. Dans les deux agences, quelques employés parlent l'anglais. **Nippon Travel Agency**, Kyoto Station Bldg, 1F (à droite de la sortie centrale de la gare) *(Plan III, B2)*, ✆ (075) 352 5341. 10h-19h.

Se loger

En haute saison (avr.-mai, mi-août et Nouvel An), les prix de certains hôtels augmentent de 10 à 30 %.

▸ *Autour de la gare (Plan III)*

Moins de 10 000 ¥

K's House ケイズハウス京都

Dotemachi-dori, Shichijo agaru, 418 Naya-cho, ✆ (075) 342 2444, www.kshouse.jp - 23 ch. Sise dans une pimpante maison jaune, cette pension au personnel anglophone est un modèle de propreté et de convivialité. Les dortoirs (2 500 ¥/pers.) et les chambres (2 900 à 3 900 ¥/pers.) sont meublés de lits en bois et climatisés. Agréable salon, cuisine équipée, terrasse, casiers, accès Internet (100 ¥/15mn) et location de vélos (700 ¥/j.). Des douches et WC sont répartis à chaque étage.

Tour Club ツアークラブ

362 Momiji-cho, Shimogyo-ku, ✆ (075) 353 6968, www.kyotojp.com - 16 ch. Autre chouette adresse près de la gare. Disposés près d'un petit jardin japonais et d'un salon tatamis, les dortoirs (2415 ¥/pers., douches à l'étage) et les chambres (japonaises ou occidentales) avec SdB (7000 ¥ la double) reluisent de propreté. Internet (100 ¥/15mn), location de vélos, laverie, cuisine équipée et casiers.

Riverside Takase リバーサイド高瀬

Kiyamachi-dori, Kaminokuchi agaru, ✆ (075) 351 7925, takase@upwell.jp - 7 ch. Situé au bord d'un canal, près de la rivière Kamo, ce paisible *ryokan* propose des chambres japonaises simples et propres. SdB commune, laverie et cuisine équipée.

Super Hotel Karasuma-Gojo スーパーホテル京都・烏丸五条

Karasuma-dori, Gojo sagaru, ✆ (075) 343 9000, www.superhotel.co.jp - 140 ch. Petit-déj. continental inclus. À 10mn à pied de la gare, ce *business hotel* possède des chambres très fonctionnelles, pas bien grandes mais bien tenues. Internet gratuit.

Ryokan Hiraiwa 旅館平岩

Ninomiyacho-dori, Kaminokuchi agaru, 314 Hayao-cho, ✆ (075) 351 6748, hiraiwa ryokan@pop06.odn.ne.jp - 19 ch. Préférez le joli bâtiment principal, en bois, plutôt que l'annexe, en béton, de ce modeste *ryokan* géré par une femme sympathique. Baigné d'une atmosphère tranquille, il dispose d'une laverie, d'un accès Internet gratuit et sert de bons petits-déj. Salle d'eau commune et cabine de douche.

De 10 000 à 12 000 ¥

Ryokan Matsubaya 松葉屋旅館

Kamijuzuyamachi-dori, Higashi-Notoin nishiiru, ✆ (075) 351 3727, www.matsubayainn.com - 12 ch. Mignon, sobre et accueillant *ryokan* fondé en 1884. Les meilleures chambres, en bas, donnent sur un délicieux jardinet. Évitez celles situées côté rue, moins chères mais un peu bruyantes. La souriante hôtesse des lieux parle bien anglais et sert à la demande des petits-déj. à l'occidentale. SdB commune.

Hotel Hokke Club ホテル法華クラブ京都

Shiokoji-dori (en face de la gare), ✆ (075) 361 1251, www.hokke.co.jp - 189 ch. Un bon hôtel de catégorie moyenne, à prix modérés. Accueil serviable, chambres standard mais confortables et silencieuses, certaines d'un standing un peu supérieur. Internet gratuit, cafétéria et restaurant.

Ryokan Shimizu 京の宿しみず

Shichijo-dori, Wakamiya agaru, 644 Kagiya-cho, ✆ (075) 371 5538, www.kyoto-shimizu.net - 12 ch. Dans un coin tranquille, un *ryokan* moderne, avenant et soigné. Les hôtes, prévenants, parlent bien l'anglais. Les chambres sentent bon la propreté. Bel *o furo* en bois de cèdre. Internet (100 ¥/20mn) et location de vélos (700 ¥/j.).

De 13 000 à 18 000 ¥

Ryokan Ohanabo お花坊

Higashi Honganji-mae, Shimogyo-ku, ✆ (075) 371 3688, fax (075) 361 5190 - 12 ch. En face du temple Higashi Hongan-ji, ce *ryokan* traditionnel en bois, propre et agréable, comporte des chambres spacieuses et jolies, avec ou sans SdB. Un dîner végétarien ou *kaiseki* (3 500/5 000 ¥) peut vous y être servi à la demande.

Ryokan Towa なごみ宿都和

395 Mongaku-cho, Shimogyo-ku, ✆ (075) 371 5421, www.kyotowa.jp - 12 ch. Petit-déj. (japonais ou occidental) inclus. Rénové dans un style moderne et épuré, ce *ryokan* dispense un accueil charmant. Il abrite des chambres de bon confort, pourvues de TV à écran plat et de SdB avec nécessaire de toilette. Cuisine raffinée.

De 20000 à 30000 ¥

Kikokuso Inn 枳殻荘

Kawaramachi, Shichijo agaru, Hitosujime nishiiru, Sumiyoshi-cho, ✆ (075) 371 7781, www.kikokuso.com - 7 ch. Intime et adorable *ryokan* à l'ancienne, dans une maison vieille de plus d'un siècle, tenu par une hôtesse parlant quelques mots d'anglais. Les chambres (une seule avec SdB) sont distribuées le long d'une galerie en bois, face à un ravissant jardin intérieur. L'*o furo*, dans un décor de roches, est pittoresque. Internet gratuit.

Hotel Granvia ホテルグランヴィア京都

Kyoto Station Bldg, 2F, ✆ (075) 344 8888, www.granvia-kyoto.co.jp - 531 ch. Dans le bâtiment de la gare, côté nord, un luxueux complexe hôtelier alignant dix restaurants, trois bars (dont un panoramique, au 15e étage), une piscine, un sauna et une salle de fitness. Chambres très spacieuses, confortables et stylées, disposant de connections Internet à haut débit.

▸ *Dans le centre-ville (Plan II)*

Moins de 10000 ¥

The Palace Side ザ・パレスサイド

Karasuma-dori, Shimodachiuri agaru, Kamigyo-ku, ✆ (075) 415 8887, www.palacesidehotel.co.jp - 120 ch. Situé en face du Palais impérial, cet hôtel affiche des tarifs vraiment imbattables. Chambres un peu étroites mais propres et très bien équipées, en particulier celles avec kitchenette. Tarifs dégressifs au-delà de deux nuits. Internet gratuit, laverie et restaurant.

Ryokan Kinsuikan 旅館錦水館

Tominokoji-dori, Sanjo sagaru, ✆ (075) 255 3930, www.kinsuikan.com - 30 ch. Petit-déj. continental 525 ¥. Dans un bâtiment moderne de cinq étages, ce *ryokan* habitué aux étrangers aligne des chambres assez grandes mais un peu sombres. Une douzaine d'entre elles ont une SdB privée.

Tommy Rich Inn トミーリッチイン京都

Tominokoji-dori, Sanjo agaru, ✆ (075) 255 0137, 103rich@maia.eonet.ne.jp - 13 ch. Cette petite pension très centrale occupe un étroit immeuble rose, dont les quatre étages (sans ascenseur) sont bizarrement décorées de vieilles paires de skis. Les chambres (4 occidentales et 9 japonaises) sont correctes. SdB commune.

Chatelet Inn ホテルシャトレーイン京都

Oike, Nishinoto-in higashiiru, ✆ (075) 223 4800, www.chatelet.jp - 50 ch. Petit-déj. occidental 600 ¥. Petit hôtel citadin tenu par un sympathique patron anglophone. Les chambres, desservies par un ascenseur, sont confortables, claires et bien tenues. Internet gratuit et restaurant.

De 11500 à 14000 ¥

Kyoto Garden Hotel
京都ガーデンホテル

Muromachi-dori, Oike sagaru, ✆ (075) 225 2000, www.kyoto-gardenhotel.co.jp - 129 ch. Près du métro Karasuma-Oike, ce grand bâtiment possède une gamme variée de chambres simples, semi-doubles, doubles ou jumelles qui, à défaut de charme, offrent néanmoins un bon confort à prix raisonnables.

Hirota Guesthouse
広田ゲストハウス

Nijo-dori, Tomino-koji nishiiru, 665 Seimei-cho, ✆ (075) 221 2474, h-hirota@msi.biglobe.ne.jp - 6 ch. Petit-déj. à la demande. De l'extérieur, rien ne laisse présager ce havre de verdure. Au fond du jardin, le *cottage* (l'ancienne remise) comprend deux chambres japonaises, une SdB et une cuisine. Idéal pour un couple avec enfants ou un groupe d'amis. La maison familiale abrite elle cinq chambres tatamis de taille variable, qui partagent une SdB commune. L'hôtesse, guide-interprète à la retraite, parle un anglais parfait et peut vous fournir plein de renseignements. Location de vélos.

Le Lion d'Or リオンドール

Higashi-Horikawa, Ebisugawa agaru, ☎ (075) 256 1355, www.leliondor.jp - 23 ch. ⛿ Malgré son nom et celui de sa cafétéria, baptisée « Perrier », cette pension n'a rien de français. Elle propose des chambres occidentales des plus ordinaires, mais propres, fonctionnelles et à des prix abordables. Internet gratuit.

Sun Hotel Kyoto サンホテル京都

Kawaramachi-dori, Sanjo sagaru, ☎ (075) 241 3351, www.sun-hotel.co.jp - 158 ch. ⛿ Un hôtel d'affaires apprécié des voyageurs pour sa situation et son personnel cordial et anglophone. Chambres exiguës mais vraiment tirées à quatre épingles côté propreté. Évitez celles côté avenue, très bruyantes si vous ouvrez les doubles vitrages.

Ryokan Kawashima 川嶋旅館

207-2 Ayano-koji, Yanaginobanba nishiiru, ☎ (075) 351 2089, kyotokawa@a2.e-line.jp - 7 ch. Sis dans une *machiya* (maison en bois) typique du vieux Kyoto, au sein d'une rue tranquille, ce charmant *ryokan* ordonne ses chambres autour d'un jardinet intérieur entretenu avec soin. Les pièces sont grandes et pleines de cachet. Le propriétaire parle un anglais impeccable et un peu français. Seul inconvénient : une seule salle d'eau pour tous.

De 14000 à 20000 ¥

Hearton Hotel ハートンホテル京都

Higashi-Notoin-dori, Oike agaru, ☎ (075) 222 1300, www.hearton.co.jp - 294 ch. ⛿ Malgré son gros bâtiment disgracieux, cet hôtel se révèle agréable à l'usage. Le personnel anglophone est très serviable, et les chambres, bien équipées, affichent toute l'année les mêmes prix sages. Elles ont toutes une connection LAN haut débit. Un coin Internet en libre accès figure aussi à l'étage. Des vélos gratuits (en nombre limité) sont disponibles à la réception.

Hotel Nishiyama ホテル西山

Gokomachi-dori, Nijo sagaru (près de l'hôtel de ville), ☎ (075) 222 1166, www.ryokan.or.jp/nishiyama - 29 ch. jap. et 3 ch. occ. ⛿ Derrière les baies vitrées de ce *ryokan* contemporain, on découvre un beau jardin intérieur où coule une cascade. La chute d'eau se contemple également du très relaxant *o furo* situé au sous-sol. Les chambres sont vastes, jolies et bien agencées, mais souffrent d'un petit côté défraîchi et de leurs SdB minuscules. Les repas n'ont rien d'obligatoire, cependant la succulente cuisine *kaiseki* de l'hôtel mérite d'être essayée.

Hotel Gimmond ホテルギンモンド京都

Takakura-Oike-dori, ☎ (075) 221 4111, www.gimmond.co.jp - 140 ch. ⛿ Bon hôtel de catégorie intermédiaire, d'un chic décontracté qui plaît beaucoup aux touristes. Les chambres sont bien insonorisées et climatisées, certes petites mais c'est la norme dans la majorité des hôtels de chaîne japonais. La literie manque un peu de confort, comme les SdB, en revanche la cuisine italienne et le petit-déj. buffet (1 365 ¥) donnent pleinement satisfaction.

De 26000 à 38000 ¥

Hotel Fujita Kyoto ホテルフジタ京都

Kamogawa Nijo-Ohashi Tamoto, ☎ (075) 222 1511, www.fujita-kyoto.com - 189 ch. ⛿ Décoré dans un mélange de style japonais et scandinave un peu démodé, l'hôtel a pour atout sa situation privilégiée au bord de la rivière Kamo (prenez une chambre « *river view* »). Vous apprécierez son bar près de l'eau, ses divers restaurants et la vue depuis sa terrasse sur le toit en été. Les chambres sont en revanche très banales. Attention, les prix varient beaucoup selon les mois, les meilleurs tarifs étant sur le site Internet.

Hotel Okura 京都ホテルオークラ

Kawaramachi-Oike, ☎ (075) 211 5111, www.kyotohotel.co.jp - 332 ch. ⛿ Ce grand hôtel de dix-sept étages s'ouvre par un fastueux *lobby* à colonnades derrière lequel se déclinent boutiques, bar, restaurants, piscine, etc. Les chambres, qui ont une vue splendide, arborent un chaleureux décor de boiseries et de tissus aux couleurs harmonieuses. L'hôtel est, hélas, un peu envahi par les groupes du troisième âge.

Kyoto Brighton Hotel
京都ブライトンホテル

Nakadachiuri, Shinmachi-dori, ✆ (075) 441 4411, www.brightonhotels.co.jp - 183 ch. Points forts de ce petit palace, une piscine en plein air et un lumineux *atrium* rectangulaire, autour duquel se déploient, sur six étages cascadant de verdure, des chambres spacieuses et douillettes. Personnel efficace et tout en courbettes, bons restaurants japonais, français, chinois et buffet matinal pantagruélique.

Autour de 50000 ¥

Ryokan Kinmata 宿・近又

407 Gokomachi-dori, Shijo agaru, ✆ (075) 221 1039, www.kinmata.com - 7 ch. De 40000 à 50000 ¥/pers. avec les repas. 2e nuit sans dîner à 25000 ¥/ pers. Construit en 1801, ce prestigieux *ryokan* a gardé son superbe décor de boiseries et d'antiquités précieuses. Les propriétaires, la même famille depuis sept générations, mettent tout leur talent dans une cuisine *kaiseki* à la présentation raffinée et au goût exquis, qui justifie à elle seule le séjour. Les chambres tatamis, surplombant deux jardins intérieurs ornés de lanternes en pierre, n'ont pas de SdB, mais on se glisse avec bonheur dans le bain chaud de l'*o furo* en bois de cèdre.

Ryokan Hiiragiya 旅館柊屋

Fuyacho-dori, Ane-koji agaru, ✆ (075) 221 1136, www.hiiragiya.co.jp - 33 ch. De 30000 à 50000 ¥/pers. avec les repas. Le nec plus ultra des *ryokan* à Kyoto. Superbe, avec ses boiseries patinées par les siècles. Bien des hôtes illustres, samouraïs, politiciens et artistes y ont séjourné, tel Kawabata, familier de la chambre n° 16, où il écrivait ses romans. Car où trouver meilleure inspiration qu'en ce décor subtilement zen ? Parois coulissantes qui ouvrent sur de verts paradis, objets anciens dignes d'un musée, baignoires en cèdre, divine cuisine *kaiseki* servie en chambre, futons moelleux : tout, ici, conspire au repos de l'âme.

▸ *Gion et Kiyomizu-dera*

Autour de 8000 ¥

Hanakiya Inn 京の宿花喜屋

583-101 Higashi-Rokucho-mae, Higashiyama-ku, Gojobashi *(Plan II)*, ✆ (075) 551 1397, www.hanakiya.jp - 3 ch. Caché dans une ruelle près du temple Kiyomizu-dera, ce petit *bed & breakfast* familial comprend trois chambres japonaises donnant sur une courette intérieure. Les hôtes partagent une SdB commune et une salle de séjour avec des livres, du café et un ordinateur à disposition.

De 12000 à 16000 ¥

Ryokan Sawai 澤食

4-320 Miyagawasuji, Higashiyama-ku *(Plan II)*, ✆/fax (075) 561 2179 - 7 ch. Située au sud de Gion, ce *ryokan* tenu par un charmant professeur d'université à la retraite occupe l'une des plus anciennes *ochaya* (maison de thé des geishas) du quartier. Voilà une discrète pension de famille comme on les aime, avec ses chambres biscornues et ses planchers qui grincent, certes peu confortable (une seule SdB commune) mais vraiment authentique. La table d'hôte, en outre, est excellente. Adresse chaudement recommandée.

Gion Fukuzumi ギオン福住

Higashi-Oji-dori, Shimbashi nishiiru, Higashiyama-ku *(Plan III)*, ✆ (075) 541 5181, www.gion-fukuzumi.com - 23 ch. Dommage que l'architecture moderne de ce *ryokan* soit si laide, car il renferme des chambres tatamis agréables (certaines ont une vue magnifique) et un *o furo* flanqué d'un appréciable *rotenburo* sur le toit. Personnel anglophone, Internet gratuit, laverie. Prix variables selon la saison.

Ryokan Rikiya 旅館力弥

Kodai-ji, Koen-mae, Higashiyama-ku *(Plan III)*, ✆ (075) 561 1300, fax (075) 561 2944 - 8 ch. En face du Kodai-ji, un

*Une **maiko** ou apprentie geisha.*

©City of Kyoto/©JNTO

ryokan de belle allure, calme et agréable. Les chambres (la plus chic jouit d'une jolie vue sur la pagode Yasaka) bénéficient de larges surfaces en tatamis, que prolongent des vérandas ouvrant sur la végétation. Seules deux d'entre elles ont une SdB privée.

Autour de 35000 ¥

Gion Hatanaka 祇園畑中

Yasaka-jinja, Minamimon-mae, Gion *(Plan III)*, ✆ (075) 541 5315, www.thehatanaka.co.jp - 21 ch. Un bel escalier pavé mène à ce spacieux *ryokan* au décor zen et épuré, qui mêle avec goût l'architecture traditionnelle des *machiya* (maisons de bois de Kyoto) et des petites touches plus contemporaines. L'immense *o furo* en bois est attrayant, le service attentif, mais la cuisine se révèle assez décevante pour le prix et l'ensemble manque de chaleur.

Yuzuya Ryokan 柚子屋旅館

545 Yasaka-jinja, Minami-donari, Gion *(Plan III)*, ✆ (075) 533 6369, fax (075) 533 6380 - 9 ch. Accroché au flanc d'une colline, dans l'enceinte du sanctuaire Yasaka, ce sublime *ryokan* fait partie des perles rares de Kyoto. Réparties à l'étage autour d'un patio arboré, les chambres aux élégants coloris de cuir et d'ébène affichent un mobilier ancien et, pour les plus belles, des SdB en bois de cèdre. Comparés à d'autres *ryokan* de luxe, les prix restent raisonnables (25000 à 30000 ¥/pers. avec repas).

▸ ***Vers le nord-est de Kyoto (Plan III)***

Auberge de jeunesse

Higashiyama Youth Hostel
東山ユースホステル

Sanjo-dori, Shirakawabashi, ✆ (075) 761 8135, www.syukuhaku.jp - 31 ch. Demi-pens. incluse dans le prix. Une auberge de jeunesse vétuste et austère, qui impose le couvre-feu à 22h30. On a le choix entre les dortoirs, spartiates (4515 ¥/pers.), ou les chambres un poil plus confortables, avec ou sans SdB (5775 à 6300 ¥/pers.). Internet et location de vélos payants, laverie et casiers. En solution de dépannage ou si vous êtes vraiment fauché.

Moins de 10000 ¥

Roku-Roku Guesthouse 鹿麓

61 Teranomae-cho, Shishigatani, Sakyo-ku, ✆ (075) 771 6969, www.6969.me.uk - 7 ch. Petite pension toute neuve et nickel de propreté près du Gingaku-ji. 2 dortoirs de 6 lits (2500 ¥/pers.) avec SdB commune ou 5 ch. à lits jumeaux avec douche privée (4300 ¥/pers.). Difficile de trouver mieux à ce prix, d'autant que l'hôtel dispose, à proximité, d'un joli pavillon de thé au sein d'un jardin où l'on peut venir se relaxer durant la journée.

De 12000 à 14000 ¥

Higashiyama Sanjo Hotel
東山三条ホテル

Sanjo Ohashi-Higashi hairu, 2-chome, ✆ (075) 751 8788, fax (075) 751 8820 - 50 ch. Cet établissement assez central, près du métro Sanjo, comporte des chambres à lits jumeaux standard et convenables, dotées d'une vue agréable et desservies par un ascenseur.

Kyoto Traveler's Inn
京都トラベラーズイン

91 Enshoji-cho, Sakyo-ku, ✆ (075) 771 0225, www.k-travelersinn.com - 78 ch. À côté du musée de la Ville, bâtiment en brique sans ascenseur. Chambres japonaises ou occidentales propres et correctes, mais petites. Exigez une chambre avec vue, les autres sont déprimantes. En raison de sa bonne situation et de ses prix modiques, l'hôtel reçoit beaucoup de groupes, ce qui nuit à son calme. Cafétéria au RdC.

De 17000 à 21000 ¥

The Three Sisters Inn
旅館スリーシスターズ (洛東荘)

Okazaki, Sakyo-ku, ✆ (075) 761 6336, fax (075) 761 6338 - 21 ch. Petit-déj. continental inclus. Réserv. indispensable. Ce vieux *ryokan* tenu par trois sœurs, jadis très coté auprès des voyageurs, vit trop sur sa réputation. Certes, les trois dames âgées sont toujours aussi charmantes et dévouées, et le décor de leur pension a du caractère, mais quel manque de confort pour le prix! L'annexe a un soupçon de charme en plus. Quelques chambres sans SdB, bien moins chères. Location de vélos (1000 ¥/j.).

De 25000 à 38000 ¥

Ryokan Yachiyo 旅館八千代

Nanzen-ji, Sakyo-ku, (075) 771 4148, www.ryokan-yachiyo.com - 20 ch. Excellent *ryokan* à prix abordables, près de l'entrée du Nanzen-ji. Le restaurant et sa terrasse donnent sur un délicieux jardin de mousses et d'azalées, au bord d'un bassin où paressent des carpes. Les chambres (préferez celles du bâtiment ancien) sont vastes et belles, et ménagent des vues sur la végétation. Des *nakai-san* (hôtesses en kimono) bichonnent les clients.

The Westin Miyako
ウェスティン都ホテル

Keage, Sanjo, Higashiyama-ku, (075) 771 7111, www.westinmiyako-kyoto.com - 516 ch. Ce luxueux cinq étoiles surplombe la ville dans son écrin de verdure. Chambres d'un confort parfait. Géniale piscine en plein air sur le toit, fitness, tennis, parcours de jogging, jardins japonais, 7 restaurants, boutiques, etc. Navettes pour Sanjo et Kyoto Station ttes les 15mn.

▸ *Au nord-ouest de Kyoto (Plan I)*

Autour de 8000 ¥

Myoren-ji Temple 妙蓮寺宿坊

Teranouchi, Omiya higashiiru, Horikawa, Kamigyo-ku (075) 451 3527, fax (075) 451 3597 - 6 ch. Pour ceux qui souhaitent faire l'expérience d'un *shukubo* (temple-auberge). Attention, on s'y couche et lève de bonne heure! Situé dans un coin tranquille, ce temple vieux de 200 ans est géré par une bonzesse qui demande qu'on réserve le plus à l'avance possible. Chambres tatamis ultrabasiques, sans SdB, mais on vous donne un ticket pour le *sento* (bain public) voisin.

Se restaurer

▸ *Autour de la gare (Plan III)*

Moins de 1500 ¥

Musashi Sushi
寿司のむさし京都駅八条口店

KyotoStationBldg, 1F, (075) 662 0634. 11h-22h. Côté sud de la gare, en face du McDonald's, un *kaiten-zushi* (sushis qui défilent sur un plateau tournant) conçu sur le même modèle que les 100 ¥ Shops : ici, toutes les assiettes sont à 120 ¥. Bon et pas cher.

Second House セカンドハウス西洞院店

Shichijo-dori (à l'ouest de Nishinotoin), (075) 342 2555. 10h-23h. Installé dans une ancienne banque, ce *coffe shop* sert de bonnes grosses platées de spaghettis et aussi plein de gâteaux.

The Cube ザ・キューブ

Kyoto Station Bldg, 11F, (075) 371 2134. 11h-22h. En haut de la gare, l'étage regroupe une dizaine de restaurants spécialisés : chinois, italien, *tonkatsu* (côtes de porc panées), *kushikatsu* (brochettes frites), *soba* (nouilles), *okonomiyaki* (crêpes garnies), plats d'anguille ou à base d'ail.

▸ *Dans le centre-ville (Plan II)*

Moins de 2000 ¥

Misoka-an Kawamichiya
晦庵・河道屋

Fuyacho-dori, Sanjo agaru, (075) 221 2525. 11h-20h. Antique et charmant restaurant de *soba* (nouilles au sarrasin) vieux de trois siècles. Sa spécialité est le *hokoro*, un marmiton où mijotent nouilles, morceaux de poulet, tofu, champignons et légumes, à partager à deux. Goûtez sinon le délicieux *oyako-namban*, nouilles chaudes au poulet, œuf et oignons. Menu en anglais.

Honke Owariya 本家尾張屋

Kurumayacho-dori, Nijo sagaru, (075) 231 3446. 11h-19h. Le plus vieux restaurant de nouilles de Kyoto, institution qui remonte à 1645, fournisseur officiel de la famille impériale. Parmi les spécialités, le *hourai soba* (nouilles aux champignons, œufs, crevettes et radis blancs) ou les *sobazushi* (sushis de nouilles). Menu en anglais.

Bio-Tei びお亭

2F, angle Sanjo-dori et Higashi-Notoin, (075) 255 0086. 11h30-20h30. Fermé lun., jeu. soir, sam. midi et dim. Sympathique bistrot familial formé d'un comptoir et de quelques tables en bois. Sert uniquement des plats bio (mais non végétariens), goûteux et pas chers : salades de tofu et de légumes, curry de poulet, chorizo et saucisses de porc, croquettes de soja ou carpaccio de poisson cru, mais aussi yaourts, glaces et gâteaux maison.

Honke Tagoto 田毎本家

Sanjo Shopping Arcade (à l'ouest de Karawamachi), ✆ (075) 221 3030. 11h-21h. Autre bonne table spécialisée dans les *soba*, fabriqués maison. L'arrière-salle donne sur un petit jardin. Essayez le *soba teishoku* (997 ¥), menu qui inclut nouilles chaudes, tempuras, riz, salade et légumes saumurés.

Musashi Sushi 寿司のむさし三条本店

Angle Sanjo-dori et Kawaramachi, juste devant l'entrée de l'arcade piétonne, ✆ (075) 222 0634. 11h-22h. Autre branche de l'établissement situé dans la gare. Là encore, tapis tournant de sushis à 120 ¥/assiette.

Sarashina 更科

Angle Omiya-dori et Aneya-koji, ✆ (075) 841 5933. Tlj sf dim. 10h30-19h30h. À 50 m au sud de Nijo Jinya, petit troquet de *soba* et *donburi* (bol de riz garni de viande, légumes ou poisson) tenu par une gentille patronne. Faites-y escale pour déjeuner.

De 2000 à 3500 ¥

Koshin 宏シン

117 Kimura Bldg, 2-3F, Kiyamachi-dori, Sanjo sagaru, ✆ (075) 251 1116. 17h30-2h30. Un bon restaurant chinois à prix doux. Spécialités de Shanghai et du Sichuan : émincé de poulet au poivre, tofu aux épices, sauté de porc sauce aigre-douce, canard sauce piment.

Yamatomaru 大和丸

Angle Kamanza-dori et Marutamachi, ✆ (075) 256 5436. 17h-0h. Une proue de bateau trône en devanture de ce restaurant spécialisé dans le poisson. Servis grillés, bouillis, frits, séchés, marinés, fumés ou tout simplement crus, les thons, dorades et autres tiennent la vedette. Seul souci, personne ne parle l'anglais, et la carte ne comprend ni traduction ni photo. Venez de préférence accompagné.

Yamatomi 山とみ

Ponto-cho, Shijo agaru, ✆ (075) 221 3268. Tlj sf mar. 12h-23h. À mi-hauteur de Ponto-cho, côté rivière, repérez le rideau rouge et la poupée-geisha en vitrine. Cet *izakaya* convivial jouit d'une agréable terrasse au bord d'eau. L'idéal est d'y commander divers petits plats tels sashimis de *yuba* (peau de lait de soja), tranches de canard rôti, tofu frit, *teppin age* (assortiment de brochettes), ailes de poulet grillé, etc.

Oiwa 大岩

Kiyamachi-dori, Nijosagaru, ✆ (075) 231 7667. 12h-22h. Logé dans une ancienne fabrique à saké, ce restaurant sert de délicieuses *kushikatsu*, brochettes de viande et de légumes enrobées de panure avant d'être frites. Plusieurs menus sont proposés, les prix variant selon la quantité de brochettes.

Tosai 豆菜

Takoyakushi-dori, Sakaimachi higashiiru, ✆ (075) 213 2900. Tlj sf lun. 17h-22h. Tenue par une mère et ses deux filles, cette adresse intime et charmante met à l'honneur les légumes de saison et plats à base de tofu : quiche de tofu, *yuba* frit, salade de saumon fumé au tofu, *mochi* (gâteau de riz), etc.

Ganko がんこ京都三条本店

Sanjo-dori, Kawaramachi higashiiru, ✆ (075) 255 1128. 11h30-23h. Dans ce grand restaurant très animé, vous pourrez goûter à peu près toutes les spécialités de la cuisine kyotoïte, et à des prix attrayants si vous restez dans la salle du RdC. Le menu en anglais décline un choix considérable de plats délicieux. Service rapide.

La Papaye Verte ラ・パパイヤベール

Aneya-koji, Karasuma nishiiru, ✆ (075) 213 8888. Tlj sf lun. 11h30-22h30. Un petit restaurant vietnamien mignon et sans prétention. Au menu (en anglais), rouleaux de printemps, nems, salade de poulet à la papaye verte, soupe à la coriandre et autres plats tonkinois.

Kushikura 串くら

Takakura-dori, Oike agaru, ✆ (075) 213 2211. 11h30-23h. Installé dans une belle *machiya* ancienne agrémentée d'un jardin intérieur, ce restaurant cuisine de succulentes brochettes *yakitori* à la braise. L'assurance d'un bon dîner.

Kushiya Monogatari 串屋物語京都四条店

Sakizo Plaza Bldg, 5F, Shijo-dori, Fuyacho nishiiru, ✆ 0120 194 948. 16h-23h. Si vous avez une faim de loup, essayez ce restaurant connu pour sa formule « *All you can eat* » (buffet à volonté) à 2625 ¥ pour 90mn (1029 ¥ pour les enfants). Riz, nouilles, salades, desserts, raviolis chinois, et surtout des *kushikatsu*, brochettes de viande et de légumes à faire cuire soi-même dans un bain d'huile bouillante. Pas très raffiné, mais amusant et copieux. L'endroit enregistre un franc succès, aussi arrivez tôt pour éviter l'attente.

Kerala ケララ

Kawaramachi, Sanjo agaru, ✆ (075) 251 0141. 11h30-21h. Excellente table indienne qui sert avant tout des recettes typiques de cet État du Sud de l'Inde : curry de crevettes, de légumes ou de poulet, poulet tandoori, *masala dosa* (crêpes indiennes aux épices), etc. Mets parfumés, subtils et savoureux.

☺ **Bussaracan** 仏沙羅館

Kiyamachi-dori, Matsubara agaru, ✆ (075) 361 4535. Tlj sf merc. 11h30-22h. Durant les beaux jours, c'est un plaisir de dîner à la terrasse sur pilotis de ce restaurant thaïlandais, au bord de la rivière Kamo. La cuisine est pleine de finesse et joliment présentée. Poulet frit dans une feuille de bananier, sauté de porc aux pousses de bambou, bœuf au curry et lait de coco... un régal !

De 3500 à 6000 ¥

Kushya くしゃ

Kawaramachi-dori, Sanjo agaru, ✆ (075) 211 3448. 14h-0h. Restaurant branché au décor design, lumières tamisées et douce musique jazzy. On y déguste tranquillement une succession de petites bouchées et brochettes variées, présentées dans un feu d'artifice d'éclatants coloris. Bref, un concept furieusement tendance.

☺ **O-mo-ya** O • mo • ya • 錦小路

Fuyacho, Nishiki-koji agaru, ✆ (075) 221 7500. 12h-20h30 (w.-end 22h30). Tout près du marché Nishiki, dans une superbe salle lambrissée et décorées de céramiques, une cuisine japonaise mâtinée d'influence française, chatoyante et délectable. Menu unique le soir à 5250 ¥, incluant diverses entrées et petits plats, tels que cassolette de crème brûlée au fromage, dorade aux brocolis japonais sur lit d'asperges, bœuf sauté aux pousses de bambou.

Tagoto Mei-Getsu-an 田ごと名月庵

Yanagi-no-banba, Shijo agaru, ✆ (075) 212 8811. Tlj sf merc. 11h-21h. Dans un intérieur japonais simple et moderne, l'occasion de goûter la vraie bonne cuisine *kaiseki* de Kyoto sans se ruiner : menu mini-*kaiseki* à 3700 ¥ ou menu *yuba zen* à 4300 ¥. Les repas *kaiseki* complets débutent à partir de 6300 ¥.

Mukadeya 百足屋

Shinmachi-dori, Nishiki-koji agaru, ✆ (075) 256 9393. Tlj sf merc. 11h-21h. Une somptueuse *machiya* sert d'écrin à ce restaurant raffiné qui prépare une succulente cuisine végétarienne zen et d'autres spécialités *obanzai* (cuisine familiale kyotoïte). À midi, choix de *bento* (de 3000 à 5000 ¥) composés de divers petits plats qui ravissent l'œil autant que les papilles.

Mishima-Tei 三嶋亭

Teramachi, Sanjo sagaru, ✆ (075) 221 0003. Tlj sf merc. 11h30-22h. Une institution pour le *sukiyaki* (cuisson sur plaque avec des légumes). On y vient autant pour admirer la superbe salle fin 19e s. que pour le dîner, franchement onéreux (à partir de 8000 ¥). Vous aurez avantage à choisir le « *tourist menu* », proposé à 5890 ¥.

Yoshikawa 吉川

Tominokoji-dori, Oike sagaru, ✆ (075) 221 5544. Tlj sf dim. 11h-20h30. Un restaurant de tempuras très réputé, dans un cadre historique. Vous y mangerez soit au comptoir, soit dans les salles tatamis qui bordent le jardin. La fraîcheur des produits (champignons, aubergines, potirons, pousses de bambou, etc.) est garantie. Déjeuner à partir de 2000 ¥ et dîner à partir de 6000 ¥.

▸ *Gion et Kiyomizu-dera*

Moins de 1500 ¥

Gonbe 権兵衛祇園店

254 Kitagawa, Gion-cho *(Plan II)*, (075) 561 3350. Tlj sf jeu. 12h-21h30. Près de Gion, ce restaurant japonais populaire mitonne de succulents plats de *soba*, *udon* et *donburi*. Le *tori namban*, bol de nouilles au canard, ou le *tamago toji*, bol de nouilles avec un œuf à moitié cuit, vous calent le ventre à petits prix.

Taj Mahal タージ・マハール

Gion Ryokaku Bldg, 1BF, 267 Kitagawa, Gion-cho *(Plan II)*, (075) 551 6162. 11h30-22h. Sur Shijo-dori, dans une salle au sous-sol, cet indien propose une intéressante formule buffet à 990 ¥ pour le déjeuner (en sem. seul.). Sinon, le soir, menus végétariens ou tandoori de 2500 à 3500 ¥.

Ching Ming 青冥祇園店

Yasaka-Gion Bldg, 5F, angle Hanami-koji et Shijo-dori *(Plan II)*, (075) 551 2671. 11h-4h (w.-end 22h30). En face de Gion, à l'étage, ce restaurant chinois sert des plats bons, pas chers et copieux. Menus de 900 à 1500 ¥, dont *dim sum*, nouilles sautées au poulet, porc sauce aigre-douce, crevettes sauce piquante.

De 1500 à 3000 ¥

Vietnam Frog
ベトナムフロッグ京都三条店

Kyouen Complex, 1F, Keihan Sanjo Station *(Plan II)*, (075) 532 1978. 11h-22h. À côté du métro, dans un carré moderne autour d'un jardin de bambou, ce restaurant au cadre soigné sert une cuisine vietnamienne appétissante et parfumée. Carte en anglais.

Yamafuku 山ふく

Hitosuji-mae, Hanami-koji higashiiru, Gion-cho *(Plan II)*, (075) 551 0876. Tlj sf mar. 17h-21h30. En entrant dans Gion par Hanami-koji, première ruelle à gauche, maison à l'angle. Mieux vaut venir accompagné dans ce minuscule *obanzai-ya* (resto familial) où personne ne parle l'anglais. Les Japonais s'y bousculent, car ses petits plats sont exquis et peu onéreux : œufs de dorade, légumes sauvages, riz aux pousses de bambou, congre rôti, aubergine grillée, canard mi-cuit, tofu de sésame... un bonheur de gourmet !

Izuju 祇園いづ重

Angle Shijo-dori et Higashi-Oiji-dori *(Plan II)*, (075) 561 0019. 11h-20h. Derrière sa discrète façade, qui passe facilement inaperçue de la rue, ce restaurant de sushis, établi en 1892, cache une ravissante salle à l'ancienne décorée de porcelaines d'Imari. Spécialités de *saba sushi*, sushis de maquereau de forme carrée, et aussi plein d'autres variétés.

Machiya, les « chambres des anguilles »

Les Japonais les surnomment par dérision « *unagi-no-nedoko* », les « chambres à coucher des anguilles », en raison de leur forme longue et étroite. Appelées d'ordinaire « *machiya* », ces maisons en bois typiques du vieux Kyoto ont servi d'ateliers et de logements aux habitants pendant des siècles. Accolées les unes aux autres, elles formaient des groupes homogènes d'une quarantaine d'unités familiales appelés « *cho* ». Chaque *cho* était rattaché à un temple ou un sanctuaire et regroupait une corporation particulière d'artisans et de marchands. Toutes ces constructions en bois étaient bien sûr des proies faciles pour les incendies qui ravageaient souvent l'ancienne capitale. C'est pourquoi on ne trouve guère à Kyoto de *machiya* d'avant l'ère Meiji. Toutes sont disposées à peu près sur le même modèle. Le commerce et les appartements occupent l'avant, tandis qu'un long couloir, où loge la cuisine, dessert les entrepôts et un petit jardin à l'arrière. De nos jours, beucoup de *machiya* sont reconvertis en boutique, restaurant ou café pour touristes.

Okutan 奥丹

340 San-chome, Ninenzaka Kiyomizu *(Plan III)*, ✆ (075) 525 2051. 11h-17h30. Blotti au milieu d'un superbe et paisible jardin japonais, un des plus anciens et des meilleurs restaurants de tofu de Kyoto. Son unique spécialité est le *yudofu*, marmiton de tofu servi avec une soupe de *yam*, du riz et des tempuras de légumes (3 175 ¥). Autre branche du restaurant dans le temple Nanzen-ji, au nord de l'entrée principale.

De 3000 à 6000 ¥

Aunbo 阿吽坊

Shimokawara-dori, Yasaka-torimaecho sagaru *(Plan II)*, ✆ (075) 525 2900. Tlj sf merc. 12h-21h30. Située à deux blocs au sud du sanctuaire Yasaka, une des fines fleurs de la cuisine kyotoïte, dans une petite salle à l'ambiance fort conviviale. Pour dîner, commandez le populaire menu *ichiru sansai* (3800 ¥), incluant trois délicieux plats de saison, soupe et riz.

Yagenbori やげんぼり

Kiritoshi-kado, Sueyoshi-cho, Gion *(Plan II)*, ✆ (075) 551 3331. 12h-22h30. Au bord du romantique canal Shirakawa, vous y dégusterez, dans un élégant décor de bois sombre, d'estampes et de céramiques, les plats typiques de la cuisine de Kyoto : tempuras, *hoba-misoyaki* (*miso*, champignons, poulet et oignons grillés dans des feuilles de magnolia), *shabu-shabu*. Les menus *kaiseki* (à partir de 7500 ¥) sont ici à des prix bien plus abordables que dans les grands *ryotei* (restaurants gastronomiques).

▸ *Vers le nord-est de Kyoto (Plan II)*

De 1500 à 3000 ¥

Omen おめん銀閣寺本店

Ginkaku-ji (à 200 m à l'ouest du temple, sur Shishigatani-dori), ✆ (075) 771 8994. Tlj sf jeu. 11h-22h. Près du temple d'Argent, un restaurant très populaire pour ses *udon*, nouilles de blé servies dans un bouillon de légumes au sésame. Jolie salle où se mêlent cloisons en bois, sol en galets et tatamis.

Grill Kodakara グリル小宝

Okazaki-dori (à l'est du sanctuaire Heian), ✆ (075) 771 5893. Tlj sf mar. 11h-23h. On le repère facilement à la file d'attente devant l'entrée. Endroit sans charme, mais qui sert de savoureux plats de spaghettis, gratins de macaronis, steaks ou cuisses de poulet grillés, hamburgers, côtes de porc et sandwichs à des prix très bon marché.

Zen Zen Ya 禅善屋

Furukawa-cho (à 100 m au nord de Sanjo), ✆ (075) 751 0330. 17h-0h. Tenu par un chef sympa, ce petit bistrot à l'ambiance relax sert de bonnes brochettes *yakitori* et *sukiyaki*, des pâtes, des sashimis et autres plats.

Junsei 南禅寺順正

Nanzen-ji (sur la route menant à l'entrée du temple, 100 m avant, à gauche), ✆ (075) 761 2311. 11h-19h30. Déployé sur plusieurs pavillons au sein d'un jardin, Junsei sert une cuisine bouddhiste végétarienne à base de tofu. On conseille le menu *yudofu* à 3000 ¥, qui inclut des plats de tofu, des tempuras de légumes, de la soupe et du riz.

▸ *Au nord-ouest et à Arashiyama (Plan I)*

Moins de 1500 ¥

Iwawo いわを

19 Tsukurimichi, Tenryu-ji, Arashiyama, ✆ (075) 861 3853. Tlj sf jeu. 11h-17h. Sur la rue principale, juste en face de l'entrée du Tenryu-ji. Fréquenté par les étudiants à l'heure du déjeuner, ce restaurant de *soba* (nouilles) est l'un des rares dans les parages à servir des menus corrects à prix décents.

De 3000 à 4000 ¥

Yudofu Saigen-in 西源院

13 Goryonoshita-cho, Ryoan-ji, Ukyo-ku, ✆ (075) 462 4742. 10h-1h. Dans le temple Ryoan-ji, ce restaurant avec une vue enchanteresse sur le jardin est réputé pour son *yufodu*, tofu bouilli aux légumes et garniture aux sept herbes. Formule conseillée à 3300 ¥.

Ikkyu 大徳寺一久

20 Daitokuji-mae, Murasakino, Kita-ku, ✆ (075) 493 0019. 12h-18h. Réserv. conseillée. Situé devant la porte sud-

est du Daitoku-ji, ce restaurant est le plus fameux de Kyoto pour la cuisine bouddhiste végétarienne. Depuis des lustres, c'est lui qui prépare les repas zen des prêtres du temple. Assis en tailleur sur un fin coussin, face au jardin, vous y goûterez des plats végétaliens (tofu, racines de lotus, riz) un peu frugaux mais artistiquement présentés. Menu déjeuner à 4000 ¥.

▸ *Ohara (Plan I)*

De 1000 à 3000 ¥

Seryo Jaya 芹生茶屋

22 Syorin-in-cho, ✆ (075) 744 2301. 11h-17h. Devant l'entrée du Sansen-in, à gauche. Les plats sont exposés en devanture et une carte est disponible en anglais. Le Seryo propose un très bon menu de *soba*, champignons et riz au bambou à 1000 ¥, et aussi des plats campagnards tels que truite et légumes de saison. L'endroit abrite aussi un beau *ryokan* dans le jardin.

Gyosan-en 魚山園

454 Raigo-in-cho, ✆ (075) 744 2321. 9h-17h. En face du Seryo, de l'autre côté de la rivière, une table de qualité, qui fait d'amusants menus *ajisaizen*, petits plats de sashimis, tofu au sésame, légumes saumurés servis dans une superbe boîte aux tiroirs en porcelaine. Propose aussi des menu sushis, nouilles au thé vert et tempuras de légumes, et divers *lunch bento* à des prix modiques.

Faire une pause

Salons de thé / Cafés - Kanoshojuhan, au sud du chemin de la Philosophie, à côté du sanctuaire Nyakuo-ji *(Plan II, D2)*, ✆ (075) 751 1077. Tlj sf merc. 10h-16h30. Cachée derrière une haie de bambou, une maison de thé traditionnelle et authentique, loin des cafés à touristes qui bordent la promenade. 1050 ¥ le thé vert, servi avec un petit gâteau.

☺ **Café Efish**, Kiyamachi-dori (à 50 m au sud de Gojo) *(Plan III, C1)*, ✆ (075) 361 3069. 11h-22h. Au bord de la rivière Kamo, un joli café design servant thé, café, jus de fruits, sandwichs et gâteaux. Agréable pour une pause en fin de journée.

Sortir, boire un verre

☺ Procurez-vous le ***Kansai Time Out***, www.kto.co.jp, qui publie les programmes culturels.

Bars / Discothèques - Le quartier des bars et clubs de nuit se situe sur **Kiyamachi-dori** *(Plan II, C2-3)*, une rue parallèle à Ponto-cho, entre Shijo-dori et Sanjo-dori. Les consommations tournent en général autour de 500 ¥. Un droit d'entrée peut être aussi exigé les soirs de concerts.

Spanish Harlem Latin Club, Reiho Bldg, B1F, 2 blocs au nord de Shijo, à l'ouest de Kiyamachi, au bord du petit canal *(Plan II, C3)*, ✆ (075) 212 1504. 19h-2h (w.-end 5h). Pour amateurs de latin jazz, salsa, *bachata*, etc. *Dance-floor* animé par un DJ ou des orchestres le w.-end.

A Bar, au 2F de l'adresse précédente, ✆ (075) 213 2129. 17h-0h. On se croirait dans la cabane de Jim le trappeur au Canada, avec ses murs en rondins de bois. Endroit jeune et décontracté, pour siroter bières et cocktails sur fond de musique rock-folk et électro.

Tadg's Irish Pub, Ohto Bldg, 2F, Nawate-dori (50 m au nord de Shijo) *(Plan II, C3)*, ✆ (075) 525 0680. 17h-0h. Bar à bière fréquenté par les Anglo-Saxons. Ambiance de beuverie un peu lourdingue, mais propice aux rencontres.

The Hill of Tara, Oike-dori (côté nord, 50 m à l'est de Kawaramachi) *(Plan II, B2)*, ✆ (075) 213 3330. 17h-0h. Sur deux étages, un pub irlandais chaleureux, élégant, qui sert une bonne cuisine de *fish & ships* et de la Guiness pression. Concerts de groupes celtiques les soirs du w.-end.

☺ **Yoramu**, Nijo-dori (près de Higashi-Notoin) *(Plan II, B2)*, ✆ (075) 213 1512. Tlj sf lun. 18h-0h. Fermé 1er dim. du mois. Fabuleux bar à sakés tenu par un Israélien fin connaisseur du Japon. Plus de soixante références, dont des sakés très anciens aux goûts incroyables de citron, vin rosé, prune ou café. Ambiance cosy et petits plats à grignoter.

Rag, Empire Bldg, 5F, Kiyamachi-dori (au nord de Sanjo) *(Plan II, C2)*, ✆ (075) 255 7273. 18h-4h. Un *live-bar* où se déroulent régulièrement des concerts jazz, rock, blues, funk et *world music*. Plusieurs autres bars ont élu domicile dans le même bâtiment, dont **Ace Cafe**, au 10F (2h-3h), un lieu agréable pour prendre un verre en début de soirée.

Pig & Whistle, Shobi Bldg, 2F, angle nord-ouest de Kawabata-dori et Sanjo *(Plan I, C3)*, ✆ (075) 761 6022. 17h-2h (w.-end 5h). Un pub anglais très convivial avec piano, fléchettes, grand écran pour les matchs sportifs et bière à gogo. Concerts parfois le w.-end.

☺ **Rub-a-Dub**, Kiyamachi-dori (presque au coin de Sanjo) *(Plan II, C2)*, ✆ (075) 256 3122. 19h-2h (w.-end 4h). En sous-sol, un minuscule et sympathique bar reggae, dans un décor exotique usé jusqu'à la corde. On y danse le w.-end sur des rythmes tropicaux chaloupés.

Zappa, Takoyakushi-dori (entre Kawaramachi et Kiyamachi) *(Plan II, B3)*, ✆ (075) 255 4437. Tlj sf dim. 18h-0h. Caché au fond d'une impasse, un bar intime à l'ambiance amicale, où l'on peut manger des petits plats indonésiens tout en buvant un cocktail.

Metro, angle Kawabata-dori et Marutamachi, au sous-sol de la station Keihan Marutamachi, sortie n° 2 *(Plan I, C3)*, ✆ (075) 725 4765. 22h-5h. Entrée env. 2 000 ¥. La plus célèbre discothèque de Kyoto. Presque chaque soir y a lieu un événement différent, soirées techno, *house*, *groove*, *ska*, disco, etc.

Danse - Chaque année, au printemps et à l'automne, les geishas et *maiko* (apprenties geishas) des cinq écoles de Kyoto donnent des spectacles de danse *(odori)* très colorés, où elles apparaissent parées de leurs plus belles coiffes et de leurs chatoyants kimonos. Les représentations ont lieu plusieurs fois dans l'après-midi, et les prix des places varient de 1 650 à 6 000 ¥. Renseignez-vous plus en détail auprès de votre hôtel ou de l'office de tourisme *(voir p. 295)*.

Le **Miyako Odori** ouvre la saison, du 1er au 30 avr., au Gion Kobu Kaburen-jo Theater, Hanamikoji-dori *(Plan I, C3)*, ✆ (075) 541 3391. Le **Kyo Odori** se déroule, du 1er au 3e dim. d'avr., au Miyagawa-cho Kaburen-jo Theater, Miyagawasuji, ✆ (075) 561 1151. Le **Kitano Odori** prend place, du 15 au 25 avr., au Kamishichiken Kaburen-jo Theater, Imadegawa-dori (à l'est du sanctuaire Kitano Tenmangu) *(Plan I, B2)*, ✆ (075) 461 0148. Le **Kamogawa Odori** a lieu, du 1er au 24 mai, et du 15 oct. au 7 nov., au Pontoncho Kaburen-jo Theater, Pontocho-dori *(Plan II, C2)*, ✆ (075) 221 2025. Le **Gion Odori** boucle la saison, du 3 au 12 nov., au Gion Kaikan Theater, près du sanctuaire Yasaka *(Plan II, C3)*, ✆ (075) 561 0224.

À défaut, il est possible d'assister toute l'année aux représentations du **Gion Corner**, Yasaka Hall, Hanamikoji-dori *(Plan II, C3)*, ✆ (075) 561 1119. Outre les danses des *maiko*, les séances (19h et 20h, durée 1h, 2 800 ¥) incluent des démonstrations d'*ikebana* (art floral), *gagaku* (musique de cour), bunraku (marionnettes) et *kyogen* (théâtre comique). Conçu pour les touristes de passage, l'ensemble ne délivre malgré tout qu'un piètre aperçu de ces arts.

Théâtre - Le kabuki a son temple dans le superbe **Minami-za Theater**, Shijo-Ohashi *(Plan II, C3)*, ✆ (075) 561 1155, la plus ancienne scène du genre au Japon. Durant le festival Kaomise, du 1er au 25 déc., les meilleurs acteurs du pays s'y produisent. Le reste de l'année, la programmation est irrégulière. Renseignez-vous à l'office de tourisme *(voir p. 295)*.

Pour le nô, rendez-vous au **Kanze Kaikan**, Niomon-dori (en face du musée d'Art moderne) *(Plan III, C2)*, ✆ (075) 771 6114. Plusieurs représentations le w.-end (à partir de 2 500 ¥). Les 1er et 2 juin, de 17h30 à 21h, a lieu également le **Takigi-Nô**, réprésentation de nô à la lueur des flambeaux, dans le sanctuaire Heian *(Plan II, C2)*. Renseignements, ✆ (075) 761 3889.

Loisirs

Visites guidées - **JTB Sightseeing Tours**, ✆ (075) 341 1413, www.jtbgmt.com/sunrisetour, organise un grand nombre de tours guidés en bus avec guide anglophone sur Kyoto (5300 ¥ la demi-journée) et aussi vers Nara, Osaka, Ise, Himeji et Kobe, Hikone, Koya-san. Formule intéressante pour visiter Tokyo ou Hiroshima à prix réduits au départ de Kyoto : le « Shinkansen Tour ». Pour Hiroshima : 20000 ¥/2 j., train Nozomi AR et nuit d'hôtel inclus.

Johnnie Hillwalker, ✆ (075) 622 6803, mène des balades guidées à pied, en anglais, tous les lun., merc. et vend., de 10h30 à 14h30 (2000 ¥/pers.). Au programme : temples, sanctuaires, jardins, vieux quartiers et ateliers d'artisans.

Doi Taxi, ✆ 090 9596 5546, chauffeur de taxi parlant anglais, propose ses services pour vous guider dans Kyoto. 4400 ¥/h. Service similaire avec **Yasaka Taxi**, ✆ (075) 842 1214.

Vous pouvez aussi bénéficier des services gratuits (hors des frais de transport et de repas, à votre charge) d'un guide bénévole parlant anglais en réservant une semaine à l'avance auprès du **S.G.G Club**, ✆ (075) 861 0540.

Sento - Allez faire trempette dans ces reliques des temps anciens que sont les *sento* (bains publics) de quartier, qui, outre la détente que cela procure, constituent une expérience mémorable. Si hommes et femmes ont leur partie réservée, la pudeur est laissée au vestiaire, les Japonais n'étant pas troublés par la nudité. La plupart des *sento* comprennent bains chauds, bains « électriques » (pour décontracter les muscles) et bains aux herbes médicinales.

Shomen-Yu, Shomen-dori, Sayamachi agaru, ✆ (075) 561 3232. Tlj sf mar. 14h30-1h. 370 ¥. Grand *sento* sur trois étages, avec sauna, bains chaud, froid, aux herbes et extérieur.

Hakusan-Yu, Shinmachi-dori, Rokujo sagaru (à 50 m au nord du temple Higashi Hongan-ji) *(Plan III, B1)*, ✆ (075) 351 2733. Tlj sf merc. 15h-23h. 370 ¥. *Sento* tout neuf. Bain extérieur côté femmes, bain aux herbes, sauna, Jacuzzi. L'un des meilleurs de Kyoto.

Goko-Yu, Kuromon-dori, Gojo agaru, ✆ (075) 841 7321. Tlj sf lun. 14h30-0h. Fermé 3e mar. du mois. 370 ¥. Beaucoup d'espace également dans ce *sento* sur deux étages, qui comprend un grand sauna, un Jacuzzi, des bains aux herbes et extérieur.

Méditation - Le temple **Kennin-ji**, au sud de Gion *(Plan II, C3)*, ✆ (075) 561 6363, organise des séances de *zazen* de 8h à 10h les 2e dim. du mois. Le **Myoshin-ji**, au nord-ouest de la ville *(Plan I, B2)*, ✆ (075) 463 3121, propose une nuit complète de méditation, de 17h à 9h, tous les sam. Au **Nanzen-ji**, au nord-est *(Plan I, D4 en dir.)*, ✆ (075) 771 0365, séances de 6h à 7h, les 2e et 4e dim. du mois. Au **Ryosen-an**, dans l'enceinte du Daitoku-ji *(Plan I, B1)*, ✆ (075) 491 0543, séance tous les matins sf lun. et mar., de 7h à 8h. Réservez à l'avance.

Fêtes et festivals

Des centaines de festivals ont lieu durant l'année à Kyoto, dont voici les principaux. Consultez les informations données chaque mois dans le gratuit ***Kyoto Visitor's Guide***, disponible à l'office de tourisme *(voir p. 295)*.

Aoi Matsuri (15 mai) : ce festival, qui remonte à l'époque Nara, était à l'origine un rituel de purification shinto. C'est aujourd'hui l'une des trois grandes fêtes populaires de Kyoto. Une vaste procession de figurants en costume de l'ère Heian, accompagnés de chars d'époque, quitte le Palais impérial pour le Shimogamo-jinja, où a lieu la première cérémonie, puis le Kamigamo-jinja, où se tient la seconde.

Mifune Matsuri (3e dim. de mai) : à Arashiyama, 30 bateaux chargés de personnages en costumes de cour de l'ère Heian descendent la rivière Oi.

Gion Matsuri (17 juil.) : ce spectaculaire festival, qui dure tout le mois de juil., culmine lors de la grande parade du 17, à l'origine une procession contre la peste de 869. Une trentaine de chars, décorés de fleurs et de tentures bariolées, défilent à travers les rues de Gion du sanctuaire Yasaka, au son des tambours et des flûtes. La veille, les rues sont illuminées de lanternes et envahies par une foule joyeuse.

Daimon-ji Yaki (16 août) : en hommage à la mémoire des ancêtres, de grands feux sont allumés sur les sommets des cinq collines qui entourent la ville, traçant les motifs de symboles bouddhistes.

Jidai Matsuri (22 oct.) : la fête commémore la création de la capitale impériale en 794. Un solennel cortège, qui réunit 2000 personnes en costumes de différentes époques, marche du Palais impérial au sanctuaire Heian.

Kurama-no-Himatsuri (22 oct.) : le même soir, dans le village de Kurama, au nord de Kyoto, des hommes en tenue d'anciens guerriers paradent en brandissant d'énormes torches enflammées dans les rues juqu'au Yuki-jinja.

Achats

Shopping - 100 Yen Shops. Ces cavernes d'Ali Baba appréciées des étrangers, où l'on déniche plein de petits trucs utiles, ingénieux ou parfaitement superflus à 100 ¥/pce, sont nombreuses à Kyoto. Vous en trouverez une au 2F de la Kyoto Tower (en face de la gare) *(Plan III, B1)*, et deux autres dans l'arcade Teramachi (au nord de Nishiki-koji) *(Plan II, B2-3)*.

Électronique - Naniwa Camera, angle Shijo-dori et Fuyacho *(Plan II, B3)*, ✆ (075) 222 0728. 10h-19h. Un emporium de l'électronique, hi-fi, photo, vidéo et informatique, à prix concurrentiels.

Spécialités culinaires - Shichimiya, angle Sannenzaka et Kiyomizu-michi *(Plan I, C3)*, ✆ (075) 551 0738. 9h-18h. Depuis l'époque des samouraïs, une adresse très réputée pour ses poivres et ses épices, dont le fameux *shichimi-togarashi*, mélange de poivre rouge et de six épices, qui parfume à merveille les viandes, fromages et autres plats.

Funahashiya, Sanjo Ohashi, Nishizume *(Plan II, C2)*, ✆ (075) 221 2673. 9h-21h. Juste au coin du pont de Sanjo, sur la rive ouest, ne manquez pas cette boutique à l'ancienne experte dans les crackers de riz soufflé. Emballés dans de jolies boîtes en bois ou en papier fait main, ils font des cadeaux sympa.

Thé - Horaido, Teramachi Arcade (au nord de Shijo) *(Plan II, B2-3)*, ✆ (075) 221 1215. 10h-21h. Cette boutique vend exclusivement des thés d'Uji, considérés comme les plus fins du Japon, et aussi tous les ustensiles nécessaires à la cérémonie du thé, des bols et théières. Des notices en anglais expliquent les différentes catégories de thé.

Ippodo, Teramachi-dori (à 20 m au nord de Nijo-dori) *(Plan II, B2)*, ✆ (075) 211 3421. 11h-19h. Belle boutique ancienne de thé (*sencha*, *matcha*, *ujishimizu*, etc.) qui comprend aussi un coin salon pour la dégustation. Une brochure en anglais explique les différentes méthodes de préparation des thés japonais.

Artisanat - Kyoto Craft Center, Shijo-dori (près du sanctuaire Yasaka) *(Plan II, C3)*, ✆ (075) 561 9660. Tlj sf merc. 11h-19h. Dans un cadre moderne et bien présenté, on y trouve à peu près tout l'artisanat traditionnel de Kyoto : éventails, sacs, laques, encens, céramiques, tissus, papiers, verreries, etc. Bonne qualité et prix corrects. Idéal pour les cadeaux-souvenirs.

Kintakedo, Shijo-dori (à l'ouest de Kawabata-dori) *(Plan I, C3)*, ✆ (075) 561 7868. Tlj sf jeu. 10h-20h. Officine spécialisée dans les peignes et broches à cheveux des coiffes des geishas. En nacre, en bois ou corne, des petites pièces de collection.

Miyawaki, angle Rokkaku-dori et Tomino-koji *(Plan II, B2)*, ✆ (075) 221 0181. 9h-19h. Depuis 1823, Miyawaki fabrique de superbes éventails, accessoires indispensables des élégantes Japonaises (on dit qu'elles les utilisaient déjà à la Cour à l'époque Nara). En soie, en papier, en bois, en nacre, en laque, pliables ou d'un seul tenant… sur deux étages, le choix des modèles et coloris est pléthorique.

Kyukyodo, angle Teramachi-dori et Aneya-koji *(Plan II, B2)*, ✆ (075) 231 0510. Tlj sf dim. 10h-18h. Maison spécialisée dans les encens parfumés (bois de santal, rose, aloès, etc.), les brûle-parfums, les encres et pinceaux pour la calligraphie. On y trouve aussi une jolie sélection de papiers japonais et de cartes postales.

Miura Shomei, Shijo-dori (près du sanctuaire Yasaka) *(Plan II, C3)*, ☎ (075) 561 2816. Tlj sf dim. 10h-20h. Magasin de lanternes en papier de riz, traditionnelles ou modernes, de lampes en bambou, bronze ou pierre. Il édite notamment les célèbres lampes de Noguchi Isamu. Possibilité d'envoi par colis.

Kagoshin, Sanjo-dori (à 50 m à l'ouest de Higashi-Oji) *(Plan II, C2)*, ☎ (075) 771 0209. Lun. 14h-18h, mar.-dim. 9h-18h. Le bambou est ici roi. Fondé en 1862, la maison en utilise une cinquantaine de variétés, dont elle fait principalement des paniers, mais aussi des baguettes, plats, corbeilles.

Papier - Susuki Shofudo, Yanaginobanba (au nord de Takoyakushi) *(Plan II, B2-3)*, ☎ (075) 241 3030. 9h-20h. Magasin versé dans les *washi*, papiers japonais. Boîtes, étuis, papier d'emballage, papier à lettres ou pour les cloisons, etc.

Antiquités / Estampes - Daishodo, Teramachi Arcade (au nord de Nishiki-koji) *(Plan II, B2-3)*, ☎ (075) 221 0685. Tlj sf merc. 11h-20h. Sur deux étages, un grand choix de gravures anciennes et d'*ukiyo-e* (estampes originales ou copies). Les prix varient de 1 000 à 100 000 ¥ selon la qualité et la rareté.

☺ **Nishiharu**, Teramachi Arcade (à l'angle de Sanjo-dori) *(Plan II, B2-3)*, ☎ (075) 211 2849. 14h-19h. M. Tohru Sekigawa, l'honorable propriétaire, reçoit ses clients dans une minuscule pièce tatamis, où il dévoile ses piles d'*ukiyo-e* d'époque Edo et Meiji, rien que des originaux certifiés. C'est la plus vieille boutique du genre à Kyoto, et de loin la meilleure. Estampes à partir de 10 000 ¥.

Si vous aimez chiner, explorez les boutiques très chic de **Shinmonzen-dori** *(Plan II, C3)*, la rue des antiquaires de Kyoto, dans le quartier Shinbashi. On trouve aussi un bon choix d'antiquités, poteries, laques et objets de brocantes un peu moins chers au **Kyoto Antiques Center**, Teramachi-dori (au nord de Nijo-dori) *(Plan II, B2-3)*, ☎ (075) 222 0793. Tlj sf mar. 10h30-19h. Une vingtaine de boutiques y sont réunies. Pour la brocante de grenier, le grand **marché aux puces** qui se tient, tous les 21 du mois, au temple To-ji *(Plan III, A2-3)*, au sud de Kyoto, est l'endroit où aller.

Kimonos - Kikuya, Manjuji-dori (entre Sakaimachi et Yanaginobanba) *(Plan II, B2-3)*, ☎ (075) 351 0033. Tlj sf dim. 9h-19h. Magasin spécialisé dans les kimonos anciens et d'occasion. Prix raisonnables.

Mimuro, Matsubara-dori (à l'est de Karasuma) *(Plan II, B3)*, ☎ (075) 344 1220. 10h-18h30. Sur cinq étages, un grand magasin entièrement dédié aux kimonos : près de 50 000 modèles ! Vous y trouverez forcément votre bonheur, depuis les *yukata* de coton à 1 000 ¥ jusqu'aux kimonos de mariage à 3 000 000 ¥ !

Mode - Moohoop, angle Teramachi Arcade et Nishiki-koji *(Plan II, B3)*, ☎ (075) 253 1830. 11h-20h. Vaste boutique de fringues et accessoires *streetwear* pour se faire un look rappeur, skateur ou de Lolita nippone.

☺ **Aizenkobo**, Nakasuji Omiya-nishi, Kamikyo-ku, ☎ (075) 441 0355. 10h-17h30, w.-end sur RV. L'indigo naturel, issu de la fermentation des feuilles d'indigotier, sert encore à teindre les habits des artisans ruraux du Japon. Depuis déjà dix-sept générations, la famille Utsuki s'emploie à la fabrication de tissus en indigo naturel. Leur atelier-boutique, sis dans une superbe *machiya* du quartier de Nishijin, expose de somptueux tissus en batik *(shibori)* sous forme de couvertures, taies, foulards, chemises, kimonos, etc. Prix élevés, justifiés par la qualité du travail. Vend aussi de l'huile de camélia pour la peau.

Décoration - De meilleure qualité que les 100 ¥ Shops, la boutique **3 Coins**, Teramachi Arcade (entre Takoyakushi et Rokkaku) *(Plan II, B3)*, ✆ (075) 222 8731. 10h-21h. Elle regorge d'excellents articles pour la maison et d'accessoires dans le style Muji à 300 ¥/pce.

Librairies - **Book Pal**, Karasuma-dori (à l'angle de Sanjo) *(Plan II, B2)*, ✆ (075) 212 5050. Lun.-sam. 9h-23h, dim. 10h-22h. Comporte un rayon bien fourni de livres en anglais. Même chose chez **Avanti Book Center**, Avanti Bldg, 6F, au sud de Kyoto Station *(Plan III, B2)*, ✆ (075) 671 8987. 10h-21h.

HISTOIRE

Désireux de s'affranchir de la pression des sectes bouddhistes de Nara, l'empereur Kammu fait transférer sa capitale en 794 à Kyoto, alors baptisée « *Heian-kyo* », la « capitale de la Paix ». Dessinée sur le modèle chinois, la ville forme un quadrilatère de 4 km de côté, avec de larges avenues se coupant à angle droit. Durant la période Heian (794-1185), alors que s'épanouit autour de la Cour l'activité culturelle et commerciale, la vie politique est marquée par l'ascension du clan Fujiwara, qui parvient à prendre le contrôle du pouvoir et à noyauter la famille impériale.

Les régents Fujiwara ne peuvent néanmoins éviter l'aggravation des luttes d'influence entre les factions, qui débouchent sur une guerre ouverte entre les clans Taira et Minamoto. Vainqueurs, ces derniers établissent, en 1185, leur siège à Kamakura, d'où ils administrent le Japon. À partir de l'époque Muromachi (1336-1573), les shoguns Ashikaga, adeptes du bouddhisme zen, rétablissent Kyoto comme centre du pouvoir, où ils entretiennent une cour brillante. L'un d'eux, Yoshimitsu, ordonne la construction du Kinkaku-ji, le pavillon d'Or, en 1397.

Mais au milieu du 15e s., la capitale est de nouveau en proie aux guerres civiles, à l'anarchie et aux pillages. Le désordre règne durant près d'une siècle, jusqu'à la prise de la ville par Oda Nobunaga en 1568. Son successeur, le général Toyotomi Hideyoshi, restaure la splendeur artistique de Kyoto. En 1603, les Tokugawa transfèrent le siège du shogunat à Edo, mais Kyoto n'en reste pas moins la capitale impériale jusqu'en 1868, quand l'empereur Meiji décide de s'installer à Tokyo.

Épargnée par les bombardements au cours de la Seconde Guerre mondiale, Kyoto est restée la gardienne des traditions et du patrimoine artistique du pays. Aujourd'hui, malgré sa modernisation galopante, elle abrite 20 % des Trésors nationaux et dix-sept sites classés au Patrimoine mondial de l'Unesco.

VISITE DE LA VILLE

Kyoto recèle tant de trésors qu'il est exclu de tout voir, vous risqueriez l'overdose. Organisez vos journées par secteurs géographiques et, si votre temps est compté, utilisez les taxis et limitez-vous aux sites majeurs. Alternez les temples et musées avec des flâneries dans les ruelles et jardins, du shopping, la visite d'ateliers d'artisans et des excursions dans les environs.

AUTOUR DE LA GARE

Comptez une journée.

Kyoto Station★

京都駅

(Plan III, B2)

Cette gare futuriste, construite en 1997 par l'architecte Hara Hiroshi, à l'occasion du 1 200e anniversaire de Kyoto, tranche par sa stupéfiante audace sur l'urbanisme traditionnel de la ville. Derrière une façade cubique de verre et d'acier, son hall principal, surplombé d'une verrière aux lignes aérodynamiques, évoque une vaste cathédrale à ciel ouvert. L'aile droite de l'*atrium* abrite un hôtel de luxe et une salle de spectacles. L'aile gauche, dont les quinze étages sont occupés par des galeries commerciales, des bureaux, et par le grand magasin Isetan, est traversée par un long escalier

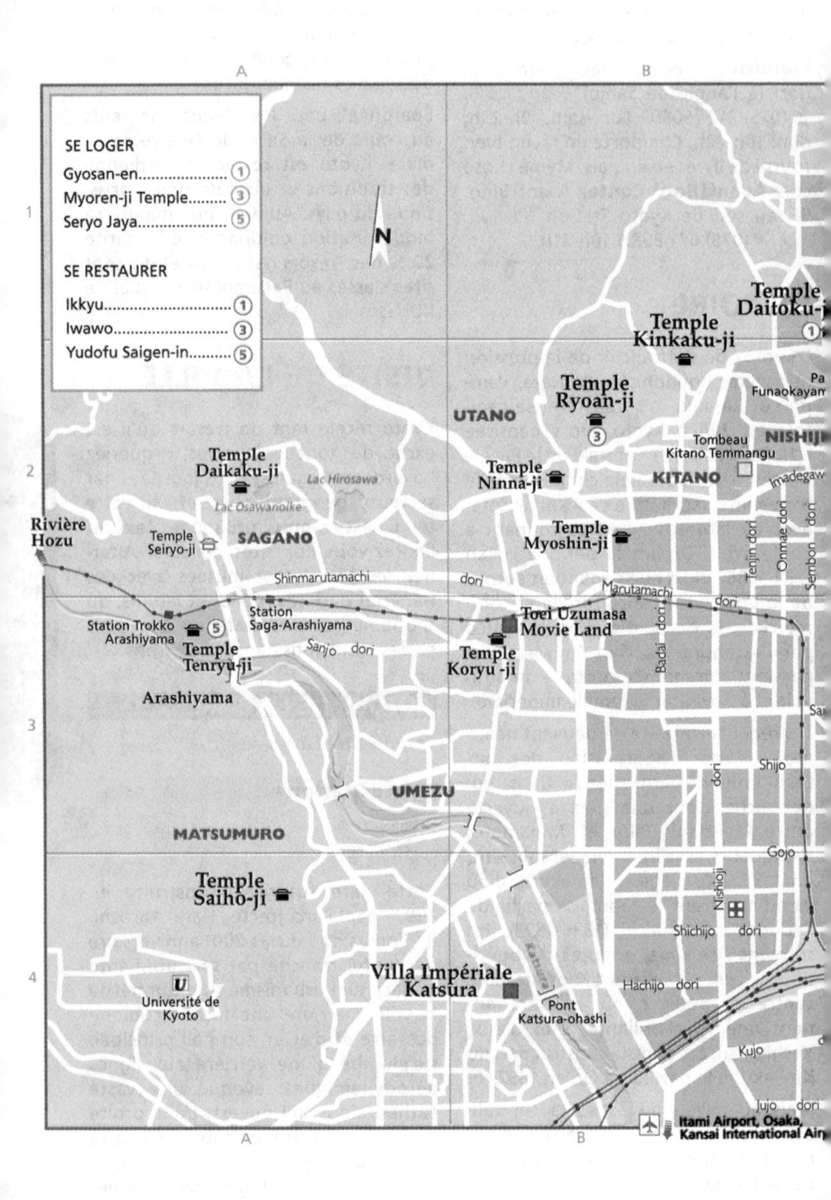

SE LOGER
Gyosan-en.................... 1
Myoren-ji Temple......... 3
Seryo Jaya.................... 5
SE RESTAURER
Ikkyu.............................. 1
Iwawo............................ 3
Yudofu Saigen-in.......... 5
N
Temple Daitoku-j
Temple Kinkaku-ji
Temple Ryoan-ji
UTANO
Funaokayam
NISHIJI
Tombeau Kitano Temmangu
KITANO
Temple Ninna-ji
Temple Daikaku-ji
Lac Hirosawa
Lac Osawanoike
Rivière Hozu
Temple Seiryo-ji
SAGANO
Temple Myoshin-ji
Shinmarutamachi dori
Marutamachi dori
Imadegaw
Tenjin dori
Onmae dori
Sembon dori
Station Trokko Arashiyama
Station Saga-Arashiyama
Toei Uzumasa Movie Land
Temple Tenryu-ji
Sanjo dori
Temple Koryu -ji
Badai dori
Arashiyama
Shijo dori
UMEZU
MATSUMURO
Gojo
Temple Saiho-ji
Nishioji
Shichijo dori
Villa Impériale Katsura
Katsura
Hachijo dori
Université de Kyoto
Pont Katsura-ohashi
Kujo
Jujo dori
Itami Airport, Osaka, Kansai International Air

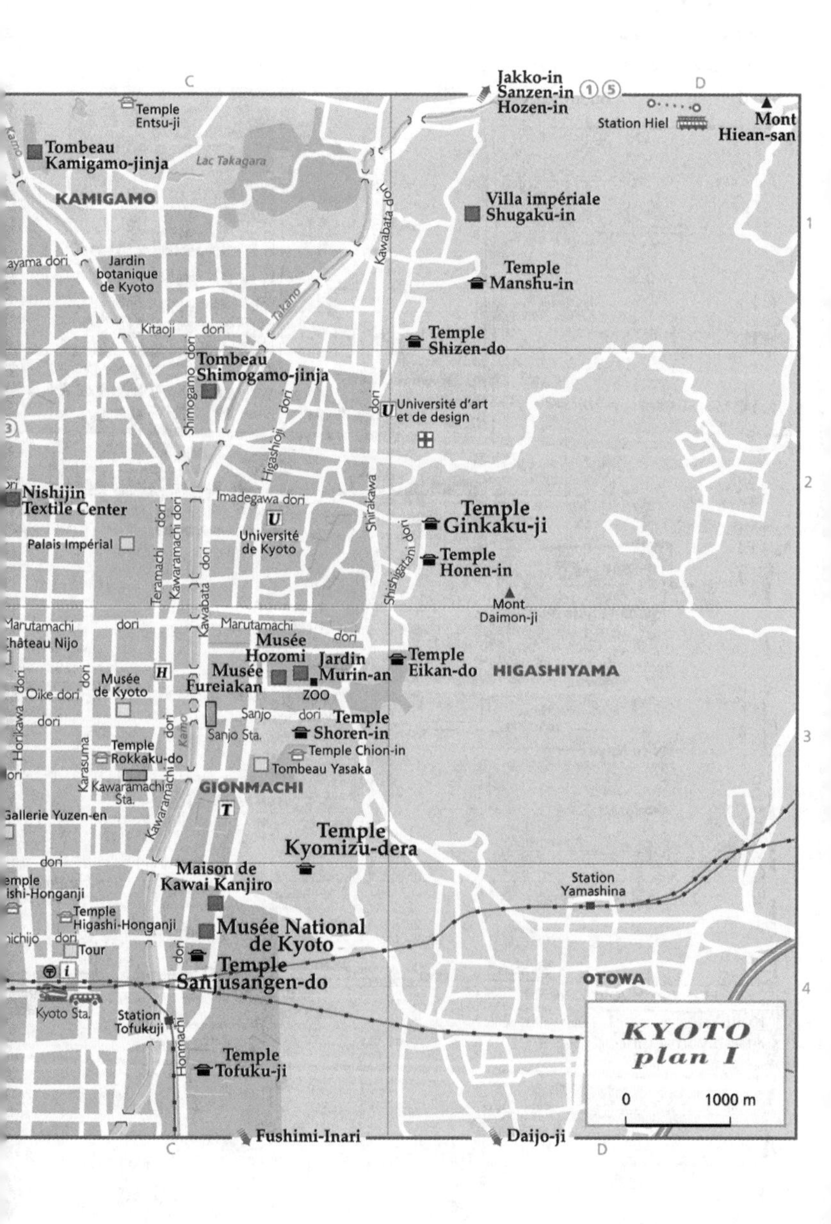

KYOTO
plan I
0
1000 m
Jakko-in
Sanzen-in
Hozen-in
Station Hiel
Mont
Hiean-san
Temple
Entsu-ji
Tombeau
Kamigamo-jinja
Lac Takagara
KAMIGAMO
Villa impériale
Shugaku-in
Jardin
botanique
de Kyoto
Temple
Manshu-in
Kitaoji dori
Temple
Shizen-do
Tombeau
Shimogamo-jinja
Université d'art
et de design
Nishijin
Textile Center
Imadegawa dori
Temple
Ginkaku-ji
Palais Impérial
Université
de Kyoto
Temple
Honen-in
Mont
Daimon-ji
Marutamachi dori
Château Nijo
Musée
Hozomi
Jardin
Murin-an
Temple
Eikan-do
HIGASHIYAMA
Musée
Fureiakan
Musée
de Kyoto
Oike dori
ZOO
Sanjo dori
Temple
Shoren-in
Sanjo Sta.
Temple
Rokkaku-do
Temple Chion-in
Tombeau Yasaka
Kawaramachi
Sta.
GIONMACHI
Gallerie Yuzen-en
Temple
Kyomizu-dera
Maison de
Kawai Kanjiro
Station
Yamashina
Temple
Higashi-Honganji
Musée National
de Kyoto
Tour
Temple
Sanjusangen-do
OTOWA
Kyoto Sta.
Station
Tofukuji
Temple
Tofuku-ji
Fushimi-Inari
Daijo-ji

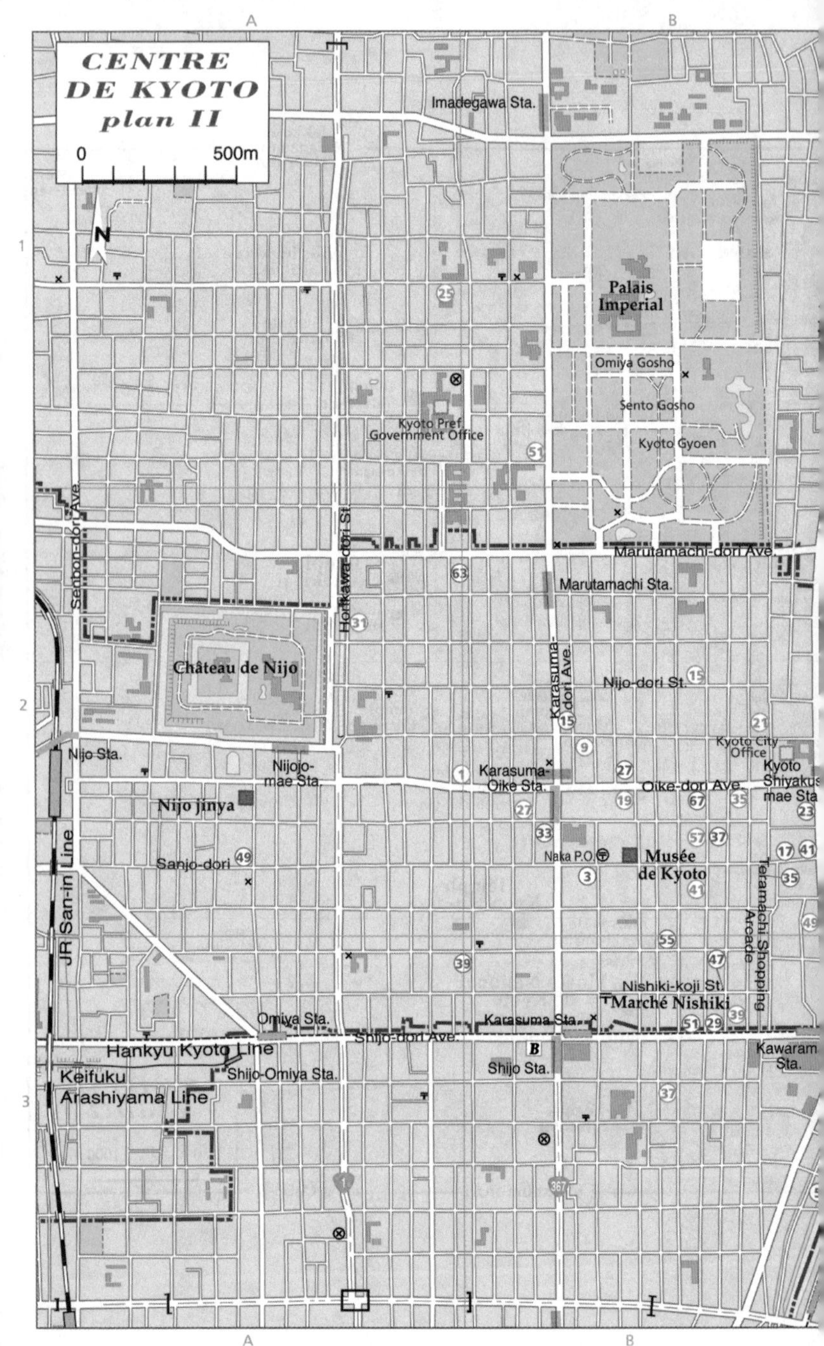

CENTRE
DE KYOTO
plan II
0
500m
N
A
B
1
2
3
Imadegawa Sta.
Palais Imperial
Omiya Gosho
Sento Gosho
Kyoto Gyoen
Kyoto Pref. Government Office
Marutamachi-dori Ave.
Marutamachi Sta.
Senbon-dori Ave.
Horikawa-dori St.
Château de Nijo
Karasuma-dori Ave.
Nijo-dori St.
Kyoto City Office
Kyoto Shiyakusho-mae Sta.
Nijo Sta.
Nijojo-mae Sta.
Karasuma-Oike Sta.
Oike-dori Ave.
Nijo jinya
Sanjo-dori
Naka P.O.
Musée de Kyoto
Teramachi Shopping Arcade
JR San-in Line
Nishiki-koji St.
Marché Nishiki
Omiya Sta.
Karasuma Sta.
Shijo-dori Ave.
Hankyu Kyoto Line
Shijo-Omiya Sta.
Shijo Sta.
Kawaramachi Sta.
Keifuku Arashiyama Line

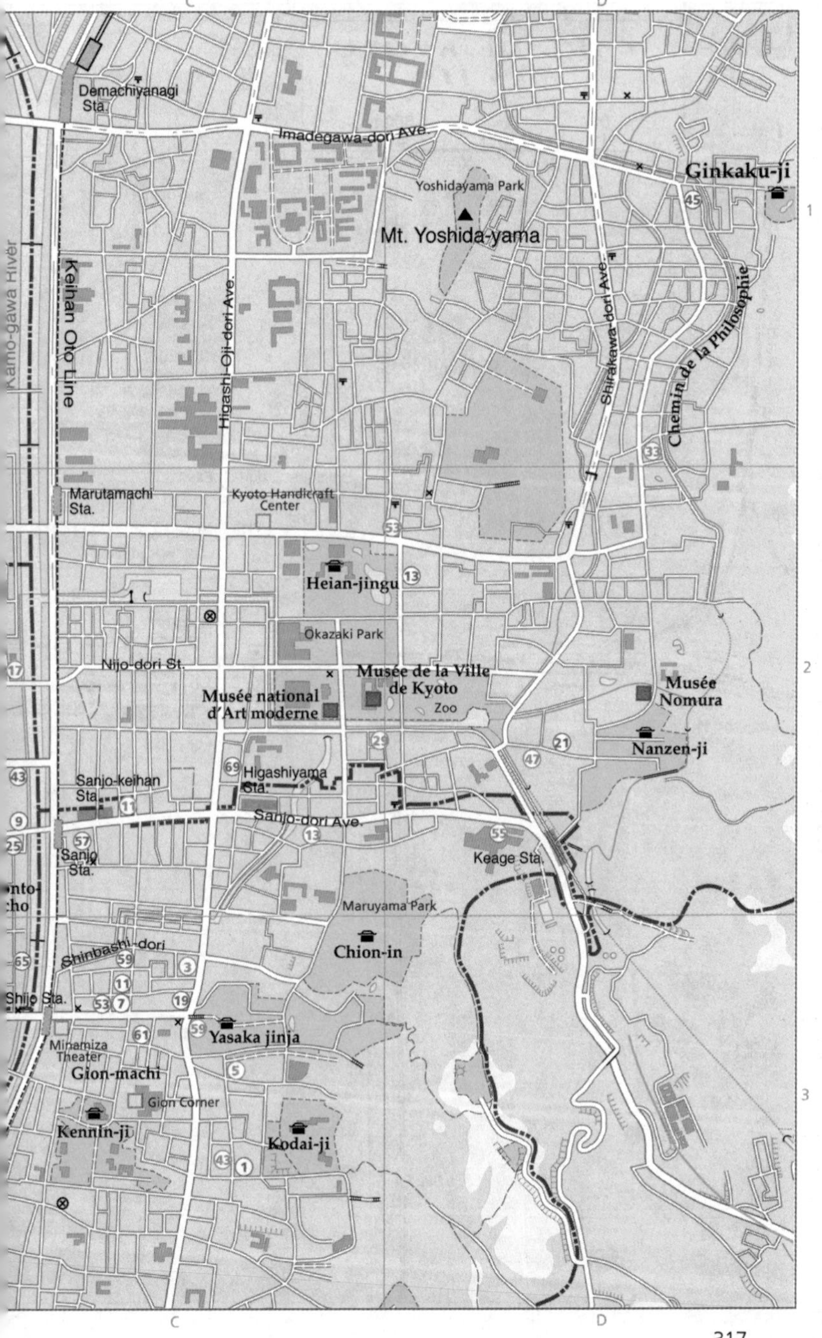
C
D
Demachiyanagi Sta.
Imadegawa-dori Ave.
Ginkaku-ji
Yoshidayama Park
Mt. Yoshida-yama
Kamo-gawa River
Keihan Oto Line
Higashi-Oji-dori Ave.
Shirakawa-dori Ave.
Chemin de la Philosophie
Marutamachi Sta.
Kyoto Handicraft Center
Heian-jingu
Okazaki Park
Nijo-dori St.
Musée de la Ville de Kyoto
Zoo
Musée national d'Art moderne
Musée Nomura
Nanzen-ji
Sanjo-keihan Sta.
Higashiyama Sta.
Sanjo-dori Ave.
Sanjo Sta.
Keage Sta.
Maruyama Park
Chion-in
Shinbashi-dori
Shijo Sta.
Yasaka jinja
Minamiza Theater
Gion-machi
Gion Corner
Kennin-ji
Kodai-ji
1
2
3

GARE DE KYOTO
plan III
0
500m
A
B
1
2
3
N
Tambaguchi Sta.
JR San-in Line
Gojo Sta.
Karasuma-dori Ave.
Omiya-dori Ave.
Nishi-Hongan-ji
Horikawa-dori St.
Nishinotoin-dori St.
Higashi-Hongan-ji
Shichijo-dori Ave.
Platz Kintetsu
Kyoyo Tower
Ume-Koji Park
Kyoto Central P.O.
Kyoto Sta.
Isetan
Avanti
To-ji
Kintetsu Kyoto Line
Toji Sta.
Kujo-dori Ave.
Kujo Sta.
Tonoda Park
Jujo Sta.
Jujo-dori Ave.

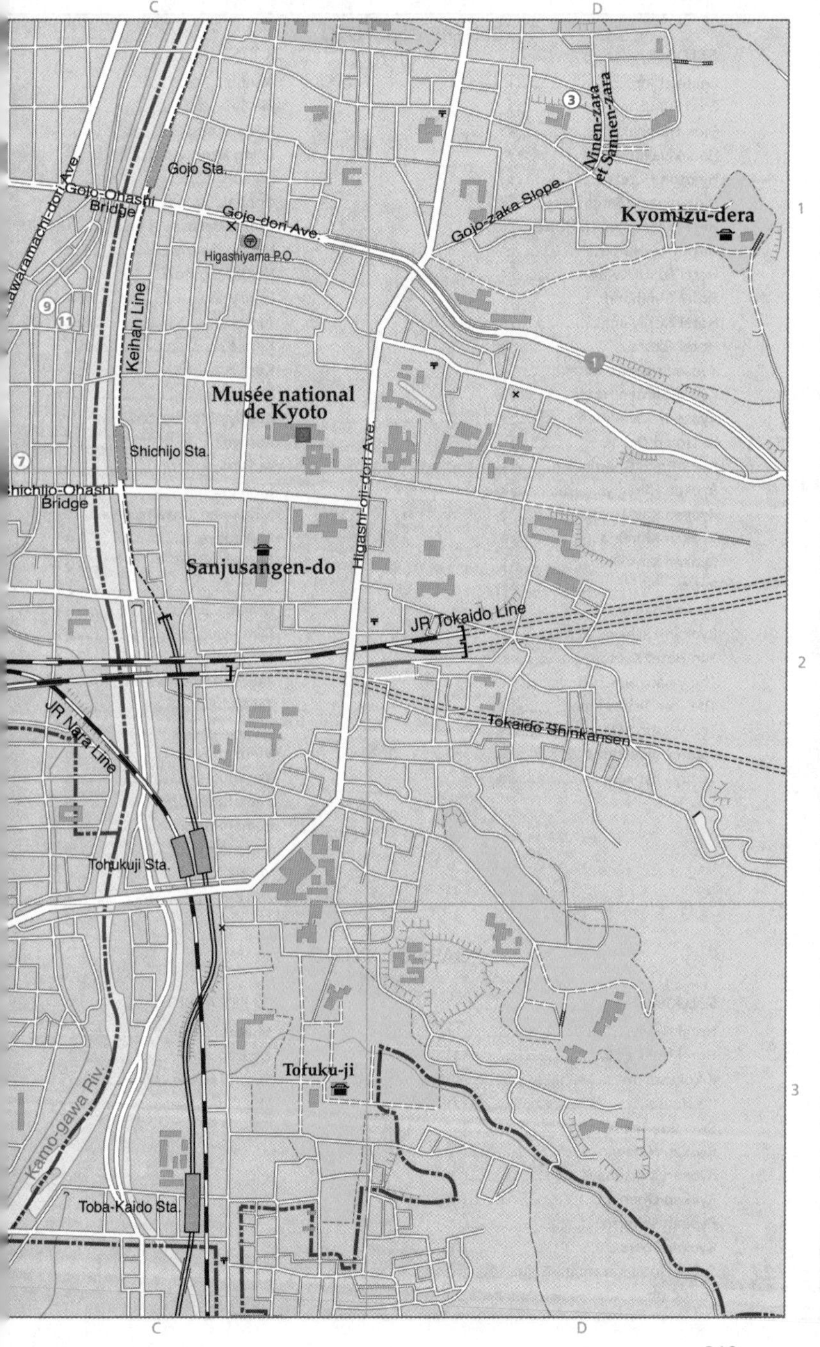
C
D
Gojo Sta.
Kawaramachi-dori Ave.
Gojo-Ohashi Bridge
Gojo-dori Ave.
Higashiyama P.O.
Gojo-zaka Slope.
Ninen-zaka et Sannen-zaka
Kyomizu-dera
Keihan Line
Musée national de Kyoto
Shichijo Sta.
Shichijo-Ohashi Bridge
Higashi-oji-dori Ave.
Sanjusangen-do
JR Tokaido Line
JR Nara Line
Tokaido Shinkansen
Tohukuji Sta.
Tofuku-ji
Kamo-gawa Riv.
Toba-Kaido Sta.
1
2
3

CENTRE DE KYOTO
plan II

SE LOGER

Chatelet Inn ... 1
Gion Fukuzumi ... 3
Gion Hatanaka ... 5
Hanakiya Inn ... 7
Hearton Hotel ... 9
Higashiyama Sanjo Hotel ... 11
Higashiyama Youth Hostel ... 13
Hirota Guesthouse ... 15
Hotel Fujita Kyoto ... 17
Hotel Gimmond ... 19
Hotel Nishiyama ... 21
Hotel Okura ... 23
Kyoto Brighton Hotel ... 25
Kyoto Garden Hotel ... 27
Kyoto Traveler's Inn ... 29
Le Lion d'Or ... 31
Roku-Roku Guesthouse ... 33
Ryokan Hiiragiya ... 35
Ryokan Kawashima ... 37
Ryokan Kinmata ... 39
Ryokan Kinsuikan ... 41
Ryokan Rikiya ... 43
Ryokan Sawai ... 45
Ryokan Yachiyo ... 47
Sun Hotel Kyoto ... 49
The Palace Side ... 51
The Tree Sisters Inn ... 53
The Westin Miyako ... 55
Tommy Rich Inn ... 57
Yuzuya Ryokan ... 59

SE RESTAURER

Aunbo ... 1
Bio-Tei ... 3
Bussaracan ... 5
Ching Ming ... 7
Ganko ... 9
Gonbe ... 11
Grill Kodakara ... 13
Honke Owariya ... 15
Honke Tagoto ... 17
Izuju ... 19
Junsei ... 21
Kerala ... 23
Koshin ... 25
Kushikura ... 27
Kushiya Monogatari ... 29
Kushya ... 31
La Papaye verte ... 33
Mishima-Tei ... 35
Misoka-an Kawamichiya ... 37
Mukadeya ... 39
Musashi Sushi ... 41
Oiwa ... 43
Omen ... 45
O-mo-ya ... 47
Sarashina ... 49
Tagoto Mei-getsu-an ... 51
Taj Mahal ... 53
Tosai ... 55
Vietnam Frog ... 57
Yagenbori ... 59
Yamafuku ... 61
Yamatomaru ... 63
Yamatomi ... 65
Yoshikawa ... 67
Zen Zen Ya ... 69

GARE DE KYOTO
plan III

SE LOGER

Hotel Granvia ... 1
Hotel Hokke Club ... 3
Kikokuso Inn ... 5
K's House ... 7
Riverside Takase ... 9
Ryokan Hiraiwa ... 11
Ryokan Matsubaya ... 13
Ryokan Ohanabo ... 15
Ryokan Shimizu ... 17
Ryokan Towa ... 19
Super Hotel Karasuma-Gojo ... 21
Tour Club ... 23

SE RESTAURER

Musashi Sushi ... 1
Okutan ... 3
Second House ... 5
The Cube ... 7

mécanique conduisant à un jardin suspendu en terrasse et à une promenade aérienne, d'où s'offre une **vue★** panoramique sur la ville.

To-ji★★

東寺

(Plan III, A2-3)

À 15mn à pied au sud-ouest de la gare. Kintetsu Line, Toji Station; bus nos 202, 207, 208. 9h-16h30. 500 ¥.

Classé par l'Unesco, le temple fut fondé en 794 lors de la création de la capitale, dont il gardait l'entrée. Kukai *(voir encadré, p. 77)* en fit le quartier général du bouddhisme Shingon et l'enrichit de nombreux bâtiments, qui furent détruits durant les guerres civiles du 15e s. Ceux visibles aujourdhui datent des 16e et 17e s.

▸ Le To-ji est réputé pour sa gracieuse **pagode★★** à cinq étages, la plus haute du Japon (57 m). La salle principale du **Kondo★**, surmontée d'un toit à deux niveaux, abrite la triade du **Yakushi Nyorai★★** (Bouddha médecin) encadré de ses serviteurs Nikko et Gakko. Dans le **Kodo★** (salle de lecture) voisin sont installées 21 statues de bois d'époque Heian (8e s.) formant un **mandala** ésotérique, au centre duquel trône Dainichi Nyorai, le Bouddha cosmique.

▸ Le 21 de chaque mois, le parvis du To-ji accueille un sympathique et animé **marché aux puces**, où l'on peut dénicher des kimonos d'occasion, des poteries, laques et autres bonnes affaires.

Nishi Hongan-ji★

西本願寺

(Plan III, A1-2)

À 10mn à pied au nord-ouest de la gare. Bus nos 9, 28, 205, 206, 207. 6h-17h30. Gratuit.

Sa gigantesque **Kara-mon★**, porte d'entrée richement sculptée, ses jardins ornés de cycas et d'azalées et ses vastes salles aux tatamis usés par des siècles de fréquentation témoignent de l'importance de l'école bouddhiste Jodo Shinshu (12 millions d'adeptes au Japon) *(voir « Religion », p. 100)*, dont le Nishi Hongan-ji constitue le temple principal. Fondé en 1591, puis reconstruit aux 17e et 18e s., ce temple classé par l'Unesco comprend notamment le **Goei-do★**, la grande salle, malheureusement fermée pour restauration jusqu'en 2010. On peut néanmoins visiter le **Daisho-in**, majestueuse salle aux autels rutilant de dorures et aux panneaux peints de l'école Kano. À côté se trouvent deux salles de **théâtre nô**, dont l'une réputée être la plus ancienne de l'archipel.

Higashi Hongan-ji★

東本願寺

(Plan III, B1-2)

À 5mn à pied du précédent. Bus nos 5, 26, 57, 101. 6h-17h30 (hiver 16h30). Gratuit.

Afin de limiter la puissance de la secte Jodo Shinshu, Tokugawa Ieyasu décida, en 1602, de créer une école rivale, pour laquelle il fit bâtir le temple Higashi

Si vous ne restez que 2 jours à Kyoto

Jour 1. Daitoku-ji, Kinkaku-ji, Ryoan-ji, château de Nijo. Gion le soir. **Jour 2.** Kiyomizu-dera, Kodai-ji, Yasaka-jinja, Nanzen-ji, Gingaku-ji.

Si vous restez 1 semaine à Kyoto

Jour 1. Quartier de la gare, Sanjusangen-do et Musée national. **Jour 2.** L'est, de Kiyomizu-dera à Gion. **Jour 3.** L'est, chemin de la Philosophie et Heian-jingu. **Jour 4.** Les temples du nord-ouest. **Jour 5.** Le centre, Ponto-cho, Palais impérial et château de Nijo. **Jour 6.** Musée Miho, Uji. **Jour 7.** Villa Katsura, Saiho-ji, Arashiyama.

Hongan-ji. Reconstruit en 1895 à la suite d'un incendie, il est de nos jours le siège de la branche Otani du Jodo Shinshu et abrite aussi le mausolée du fondateur de l'école, le moine Shinran (1173-1262). Frère jumeau du Nishi Hongan-ji, le temple arbore une disposition similaire, quoique plus vaste et plus austère. Une porte colossale chargée d'ornements mène au **Goei-do★**, la salle du fondateur, un des plus grands bâtiments en bois du monde, lui aussi fermé pour travaux jusqu'en 2008. Dans le corridor entre le Goei-do et le hall d'Amida est exposé un singulier objet, le **kezuma**, grosse corde tressée avec les cheveux des dévotes, qui servit à hisser les lourdes poutres lors de l'édification du temple.

De là, traversez à pied le petit jardin du Shosei-en, puis la rivière Kamo, en vous dirigeant vers le sud-est.

Sanjusangen-do★★★

三十三間堂

(Plan III, C2)

À 15mn à pied à l'est de la gare. Keihan Line, Schichijo Station; bus nos 100, 206, 208. Avr.-15 nov. : 8h-17h; 16 nov.-mars : 9h-16h. 600 ¥.

Ne vous laissez pas décourager par les abords bétonnés et par la foule compacte, à laquelle vous n'échapperez qu'en venant dès la première heure. Remontant à 1164, ce temple en bois, le plus long du monde, abrite un intérieur proprement hallucinant, où l'on se retrouve face à une armada en rangs serrés de mille et une statues dorées de **Kannon★★★**, la déesse de la Miséricorde, luisant dans la pénombre. L'effet est à couper le souffle. La statue géante aux mille bras au centre, de même que les plus petites qui l'entourent, datent des 12e et 13e s. et sont pour la plupart dues aux grands maîtres Unkei et Tankei. Notez qu'elles ont chacune un visage subtilement différent. Un escadron de 28 déités gardiennes aux visages grimaçants se tient à l'avant de cette armée céleste. La salle est divisée par des piliers en 33 travées, d'où le nom du temple (*sanjusan* signifie « trente-trois »). Le 15 janvier, dans la galerie extérieure, se déroule un traditionnel et réputé concours de tir à l'arc.

Musée national de Kyoto★★★

京都国立博物館

(Plan III, C1)

Même accès que pour le Sanjusangen-do. Exposition permanente : tlj sf lun. 9h30-17h; expositions temporaires : tlj sf lun. 9h30-18h (vend. 20h). 500 ¥.

Inauguré en 1897, en même temps que ceux de Tokyo et de Nara, le Musée national de Kyoto (ex-Musée impérial) loge dans un bel édifice en brique rouge de style baroque. Le bâtiment principal accueille les expositions temporaires deux ou trois fois l'an, au printemps et à l'automne. En 1966, une annexe a été ajoutée pour la présentation des collections permanentes, constituées de plus de 12000 objets d'art issus des temples et sanctuaires de Kyoto, dont la moitié sont exposés par roulement. Les œuvres sont réparties en plusieurs départements : archéologie, céramique, sculpture, peinture, calligraphie, textiles, laques, métaux.

▸ Si votre temps est limité, visitez en priorité les salles 5 à 7, où sont montrées de grandioses **sculptures★★** des époques Nara, Heian et Kamakura, parmi les plus belles du Japon. On note ainsi un exceptionnel **Tamonten★★★** (gardien céleste) de la fin Heian (11e s.) issu du temple Joruri-ji. La salle 5 présente aussi quelques superbes bouddhas de pierre du Gandhara (Pakistan, vers le 2e s.). Ne ratez pas non plus les **peintures★★** des salles 8 à 12, couvrant les époques Heian à Edo, où alternent influences chinoises et style national du *yamato-e*; encres de Chine *(sumi-e)* de tradition zen, paravents de l'école Kano et rouleaux illustrés. Parmi ces derniers, on verra en particulier le **Gaki-zoshi★★★**, rouleau du 12e s. dépeignant des fantômes affamés dans un style qui évoque les monstres fantastiques de Bosch et de Bruegel.

L'école Kano

Sous ce nom sont regroupés huit générations d'artistes, allant du 15e s. à l'ère Meiji. Kano Masanobu (1434-1530), fondateur de l'école, s'installe à Kyoto où il réalise des œuvres pour le shogun. Son fils, Kano Motonobu (1476-1559), pousse le travail jusqu'à un raffinement inégalé. À rebours de la peinture zen des moines, chargée de symboles mystiques, les Kano initient une peinture laïque à la fois réaliste et chatoyante, plus à même de décorer les châteaux et palais construits par la nouvelle classe montante des seigneurs de la guerre.

Maison de Kawai Kanjiro★

河井寛次郎記念館

(Plan I, C4)

À 10mn à pied au nord du Musée national. Keihan Line, Gojo Station; bus nos 100, 202, 206, 207, arrêt Umamachi. Tlj sf lun. 10h-17h. Fermé 10-20 août et 24 déc.-7 janv. 900 ¥.

Logé dans une ravissante *machiya*, maison traditionnelle en bois, l'ancien atelier de Kawai Kanjiro (1890-1966), l'un des plus fameux potiers du Japon, a été transformé en musée. L'exposition des céramiques est aussi pretexte à découvrir l'intimité d'un intérieur japonais rustique, décoré d'une rare collection d'artisanat et de mobilier ancien.

LE CENTRE

Comptez une journée.

Ponto-cho et ses environs★

先斗町

Au nord de Shijo-dori, artère centrale ruisselant des néons des grands magasins, s'étire un quartier trépidant où l'ancien et le moderne cohabitent.

▸ Parallèle à la rivière Kamo, la charmante allée de **Ponto-cho★** *(Plan II, C2-3)* se révèle propice à la promenade nocturne. L'étroite ruelle éclairée de lanternes conserve encore les traditionnelles *ochaya* de bois, maisons de thé des geishas. En été, les restaurants de Ponto-cho installent leurs *yuka* (terrasses) sur la rivière, où l'on dîne en profitant de la fraîcheur du crépuscule.

▸ Un tout autre univers s'ouvre, 200 m à l'ouest, dans les galeries couvertes **Teramachi** et **Sanjo**, sortes de cours de récréation pour ados où défilent des lolitas fardées comme des poupées russes, des collégiennes à l'accoutrement provocateur et des *fashion victims* saisies de fièvre consommatrice. Plus au sud, arpentez aussi la longue allée du **marché Nishiki★** *(Plan II, B3)*, surnommé le « ventre de Kyoto ». Ses éventaires débordent de victuailles en tout genre, poissons, fruits, légumes et condiments. Il y règne une ambiance de village joyeuse et animée.

▸ Plus au nord, le **musée de Kyoto** *(Karasuma ou Tozai Line, Karasuma Oike Station; tlj sf lun. 10h-19h30; 500 ¥) (Plan II, B2)*, qui occupe l'ancien immeuble en brique de la Banque du Japon datant de l'ère Meiji, présente l'histoire de la ville à l'aide de maquettes et d'animations visuelles. Le musée en soi n'a rien de passionnant mais il reçoit parfois de bonnes expositions temporaires.

Palais impérial★

京都御所

(Plan II, B1-2)

Karasuma Line, Imadegawa ou Marutamachi Station; bus nos 10, 59, 93, 102, 201, 202, 203, 204. Visite guidée (1h) tlj sf w.-end à 10h et 14h pour le Kyoto Gosho, 11h et 13h30 pour le Sento Gosho. Gratuit. Une autorisation doit être retirée au moins 30mn avant (mais prévoyez plutôt la veille), à l'Imperial Household Agency (tlj sf w.-end 8h45-12h, 13h-17h), située dans le parc, au nord de l'entrée principale sur Karasuma-dori. L'agence délivre aussi les autorisations pour les villas impériales Katsura et Shugaku-in (voir p. 332 et p. 330). Passeport exigé. Réserv. possible sur le site http://sankan.kunaicho.go.jp.

Détruit et reconstruit huit fois depuis sa fondation en 794, le **Kyoto Gosho** (Palais impérial) fut en outre déplacé à quelque deux kilomètres plus à l'est de son emplacement initial. Les bâtiments actuels, nichés au sein d'un parc de 110 ha cerné d'une vaste enceinte, datent de 1855. Le Shishinden, hall principal, sert toujours aux cérémonies de couronnement des empereurs, même si la dernière s'est tenue à Tokyo.

▸ La visite du Kyoto Gosho, strictement encadrée, se révèle très frustrante. Elle se limite à observer brièvement de l'extérieur les divers pavillons de style *shinden* (style d'époque Heian, caractérisé par ses galeries couvertes), tout en écoutant une hôtesse débiter des commentaires dans un anglais inaudible. La visite du **Sento Gosho**, le palais des Empereurs retirés, situé au sud-ouest du parc, a au moins pour attrait ses superbes jardins. Le **parc** fleuri qui entoure la résidence *(ouv. tte la journée au public)* est lui bien agréable pour pique-niquer.

Château de Nijo★★

二条城

(Plan II, A2)

À 10mn à pied au sud-ouest du Palais impérial. Tozai Line, Nijojo-mae Station; bus nos 9, 12, 50, 101. 8h45-16h. Fermé le mar. en déc., janv., juil. et août. 600 ¥.

Site réel du pouvoir avant l'ère Meiji, ce château fut élevé en 1603 par le shogun Tokugawa Ieyasu. À la fois forteresse de pierre et gracieux palais de bois, il résume toute la beauté du style Momoyama. À défaut des habituelles murailles des châteaux japonais, il se distingue par ses somptueuses décorations intérieures et par ses planchers « rossignols », conçus pour émettre des gémissements sous les pas, trahissant ainsi les intrus. Derrière les cloisons, Tokugawa Ieyasu fit également aménager des chambres secrètes, où des gardes armés veillaient sur sa personne.

▸ La **Kara-mon★**, grande porte chinoise ornée de charnières en plaqué or, donne accès à l'enceinte, occupée par différents bâtiments, cours et jardins. On visitera surtout les salles du palais **Ninomaru★★**, dans lesquelles on peut admirer des *fusuma* (cloisons) décorés de peintures de l'école Kano *(voir encadré, p. 323)*, d'un raffinement exquis (tigres et panthères rampant entre des bambous, hérons et paons sur fond d'or, de neige ou de cerisiers en fleur). Le porche d'entrée du palais, au fronton sculpté d'une frise d'oiseaux et de fleurs, est aussi une pure merveille.

▸ Le **jardin★** du palais enfin, attribué au maître paysagiste Kobori Enshu (1579-1647), dissémine autour d'un étang ses multiples variétés d'arbres et de fleurs.

Nijo Jinya★

二条陣屋

(Plan II, A2)

À 5mn à pied au sud du château, sur Omiya-dori. ✆ (075) 841 0972. Visite guidée (1h), sur réserv. et en japonais seul. (venir accompagné), tlj sf merc. à 10h, 11h, 14h et 15h. 1 000 ¥.

Ancienne auberge d'un marchand où séjournaient les *daimyo* (seigneurs féodaux) de passage dans la capitale, cette vénérable maison érigée vers 1650 constitue un incroyable labyrinthe conçu pour égarer d'éventuels agresseurs Ninja (guerriers-espions du Japon médiéval). Au fil de ses 24 pièces, on y découvre toute une série d'astucieux passages secrets, trappes, meurtrières, escaliers dérobés et faux plafonds, par où les samouraïs chargés de protéger leur maître pouvaient fondre par surprise sur les assaillants.

Nishijin Textile Center

西陣織会館

(Plan I, C2)

À l'angle sud-ouest d'Imadegawa et Horikawa-dori. Karasuma Line, Imadegawa Station, puis 10mn à pied; bus nos 9, 12, 59, 101, 102, 201, 203, arrêt à 1mn à pied. 9h-17h. Gratuit.

Situé dans le quartier des tisserands de Nishijin, dont les ateliers sont encore actifs de nos jours, ce centre d'exposition et de vente propose des démonstrations de métiers à tisser les brocarts de soie (utilisés pour les kimonos et les *obi*, ceintures pour femmes). Des défilés de mode en kimono, plutôt amusants à regarder, se déroulent sur le podium du RdC *(env. ttes les heures, de 10h à 16h)*. Un studio permet enfin aux personnes intéressées de se faire photographier en tenue de geisha ou d'impératrice *(payant)*.

L'EST : DE KIYOMIZU À GION

Comptez une journée.

La partie pleine de charme qui s'étend à l'est de la rivière Kamo, au pied des collines Higashi-yama, concentre quelques-uns des plus beaux temples et sanctuaires de Kyoto. La visite, incontournable, peut se faire depuis le temple Kiyomizu-dera en remontant à pied vers le nord, ou bien l'inverse.

Kiyomizu-dera★★★

清水寺

(Plan I, C3-4)

Bus nos 100, 202, 206, 207, arrêt Kiyomizu-michi ou Gojozaka, puis 10mn à pied. 6h-18h (été 18h30). 300 ¥.

▶ Vieux de plus de dix siècles, ce célèbre temple qui domine les monts de l'Est est l'un des symboles de Kyoto. Aujourd'hui classé par l'Unesco, il fut construit en 798 et reconstruit en 1633, sur une terrasse sur pilotis accrochée à une falaise d'où s'offre un **panorama★** magnifique sur la ville *(à voir de préférence à l'aube ou au coucher du soleil)*. Dédié à la déesse Kannon aux onze têtes, il attire des milliers de pèlerins qui gravissent ses pentes pour venir prier et boire l'eau de sa source sacrée (*kiyomizu* signifie « eau pure »).

▶ Au-delà de la Nio-mon, porte d'accès, vous passerez devant plusieurs bâtiments dont le Shoro (beffoi), le Sanjunoto (pagode à trois étages), le Kyodo (salle des sutras) et le Kaisando (salle du fondateur), avant d'arriver à la vaste terrasse du **Hondo★★** à flanc de montagne, qui repose sur une forêt de haut piliers en bois. Il faut s'approcher de la balustrade pour comprendre le sens de l'expression japonaise « se jeter du Kiyomizu », équivalente au français « se jeter à l'eau ». Une tradition, qui remonte à l'époque Edo, voulait que si une personne survivait à un saut depuis la terrasse, ses vœux seraient exaucés. Un escalier en contrebas du Hondo mène à la cascade sacrée d'Otowa, où se purifient les pèlerins.

Ninenzaka et Sannenzaka

二年坂と三年坂

(Plan I, C3)

Après avoir redescendu l'allée bordée d'échoppes à souvenirs du temple Kiyomizu, prenez l'escalier qui, à droite, mène à ces deux jolies ruelles pavées et pentues. Elles sont bordées de tout un ensemble de maisons anciennes, la plupart reconverties en restaurants et boutiques de céramiques très touristiques. Au bout du chemin, à gauche, surgit la **pagode Yasaka★** à quatre étages, reconstruite en 1440, vestige d'un ancien temple bouddhique.

Kodai-ji★★

高台寺

(Plan II, C3)

À 15mn à pied de Kiyomizu-dera et 10mn de Gion. Bus nos 100, 202, 206, 207, arrêt Higashiyama-yasui. 9h-16h (été 16h30). 600 ¥.

Fondé en 1606 par Kita-no-Mandokoro à la mémoire de Toyotomi Hideyoshi, son défunt époux, ce temple abrite, à l'est de sa vaste enceinte, une élégante chapelle mortuaire, l'**Otamaya★**, décorée de laques en relief incrustées d'or d'époque Momoyama (16e s.). De l'autre côté de la pièce d'eau, le bâtiment du **Kaisando** s'enjolive de peintures des écoles Tosa et Kano. Mais le point fort du temple reste son admirable **jardin★★**, dessiné par Kobori Ensyu (1579-1647), où alternent forêt de bambous, bosquets de fleurs et de végétaux, paysage zen de gravier et de rochers. Au fond, un pavillon de thé au toit de bambou permettait de contempler la réflexion de la lune sur le petit étang. On peut s'y faire servir un thé vert tout en se repaissant de la sérénité des lieux.

Quartier de Gion★★

祇園周辺

(Plan II, C3)

Keihan Line, Shijo Station; bus n°s 12, 46, 100, 201, 202, 203, 206, 207.

Entre le temple de Kennin-ji au sud et l'avenue Sanjo au nord, la rivière Kamo à l'ouest et le sanctuaire Yasaka à l'est s'étend Gion, l'illustre quartier des plaisirs et des spectacles de Kyoto, dont l'origine remonte au Moyen Âge.

▶ Au sud, le temple de **Kennin-ji** *(10h-16h; 500 ¥)*, le plus ancien temple zen de Kyoto, rattaché à la secte Rinzai, fut fondé en 1202 par le prêtre Eisai. De cette époque ne subsiste, hélas, que la porte Chokusi-mon. Si ses bâtiments n'ont qu'un intérêt réduit, le temple abrite un plaisant jardin zen.

▶ Flânez ensuite le long de la rue dallée **Hanami-koji★** et dans ses allées adjacentes, qu'encadrent d'antiques *machiya* (maison de bois), survivantes des anciens temps glorieux. Le soir, on y croise des geishas aux somptueux atours, en chemin vers leur *ochaya*, maison de thé où elles officient. La plus fameuse *ochaya* du quartier, Ichiriki, reconnaissable à ses murs rouges, fait l'angle de Hanami-koji et de Shijo-dori. Mais n'espérez pas y pénétrer ! Seuls des Japonais riches et influents, dûment parrainés, ont le privilège d'y dîner en galante compagnie.

▶ À l'extrémité est de Shijo-dori, le **sanctuaire Yasaka-jinja★** dresse son haut portique vermillon à l'orée du parc Maruyama, apprécié des Kyotoïtes pour ses cerisiers en fleur en avril. Créé en 656, puis reconstruit en 1654, le sanctuaire fait figure de protecteur du quartier, dont il finance le grand festival annuel, Gion Matsuri, en juillet *(voir p. 310)*.

▶ Au nord de Shijo-dori, le petit **quartier de Shinbashi** cache la plus romantique et attachante ruelle de Kyoto, **Shirakawa Minami★**, bordée de vénérables *ochaya* et de saules qui s'étirent le long d'un canal. Juste derrière, la rue **Shinmonzen-dori** rassemble les plus belles boutiques d'antiquaires de la ville. Au-delà, on entre dans un périmètre plus moderne et clinquant de Gion, où clignotent les néons des *love hotels*, bars à karaoké et boîtes de nuit.

Chion-in★

智恩院

(Plan II, C3)

À 10mn à pied de Gion. Keihan Line, Shijo Station ou Sanjo Station; bus n°s 12, 46, 100, 201, 202, 203, 206, arrêt Chionin-mae. 9h-16h. 500 ¥.

▶ La plus colossale porte du Japon, **San-mon★**, haute de 24 m, marque l'entrée de ce temple de l'école Jodo, fondée par Honen (1133-1212). Le temple fut bâti en 1234 sur le site où ce moine débuta son enseignement, mais ses bâtiments actuels, redressés grâce aux Tokugawa, datent du 17e s.

▶ Parmi eux, l'imposant **Miedo★**, où se déroulent parfois des cérémonies, abrite la statue du fondateur. Le hall est relié au sud par une galerie à l'**Amida-do**, petite salle d'Amida (la secte Jodo vénère ce Bouddha censé permettre la renaissance au paradis de la Terre pure). Un corridor aux planchers gazouillant comme des rossignols mène, côté nord, aux salles de réception **Ohojo** et **Kohojo**, décorées de belles **peintures★** de l'école Kano *(voir encadré, p. 323)*. Elles s'ouvrent sur un délicieux **jardin** dessiné par Kobori Enshu.

▶ Avant de partir, ne ratez pas l'énorme **cloche** (Daisho-ro) au sud du complexe, pesant 68 t. La veille du Jour de l'an, les moines lui font sonner 108 coups, évocation des 108 passions humaines qui empêchent d'atteindre l'éveil.

Shoren-in★

青蓮院

(Plan I, C3)

À 5mn à pied du Chion-in. Tozai Line, Higashiyama Station; bus n°s 5, 46, 57, 100, arrêt Jingu-michi. 9h-17h. 500 ¥.

Un phénoménal **camphrier** vieux de 700 ans, classé Monument national, étire ses membres noueux au-dessus de la porte principale de ce temple peu fréquenté, appartenant à la secte Tendai. Malgré l'incendie qui obligea à les reconstruire en 1893, ses bâtiments conservent quelques belles peintures des écoles Tosa et Kano. Mais le complexe vaut surtout par l'ambiance paisible de ses séduisants **jardins★** réalisés par le fameux Kobori Enshu.

L'EST : AUTOUR DU CHEMIN DE LA PHILOSOPHIE

Comptez une journée.

Avec son canal ourlé de saules pleureurs et de cerisiers, le charmant sentier piéton qui serpente du Ginkaku-ji, au nord, au Nanzen-ji, au sud, est l'un des parcours les plus prisés de Kyoto. On l'appelle le **chemin de la Philosophie★** *(Plan II, D1)* en référence aux moines qui, depuis des siècles, viennent y méditer.

Ginkaku-ji★★★

銀閣寺

(Plan II, D1)

Bus nos 5, 17, 32, 100, 102, 203, 204, arrêt Ginkakuji-michi. Avr.-nov. : 8h30-17h; déc.-mars : 9h-16h30. 500 ¥.

▶ Serti d'un délicieux jardin de promenade, le Ginkaku-ji, ou **pavillon d'Argent**, est vraiment à ne pas manquer. Lassé des interminables querelles politiques, le shogun Yoshimasa (1436-1490) en fit sa retraite afin de se consacrer au développement des arts (cérémonie du thé, théâtre nô, arrangement floral et calligraphie), qu'il porta à des sommets de raffinement. En hommage à son grand-père, qui avait construit le temple d'Or du Kinkaku-ji, Yoshimasa voulait faire couvrir d'argent son pavillon mais, ruiné par la guerre d'Onin, il ne put jamais réaliser son projet. Après la mort du shogun, la villa fut convertie en temple zen sous le nom de « *Jisho-ji* ».

▶ Se mirant solitaire dans un étang, avec son double toit en écorce de cyprès, le Ginkaku-ji s'inscrit en harmonie dans le paysage alentour. Son allure simple et austère, à l'opposé du faste du Kinkaku-ji, illustre bien les concepts japonais du *wabi-sabi* (beauté sereine et mélancolique des choses imparfaites et dépouillées). Tout autour s'étend un inoubliable **jardin★★** dessiné par Soami (1455-1525). Sa première partie se compose de deux cônes de sable blanc, symboles de montagnes dressées sur une mer qui, sous l'éclat de la lune, brille comme une surface d'argent. L'autre partie, avec son lac, ses pins et ses rochers, évoque un paysage de Chine se détachant sur l'arrière-plan d'une forêt touffue.

Honen-in

法然院

(Plan I, D2)

À 10mn à pied au sud du Ginkaku-ji, à gauche du canal. 6h-16h. Gratuit.

Même si sa grande salle est fermée au public, ce modeste temple oublié du parcours des masses mérite votre visite. La balade sous les frondaisons des érables et des ginkgos bordant la longue allée d'entrée est un délice. Construit en 1680, le temple est dédié à Honen, le fondateur de l'école Jodo qui, au 12e s., métamorphosa le bouddhisme en religion populaire où le salut était promis à tous. L'enclos sacré abrite un doux jardin de glycines, de camélias et d'azalées. À l'intérieur du bâtiment sont exposées des œuvres d'artistes contemporains.

Eikan-do★

永観堂

(Plan I, D3)

À 20mn à pied au sud du Honen-in. Bus nos 5, 32, 57, 100. 9h-17h. 600 ¥.

Connu aussi sous le nom de « *Zenrin-ji* », ce temple honore la mémoire d'un prêtre du 11e s., Eikan, aux yeux duquel le Bouddha Amida se serait manifesté alors qu'il méditait. C'est pourquoi l'on peut y voir une inhabituelle **statue d'Amida★** représenté la tête déviée, comme s'il regardait par-dessus son épaule. Les bâtiments, rebâtis au 16e s.

après les désastres de la guerre d'Onin, sont reliés par une série de galeries qui traversent des jardins de mousse et d'érables flamboyants à l'automne. Vers l'arrière, un escalier grimpe jusqu'à une pagode d'où l'on jouit d'une belle **vue** sur Kyoto.

Musée Nomura

野村美術館

(Plan II, D2)

À 2mn à pied au sud du Eikan-do, à droite. Tlj sf lun. 10h-16h30. Fermé mi-juin-mi-sept. et déc.-mars. 700 ¥.

Passionné par la cérémonie du thé, le grand banquier Tokushichi Nomura s'attela à réunir une vaste collection de céramiques et d'ustensiles liés à cet art. Le petit musée expose aussi des rouleaux, masques nô, encensoirs, etc.

Nanzen-ji★★

南禅寺

(Plan II, D2)

À 5mn à pied au sud du Eikan-do. Tozai Line, Keage Station. Bus nos 5, 57. 8h40-17h. Hojo et jardin : 500 ¥; San-mon : 500 ¥; Nanzen-in : 300 ¥.

Servant à l'origine de villa à l'empereur retiré Kameyama, le site fut transformé en temple zen en 1291. Aujourd'hui, ce vaste complexe monastique appartient à la branche Rinzai du bouddhisme zen. Dévastés lors de la guerre d'Onin, ses bâtiments furent relevés au cours des 16e et 17e s.

▸ On passe d'abord sous la puissante porte **San-mon★**, de style zen, dont on peut visiter l'étage supérieur, orné d'un plafond peint par des artistes de l'école Kano *(voir encadré, p. 323)*. Vous visiterez ensuite le **Hondo**, salle principale, et le **Hojo★**, maison abbatiale, qui contiennent toutes deux quantité de **peintures★★** sur cloisons de l'école Kano, en particulier un ***Tigre buvant de l'eau***, chef-d'œuvre Kano Tanyu du 17e s. Le Hojo s'enrichit en outre d'un exquis **jardin★** mêlant rochers et végétation dessiné par Kobori Enshu.

Geishas, fantasme et réalité

Symboles du Japon et de ses traditions, les geishas sont pourtant de moins en moins nombreuses. À Kyoto, leur plus solide bastion, on ne compte plus que 198 *geiko* (nom local des geishas) et 74 *maiko* (apprenties geishas) en activité. Considérées comme des modèles de goût et d'élégance, les geishas d'aujourd'hui sont des jeunes filles instruites qui, leurs études de collège achevées, ont choisi d'adopter cette profession. Elles suivent alors une intense formation dans l'une des cinq écoles des quartiers des geishas de Kyoto, tels Gion ou Ponto-cho. Durant quatre ans, les *maiko* y apprennent la danse traditionnelle de l'éventail, le *shamisen* et la flûte, le chant, l'art du thé et de l'*ikebana*. Leurs études, ainsi que leurs dépenses courantes, sont financées par une *okiya*, la maison dirigée par une mère protectrice *(oka-san)* à laquelle chaque geisha est affiliée, et qu'elle devra rembourser par la suite. Contrairement à une légende tenace, les geishas ne sont pas des prostituées de luxe, mais des artistes. Leur travail consiste, lors de dîners privés, à divertir les clients de leurs danses et chants, à servir à boire, allumer les cigarettes et animer la conversation de plaisanteries légères et de traits d'esprit.

▸ Parmi les temples annexes, on conseille de voir le ravissant jardin sec du **Tenjuan** ainsi que le jardin paysager d'époque Kamakura du **Nanzen-in★**. Situé à l'extérieur de l'enceinte, sur la gauche, le **Konchi-in** *(8h30-17h; 400 ¥)* abrite lui aussi un beau jardin sec.

Musée national d'Art moderne★

京都国立近代美術館

(Plan II, C2)

À 10mn à l'ouest du Nanzen-ji. Tozai Line, Higashiyama Station; bus nos 5, 32, 46, 57, 100, arrêt Kyoto Kaikan Bijutsukan-mae. Tlj sf lun. 9h30-17h. 420 ¥.

Ce musée rassemble une importante collection d'œuvres modernes et contemporaines d'artistes japonais, parmi lesquels Takeuchi Seiho, Uemura Shoen, Yasui Sotaro, Kobayashi Kokei. En contrepoint sont exposés des artistes occidentaux tels Matisse, Ernst, Arp, Stella ou Mondrian. Le musée possède aussi un vaste ensemble de photographies et de très belles céramiques. Il présente enfin régulièrement des expositions temporaires thématiques.

Musée de la Ville de Kyoto

京都市美術館

(Plan II, C2)

Juste en face du musée d'Art moderne. Tlj sf lun. 10h-17h. 400 ¥.

Installé dans un édifice des années 1930, ce musée détient une collection variée d'œuvres d'artistes japonais des années 1920 et 1930, dont certaines ne sont pas dénuées d'humour. Il accueille souvent des expositions venues de l'étranger.

Kyoto Fureaikan

京都伝統産業ふれあい館

(Plan I, C3)

À 5mn à pied des musées précédents, au sous-sol du Miyako Messe, face au Heian-jingu. 9h-17h. Gratuit.

Très instructif, ce petit musée met en valeur l'artisanat traditionnel de Kyoto dont il raconte l'histoire et les différentes techniques : travail du bois, de la laque, des métaux, de la pierre, du bambou, du papier, des textiles, etc.

Heian-jingu★

平安神宮

(Plan I, C2)

Keihan Line, Sanjo Station; même arrêt de bus que les musées précédents. 8h-17h. Jardin : 600 ¥.

Édifié en 1895, pour célébrer le 1 100e anniversaire de la ville, cet imposant sanctuaire shinto est voué à la mémoire des empereurs Kammu, le fondateur de Kyoto, et Komei, dernier souverain qui résida dans la ville. Le bâtiment principal, aux piliers vermillon, et le grand *torii* qui ouvre l'esplanade reproduisent, à une échelle réduite, la structure du Gosho, l'ancien Palais impérial de Heian. C'est d'ici que partent, le 22 octobre, les processions costumées du Jidai Matsuri *(voir p. 311)*. Le **jardin★** moderne du sanctuaire, agrémenté de deux étangs et de multiples iris, rosiers, érables et cerisiers, se prête à une agréable flânerie.

LE NORD-EST

Comptez une demi-journée.

S'étirant au pied des pentes boisées du mont Hiei, le nord-est de Kyoto exhale une atmosphère déjà presque champêtre. La visite peut être couplée, au cours d'une même journée, avec celle d'Ohara et de Hiei-zan *(voir p. 336)*.

Shimogamo-jinja★

下鴨神社

(Plan I, C2)

Keihan Line ou Eizan Line, Demachiyanagi Station; bus nos 4 et 205, arrêt Shimogamo-mae. 6h-18h. Gratuit.

Fondé au 6e s., ce sanctuaire shinto est, avec son jumeau Kamigamo *(voir p. 330)* au nord-ouest, l'un des plus vénérés de Kyoto. Le grand hall est dédié aux *kami* du Tonnerre et de la Montagne. Ses grandes allées ombragées d'une belle forêt primaire servent de cadre, en mai, aux concours de cavaliers-archers lors du très coloré Aoi Matsuri *(voir p. 310)*.

Shizen-do

詩仙堂

(Plan I, D1)

Eizan Line, Ichijoji Station, puis marchez 15mn; bus no 5, arrêt Ichijoji-sagarimatsu-cho, puis marchez 5mn vers l'est. 9h-17h. 500 ¥.

Ishikawa Jozan, un poète renommé de la période Edo, fit édifier cette villa pour sa retraite en 1641, aujourd'hui transformée en temple de l'école Soto. Le charme de l'endroit réside dans son précieux **jardin★** d'azalées qui s'étale sur deux niveaux presque parfaits. On ne résiste pas au plaisir de s'y attarder pour jouir du calme de la nature.

Manshu-in★

曼殊院

(Plan I, D1)

À 30mn à pied au nord du précédent. Bus n° 5, arrêt Ichijoji-shimizu-cho, puis marchez 15mn. 9h-17h. 500 ¥.

Fondé initialement au 8e s. sur le versant nord du mont Hiei, le temple fut déplacé ici à l'époque Edo et remodelé dans le style *shoin* qui caractérise les villas et palais de l'aristocratie, en particulier la villa Katsura dont le temple s'inspire *(voir p. 332)*. Les salles intérieures recèlent une élégante série de *fusuma* peints par les artistes de l'école Kano *(voir encadré, p. 323)*. Le **jardin★** sec, qui déploie ses îlots de verdure et de rochers au millieu de mers de sable ratissé, se pare des couleurs de ses pruniers et camélias au printemps, ginkgos et érables à l'automne.

Villa impériale Shugaku-in★★

修学院離宮

(Plan I, D1)

À 20mn à pied au nord du Manshu-in. Eizan Line, Shugakuin Station, puis 20mn à pied; de Kyoto Station, bus n° 5, arrêt Shugakuin Rikyu-michi (1h15 de trajet), puis 15mn à pied vers l'est. Visite guidée (1h15) tlj sf w.-end à 9h, 10h, 11h, 13h30 et 15h. Gratuit. Une autorisation doit être retirée à l'avance à l'Agence de la Maison impériale. Les mineurs ne sont pas admis. Passeport exigé.

Construit par l'empereur retiré Gomizuno-o vers 1655, le Shugaku-in se compose de trois villas et pavillons de thé répartis au sein d'un verdoyant **jardin★** étagé sur une colline. Le parc est une merveille à l'automne, lorsque les arbres se panachent de rouge. La promenade, au gré de sentiers, petits ponts et cascades, ménage d'infinis contrastes et perspectives. Le point d'orgue s'atteint à la **villa supérieure**, la plus belle des trois, d'où l'on contemple une **vue★** grandiose sur le lac et les monts voisins, qui semblent inclus dans le jardin.

LE NORD-OUEST

Comptez une bonne journée.

Le secteur possède des sites exceptionnels, qu'il ne faut rater à aucun prix.

Kamigamo-jinja★

上賀茂神社

(Plan I, C1)

Bus nos 4 ou 46, arrêt Kamigamojinja-mae. 6h-18h. Gratuit.

Érigé en 678, le Kamigamo constitue le plus vieux sanctuaire shinto de Kyoto avec son compère le Shimogamo *(voir p. 329)*. Les deux ont été classés par l'Unesco. Dédié lui aussi à la divinité du tonnerre, il comprend plus d'une trentaine de bâtiments dont le **Honden**, le hall principal, qui date de 1863 mais reproduit fidèlement l'architecture Heian d'origine. Dans la cour intérieure, deux cônes de sable symbolisent les montagnes où résident les *kami*.

Daitoku-ji★★★

大徳寺

(Plan I, B1)

Bus nos 12, 101, 102, 204, 206, arrêt Daitokuji-mae. 9h-16h30. Daizen-in : 400 ¥; Koto-in : 400 ¥; Ryogen-in : 350 ¥.

▶ Rattaché à la secte Rinzai du bouddhisme zen, ce complexe monastique fut élevé en 1319, puis entièrement rebâti après son incendie au 15e s. Parmi les vingt-quatre temples qu'il abrite, trois sont généralement ouverts au public, parfaits modèles de l'architecture et des jardins zen. S'il faut n'en voir qu'un, ce sera le **Daizen-in**, au nord du complexe, dont le **jardin sec★★★** est un pur chef-d'œuvre. Il évoque, à la manière des peintures à l'encre chinoises, des paysages où apparaissent, ici une montagne mythique d'où s'écoule une cascade de gravier blanc, là une rivière de sable symbolisant le courant de la vie – qu'une petite tortue essaye vainement de remonter, à l'inverse du bateau sur lesquel vogue l'esprit –, plus loin encore une étendue de gravier ratissée figurant l'océan d'éternité. L'intérieur abrite d'admirables **fusuma★★** (panneaux) peints par Soami et Kano Motonobu au 16ᵉ s.

▶ Si vous avez le temps, visitez aussi le **Koto-in**, côté ouest de l'enceinte, dont le jardin est réputé pour ses érables flamboyants à l'automne. En retournant vers le sud, faites enfin halte au **Ryogen-in★** pour contempler son grand dragon barbu et ses cinq petits jardins de mousses et de rochers.

Kinkaku-ji★★★

金閣寺

(Plan I, B2)

Du Daitoku-ji, bus nos 12, 101, 102, 204, 205 (10mn de trajet) ; de Kyoto Station, bus nos 101 et 205; de Sanjo Keihan, bus nos 12 et 59. 9h-17h. 400 ¥.

Le temple du **pavillon d'Or** est le plus célèbre et le plus visité de Kyoto. Avec la foule qui s'y bouscule, il ne ressemble certes plus guère au paisible lieu de méditation zen imaginé en 1397 par son créateur, le shogun Ashikaga Yoshimitsu. Mais la vision de ce pavillon légendaire miroitant sous le soleil a tout de même quelque chose de fabuleux. Il s'agit d'une réplique à l'identique de l'original, détruit en 1950 par un jeune moine incendiaire (un acte de folie qui inspira à Mishima son roman ***Le Pavillon d'or***). L'élégante structure à trois étages, entièrement dorée à la feuille d'or, est surmontée d'un phénix et domine un petit lac au cœur d'un jardin paysager.

Ryoan-ji★★★

龍安寺

(Plan I, B2)

Du Kinkaku-ji ou de la gare de Sanjo Keihan, bus no 59, arrêt Ryoanji-mae. 8h-17h. 500 ¥.

Fondé en 1450, ce temple est réputé pour son **jardin sec★★★** dessiné par Soami, considéré comme la quintessence de l'art zen. Rien d'extraordinaire à première vue : clôturé d'un mur en terre, un simple rectangle de 10 m de large sur 25 m de long, sans arbres ni végétation, où quinze pierres sont disposées sur une surface de sable blanc finement peignée. Mais cette sobre beauté est un brillant condensé de la culture japonaise où dépouillement, rigueur et interrogation ouvrent la voie de l'élévation spirituelle. Un dragon surgissant des flots? Des montagnes émergant des nuages? Chacun est libre de trouver une signification par la méditation, rendue difficile, il est vrai, par les groupes de collégiens bruyants qui accaparent les lieux.

Ninna-ji★

仁和寺

(Plan I, B2)

À 15mn à pied au sud-ouest du Ryoan-ji. Keifuku Kitano Line, Omuro Station; bus nos 8, 10, 26 et 59, arrêt Omuro Ninnaji. 9h-16h30. 800 ¥ avec le musée.

L'empereur Uda, devenu un prêtre bouddhiste après avoir renoncé au pouvoir, s'installera dans le Ninna-ji, achevé en 888. Le temple aura toujours à sa tête un prince impérial jusqu'à la restauration Meiji. Les édifices actuels, plusieurs fois reconstruits, datent du 17ᵉ s. On y voit notamment le **Kondo** (grande salle) et une belle **pagode★** élancée de cinq étages. Au sud-ouest, l'ancien palais Omuro est doté d'un ravissant **jardin★** d'époque Edo, très visité lors de la floraison des cerisiers *(fin avr.)*.

Myoshin-ji★

妙心寺

(Plan I, B2)

À 15mn à pied au sud-est du Ninna-ji. Keifuku Kitano Line, Myoshinji Station; bus nos 10, 26, arrêt Myoshinji-mae. 9h10-15h40. 400 ¥.

Vaste complexe de quarante-sept temples zen (dont quatre ouverts au public), le Myoshin-ji remonte au 14ᵉ s., puis fut reconstruit entre les 16ᵉ et 17ᵉ s. Ses bâtiments, notamment le **Hatto** (superbe **dragon★** peint au plafond), le **Taizo-in★** et le **Reiun-in**, possèdent de superbes peintures de l'école Kano *(voir encadré, p. 323)*.

Koryu-ji★★

広隆寺

(Plan I, B3)

Keifuku Line ou JR Sagano Line, Uzumasa Station; bus nos 11, 75, 91, 93. 9h-17h (hiver 16h30). 700 ¥.

C'est le plus vieux temple de Kyoto, fondé en 622 en l'honneur du prince Shotoku. La salle la plus ancienne qui ait été conservée, le **Kodo★**, date de 1165, et abrite une statue du Bouddha Amida du 9e s. Derrière, le **Taishido** conserve une statue du prince Shotoku. Mais la pièce maîtresse du temple repose dans le **Reihokan**, la salle du trésor : il s'agit d'une célébrissime statue du **Miroku Bosatsu★★★** (le Bouddha du futur) d'époque Asuka (7e s.). Exceptionnelle de douceur et de béatitude, elle arbore un sourire comparable à celui de la Joconde ou de l'ange de la cathédrale de Reims.

Toei Uzumasa Movie Land

東映太秦映画村

(Plan I, B3)

À 5mn à pied au nord-est du Koryu-ji. Keifuku Line, Uzumasa Station ou JR Sagano LIne, Hanazono Station; bus nos 11, 61, 62, 63, 71, 72, 73,75. 9h-17h (hiver 16h). 2200 ¥.

Le village du cinéma d'Uzumasa, vaste ensemble de studios où sont tournés plus de 200 films par an (principalement des navets télévisés mettant en scène des samouraïs d'opérette), est le prototype même de l'attrape-nigaud touristique. Certains (les enfants, surtout) apprécieront néanmoins d'arpenter ses décors de carton-pâte reconstituant les ruelles d'un village à l'époque Edo, ou d'assister à quelques batailles de sabre tournées sur les plateaux.

LE SUD-OUEST

Comptez une demi-journée.

Deux jardins exceptionnels justifient la visite de ce quartier un peu excentré. L'itinéraire peut s'associer avec celui d'Arashiyama *(voir p. 335)*.

Villa impériale Katsura★★★

桂離宮

(Plan I, B4)

Hankyu Line, Katsura Station; ou, de Kyoto Station, bus no 33, arrêt Katsurarikyu-mae, puis marchez 2mn. Visite guidée (1h) tlj sf w.-end à 9h, 10h, 11h, 13h30, 14h30 et 15h30. Gratuit. Une autorisation doit être retirée à l'avance à l'Agence de la Maison impériale. Les mineurs ne sont pas admis. Passeport exigé.

Souvent décrits comme la « quintessence du goût japonais », la villa Katsura et son jardin furent principalement l'œuvre du grand paysagiste Kobori Enshu qui, s'inspirant d'un passage du ***Dit du Genji*** *(voir « Littérature », p. 115)*, en dessina les plans vers 1620 pour le prince Hachijo Toshihito. Elle fut ensuite agrandie par son fils, le prince Toshitada, dans le même esprit d'harmonie et de sobriété.

▶ Par la façon dont elle organise le parcours du visiteur à travers ses allées, ses courbes et ses bosquets, lui permettant de savourer une succession de points de vue, et par l'étroite symbiose qu'elle instaure entre la nature et ses pavillons de thé, la villa Katsura reste la référence absolue en matière d'architecture et de jardins japonais, la source d'inspiration de nombreux artistes. Fascinés par la rigueur géométrique de ses intérieurs, les architectes du Bauhaus et Le Corbusier y voyaient un manifeste de la modernité avant l'heure. La visite, hélas un peu rapide, sera assurément l'un des moments les plus forts de votre séjour au Japon.

Saiho-ji★★★

西芳寺 (苔寺)

(Plan I, A4)

De Katsura, Hankyu Line, Matsuo Station; de Kyoto Station, bus no 28, arrêt Matsuotaisha-mae, puis marchez 15mn

Le Miyako Odori ouvre la saison des spectacles de danse des geishas.

vers l'ouest. Visite (2h) sur RV seul., à demander par écrit (en anglais) au moins 7 j. avant au : Saiho-ji Temple, 56 Kamigaya-cho, Matsuo, Nishikyo-ku, Kyoto 615-8286. Indiquez nom et âge de chaque visiteur (mineurs non admis), date souhaitée pour la visite (en proposer plusieurs) et joignez une carte timbrée avec votre adresse au Japon pour la réponse. 3000 ¥.

Plus connu sous le nom de **Koke-dera**, ou « temple des Mousses », le Saiho-ji fut dessiné par le moine zen Muso Soseki vers 1339, mais seule la partie jardin a été conservée. Chargé de symboles, ce lieu magique cerné d'une forêt de bambous aligne près de 140 variétés de mousse. Elles composent un tapis de velours vert argenté dont la beauté est à son apogée après les pluies, en mai-juin. Au centre trône un lac où émergent des îlots, évoquant des bateaux en partance vers le paradis. Plus haut, dans le jardin sec, des rochers suggèrent le flux d'une cascade.

Avant d'accéder au jardin, il vous faudra vous plier à un étrange rituel, consistant à peindre au pinceau et à l'encre des sutras bouddhiques. Mais pas d'inquiétude : vous ne serez pas recalé si vous n'arrivez pas à recopier tout le texte et que vous faites des pâtés !

LE SUD-EST

Comptez une demi-journée.

Cet itinéraire peut éventuellement se coupler avec la visite d'Uji *(voir p. 336)*.

Tofuku-ji★★

東福寺

(Plan I, C4)

Keihan Line ou JR Nara Line, Tofukuji Station, puis marchez 10mn au sud-est. 9h-15h30. 400 ¥; suppl. Hojo : 400 ¥.

▸ On reste sous le charme de ce vaste temple zen, édifié en 1236 sur le modèle des Todai-ji et Kofuku-ji de Nara *(voir p. 345 et p. 344)*, dont il contracte les deux noms. En priorité, allez faire un tour sur le romantique pont **Tsuten-kyo★★**, au nord du complexe. Il enjambe un ravin tapissé d'une forêt d'érables dont le rougeoiement, à l'automne, offre un spectacle divin.

▸ Rares sont les bâtiments du Tofuku-ji qui survécurent au grand incendie de 1881. Parmi eux, la grande porte **San-mon★** du 14e s., qui abrite de superbes statues à l'étage. Et aussi le **Zendo**, salle des méditations de la même époque, que borde un jardin aux mousses couleur de *koicha* (thé vert fouetté). Le **Hojo**, datant de l'ère Meiji, abrite un intéressant **jardin zen★** de Shigemori Mirei, célèbre paysagiste moderne.

Fushimi-Inari Taisha★

伏見稲荷大社

(Plan I, C4 en dir.)

Keihan Line et JR Nara Line, Fushimi Inari ou Inari Station, puis marchez 5mn à l'est. Ouv. en permanence. Gratuit.

Étagé sur les pentes boisées d'une colline, ce sanctuaire shinto, fondé au 8e s., est le plus populaire parmi les 30000 sanctuaires qui, au Japon, sont consacrés à Inari, la déesse du Riz et de la Prospérité. Le renard *(kitsune)* étant son messager, on aperçoit quantité de statues en pierre de l'animal sacré, qui tient dans sa gueule la clé d'un grenier à riz. Mais la particularité la plus étonnante du sanctuaire réside dans les milliers de **torii★** rouges qui encadrent le sentier grimpant la colline, au point de former un fascinant tunnel long de quatre kilomètres.

Daigo-ji★★

醍醐寺

(Plan I, D4 en dir.)

Tozai Line, Daigo Station, puis marchez 10mn à l'est. 9h-17h. 600 ¥.

Classé au Patrimoine de l'Unesco, ce grand monastère présente plusieurs éléments remarquables, dont la plus ancienne **pagode★** du Japon, à cinq étages, édifiée en 951. Fondé en 874 par le moine Shobo, le temple fut rebâti et aggrandi par Toyotomi Hideyoshi après l'incendie qui le ravagea en 1598. Il se divise entre une partie haute, Kami Daigo, située sur la montagne *(à 45mn* *à pied, par le sentier qui part devant la porte Nio-mon)*, et une partie basse, Shimo Daigo, celle qu'on visite habituellement. Le plus bel endroit reste cependant le temple secondaire **Sanpo-in★**. Outre ses appartements décorés de panneaux peints et de statues, il s'entoure d'un magnifique **jardin★★** de style Momoyama mêlant rochers et étang, cerisiers et cascades.

LES ENVIRONS

Épargnés par l'urbanisation, les proches environs de Kyoto recèlent de nombreux attraits. Arashiyama, Ohara et le mont Hiei permettent ainsi de profiter d'agréables balades en pleine nature. Plus éloignés, mais facilement accessibles, la ville d'Uji, le château de Hikone et le musée Miho méritent aussi de figurer à votre programme.

ARASHIYAMA★

嵐山

Comptez une demi-journée.

JR Sagano, Keifuku Line et Hankyu Line, Arashiyama Station; bus nos 11, 28, 93.

Vantés par les poètes, les somptueux paysages sylvestres d'Arashiyama, à l'ouest de Kyoto, attirent une foule nombreuse. Boutiques de souvenirs et petits restaurants s'agglutinent au bord du sentier longeant le cours de la rivière Katsura et dans les rues menant au **pont Togetsu** qui l'enjambe. En été, on y pratique l'*ukai*, pêche nocturne à l'aide de cormorans dressés.

Tenryu-ji★

天竜寺

(Plan I, A3)

À 300 m au nord du pont Togetsu. 8h30-17h. 500 ¥.

Le Tenryu-ji, ou « temple du Dragon céleste », rattaché à la secte Rinzai, fut créé en 1339 par le premier shogun Ashikaga. Mais cet éminent temple zen subit de multiples incendies, dont le dernier en 1864, si bien que la plupart de ses bâtiments actuels datent de l'ère Meiji. Le **jardin★** néanmoins, derrière le Hojo, est l'un des plus vieux du Japon. Il a été dessiné par le maître zen Muso Soseki (1275-1351), l'auteur du jardin des Mousses du Saiho-ji *(voir p. 334)*.

▶ En poursuivant la promenade au bout du jardin, vous traverserez une splendide forêt de bambous qui conduit à l'**Okochi Sanso** *(9h-17h; 1 000 ¥)*, la villa privée d'Okochi Denjiro, une star des films de samouraïs des années 1930. On peut y prendre le thé tout en admirant la **vue★** sur la vallée de Kyoto.

Daikaku-ji★

大覚寺

(Plan I, A2)

Du Tenryu-ji, bus n° 28; de Shijo-dori, bus n° 91. 9h-16h30. 500 ¥.

Situé à la lisière d'un grand étang, le Daikaku-ji était à l'origine la villa détachée de l'empereur Saga, puis fut converti en temple de l'école Shingon en 876 et restauré durant l'époque Momoyama (fin du 16e s.). Son grand hall, le **Shinden**, s'enorgueillit de posséder d'éblouissantes **peintures★** sur *fusuma* de l'école Kano *(voir encadré, p. 323)*.

Descente de la rivière Hozu★

保津川下り

(Plan I, A2 en dir.) Comptez 1h20.

JR Sagano Line, Kameoka Station (station après Arashiyama). En sortant de la gare, prenez à gauche et suivez la direction « Hozugawakudari » (10mn de marche jusqu'à l'embarcadère). Arrivée des bateaux près du pont Togetsu. Départ à 9h, 10h, 11h, 12h, 13h, 14h et 15h30. 3 900 ¥.

Spectaculaire, mais sans risque, la descente des rapides de la rivière Hozu constitue un divertissement apprécié. Pilotée par d'adroits rameurs à l'aide de perches de bambou, la barque à fond plat dévale des gorges encaissées entre des versants boisés, frôlant les écueils rocheux, avant de déboucher sur les eaux calmes d'Arashiyama.

OHARA★ ET HIEI-ZAN★

大原

比叡山

Comptez une demi-journée.

De Sanjo Keihan, bus nos 16 et 17; de Kyoto Station, bus nos 18 et 19. Descendez au terminus Ohara (env. 45mn de trajet).

Juché sur le mont sacré Hiei, au nord-est de Kyoto, le vaste monastère Enryaku-ji étire ses bâtiments à l'ombre de cèdres centenaires. De lui dépend aussi le temple Sanzen-in d'Ohara, paisible village niché dans une forêt d'érables à 5 km plus au nord.

Sanzen-in★

三千院

(Plan I, D1 en dir.)

D'Ohara Station, remontez vers l'est le sentier bordé d'échoppes de pickles (la spécialité locale) qui longe la rivière (10mn de marche). 8h-16h30. 600 ¥.

Érigé au 9e s. par le prêtre Saicho *(voir encadré, p. 77)*, ce temple abrite, dans sa salle principale, un précieux Bouddha Amida en méditation. Derrière, vous découvrirez un ravissant **jardin★** planté d'érables et de cèdres, au sein duquel reposent de minuscules *jizo (voir encadré, p. 100)* enserrés dans le tapis végétal formé par les mousses.

Hozen-in★

宝泉院

(Plan I, D1 en dir.)

En sortant du Sanzen-in, prenez à droite. Le temple est juste après le Shorin-in. 9h-17h. 800 ¥ avec le thé.

Inconnu des touristes, ce petit temple ouvre sur un délicieux jardin où trône un incroyable **pin★** vieux de sept siècles. Savourez le plaisir d'une pause thé en ce lieu féerique. Formé des anciens planchers du château de Fushimi, le plafond porte encore les traces du sang versé par les 370 samouraïs qui, après la défaite en 1600, se firent *seppuku (voir « Histoire », p. 77)*.

Enryaku-ji★

延暦寺

(Plan I, D1 en dir.)

D'Ohara, bus nos 17 et 18 pour Yase Station (terminus de la ligne ferroviaire Eizan), d'où un funiculaire (ttes les 30mn, 20mn de trajet, 840 ¥) mène au sommet du Hiei-zan. De là, marchez 30mn jusqu'au temple. Au retour, bus direct (ttes les heures, 1h, 800 ¥) du temple jusqu'à Sanjo Keihan Station et Kyoto Station. 8h30-16h30. 550 ¥.

Fondé en 788 par Saicho, le propagateur du bouddhisme Tendai au Japon, ce temple fut l'un des plus puissants de la région de Kyoto. À son apogée, vers le 15e s., ce complexe fortifié comptait quelque 3000 moines soldats, lesquels menaient souvent des expéditions punitives contre les temples des sectes rivales. En 1571, le chef Oda Nobunaga l'attaqua et passa ses moines au fil de l'épée. Aujourd'hui le temple n'est plus que l'ombre de sa splendeur passée, mais il garde encore, sous son manteau de brume et de sombres forêts, une majesté solennelle.

▸ L'ensemble se divise en trois parties, reliées par un bus : d'abord le **Toto** à l'est, puis le **Saito** à l'ouest, et enfin le **Yokawa** au nord, dont on peut s'épargner la visite. Dans le premier groupe, on verra les belles statues du **Kokuhoden★**, la salle des trésors, et la grande salle du **Konponchu-do★**, le bâtiment principal, baignée d'une ambiance crépusculaire. Dans le groupe du Saito, faites une halte au **Hokke-do** pour observer les moines absorbés dans leurs prières, avant d'aller au **Shaka-do★**, bâtiment du 16e s. où trône une statue (une copie, l'original est gardé à l'abri) de Shakyamuni, le Bouddha historique.

UJI★

宇治

Comptez 3h avec le trajet.

À 4 km au sud de Kyoto. JR Nara Line (30mn de trajet, 230 ¥).

Au sud de Kyoto, sur la route de Nara, cette localité jadis très prisée de l'artistocratie est célèbre pour son thé vert, réputé le meilleur du pays. Mais aussi, surtout, pour son temple du Phénix, le Byodo-in, gracieuse architecture datant de 1052. Peut-être l'avez-vous déjà vu : il figure sur les pièces de 10 yens.

Byodo-in★★

平等院

Sortez de la gare côté sud, traversez la grande rue puis prenez la suivante à gauche. Juste avant d'arriver au pont, tournez à droite dans la petite allée commerçante parallèle à la rivière et continuez tout droit jusqu'au temple. 8h30-17h. 600 ¥. Phoenix Hall : visite ttes les 20mn, de 9h10 à 16h10. 300 ¥.

Le Byodo-in était à l'origine une villa aristocratique qui échut à la famille Fujiwara, laquelle la transforma en temple dédié à Amida, le Bouddha du paradis de l'Ouest. Sa pièce maîtresse, le **Hoo-do★★** (hall du Phénix), est un chef-d'œuvre de l'architecture Heian. Semblant flotter au milieu d'un étang, il évoque la silhouette d'un oiseau en vol. L'intérieur dévoile une statue géante d'**Amida★★★** datant du 11e s. et attribuée au moine Jocho. Le Bouddha y médite au paradis de la Terre pure, assis sur un piédestal de lotus, sa tête couronnée d'un halo doré, tandis qu'autour de lui, une nuée de bodhisattvas volent sur des nuages floconneux. Le **musée★** renferme une impressionnante collection de sculptures, de peintures et de bronzes.

Taiho-an★

市営茶室・対鳳庵

En sortant du Byodo-in, prenez à droite et longez la rivière sur 300 m. Billets en vente au centre d'informations touristiques. 10h-16h. 500 ¥.

Géré par la municipalité, ce charmant pavillon en bois vous donnera l'occasion de participer à une courte **cérémonie du thé** effectuée dans les règles de l'art. Assis sur les talons sur le tatami, vous dégusterez d'abord une friandise. Saluez l'hôtesse lorsqu'elle vous offre le bol, faites-le tourner lentement entre vos mains avant de boire son contenu en deux ou trois gorgées.

CHÂTEAU DE HIKONE★

彦根城

Comptez 4h avec le trajet.

À env. 40 km au nord-est de Kyoto. JR Biwako Line (ttes les 20mn, 50mn de trajet, 1 110 ¥). De la gare de Hikone, remontez la rue principale (15mn). 8h30-17h. 500 ¥ ou 900 ¥ billet combiné avec le musée.

En chemin vers Hikone, vous longerez le **lac Biwa**, le plus vaste plan d'eau du Japon (670 km²). Perché sur une colline dominant la rive est du lac, le château de Hikone fut construit entre 1603 et 1622 par le seigneur Ii Naosuke. Ayant conservé intacts son donjon, ses douves et remparts, il constitue l'un des plus anciens témoins de l'âge féodal.

▶ Le petit **musée** du château, près de la monumentale porte d'entrée, présente une collection d'armures et de sabres, de masques et costumes de théâtre nô. Il faut ensuite monter une longue volée d'escaliers en pierre et franchir une série d'enceintes pour parvenir à la terrasse du **Tenshu★**, altier donjon aux toitures de tuiles galbées. Attention, l'escalier est raide jusqu'au sommet des trois étages, où se découvre une vue dégagée sur le lac Biwa.

▶ Accessible par un sentier fléché qui part à droite du donjon, le **Genkyu-en★**, un jardin paysager d'inspiration chinoise, occupe le flanc nord-est du château. Le seigneur de Hikone aimait recevoir ses invités dans le pavillon coiffé de chaume qui surplombe l'étang. Vous pourrez y faire halte pour boire un thé vert tout en appréciant le panorama.

MUSÉE MIHO★★★

ミホミュージアム

Comptez 4h30 avec le trajet.

À env. 20 km au sud-est de Kyoto. JR Biwako Line pour la gare d'Ishiyama (15mn de trajet, 230 ¥), puis bus Teisan n° 150 jusqu'à son terminus (ttes les heures, de 9h10 à 13h10 à l'aller, de 11h à 17h au retour, 50mn, 800 ¥). Tlj sf lun. 10h-17h. Fermé mi-juin-mi-juil. et mi-déc.-mi-mars. 1 000 ¥. Attention, avant de vous déplacer, vérifiez les dates d'ouverture au (078) 82 3411 ou sur le site : www.miho.or.jp.

Blotti dans les montagnes au sud du lac Biwa, près de la petite ville de Shigaraki, ce musée conçu par I. M. Pei (l'architecte de la pyramide du Louvre) est vraiment notre coup de cœur dans la région. Tant pour la grandeur sauvage du site et la prouesse architecturale du bâtiment, que pour l'extraordinaire beauté de ses collections, dévolues aux **arts antiques** du Japon, de la Chine, du Moyen-Orient et du monde gréco-romain. Inauguré en 1997, le musée appartient à la milliardaire du textile Mihoko Koyama, fondatrice de la secte spirituelle Shumei, qui prône le bonheur par l'expérience de la beauté.

▸ De l'accueil, une voiture électrique conduit les visiteurs dans un amusant trajet à travers un tunnel. On se croirait dans la base secrète d'un film de James Bond ! Surgit alors un édifice presque intégralement enfoui dans la montagne, de conception élégante et ultramoderne : pierres calcaires d'un doux beige clair, charpentes spatiales d'acier, lucarnes à orientation variable, lampes d'albâtre et vitrines de cristal.

▸ Parmi les plus belles pièces exposées, on note un remarquable bouddha du Gandhara (Pakistan, 2e s.) ; une mosaïque de Dionysos découvrant Ariane (Syrie, 4e s.) ; une figure du dieu Horus à tête de faucon en argent massif et lapis-lazuli (Égypte, XIXe dynastie) ou encore un bas-relief assyrien du palais de Nimroud (Irak, 9e s. av. J.-C.). L'aile nord présente les arts japonais et des expositions temporaires. Un restaurant de nouilles et légumes bio permet éventuellement de déjeuner sur place.

NARA★★★

奈良

Une ville à la campagne...

... bondée de touristes

Quelques repères

Capitale de la préfecture de Nara - 30 km d'Osaka, 45 km de Kyoto - 365 000 hab. - Pour la visite d'Ise-shima, voir p. 255 - Carte régionale p. 292 - Plan p. 340.

À ne pas manquer

Les temples Kofuku-ji, Todai-ji, et Horyu-ji.

Le Musée national de Nara.

Flâner dans Naramachi.

Conseils

Consacrez 2 jours à Nara, dont une demi-journée pour le Horyu-ji. Si vous ne restez qu'un jour, arrivez tôt et limitez-vous aux curiosités autour du parc.

Nara est petite, mais on marche tout de même beaucoup entre les sites. Enfilez des chaussures de sport ou bien louez un vélo.

Évitez de venir le week-end en raison de l'affluence.

Ici, les automobilistes cèdent respectueusement le passage aux daims, qui sont plus d'un millier à batifoler en liberté dans l'immense parc au cœur de la ville. Heureux messagers des dieux, dont les touristes s'attirent aisément les faveurs avec quelques biscuits ! Aimable, raffinée et doucement écolo, Nara séduit par son calme champêtre et ses vieilles ruelles au charme désuet. C'est une ville à taille humaine, aux antipodes de la frénésie d'Osaka. L'ancienne Heijo-kyo, qui fut la capitale du royaume (710-784) et l'un des berceaux de la civilisation japonaise, a su préserver tout un cortège de temples et de sanctuaires d'une valeur inestimable, dont le Horyu-ji, le plus ancien temple de bois du monde.

Arriver ou partir

En train - Sauf si vous avez un *pass* JR, le plus simple est d'utiliser la ligne Kintetsu. La gare **Kintetsu Nara** *(B1)* est la plus centrale. Départ ttes les 30mn pour Kyoto (33mn de trajet, 1 110 ¥). Départ ttes les 15mn pour Osaka (Namba Station) (40mn, 540 ¥). Départ ttes les 20mn pour le Kansai International Airport *via* la Nankai Line pour Namba (1h10, 1 430 ¥).

La gare **JR Nara** est au sud-ouest, à 10mn à pied du centre *(A2)*. Départ ttes les 30mn pour Kyoto (40mn, 690 ¥). Départ ttes les 10mn pour Osaka (Tennoji) (30mn, 450 ¥). Départ pour le Kansai International Airport *via* Tennoji (1h20, 1 660 ¥).

En bus - Les bus longues distances **Nara Kotsu**, ✆ (0742) 22 5110, partent de l'arrêt situé devant la gare Kintetsu *(B1)*. Pour Tokyo (Shinjuku), 1 départ/j. à 22h30 (7h45 de trajet). De Tokyo, 1 départ/j. à 23h15 (7h35). 8 400 ¥/aller ou 15 120 ¥/AR. Départ ttes les heures pour le Kansai International Airport (1h20, 1 800 ¥) et pour l'aéroport d'Itami (1h, 1 440 ¥).

Le bus **JR Dream Nara**, ✆ (03) 3215 1468, relie la gare JR Nara à celle de Tokyo. Départ à 21h30. De Tokyo, départ à 22h. Comptez 9h30, 8 400 ¥/ 15 120 ¥.

Se repérer

Nara, comme Kyoto, a été édifiée selon un plan en damier. Le centre s'étend autour de la rue **Sanjo-dori** *(A-B2)* et de quelques arcades piétonnes au sud de la gare Kintetsu *(B1)*. Le **parc** *(C1-2)*, qui regroupe les plus beaux temples, s'étire au pied de collines boisées, à 15mn à pied vers l'est. Au sud s'ouvre

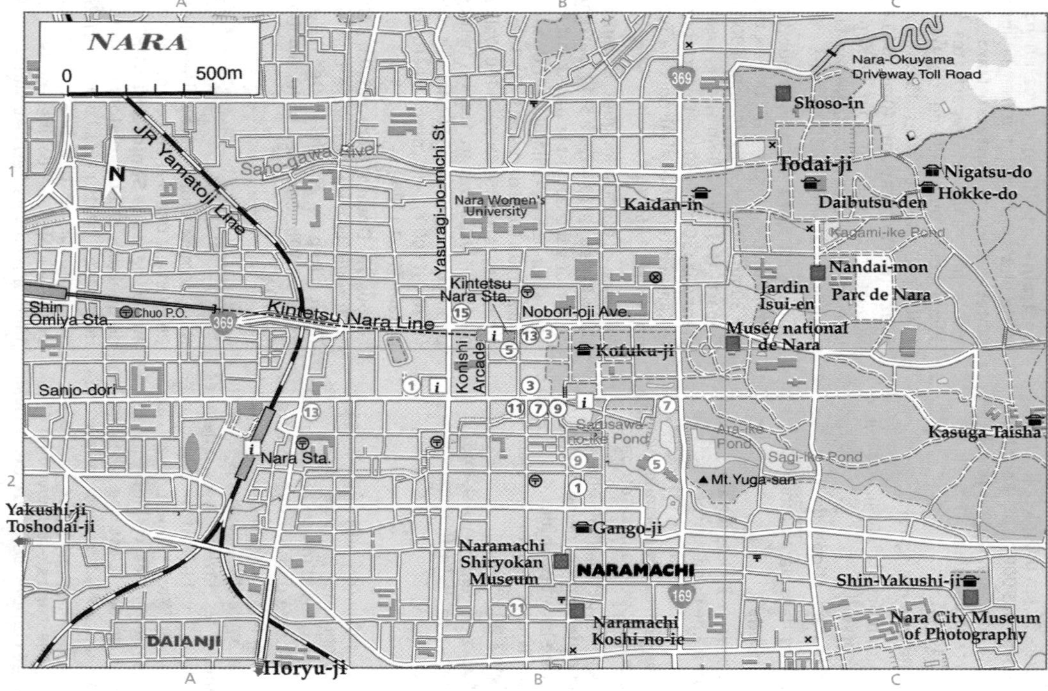
NARA
0
500m
N
JR Yamatoji Line
Saho-gawa River
Yasuragi-no-michi St.
Nara Women's University
Kintetsu Nara Sta.
Shin Omiya Sta.
Chuo P.O.
369
Kintetsu Nara Line
Nobori-oji Ave.
Konishi Arcade
Sanjo-dori
Nara Sta.
Yakushi-ji
Toshodai-ji
Horyu-ji
DAIANJI
Naramachi Shiryokan Museum
NARAMACHI
Naramachi Koshi-no-ie
Gango-ji
169
Sarusawa-no-ike Pond
Ara-ike Pond
Sagi-ike Pond
Mt. Yuga-san
Kofuku-ji
Musée national de Nara
Jardin Isui-en
Nandai-mon
Parc de Nara
Kagami-ike Pond
Kaidan-in
Todai-ji
Daibutsu-den
Shoso-in
Nara-Okuyama Driveway Toll Road
Nigatsu-do
Hokke-do
Kasuga Taisha
Shin-Yakushi-ji
Nara City Museum of Photography
A
B
C
1
2

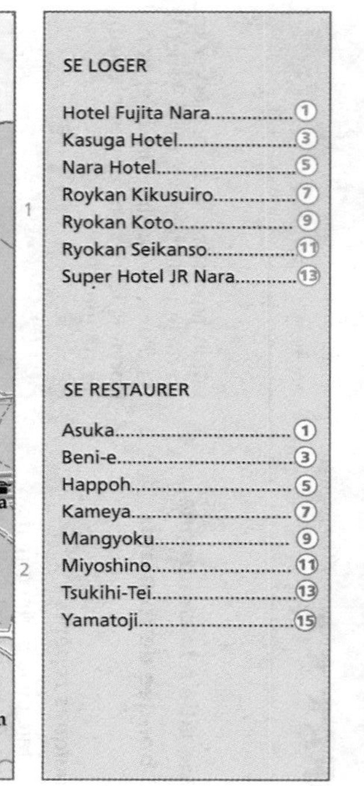
SE LOGER
Hotel Fujita Nara.................1
Kasuga Hotel.........................3
Nara Hotel..............................5
Roykan Kikusuiro...................7
Ryokan Koto...........................9
Ryokan Seikanso...................11
Super Hotel JR Nara.............13
SE RESTAURER
Asuka....................................1
Beni-e....................................3
Happoh..................................5
Kameya..................................7
Mangyoku..............................9
Miyoshino.............................11
Tsukihi-Tei............................13
Yamatoji...............................15

le vieux quartier de **Naramachi** *(B2)*. Tous les sites touristiques sont proches à pied les uns des autres, hormis les temples **Toshodai-ji**, **Yakushi-ji** et **Horyu-ji**, situés plus à l'écart au sud-ouest.

Comment circuler

En bus - De multiples bus sillonnent la ville, dont la majorité font halte aux deux gares JR et Kintetsu. Les bus n°s 2 et 6 tournent autour de la ville et de son parc dans le sens des aiguilles d'une montre; les n°s 1 et 5, dans le sens inverse. Les bus n°s 52, 63, 67, 70, 88 et 97 desservent les temples du sud-ouest.

En vélo - Pratique pour circuler à travers le parc et dans Naramachi. Locations chez **Sunflower Rent-A-Cycle**, dans une ruelle en retrait de la Konishi Arcade, au sud de la gare Kintetsu *(B1)*, ✆ (0742) 24 3528. 9h-17h. 900 ¥/j.

Adresses utiles

Informations touristiques - **Nara City Tourist Center**, 23-4 Kamisanjo-cho *(B2)*, ✆ (0742) 22 5595. 9h-21h. Dispose de trois autres bureaux (9h-17h) : dans la gare Kintetsu *(B1)*, dans la gare JR *(A2)* et au coin du petit étang Sarusawa *(B2)*. Tous les quatre fournissent plans, brochures et renseignements en anglais.

☺ Si vous souhaitez l'assistance d'un guide bénévole parlant anglais (parfois français), réservez au moins un jour à l'avance auprès du **Nara S.G.G. Club**, ✆ (0742) 22 5595, du **Nara Student Guide**, ✆ (0742) 26 4753, ou du **Nara YMCA**, ✆ (0742) 45 5920. C'est gratuit, mais vous devrez couvrir les frais de transports et de repas du guide.

Banque / Change - La **SMBC** et la **Nanto Bank** *(B2)*, sur Sanjo-dori, changent les principales devises, euros inclus. Tlj sf w.-end 10h-15h.

Poste - Des distributeurs de billets ATM acceptent les cartes internationales dans les postes près des gares. **Ogawa-cho Post Office**, en face de JR Nara, vers la droite, à côté de l'épicerie Lawson *(A2)*. 9h-19h (sam. 17h). **Higashimuki Post Office**, dans la galerie piétonne, à 200 m au nord-ouest de la gare Kintetsu *(B1)*. 9h-19h (w.-end 17h).

Internet - Plusieurs manga cafés avec accès Internet sur Sanjo-dori, ouverts 24h/24. Parmi eux, **Shalala**, Tomikawa Bldg, 5F, 497-1 Sanjo-cho, ✆ (0742) 27 5788. 390 ¥/h, boisson incluse.

Se loger

De 7000 à 9000 ¥

Super Hotel JR Nara
スーパーホテルＪＲ奈良駅前

500-1 Sanjo-cho, ✆ (0742) 20 9000, www.superhotel.co.jp - 70 ch. Petit-déj. inclus (café, croissant, confiture). Juste en face de la gare, un petit *business hotel* très pratique, dont le personnel parle anglais. Internet gratuit et ch. pour 1, 2, 3 ou 4 pers.

☺ **Ryokan Seikanso** 旅館静観荘

29 Higashi-Kitsuji-cho, ✆ (0742) 22 2670, seikanso@chive.ocn.ne.jp - 9 ch. Délicieux *ryokan*, édifié en 1916 autour d'un magnifique jardin intérieur. Le très affable propriétaire parle un peu l'anglais. Les chambres, sans être de prime jeunesse, sont agréables et bien éclairées. Six d'entre elles donnent sur le jardin : préferez ces dernières. *O furo*, Internet gratuit (30mn), location de vélos (500 ¥/j.).

Ryokan Koto 旅館古都

28 Higashi-Terabayashi-cho, ✆ (0742) 22 3751 ou 24 5555, www.narakoto.com - 15 ch. Petit *ryokan* moderne et bien tenu. Chambres assez spacieuses, avec coffre et coin lavabo ou, pour trois d'entre elles, SdB privée.

De 10000 à 12000 ¥

Hotel Fujita Nara ホテルフジタ奈良

47-1 Sanjo-dori, ✆ (0742) 23 8111, www.fujita-nara.com - 117 ch. Bien situé, pourvu d'un personnel anglophone très cordial, de chambres claires, propres et bien insonorisées, de deux restaurants et d'un joli salon-bar avec vue sur un jardin. Cet hôtel constitue un bon choix en catégorie intermédiaire.

NARA

De 26000 à 30000 ¥

Kasuga Hotel 春日ホテル

630-8213 Noborioji-cho, (0742) 22 4031, www.kasuga-hotel.co.jp - 31 ch. À partir de 18000 ¥/pers. avec les deux repas. D'extérieur, l'hôtel reproduit l'architecture des bâtiments en bois de la période Tempyo (fin du 8e s.). L'intérieur abrite des chambres japonaises (et trois occidentales) amples et lumineuses, dotées d'un matériel high-tech. Cuisine *kaiseki* d'excellente tenue et superbe *o furo*, avec une cascade et un bain en plein air cerné de roches et de végétation.

Nara Hotel 奈良ホテル

Nara-koennai, (0742) 26 3300 - 120 ch. Juché sur une colline près du parc, cet hôtel bâti en 1909 mêle à son architecture occidentale une façade en cyprès inspirée de la période Momoyama (16e s.). Bien des célébrités (Brando, Hepburn, Malraux) l'ont fréquenté. Préférez les chambres de la partie ancienne, avec leurs hauts plafonds, vieilles appliques et cheminées, bien plus romantiques que celles de l'aile moderne.

Autour de 60000 ¥

Ryokan Kikusuiro 菊水楼

1130 Takabatake-cho, (0742) 23 2001, fax (0742) 26 0025 - 16 ch. À partir de 38000 ¥/pers. avec les deux repas. Le plus vieux *ryokan* de Nara, classé Bien culturel. Il servait, voici un siècle et demi, à herberger les prêtres bouddistes. Aujourd'hui, les heureux privilégiés peuvent y dîner d'un divin repas *kaiseki* en compagnie d'une célèbre geisha de Nara, ou dormir dans l'une de ses chambres décorées de laques, paravents et rouleaux précieux avec, pour chacune d'elle, une *nakai-san* (hôtesse) aux petits soins. Seule la moitié des chambres disposent de SdB privée.

Se restaurer

Moins de 1500 ¥

Kameya かめや

9 Tarui-cho, (0742) 22 2434. Tlj sf mar. 11h-21h30. Un *okonomiyaki* traditionnel, où vous mangerez assis sur des banquettes. L'*okonomiyaki* est un mélange incluant crêpe, omelette, chou, nouilles, porc, crevettes, poulpe et mayonnaise qui vous cale l'estomac pour la journée. Pas de carte en anglais, pointez les plats à l'extérieur.

Miyoshino 三好野

27 Hashimoto-cho, (0742) 22 5239. 11h-20h30. Sur Sanjo-dori (repérez les plats sur une table basse devant la porte), ce petit troquet familial est spécialisé dans les plats d'*udon* (nouilles). Il y en a des dizaines (aux œufs, au bœuf, avec tempuras, etc.) dessinés sur le mur. À midi, la patronne propose de bons petits menus à moins de 1000 ¥.

Tsukihi-Tei 月日亭

6 Higashi-Muki, (0742) 23 5470. 11h-22h. Tout au nord de la galerie couverte, à l'étage, un bon plan pour la formule déjeuner à 1050 ¥ qui inclut sashimis, tempuras, soupe *miso* et riz. Le soir, essayez le menu mini-*kaiseki* à 3500 ¥. Carte disponible en anglais.

De 1500 à 3000 ¥

Happoh 八寶

22 Higashi-Muki, (0742) 26 4834. 11h30-22h30. Dans un cadre reposant et plutôt élégant, bercé par un fond musical et le glouglou d'une mini-cascade, vous savourerez une cuisine japonaise goûteuse et bien travaillée, autour de menus très variés et peu onéreux, notamment au déjeuner.

Beni-e べに江

1-4 Higashi-Muki, (0742) 22 9493. 11h30-21h. En retrait de la galerie commerçante, à côté d'un magasin de chaussures, une table appréciée pour ses tempuras croustillantes et légères. Plusieurs menus autour de 2000 ¥ à midi détaillés sur la carte en anglais.

Asuka 天ぷら飛鳥

11 Shonami-cho, (0742) 26 4308. Tlj sf lun. 11h30-21h30. Autre adresse réputée pour ses tempuras, que le chef présente en de jolis assortiments. À midi, *bento* à 1600 ¥ ou menus autour de 2000 ¥, le soir autour de 4000 ¥.

Yamatoji 大和路

Nara Line House, 4-5F, 6 Nakasuji-cho, ✆ (0742) 24 4529. 11h-23h. En face de la gare Kintetsu. Le premier niveau est un *izakaya* où sont servis des menus *(teishoku)* variés et pas chers. À l'étage, salle plus chic pour déguster tempuras, sushis, *shabu-shabu* ainsi que d'excellents menus *kaiseki* à partir de 5000 ¥.

Mangyoku まんぎょく

9 Ganrinin-cho, ✆ (0742) 22 2265. Tlj sf lun. 18h-23h. Dans une ruelle en retrait de Sanjo-dori, près de l'étang Sarusawa, maison typique du vieux Nara, avec sa palissade en claies et ses lanternes. À l'intérieur, meubles anciens et estampes, parquet lustré et poutres de bois plantent un décor chaleureux. Vous y savourerez des recettes ménagères savamment mijotées tel le *nikujaga* (ragoût de bœuf), du poulet vapeur, du saumon grillé, des plats de légumes et autres mets de saison.

Faire une pause

Cafés - Drink Drank, 8 Hashimoto-cho *(B2)*, ✆ (0742) 27 6206. Tlj sf merc. 11h-20h. Sur Sanjo-dori, mignonne petite salle servant sorbets et jus de fruits pressés, ainsi que quelques plats de cuisine rapide.

Mellow Café, Axe Unit, 1-8 Konishi-cho *(B2)*, ✆ (0742) 27 9099. 11h-23h30. Dans un complexe de boutiques sur la Konishi Arcade, un café tendance, au joli décor *terracotta*, très relax pour prendre un verre l'après-midi ou en début de soirée. Fait aussi une cuisine italienne.

Sortir, boire un verre

Bars - Wembley Crown, Nishimura Bldg *(B2)*, 2F, 14 Mochiidono-cho, ✆ (0742) 26 7741. Tlj sf jeu. 11h-23h. Le dernier-né des pubs de Nara, à l'ambiance typiquement anglaise. Écran géant pour les matchs de foot, grand choix de bières.

Rumours, Patel Bldg, 3F, 9 Tunofuri-cho *(B2)*, ✆ (0742) 26 4327. 18h-1h. Le plus ancien pub pour expatriés. S'anime tard le w.-end, autour d'un DJ.

Y & Y, Patel Bldg, 5F *(B2)*, ✆ (0742) 27 5506. 18h-1h. Bar sympa, à la clientèle mélangée de *gaijin* et de Nippons. Concerts de jazz, soul, rock et R & B le w.-end (droits d'entrée 1500 ¥).

Fêtes et festivals

Yamayaki (15 janv.) : dans la nuit, brûlage des herbes sur la colline Wakakusa, accompagné d'un feu d'artifice.

Onioi (3 fév.) : chasse aux ogres dans le temple Horyu-ji.

Omizutori (1er-14 mars) : Fête de l'eau et du feu au Nigatsu-do, dans le Todai-ji. Le soir du 12 mars, les moines dansent avec des torches et font pleuvoir des braises sur les spectateurs afin de les purifier.

Takigi No (11-12 mai) : spectacles de nô en plein air au Kofuku-ji et au Kasuga Taisha.

Uchiwa Maki (19 mai) : jets d'éventails et de gâteau de riz à la foule, au temple Toshodai-ji.

Mantoro (3 fév. et 14-15 août) : les 3000 lanternes du Kasuga Taisha sont illuminées.

Shika-no-tsunokiri (les dim. en oct.) : les cerfs du parc sont réunis dans un enclos près du Kasuga Taisha afin de procéder au sciage de leurs bois.

Achats

Shopping - 100 Yen Shop, 26 Higashi-Muki (à côté du restaurant Happoh) *(B1-2)*. 10h-20h. Sur deux étages, le temple de la farfouille, idéal pour dénicher des ustensiles utiles et des petits cadeaux pas chers.

Thé - Kyokkaen Naka, 17 Tunofuri-cho *(B2)*. 8h-20h. Sur Sanjo-dori, en face du *ryokan* Hakuho, minuscule boutique de thés verts (*sencha*, *gyokuro*, *matcha*, etc.), avec ses vieux présentoirs en bois.

Artisanat - Nara Craft Museum, 1-1 Azemame-cho *(B2)*, ✆ (0742) 27 0033. Tlj sf lun. 10h-17h. Dans le quartier de Naramachi, bel espace d'exposition-vente de l'artisanat traditionnel de Nara : poupées en bois, céramiques, laques, etc.

Papier - Akemitori, 1 Hashimoto-cho *(B2)*, ✆ (0742) 22 1991. 9h-20h. Dans l'arcade piétonne, au sud de Sanjo-dori. Boutique spécialisée dans les *tenugui*, imprimés traditionnels en coton, dont on fait des serviettes et de petits accessoires.

HISTOIRE

C'est sur le sol de Nara, en 710, que l'impératrice Gemmei fonda la première capitale permanente du Japon, Heijo-kyo (la « cité de la Paix »). Située dans la plaine de Yamato, au terminus de la route de la soie, Heijo prospèrera alors en tant que centre politique, économique et culturel du pays pendant les soixante-quatorze années suivantes.

Construite sur le modèle chinois de Chang'an, capitale des Tang, la nouvelle cité comprenait des palais, des sanctuaires, des édifices publics, des maisons et des routes bien tracées. L'ensemble formait un quadrilatère d'environ 2500 ha pour une population estimée à 100000 habitants. De grands temples y furent édifiés, symboles de la nouvelle dévotion de la Cour au bouddhisme.

Au fil du temps, les monastères de Nara acquirent cependant un ascendant politique démesuré, au point de convoiter le trône. Pour se dégager de leur emprise, la Cour décida donc de transférer la capitale à Nagaoka en 784, puis à Kyoto (Heian) en 794.

Rebaptisée « *Nanto* », la ville perdit alors de son importance. Elle subit de nombreuses destructions pendant les diverses guerres civiles, et fut incendiée par les Taira en 1180. Reconstruits et embellis au cours de la période Kamakura (1185-1333), puis durant l'ère Edo (1603-1867), les temples de Nara ont néanmoins réussi à se relever.

En 2010, pour le 1 300e anniversaire de sa fondation, Nara prépare de grands projets, en particulier la restauration de l'ancien Palais impérial. Le site, au nord-ouest de la ville, est à l'heure actuelle en plein chantier.

VISITE DE LA VILLE

En sortant de la gare Kintetsu ou bien de la gare JR, marchez vers l'est pour rejoindre le parc, qui regroupe les principales attractions.

PARC DE NARA★★

奈良公園

Créé à la fin du 19e s., le parc de Nara étale au pied de la colline Wakakusa ses 600 ha de bois, de pelouses et d'étangs, entrecoupés de routes. Vénérés aux temps anciens comme les messagers des *kami* (divinités shinto), plus d'un millier de daims et de biches y gambadent en liberté, et font les yeux doux aux familles japonaises qui les nourrissent des petites galettes vendues à chaque coin de rue.

Kofuku-ji★★

興福寺

(B1-2)

Tokon-do Hall : 9h-17h; 300 ¥. Kokuhokan : 9h-16h30; 500 ¥. Pavillon : ouv. 1 j. par an, le 17 oct.

Édifié en 669 à Uji, puis transféré à Nara en 710 par le puissant clan des Fujiwara qui en étaient les patrons, le « temple de la Félicité prospère » s'étendait, au temps de sa splendeur, sur près de 12000 m² et comptait quelque 175 bâtiments. Rattaché à l'école bouddhiste Hosso, il fut, du 8e s. à la fin 12e s., l'un des plus grands temples de Nara. Hélas, les destructions causées par les guerres et les incendies ont réduit drastiquement sa taille.

▶ Entrez dans l'enceinte côté sud, où se dressait jadis la grande porte Nandai-mon. Vous apprécierez, au passage, la vue du petit étang **Sarusawa-no-Ike**, dans lequel vient se reflèter la **pagode à cinq étages★** située à l'est du temple. Élevée en 725, puis restaurée en 1426, elle constitue la seconde plus haute pagode du Japon (50 m) après celle du To-ji de Kyoto, et l'un des symboles visuels de Nara.

▶ Au nord, le **Tokon-do★★**, pavillon d'or oriental, fut construit en l'honneur de l'impératrice Gensho en 726. Le bâtiment actuel date de 1415. Le Tokon-do est dédié au **Yakushi Nyorai**, le Bouddha thérapeute. Sa grande statue de bronze trône au centre de la salle, entourée de trois *bosatsu*, des quatres gardiens et douze généraux célestes, protecteurs dont le regard courroucé vise à chasser les esprits maléfiques.

▶ Au nord-est du Tokon-do, le **Kokuhokan★★**, salle du trésor du Kokufu-ji, abrite des chefs-d'œuvre de la statuaire bouddhique. Parmi les plus anciens, une **tête de Bouddha★★** en bronze du 7e s. figurant le Yakushi Nyorai, aux traits d'une grande pureté, et un extraordinaire **Ashura★★★** du 8e s. en chanvre laqué. Ce protecteur du Bouddha est représenté debout, avec six bras longs et fins comme des tentacules et trois visages éclairés par une très belle expression juvénile.

▶ Au sud-ouest, on aperçoit l'autre tour du temple, la **pagode à trois étages**. Devant, le pavillon octogonal du **Nanen-do★** renferme une statue de Fukukensaku Kannon, attribuée à Kokei, et les **portraits** des six patriarches de l'école Hosso sculptés par Unkei, en 1189.

Musée national de Nara★★

奈良国立博物館

(C1)

Tlj sf lun. 9h-16h30. Collections permanentes : 420 ¥.

Le Musée national de Nara comprend deux édifices distincts, reliés par un passage souterrain.

▶ À l'ouest, le bâtiment principal, édifié à la fin du 19e s., rassemble une époustouflante collection de **sculptures bouddhiques★★**, allant des périodes Asuka à Kamakura (6e-14e s.). Des statues de moines d'un réalisme saisissant alternent avec des bouddhas (Yakushi, Amida, Shaka) empreints de grandeur méditative, des *bosatsu* (Kannon, Nikko, Gakko) pleins de grâce et des protecteurs à la force farouche.

▶ L'annexe moderne, divisée en deux ailes, présente les collections permanentes de peintures (dont plusieurs superbes rouleaux décrivant la **descente d'Amida★★**, du 11e s.), de calligraphie et d'archéologie. Elle sert également à accueillir les expositions temporaires. Si vous êtes à Nara entre fin octobre et début novembre, n'y ratez surtout pas l'exposition annuelle des **trésors du Shoso-in★★**, détenus par le Todai-ji *(voir ci-dessous)*.

Jardin Isui-en★

依水園

(C1)

Tlj sf mar. 9h30-16h30. 650 ¥.

Cet adorable jardin japonais, souvent négligé des touristes, offre un intermède relaxant entre les visites culturelles. Il se compose en fait de deux jardins datant de l'ère Meiji, que relie un étroit sentier. Celui côté ouest *(à droite après l'entrée)* a été aménagé autour d'un petit étang qu'encadrent deux villas, dont l'une sert aujourd'hui de restaurant. Le jardin côté est tire parti de la vue sur les collines Wakasuka et Kasuga, à l'arrière-plan, pour créer un séduisant effet de profondeur. Même si l'entrée est incluse dans le billet, vous pouvez délaisser sans regret le Neiraku Museum attenant et ses collections de céramiques chinoises.

Todai-ji★★★

東大寺

(C1)

Avr.-sept. : 7h30-17h30; oct. : 7h30-17h; nov.-fév. : 8h-16h30; mars : 8h-17h. Daibutsu-den : 500 ¥. Hokke-do : 500 ¥. Kaidan-in : 500 ¥.

Bâti sur ordre de l'empereur Shomu, entre 745 et 752, le Todai-ji déclenche une inflation de superlatifs : temple le plus important de Nara, il inclut le plus grand édifice en bois du monde (le Daibutsu-den, qui sert d'écrin au plus grand bouddha en bronze du Japon) et aussi le Shoso-in, considéré comme le plus ancien musée de la planète. Le site décroche aussi la palme de la fréquentation : 3 millions de visiteurs par an. Arrivez tôt pour éviter la foule.

▸ À l'entrée, le visiteur passe d'abord sous la **Nandai-mon★**, la grande porte du Sud (1199). Ses piliers renferment deux imposantes statues en bois des **gardiens Nio★★**, dues à Unkei. L'un a la bouche ouverte, l'autre fermée, symboles du début et de la fin de la vie.

▸ Il faut ensuite surfer entre les hordes d'étudiants et de touristes menées avec fanions et mégaphones pour parvenir au **Daibutsu-den★★**, situé au bout de l'allée. Même si sa dernière reconstruction, en 1709, ne couvre que les deux tiers de sa taille d'origine, il reste le plus monumental bâtiment en bois du monde. L'intérieur abrite la grande statue en bronze doré du **Daibutsu Vairocana★** assis sur une fleur de lotus, réalisée en 751 par le coréen Kimimaro. En dépit de sa taille (16 m) et de sa célébrité, l'œuvre manque de force, sans doute à cause de trop nombreuses restaurations. Son visage béat et son ventre dodu font davantage songer à un gros bougre repu en train de digérer un bon repas qu'au Bouddha cosmique supposé régenter l'univers.

▸ En sortant, tournez à gauche et suivez le chemin qui monte vers l'est, près de la cloche en bronze. Il vous mènera, 400 m plus loin, au **Nigatsu-do★**. Ce temple sur pilotis ressemble, en plus petit, au Kyomisu-dera de Kyoto *(voir p. 325)*. De sa terrasse, où vous pourrez boire le thé, se découvre une belle vue sur Nara. Plus au sud, le **Hokke-do★★** (ou Sangatsu-do), le plus ancien bâtiment du Todai-ji (747), recèle une somptueuse statue du 8e s. de **Fukukensaku Kannon★★**, la déesse Kannon qui sauve les âmes dans ses filets, qu'entoure une armée de gardiens à l'air redoutable.

▸ De l'autre côté du Daibutsu-den, à environ 300 m à l'ouest, sur un tertre, se trouve le **Kaidan-in★**, qui contient de belles statues d'époque Tempyo (fin du 8e s.), dont **quatre superbes rois** célestes. Enfin, à 300 m au nord du Daibutsu-den, s'élève le **Shoso-in★**, curieux bâtiment en bois sur pilotis construit à la façon des antiques greniers yayoi. Il conserve les trésors légués au temple par l'empereur Shomu, des milliers d'objets (paravents, céramiques, masques, étoffes, etc.) arrivés au Japon de Chine, d'Inde, de Perse ou de l'Empire byzantin grâce au commerce sur la route de la soie.

Kasuga Taisha★★

春日大社

(C2)

9h-16h30. Homotsu-den : 420 ¥.

Situé à l'est du parc, au pied de la colline Kasuga que couvre une exceptionnelle **forêt primaire★**, ce grand sanctuaire shinto – le plus important de Nara – fut fondé en 768 par la famille Fujiwara. Sous l'ère Heian, vers le 10e s., il fut rattaché au temple Kofuku-ji, affiliation qui durera jusqu'à ce que le shintoïsme soit détaché du bouddhisme sous l'ère Meiji, à la fin du 19e s.

Le Kasuga Taisha est réputé pour ses quelque **3 000 lanternes** de pierre et de bronze qui jalonnent l'allée principale depuis le grand *torii* à l'entrée ou sont suspendues dans les corridors des bâtiments. Elles sont allumées lors du festival Mantoro *(3 fév. et 14-15 août)*.

Mais le sanctuaire est aussi remarquable par son **architecture★**. Le bâtiment principal, long et étroit, surmonté d'un volumineux toit de chaume à pignon, personnifie le style Kasuga, auquel il a donné son nom. Il s'intègre avec harmonie dans la nature environnante, ses grands piliers rouges contrastant avec le vert des arbres et le mauve des glycines, dont les grappes servent à orner les parures des servantes du culte.

Côté ouest du sanctuaire, le **Homotsu-den** (salle du Trésor) expose des masques de *bugaku*, des costumes de nô, des armes et armures anciennes.

Les biches du parc de Nara.

À la sortie du sanctuaire, suivez le sentier sur la gauche, qui se dirige à travers les bois vers le sud. Env. 800 m après, au sortir de la forêt, prenez la route à droite puis, 100 m plus loin, la rue à gauche qui mène au Shin-Yakushi-ji, indiqué par un panneau.

Shin-Yakushi-ji★

新薬師寺

(C2)

9h-17h. 500 ¥.

Ce temple fut élevé en 747 à la demande de l'impératrice Komyo pour remercier les dieux d'avoir rendu la santé à son mari, l'empereur Shomu. Seule la grande salle centrale est d'époque. Elle recèle un bel ensemble de **sculptures★** du 8e s. figurant le Yakushi Nyorai (Boudda thérapeute) entouré d'une douzaine de gardiens célestes.

Nara City Museum of Photography

奈良市写真美術館

(C2)

Tlj sf lun. 9h-17h. 500 ¥.

Logé dans un bâtiment moderne à l'ouest du Shin-Yakushi-ji, le musée de la Photographie est dédié à Taikichi Irie, qui passa sa vie à faire des photographies de Nara et de sa région. Les clichés exposés, en majorité des paysages au fil des saisons, illustrent la passion des Japonais pour la nature.

Du musée, marchez 10mn vers l'ouest jusqu'à l'arrêt de bus Wariishi-cho. De là, les bus nos 1, 5, 36, 37, 160 mènent au centre.

NARAMACHI★

奈良町

(B2)

Naramachi désigne le vieux quartier populaire qui s'étend au sud de l'étang Sarusawa-Ike, autour du temple Gango-ji. Ce lacis de ruelles mystérieuses et pentues, où il est facile de se perdre, a gardé le caractère pittoresque et suranné de l'époque Edo (17e s.-19e s.). De vieilles maisons, les *machiya*, à la fois lieux de travail et d'habitation, s'y imbriquent depuis des générations. Entre voisins, les gens se sourient et s'adressent la parole sans façon. Bref, on se promène avec plaisir dans ce quartier qui éveille la nostalgie.

Naramachi Koshi-no-ie

ならまち格子の家

Tlj sf lun. 9h-17h. Gratuit.

Cette ancienne *machiya* restaurée et ouverte au public permet d'observer l'agencement d'une maison traditionnelle de Nara : une façade basse, au toit de tuiles gris foncé et aux fenêtres protégées par un treillis de bois, un intérieur tout en longueur, donnant au fond sur un jardin et un entrepôt, etc.

Naramachi Shiryokan Museum

奈良町資料館

Tlj sf lun. 10h-16h. Gratuit.

Sis dans une vieille maison de famille, ce musée est un vrai bric-à-brac d'objets insolites, de porcelaines, écriteaux, vieilles monnaies et estampes des époques Edo et Meiji. Remarquez les petits singes en peluche rouge et blanc suspendus à l'auvent. Ce sont les « singes substituts » du culte du *koshin*, importé de Chine en même temps que le taoïsme. Chaque petit singe réprésente un membre de la famille, qu'il est censé protéger des malheurs et des souffrances en les détournant sur lui.

LES TEMPLES DU SUD-OUEST★

Des gares Kintetsu ou JR, bus nos 63 et 70, arrêt Toshodai-ji; ou bus nos 52, 97 et 98, arrêt Toshodaiji-higashiguchi. Comptez 20mn de trajet (240 ¥).

Toshodai-ji★

唐招提寺

(A2 en dir.)

8h30-17h. Salle du Miedo : ouv. 1 j. par an, le 6 juin. 600 ¥.

Ce temple est l'œuvre de Ganjin (688-763), un moine chinois qui, en 759, fut invité par l'empereur Shomu afin d'enseigner le bouddhisme. Ganjin connut de nombreux déboires dans sa traversée de la mer du Japon et fit cinq fois naufrage, si bien que, lorsqu'il parvint enfin au pays du Soleil-Levant, il était déjà aveugle. La salle du Miedo, au fond du jardin, conserve une émouvante statue de **Gainjin★**, la plus ancienne effigie laquée du Japon.

▸ Le **Kondo★**, salle principale du temple, seul édifice hérité de l'époque Nara, est hélas fermé pour restauration jusqu'en 2009. On se consolera en visitant à l'arrière le **Kodo★**, salle de lecture, qui était à l'origine la salle d'apparat du palais de Nara. On peut y voir plusieurs statues, dont un grand **Miroku Bosatsu★** du 8e s.

Yakushi-ji★

薬師寺

(A2 en dir.)

À 10mn à pied au sud du Toshodai-ji. 8h30-17h. 800 ¥.

Fondé par l'empereur Temmu en 680, afin d'obtenir la guérison de son épouse malade, ce temple dédié au dieu-médecin Yakushi est l'un des édifices les plus anciens et les plus sacrés de Nara. Il fut presque entièrement reconstruit à partir du 13e s., à l'exception de sa **pagode de l'Est★★** *(Toto)*, une merveille du genre. Haute de trois étages (34 m), elle paraît en avoir six en raison des auvents intermédiaires.

▸ Le Yakushi-ji est aussi célèbre pour toutes les œuvres sculptées qu'il renferme. Le **Kondo**, hall principal (1635), est ainsi habité par une triade du **Yakushi Nyorai★★** du début du 8e s., flanquée des *bosatsu* Nikko et Gakko. Autrefois dorée, la statue a pris une patine noire à la suite d'un incendie en 1528. Une autre triade du Yakushi est exposée dans le **Kodo**, situé derrière le Kondo. Le **Toin-do**, ou pavillon de l'Est (1285), conserve lui une **Sho-Kannon★** du 7e s., dont la finesse traduit une nette influence indienne.

De l'arrêt Yakushiji-higashiguchi, à 400 m à l'est du temple, les bus nos 52 ou 97 rejoignent le Horyu-ji (30mn, 560 ¥).

HORYU-JI★★★

法隆寺

(A2 en dir.)

De la gare JR Nara, Yamatoji Line pour Horyuji Station (10mn, 210 ¥), puis 20mn à pied vers le nord ou bus no 72 (5mn, 170 ¥). Sinon, des gares JR ou Kintetsu, bus nos 52, 60 ou 97 jusqu'à l'arrêt Horyuji-mae (1h, 760 ¥). 8h-16h30. Yumedono : ouv. mi-avr.-mi-mai et mi-oct.-mi.-nov. 1 000 ¥.

Le glorieux temple Horyu-ji, dont l'enceinte regroupe les plus anciens bâtiments en bois du monde, fut le premier site du Japon à être classé au Patrimoine mondial de l'Unesco. Chef-d'œuvre de l'époque d'Asuka (552-710), il fut bâti en 607 sur l'ordre de l'impératrice Suiko et du prince régent Shotoku. Les anciennes chroniques racontent qu'en 670 un grand incendie ravagea le temple, ce qui conduit à penser qu'il fut peut-être reconstruit à l'identique vers la fin du 7e s. Mais peut-être l'incendie ne concernait-il que l'ancien palais d'Ikaruga tout proche, sur le site duquel le moine Gyoshin Sozu fit construire, en 739, la partie de l'Est.

▸ Une allée bordée de pins mène à la **Nandai-mon**, la grande porte du Sud, par laquelle on accède au **Sai-in★★**, l'enceinte de l'Ouest, qui regroupe les bâtiments les plus essentiels. Une seconde porte, la **Chu-mon★**, encadrée de deux **gardiens Nio★** en terre cuite de 711, marque l'entrée de la vaste cour. Au centre s'élève le **Kondo★★★**, le pavillon d'Or, le plus ancien et le plus sacré des édifices. Il abrite des effigies d'une grande valeur, dont la **triade de Shaka★★** (Shakyamuni, le Bouddha historique) de 628 et la statue du **Yakushi Nyorai★** de 607. Les parois sont ornées de **fresques** dépeignant les paradis bouddhiques, dans un style proche des fresques indiennes d'Ajanta. Détruites par un incendie en 1949, elles ont été entièrement reconstituées.

▸ À gauche du Kondo, la **pagode à cinq étages★★** *(Goju-no-to)* renferme au niveau inférieur une collection de statues d'argile. Au nord, une scène décrit l'accès de Shakyamuni au nirvana. On ne voit hélas pas grand-chose en raison de l'obscurité et des grillages.

▶ Au fond de l'enceinte, sur la droite, une galerie moderne, le **Daihozo-in**, expose les trésors du temple. N'y ratez surtout pas deux merveilles de l'époque d'Asuka, la **Kudara Kannon★★★** en bois de camphrier, chef-d'œuvre de grâce et de finesse; et le **Tamamushi-no-zushi★★★**, tabernacle de l'impératrice Suiko, jadis revêtu de 9000 ailes irisées de scarabée « *tamamushi* ».

▶ Le **To-in★**, enceinte de l'Est, s'ordonne autour du **Yumedono★**, le pavillon des Songes, ainsi nommé car c'est ici que le prince Shotoku recevait, sous forme de rêves, la réponse à ses questions d'ordre politique ou philosophique. L'édifice octogonal abrite une statue en bois doré du 7e s. de **Kuze Kannon★★** restée enveloppée jusqu'en 1880, donc parfaitement conservée.

Chugu-ji★

中宮寺

9h-16h30. 400 ¥.

Au nord-est du To-in, un passage conduit à ce temple, fondé par le prince Shotoku en l'honneur de sa mère en 621. Plus intime que le Horyu-ji, il mérite le détour pour sa statue de **Miroku Bosatsu★★★** (Bouddha du futur) en bois de camphrier noir, assis en position de méditation, un des plus fameux bijoux de la statuaire nippone.

KOYA-SAN★★
LA PÉNINSULE DE KII★

☺ **Le séjour dans les temples**

☹ **Les foules et autocars en été**

Quelques repères

Préfecture de Wakayama - 66 km de Wakayama, 85 km d'Osaka - 4000 hab. (dont env. 500 bonzes), 1 million de visiteurs/an - Alt. 900 m - Carte régionale p. 292 - Plan p. 352.

À ne pas manquer

Assister à la cérémonie de l'aube dans un temple.

Le cimetière Okuno-in.

La cascade de Nachi et les sentiers de Kumano-kodo.

Conseils

Passez deux nuits à Koya-san pour vous imprégner de la sérénité des lieux.

Attention, il fait bien plus froid ici que dans la plaine : prenez de quoi vous couvrir, y compris d'épaisses chaussettes.

Louez de préférence une voiture pour explorer la péninsule.

Au sud d'Osaka, dans la péninsule de Kii, s'élève le mont Koya, l'un des grands centres sacrés du bouddhisme japonais, rattaché à l'école ésotérique Shingon. Fondé en 816 par un moine soucieux de paix et d'harmonie, Koya-san fut jadis l'une des plus vastes cités monacales du monde. Aujourd'hui, une centaine de monastères s'essaiment sur un plateau cerné de forêts profondes et de crêtes escarpées. La moitié d'entre eux proposent le gîte et le couvert aux pèlerins et voyageurs de passage. Classée au Patrimoine mondial de l'Unesco (avec les chemins et sites sacrés du reste de la péninsule), cette cité baignée d'encens et de brumes, où tout Japonais rêve de reposer un jour, permet à chacun de venir partager une authentique expérience spirituelle.

KOYA-SAN★★
高野山

Comptez une bonne demi-journée.

Arriver ou partir

En train - D'où que l'on vienne, le plus simple est de rejoindre **Namba Station** à Osaka. De là, prendre la Nankai Koya Line jusqu'à Gokurakubashi, son terminus. Quatre trains Limited Express quotidiens (1h25 de trajet, 1990 ¥) ou trains Express ttes les 30mn (1h45, 1230 ¥). De Gokurakubashi, funiculaire (5mn) pour la gare de Koya-san, à 3 km au nord du village *(A1 en dir.)*, où des bus (10mn, 280 ¥) desservent le centre.

☺ Si vous ne dormez qu'une nuit à Koya-san, prenez à Namba Station le **Koya-san Free Sabic**, un *pass* valable 2 j. qui, pour 2780 ¥, inclut l'AR Osaka-Koya-san (en train Express), les bus locaux et quelques réductions sur place. De Kyoto, Nara ou du Kansai International Airport, le **Kansai Thru Pass** est une autre option possible *(voir p. 361)*.

Se repérer / Comment circuler

La gare de Koya-san est à 3 km au nord du village. L'accès se fait en bus ou en taxi. L'arrêt de bus le plus central, **Senjuin-bashi**, vous laisse au carrefour de la rue principale, près du bureau de tourisme et des principaux commerces *(B2)*. Le bourg s'étire de la porte **Dai-mon** *(A2)*, à l'ouest, au cimetière **Okuno-in** *(C2 en dir.)*, à l'est, en passant par les complexes sacrés du **Garan** *(A-B2)* et du **Kongobu-ji** *(B2)*. Un bus (ttes les 20-30mn) dessert les divers arrêts du trajet, mais il est beaucoup plus simple et agréable de se déplacer à pied.

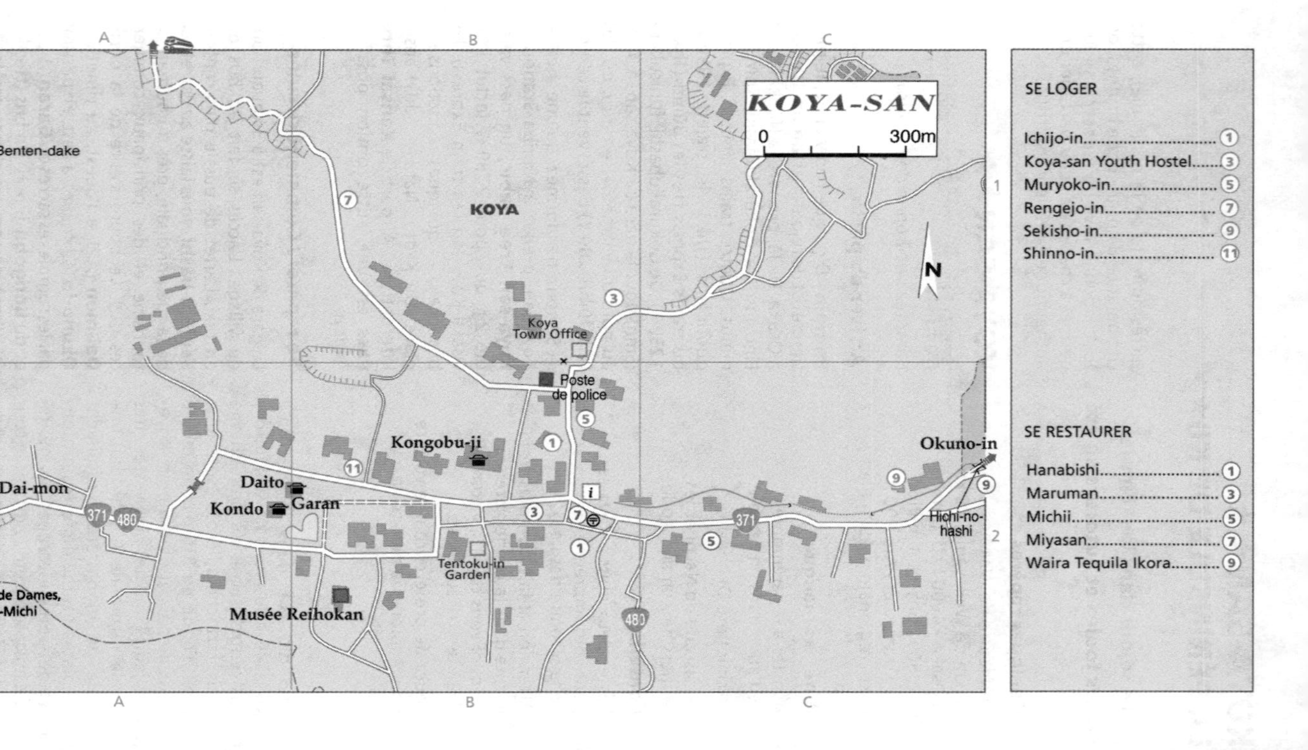
KOYA-SAN
0
300m
N
Mt Benten-dake
KOYA
Koya Town Office
Poste de police
Kongobu-ji
Daito
Kondo
Garan
Dai-mon
Tentoku-in Garden
Musée Reihokan
Okuno-in
Hichi-no-hashi
Chemin de Dames, Chouishi-Michi
371
480
SE LOGER
Ichijo-in 1
Koya-san Youth Hostel 3
Muryoko-in 5
Rengejo-in 7
Sekisho-in 9
Shinno-in 11
SE RESTAURER
Hanabishi 1
Maruman 3
Michii 5
Miyasan 7
Waira Tequila Ikora 9

Adresses utiles

Informations touristiques - Koya-san Tourist Association, devant l'arrêt de bus Senjuin-bashi *(B2)*, ✆ (0736) 56 2616, www.shukubo.jp. 8h30-17h. Plans et brochures, informations sur les temples-auberges et location de vélos (1 200 ¥/j.).

Pour les visites, l'office loue un audioguide avec commentaires en français (500 ¥/j.). Plus vivant, les visites guidées (en anglais) par le **Koya-san Interpreter Guide Club**, ✆ (0736) 54 2172 ou 73 5606. Réservez la veille. Participation aux frais de 1 000 ¥/pers.

Banque / Change - Change (dollars et euros) à la banque **Kiyo**, à 50 m sur la gauche de la poste *(voir ci-dessous)*. Tlj sf w.-end 9h-15h.

Poste / Retrait - **Poste**, en face de l'office de tourisme *(B2)*. Tlj sf w.-end 9h-15h. Distributeurs de billets ATM. 9h-18h (sam. 17h, dim. 15h).

Internet - Dans le hall de la mairie *(yakuba)*, au nord du village *(B2)*. 8h30-17h15. Un seul PC, mais c'est gratuit.

Se loger

Pas d'hôtels à Koya-san, seulement des **shukubo** (temples-auberges, *voir encadré*) qui proposent un hébergement au confort sommaire mais plein de charme : chambres tatamis et futon, sobrement décorées d'un *tokonoma* (petite alcôve), cloisons en papier de riz ouvrant sur de séduisants jardins centenaires, salle d'eau *(o furo)* commune pour le bain. Les deux repas végétariens, servis en chambre le soir et le matin, à heures fixes, sont presque partout incontournables. Nous les avons donc inclus dans nos fourchettes de prix, calculées pour deux personnes. Réservez à l'avance.

Auberge de jeunesse

Koya-san Youth Hostel

高野山ユースホステル

Au nord du village, ✆/fax (0736) 56 3889 - 4 ch. Petit-déj. 630 ¥ et dîner 1 050 ¥. La seule adresse routarde de Koya-san, qui tient plus du petit *ryokan* familial que de l'auberge de jeunesse habituelle. Chambres (japonaises) propres et accueillantes, à partager à 4 pers., couples séparés, mais on peut s'arranger si l'auberge est vide. Minuscule *o furo*, salon de lecture et jardinet. 3 360 ¥/pers.

La cérémonie de l'aube

Dès potron-minet, le gong retentit pour annoncer l'office. La cérémonie du feu *(goma)* se célèbre dans tous les temples à l'aube, et les hôtes peuvent y assister. Dans la pénombre du sanctuaire, le grand prêtre ou son officiant s'assied devant l'autel et, dans un bassin en bronze, brûle des fagottins de bois. Le feu crépite, qui consume les illusions et délivre des passions. Alignés de chaque côté, assis sur leurs talons, les yeux fermés, les moines psalmodient des mantras d'une voix basse, lente, gutturale, qui hypnotise. Les volutes d'encens, le tintement des clochettes, l'éclat des laques, des lotus d'or et des pupitres vermillon, les reflets des bougies sur les robes de soie : l'ambiance est spectrale, ensorcelante. Le rituel achevé, les moines se font alors aubergistes, ils lavent les planchers, nettoient les chambres et préparent le petit-déjeuner.

De 20 000 à 25 000 ¥

Shinno-in 親王院

Au nord du Garan, ✆ (0736) 56 2227, fax (0736) 56 3936 - 7 ch. Petit temple, donc à l'abri des groupes en saison. Cadre ancien bien conservé, *o furo* agréable et chambres, plus ou moins grandes, décorées de jolis *fusuma*. Préférez celles du RdC.

☺ **Muryoko-in** 無量光院

En direction de la mairie, ✆ (0736) 56 2104, muryoko@cypress.ne.jp - 22 ch. Temple chaleureux et authentique. La cérémonie du feu y est superbe. L'un des moines, un Suisse, parle français et discourt avec passion sur les rites et traditions de Koya-san. Vous aimerez l'endroit, en dépit de son côté ascétique.

Sekisho-in 赤松院

Près du pont Ichi-no-hashi, ✆ (0736) 56 2734, fax (0736) 56 4429 - 60 ch. Un temple apprécié des touristes, qui possède de belles chambres dans la partie ancienne. Celles situées dans l'annexe moderne ont des SdB individuelles, mais moins de cachet.

Rengejo-in 蓮華定院

À côté du mausolée des Tokugawa, (0736) 56 2233, fax (0736) 56 4743 - 40 ch. Les salles du temple arborent de splendides panneaux coulissants à fond d'or. Les plus belles chambres ont vue sur un jardin d'azalées, rhododendrons, pruniers et arbres nains. Cuisine raffinée. La maîtresse des lieux, qui parle un anglais parfait, vient tenir compagnie à ses hôtes durant le dîner. Possibilité de nuit sans repas.

Ichijo-in 一乗院

Près du Kongobu-ji, (0736) 56 2214, www.itijyoin.or.jp - 37 ch. Ce temple rutilant d'or, que borde un ravissant jardin, sert une cuisine excellente et copieuse. Les chambres sont jolies et confortables. Les plus chères, toutes neuves, ont SdB, air conditionné, coffre et Internet.

Se restaurer

Les *shukubo* servent tous une cuisine végétarienne *(shojin ryori)* qui combine à la fois une profusion digne d'un repas de fête et une extrême frugalité. Sur des plateaux laqués sont disposés avec élégance divers bols de tofu au sésame, radis blanc, rondelles de *daikon* (navet), prunes salées, tubercules, herbes sauvages, champignons, légumes de saison frits ou grillés. La quantité de plats varie selon le prix de la chambre. Mais Koya-san compte aussi quelques restaurants non végétariens.

Moins de 1 500 ¥

Miyasan 宮さん

Ruelle près du carrefour central, (0736) 56 2827. Tlj sf dim. 16h-22h. Étudiants, moines, employés municipaux : tout Koya se retrouve le soir dans ce minuscule et chaleureux *izakaya* pour bavarder autour d'une bière ou d'un saké et de quelques petits plats (ailes de poulet, sashimis, *ramen*). Souvent plein à craquer. Menu en anglais.

Mitchii ミッチー中華飯店

Derrière la rue principale, (0736) 59 2858. Tlj sf mar. 11h-23h. La souriante patronne de ce restaurant chinois sert de succulents plats (nouilles sautées, *chop suey* de porc, crevettes grillées sauce piquante, etc.) à des prix très doux.

Waira Tequila Ikora

Près du pont Ichi-no-hashi, (0736) 56 4889. Tlj sf lun. 8h-21h. Microscopique restaurant macrobiotique. Riz brun, sandwichs au pain complet, tofu, soupe *miso* et légumes, mais aussi gâteaux, espressos et petits-déj.

De 1 500 à 3 000 ¥

Maruman 丸万

Rue principale, (0736) 56 2049. 9h-18h. Cafétéria sans prétention qui sert des plats variés et d'honnête qualité (sushis, *tonkatsu* de porc, beignets de crevette, *udon*, curries, spaghettis à la viande). Le service est rapide et les menus sont exposés en vitrine.

Hanabishi 花菱

À côté de la poste, (0736) 56 2236. 11h-18h. Le restaurant chic de Koya, dans une belle salle aux tons noirs. Cuisine *kaiseki* très soignée, avec quelques menus abordables, dont l'assortiment de sushis et, en hiver, le *yosenabe*. Pour faire votre choix, regardez en vitrine.

Faire une pause

Cafés / Pâtisseries - Boulangerie Kabo, en face du Garan, vers la porte Dai-mon *(A2)*. Tlj sf jeu. et dim. 8h-18h. Croissants, sandwichs et gâteaux.

Café du Lotus, à côté du restaurant Maruman *(B2)*. 12h-17h30. Espressos, thés, gâteaux et presse en anglais.

Miroku-ishi, près du restaurant Hanabishi *(B2)*. 8h-19h30. Belle pâtisserie traditionnelle dotée d'un espace assis pour prendre le thé vert.

Loisirs

Randonnées - Le chemin des Dames *(A2 en dir.)*. Jusqu'en 1872, l'accès de Koya-san était interdit aux femmes. Elles pouvaient néanmoins suivre ce chemin forestier qui parcourt en boucle les huits crêtes entourant la sainte cité. À faire en entier (5h30) ou par tronçons, en profitant des panoramas superbes. Les plus courageux peuvent aussi gravir le **Chouishi-michi** *(A2 en dir.)*, sentier des pèlerins de 20 km (7h) balisé de bornes en granit, qui grimpe à Koya-san du temple Jison-in, dans la plaine. On y accède en 30mn à pied de la gare de Kudoyama, sur la ligne Nankai Koya *(voir « Arriver ou partir », p. 351)*. Plans des sentiers à l'office de tourisme *(voir p. 353)*.

Méditation - Des séances de méditation *ajikan*, basée sur la contemplation de la lettre A, sont organisées à la demande par le Kondobu-ji. Renseignements, ✆ (0736) 56 2328.

Fêtes et festivals

Le festival **Oaba Matsuri** (15 juin) honore la naissance de Kobo Daishi. Cérémonies et processions.

Le **Rosoku Matsuri** (13 août) célèbre la mémoire des morts. Des milliers de bougies illuminent l'Okuno-in.

Achats

Encens - **Daishi-do**, dans la rue principale *(B2)*, ✆ (0736) 56 3912. 9h-17h. La maison produit de l'encens pour les temples : en bâtonnet, poudre, copeaux, bois d'aloès ou de santal. Vend aussi coupelles et brûloirs de porcelaine.

HISTOIRE

En 816, le moine **Kukai**, alias **Kobo Daishi**, de retour de Chine *(voir encadré, p. 77)*, reçut de l'empereur la permission de construire un ermitage sur le mont Koya. Il avait choisi le site en raison de son isolement, propice pour la méditation. La légende raconte aussi que, parti à la recherche du *vajra* (petit trident rituel) qu'il avait lancé dans les airs depuis la Chine, il croisa sur son chemin les divinités shinto de la péninsule, qui le guidèrent jusqu'à la montagne où son trident était retombé.

En 832, Kobo Daishi inaugura un premier monastère, le Kongobu-ji, où il commença d'enseigner sa doctrine, selon laquelle chaque individu peut connaître la félicité bouddhique en ce monde. En 834, débuta la construction de la pagode principale, le Daito.

Malgré la mort de Kobo Daishi, en 835 – ou son retrait du monde, car ses disciples le considèrent toujours vivant –, la cité continua à s'aggrandir. Jouissant de la protection des empereurs, elle prospéra même jusqu'à abriter, à son apogée, vers le 15e s., près de 1 500 monastères et 90 000 bonzes.

Soucieux d'accroître leur influence, les moines de Koya-san entraient souvent en conflit avec leurs rivaux de l'école Tendai, établis sur le mont Hiei. Des attaques eurent lieu des deux côtés, au cours desquelles quantité de monastères furent incendiés. Avec l'avènement des shoguns Tokugawa, au 17e s., Koya-san perdit les faveurs dont elle jouissait, les vastes domaines des moines furent confisqués et la cité amorça son déclin.

Koya-san aujourd'hui

Classé par l'Unesco depuis 2004, Koya-san est un grand centre de pèlerinage. La vie du village s'organise entièrement autour des temples, dont le rôle consiste, moyennant finances, à pratiquer des rites funéraires et à honorer la mémoire des morts. Depuis l'ère Meiji, les femmes sont autorisées à y résider, mais la direction des temples reste aux mains des hommes. La cité abrite une grande université religieuse et le siège de l'école Shingon, qui compte plus de 10 millions d'adeptes au Japon.

VISITE DU SITE

Koya-san comprend trois grands ensembles : le complexe du Garan, le temple Kongobu-ji et la nécropole Okuno-in.

GARAN★ ET ALENTOURS

伽藍

Cette enceinte sacrée réunit les plus vénérables bâtiments, tous plusieurs fois reconstruits depuis leur création.

▶ Au centre s'élève la pagode **Daito★** *(8h30-16h30; 200 ¥) (B2)*, grand stupa vermillon. L'intérieur, d'un faste un peu criard, expose un Dainichi Nyorai (Bouddha cosmique) gigantesque, escorté de quatre bouddhas et encerclé de piliers rouges où sont peints des *bosatsu*.

▶ En face se dresse le **Kondo★** *(8h30-16h30; 200 ¥) (A2)*, où se déroulent les grandes cérémonies religieuses. Édifié en 819, il a été reconstruit pour la septième fois en 1932. Son hall doré renferme un Yakushi Nyorai (Bouddha médecin) à l'abri dans le tabernacle central.

▶ Derrière le Kondo, on aperçoit également le **Miedo**, ancienne résidence de Kobo Daishi, et à l'ouest le **Saito**, haute pagode entourée de cèdres géants.

▶ En sortant du Garan côté sud, prenez à droite pour aller jeter un œil au **Dai-mon** *(A2)*, majestueux portail d'entrée que flanquent deux déités gardiennes.

▶ En revenant vers l'est, faites une halte au **musée Reihokan★** *(8h30-16h30; 600 ¥) (B2)*, où sont conservés les trésors artistiques de Koya-san. Ses galeries débordent de sculptures et de mandalas dont les symboles ésotériques et l'esthétique évoquent l'art tantrique tibétain : figures effrayantes se détachant des flammes, divinités grimaçantes ou bénéfiques. Les grandes tentures, qui exaltent le Bouddha et ses manifestations, ont la grâce et la fraîcheur d'un Botticelli, et le côté fascinant et grouillant d'un retable moyenâgeux.

KONGOBU-JI★

金剛峯寺

(B2)

8h30-16h10. 500 ¥.

Ce temple, siège religieux de la secte Shingon, dont dépendent 3600 autres temples au Japon, a vu sa structure reconstruite au 19e s. La salle principale, l'Ohiroma, dévoile d'admirables **fusuma★** (panneaux coulissants) de Kano Motonobu, fondateur de l'école Kano *(voir encadré, p. 323)* à l'époque Muromachi (16e s.). La salle des Saules, décorée par l'un de ses élèves, fut le théâtre du *sepukku* rituel du grand duc Toyotomi Hidetsugu, en 1595. Au fond se découvre le **Banryu-tei★**, le plus grand jardin sec du Japon, dont les rochers évoquent des montagnes (certains disent deux dragons) émergeant d'une mer de nuages. Observez, en sortant, la grande cuisine du monastère, où l'on préparait les repas pour quelque 2000 moines.

OKUNO-IN★★

奥の院

(C2 en dir.)

À 30mn à pied du village. Gratuit.

▶ Quelque chose de sacré, de solennel et de troublant imprègne cette incroyable nécropole disséminée dans une forêt de cryptomères multicentenaires, dont les troncs colossaux, tels les piliers d'un temple, s'élancent d'un jet formidable vers le ciel. Une longue **promenade★★** de 2 km sous les frondaisons, bordée de lanternes de pierre, mène au cœur de cette cité des morts, vers le mausolée de Kobo Daishi. Les pouvoirs légendaires du saint homme ont attiré ici nombre de personnes qui ont souhaité se faire inhumer à ses côtés pour profiter de ses bienfaits. Pas moins de 200000 tombes s'étagent ainsi au gré des courbes du sous-bois, dont les mousses veloutent les stèles de granit.

▶ Passé le premier pont sacré, **Ichi-no-hashi**, l'avenue pavée s'engage entre les sépultures. Il y a là des noms illustres, des shoguns, des samouraïs, des grands prêtres et artistes, des familles riches et puissantes, mais aussi des petites gens. Des tombes modernes et tape-à-l'œil, d'autres intimes et émouvantes, ou encore insolites.

Le Miedo de Koya-san sous la neige.

▸ Près du troisième pont, **Mimyono-hashi**, se tient une pittoresque rangée de *jizo*, divinités populaires affublées de tabliers écarlates, dont les visiteurs aspergent d'eau les statues de bronze afin de purifier le karma des disparus. On entre alors dans l'aire sacrée, d'abord le **Toro-do★**, le hall aux Mille Lanternes, qui brillent au plafond comme un firmament, puis derrière la **crypte de Kobo Daishi★**, supposé être, depuis l'an 835, en méditation profonde, dans l'attente de Miroku, le Bouddha du futur. Des pèlerins vêtus de blanc, chapelet et bâton en main, vénèrent avec ferveur la tombe du maître, devant laquelle des prêtres déposent un repas deux fois par jour.

KOYA-SAN

LA PÉNINSULE DE KII★

紀伊半島

Prévoyez un circuit de 2 jours.

Au sud de Koya-san, à la pointe de la péninsule, le culte shinto de la nature a donné naisance aux **Kumano Sanzan**, les trois sanctuaires sacrés de Kumano Hongu, Kumano Hayatama et Kumano Nachi. Au cours du Moyen Âge, cette région fut assimilée au paradis bouddhique de la Terre pure. Les pèlerins, partant à pied de Kyoto, y affluaient par d'antiques chemins pavés à travers les montagnes escarpées et les épaisses forêts, qui ont été classés par l'Unesco.

Arriver ou partir

En train - La JR Kisei Line, de Nagoya à Osaka/Kyoto, longe la côte de la péninsule et dessert Shingu, Kii-Katsuura et Wakayama. 9 trains Ldt. Express de Wakayama à Kii-Katsuura (3h de trajet, 4980 ¥). De Koya-san, env. 6h pour Kii-Katsuura, *via* Hashimoto puis Wakayama.

Comment circuler

En bus - 10 bus/j. entre Hongu et Shingu (1h de trajet, 1500 ¥). 5 bus/j. entre Hongu et Kii-Tanabe (2h, 2000 ¥).

Location de voiture - On peut louer une voiture à la gare de Kii-Katsuura et visiter les trois sanctuaires dans la journée. **Eki Rent-A-Car**, ✆ (0735) 52 5724.

Adresses utiles

Informations touristiques - Bureaux d'accueil à la sortie des gares de Kii-Katsuura, ✆ (0735) 52 5311, de Shingu, ✆ (0735) 22 2840, et devant le sanctuaire de Hongu, ✆ (0735) 42 0735. 9h-17h.

Se loger

▸ *À Kii-Katsuura* (紀伊勝浦)

Autour de 20000 ¥

Hotel Urashima ホテル浦島

Sur l'île en face du port, ✆ (0735) 52 1011, www.hotelurashima.co.jp - 800 ch. 25000 ¥/2 pers. en demi-pension. Desservi par navette, ce colosse de béton a l'avantage de posséder deux piscines et six *onsen* dont l'un, fabuleux, dans un grotte marine.

Fêtes et festivals

À Kumano, extraordinaire **Fête du feu**, le 14 juillet.

À VOIR, À FAIRE

La région est riche en sentiers passant à travers bois et rizières, au fil desquels surgissent des hameaux blottis autour de sources thermales, tel **Yunomine Onsen**, à 1h de marche de Hongu.

Kumano Hongu Taisha★

熊野本宮大社

À 1h en bus de Shingu. 8h-17h. Gratuit.

Au sommet d'un long escalier ombragé de cryptomères apparaît le sanctuaire de Hongu, dédié à la divinité Ketsumiko, plus tard identifiée au Bouddha Amida. Sa belle toiture cambrée est recouverte d'écorces. En 1889, le bâtiment fut emporté par une crue, aussi a-t-il été déplacé ici, à l'ouest de son site originel sur un banc de la rivière Kumano, où se dresse un *torii* géant.

Kumano Hayatama Taisha★

熊野速玉大社

À 15mn à pied de la gare de Shingu. 6h-17h. Gratuit.

Ce sanctuaire resplendissant de vermillon est dedié à Hayatama, la divinité shinto de la force vitale, associée par la suite au Bouddha médecin. Il abrite quantité de précieux objets votifs. Au sud, un raide escalier descend jusqu'à un gros rocher sacré, où auraient « atterri » les déités de Kumano.

Kumano Nachi Taisha★★

熊野那智大社

À 25mn en bus de la gare de Katsuura. 6h-17h. Musée : 300 ¥; cascade : 300 ¥.

▶ Plus que le bâtiment principal, c'est la majestueuse **cascade de Nachi-no-taki★★** que l'on vénère ici. Haute de 133 m, elle se détache telle un long voile blanc sur le vert sombre de la végétation. Témoin du syncrétisme religieux, une pagode bouddique, le **Seiganto-ji**, jouxte le sanctuaire et son petit musée.

▶ Au retour, essayez de redescendre à pied *(2h)* à la gare de Nachi par le **Daimon-zaka★★**, antique sentier aux pavés moussus qui serpente sous la voûte d'une grandiose forêt de cèdres.

OSAKA★★

大阪

Une modernité à tous crins

Le stress urbain

Quelques repères

Ville principale du Kansai, 3e ville du Japon - 30 km de Nara, 40 km de Kyoto - 2,6 millions d'hab. - Pour la visite d'Ise-shima, voir p. 255 - Carte régionale p. 292 - Plans p. 362 et p. 363.

À ne pas manquer

La vue de la terrasse de l'Umeda Sky Building.

Se balader sur Dotonbori le soir.

Assister à un spectacle de *bunraku* (marionnettes).

Pour les fans de mangas, le musée Osamu Tezuka, à Takarazuka.

Conseils

Comptez au minimum 2 jours.

Osaka est une ville énergique, hédoniste et noctambule. Mettez-vous à son rythme !

Prenez un *pass* journalier pour les transports en commun.

Couples amoureux, faites des *purikura* (petites photos personnalisées) dans un *game-center* et dormez dans un *love hotel* délirant de Dotonbori.

Hérissée de tours, traversée de voies ferrées et d'autoroutes aériennes, Osaka n'a *a priori* rien d'engageant. Mais ce monstre urbain, cette ruche grouillante, ce dédale de galeries souterraines et d'avenues saturées de néons et d'écrans géants, est aussi un grand moment de Japon futuriste. Ville commerçante, entreprenante, Osaka fait figure, avec son aéroport international du Kansai, de seconde capitale du pays. Si elle n'a pas la richesse touristique de Tokyo, elle possède une vraie personnalité. Extravertis et bons vivants, les Osakaiens parlent un dialecte (l'*osaka ben*) qui, par sa gouaille et sa faconde, les apparente aux Marseillais. Et tandis que Kyoto cultive son patrimoine, Osaka glorifie la modernité et la pop-culture japonaise : boutiques *Hello Kitty* toute rose, manga cafés, salles de jeux vidéo, de *pachinko* (flipper japonais) et de karaoké, grandes roues et parcs de loisirs... Réservoir inépuisable de restaurants et de distractions, Osaka évoque une vaste fête foraine où l'on vient avant tout pour bien manger et s'amuser.

Arriver ou partir

En avion - Le **Kansai International Airport** (KIX), ✆ (0724) 55 2500, www.kansai-airport.or.jp, est situé sur une île artificielle à 50 km au sud-ouest d'Osaka *(Plan II, A2 en dir.)*. C'est le second aéroport du pays, relié à 75 villes dans 31 pays. Vols quotidiens directs pour Paris, Londres, Milan, Los Angeles, Singapour, Pékin, Séoul, etc. Vols quotidiens aussi vers une quinzaine de villes du Japon dont Tokyo, Fukuoka, Nagasaki, Sapporo et Okinawa. Bureau d'information touristique (9h-21h), change et distributeur bancaire international dans le hall d'arrivée.

L'aéroport d'**Itami**, situé à 10 km au nord d'Osaka *(Plan I, B1 en dir.)*, ✆ (06) 6856 6781, assure des liaisons intérieures vers une trentaine de villes japonaises : 27 vols/j. pour Tokyo (1h de trajet, 20000 ¥/AS) ; 7 vols/j. pour Fukuoka (1h, 20000 ¥/AS) ; 9 vols/j. pour Sapporo (2h, 37000 ¥/AS) ; 5 vols/j. pour Okinawa (2h20, 30000 ¥/AS).

Compagnies aériennes à l'aéroport : **ANA**, ✆ (06) 7637 8800 ou ✆ 0120 029 222 ; **Air France**, ✆ (06) 6641 1271 ; **JAL**, ✆ (06) 6344 2355 ou ✆ 0120 255 971.

De l'aéroport au centre-ville - Du Kansai International Airport, il est possible de rejoindre le centre en **train**. La gare se trouve au niveau 2F de l'aéroport. Le plus rapide pour rejoindre Osaka est la ligne Nankai, qui dessert Namba Station (ttes les 20mn, 35mn de trajet, 1 390 ¥). Avec la ligne JR, le train Haruka part ttes les 30mn pour Tenno-ji (30mn, 1 760 ¥), Shin-Osaka (45mn, 2 470 ¥) et même Kyoto (1h15, 2 980 ¥) ou l'Airport Rapid dessert ttes les 20mn Tenno-ji (43mn, 1 030 ¥) et Osaka-Umeda (1h, 1 160 ¥).

Autre solution : les **bus**. La station se trouve à la sortie du hall d'arrivée. Départ ttes les 30mn pour Namba Station (45mn, 880 ¥). Départ ttes les 20mn pour Osaka-Umeda et Uehommachi (50mn, 1 300 ¥). Départ ttes les heures pour Nara (1h25, 1 800 ¥), Himeji (2h, 3 000 ¥). Départ ttes les 20mn pour Kobe (1h15, 1 800 ¥). Départ ttes les 45mn pour Kyoto (1h45, 2 300 ¥).

Pour l'aéroport d'Itami, **train** de la gare d'Osaka-Umeda, Hankyu Line pour Hotarugaike, puis Osaka Monorail (20mn de trajet, 420 ¥). En **bus**, navettes ttes les 20mn des gares de Namba et d'Osaka-Umeda (25-35mn, 620 ¥). Des bus relient aussi Itami avec Kobe (ttes les 20mn, 45mn, 1 020 ¥), Kyoto (ttes les 20mn, 55mn, 1 280 ¥) et Nara (ttes les heures, 1h10, 1 440 ¥).

En train - De la gare d'**Osaka-Umeda** *(Plan I, B1)*, trains JR (ttes les 3mn, 28mn de trajet, 390 ¥), Hankyu (ttes les 10mn, 27mn, 310 ¥) ou Hanshin (ttes les 10mn, 31mn, 310 ¥) pour Kobe; trains JR (ttes les 10mn, 30mn, 580 ¥) ou Hankyu (Kawaramachi, ttes les 5mn, 43mn, 390 ¥) pour Kyoto; trains JR Yamatoji Line pour Nara (ttes les 20mn, 46mn, 780 ¥). De la gare **Yodobashi** *(Plan I, A2 en dir.)*, Keihan Line pour Sanjo (ttes les 5mn, 49mn, 400 ¥). De **Namba Station** *(Plan II, A-B2)*, Kintetsu Line pour Nara (ttes les 5mn, 39mn, 540 ¥). De la gare de **Shin-Osaka** *(Plan I, B1 en dir.)*, Shinkansen ttes les 15mn pour Tokyo (2h50, 13 240 ¥), Hiroshima (1h30, 10 350 ¥) et Fukuoka (Hakata) (2h45, 14 590 ¥).

En bus - Des bus de nuit pour Tokyo (env. 8h de trajet) partent d'Umeda. **Sammy Tour**, devant l'hôtel Hearton *(Plan I, A2)*, ✆ (06) 6222 3000, affiche les meilleurs tarifs : 4 300 ¥/AS. Départ à 23h30. **JR Highway Bus**, Travel Court, à côté de la poste centrale *(Plan I, A2)*, ✆ (06) 6345 0489, propose plusieurs départs le matin et le soir à 6 000 ¥/trajet. Des bus relient aussi Hiroshima (5h, 4 480 ¥), Nagasaki (10h, 11 000 ¥) et de nombreuses autres villes de Honshu, Kyushu et Shikoku. Renseignements aux offices de tourisme ou sur le site www.bus.or.jp.

Pass - Si vous n'avez pas le JR Pass et que vous prévoyez plusieurs trajets consécutifs à travers le Kansai, le **Kansai Thru Pass** peut être avantageux. Pour 3 800 ¥ (2 j.) ou 5 000 ¥ (3 j.), il permet de voyager librement sur toutes les lignes de métro, de trains (hors réseau JR) et de bus de la région (Osaka, Kobe, Himeji, Kyoto, Nara et Koya-san) et donne aussi droit à des réductions sur de nombreuses attractions. Il s'achète au Kansai International Airport et dans les offices de tourisme.

Pour les pass *spécifiques à Osaka, voir ci-dessous, « Comment circuler ».*

En bateau - Du port d'Osaka pour Shangai, la **China Japan International Ferry Co.**, ✆ (06) 6536 6541, assure une liaison un mardi sur deux, et la **Shangai Ferry Co.**, ✆ (06) 6243 6345, une liaison chaque vendredi (2 j. de trajet, 20 000 ¥). Les ferries pour Shikoku et Kyushu partent du **Nanko Terminal**. Ils desservent Kochi (9h, 4 500 ¥), Matsuyama (9h, 5 500 ¥), Shinmoji (12h, 7 000 ¥), Beppu (13h, 7 400 ¥), Miyazaki (13h, 8 400 ¥). Réservations auprès des offices de tourisme.

Se repérer

Procurez-vous la carte détaillée de la ville *(Osaka City Map)* distribuée par les offices de tourisme. Elle vous aidera à repérer les quartiers. Le nord, **Kita** *(Plan I)*, appelé aussi « **Umeda** », s'étend autour des trois gares JR Osaka, Hankyu et Hanshin. C'est le quartier des affaires, des gratte-ciel, des grands

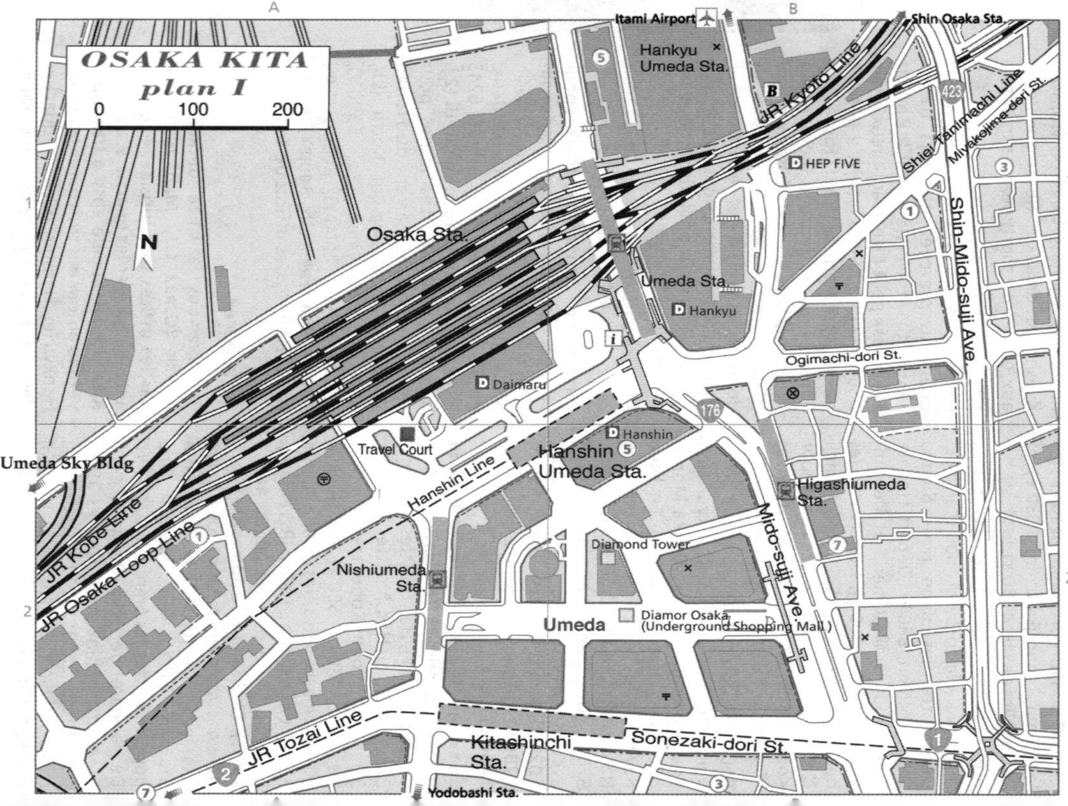

OSAKA KITA
plan I
0
100
200
N
A
B
1
2
Itami Airport
Shin Osaka Sta.
Hankyu
Umeda Sta.
JR Kyoto Line
Shiei Tanimachi Line
Miyakojima-dori St.
HEP FIVE
Shin-Mido-suji Ave.
Osaka Sta.
Umeda Sta.
Hankyu
Ogimachi-dori St.
Daimaru
Travel Court
Hanshin
Hanshin
Umeda Sta.
Hanshin Line
Higashiumeda
Sta.
Umeda Sky Bldg
JR Kobe Line
JR Osaka Loop Line
Nishiumeda
Sta.
Diamond Tower
Mido-suji Ave.
Umeda
Diamor Osaka
(Underground Shopping Mall)
JR Tozai Line
Kitashinchi
Sta.
Sonezaki-dori St.
Yodobashi Sta.

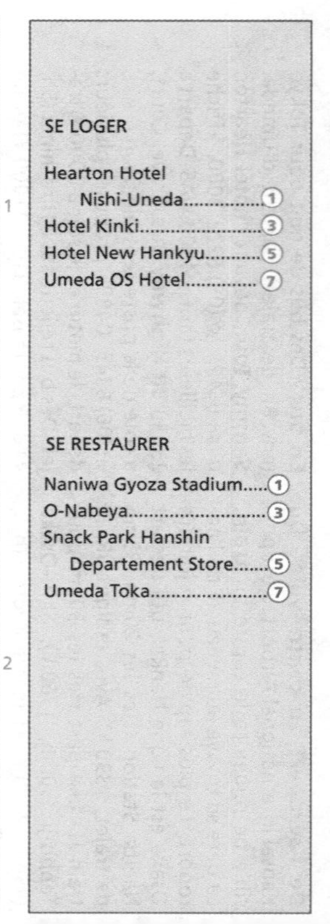

SE LOGER
Hearton Hotel
Nishi-Uneda.................1
Hotel Kinki.........................3
Hotel New Hankyu...........5
Umeda OS Hotel.............7
SE RESTAURER
Naniwa Gyoza Stadium.....1
O-Nabeya...........................3
Snack Park Hanshin
Departement Store.......5
Umeda Toka.......................7

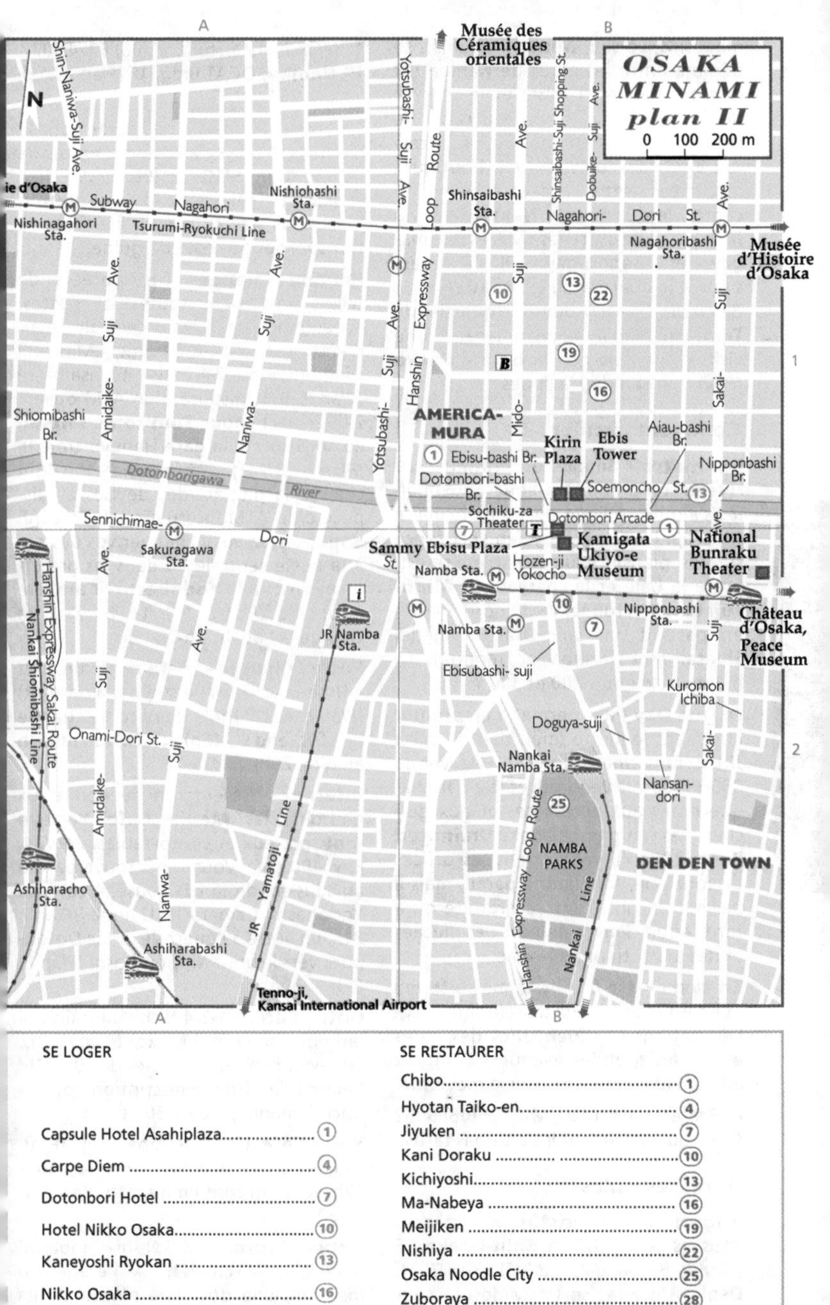

SE LOGER

Capsule Hotel Asahiplaza 1

Carpe Diem 4

Dotonbori Hotel 7

Hotel Nikko Osaka 10

Kaneyoshi Ryokan 13

Nikko Osaka 16

SE RESTAURER

Chibo 1

Hyotan Taiko-en 4

Jiyuken 7

Kani Doraku 10

Kichiyoshi 13

Ma-Nabeya 16

Meijiken 19

Nishiya 22

Osaka Noodle City 25

Zuboraya 28

magasins. Le sud, **Minami** *(Plan II)*, se déploie entre les gares de Namba (JR Namba, Nankai Namba) et le secteur de Shinsaibashi, au nord du canal de Dotonbori. C'est le quartier des restaurants, des bars et des boutiques branchées. Entre Kita et Minami, au centre, le quartier de **Nakano-shima** forme une île entre les rivières Dojima-gawa et Tosabori-gawa. Plus à l'ouest s'ouvre le quartier du **château** *(Plan II, B2 en dir.)*. Au sud-ouest, le quartier de **Tenno-ji** *(Plan II, A2 en dir.)* mérite une visite, de même que la **baie d'Osaka** *(Plan II, A1 en dir.)*, à l'ouest.

Comment circuler

En métro - Simple et pratique. Le réseau comprend sept lignes, auxquelles s'ajoute la ligne de train circulaire JR Loop. La **Chuo Line** (en vert foncé sur les plans) circule d'est en ouest, entre la baie et le château. La **Midosuji Line** (en rouge) va du nord au sud, en passant par Shin-Osaka, Umeda, Shinsaibashi, Namba et Tenno-ji. Le billet coûte entre 200 et 300 ¥.

Le **One Day Pass** permet d'emprunter librement le métro (mais pas les trains JR) durant une journée. Il est vendu 850 ¥ (600 ¥ le vendredi et le 20 de chaque mois) aux automates et aux guichets des stations. Le **Osaka Unlimited Pass** (2000 ¥), vendu dans les offices de tourisme, fonctionne pareil, mais il permet en plus l'entrée gratuite ou à tarif réduit dans la plupart des musées et des attractions de la ville.

En taxi - Passé minuit, le métro ferme et il faut recourir aux taxis (nombreux). Les stations se situent près des gares et sur les grandes avenues. Comptez env. 2000 ¥ pour une course moyenne.

Préferez les taxis **MK**, ✆ (06) 6452 4441, qui pratiquent les plus bas tarifs.

Adresses utiles

Informations touristiques - Agences dans les gares. 8h-20h. **Shin-Osaka**, 3F *(Plan I, B1 en dir.)*, ✆ (06) 6305 3311. **Osaka-Umeda**, sortie Midosuji, sous la passerelle près de la station de bus *(Plan I, B1)*, ✆ (06) 6345 2189. **Tenno-ji**, 1F *(Plan II, A2 en dir.)*, ✆ (06) 6774 3077. **JR Namba**, OCAT Bldg, 1F *(Plan II, A2)*, ✆ (06) 6643 2125.

Si vous desirez l'aide d'un guide parlant l'anglais, réservez à l'avance auprès de l'association **SGG**, ✆ (06) 6635 3143, osakasgg@feel.ocn.ne.jp. C'est gratuit, mais vous devrez couvrir les frais de transport et de repas du guide.

Banque / Change - Distributeurs de billets ATM dans toutes les postes, notamment la poste centrale *(voir ci-dessous)*. La **Citibank**, Midosuji Diamond Bldg, 2-1-2 Nishi-Shinsaibashi *(Plan II, B1)*, dispose d'un ATM ouvert 24h/24. La banque **Sumitomo Mitsui**, au sous-sol de la gare Hankyu-Umeda *(Plan I, B1)* (tlj sf w.-end 10h-18h) change la plupart des devises et dispose d'un ATM international (7h-23h). Vous pouvez aussi changer vos devises à la poste centrale ou dans les grands magasins, tel **Yodobashi Camera**, à Umeda *(Plan I, B1)*. Le bureau de change est au 4F. 9h-20h30.

Poste / Change - **Poste centrale**, 3-2-4 Umeda (à la sortie sud de la gare JR) *(Plan I, A2)*. 24h/24. Service de change (tlj sf w.-end 9h-18h) et ATM (du lun. 7h au dim. 20h).

Internet - Présents en de nombreux endroits, les **Media Cafe Popeye** sont spacieux et confortables. 24h/24. Env. 400 ¥/h. Vous en trouverez un au sous-sol de la DD House, à côté de Yodobashi Camera à Umeda *(Plan I, B1)* ; un autre à l'ouest de la rue Dotonbori, vers le pont Nippon-bashi *(Plan II, B1)*.

Opti Café, 1-2-4 Nishi-Shinsaibashi (au nord de l'hôtel Nikko) *(Plan II, B1)*. Lun.-vend. 9h-21h, w.-end 10h-21h. Remplir la fiche d'inscription (passeport demandé). 100 ¥/30mn.

Y-net Café, Labi 1 Namba Bldg, 1F, au sud du parc de Namba *(Plan II, B2)*. 10h-22h. Accès gratuit limité à 1h. Boissons à 180 ¥.

Apple Store, 1-5-5 Nishi-Shinbaishi *(Plan II, B1)*. 11h-22h. À l'étage du magasin, une douzaine d'ordinateurs en présentation, sur lesquels on peut surfer gratis.

Santé - Clinique Nishizawa, 3-1-45 Honmachi Toyonaka, ✆ (06) 6846 0650. Demandez le Dr Nishizawa, un médecin francophone. Le centre d'informations médicales international **Amda** fournit les adresses de médecins francophones ou anglophones, ✆ (06) 4395 0555.

Représentations diplomatiques - Consulat de France, Crystal Tower, 10F, 1-2-27 Shiromi, Chuo-ku *(Hors plan)*, ✆ (06) 4790 1500, www.consulfrance-osaka.or.jp. **Consulat de Suisse**, Dokita Daibiru Bldg, 7F, 1-2-5 Dojima *(Hors plan)*, ✆ (06) 6344 7671. **Consulat du Canada**, 2-2-3 Nishi-Shinsaibashi *(Plan II, B1)*, ✆ (06) 6212 4910.

Se loger

De 5200 à 7000 ¥

Capsule Hotel Asahiplaza カプセルホテル朝日プラザ心斎橋

2-12-22 Nishi-Shinsaibashi, ✆ (06) 6213 1191 *(Plan II)*, www.asahiplaza.co.jp - 487 capsules. Curieux d'expérimenter ce concept insolite qu'est le *capsule hotel* japonais ? Essayez donc ce dortoir pour noctambules situé au cœur du quartier des bars de Minami. Alignées dans des couloirs, les unes sur les autres, des boîtes de 1 m de large sur 2 m de long, avec climatisation, téléviseur et radio-réveil. Outre le bain commun japonais *(o furo)*, les clients ont aussi accès à un sauna.

Carpe Diem カルペ・ディエム

2-14 Nakahama, 3-chome, Joto-ku *(Plan II)*, ✆ (06) 6961 0444, www.personalize.co.jp/fmr/carpe_diem - 4 ch. Réservez à l'avance. Située à l'est du château, près du métro Midoribashi, cette demeure de charme a été restaurée par un éditeur d'art français et son épouse japonaise. Autour d'un superbe jardin japonais sont distribués trois pavillons. Le premier abrite une (hélas unique) SdB, une salle à manger et une cuisine communes. Le second fait office d'auberge de jeunesse, avec trois chambres séparées par des cloisons de papier. Le dernier, plus confortable et plus cher, comprend une chambre dite « cérémonie du thé », avec coin lavabo et WC. Elle peut se diviser pour accueillir jusqu'à 5 pers. Les hôtes disposent d'une clé de la maison.

Hotel Kinki ホテル近畿

17-8 Doyama-cho, Kita-ku *(Plan I)*, ✆ (06) 6312 9117, http://hotelkinki.com - 64 ch. À 10mn à l'est de la gare d'Osaka-Umeda, ce petit hôtel à l'accueil efficace et courtois possède des chambres japonaises ou occidentales d'un bon rapport qualité/prix, avec SdB, réfrigérateur et coffre. Dans le hall, les clients disposent d'un accès Internet gratuit et d'une machine à laver.

De 10000 à 15000 ¥

Dotonbori Hotel 道頓堀ホテル

2-3-25 Dotonbori *(Plan II)*, ✆ (06) 6213 9040, www.dotonbori-h.co.jp - 123 ch. Buffet matinal (japonais et occidental) en suppl. (800 ¥). Avec son amusante façade de fausses colonnes, soutenues par quatre personnages symbolisant les quatre continents, cet établissement ne dépareille pas dans ce quartier de Minami bourré de *love hotels* totalement extravagants. Les chambres, au standard des *business hotels*, offrent un confort impeccable, les moins chères étant sans fenêtre. Accès Internet gratuit (10mn) dans le grand *lobby*.

Kaneyoshi Ryokan かねよし旅館

3-12 Soemon-cho *(Plan II)*, ✆ (06) 6211 6337, www.kaneyosi.jp - 15 ch. Repas en supplément. Stratégiquement placé, au bord du canal de Dotonbori, ce *ryokan* moderne, à l'ambiance très conviviale, propose des chambres spacieuses, lumineuses et bien tenues.

Umeda OS Hotel 梅田OSホテル

2-11-5 Sonezaki, Kita-ku *(Plan I)*, ✆ (06) 6312 1271, www.oshotel.com - 283 ch. Petit-déj. (occidental) en supplément (1050 ¥). Au sud d'Umeda, dans une grande tour de béton, un hôtel de bon standing à prix modérés. Chambres confortables (certaines non-fumeurs), bien équipées et bien insonorisées.

De 16000 à 17500 ¥

Hearton Hotel Nishi-Umeda

ハートンホテル西梅田

3-3-55 Umeda, Kita-ku *(Plan I)*, ✆ (06) 6342 1122, www.hearton.co.jp - 471 ch. Tout près de la gare JR d'Osaka, ce gros building couleur ocre abrite un hôtel moderne apprécié des voyageurs pour sa propreté et son service efficace. Les chambres sont douillettes et bien insonorisées, toutes équipées de connections Internet haut débit. La plupart ont vue sur les voies ferrées de la gare. Quelques « semi-doubles » à 11000 ¥, mais elles sont vraiment exiguës.

De 26000 à 35000 ¥

Hotel New Hankyu 新阪急ホテル

1-1-35 Shibata, Kita-ku *(Plan I)*, ✆ (06) 6372 5101, www.hankyu-hotel.com - 922 ch. Relié directement à la gare d'Osaka-Umeda, ce gigantesque hôtel de catégorie supérieure comprend des chambres tout confort, spacieuses et paisibles, ainsi que plusieurs boutiques, bars et restaurants. Navettes pour les aéroports devant l'entrée.

Hotel Nikko Osaka ホテル日航大阪

1-3-3 Nishi-Shinsaibashi *(Plan II)*, ✆ (06) 6244 1111, www.hno.co.jp - 640 ch. Près du métro Shinsaibashi, dans une imposante tour de 32 étages, un des plus beaux hôtels du centre. Vaste et élégant *lobby*, personnel anglophone aux petits soins, chambres au décor contemporain, aux couleurs chaleureuses et à la propreté immaculée. Piscine, sauna, bars, restaurants et navettes pour les aéroports.

Se restaurer

Osaka est un paradis gastronomique, qui regorge de milliers de restaurants. Entre les étals de rue, les tables spécialisées, les *izakaya* familiaux, les *dining-bars* branchés et les prestigieuses adresses *kaiseki*, le choix est incroyablement varié et presque jamais décevant. La ville n'a qu'une devise : manger... jusqu'à en tomber raide.

Moins de 1200 ¥

Osaka Noodle City

大阪ヌードルシティ浪花麺だらけ

Namba Park, 7F, 2-10-70 Namba-naka *(Plan II)*, ✆ (06) 6646 0765. 11h-23h. Au sud de Namba Station, un étage entier d'échoppes servant des bols ou plats de nouilles. Toutes les spécialités des différentes régions de l'archipel sont représentées : *udon* de Shikoku, *ramen* de Kyushu ou de Hokkaido, *soba* du Kanto... Une exposition est même consacrée aux nouilles nippones et à leurs divers modes de préparation.

Naniwa Gyoza Stadium

浪花餃子スタジアム

OS Bldg, 3F, 3-3 Komatsubara-cho, Kita-ku *(Plan I)*, ✆ (06) 6313 0765. 11h-23h. Dans l'immeuble OS, à Umeda, au sein d'une mise en scène évoquant le Osaka des années 1940, une dizaine de stands proposent des *gyoza*, raviolis chinois fourrés aux crevettes, au porc ou aux légumes. Vente à emporter.

Snack Park Hanshin

阪神百貨店B1Fスナックパーク

Hanshin Department Store, B1F, 1-13-13 Umeda *(Plan I)*, ✆ (06) 6345 1201. 10h-21h. Au sous-sol du grand magasin Hanshin, une série de comptoirs où l'on vient déguster à la pièce *ikayaki* (calmars grillés), *takoyaki* (boulettes farcies au poulpe), *okonomiyaki* (crêpe-omelette au chou), sushis, omelettes garnies de riz, *ramen*, *udon*, etc. On mange debout, accoudé aux tables, avec les employés du quartier qui se pressent à déjeuner.

Jiyuken 自由軒

3-1-34 Namba *(Plan II)*, ✆ (06) 6631 5564. Tlj sf lun. 11h20-21h20. Au sud de Dotonbori, dans la galerie marchande du Namba Center, une modeste cantine populaire réputée pour son riz au curry. Essayez le *meibutu carry*, une assiette de riz safrané au bœuf et oignons. Miam !

Meijiken 明治軒

1-5-32 Shinsaibashi-suji *(Plan II)*, ✆ (06) 6271 6761. 11h-21h45. Fondé en 1926, ce vénérable établissement de

Minami n'a qu'une spécialité : l'omelette fourrée au riz. Optez pour le menu à 1 150 ¥, avec omelette et brochettes de viande panée *(kushikatu)*, bon et copieux.

De 1500 à 3000 ¥

Zuboraya づぼらや新世界本店

2-5-5 Ebisu-higashi, Naniwa-ku *(Plan II)*, ✆ (06) 6633 5529. 11h-23h. Dans le quartier de Shinsekai-Tennoji, à l'angle de la rue piétonne menant à la tour Tsutenkaku, on ne peut pas rater sa devanture où sont suspendues des lanternes géantes en forme de fugu. Ce poisson à chair blanche qui, s'il est mal découpé, peut libérer un poison mortel, est la spécialité de la maison : fugu en sushis, sashimis, *nabe*, croquettes ou beignets... Plusieurs formules de repas, de 950 à 5500 ¥. Zuboraya possède deux annexes sur Dotonbori et à Umeda, que l'on repère aussi à leurs grosses lanternes extérieures.

O-Nabeya 大鍋や

1-9-24 Sonezaki-shinchi, Kita-ku *(Plan I)*, ✆ (06) 4796 3225. Tlj sf dim. 17h-5h. Une adresse conviviale et chaleureuse, spécialisée dans l'*oden* (pot-au-feu à base d'œufs, de légumes et de quenelles de poisson) et les *kushikatsu* (brochettes panées). On dîne assis, en carré autour du cuisinier qui fait frire les mets dans de grandes marmites ovales. La carte est en japonais et personne ne parle l'anglais, mais on se débrouille en pointant les plats du doigt.

Nishiya にし屋

1-8-18 Higashi-Shinsaibashi *(Plan II)*, ✆ (06) 6241 9221. 11h-23h (dim. 21h). Construit en bois, sur le modèle des anciens pavillons de thé de style *sukiya*, ce restaurant sert des *udon* (pâtes de blé) préparées de mille façons. Goûtez les *kitsune udon*, servies en bouillon, avec des rondelles de poireau, du tofu frit, de la viande ou du poisson séché.

Ma-Nabeya まあ、なべや

4F, 2-8-26 Higashi-Shinsaibashi *(Plan II)*, ✆ (06) 6212 4130. 5h-23h. Au 4e étage d'un immeuble, rue Suomachi, un restaurant *tabehodai*, où, pour un prix fixe (2500 ¥), vous pouvez manger à volonté durant 90mn. Dans un décor contemporain stylé, on y fait ainsi bombance de viande de bœuf en *shabu-shabu* (fondue) ou en *sukiyaki* (cuisson sur plaque avec des légumes).

Chibo 千房道頓堀店

1-5-5 Dotonbori *(Plan II)*, ✆ (06) 6212 2211. 17h-23h. L'*okonomiyaki*, une des specialités les plus populaires d'Osaka, est à l'honneur dans ce restaurant sur cinq étages. Cette crêpe-omelette fourrée au chou et à la viande est cuisinée sur une plaque avec dextérité sous vos yeux, puis arrosée d'une épaisse sauce Worcester. Le dernier étage, dit « President Chibo », est une *steak-house*.

De 3000 à 5000 ¥

Kichiyoshi 吉よし

1-3-32 Shinsaibashi-suji *(Plan II)*, ✆ (06) 6244 4147. 17h-3h. Succulent restaurant de cuisine traditionnelle où l'on dîne, sur fond de musique paisible, au comptoir ou dans des loges privées. Le menu à 3200 ¥ est un choix judicieux, car il combine une grande variété de plats (tempuras, sashimis, *yakitori*, *nabe*).

Hyotan Taiko-en 太閤園・割烹瓢箪

9-10 Amajima-cho, Miyakojima-ku *(Plan II)*, ✆ (06) 6356 1111. 11h30-21h30. En face du musée Fujita, au nord du château d'Osaka, le restaurant du jardin Taiko-en offre un cadre délicieux, au bord d'un étang, pour savourer un repas *kaiseki*. Une mini-formule est proposée pour le déjeuner à 3500 ¥.

Kani Doraku かに道楽本店

1-6-18 Dotonbori *(Plan II)*, ✆ (06) 6211 8975. 11h-23h. Dans la partie piétonne de Dotonbori, on repère facilement l'endroit au crabe géant sur la façade. Le crabe, spécialité maison, pêché dans les eaux froides de Hokkaido, est accommodé de diverses manières : sushis, *nabe*, tempuras, gratins... Le menu *Kanisuki*, à 3675 ¥, est très complet.

Umeda Toka 梅田燈火

2-5-28 Sonezaki-shinchi, Kita-ku *(Plan I)*, ☎ (06) 6345 8118. 17h-1h. Près du métro Nishi-Umeda (sortie n° 9), un restaurant tendance, dans le jardin d'une maison. Décor contemporain tropicalisé et cuisine japonaise créative, autour de plats tels dorade au saké ou aux racines de lotus, crevettes au taro, croquettes de langouste ou pierrade de bœuf japonais. Service un peu lent.

Sortir, boire un verre

Le ***Kansai Time Out***, www.kto.co.jp, publie tous les programmes culturels.

Minami est l'épicentre de la nuit. Entre Dotonbori, Shinsaibashi et Amerika-Mura, des centaines de bars et de clubs s'agglutinent dans une effervescence incroyable. Kita compte aussi quelques bonnes adresses, mais plus dispersées.

Bars - **Bar, isn't it ?**, Kakusho Bldg, 5F, 7-7 Doyama-cho, Kita-ku *(Plan I, B1)*, ☎ (06) 6363 4001. 18h-2h (w.-end 5h). Un pub très apprécié des expats, avec billard et musique rock. Soirée salsa le merc. et « *All you can drink* » le vend.

Cafe Absinthe, 1-16-18 Kita-Horie, Nishi-ku, ☎ (06) 6534 6635. Tlj sf mar. 11h-3h. Ce bistrot dédié à la « fée verte » propose plusieurs marques d'absinthe et aussi plein de cocktails à déguster sur fond de techno douce.

Osaka Blue Note, Axe Bldg, B1F, ☎ (06) 6342 7722. 17h-23h. Une institution à Osaka, qui accueille tous les grands noms du jazz, de la soul, du funk et de la *world music*. De 3 500 à 6 000 ¥ l'entrée.

The Cellar, Shin-Sumiya Bldg, 2-17-13 Nishi-Shinsaibashi *(Plan II, B1)*, ☎ (06) 6212 6437. 18h-2h. Au cœur d'Amerika-Mura, un pub cosy en sous-sol, où se produisent des orchestres jazz et rock le w.-end.

Théâtre - **National Bunraku Theatre**, 12-10 Nipponbashi, 1-chome *(Plan II, B2)*, ☎ (06) 6212 2531. Le *bunraku*, théâtre de marionnettes japonais, est né à Osaka à la fin du 17e s. Construit en 1984, ce théâtre donne des représentations de 3 sem. en janv., avr., juil. et nov. Séances (4h) à 11h et 16h, 5 800 ¥. On peut n'assister qu'à un acte (500 ¥) ou deux (1 500 ¥). Audioguide en anglais (650 ¥).

La folie des purikura

Les adolescentes japonaises en raffolent. Dans la plupart des *game-centers* d'Osaka (salles remplies de jeux vidéo sur plusieurs étages), on trouve des machines appelées *purikura*, sorte de photomatons améliorés où les couples et les groupes d'amis viennent se faire tirer le portrait. Les *purikura* sont munies d'une palette graphique sur laquelle on s'amuse à « customiser » les miniphotos souvenirs avec des fleurs, des petits cœurs, des étoiles et des décors bariolés. Très rigolo !

Shochiku-za Theatre, 1-9-19 Dotonbori *(Plan II, B1-2)*, ☎ (06) 6214 2211. 2 spectacles/j. de kabuki, en général à 12h et 16h30. Prix variables, autour de 6 000 ¥. Pas d'explication en anglais.

Discothèques - **Club Karma**, Zero Bldg, B1F, 1-5-18 Sonezaki-shinchi, Kita-ku *(Plan I, A-B2)*, ☎ (06) 6344 6181. 23h-5h. Club très ancien, réputé pour ses soirées punk rock, *drum'n'bass* et techno.

Grand Café, Spazio Bldg, B1F, 2-10-21 Nishi-Shinsaibashi *(Plan II, B1)*, ☎ (06) 6213 8637. 23h-5h. Un club spacieux et design animé par de bons DJ. Musique *house*, hip-hop et disco.

Underlounge, 634 Bldg, 2-7-11 Nishi-Shinsaibashi *(Plan II, B1)*, ☎ (06) 6214 3322. Grande boîte au décor baroque, bondée de jeunes le w.-end. De célèbres DJ d'Europe ou de Tokyo y officient. Techno, *house* et disco principalement.

Fêtes et festivals

Tenjin Matsuri (24-25 juil.) : le festival le plus spectaculaire d'Osaka. Procession au sanctuaire Temman-gu et parade nocturne de bateaux sur la rivière Okawa, que clôture un grand feu d'artifice.

Une ville noctambule. Ici, dans une rue menant à la Tsutenkaku Tower.

日立ITソリューション
づぼらや
ふぐ料理専門

Achats

Shopping - **100 Yen Shop**, 2-2-17 Namba-naka, Naniwa-ku *(Plan II, B2)*. 10h-21h. Sur cinq étages, quelque 70000 babioles (gadgets, ustensiles, sous-vêtements, papeterie, cosmétiques, etc.) à prix bradés.

Électronique - Le **quartier Den Den Town**, au sud-ouest de la gare de Nankai Namba *(Plan II, B2)*. Le paradis de l'électronique, avec des centaines de magasins en détaxe. Grand choix aussi chez **Yodobashi Camera** et **Bic Camera** à Umeda.

Mode - **Amerika-Mura**, à Minami *(Plan II, B1)*, est le bastion de la fripe jeune et déjantée. Pour des vêtements plus chic, voyez **Hep Five** à Umeda *(Plan I, B1)* et les boutiques avenue **Mido-suji** *(Plan II, B1)* à Shinsaibashi.

Librairie - **Kinokuniya**, au sous-sol de la gare Hankyu-Umeda *(Plan I, B1)*, ✆ (06) 6372 5821. 10h-22h. Large choix de livres, de mangas et de magazines en anglais.

HISTOIRE

Jadis nommé Naniwa, le port d'Osaka fut, dès le 4e s., une place commerciale très active, qui entretenait des relations avec la Corée et la Chine. Son décollage économique s'amorce vers la fin du 16e s., quand le régent Toyotomi Hideyoshi, l'unificateur du Japon, décide d'y établir son château. Sous sa protection, les marchands d'Osaka firent fructifier leurs affaires. La prospérité de la cité alla grandissante au cours du 17e s., au point que, plaque tournante de la production agricole du pays, elle fut surnommée « le grenier du Japon ». La culture n'était pas en reste, les marchands patronnaient la littérature, la peinture, le bunraku et le kabuki. À partir du 18e s., Osaka se voit ravir la suprématie par Edo (Tokyo), mais parvient à conserver un rôle industriel prépondérant. Presque rasée par les bombes durant la Seconde Guerre mondiale, la ville s'est reconstruite à toute vitesse au cours des décennies suivantes. En 1970, elle fut le siège de la première Exposition universelle en Orient. L'ouverture, en 1994, du nouvel aéroport international du Kansai, souligne l'ambition d'Osaka de devenir l'un des grands pôles d'échanges de l'Asie au cours du prochain siècle.

VISITE DE LA VILLE

Osaka compense son manque d'intérêt culturel par un hédonisme et un sens de la modernité très révélateurs de la mentalité japonaise. Ici, on privilégie le divertissement et la consommation.

LE NORD (KITA)

Véritable jungle de béton, traversée de mille réseaux, plantée de gratte-ciel accolés comme les bambous d'une forêt, le quartier de Kita résume toute la démesure urbaine d'Osaka.

▶ Dès la sortie de la gare JR Osaka ou du métro Umeda *(Plan I, A-B1)*, le visiteur plonge dans un inextricable entrelacs de **galeries souterraines** (Whity Umeda, Diamor Osaka) dédiées au shopping. Au-dessus, une série de **grands magasins** (Daimaru, Hanshin, Hankyu, etc.) étalent une profusion hallucinante de produits. Faites un tour notamment à **Hep Five** *(Plan I, B1)*, où trônent une baleine géante dans l'atrium et une grande roue *(ferris wheel) (11h-23h; 500 ¥)* sur le toit.

▶ À l'ouest de la gare Hankyu-Umeda, un passage piéton souterrain permet de rejoindre l'**Umeda Sky Building**★ *(Plan I, A2 en dir.)*. Cet immeuble futuriste est formé de deux tours jumelles que réunit, à 173 m de hauteur, une terrasse circulaire d'où s'offre une **vue**★★ fantastique sur la ville. Un vertigineux ascenseur de verre mène à cet observatoire *(10h-22h30; 700 ¥)*.

LE CENTRE ET L'OUEST

Au centre de la ville, l'île de Nakanoshima abrite un intéressant musée. Plus à l'ouest, le parc du château planté de cerisiers incite à la promenade.

Musée des Céramiques orientales★

東洋陶磁美術館

(Plan II, B1 en dir.)

À 5mn au nord des M° Yodoyabashi ou Kitahama. Tlj sf lun. 9h30-17h. 500 ¥.

Le musée recèle une collection de 2700 pièces rares, principalement des poteries et porcelaines japonaises, chinoises et coréennes. Parmi les 310 pièces exposées en permanence, on remarque de merveilleux **céladons★** coréens et chinois datant de l'époque Song (960-1279). Une salle bénéficiant de l'éclairage du jour permet d'admirer la finesse de leurs reflets opalins.

Château d'Osaka★

大坂城

(Plan II, B2 en dir.)

À 10mn à l'ouest du M° Tanimachi 4-chome. 9h-17h. 600 ¥.

Monument le plus visité d'Osaka, le château n'est pourtant qu'une reconstruction en béton datant de 1931. De la puissante forteresse bâtie par le régent Toyotomi Hideyoshi, en 1583, puis reconstruite en 1629 par Tokugawa Hidetada, ne reste que le soubassement en pierre. En 1997, le château a fait l'objet d'une complète remise à neuf. Un ascenseur a même été installé à l'intérieur ! S'il est donc loin d'avoir l'attrait du château de Himeji, l'édifice donne cependant une bonne idée des constructions militaires de l'âge féodal. Dans les étages sont exposés sabres et armures, alors qu'au sommet se découvre un joli panorama sur la ville.

Musée d'Histoire d'Osaka

大阪歴史博物館

(Plan II, B1 en dir.)

À 3mn au nord du M° Tanimachi 4-chome. Tlj sf mar. 9h30-17h. 600 ¥.

Au sud-ouest du parc du château, dans le bel immeuble de la NHK, le musée retrace, sur trois étages, l'histoire de la ville, du 4e s. à nos jours. La scénographie est vivante, enrichie d'explications en anglais. La visite se poursuit au sous-sol, où ont été excavées les fondations du Palais impérial de Naniwa, vieux de quatorze siècles. Quel contraste avec l'architecture du bâtiment d'aujourd'hui !

Osaka Peace Center

大阪国際平和センター

(Plan II, B2 en dir.)

À 3mn à l'ouest du M° Morinomiya. Tlj sf lun. 9h30-17h. 250 ¥.

Situé au sud-est du parc, à 10mn à pied du musée précédent, le Centre pour la paix d'Osaka honore la mémoire des victimes des bombardements aériens sur la ville durant la Seconde Guerre mondiale, ainsi que des bombes atomiques lancées sur Hiroshima et Nagasaki. À travers un panorama de toutes les horreurs commises durant le conflit, sans omettre les massacres perpétrés par les troupes japonaises en Asie, le musée se donne pour mission d'inciter les futures générations à défendre la paix.

LE SUD (MINAMI)★

Paradis des fêtards et des gourmets, Minami forme le plus pittoresque et le plus amusant quartier d'Osaka. Nul part ailleurs au Japon, on voit une telle concentration de restaurants et de bars, une aussi délirante débauche de néons et d'écrans publicitaires à flanc de *buildings*, façon ***Blade Runner***.

Autour de Dotonbori

道頓堀

▶ Au centre de ce capharnaüm visuel, l'artère piétonne de **Dotonbori★★** *(Plan II, B1)* et son canal adjacent méritent d'être vus de nuit, dans l'éclat des enseignes lumineuses. L'animation se concentre autour du pont **Ebisu-bashi** *(Plan II, B1)*, qui sert de point de ralliement à une faune d'adolescents aux accoutrements extravagants. Au nord du canal, le **Kirin Plaza** *(Plan II, B1)*, bâtiment célèbre du quartier, abrite une brasserie et un centre d'art contemporain. Tout près, dans l'**Ebis Tower** *(Plan II, B1)*, opère une grande roue vertigineuse *(ferris wheel) (10h-0h; 1 000 ¥)*. Côté sud, dans la rue piétonne, au 5e étage du **Sammy Ebisu Plaza** *(Plan II, B1-2)*, on peut voir une recréation animée des ruelles d'Osaka dans les années 1930 *(10h-23h; 315 ¥)*.

▸ Au sud de Dotonbori, ne manquez pas l'étroite ruelle pavée, bordée de restaurants, **Hozen-ji Yokocho★** *(Plan II, B2)*. Elle mène au minuscule temple d'une divinité, Mizukake Fudo, dont les passants aspergent d'eau la statue afin qu'elle exauce leurs vœux.

▸ Sur le côté ouest du temple, une maison jaune abrite le **Kamigata Ukiyo-e Museum** *(11h-20h; 500 ¥) (Plan II, B2)*, petit musée des Estampes. Leur production, liée au théâtre kabuki, fut florissante à Osaka durant l'époque Edo (17e s.-18e s.). Le musée présente une trentaine d'œuvres originales.

Aux alentours

▸ À l'ouest du métro Shinsaibaishi et de la grande avenue Midosuji, s'ouvre le quartier d'**Amerika-Mura★** *(Plan II, B1)*, dit aussi « *Ame-mura* », un village bohème réputé pour ses cafés et ses boutiques de fringues jeunes, ethniques ou branchées. Le week-end s'y pavane un cortège hallucinant de « fashionistas » aux cheveux colorés, de punks piercés et de rockers tatoués.

▸ Près de la gare de Nankai Namba, la galerie couverte de **Doguya-suji** *(Plan II, B2)* se consacre aux instruments de cuisine et à la vaisselle. Plus à l'est, voyez aussi le **Kuromon Ichiba** *(Plan II, B2)*, le plus fameux marché d'Osaka et, au sud, le quartier de **Den Den Town** *(Plan II, B2)*, dédié à l'électronique.

TENNO-JI ET AUTOUR

(Plan II, A2 en dir.)

Les quelques curiosités situées autour du parc de Tenno-ji, Musée municipal, zoo et temple Shitenno-ji, ne valent guère le déplacement. En revanche, vous apprécierez sans doute l'ambiance populaire et un peu surannée du quartier de **Shin-sekai**, au pied de la **Tsutenkaku Tower**. Édifiée en 1956, sur le modèle de la tour Eiffel, elle fut le symbole de la reconstruction d'Osaka après-guerre.

Spa World★

スパワールド

M° Dobutsuen-mae. 10h-22h (sam. 5h). 2400 à 3000 ¥.

Ahurissant ! Sur six étages, ce gigantesque complexe aquatique reçoit des milliers de visiteurs par jour. Chaque bain arbore un décor différent : les thermes romains, les bains turcs, les saunas finlandais, les spas balinais et la mythique Atlantis sont tour à tour évoqués en grande pompe. On trouve aussi, pour se relaxer, une grande piscine à toboggans, des bains en plein air, un *fitness*, des jeux, des salons de massage et de beauté, des capsules à oxygène, des restaurants et même un hôtel !

BAIE D'OSAKA★

大阪湾

(Plan II, A1 en dir.)

Aménagé voici peu, le quartier du front de mer *(Tempozan)* multiplie les parcs de loisirs et les centres commerciaux.

Osaka Aquarium Kaiyukan★

海遊館

M° Osakako. 10h-20h. 2 000 ¥.

Une armada d'hôtesses en uniforme vous accueillent à l'entrée de cet aquarium, parmi les plus grands du monde, consacré à l'univers marin du Pacifique. En vedette, un colossal requin-baleine, mais aussi des raies, dauphins, phoques, tortues et poissons tropicaux.

Musée Suntory★

サントリーミュージアム

À côté du précédent. Tlj sf lun. 10h30-19h30. 1 000 ¥ ou 1 600 ¥ avec l'Imax.

L'Umeda Sky Building.

Œuvre de l'architecte Ando Tadao, cet impressionnant bâtiment de béton brut, de verre et d'acier, accueille régulièrement d'excellentes expositions de peinture ou de photographie. Sa collection permanente comprend plusieurs milliers de lithographies (Toulouse-Lautrec, Mucha) et des verreries d'Émile Gallé. Autre point fort, son théâtre Imax, le plus grand du monde, où sont projetés des films en 3D.

Du quai de Tempozan, un bateau fait la navette (600 ¥) avec Universal City.

Universal Studios Japan

ユニバーサルスタジオジャパン

De la gare JR Osaka, Yumesaki Line (quai n° 1, vérifiez le train), Universal City Station (10mn). 9h-19h. 5 500 ¥.

En tous points identique à son modèle américain, ce parc très apprécié des familles japonaises regroupe des restaurants et des attractions inspirées de célèbres films à gros budget hollywoodiens : *Spiderman*, *Les Dents de la mer*, *E.T.*, *Jurassic Park*, *Terminator*, etc.

LES ENVIRONS

TAKARAZUKA★

宝塚

À 20 km au nord-est d'Osaka. De la gare d'Umeda, Hankyu Line (30mn de trajet, 270 ¥).

Cette petite bourgade tire sa notoriété de son **Takarazuka Grand Theater**, un théâtre de comédies musicales dont la troupe a la particularité d'être composée exclusivement de femmes célibataires *(voir encadré). Mar., jeu., sam. et dim. à 11h et 15h; lun. et vend. à 13h. Fermé merc. À partir de 3 500 ¥. Spectacles en japonais uniquement. Réservez via votre hôtel ou les offices de tourisme d'Osaka, ✆ (05) 7000 5100.*

Le monde enchanté de Takarazuka

Tous les jours, des milliers de fans en pâmoison déposent des tonnes de roses devant leurs loges. Au Japon, les actrices de Takarazuka sont adulées comme des stars. Beaucoup, après avoir quitté la troupe, font d'ailleurs carrière au cinéma ou à la télévision. Créé en 1914 par le magnat du rail Ichizo Kobayashi, la revue Takarazuka est un mélange très rococo de comédie musicale, d'opéra et de danse. Son kitschissime théâtre (elle en possède aussi un à Tokyo, *voir p. 145*) rutile d'or, de pourpre et de lustres en cristal. Ses créations, présentées dans le monde entier, sont des fresques romantiques inspirées de la littérature *(Le Dit du Genji, Autant en emporte le vent)*, de l'histoire (la Révolution française) ou des comédies de Broadway *(West Side Story)*. Les 400 artistes de la troupe sont toutes des femmes, recrutées vers l'âge de 16 ans, à l'issue d'un concours. Outre les talents artistiques, trois qualités sont exigées d'elles : pureté, droiture et beauté. Si elles décident un jour de se marier, elles devront démissionner. Sur scène, la confusion des sexes est la règle : les femmes, tenant le rôle des hommes, créent des personnages androgynes aux airs angéliques. Car dans l'univers heureux de Takarazuka, les hommes sont doux, fidèles et sentimentaux.

Osamu Tezuka Manga Museum★

手塚治記念館

À 10mn à pied de la gare. Suivez la promenade plantée qui passe devant le théâtre. Tlj sf merc. 9h30-17h. 500 ¥.

Considéré comme le pionnier et le plus grand maître des mangas japonais, Osamu Tezuka (1928-1989) est le créateur de personnages fameux, tel Astro Boy, le Roi Lion, Ayako, Black Jack. Son style frappe par son dynamisme et son sens du mouvement. Sur le fond, son travail révèle une réflexion sur la société et la nature pleine d'humanisme et de sensibilité. Le musée, que l'on repère à sa rotonde en verre et ses murs beiges, présente des planches originales, des croquis, des magazines, des jouets et des projections de dessins animés qui illustrent l'œuvre accomplie depuis les années 1950. Dans la bibliothèque, on peut consulter des mangas traduits en français. Au sous-sol, un amusant espace interactif permet de réaliser soi-même des animations.

KOBE★
LE CHÂTEAU DE HIMEJI★★★

L'atmosphère cosmopolite et décontractée de Kobe

Quelques repères

Préfecture de Hyogo - Kobe : 33 km d'Osaka, 75 km de Kyoto; 1,53 million d'hab.; plan p. 376 - Himeji : 53 km de Kobe; 482000 hab.; plan p. 383 - Carte régionale p. 292.

À ne pas manquer

Les quartiers de Kitano et de Nankin-machi à Kobe.

Le château de Himeji.

Conseils

Certains voyageurs expédient la visite de Kobe et de Himeji dans la journée, mais il est plus sage de prévoir deux jours.

Pour éviter la fatigue de la marche, utilisez le City Loop Bus à Kobe et empruntez un vélo (gratuit) à Himeji.

Pour les Japonais, le nom de Kobe évoque l'image d'une cité portuaire plutôt exotique, une fenêtre ouverte sur la culture occidentale depuis que des commerçants de toutes nationalités vinrent s'y installer à la fin du 19e s. Outre leurs goûts architecturaux, incarnés dans un bric-à-brac d'édifices assez insolites sous ces longitudes, les marchands européens apportèrent avec eux un art consommé de la boulangerie et de la pâtisserie, qui participe à la réputation culinaire actuelle de Kobe, au même titre que son bœuf légendaire, nourri de bière et massé à la main. Victime d'un terrible séisme en 1995, Kobe s'est relevé de ses ruines pour laisser place à une ville moderne qui a gagné sur la mer, sur les collines et tout au long de la baie, au point qu'elle paraît former la banlieue d'Osaka. Plus à l'ouest, la ville industrielle de Himeji fait, quant à elle, grise mine face à la blancheur de son majestueux château, le plus impressionnant du Japon.

KOBE★

神戸

Comptez une journée.

Arriver ou partir

En avion - Le **Kansai International Airport** (KIX) *(C2 en dir.)* est relié à la gare de Sannomiya, au centre-ville, par une navette qui circule dans les deux sens (ttes les 20mn, 65mn, 1800 ¥).

Pour les vols domestiques, l'aéroport le plus proche, **Kobe Airport**, ✆ (078) 304 7777, est situé sur l'île artificielle de Port Island *(C2 en dir.)*. Accès de Sannomiya par le monorail aérien Port Liner (20mn, 320 ¥). 11 liaisons/j. avec Tokyo (75mn, 10000 ¥), 4 vols/j. pour Sapporo (2h, 33000 ¥). Autres liaisons pour Niigata, Sendai, Kagoshima et Okinawa. De Sannomiya, une navette (ttes les 20mn, 40mn, 1020 ¥) dessert également l'aéroport d'Osaka Itami.

Compagnies aériennes à l'aéroport : **Japan Airlines**, ✆ 0120 255 971; **ANA**, ✆ 0120 029 222; **Skymark**, ✆ (078) 304 0600.

En train - La gare de **Sannomiya** *(B1)*, la plus centrale, est desservie par les trains JR, Hankyu et Hanshin, env. ttes les 15mn. Pour Osaka-Umeda, JR Rapid (25mn de trajet, 390 ¥) ou Ltd Express Hanshin et Hankyu (29mn, 310 ¥). Pour Okayama, Shinkansen Hikari (38mn, 5240 ¥). Pour Kyoto, JR Super Rapid (50mn, 1050 ¥) ou Express Hankyu (60mn, 600 ¥) *via* Osaka-Juso. Pour Nara, JR Rapid pour Osaka puis JR Yamatoji Line (1h20, 1380 ¥). Pour Himeji, JR Rapid (40mn, 950 ¥). Pour Takarazuka, Express Hankyu (30mn, 270 ¥).

La gare de **Shin-Kobe** *(C1)*, plus au nord, voit passer de très fréquents Shinkansen qui desservent Kyoto (30mn, 2730 ¥), Hiroshima (1h20, 9940 ¥), Fukuoka (Hakata) (2h30, 13760 ¥) et Tokyo (3h10, 14270 ¥)

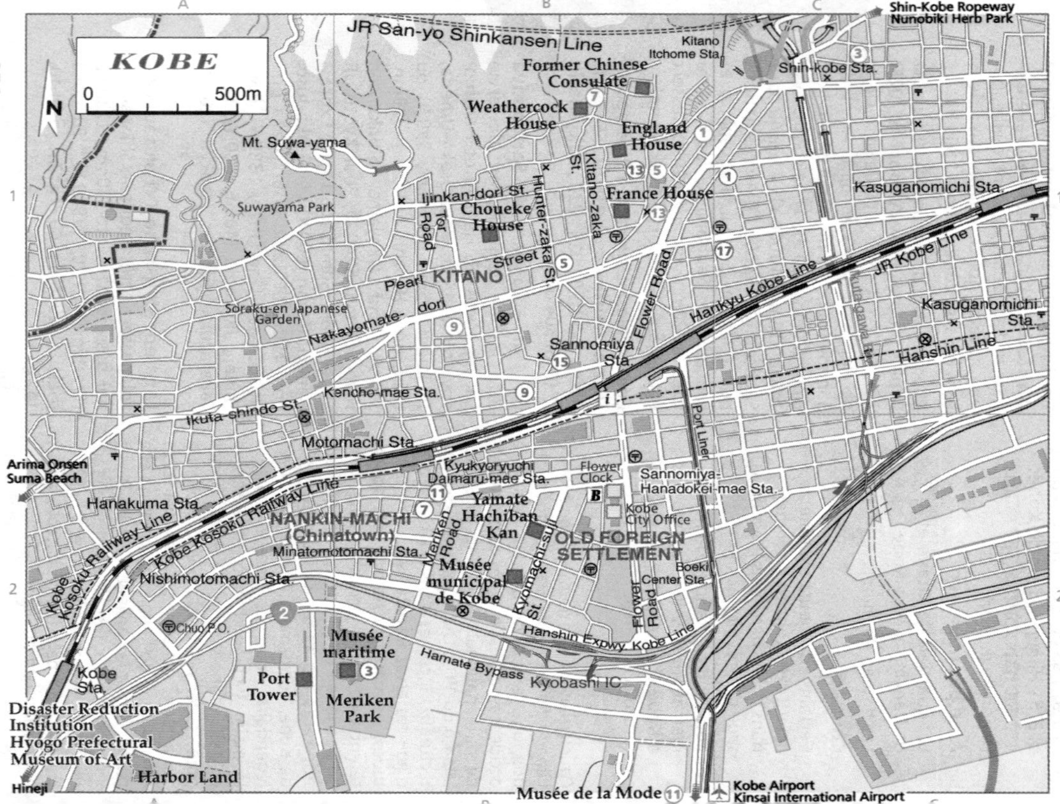
KOBE
0
500m
N
A
B
C
1
2
JR San-yo Shinkansen Line
Shin-Kobe Ropeway
Nunobiki Herb Park
Kitano
Itchome Sta.
Shin-kobe Sta.
Former Chinese
Consulate
Weathercock
House
England
House
Mt. Suwa-yama
Suwayama Park
Ijinkan-dori St.
Hunter-zaka St.
Kitano-zaka
St.
France House
Choueke
House
Tor
Road
Kasuganomichi Sta.
Street
Pearl
KITANO
Flower Road
Hankyu Kobe Line
JR Kobe Line
Ikuta-gawa
Soraku-en Japanese
Garden
Nakayomate-
dori
Kasuganomichi
Sta.
Hanshin Line
Sannomiya
Sta.
Kencho-mae Sta.
Ikuta-shindo St.
Port Liner
Motomachi Sta.
Arima Onsen
Suma Beach
Kyukyoryuchi
Daimaru-mae Sta.
Flower
Clock
Sannomiya-
Hanadokei-mae Sta.
Hanakuma Sta.
Kobe Kosoku Railway Line
Yamate
Hachiban
Kan
Kobe
City Office
NANKIN-MACHI
(Chinatown)
OLD FOREIGN
SETTLEMENT
Minatomotomachi Sta.
Meriken
Road
Kyomachi-suji
St.
Boeki
Center Sta.
Musée
municipal
de Kobe
Nishimotomachi Sta.
Chuo P.O.
Musée
maritime
Hanshin Expwy Kobe Line
Hamate Bypass
Kyobashi IC
Kobe
Sta.
Port
Tower
Meriken
Park
Disaster Reduction
Institution
Hyogo Prefectural
Museum of Art
Hineji
Harbor Land
Musée de la Mode
Kobe Airport
Kinsai International Airport

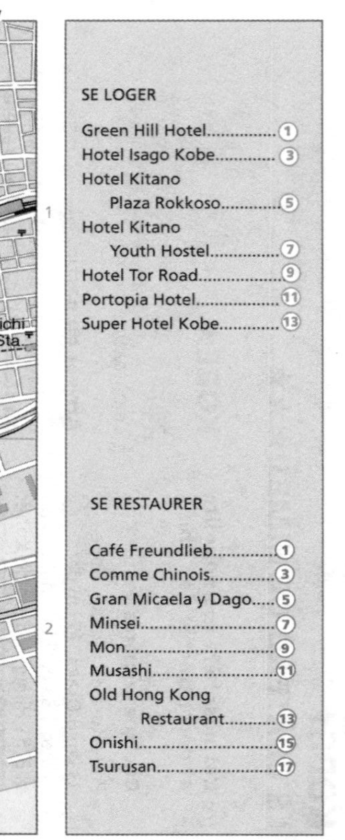
SE LOGER
Green Hill Hotel............... 1
Hotel Isago Kobe............. 3
Hotel Kitano
Plaza Rokkoso............. 5
Hotel Kitano
Youth Hostel.............. 7
Hotel Tor Road................. 9
Portopia Hotel.................. 11
Super Hotel Kobe............ 13
SE RESTAURER
Café Freundlieb............ 1
Comme Chinois............. 3
Gran Micaela y Dago..... 5
Minsei.......................... 7
Mon............................ 9
Musashi........................ 11
Old Hong Kong
Restaurant.......... 13
Onishi........................... 15
Tsurusan....................... 17

En bus - Les bus de nuit JR Dream relient Tokyo et Kobe. Le trajet dure env. 8h40 et coûte de 5000 à 8690 ¥. Places rares, réservez longtemps à l'avance. **JR Bus**, ✆ (078) 252 2341.

En bateau - Des ferries circulent entre Kobe et les îles de Kyushu et Shikoku. 4 bateaux/j. pour Takamatsu (3h40 de traversée, 1800 ¥). 2 bateaux/j. pour Imabari (6h40, 5200 ¥). 1 bateau/j. pour Matsuyama (7h45, 6100 ¥). 3 bateaux/j. pour Shinmoji (12h, 7200 ¥). 2 bateaux/j. pour Oita (12h, 8400 ¥). **Diamond Ferry**, ✆ (078) 857 1988. **Jumbo Ferry**, ✆ (078) 327 3333. **Kansai Kisen**, ✆ (078) 391 6601.

Se repérer

Kobe s'étend sur une étroite bande côtière, entre la mer et les monts Maya et Rokko. Deux îles artificielles, Port Island et Rokko Island, ont donné un peu d'ampleur à sa baie, que domine la tour rouge de **Port Tower** *(A2)*. Le centre-ville est traversé par une grande avenue, **Flower Road**, qui descend de la gare de **Shin-Kobe** *(C1)*, au nord, jusqu'au bord de mer. La partie la plus animée se situe autour de **Sannomiya** *(B1)*, la gare principale de Kobe. De là, des galeries piétonnes conduisent au sud-ouest vers **Motomachi** *(B2)* et le quartier chinois de **Nankin-machi** *(A-B2)*. Au nord de la voie ferrée, au pied des collines, s'étire le quartier européen de **Kitano** *(B1)*. La plupart des rues sont nommées et affichées en lettres romaines.

Comment circuler

À pied - Le centre se parcourt facilement à pied : env. 20mn de Shin-Kobe à Sannomiya, puis encore 20mn jusqu'au port.

En métro - Une ligne de métro relie Shin-Kobe à Sannomiya (5mn, 200 ¥).

En bus - Très pratique, la ligne de bus Kobe City Loop fait une boucle entre Sannomiya, Harborland, Kitano et Shin-Kobe, avec des haltes devant les principales curiosités touristiques. Départ ttes les 15 à 20mn, entre 9h30 et 17h. Comptez 250 ¥ le billet ou 650 ¥ le *pass* journalier. Bus à l'ancienne, couleur verte.

Adresses utiles

Informations touristiques - Kotsu Center Bldg, 1F, à la sortie sud de la gare de Sannomiya *(B1)*, ✆ (078) 322 0220. 9h-19h.

Demandez-y un plan de la ville et la **Welcome Card**, qui permet des réductions sur les musées et les hôtels.

Guides bénévoles : **Kobe Goodwill Guides**, ✆ (078) 821 5456 ; **Kobe SGG Club**, ✆ (078) 785 2898. Sur réserv.

Banque / Change - **Citibank**, Imon Bldg, derrière la Flower Clock, à côté de la station Shell *(B2)*. ATM ouv. 24h/24. Pour le change, **Sumitomo Exchange Corner**, gare de Sannomiya, 2F *(B1)*. Lun.-vend. 11h-19h, w.-end 9h-17h.

Poste / Change - **Kokusaikaikannai Post Office**, Flower Rd (à 2 blocs au sud de Sannomiya) *(B2)*. Tlj sf w.-end 9h-17h. Distributeur de billets ATM. Lun.-vend. 7h-23h, w.-end 9h-19h.

Internet - **Media Café Popeye**, 2-1-6 Kitanagasadori (à l'ouest de Sannomiya) *(B1)*, ✆ (078) 325 8677. 24h/24. **Kobe Café Center**, Anamon Arcade (face à la gare de Motomachi) *(B2)*, ✆ (078) 335 3816. 10h-20h. 3 PC, accès gratuit.

Santé - **Kobe International Hospital**, Ninomiya Peal Mansion, 4F, 23-11-3 Ninomoya-cho, ✆ (078) 241 2896. Demandez le Dr Barraclough, médecin francophone.

Agences de voyages - Dans la gare de Sannomiya *(B1)* : **JTB**, ✆ (078) 231 9180 ; **Nippon Travel**, ✆ (078) 241 1881.

Se loger

Auberge de jeunesse

Kobe Kitano Youth Hostel

神戸北野ユースホステル

12-3 Kitano-cho (à côté du Tenman Shrine), ✆ (078) 221 4712, www.kobekitano.net/youth - 3 dort. (4 et 6 lits). La vue sur Kobe est superbe depuis la salle à manger de cette auberge de jeunesse toute neuve. Seul inconvénient majeur : le couvre-feu à 22h. 3200 ¥/pers.

Moins de 8000 ¥

Super Hotel Kobe スーパーホテル神戸

2-1-11 Kano-cho, (078) 261 9000, www.superhotel.co.jp - 80 ch. *Business hotel* simple et très économique. Chambres étroites, mais propres et bien équipées. La porte ferme à 0h.

De 12000 à 16000 ¥

Green Hill Hotel グリーンヒルホテル

2-8-3 Kano-cho, (078) 222 0909, www.greenhillhotel.com/kobe - 160 ch. Les chambres, un peu sombres, n'ont pas le standing de la réception et mériteraient d'être rafraîchies. Cela dit, l'ensemble reste fort correct pour le prix.

Hotel Isago Kobe ホテルいさご神戸

4-3-7 Kumochi-cho, (078) 241 0135, www.isago.co.jp - 28 ch. Excellent petit hôtel à taille humaine, mariant traditions japonaises et modernité. Chambres (japonaises ou occidentales) douillettes et élégantes, service plein de tact, cuisine divine. Bref, un vrai bonheur !

Hotel Kitano Plazza Rokkoso
ホテル北野プラザ六甲荘

1-1-4 Kitano-cho, (078) 241 2451, www.rokkoso.com - 49 ch. Un bel hôtel rénové dans des tons beige clair lumineux. Chambres nickel de calme et de propreté, jouissant pour la plupart d'une jolie vue. Un choix judicieux en semaine. Prix plus élevés le w.-end.

De 20000 à 30000 ¥

Hotel Tor Road ホテルトアロード

13-1-19 Nakayamate-dori, (078) 391 6691, www.hoteltorroad.co.jp - 78 ch. Un établissement très cosy. Les chambres des 9e et 10e étages affichent un style anglais typique (moquettes épaisses, canapés rebondis, tissus à fleurs Laura Ashley et grosses couettes). Les autres chambres sont plus classiques, mais toujours bien tenues.

Portopia Hotel ポートピアホテル

10-1-6 Minatojima, Nakamachi, (078) 302 1111, www.portopia.co.jp - 740 ch. Situé sur Port Island, cet hôtel de luxe bénéficie, aux étages supérieurs, d'une vue fabuleuse sur toute la baie de Kobe et celle d'Osaka. La tour comprend plusieurs restaurants, deux piscines, sauna, fitness, tennis et boutiques. Chambres spacieuses, équipées d'un matériel à la pointe de la technologie.

Se restaurer

Moins de 1500 ¥

Café Freundlieb
カフェ・フロインドリーブ

4-6-5 Ikuta-cho, (078) 231 6051. Tlj sf merc. 10h-19h. Installé sous la nef d'une ancienne église luthérienne, ce salon de thé allemand sert de bonnes petites salades, sandwichs et pâtisseries. Le menu déjeuner à 945 ¥ inclut sandwich du jour au pain de mie avec salade, soupe, boisson et crème glacée.

Musashi とんかつ・む蔵

New Moto Bldg, 2F, 1-7-2 Motomachi, (078) 321 0634. Tlj sf merc. 11h-20h. Fondé en 1939, ce restaurant au sobre décor de bois blond est spécialisé dans les *tonkatsu*, côtelettes de porc, filets de porc ou crevettes panées, servis avec soupe *miso*, riz et condiments.

De 1500 à 3000 ¥

Mon もん

Ikuta-suji, (078) 331 0372. 11h-22h. Vous serez séduit par ce décor de boiseries, d'estampes et d'enseignes calligraphiées qui, sur plusieurs étages, évoque le Kobe de la Belle Époque. À la carte, *tonkatsu* de porc, gratin de macaronis, spaghettis, bœuf de Kobe.

Gran Micaela y Dago
グラン・ミカエラ・イ・ダゴ

1-26-7 Nakayamate-dori, (078) 241 0367. Tlj sf 1er et 3e merc. du mois 11h30-0h. Le seul restaurant chilien du Japon (hors Tokyo), tenu depuis 1974 par un ancien marin, Dagoberto, et son épouse japonaise Micaela. Paella, *parrillada* (grillade), *cazuela* (bouillabaisse), *cebiche* et *empenadas*, à arroser de vins importés du Chili.

Minsei 民生

1-3-3 Motomachi-dori, ✆ (078) 331 5435. Tlj sf lun. 11h30-19h30. L'une des tables les plus anciennes et les plus réputées de Chinatown, qui dispose d'un menu en anglais. On y déguste des plats chinois typiques dans une sympathique ambiance de quartier.

Plus de 3000 ¥

Old Hong-Kong Restaurant 老香港酒家北野店

2-1-5 Kitano-cho, ✆ (078) 222 1556. Tlj sf lun. 11h30-22h. Dans une maison de Kitano meublée façon Hong-Kong années 1930, vous savourerez une délicieuse cuisine cantonaise de *dim sum* (raviolis à la vapeur), barbecue de porc croustillant, ailerons de requin braisé ou nids d'hirondelles aux pousses de bambou. Buffet à volonté à 3160 ¥ à midi, à partir de 5200 ¥ le soir.

Comme Chinois コム・シノワ

Kobe Kaiyo Hakubutsukan, 2F, ✆ (078) 332 7675. Tlj sf merc. 12h-21h. Juste à côté du Musée maritime, cette adresse élégante concocte une cuisine franco-asiatique raffinée autour des viandes et poissons : carpaccio de langouste à la gelée de papaye verte, daurade au fenouil sur lit de *soba*, côtes d'agneau aux raviolis cantonais, etc. Menus à partir de 2940 ¥ à midi, de 5500 ¥ le soir.

Onishi 大西

Yuberu Bldg, 3F, 1-4-6 Nakayamate-dori, ✆ (078) 332 4029. Tlj sf lun. 17h-3h. Un de nos restaurants préférés de *teppanyaki* (cuisson sur plaque) : le bœuf de Kobe, légèrement parfumé au brandy, est tendre et juteux à souhait, les crevettes et saint-jacques grillées régalent le palais. Ambiance très chaleureuse autour du comptoir. Env. 5000 ¥/pers.

Tsurusan 鶴参

3-2-10 Ninomiya-cho, ✆ (078) 251 1987. Tlj sf mar. 17h-23h. Une valeur sûre, réputée servir la meilleur viande de bœuf de Kobe. On la mange grillée en fine lamelles *(tsuru)* ou en *shabu-shabu* (fondue). De 5000 à 7500 ¥ le repas.

Faire une pause

Salon de thé - À la Campagne, Tor Rd côté est (au sud de Shimoyamate-dori) *(B1)*, ✆ (078) 331 7110. 11h-23h. Ce pimpant salon de thé au style champêtre sert de divins gâteaux aux fruits ou chocolat, sablés, brioches et madeleines.

Sortir, boire un verre

Bars - Kobe est réputé pour ses clubs de jazz. Les concerts ont lieu en général entre 18h30 et 22h, avec un droit d'entrée d'env. 1000 ¥.

Sone, Kitano-zaka côté ouest (au nord de Nakayamate-dori) *(B1)*, ✆ (078) 221 2055. Le plus fameux restaurant-bar de jazz de la ville. Sa belle salle de style new-yorkais accueille quatre *jam sessions* chaque soir.

Satin Doll, Bacchus Bldg, 1F, Nakayamate-dori côté nord (à l'ouest de Kitano-zaka) *(B1)*, ✆ (078) 242 0100. Voit jouer d'excellents pianistes, saxophonistes et chanteuses.

Great Blue, Sankei Bldg, 5-5-29 Kotono-cho, ✆ (078) 231 0071. Il est lui aussi l'épicentre de bonnes vibrations jazz et blues.

PoloDog, K Bldg, 2F, 1-3-21 Sannomiya-cho *(B1)*, ✆ (078) 331 3945. 12h-0h. Un pub à l'ambiance relax, où se mêlent Japonais et expatriés.

Ryan's Pub, Kondo Bldg, 7F, 4-3-2 Kano-cho *(B1)*, ✆ (078) 391 6902. 17h-0h. Idem, mais en plus survolté.

Sports Bar League, Fix 213 Bldg, 2-3-14 Yamamoto-dori, ✆ (078) 261 8459. 18h-0h. Au sous-sol, murs tapissés de maillots de basket et couvertures de magazines sportifs. Ambiance joyeuse les soirs de matchs.

Loisirs

Croisières - **Naka Pier Terminal**, devant la Port Tower *(A2)*, ✆ (078) 360 0884. Plusieurs compagnies y proposent des balades le long de la baie (env. 50mn de croisière, 1 000 ¥). Faites la croisière plutôt de nuit.

Onsen - Située de l'autre côté du mont Rokko, **Arima Onsen** *(A2 en dir.)*, la station thermale la plus ancienne du Japon, est réputée pour ses sources riches en fer, sel et acide carbonique. Pour y accéder douze Hankyu Bus quotidiens de Sannomiya (40mn de trajet, 680 ¥). Vous trouverez de nombreux *ryokan* et hôtels sur place.

Plages - En été, les Kobéens vont se baigner à **Suma Beach** *(A2 en dir.)*, belle plage située à 20mn en train à l'est de Kobe (Suma Station). Non loin de là se dresse l'**Akashi Kaiko Bridge**, le plus long pont suspendu du monde (3 911 m), qui relie la région de Kobe à l'île d'Awaji.

HISTOIRE

La prospérité de Kobe remonte voici dix siècles, grâce au commerce avec la Chine. Mais ce petit bourg, resté à la traîne du puissant voisin et rival Hyogo, ne sortira vraiment de l'ombre que vers 1860, sous l'ère Meiji, lorsque le Japon lève le ban qui pesait depuis deux siècles sur le commerce extérieur. De nombreux étrangers s'installent alors à Kobe, près du port, puis dans le quartier de Kitano. La ville y acquiert son parfum cosmopolite et son dynamisme, qui lui vaut d'être intensément bombardée à la fin de la Seconde Guerre mondiale. Reconstruite, elle sera à nouveau ravagée par le tremblement de terre de Hanshin, le 17 janvier 1995, qui fera 6 433 morts et plus de 400 000 sans-abri. Mais aujourd'hui, Kobe a retrouvé sa vitalité. Elle constitue l'un des deux grands ports internationaux du Japon avec Yokohama et abrite une importante population étrangère (45 000 personnes) issue de 120 pays.

VISITE DE LA VILLE

LE CENTRE ET LA BAIE

Autour des gares de Sannomiya *(B1)* et de Motomachi *(B2)* se concentrent les grands magasins et les arcades commerçantes, où chacun vient faire ses emplettes. En descendant vers le port, entre Flower Road et Meriken Road, on entre dans le **Old Foreign Settlement** *(B2)*, l'ancien quartier des étrangers, jalonné d'édifices à l'occidentale des années 1920 et 1930.

Musée municipal de Kobe★

神戸市立美術館

(B2)

24 Kyomachi. Tlj sf lun. 10h-17h. 200 ¥.

Logé dans le bâtiment d'une ancienne banque aux allures de temple grec, le musée de la Ville de Kobe vaut surtout pour sa collection de **peintures namban★★** des 16e et 17e s. Ces œuvres sur paravents ou rouleaux s'inspirent de l'art européen de la Renaissance introduit par les missionnaires. Certaines décrivent avec pittoresque l'arrivée des navires portugais (le terme « *namban* » désigne les « barbares du Sud »). En raison de leur fragilité, elles ne sont malheureusement visibles que quarante jours par an *(fin juil.-début sept.)* Le reste de l'année, il faut se contenter des fac-similés et des autres salles dédiées à l'archéologie et à l'histoire de Kobe.

Nankin-machi

南京町

(A-B2)

De l'autre côté de Meriken Road, de grands portiques ornés de dragons marquent l'entrée du quartier chinois de Kobe. Plus modeste qu'à Yokohama ou Nagasaki, il forme une petite mais grouillante enclave de quelques rues. Une foule de restaurants s'y alignent côte à côte, annoncés par des enseignes bigarrées, les aboiements des rabatteurs et des effluves de cuisine vigoureux. La promenade est agréable le soir, lorsque les lumières des magasins illuminent le quartier. La population chinoise de Kobe est évaluée à un peu plus de 12000 âmes.

Autour du port

▶ Au sud, on rejoint ensuite le **Meriken Park** *(B2)*, le « parc des Américains », où déchargeaient jadis les navires étrangers. Le parc abrite, côté est, un petit **Earthquake Memorial** en bord de mer. Une section de quai dévastée par le séisme de 1995 y a été conservée en l'état : impressionnant !

▶ Juste à côté se dresse le **Musée maritime** *(tlj sf lun. 10h-17h; 500 ¥)* *(B2)*, dont la toiture d'acier évoque la proue effilée d'un navire. Il retrace l'histoire du commerce maritime de Kobe, qu'illustrent de minutieuses maquettes de bateaux.

▶ La promenade sur les quais passe après devant la **Port Tower** qui, du haut de ses 100 m, invite à contempler la baie *(9h-20h30; 600 ¥)* *(A2)*.

▶ En continuant vers l'ouest, on débouche enfin sur **Harborland** *(A2)*, nouveau complexe de boutiques et de loisirs assez décevant.

QUARTIER DE KITANO★

北野

Délaissant la concession près du port, les étrangers vinrent, dès 1887, s'installer dans ce plaisant quartier de collines situé au nord de la ville, qui évoque un peu San Francisco. Ici se retrouve toute l'influence cosmopolite : une bonne trentaine d'*ijinkan* (maison de négociant européen), dont certaines sont visitables, des églises catholiques ou réformées, une mosquée et même un temple jaïn ! Un brin d'exotisme... pour les Japonais. Devant la maison hollandaise, par exemple, des jeunes Nippones se font photographier en paysannes bataves, avec sabots et tulipes ! Du point de vue des visiteurs occidentaux, ces anciennes demeures aux intérieurs éclectiques suscitent plus une honnête curiosité qu'un réel intérêt artistique. Parmi les plus intéressantes :

▶ La **Choueke House★** *(tlj sf mar. 9h-17h; 500 ¥)* *(B1)*, sorte de manoir anglais doublé d'un charmant jardin, est la seule *ijinkan* ouverte au public encore habitée par son propriétaire, M. Choueke, un homme d'affaires syrien. Ses collections personnelles incluent des objets orientaux et des estampes *namban* de la fin du 19e s.

▶ La **Yamate Hachiban Kan★** *(9h-18h; 500 ¥)* *(B2)*, curieux hybride de style Tudor et de pagode japonaise, abrite plusieurs bronzes de Rodin, Bourdelle et Renoir et de superbes bouddhas thaïs et du Gandhara.

▶ Si le cœur vous en dit, voyez aussi le Former Chinese Consulate *(B1)*, l'England House *(B1)*, la Weathercock House *(B1)*, la France House *(B1)*, etc., mais inutile de toutes les visiter, l'exercice devient vite lassant. Achetez un billet multi-entrées, plus économique *(de 2000 à 3500 ¥)*.

▶ Au nord de Kitano, le téléphérique **Shin-Kobe Ropeway** *(départ derrière l'édifice Shin-Kobe Oriental City; 9h30-17h, été 20h30; 1000 ¥ AR)* mène au **Nunobiki Herb Park** *(C1 en dir.)*, un jardin de plantes aromatiques situé sur la crête de la montagne. De là s'offre une vue panoramique sur Kobe, qui est grandiose de nuit.

À L'EST DE LA VILLE

Le quartier de Nada, sur la partie orientale de la baie, est connu depuis des siècles pour ses producteurs de saké. C'est d'ailleurs le principal centre de fabrication du Japon. Certaines se visitent, tel le **Hakutsuru Sake Brewery Museum** *(de la gare de Sannomiya, Hanshin Line pour Sumiyoshi Station, puis marchez 5mn vers le sud; tlj sf lun. 9h30-16h30; gratuit)* *(Hors plan)*, qui détaille les procédés de fabrication et propose une dégustation.

▶ Dans les parages, plusieurs musées valent également le déplacement :

Hyogo Prefectural Museum of Art★

兵庫県立美術館

(A2 en dir.)

De la gare de Sannomiya, Hanshin Line pour Iwaya Station, puis marchez 8mn vers le sud. Tlj sf lun. 10h-18h. 500 ¥.

Construit par l'architecte Ando Tadao, cet impressionnant bâtiment de béton brut posté en front de mer contient une riche collection d'œuvres d'artistes japonais et internationaux du 20e s. Parmi elles, des sculptures de Moore et Brancusi et des toiles de style occidental de deux peintres japonais réputés, Ryohei Koiso et Kanayama Heizo.

Disaster Reduction Institution★

人と防災未来センター

(A2 en dir.)

À 300 m du précédent, en suivant l'avenue à gauche en sortant (vers l'ouest). Tlj sf lun. 10h-18h. 500 ¥.

Sous ce nom un peu rébarbatif se cache un instructif musée consacré au grand tremblement de terre de 1995. Un film de simulation, sur écran géant, suivi d'une reconstitution grandeur nature des rues dévastées, procurent la sensation d'assister à l'événement en direct. On ressort plutôt secoué par cette mise en scène très réaliste.

Musée de la Mode

神戸ファッション美術館

(B2 en dir.)

Hanshin Line pour Uozaki Station (ou JR Sumiyoshi Station), puis monorail Rokko Line pour Island Center Station. À 2mn de la sortie sud-est. Tlj sf merc. 10h-18h. 500 ¥.

Ce musée est la seule raison qui peut vous conduire sur Rokko Island, un îlot qui sert de refuge doré aux expatriés. Les collections de ce vaisseau futuriste comprennent d'éblouissants kimonos, étoffes rares et brocarts précieux, des robes d'anthologie signées Dior, Cardin ou Saint-Laurent, mais font l'impasse totale sur les grands couturiers japonais d'aujourd'hui.

HIMEJI

姫路

Comptez une demi-journée.

On vient d'abord à Himeji pour son merveilleux château féodal, classé Trésor national et au Patrimoine mondial de l'Unesco. Mais le parc du château, le musée d'art de la ville et les temples du mont Shosha compléteront agréablement votre excursion si vous décidez de prolonger la journée.

Arriver ou partir

En train - **Himeji Station** *(A3)*. Le plus simple est de prendre le JR Rapid de Kobe (40mn de trajet, 950 ¥), d'Osaka (1h, 1 450 ¥) ou de Kyoto (1h30, 2 210 ¥). De Kyoto, si vous avez un JR Pass, préférez le Shinkansen (45mn).

Comment circuler

Le château se trouve à 15mn à pied, tout droit en sortant de la gare. Vous pouvez aussi y aller en bus (Loop Bus, ttes les 15/30mn, 100 ¥) ou demander au comptoir de tourisme une bicyclette gratuite pour la journée (pratique pour les visites autour du château).

Adresses utiles

Informations touristiques - Comptoir dans la gare *(A3)*, ✆ (0792) 85 1146. 10h-15h. Le personnel anglophone fournit des plans et pourra vous indiquer, si besoin, où retirer ou changer de l'argent.

Se restaurer

Autour de 1 500 ¥

Daikon

だいこん

320 Ekimae-cho, ✆ (0792) 89 8728. 11h30-23h. Ce chaleureux *izakaya* de quartier sert de bons petits menus à déjeuner, autour de sashimis, de poissons grillés et de tempuras accompagnés de riz et d'une soupe *miso*.

Kassui-ken 活水軒

68 Honmachi, ✆ (0792) 89 4131. 9h30-17h. Niché dans les jardins du Koko-en, le restaurant a pour atout

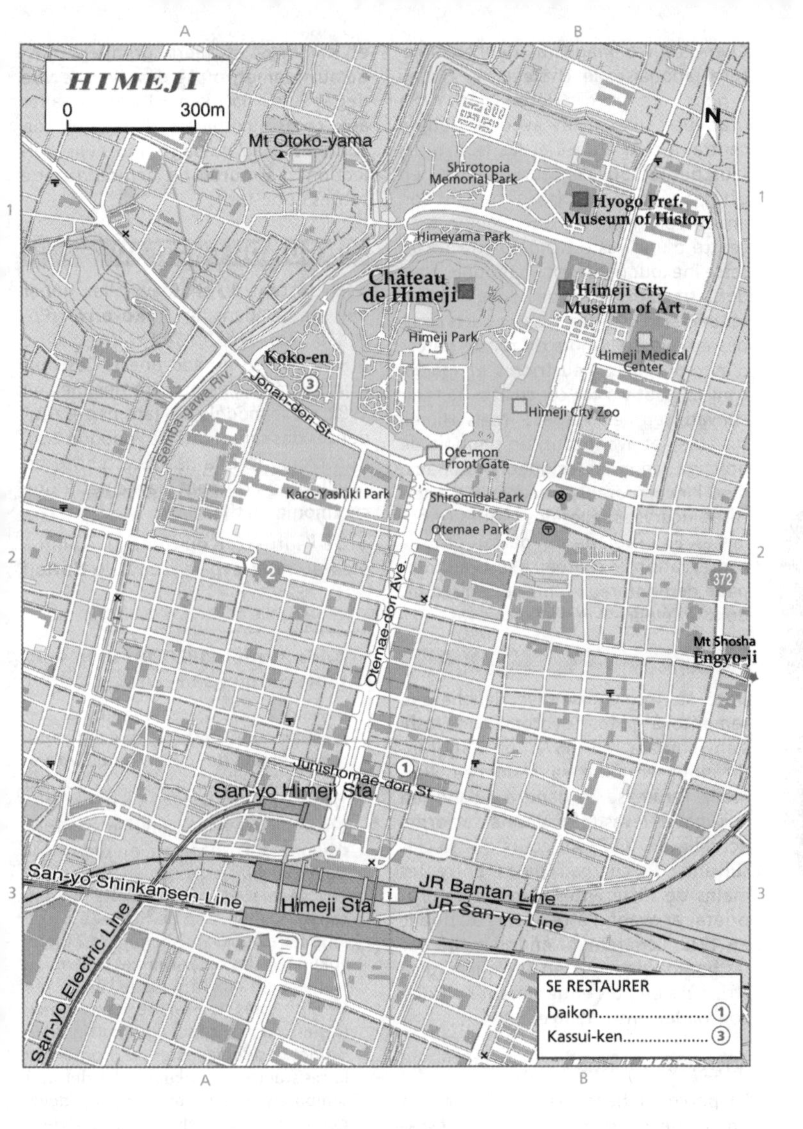

une vue paradisiaque sur une cascade et un petit étang. Il sert la spécialité de Himeji, le congre grillé (*lunch box* à 1 575 ¥) ou, si vous n'êtes pas fan de la gluante bestiole, des plats de nouilles ou de riz. Arrivez tôt pour éviter la foule du déjeuner, ou optez sinon pour une pause boisson dans l'après-midi.

CHÂTEAU DE HIMEJI★★★

姫路城

(B1)

9h-17h (hiver 16h). 600 ¥. Des guides bénévoles parlant l'anglais sont parfois disponibles. Renseignez-vous au guichet.

Chef-d'œuvre magistral de l'architecture japonaise, le château de Himeji a pour surnom le « Héron blanc ». Sa gracieuse silhouette – avec le donjon central à cinq étages et les trois tours plus petites qui l'entourent – fait, en effet, songer à un oiseau prenant son envol. Construite sur une éminence au centre d'une vaste plaine, cette forteresse inexpugnable est un modèle d'art défensif : labyrinthes de douves, de fossés et de chausse-trapes, remparts courbés en éventail, murs de ronde percés d'innombrables meurtrières et mâchicoulis... tout y a été conçu afin de tenir l'envahisseur en respect. Mais Himeji fut aussi, et avant tout, un symbole de prestige pour les seigneurs féodaux, d'où l'incomparable beauté de ses toitures incurvées telles des vagues ondulantes. En raison de son parfait état de conservation, le château a servi au tournage de nombreux films de samouraïs, dont le célèbre ***Ran*** de Kurosawa.

Histoire

Dans sa forme primitive, le château remonte à 1346. Toyotomi Hideyoshi s'en empara en 1577 et l'agrandit pour en faire sa résidence. Puis Ikeda Terumasa, le gendre du shogun Tokugawa Ieyasu, lui donna sa forme actuelle en 1608. Au cours des siècles suivants, le château passa entre les mains de différentes familles et propriétaires avant d'être ouvert au public en 1912. Légèrement endommagé par les bombardements en 1945, il a vu sa structure en bois entièrement revue et consolidée entre 1956 et 1964.

Visite du château

Le parcours fléché *(env. 2h)* traverse un dédale de portes, passages en escaliers, couloirs défensifs et cours plantées de cerisiers des anciens palais, à l'ouest, avant d'accéder à l'enceinte principale *(honmaru)*, où se dresse le donjon, ultime bastion de résistance en cas d'attaque. La tour, haute de 46 m, comprend cinq étages plus un soubassement de pierres cyclopéennes. À l'intérieur, une série de raides et sombres escaliers grimpent jusqu'au sommet, où se dévoile une vue dégagée sur la plaine. Dans les salles aux colossaux piliers de cyprès, on contemple au passage une belle collection d'armures de samouraïs, de sabres et de fusils.

AUTOUR DU CHÂTEAU

▶ En sortant du château, allez flâner une heure dans le **Koko-en★** *(9h-16h30, été 17h30; 300 ¥) (A1)*, situé à 5mn à pied au sud-ouest. Ces huit charmants jardins ont été dessinés en 1992, sur le modèle des jardins des résidences des samouraïs de l'époque Edo. L'un d'eux, le Cha-no-niwa, abrite un pavillon où l'on peut participer à une cérémonie du thé.

▶ De l'autre côté du château, à 5mn à pied au nord-est, se trouve le **Himeji**

Jules Brunet (1838-1911), le véritable dernier samouraï

Edward Zwick, le réalisateur du *Dernier Samouraï*, s'est inspiré des aventures véridiques de ce Français pour camper le personnage incarné à l'écran par Tom Cruise. Né en 1838 à Belfort, Jules Brunet, jeune polytechnicien, participe d'abord à l'expédition mexicaine de Napoléon III. De retour en 1867, il est envoyé avec la mission militaire française au Japon, afin de former à l'artillerie les troupes du shogun Yoshinobu Tokugawa (les Américains et les Anglais soutenaient eux l'armée de l'empereur Meiji). Après la défaite du shogun, la mission française doit partir. Mais Brunet décide de rester pour organiser la résistance des *bakugun*, les derniers samouraïs fidèles au shogun, devenus ses proches amis. Après de sérieux revers, ses troupes se replient à Hakodate, sur l'île de Hokkaido, où Brunet fonde une éphémère République indépendante d'Ezo. L'expérience dure six mois, jusqu'à ce que les troupes impériales débarquent et écrasent les rebelles. Brunet parvient à fuir et retourne en France, où il est condamné pour désertion. Il sera vite réhabilité, puis promu général en 1898.

City Museum of Art★ *(tlj sf lun. 10h-16h30, été 17h30; 200 ¥) (B1)*. Ce petit bâtiment en brique héberge un bel ensemble de peintures impressionnistes et modernes, dont des toiles de Corot, Courbet, Monet, Matisse, Derain et Delvaux. Dans l'annexe sont présentées des œuvres d'artistes japonais du 19e s. à nos jours.

▸ Juste à côté, le **Hyogo Prefectural Museum of History** *(tlj sf lun. 10h-16h30; gratuit) (B1)*, conçu par l'architecte Tange Kenzo, présente l'histoire des châteaux japonais autour des maquettes des douze châteaux du Japon ayant conservé leur structure d'origine. On y voit aussi quelques antiquités et bouddhas anciens.

ENGYO-JI★

円教寺

(B2 en dir.)

De l'arrêt situé devant la gare, bus nos 6 ou 8 pour Shosha Cable Car (25mn) puis téléphérique (5mn, 900 ¥ AR), puis encore 30mn à pied. 8h30-17h. 300 ¥.

Situé sur le mont Shosha, au nord-est de Himeji, cet ensemble de temples de la secte Tendai compose un romantique mélange d'art bouddhique et de nature. Le sentier, bordé d'érables, de cerisiers et de statues de la déesse Kannon aux mille bras, aboutit au Daiko-do, pavillon où furent tournées certaines scènes du ***Dernier Samouraï***.

2 jours	Sendai
Suggestions de visite	**Jour 1.** Promenade à l'ouest du centre-ville et visite du mausolée Zuiho-den *(p. 393)*, du musée de Sendai *(p. 393)*, puis du château *(p. 393)*, en terminant par le musée du Miyagi *(p. 394)*. Retour dans le centre-ville et balade dans les petites ruelles *(p. 393)*. **Jour 2.** Le matin, visite du temple Rinno-ji et de son jardin japonais *(p. 394)* ; détour par le sanctuaire Osaki Hachiman *(p. 394)*. Dans l'après-midi, confection de poupée *tsutsumi* dans l'atelier de M. Sato *(p. 392)*.
Transports	En Loople Bus pour les sites du premier jour et à pied pour la promenade en centre-ville. En bus et en métro pour les sites du second jour.
Conseils	Attention, les musées sont fermés le lundi. Réservez une soirée pour arpenter les rues animées du Kokubun-cho *(p. 391)*.
4 jours	**Sendai et ses environs**
Boucle de 80 km au départ de Sendai	**Jour 1.** Les principaux sites de Sendai : le mausolée Zuiho-den *(p. 393)*, le temple Rinno-ji *(p. 394)*, le sanctuaire Osaki Hachiman *(p. 394)* et une promenade en centre-ville *(p. 393)*. **Jour 2.** Le matin atelier confection de *daruma* chez M. Sato *(p. 392)*. Départ pour Shiogama vers midi. L'après-midi, visite du temple Jinja *(p. 395)* et croisière jusqu'à Matsushima *(p. 394)*. **Jour 3.** Visite des temples Zuigan-ji *(p. 396)* et Entsu-in *(p. 397)*, suivie de haltes aux panoramas d'Ogitani et de Shokanzan *(p. 396)*. **Jour 4.** Flânerie sur les îlots d'Oshima, de Godaido et de Fukuura-jima *(p. 397)*. En chemin, visite du musée de cire Date Masamune *(p. 397)* et pause cérémonie du thé au Karantei *(p. 397)*. En soirée, retour sur Sendai.
Transports	À pied et en bus à Sendai. En train pour rejoindre Shiogama. En bateau entre Shiogama et Matsushima. À pied, en bus ou en taxi à Matsushima.
Étapes	Sendai, Matsushima (2 nuits), Sendai.
Conseils	Faites la croisière de Shiogama à Matsushima vers 16h30 pour profiter de la lumière de fin de journée. À partir de Sendai ou de Matsushima, cela vaut la peine de se lever un jour à l'aube pour rejoindre les halles et la criée de Shiogama *(p. 394)*. L'idéal est de commander un taxi la veille. Vous serez rentrer à Matsushima en début de matinée.

Les hommes en blanc du Dontosai Matsuri.

TOHOKU (NORD DE HONSHU)

SENDAI★ ET SES ENVIRONS★★★

仙台

La baie de Matsushima

Une architecture sans saveur

Quelques repères

Ville principale de la région du Tohoku, chef-lieu de la préfecture du Miyagi - 373 km de Tokyo - 1 million d'hab. - Climat tempéré, température moyenne 12 °C - Plan p. 389.

À ne pas manquer

Une soirée au Robata, à Sendai.

Une promenade au temple Entsu-in.

La baie de Matsushima.

Conseils

Comptez une bonne journée pour Sendai.

Prenez le bateau à Shiogama pour rejoindre Matsushima afin de profiter du paysage maritime.

Évitez la semaine du 1er mai à Matsushima (Golden Week).

À Sendai, l'empreinte de Date Masamune est partout. Pas un site qui ne fasse référence à ce puissant seigneur qui remodela la région du Tohoku entre les 16e et 17e s. Entièrement reconstruite suite aux bombardements de 1945, la ville reste néanmoins très agréable. Ses nombreux parcs et allées ombragées d'ormes lui valent même le nom de « *Mori-no-miyako* », « capitale des Forêts ». Cité éclairée possédant de nombreuses universités et centres de recherche, Sendai est aussi la porte d'entrée à l'un des « trois plus beaux paysages du Japon » *(Nihon Sankei)*, la fameuse baie de Matsushima.

Arriver ou partir

En avion - Aéroport, au sud-est de la ville. Limousine Bus jusqu'à la gare de Sendai (40mn de trajet, 910 ¥). Vous trouverez toutes les informations sur les lignes intérieures à l'office de tourisme, à l'aéroport et à la gare.

En train - **Sendai Station**. De Tokyo, départ du Yamabiko Shinkansen, du Max Shinkansen ou du Hayate Shinkansen ttes les 30mn (JR Tohoku Shinkansen Line). Le Hayate est le plus rapide (1h40 de trajet), mais aussi le plus cher (11 000 ¥). Il est également possible de rejoindre l'île de Hokkaido *(voir p. 451)* à partir de Sendai en changeant à Aomori, puis à Hakodate jusqu'à Sapporo (8h, 18 330 ¥). De Sendai, la Senseki Line dessert Shiogama et Matsushima (30mn, 220 ¥ pour les deux destinations).

En bus - **Bus Center**, 1-6-31 Aoba-chuo, ✆ (022) 261 5333. Bus longue distance pour Aomori, Tokyo, Nagoya, etc. Ils sont, certes, deux fois moins chers que le train, mais mettent deux à trois fois plus de temps. À titre d'exemple, il faut 6h pour rejoindre Tokyo (6 900 ¥).

Comment circuler

À pied - Idéal pour le centre-ville.

En bus - Les principaux bus partent de la gare de Sendai. Le Loople Bus fait la tournée des principaux sites (600 ¥/j.). Fréquences régulières entre 9h et 17h.

Adresses utiles

Informations touristiques - Sendai Station, ✆ (022) 224 1919. 8h30-20h. Renseignements en anglais sur Sendai et le département du Miyagi.

Poste / Retrait - **Central Post Office**, 1F, Sendai Station. Distributeur de billets ATM. Lun.-vend. 7h-23h, sam. 9h-21h, dim. 9h-19h. Attention, il n'y a pas de Citibank à Sendai.

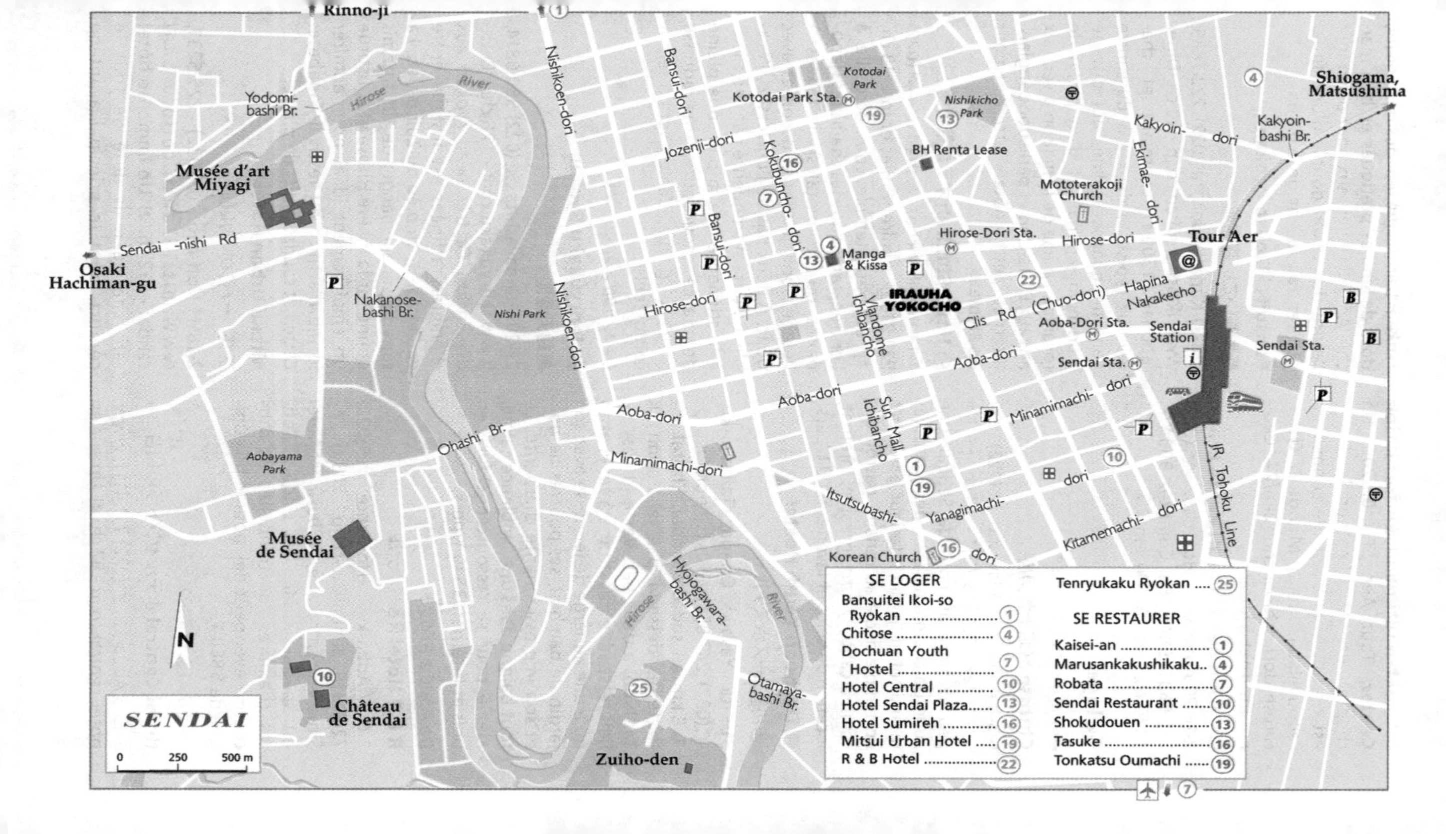
SENDAI
0 250 500 m
N
SE LOGER
Bansuitei Ikoi-so Ryokan 1
Chitose 4
Dochuan Youth Hostel 7
Hotel Central 10
Hotel Sendai Plaza 13
Hotel Sumireh 16
Mitsui Urban Hotel 19
R & B Hotel 22
Tenryukaku Ryokan 25
SE RESTAURER
Kaisei-an 1
Marusankakushikaku.. 4
Robata 7
Sendai Restaurant 10
Shokudouen 13
Tasuke 16
Tonkatsu Oumachi 19
Rinno-ji
Shiogama, Matsushima
Osaki Hachiman-gu
Musée d'art Miyagi
Musée de Sendai
Château de Sendai
Zuiho-den
Tour Aer
Sendai Station
Sendai Sta.
Aoba-Dori Sta.
Hirose-Dori Sta.
Kotodai Park Sta.
Kotodai Park
Nishikicho Park
Nishi Park
Aobayama Park
BH Renta Lease
Mototerakoji Church
Manga & Kissa
IRAUHA YOKOCHO
Vlandome Ichibancho
Sun Mall Ichibancho
Korean Church
Hapina Nakakecho
Clis Rd (Chuo-dori)
JR Tohoku Line
Kakyoin-dori
Kakyoin-bashi Br.
Ekimae-dori
Hirose-dori
Aoba-dori
Minamimachi-dori
Yanagimachi-dori
Itsutsubashi-
Kitamemachi-dori
Kokubuncho-dori
Jozenji-dori
Bansui-dori
Nishikoen-dori
Sendai -nishi Rd
Ohashi Br.
Nakanose-bashi Br.
Yodomi-bashi Br.
Hyojogawara-bashi Br.
Otamaya-bashi Br.
Hirose River

Internet - Multimedia & Information Center, Tour Aer, 5F. 10h-20h. Un cheptel de 22 ordinateurs ! L'accès est gratuit pour 30mn de connexion, renouvelable 3 fois/j. **Manga & Kissa**, Hirose-dori, Ichibancho. 24h/24. Cabines Internet à louer.

Location de vélos - BH Renta Lease, 2-14-20 Aoba-ku, Hon-cho, ✆ (022) 222 5631. 9h45-18h. Comptez 900 ¥/j., 1 125 ¥/2 j. et 1 800 ¥/sem.

Se loger

Auberges de jeunesse

Chitose 旅館千登勢屋

6-3-8 Aoba-ku, Odawara, ✆ (022) 222 6329, fax (022) 265 7551 - 13 ch. Un peu excentré au nord de Sendai, une auberge charmante avec des chambres tatamis et un jardin intérieur gardé par un temple dédié au renard, patron des commerçants. *O furo* agréable, Internet, location de vélos et laverie. 4200 ¥/pers.

Dochuan Youth Hostel

道中庵ユースホステル

31 Kita Yashiki Onada, Taihaku-ku, ✆ (022) 247 0511 - 10 ch., dortoirs. À 8 km au sud de Sendai, l'hôtel est toutefois desservi par la station JR Taishido, à deux pas. Vaste et cosy, le lieu ressemble davantage à un *ryokan* qu'à une auberge de jeunesse avec son jardin de bambou, ses poutres de bois et son impressionnante charpente. Le tout baigne dans une ambiance calme, idéale pour se ressourcer. *O furo* en bois et Internet. 3 540 ¥/pers.

De 4 500 à 8 000 ¥

R & B Hotel R & B ホテル

2-6-37 Aoba-ku, Hon-cho, ✆ (022) 726 1919, sendai@w-rb.jp - 203 ch. Situé en centre-ville, ce *business hotel* est spécialisé dans les *singles*. Petites chambres fonctionnelles et sans charme avec petit-déj. pour le prix unique de 5 880 ¥.

De 8 000 à 12 000 ¥

Hotel Central ホテルセントラル仙台

1-13-5 Aoba-ku, ✆ (022) 711 4111, www.hotel-central.co.jp - 97 ch. Un ancien *ryokan* transformé en *business hotel*, doté de *singles* pratiques et bon marché. Accueil chaleureux pour prolonger l'esprit du *ryokan* doublé d'une situation centrale, à 3mn de la gare.

Bansuitei Ikoi-so Ryokan

晩翠亭いこい荘旅館

1-8-31 Kimachi-dori, ✆ (022) 222 7885, www.ikoisouryokan.co.jp - 20 ch. Dîner japonais 1 300 ¥. Charmant et chaleureux *ryokan* à deux pas du centre dans un quartier calme, qui dispose d'un bain japonais et d'un jardin de rocailles. La fille de la maison a vécu six ans aux États-Unis et parle donc anglais. Internet, petit « hôtel » attenant pour les animaux.

Hotel Sumireh ホテル菫会館

1-13-5 Ichibancho Aoba-ku, ✆ (022) 222 8100, sumireh@alles.or.jp - 18 ch. Un petit temple vous accueille à l'entrée, tandis que les chambres (japonaises ou occidentales), installées à l'étage, sont fleuries et décorées avec goût. À deux pas de l'université, l'établissement est fréquenté par une clientèle studieuse que la patronne pleine de malice chouchoute. Une adresse *cosy* et originale, idéale pour un séjour confortable.

De 12 000 à 20 000 ¥

Tenryukaku Ryokan

旅館天龍閣

22-20 Otamayashita, ✆ (022) 980 0814, www.tenryukaku.com - 26 ch. Petit-déj. inclus. Ce très beau *ryokan* aux chambres raffinées est installé entre eau et forêt, au pied du Zuiho-den. La superbe salle à manger de 105 tatamis donne sur la rivière Hirose et constitue un emplacement idéal pour admirer le feu d'artifice du festival Tanabata. *Onsen* et sauna sur lits de pierre.

Mitsui Urban Hotel

三井アーバンホテル仙台

2-18-11 Hon-cho, ✆ (022) 225 5231, www.mitsuikanko.co.jp/urban/sendai - 212 ch. Un Immense hôtel sans charme mais doté de tout le confort, dont le principal avantage est d'être situé à côté du Kokubun-cho, quartier des noctambules de Sendai.

À partir de 18000 ¥

Hotel Sendai Plaza ホテル仙台プラザ

2-20-1 Hon-cho, Aoba-ku, ✆ (022) 262 7111, www.hotelsendaiplaza.co.jp - 175 ch. Luxe et confort en plein cœur de la ville, à deux pas du Kokubun-cho.

Se restaurer

Moins de 1000 ¥

Shokudouen 食道園国分町店

2-1-1 Kokubun-cho, ✆ (022) 263 3970. 11h30-23h. La cuisine coréenne est en vogue à Sendai. Profitez-en pour goûter au *bibimbap* (riz frit servi avec œuf et garniture), au *kimchi* (choux saumuré) ou bien à la marmite de bœuf.

De 1000 à 2000 ¥

Tasuke 太助

2-12-23 Kokubun-cho, ✆ (022) 225 0348. Impossible de séjourner à Sendai sans goûter aux *gyutan*, une spécialité de langue de bœuf rôtie au charbon. Le Tasuke est la référence !

Sendai Restaurant 仙台

1-1 Aoba-jo, ✆ (022) 221 2983. Excellent rapport qualité/prix et service adorable. *Guytan* ou sets de sushis, *soba* et tempuras pour 1500 ¥. Laissez-vous tenter en dessert par la spécialité de *zundamochi*, un gâteau de riz glutineux fourré à la purée de pois vert sucrée. *Kaiseki* sur réserv.

Tonkatsu Oumachi とんかつ大町

1-6-23 Sendai Aoba, ✆ (022) 221 2983. 10h-22h. Porc pané et riz au curry : idéal pour les gros appétits las des délicatesses de la mer.

De 2000 à 4000 ¥

Marusankakushikaku
まる・さんかく・しかく

4-3-7 Kokubun-cho, ✆ (022) 222 1471. 11h30-23h. Outre le poisson grillé, les sashimis ou les légumes de saison, l'adresse est surtout idéale pour découvrir le saké local que l'on sert au-delà du verre. Essayez l'Uragasumi Zen, saké 100 % riz, et l'Ichinokura, le must de la préfecture du Miyagi.

Kaisei-an 開盛庵

1-2-21 Sendai Aoba, ✆ (022) 266 2520. 10h30-21h. Une institution qui sert des anguilles *(unagi)* depuis 126 ans. Salons tatamis (sur réserv.) aux 2e et 3e étages, dont une superbe salle de 30 nattes gardée par un *daruma* vigilant. Accueil chaleureux et raffiné.

Plus de 4000 ¥

Robata 元祖・炉ばた

2-10-28 Kokubun-cho, ✆ (022) 266 0897. 11h30-23h. La maison existe depuis 1956 et célèbre le savoir-vivre japonais. Imaginez une pièce intime. Au centre, l'âtre où pend une crémaillère. À côté, six carafes de laiton où chauffe le saké. Tout autour, un bar en U où l'on est attablé face aux autres convives. À l'aide d'une interminable palette en bois, on vous tend un plateau où sont posés un verre de saké et quelques amuse-bouches. Puis, la conversation s'anime autour de la patronne, superbe dans son kimono. Au cours de la soirée, un à un, les convives vous feront goûter qui à l'ananas des mers *(hoya)*, tel autre à la chair orangée de l'oursin, le troisième vous offrira peut-être un *daruma* en porte-clé. Et quand l'un s'en va, tout le monde frappe dans les mains, hommage au petit temple shinto caché dans un recoin.

Sortir, boire un verre

Le **Kokubun-cho** reste l'incontournable quartier de nuit de Sendai, et plus généralement de tout le Tohoku. Bars, pubs, restaurants, *pachinko*, salons de massage se succèdent dans un entremêlement de rues. Ambiance française au **Gulp Down**, 2-10-30 Fox Bd, 3F ; détente orientale au **Sindbad**, 2-2-22 Kokubun-cho. À vous de vous laisser porter.

Loisirs

Plages - La ville compte deux plages de sable noir, où l'on peut se baigner l'été.

Fêtes et festivals

Tanabata Matsuri (6-8 août) : pour célébrer l'été, 1 500 perches de bambou décorées de papier mâché flottant dans le vent sont placées dans les rues de Sendai. L'animation la plus attendue est un impressionnant feu d'artifice qui se tient la veille de la fête.

Dontosai Matsuri (14 janv.) : chaque année, une grande parade d'hommes quasi nus rejoint le sanctuaire Hachiman pour brûler les décorations du Nouvel An et prier pour une bonne année. La seule couleur autorisée est le blanc, à l'image du papier qu'ils serrent entre leur bouche pour éviter de se mordre la langue à cause du froid.

Achats

Spécialités culinaires - Kanesaki Kamaboko, 3-5-16 Ichibancho (au sud du Manga & Kissa). Spécialité de *sasakamaboko*, sorte de quenelle de poisson que l'on déguste comme un en-cas. La chair du poisson est broyée, grillée, puis présentée sous la forme d'une feuille de bambou. Il existe des *sasakamaboko* à la crevette, au jambon, au lotus, au *wasabi*, etc. Les prix varient de 110 ¥/pièce jusqu'à plusieurs milliers de yens pour d'adorables boîtes avec divers assortiments.

Ocha-Igeta, 7-23 Ichibancho (au sud du Manga & Kissa, à côté du Kanesaki Kamaboko). Thé vert *matcha* et gâteaux raffinés.

Artisanat-Tsutsumi-no-Ohinakaya, 2-10-10 Tsutsumimachi, ✆ (022) 233 6409. 9h-17h. Dans une vieille maison de potiers, M. Sato est l'un des derniers à confectionner les *tsutsumi*, petites poupées en terre cuite, colorées et gracieuses, aux allures naïves. Musée familial, petit magasin et atelier confection poupée ou *daruma* (sur réserv.).

Librairie - Maruzen, Tour Aer. 10h-21h. Immense librairie comprenant une section de guides de voyage et des livres en français.

Les daruma

Dans les temples et boutiques de Sendai et Matsushima, mais aussi dans tout le Japon, il est un personnage rougeaud et rondouillard extrêmement populaire. Il s'agit de Daruma, souvent en papier mâché, parfois en bois, plus connu sous le nom de Bodhidharma, fondateur du zen. Il n'a pas de jambes, car il les a perdues après une longue méditation de neuf ans. Quant à sa couleur rouge, elle symbolise un prêtre de haut rang et serait très efficace contre les mauvais esprits. Lorsque l'on achète un *daruma*, ses yeux sont d'une étrange blancheur. En fait, la coutume est de faire un vœu puis de peindre l'un des deux yeux. Le second sera à son tour noirci une fois le souhait réalisé. Que ce soit un étudiant avant son examen, un homme politique inquiet de son élection ou un entrepreneur soucieux de la signature d'un contrat, rares sont les Japonais à ne pas aider le destin en s'offrant un petit *daruma*.

HISTOIRE

L'histoire de Sendai est liée à l'un des plus célèbres seigneurs du Japon, **Date Masamune** (1566-1636), surnommé le « Dragon borgne » pour avoir perdu son œil. Il prend le contrôle du Tohoku à l'âge de 24 ans et fait bâtir son château à Sendai (1600), qui devint célèbre pour sa salle aux 1 000 tatamis, ornée de superbes paravents peints et dorés. Néanmoins, l'un des faits majeurs de son règne reste l'envoi d'une délégation auprès du pape Paul V à Rome, en 1613. Menée par Hasekura Tsunenaga, elle visait à ouvrir le Japon au commerce étranger. Mais à son retour, Hasekura trouva un pays reclus sur lui-même, résultat de la politique des shoguns Tokugawa, qui marqua le début de l'ère Edo *(voir p. 77)*. Vieillissant, Date Masamune rallia le clan Tokugawa et passa le reste de ses jours à développer le commerce et l'agriculture dans sa région.

VISITE DE LA VILLE

Pour une vue panoramique de la ville et un coup d'œil sur la mer toute proche, montez au 31e étage de la **tour Aer** *(gratuit)*, à côté de la gare.

Le long de l'artère centrale Ichibancho, le quartier du centre-ville, **Irauha Yoko-cho**, est l'un des rares à avoir résisté aux bombardements de 1945. Ses étroites venelles offrent une parenthèse nostalgique au cœur des petites échoppes pleines de charme, entre fruitiers, poissonniers et autres gargotes populaires.

À L'OUEST DU CENTRE-VILLE

À l'ouest, Sendai présente un quartier cerné d'universités et de parcs, à l'ambiance toute estudiantine.

Zuiho-den★★

瑞鳳殿

Zuihuoden Iriguchi. Comptez 15mn de la gare de Sendai avec le Loople Bus. 9h-16h30. 450 ¥.

Le tombeau de Date Masamune, mort en 1636 à 70 ans, a été édifié l'année suivante dans le style Momoyama. Détruit pendant la Seconde Guerre mondiale, il fut rebâti à l'identique. L'intérieur du mausolée n'est ouvert qu'en de rares occasions, pour le festival de Tanabata *(voir ci-dessus, « Fêtes et festivals »)* ou lors de l'anniversaire de la mort du seigneur *(24 mai)*. Sur les **portes★**, on trouve les symboles du pouvoir Date : deux oiseaux pris dans une couronne de bambou, phénix, dragons, fleur de chrysanthème. Suivez le chemin de pierres ombragé par des cèdres pour atteindre les tombes des proches de Date. Au cœur de la forêt, le lieu est calme et serein.

Musée de Sendai★★

博物館

26 Kawauchi. Comptez 10mn du mausolée avec le Loople Bus. Tlj sf lun. 9h-16h45. 400 ¥. Audioguide en anglais (gratuit).

Cet important musée revisite chronologiquement l'histoire du Tohoku. Parmi les œuvres à ne pas manquer, les portraits (Trésors nationaux) de Hasekura Tsunenaga et du pape Paul V, réalisé suite à la mission envoyée à Rome par Date. Féru d'art et de culture, Date Masamune collectionna poèmes et calligraphies, dont on peut voir des exemples. Dans la salle centrale, une immense reproduction d'une **carte** de Sendai du 17e s. détaille la production de riz par village et les conditions de vie de l'époque. En regard, deux autres **rouleaux★** dépeignent les processions de *daimyo*, toujours au 17e s., qui se rendent à la capitale. Ils montrent que neuf jours n'étaient pas de trop pour faire le trajet Sendai-Edo ! Suivent une splendide collection d'armures, dont celle de Date, d'imposantes jarres à eau en céramique noire ou encore les statues des douze généraux gardiens de temple, coiffés d'animaux symboliques, et de belles poupées Miharu confectionnées en papier mâché, toutes d'une grande finesse (attardez-vous devant la femme à l'ombrelle ou la belle jouant du *shamisen*).

Château de Sendai

仙台城跡

Tensyudai Aoba-ku. Comptez 15mn de marche en côte du musée. Musée : 9h-17h ; 700 ¥. Film en français.

Le château de Date Masamune est un peu à l'image des temples shinto où la chambre des dieux est une pièce vide interdite aux profanes. La foi et le cœur font le reste. À Sendai, le château a été détruit par un bombardement en juillet 1945, mais il est toujours là. Les Japonais réalisent à peine que les Occidentaux sont parfois un peu surpris lorsqu'au lieu d'un château, ils trouvent une esplanade et quelques salles d'exposition qui expliquent le projet grandiose de Date. Pour eux, le château vit toujours. Il est présent sans être là parce qu'il a été, fortement. C'est aussi cela le Japon.

Musée d'Art Miyagi

宮城県美術館

34-1 Kawauchi-Motohasekura. Comptez 15mn à pied du château. Tlj sf lun. 9h30-17h. 400 ¥.

Une belle collection de tableaux peints par des natifs du Miyagi, dont Takahashi (voir son ***Godaido of Matsushima***, 1881) et Yorozu Tetsugoro, pionnier de l'avant-garde cubiste au Japon. Klee et Kandinsky sont également à l'honneur. Ne manquez pas la galerie dédiée à Churyo Sato, disciple local de Rodin.

AU NORD DU CENTRE-VILLE

Construits par le même clan Date, le temple bouddhiste et le sanctuaire shinto de Sendai sont révélateurs de la tradition polythéiste japonaise.

Rinno-ji★

輪王寺

Mont Kitayama. Comptez 15mn de la gare de Sendai par les bus nos 13, 14 ou 24. 8h-17h. Temple : gratuit ; jardin : 300 ¥.

Ce temple bouddhiste faisait partie d'un ensemble de cinq temples associés au clan Date. Les habitants de Sendai viennent y célébrer des funérailles. Il est surtout intéressant pour son **jardin★**.

Osaki Hachiman-gu★★

大崎八幡宮

Hachimangu-mae. Comptez 15mn de la gare de Sendai par les bus nos 10 ou 15. Il est également possible de rejoindre le sanctuaire du temple Rinno-ji en bus. 5h-18h. Gratuit.

Construit en 1607 par Date Masamune, ce sanctuaire shinto est dédié au dieu gardien du clan Date. À l'entrée, le **porche★★** flamboyant a été décoré et sculpté dans le style exubérant de l'architecture Momoyama. À l'intérieur, le **plafond à caissons** est orné de 55 fleurs peintes à la main avec des couleurs naturelles puisées dans les coquillages ou les pierres précieuses. Au fond, invisibles, les trois chambres des dieux sont matérialisées par un miroir et quelques offrandes. Chaque année, le 14 janvier, le festival Dontosai *(voir p. 392)* est célébré ici.

LES ENVIRONS

SHIOGAMA★★

塩釜

Comptez une demi-journée.

À env. 30 km au nord-est de Sendai.

Shiogama possède l'un des plus grands marchés thoniers du Japon et, de fait, le record national de *sushi bars* au kilomètre carré. La ville, dont le nom dérive d'un ancien rituel de production de sel (*shio* signifie « sel » et *gama*, « chaudron »), est également le point de départ idéal pour rejoindre Matsushima en bateau.

Arriver ou partir

En train - La gare est située en centre-ville. Départ ttes les 20mn de Sendai par la Senseki Line (30mn de trajet, 320 ¥).

En bateau - Si vous n'avez pas le temps de visiter Shiogama, arrêtez-vous à la station de train suivante, Hon-Shiogama, puis marchez 10mn pour rejoindre le **Marine Gate Building**, d'où partent les ferries pour Matsushima. Départ ttes les 30mn de 9h à 17h (1h de trajet). Les bateaux les moins chers coûtent 1 140 ¥, mais vous n'aurez pas accès au pont. S'il fait beau, cela vaut la peine de prendre un *sight seeing boat* (2 220 ¥), car la traversée permet d'admirer les îlots de la baie au milieu des battements d'ailes des mouettes qui suivent les bateaux.

Fish Market★★

塩釜魚市場

Higashi-Shiogama. Comptez 10mn de Shiogama en taxi (1 000 ¥). Criée au thon à 5mn à pied de la halle.

Le halle aux poissons est surtout active au matin. Sous un préau voisin, les enchères du marché au thon *(7h-8h)* constituent un spectacle impressionnant. Des dizaines de thons dont on a coupé la nageoire postérieure et fendu le gras du ventre sont alignés et auscultés par des acheteurs munis de lampes de poche. Puis, les enchères sont lancées par un appel au micro et, en l'espace de 15mn, les thons sont attribués aux plus offrants.

Shiogama-jinja★★

塩釜神社

Ichimori-yama (sur les hauteurs de la ville). 9h-18h.

Depuis plus de 1200 ans, ce temple vénéré des pêcheurs et des femmes enceintes domine l'océan. Une longue volée de marches permet d'atteindre un **torii** (portique) vermillon, puis deux sanctuaires où l'on vient remercier les *kami* (dieux) d'avoir aidé au développement du Tohoku et surtout d'avoir enseigné une technique unique pour recueillir le sel marin.

MATSUSHIMA★★★

松島

Comptez 2 jours.

À env. 40 km au nord-est de Sendai.

Lorsque le poète Basho découvre Matsushima, il s'exclame, subjugué par la beauté de ces « îles aux Pins » : « Ah ! Matsushima / Matsushima ah ! / Ah ! Matsushima ». Un haïku resté célèbre pour dire l'inexprimable quand la beauté nous dépasse. Aujourd'hui, ils sont près de trois millions et demi de touristes à s'exclamer, qui viennent profiter de la baie et de ses îlots, mais également des nombreux temples construits par Date Masamune.

Arriver ou partir

En train - Départ ttes les 20mn de Sendai par la Senseki Line (30mn de trajet, 320 ¥).

En bateau - *Voir « Shiogama », rubrique « Arriver ou partir », page précédente.*

Adresses utiles

Informations touristiques - Tourism Information, Ferry Terminal, ✆ (022) 354 5708. 8h30-17h.

Poste / Retrait - À 1 km à l'est du terminal des ferries. 9h-17h. Distributeurs de billets ATM. 9h-18h (sam. 17h, dim. 15h).

Se loger

La ville, touristique, dispose d'un vaste choix de *ryokan* et d'hôtels grand confort.

Auberge de jeunesse

PILA Matsushima Youth Hostel

奥松島ユースホステル

89-48 Minami-Akasaki Nobiru, Naruse-cho (à 15mn à pied de la JR Nobiru Station et 20mn en taxi de Matsushima), ✆ (022) 588 2220, matsushima@jyh.gr.jp - 21 ch., dortoirs. Un peu à l'écart mais tout près des plages d'Oku, un havre de paix propre et confortable (chambres japonaises ou occidentales). *O furo*, location de vélos, cours de tennis, etc. 4200 ¥/pers.

De 8000 à 12000 ¥

Folkloro Matsushima

フォルクローロ松島

980-0213 Matsushima Kaigan, ✆ (022) 353 3535, www.jr-tss.co.jp - 29 ch. Un peu en retrait de la ville, le Folkloro est un des rares hôtels à prix modéré de Matsushima. Jolie terrasse avec vue sur la baie et chambres à l'occidentale.

Zekkei-no-Yakata 絶景の館

4-6 Aza-Higashihama, ✆ (022) 354 3851, fax (022)354 4215 - 29 ch. Charmant *ryokan* qui domine l'îlot de Fukuura-jima. Très jolie vue sur le pont de 220 m.

Plus de 20000 ¥

Hotel Matsushima Taikanso

ホテル松島大観荘

Inuta Matsushima, ✆ (022) 354 5214, www.taikanso.co.jp - 239 ch. Entre les chambres japonaises ou occidentales, le *rotenburo*, l'*onsen* et la piscine, les sept restaurants, de la cuisine japonaise à la cuisine française, l'hôtel conviendra à tous les goûts. Un établissement grand luxe qui offre une vue imprenable sur la baie et des chambres tout confort. Navette régulière pour rejoindre les sites.

Se restaurer

De 1000 à 2000 ¥

Fish Market 松島さかな市場

En centre-ville. 8h-17h. À l'étage de la halle aux poissons sont installés des restaurants garantissant des produits extrafrais !

Santori Chaya さんとり茶屋

24-4-1 Senzui, (022) 353 2622. 11h30-22h. Fermé 2e et 4e merc. du mois. Seul établissement à proposer des huîtres fraîches toute l'année, le Santori propose également une spécialité d'algue *sokadon* et d'excellents menus poisson. Vue sur la baie et les îles. En cas de fermeture, essayez son voisin, l'**Osakana Project**, (022) 353 3166. Sets de sushis, d'anguilles ou de thon et belle vue depuis l'étage.

De 2000 à 4000 ¥

Kaki Goya かき小屋

12-1 Aza-Higashihama, (022) 354 2618. Restaurant saisonnier où l'on vient se délecter d'huîtres entre novembre et février. Formule « *All you can eat* », où l'on mange à volonté pendant 45mn, 75mn, etc. On ne peut plus local !

Shunkai 旬海

Derrière la Japanese Tea House, (022) 353 4131. 11h-23h. L'un des rares restaurants locaux à être ouvert le soir. Ses salons tatamis et son bar convivial en ont fait un lieu d'habitués, qui se retrouvent autour de poissons grillés, de sashimis ou de *soba*. Beaucoup d'ambiance, entretenue par un patron atypique et généreux, supérieur des moines du temple de la Rose !

Loisirs

Excursions en mer - De nombreuses croisières partent du port de Matsushima pour une balade dans la baie. Renseignez-vous auprès des nombreux guichets ou à l'office de tourisme *(voir p. 395)* pour une croisière sur des bateaux plus conséquents. Préférez tout de même les petits bateaux à moteur ouverts à l'arrière proposés par le guichet qui est situé entre Hoshima et le terminal des ferries. Été : 9h-17h ; hiver : 9h-15h. 4 000 ¥/25mn à 15 000 ¥/90mn pour 4 pers. minimum.

Achats

Artisanat - **Owariya**, Aza-Michinchi. 10h-17h. Les plus beaux *daruma* du Japon, malicieux et fripons, accompagnés de belles et douces *kokeshi* (poupées en bois).

Zuigan-ji★★★

瑞巌寺

91 Matsushima Aza-Chonai. 8h-16h30. 700 ¥.

▶ Édifié en 828 (ère Heian), puis reconstruit et embelli par Date Masamune dans le style Momoyama, il s'agit du plus grand temple zen du Tohoku (secte Tendai). La visite débute par une succession de salons raffinés, dont le Jyodan-no-Ma. Exclusivement utilisé à l'époque par Masamune et son fils, Tadamune, il est orné d'un superbe **paravent★★** coulissant entièrement peint et doré. À côté, le Jo-jodan-no-Ma, dans lequel l'empereur a passé la nuit du 27 juin 1876, donne sur un splendide **jardin★** planté de cèdres. À l'arrière, un jardin plus sobre accompagne une nouvelle enfilade de salons dont le Rakan-no-Ma, dédié aux samouraïs qui choisirent de suivre les seigneurs Date dans l'au-delà.

▶ Dans le musée Seiryu-den attenant, de nombreux objets sont exposés dont une cloche plate en bronze pour sonner les repas, un émouvant **bouddha de bois★** (1667) et des rouleaux de peintures (Trésors nationaux). Notez, avant de quitter les lieux, le toit *kawara* (tuiles rondes japonaises) du bâtiment, caractéristique des brasseries de saké.

Entsu-in★★

円通院

67 Matsushima Aza-Tyounai. 8h-17h. 300 ¥. Possibilité de déjeuner au Ungai ; réserv. nécessaire au (022) 353 2626.

Date Tadamune, meurtri par la mort de son fils à l'âge de 19 ans, fit bâtir

La rose cachée

Aujourd'hui, il est en fait deux roses au temple de la Rose. L'une d'elle fut découverte sur le tombeau de Tadamune au moment de la réouverture du tombeau ; l'autre s'appelle Haruka. Fille du moine supérieur, elle devint moine zen à 20 ans et irradie à présent le temple de sa présence. Le Tohoku ne compte que trois femmes à avoir été admises au rang de moine.

un mausolée en son honneur, orné d'une reproduction miniature de Mitsumune sur son cheval blanc, accompagné de sept gardiens. Ce descendant Date aurait été empoisonné par les Tokugawa, qui se sentirent menacés par ses talents militaires et littéraires. Sous l'ère Meiji (1868-1912), on réouvrit le tombeau, resté inviolé pendant 350 ans pour découvrir avec surprise ses **portes★★** ornées d'une rose et d'une jonquille, symboles de Rome et de Florence, et premier contact des Japonais avec la civilisation européenne. Les motifs de pique, de cœur, de carreau et de trèfle – une allusion au jeu de cartes –, assortis aux croix entrelacées et placées en diagonale par souci de discrétion sonnent comme un témoignage éloquent du voyage à Rome de Tsunenaga. Le lieu fut dès lors surnommé le « temple de la Rose ». À voir également une splendide **roseraie**, le jardin sec reproduisant la baie de Matsushima et un petit étang formant l'idéogramme cœur. Enfin, dans le pavillon de méditation *(Hondo)*, quelques salons tatamis sont ouverts à ceux qui veulent goûter la cuisine végétarienne *shojin* *(voir « Cuisine », p. 126)*. La chef n'est autre que la femme du moine supérieur et mère de Haruka *(voir encadré)*.

Quatre panoramas sur la baie★★★

Sokanzan et Ogitani sont accessibles à pied du terminal du ferry. Les deux autres sites nécessitent un taxi (env. 600 ¥).

Parmi les nombreux points de vue pour admirer la baie de Matsushima, **Saigyo Modoshi-no-matsu★★** (西行戻しの松公園) est le plus prisé, notamment au printemps lorsque les cerisiers sont en fleur. **Ogitani★★** (扇谷) offre un panorama-éventail sur l'horizon. **Sohkanzan★** (双観山) (la « colline aux Deux Directions »), accessible à pied, permet d'observer à la fois Matsushima et Shiogama. Enfin, **Shintomi-yama** (新富山) est idéal au coucher de soleil.

Le long de la baie★

▸ D'ouest en est, en longeant la baie, il est possible de rejoindre à pied les îlots d'**Oshima**, de **Godaido** et de **Fukuura-jima★**. Une fois franchi les ponts rouges qui enjambent la mer, laissez-vous porter par une promenade entre pavillons, sculptures bouddhiques, stèles gravées de haïku, azalées et camélias.

▸ Entre Oshima et Godaido, la **maison de thé Karantei★** *(56 Miyagiken ; ✆ (022) 353 3355 ; 8h30-17h ; 200 ¥ ; musée attenant)* surplombe les îlots de la baie, d'où l'on peut contempler ces « rides qui courent à la surface de l'eau ». L'automne, on y vient pour la pleine lune et les feuilles rouges des arbres.

▸ Face à Fukuura-jima, le **musée de cire Date Masamune** *(Matsushima Kaigan ; sur le front de mer, trottoir opposé ; 8h30-17h ; 1 000 ¥)* présente en vingt-cinq scènes la vie de Masamune et une galerie des personnages célèbres du Tohoku, dont l'écrivain Dazai Osamu.

4 jours	Okayama et sa région
Boucle de 65 km au départ d'Okayama	**Jour 1.** Okayama *(p. 401)*, le jardin Koraku-en et le château *(p. 406)*. **Jour 2.** Départ pour Kurashiki et visite du quartier de Bikan *(p. 407)*. **Jour 3.** Départ pour Nao-shima et visite des musées d'art contemporain de l'île *(p. 409)*. **Jour 4.** Fin de la visite de Nao-shima et retour sur Okayama en fin de journée.
Transports	À pied, en tramway ou à vélo à Okayama. Train pour Kurashiki. Train et ferry pour Nao-shima.
Étapes	Okayama, Kurashiki et Nao-shima.
Conseil	Essayez de vous rendre à Nao-shima un mardi ou un vendredi pour assister à un spectacle de bunraku *(p. 409)*.
3 jours	**Hiroshima et sa région**
Boucle de 80 km au départ de Hiroshima	**Jour 1.** Hiroshima *(p. 409)*, visite du parc du Mémorial pour la paix *(p. 412)* et du musée du Mémorial *(p. 414)*. Balade dans le jardin Shukkei-en *(p. 414)*. **Jour 2.** Excursion à Miyajima *(p. 415)*. **Jour 3.** Excursion à Iwakuni *(p. 416)*. Retour à Hiroshima en début d'après-midi et promenade en centre-ville pour profiter de l'animation de la ville.
Transports	À pied, en bus ou en tramway à Hiroshima. Train et ferry pour Miyajima. Train pour Iwakuni.
Conseil	Pensez à prendre de bonnes chaussures si vous faites l'excursion au mont Misen, à Miyajima.
1 semaine	**La côte de San-yo**
Itinéraire de 280 km au départ d'Okayama	**Jour 1.** Okayama *(p. 401)*. **Jour 2.** Départ pour Kurashiki et visite du quartier de Bikan *(p. 407)*. **Jour 3.** Départ pour Nao-shima et visite des musées d'art contemporain de l'île *(p. 409)*. **Jour 4.** Fin de la visite de Nao-shima et retour à Hiroshima en milieu de journée. **Jour 5.** Hiroshima *(p. 409)*. **Jour 6.** Excursion à Miyajima *(p. 415)*. **Jour 7.** Excursion à Iwakuni *(p. 416)*. Retour à Hiroshima en début d'après-midi et visite du musée d'Art contemporain.
Transports	À pied, en tramway ou en bus à Okayama et Hiroshima. Train et ferry pour Nao-shima et Miyajima. Train pour Kurashiki et Iwakuni.
Étapes	Okayama, Kurashiki, Nao-shima, Hiroshima (4 nuits).
Conseil	Procurez-vous la Seto Inland Sea Welcome Card *(p. 410)*.

Dans les brumes de Takahashi, le château de Bitchu Matsuyama.

CHUGOKU (OUEST DE HONSHU)

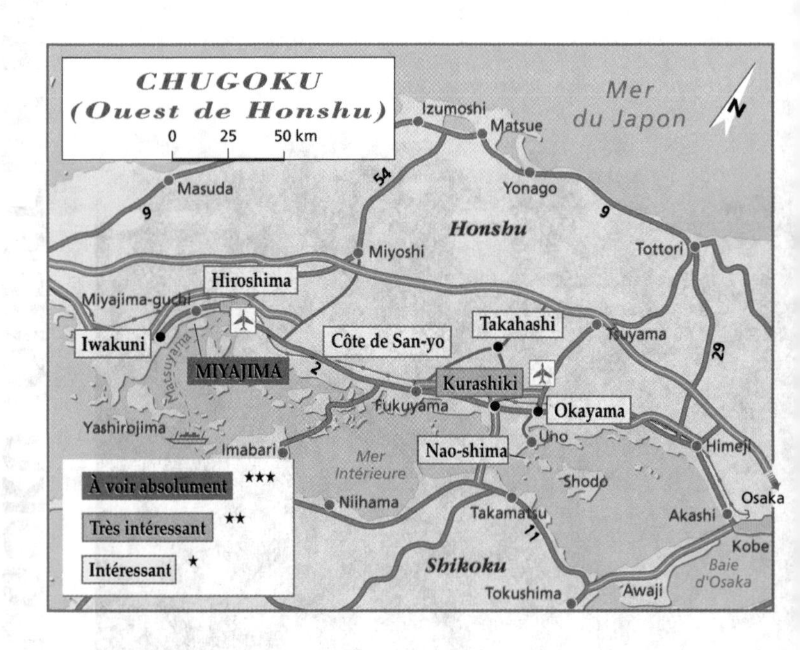
CHUGOKU
(Ouest de Honshu)
0
25
50 km
Mer
du Japon
N
Izumoshi
Matsue
Yonago
Masuda
9
54
Honshu
9
Tottori
Miyoshi
Hiroshima
Miyajima-guchi
Takahashi
Tsuyama
Iwakuni
Côte de San-yo
29
MIYAJIMA
Matsuyama
2
Kurashiki
Fukuyama
Okayama
Yashirojima
Uno
Imabari
Nao-shima
Himeji
Mer
Intérieure
Shodo
Osaka
À voir absolument
★★★
Niihama
Takamatsu
Akashi
Très intéressant
★★
11
Kobe
Shikoku
Baie
d'Osaka
Intéressant
★
Tokushima
Awaji

LA CÔTE DE SAN-YO★
山陽

La douceur de vivre du Sud

Quelques repères

Préfecture d'Okayama - Okayama : 733 km de Tokyo; 675 000 hab.; plan p. 402 - Hiroshima : 165 km d'Okayama, 922 km de Tokyo; 1 160 000 hab.; plan p. 411 - Carte régionale p. 400.

À ne pas manquer

Le jardin Koraku-en, à Okayama.

Le quartier de Bikan, à Kurashiki.

Les œuvres d'art contemporain installées à ciel ouvert de la Benesse House, à Nao-shima.

Le musée du Mémorial pour la paix, à Hiroshima.

L'île de Miyajima.

Le pont Kintai, à Iwakuni.

Conseils

Comptez 4 jours.

Le lundi, la plupart des sites sont fermés à Okayama.

À Nao-shima, la visite de certaines installations d'art contemporain nécessite une réservation par fax.

Une escapade sur la côte de San-yo, le « Côté éclairé de la montagne », face à la mer intérieure de Seto, permet de découvrir une région très agréable, centrée autour des cités d'Okayama et de Hiroshima. Vivantes et dynamiques, ces deux villes sont aussi un point d'ancrage idéal pour des excursions originales : Kurashiki et l'ancien quartier marchand de Bikan, l'île de Nao-shima entièrement dédiée à l'art contemporain, le pont à cinq arches d'Iwakuni ou l'île sacrée de Miyajima et son célèbre sanctuaire, dont le *torii* vermillon illumine toute la baie.

OKAYAMA★
岡山

Comptez 2 jours.

Situé entre mer et montagne, Okayama est considérée comme une ville où il fait bon vivre. Son climat tempéré favorise les cultures, notamment celles de la pêche et du raisin, appréciés dans tout le Japon. L'ancien royaume de Kibi, alors au cœur de la province de Bizen, fait à présent partie d'une préfecture tournée vers le futur, à l'image du Seto-ohashi, le plus long pont suspendu du monde (13 km), qui court jusqu'à l'île voisine de Shikoku.

Arriver ou partir

En avion - **Okayama Airport**, à 20 km au nord de la ville *(A1, en dir.)*. 9 vols/j. pour Tokyo (1h10 de vol, 27 100 ¥), 1 vol/j. pour Sapporo (1h50, 38 600 ¥). Également vols internationaux pour la Corée ou la Chine. Une navette assure la liaison jusqu'à la gare d'Okayama (40mn, 680 ¥).

En train - **Okayama Station** *(A1-2)*. De Tokyo, départ ttes les 30mn du Shinkansen Hikari ou Nozomi pour Okayama (3h20 de trajet, 16 800 ¥). D'Okayama, départ ttes les heures du JR Shinkansen pour Hiroshima (41mn, 5 350 ¥) et Tokyo (3h20, 17 000 ¥). Pour rejoindre le Shikoku, départ régulier du JR Seto Ohashi Line (1h20, 1 470 ¥).

En bus - Départ du terminal **Eki-mae** *(A2)* pour Tokyo (Shinagawa) par le Chugoku JR Bus (la nuit) (10h de trajet, env. 10 000 ¥). Pour circuler dans la préfecture, nombreux bus au départ du terminal **Tenyama**, à l'angle de Kencho-dori et Omote-cho *(B2)*.

Se repérer

Concentrés à l'est de la ville, les musées, le château et le jardin Koraku-en épousent les courbes de la rivière Asahi. Derrière la gare, un quartier populaire plus tranquille vaut égale-

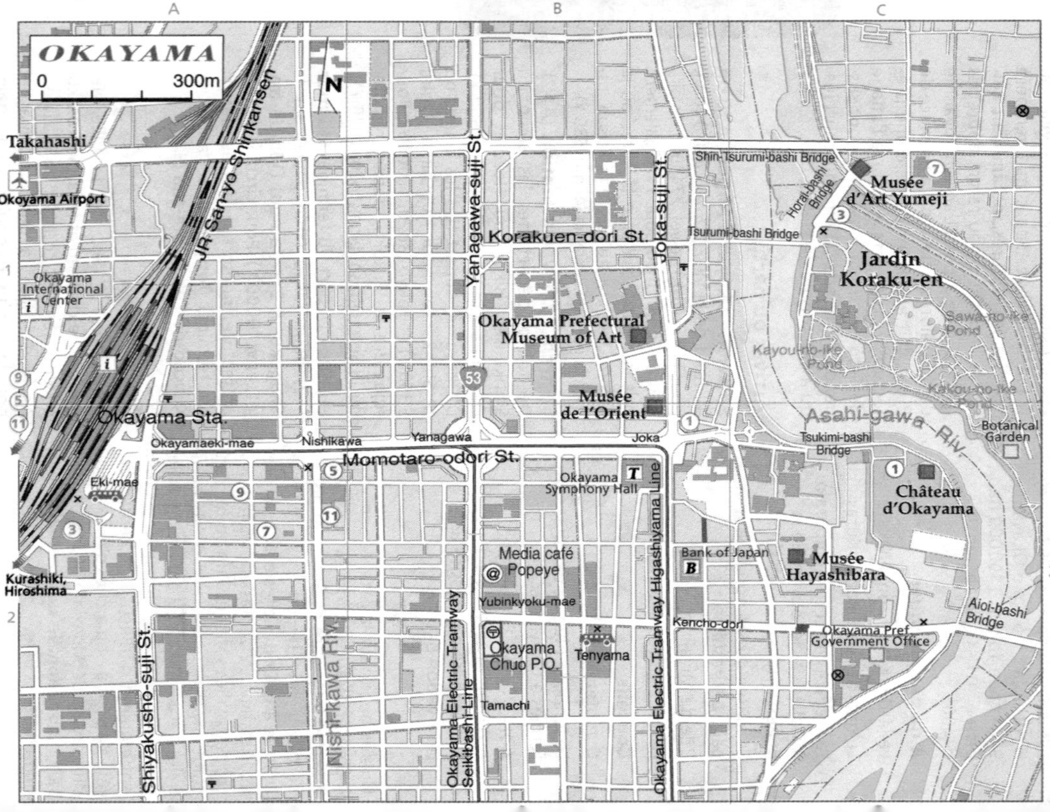
OKAYAMA
0
300m
N
A
B
C
1
2
Takahashi
Okoyama Airport
Okayama International Center
Kurashiki, Hiroshima
JR San-yo Shinkansen
Okayama Sta.
Okayamaeki-mae
Eki-mae
Nishikawa
Yanagawa
Joka
Momotaro-odori St.
Yanagawa-suji St.
Korakuen-dori St.
Joka-suji St.
Shiyakusho-suji St.
Nishi-kawa Riv.
Okayama Electric Tramway Seikibashi Line
Okayama Electric Tramway Higashiyama Line
Okayama Prefectural Museum of Art
Musée de l'Orient
Okayama Symphony Hall
Media café Popeye
Yubinkyoku-mae
Okayama Chuo P.O.
Tenyama
Tamachi
Bank of Japan
Kencho-dori
Shin-Tsurumi-bashi Bridge
Horai-bashi Bridge
Tsurumi-bashi Bridge
Musée d'Art Yumeji
Jardin Koraku-en
Sawa-no-ike Pond
Kayou-no-ike Pond
Kakou-no-ike Pond
Asahi-gawa Riv.
Botanical Garden
Tsukimi-bashi Bridge
Château d'Okayama
Musée Hayashibara
Aioi-bashi Bridge
Okayama Pref. Government Office

SE LOGER
Excel Okayama.................. 1
Hotel Granvia.................. 3
Matunoki Ryokan............ 5
Okayama Plaza Hotel........ 7
Sawaisoh Business Hotel.... 9
Seinenkaikan
Youth Hostel................ 11
SE RESTAURER
Kansui.......................... 1
Korakuen Shikisai........... 3
Musashi.......................... 5
Toritestu....................... 7
Toriyoshi....................... 9
Yoisho.......................... 11

ment le détour pour ses jolies maisons agrémentées de jardin. Le centre-ville, plus classique, possède quelques arcades commerçantes pour les chineurs.

Comment circuler

À pied - Les principaux sites d'Okayama sont concentrés à l'est de la ville et se parcourent facilement à pied.

En tramway - De nombreux tramways quadrillent la ville.

En vélo - Très pratique car la ville est toute plate. Location au **Seinenkaikan Youth Hostel** *(voir ci-dessous, « Se loger »)*. Env. 1000 ¥/j.

Adresses utiles

Informations touristiques - Dans la gare *(A2)*, ✆ (086) 222 2912. 9h-18h.

Okayama International Center, 2-2-1 Hokan-cho *(A1)*, ✆ (086) 256 2915. 9h-18h. Le lieu idéal pour vous renseigner sur Okayama et sa région. Des informations en anglais sont également disponibles sur les différentes villas à louer dans la région, un concept intéressant développé par l'Okayama International Villa. Le centre dispose aussi d'un espace Internet et distribue le mensuel ***Okayama Insider*** (gratuit), une mine d'informations sur la vie locale, réalisé par des expatriés, dont un agenda des activités culturelles.

Poste / Retrait - **Poste centrale**, Kencho-dori *(B2)*. 9h-17h. ATM.

Internet - **Media Café Popeye**, 6F (pour les fumeurs), 7F (pour les non-fumeurs), 2-1-1 Omotecho *(B2)*. 24h/24. Internet (300 ¥/h) et boisson gratuite.

Se loger

Auberge de jeunesse

Seinen-kaikan Youth Hostel
青年会館ユースホステル

1-7-6 Tsukura-cho (à 20mn à pied à l'ouest de la gare), ✆ (086) 252 0651, www.oih.co.jp - 12 ch. Un peu excentrée, cette auberge de jeunesse, logée dans une ancienne bâtisse, propose des chambres japonaises toutes simples. Location de vélos à prix raisonnable (env. 1000 ¥/j.). 2940 ¥/pers. pour les membres, sinon 3570 ¥.

De 4500 à 8000 ¥

Sawaisoh Business Hotel
ビジネスホテル幸荘

24-8 Ekimoto-cho, ✆ (086) 254 0020, w150.j.fiw-web.net - 40 ch. Entre *business hotel* et *ryokan*, cet établissement propose des chambres très agréables dans un quartier populaire et calme, à deux pas de la gare.

De 8000 à 12000 ¥

Matunoki Ryokan まつのき旅館

19-1 Ekimoto-cho, ✆ (086) 253 4111, ww3.tiki.ne.jp/~matunoki - 51 ch. Chambres japonaises ou occidentales dans ce *ryokan* discret situé derrière la gare. Excellent rapport qualité/prix.

Excel Okayama エクセル岡山

5-1 Ishizeki-cho, ✆ (086) 224 0505, www.excel-okayama.com - 89 ch. *Business hotel* parfaitement situé, à deux pas du château et des musées. Chambres petites mais fonctionnelles.

De 12000 à 20000 ¥

Okayama Plaza Hotel 岡山プラザホテル

2-3-12 Koraku-en, ✆ (086) 272 1201, www.oplaza-h.co.jp - 84 ch. À deux pas du jardin Koraku-en, un hôtel de chaîne tout confort.

Hotel Granvia ホテルグランヴィア岡山

1-15 Ekimoto-cho, ✆ (086) 234 7000, www.hotels.westjr.co.jp/okayama - 328 ch. Des chambres soignées et décorées avec soin, onze salles de banquet et huit restaurants, le must local, juste en face de la gare d'Okayama.

Se restaurer

Moins de 1000 ¥

Toritetsu とり鉄

3-101 Nisikimati-cho, ✆ (086) 235 3681. 18h-25h. Ambiance jeune et branchée dans ce petit restaurant de *yakitori*.

De 1000 à 2000 ¥

Toriyoshi 鳥好

5-8 Okayama Station, ✆ (086) 233 5810. 11h30-23h. Une vraie taverne que cet établissement populaire où les serveuses courent au milieu d'immenses tables en bois. Huîtres au vinaigre, sashimis, tempuras, etc.

Yoisho よいしょっ

5-15 Heiwa-cho, ✆ (086) 235 2066. 6h-23h30. Une jolie salle décorée de treillis de bambou. Bondée le samedi, elle vaut le détour pour l'ambiance.

Kansui 観水

2-2 Okayama-jo, ✆ (086) 225 5521. 11h-21h. Juste à côté du château, sets variés de sashimis, légumes saumurés, riz, omelettes, etc.

De 2000 à 4000 ¥

Korakuen Shikisai 後楽園四季彩

1-5 Koraku-en, ✆ (086) 273 3221. 11h-21h. À côté du jardin Koraku-en, un établissement très agréable qui propose des menus variés à base de poisson, de légumes saumurés et d'assortiments divers. Jardin d'intérieur.

Musashi 武蔵

1-1 Heiwa-cho, ✆ (086) 222 3893. 11h30-22h. Une très bonne adresse pour les gourmets. Entre mars et avril, essayez le sashimi de *sawara*, maquereau d'Espagne pêché dans la mer de Seto, un poisson savoureux annonciateur du printemps.

Plus de 4000 ¥

Arate Saryo 荒手茶寮

1-9 Koraku-en, ✆ (086) 272 3171. Sur réserv. seul. Cette ancienne demeure de *daimyo* fut pendant un temps un salon de thé avant d'être repris par le propriétaire d'un grand quotidien japonais. Salles et décorations somptueuses pour un dîner raffiné dans un cadre hors du commun. Il est possible de visiter le *ryokan* à la demande (visite gratuite et thé vert offert).

Faire une pause

Salons de thé - Shiromi Ohaya, porte sud du Koraku-en *(C1)*. Tlj sf lun. 8h30-17h. Une vue splendide sur le château et ses douves. Thé, douceurs et quelques plats simples.

Café de Salut, 30-9 Ekimoto-cho *(A1)*. 7h30-20h. Un salon de thé calme et accueillant avec un coin revues.

Sortir, boire un verre

Bar à vins - Bar Vagabond, 6-27 Waka, Heiwa-cho *(B2)*. Tlj sf lun. 19h-3h. La musique classique assourdit les claquements de verre. Toshiyuki a fait ses classes de sommelier à Paris et à Kyushu avant d'ouvrir ce bar à vins dans lequel il présente une carte impressionnante : plus de 10000 bouteilles dont un château-mouton-rothschild Pauillac 1982 pour la modique somme de 120000 ¥. Et aussi du fromage !

MUSÉE DE L'ORIENT

オリエント美術館

(B1-2)

9-31 Tenjin-cho. Tlj sf lun. 9h-17h. 300 ¥.

Le musée possède une collection de près de 5000 pièces comprenant des céramiques de Syrie, d'Iran, d'Irak et de Turquie, ainsi que des textiles, verres et monnaies. La pièce la plus précieuse est une **stèle du palais de Nimrud** (Nord de l'Irak) datant du 9e s., qui avait pour fonction de chasser les mauvais esprits. Au 2e étage, des expositions temporaires sont régulièrement organisées, qui présentent le travail d'artistes japonais.

Marchez 5mn vers le nord vers la Joka-suji.

OKAYAMA PREFECTURAL MUSEUM OF ART

岡山県立美術館

(B1)

8-48 Tenjin-cho. Tlj sf lun. 9h-18h. 200 ¥.

Ce musée alterne expositions temporaires et présentation de collections permanentes *(2e étage)* centrées sur les peintres et sculpteurs locaux ayant représenté Okayama. Parmi eux, **Kuniyoshi Yasuo** (1889-1953) se distingue par ses œuvres très intéressantes.

Traversez le pont Tsurumi-bashi, puis marchez 10mn vers le nord.

Le château d'Okayama.

MUSÉE D'ART YUMEJI★

夢二郷土美術館

(C1)

Porte nord du jardin Koraku-en. Tlj sf lun. 9h-17h. 700 ¥.

Musée dédié à Yumeji Takehisa (1884-1934), peintre, dessinateur et illustrateur, dont la finesse de trait lui a valu la réputation de « Toulouse-Lautrec du Japon ». Les rouleaux peints et les livres illustrés présentent beaucoup de délicatesse dans le traitement des thèmes. Un musée très émouvant.

JARDIN KORAKU-EN★★★

後楽園

(C1)

Sur une petite île, entre les deux rives de la rivière Asahi. 7h30-18h. 350 ¥.

Site phare d'Okayama, le Koraku-en est considéré comme l'un des trois plus beaux jardins du Japon, magnifique exemple d'un « jardin-promenade » *(voir « Jardins japonais », p. 110)*. Créé sous Edo, en 1687, pour le plaisir d'un puissant *daimyo*, il est ouvert au public depuis 1884. Ses immenses pelouses lui donnent un petit côté anglais, mais il compte également une **superbe forêt d'érables**, trois étangs reliés par des canaux, plusieurs maisons de thé et une adorable colline d'où l'on peut admirer les alentours. De nombreux événements jalonnent l'année *(programme sur place)* : cérémonies et festivals, spectacles de nô, etc.

Traversez le pont Tsukimi-bashi.

CHÂTEAU D'OKAYAMA★

岡山城

(C2)

9h-17h. 800 ¥.

Édifié en 1597 par un fils adoptif de Toyotomi Hideyoshi, Ukita Hideie, alors gouverneur de la ville, le château d'Okayama domine le jardin Koraku-en et la rivière Asahi. En partie détruit pendant la Seconde Guerre mondiale, il fut reconstruit en 1966 et dresse à présent son impressionnante façade noire, tel un étendard en berne sur la ville. Le **donjon** *(Tenshu Kaku)*, la **tour Tsukimi Yagura, la tour ouest et la porte Ishiyama**, de style Momoyama, sont classés Trésors nationaux. Les six étages de l'édifice se visitent, aménagés en autant d'expositions d'intérêt variable : techniques de construction, les plus grands châteaux de Japon, armes sous vitrine, atelier déguisement pour celles qui rêvent de revêtir un kimono impérial, etc.

MUSÉE HAYASHIBARA

林原美術館

(C2)

2-7-16 Marunouchi (à 5mn à pied du château). Tlj sf lun. 9h-17h. 300 ¥. Exposition permanente par roulement.

Installé dans une annexe du château qui servait de salle de réception sous Edo, ce petit musée est dédié à la collection de Hayashibara Ichiro (1908-1961), riche amateur d'art qui fit prospérer une entreprise familiale de sirop d'érable. Parmi les pièces présentées, on compte une superbe collection de sabres de samouraïs, des poteries de Bizen, des costumes de nô, un ensemble de peintures et de laques.

EXCURSION À TAKAHASHI★

高梁

(A1, en dir.) Comptez une demi-journée avec le trajet.

À 47 km au nord-ouest d'Okayama. Départ régulier d'Okayama par la Hakubi Line (40mn de trajet, 450 ¥).

À moins d'une heure d'Okayama, cette charmante bourgade permet de découvrir, à portée de pas de la gare, temples bouddhistes zen et maisons de samouraïs. Parmi celles-ci, la résidence de la famille Orii, qui comprend un splendide **jardin sec**, et la **Buke Yashiki**, propriété des Haibara. De la gare, prenez ensuite la navette jusqu'au **château de Bitchu Matsuyama**, le plus haut du Japon (430 m) *(30mn de trajet; 400 ¥)*, d'où se dégage une très belle vue sur les environs.

LES ENVIRONS

KURASHIKI★★

倉敷

Comptez une journée et demie.

À 26 km à l'ouest d'Okayama. 475 306 hab.

Sous Edo, le petit bourg de Kurashiki a prospéré grâce au commerce de coton et de riz, qui étaient débarqués dans les entrepôts de Bikan, devenu aujourd'hui le quartier animé de la ville. Si vous disposez d'un peu de temps, les hauteurs de la ville, ponctuées de sanctuaires shinto et de temples bouddhistes, sont aussi l'occasion d'une promenade agréable. Plus original, derrière la gare, le Tivoli Park et ses attractions sucrées invitent à embarquer pour une autre planète.

Arriver ou partir

En train - D'Okayama Station, départ ttes les 15mn par la Sanyo Line pour Kurashiki (15mn de trajet, 320 ¥).

En bus - Service régulier entre les gares d'Okayama et de Kurashiki (20mn de trajet, env. 500 ¥).

Adresses utiles

Informations touristiques - **Kurashiki-kan**, 1-4-8 Chuo, ✆ (086) 422 0542. 9h-18h. Au cœur du quartier de Bikan, pratique et accueillant. Autre agence à côté de la gare. 9h-19h.

Se loger

Auberge de jeunesse

Youth Hostel Kurashiki

倉敷ユースホステル

1537-1 Mukouyama (bus à l'arrêt nº 6 de la gare, arrêt Shiminkaikan-mae), ✆ (086) 422 7355, kurashiki@jyh.fr.jp - 10 dortoirs (62 lits). Excentré sur les hauteurs, une auberge calme jouissant d'une très jolie vue. 3 000 ¥/pers.

De 8 000 à 12 000 ¥

Minshuku Kamoi 民宿カモ井

1-24 Honmachi, ✆ (086) 422 4898 - 17 ch. Au cœur du quartier de Bikan, une très belle maison qui décline de jolies chambres japonaises sur trois étages. Splendide jardin à l'entrée.

De 12 000 à 20 000 ¥

Kurashiki Ivy Square

倉敷アイビースクエア

Honmachi, ✆ (086) 422 0011, www.ivysquare.co.jp - 161 ch. Ce bâtiment en brique rouge de la fin du 19e s., ancienne magistrature transformée en filature de coton en 1899, est à présent un hôtel de charme. Logées dans les anciens entrepôts, les chambres lumineuses donnent sur l'immense cour pavée où l'on peut siroter un verre.

Se restaurer

Moins de 1 000 ¥

Furuichi Bukkake Udon

古市ぶっかけうどん

2-3-23 Achi, ✆ (086) 422 2389. 11h-21h. Une échoppe de coin de rue pour avaler un bol de *udon*.

De 1 000 à 2 000 ¥

Taisyotei 大正亭

10 Honmachi, ✆ (086) 422 8100. 11h-22h. Spécialité de *matsuri sushi* à base de sardines. Délicieux.

Mingeijaya Shinsui

民芸茶屋新粋

11-35 Honmachi, ✆ (086) 463 4009. Tlj sf dim. 17h-22h. Un immense bar en bois encadre les cuisiniers occupés à la découpe du poisson quand ils ne servent pas le *oden*, potée locale. Beaucoup d'habitués et une ambiance familiale avec pour chef d'orchestre un patron calligraphe fort sympathique.

Quartier de Bikan★★

美観地区

Cet ancien quartier a été préservé et l'on peut aujourd'hui se promener le long de son petit canal tout en visitant les nombreux musées aménagées dans les anciennes demeures de marchand.

▶ Fondé dans les années 1930 par Ohara Magosaburo, un magnat du textile passionné d'art, l'**Ohara Museum**

of Art★★ *(tlj sf lun. 9h-17h; 1000 ¥)* rassemble des peintures des principaux artistes des 19e et 20e s., présentées dans l'ordre chronologique : Millet, Courbet, Monet, Rouault, Derain, Foujita, Matisse, Vasarely, Pollock, Tapiès, Klein, etc. L'ensemble comprend aussi un splendide jardin, un bâtiment consacré aux artistes japonais (modernes et contemporains) et plusieurs galeries d'art asiatique, de traditions populaires, etc.

▸ Le **Museum of Folkcraft** *(tlj sf lun. 9h-17h; 700 ¥)*, logé dans un ancien entrepôt à riz du 18e s., présente des objets du quotidien, dont des céramiques et poteries de Bizen fabriquées dans la région. Des expositions temporaires permettent également de découvrir le folklore d'autres régions, telles les très belles urnes funéraires d'Okinawa.

▸ Le **musée des Jouets★** *(9h-17h; 500 ¥)*, tenu par un passionné qui les collecte depuis 1964, présente six salles toutes consacrées à un thème particulier (jouets du monde, jouets du Japon, jouets de fête, etc.), agrémenté d'un joli jardin. On y trouve des poupées en papier d'Okayama, quelques origamis (art japonais de papier plié), une salle entièrement dédiée aux *daruma*. Enfin, dans la pièce des jouets en bois, une toupie de 90 cm de diamètre inscrite dans le ***Guinness Book*** se targue d'un record un peu particulier : elle a tourné sur elle-même pendant 1h, 8mn et 57s ! Jolis jouets en vente au magasin.

NAO-SHIMA★

直島

Comptez une journée.

3600 hab.

Petite île tranquille devenue un temple de l'art contemporain, Nao-shima voit son destin changer au début des années 1990, le jour où la Benesse House, empire fondé sur l'édition linguistique, décide d'implanter là un premier musée. Aujourd'hui, près d'un quart de l'île lui appartient, et les projets abondent. Un expérience unique mêlant nature, architecture et art.

Arriver ou partir

En train / En bus - D'Okayama, départ régulier de la Seto Ohashi Line jusqu'à Chayamachi, puis changement pour l'Uno Line jusqu'à Uno (45mn de trajet, 570 ¥). De Kurashiki, bus n° 6 jusqu'à Chayamachi, puis, Uno Line jusqu'à Uno (26mn, 320 ¥).

En bateau - **Uno** est le port d'embarquement pour Nao-shima (terminal des ferries en face de la gare). Ferry régulier (20mn de traversée, 280 ¥). Arrivée au port de Miyanoura côté Nao-shima.

Comment circuler

En bus - Du port, une navette régulière fait le tour de l'île en passant par la ville de Nao-shima (100 ¥). Elle dessert les sites de la Benesse House, de l'Art House Project et du Chichu Museum.

En vélo - Le tour de l'île prend 1 à 2h. Location à la Benesse House, au bureau **Lounge and Archive de Honmura** (Art House Project) et au **Chichu Museum** *(voir ci-dessous)*. 500 ¥/j.

Adresses utiles

Informations touristiques - Mairie de Nao-shima, ✆ (087) 892 2299. 9h-17h.

Se loger

De 4500 à 8000 ¥

Minshuku Okada 民宿おかだ

199-1 Naoshima-cho, ✆ (087) 892 3406 - 3 ch. Bien situé entre la Benesse House et le village de Honmura, cette petite pension est tenue par un couple adorable, alliance d'une cuisinière hors pair et d'un collectionneur de bonsaïs.

Naoshima Furusato Umi-no-Ie Tsutsuji-so 直島ふるさと海の家つつじ荘

352-1 Naoshima-cho, ✆ (087) 892 2838 - 10 yourtes (40 lits). Fermé déc.-fin fév. À quelques mètres de la plage, yourtes climatisées au confort sommaire mais pleines de charme. Douches dans des mobile homes voisins. Un peu isolé hors-saison.

Plus de 20 000 ¥

Benesse House ベネッセハウス

Gotan-ji, ✆ (087) 892 2030, www.Nao-shima-is.co.jp - 49 ch. Chambres à l'étage du musée avec vue sur la mer de Seto et musée en accès libre. Une expérience unique mais qui a son prix. Un nouvel hôtel de luxe, dessiné par Ando Tadao, vient également d'ouvrir sur le site de la Benesse.

Se restaurer

Moins de 1 000 ¥

Yamamoto 山本うどん店

2526-1 Naoshima-cho (à côté du Mitsubishi Materials Co-op), ✆ (087) 892 4072. Tlj sf sam. 11h-15h. Restaurant de *udon* très populaire.

De 1 000 à 2 000 ¥

Oomiyake 茶寮大三宅

855 Naoshima-cho, ✆ (087) 892 3083. Sur réserv. seul. Cuisine française et japonaise dans l'une des plus vieilles maisons de l'île (1600). Essayez le « caprice de Miyake ».

Sortir, boire un verre

Théâtre - Mairie de Nao-shima, ✆ (087) 892 2882. Mar. et vend. soir. Spectacles de bunraku.

Benesse House★

ベネッセハウス

Gotan-ji. Accès avec la navette qui fait le tour de l'île. Fax (087) 892 2166. www.Nao-shima-is.co.jp. 9h-17h. 1 000 ¥.

Ce musée, logé dans un bâtiment réalisé par Ando Tadao, réunit des œuvres du 20e s. À l'extérieur, d'autres installations s'intègrent au paysage. Une poubelle géante, ***Another Rebirth*** de Kimiyo Mishima (2005) invite à une réflexion sur l'environnement. Cai Guo Qiang nous convie à une baignade dans son ***Cultural Melting Bath*** *(sur réserv.)*. Enfin, impressionnante sur le front de mer, une citrouille de mer striée de jaune et noir évoque un jouet d'enfant oublié par un géant, sûrement Yayoi Kusama.

Art House Project★★

家プロジェクト

Village de Honmura. Accès avec la navette qui fait le tour de l'île. Tlj sf lun. 10h-16h30. 500 ¥ billet combiné pour les quatre House Project réparties dans le village. Vente des tickets au bâtiment Lounge and Archive (plan fourni). Pensez à réserver pour le site de Kinza (par fax au (087) 892 2166 et 2 j. à l'avance en mentionnant bien le créneau horaire désiré).

L'idée du projet, mené par la Benesse House, est d'allier restauration du patrimoine à des œuvres d'artistes contemporains. Ainsi, quatre installations sont présentées : **Kadoya**, Go'o Shrine, **Minami-dera★** et Kinza.

Chichu Art Museum★

地中美術館

3449-1 Nao-shima. Accès par la navette qui fait le tour de l'île. Tlj sf lun. 10h-18h. 2 000 ¥.

Ce musée, enfoui sous le sol, prouesse architectural de Ando Tadao, est l'écrin idéal pour présenter trois artistes et neuf œuvres : cinq tableaux de Claude Monet dont les ***Nymphéas***, trois installations de James Turrell et une sphère de marbre de Walter De Maria. Les œuvres sont mises en valeur par un éclairage zénithal et un agencement des salles extrêmement épuré.

HIROSHIMA★

広島

Comptez 2 jours.

Le 6 août 1945, à 8h15, *Enola Gay*, bombardier B-29 de l'armée américaine, lâche une bombe atomique sur Hiroshima. En l'espace de quelques secondes, la ville est anéantie. À 2 km de l'hypocentre, presque tous les bâtiments sont détruits. 70 000 personnes meurent ce même jour, 140 000 à la fin de l'année 1945, pour la plupart des civils. Pendant des jours, les habitants errent dans une ville fantôme à la recherche de leurs proches. La guerre froide vient de commencer. Hiroshima est la première victime du bombardement atomique dans le monde. Trois jours plus tard, Nagasaki sera à son tour bombardée. Le témoignage de Ibuse Masuji dans ***Pluie noire*** est probablement l'évocation la plus juste et la plus poignante de ce drame. Plus de soixante ans ont passé, Hiroshima est aujourd'hui une ville sanctuaire centrée sur le parc du Mémorial et le musée pour la Paix. Elle n'en oublie pas pour autant de vivre et, bien qu'entièrement reconstruite, jouit d'un charme méridional avec ses nombreux bras de rivière qui la balaient du nord au sud.

Arriver ou partir

En avion - Aéroport, à 40 km à l'est du centre *(A2, en dir.)*. Vols pour Tokyo (1h20 de vol, 27 600 ¥) et les principales villes du Japon. Pour rejoindre le centre, Limousine Bus (1h, 1 300 ¥).

En train - **Hiroshima Station** *(C1)*. De Tokyo, départ ttes les heures du Shinkansen pour Hiroshima par la ligne Tokaido/Sanyo. Les plus rapides sont les Nozomi (4h de trajet, 18 550 ¥). Néanmoins, si vous avez un JR Pass, vous n'aurez droit qu'aux Hikari ou aux Kodama. Dans ce cas, changement obligatoire à Shin-Osaka (5h). Pour Fukuoka (Hakata), départ ttes les 30mn du Shinkansen Nozomi JR West (1h, 8 900 ¥).

En bus - Gare routière, 3e étage du Sogo Department Store *(B1)*. Pratique pour les villes situées aux environs de Hiroshima. De Tokyo, départ des Odakyu, Hiroden, JR Kanto Bus 2 fois/j. (la nuit) (11h, 11 600 ¥).

En bateau - Port, à 4 km du centre-ville *(A2, en dir.)*. Pour Matsuyama (Shikoku), départ ttes les heures. Comptez 1h de traversée en *speed boat* (6 300 ¥) et 2h40 en ferry (2 700 ¥). Tramway pour rejoindre le centre-ville du port (150 ¥).

Comment circuler

À pied - La ville de Hiroshima n'est pas très étendue. On peut facilement rejoindre les principaux sites à pied.

En bus ou en tramway - Bus et tramways quadrillent la ville. Ces derniers, hérités des années 1950, sont aussi l'occasion d'un petit tour dans le passé.

Adresses utiles

Informations touristiques - Hiroshima Station *(C1)*. 9h-17h. Autre agence au parc du Mémorial pour la paix *(A2)*, ✆ (082) 247 6738. 9h30-18h. Informations en anglais, cartes et salle de repos...

À Hiroshima, comme dans toute la région du Chugoku, il est intéressant de se procurer la **Seto Inland Sea Welcome Card**, disponible gratuitement dans les offices de tourisme. Elle permet des réductions de 20 % dans les principaux sites de la ville, mais aussi, dans de nombreux hôtels et restaurants de la région.

Poste / Retrait - **Poste centrale**, Hiroshima Station *(C1)*. 9h-17h. Distributeurs de billets ATM.

Se loger

Auberges de jeunesse

Hiroshima Youth Hostel

広島ユースホステル

1-13-6 Ushita-Shinmachi (bus nos 7 ou 8 de la gare, arrêt Ushitashinmachi-chome), ✆ (082) 221 5343 - 19 ch. ou dortoirs. Un peu excentrée au nord de la ville, une auberge loin de l'effervescence nocturne. 1 940 ¥/pers.

Aster Plaza アステールプラザ

9F, 4-17 Kakomachi, ✆ (082) 247 8700, www1.ocn.ne.jp/~kokusei1 - 28 ch. Situé à 5mn à pied du Mémorial pour la paix, le 9e étage de cet immense hôtel, avalisé Youth Hostel, propose des chambres (japonaises ou occidentales) claires et spacieuses. *O furo* au 7e étage. Idéal. 3 130 ¥/pers.

De 4 500 à 8 000 ¥

World Friendship Center

ワールドフレンドシップセンター

8-10 Higashi Kan-on, ✆ (082) 503 3191, http://wfchiroshima.net - 3 ch. Cette petite maison tenue par des volontaires américains appartient à une asso-

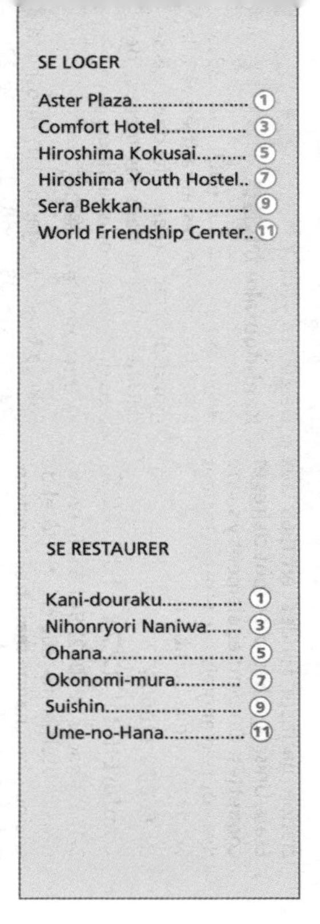
SE LOGER
Aster Plaza.................... 1
Comfort Hotel.................. 3
Hiroshima Kokusai.......... 5
Hiroshima Youth Hostel.. 7
Sera Bekkan.................... 9
World Friendship Center.. 11
SE RESTAURER
Kani-douraku................ 1
Nihonryori Naniwa....... 3
Ohana.......................... 5
Okonomi-mura............ 7
Suishin......................... 9
Ume-no-Hana............... 11

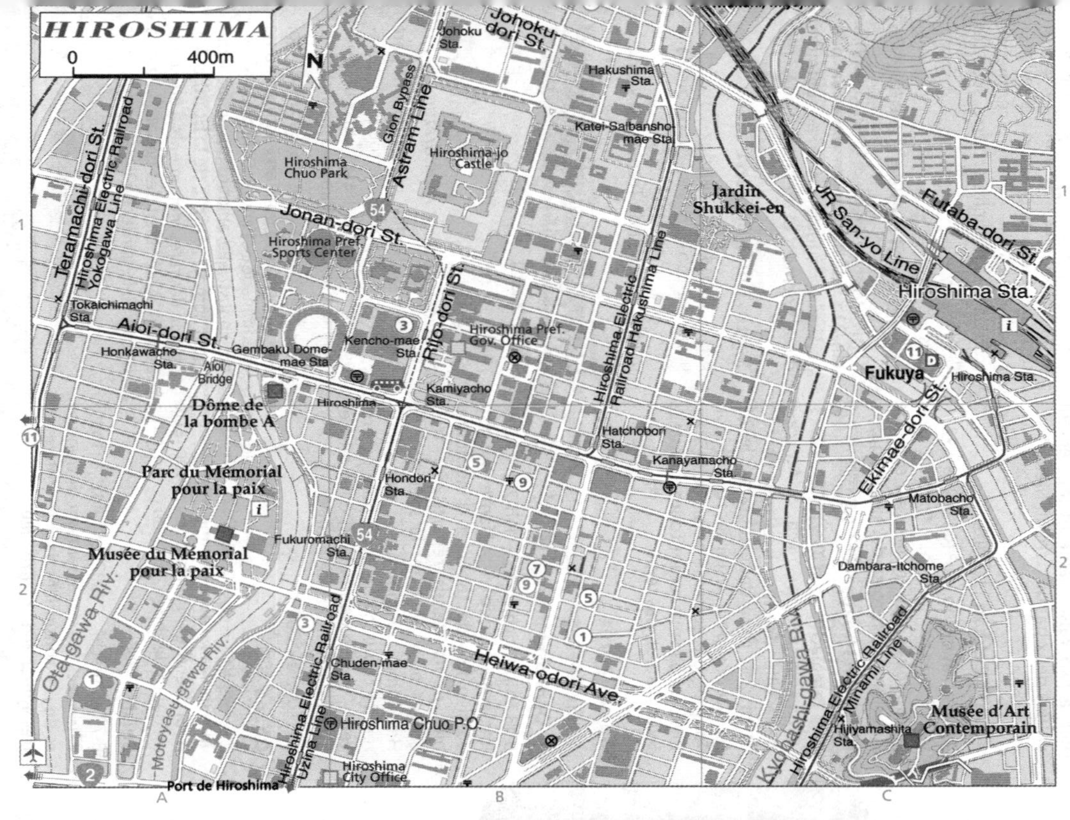
HIROSHIMA
0
400m
N
Johoku-dori St.
Johoku Sta.
Hakushima Sta.
Katei-Saibansho-mae Sta.
Gion Bypass
Astram Line
Hiroshima-jo Castle
Hiroshima Chuo Park
Jardin Shukkei-en
JR San-yo Line
Futaba-dori St.
Hiroshima Sta.
Teramachi-dori St.
Hiroshima Electric Railroad Yokogawa Line
Jonan-dori St.
Hiroshima Pref. Sports Center
Rijo-dori St.
Hiroshima Pref. Gov. Office
Hiroshima Electric Railroad Hakushima Line
Tokaichimachi Sta.
Aioi-dori St.
Honkawacho Sta.
Aioi Bridge
Gembaku Dome-mae Sta.
Kencho-mae Sta.
Kamiyacho Sta.
Hiroshima
Fukuya
Hiroshima Sta.
Dôme de la bombe A
Hatchobori Sta.
Kanayamacho Sta.
Ekimae-dori St.
Parc du Mémorial pour la paix
Hondori Sta.
Matobacho Sta.
Fukuromachi Sta.
Musée du Mémorial pour la paix
Dambara-Itchome Sta.
Ota-gawa Riv.
Motoyasu-gawa Riv.
Hiroshima Electric Railroad Uzina Line
Chuden-mae Sta.
Heiwa-odori Ave.
Kyobashi-gawa Riv.
Hiroshima Electric Railroad Minami Line
Hijiyamashita Sta.
Musée d'Art Contemporain
Hiroshima Chuo P.O.
Hiroshima City Office
Port de Hiroshima
54
A
B
C
1
2

ciation pacifiste fondée en 1965 aux États-Unis. Les chambres sont claires et coquettes. On peut également y suivre des cours d'anglais ou rencontrer des survivants de la bombe A.

De 8000 à 12000 ¥

Comfort Hotel コンフォートホテル広島

3-17 Komachi, ✆ (082) 541 5555, www.choicehotels.com - 282 ch. Hôtel de chaîne sans charme mais très fonctionnel, à prix raisonnable et idéalement situé à deux pas du parc du Mémorial.

De 12000 à 20000 ¥

Sera Bekkan 世羅別館

4-20 Mikawa-cho, ✆ (082) 248 2251, www.yado.to - 35 ch. L'un des rares *ryokan* traditionnels au cœur de Hiroshima. *O furo* au dernier étage.

Hiroshima Kokusai ひろしま国際ホテル

3-13 Tatemachi, ✆ (082) 248 2323, www.kokusai.gr.jp - 74 ch. Au cœur de la ville, des chambres tout confort et un vaste choix de restaurants : le raffiné Geishu pour rester local, le chinois Tonfon pour épicer le palais ou le Train Bleu, un bar-restaurant tournant que la SNCF n'aurait pas renié.

Se restaurer

Moins de 1000 ¥

Okonomi-mura お好み村

5-13 Shin-tenchi. 11h-22h. Une immense plaque chauffante qui fait aussi office de table et d'innombrables petits stands répartis sur trois étages pour déguster la spécialité de Hiroshima, l'*okonomiyaki* : crêpe fourrée de choux blanc, soja, porc ou crevette, garnie de nouilles, d'un œuf et assaisonnée de sauce brune.

De 1000 à 2000 ¥

Ohana お花

3-4 Nagarekawa-cho, ✆ (082) 545 7555. 18h-3h. *Izakaya* très animé le soir, idéal pour prendre un verre et une brochette en début de soirée. Plats au comptoir.

Suishin 酔心

6-7 Tatemachi, ✆ (082) 247 4411. 11h30-22h. Spécialité de *kamameshi*, de *donburi* et de poissons grillés dans ce restaurant très agréable du centre-ville.

De 2000 à 4000 ¥

Kani-douraku かに道楽

Nagarekawa-cho, ✆ (082) 244 3315. 11h-23h. Dans ce restaurant élevé à la gloire du crabe *(kani)*, le crustacé se décline à l'infini dans les menus, des plus simples aux plus raffinés.

Ume-no-Hana 梅の花

Fukuya Grand Magasin, 11F, Hiroshima Station, ✆ (082) 568 3759. 11h-22h. Joliment nommé « Fleur de Prune », ce restaurant est spécialisé dans les préparations à base de soja : terrine de tofu dans sa marmite en terre, sucettes de soja, etc.

Plus de 4000 ¥

Nihonryori Naniwa 日本料理なにわ

Rhiga Royal Hotel, 6F, ✆ (082) 228 5919. 11h-22h. Idéal pour un dîner un peu particulier : cuisine *kaiseki* au summum du raffinement et de l'inventivité.

Sortir, boire un verre

Bar - **Brasserie Rendez-vous**, 1-6-9 Kamiya-cho *(B2)*. 11h-2h. Un zinc à la française, une immense salle garnie de miroirs et un air de Trenet. On y est.

PARC DU MÉMORIAL POUR LA PAIX★★

平和記念公園

(A2)

Démarrez la visite par la pointe nord, au niveau du pont Aioi. Gratuit.

Au cœur de la ville, cet émouvant parc est là pour rappeler l'atrocité du bombardement nucléaire et surtout pour commémorer les nombreuses victimes.

▸ La bombe A explosa à 600 m du sol avec pour cible le pont en T Aioi. Le dôme endommagé de l'ancien Office de promotion industrielle, aujourd'hui symboliquement nommé « **Dôme de la bombe A** », est l'un des rares monuments à être resté debout. Après bien des débats, la ville a décidé de le garder en l'état pour ne pas

Dôme de la bombe A, à Hiroshima.

oublier. Il fait face à la pointe nord du parc qui se déploie entre les bras des rivières Ota-gawa et Motoyasu. En son cœur, stèles et monuments se fondent au milieu des arbres. L'un d'eux, dédié aux Coréens, rappelle que les ressortissants de ce pays étaient alors 200000 à Hiroshima, dont 20000 périrent le 6 août.

▶ Non loin, très émouvant, le **Monument aux enfants pour la paix** évoque l'histoire de la jeune Sasaki Sadako, atomisée à l'âge de 2 ans, qui mourut d'une leucémie huit ans plus tard. Elle avait fait le vœu de plier des grues en papier jusqu'à atteindre le millier. Ses camarades de classe ont continué son œuvre. Les banderoles de papier déposées lui sont donc destinées.

▶ Au cœur de l'esplanade, face au musée pour la Paix, le **Cénotaphe** (Tange Kenzo) rassemble les cendres de 10000 personnes. Juste au-dessus, la **Flamme pour la paix** ne s'éteindra qu'avec la fin des armes nucléaires dans le monde.

MUSÉE DU MÉMORIAL POUR LA PAIX★★

広島平和記念資料館

(A2)

1-2 Nakajima-cho. 9h-18h. 50 ¥. Audioguide en français (300 ¥). Il est également possible de suivre une visite guidée ou de rencontrer un hibakusha *(survivants de la bombe A),* ✆ (082) 541 *5544. Le musée s'étend sur deux ailes, est et ouest, la visite commence par le bâtiment est.*

Un musée impressionnant qui explique à la fois la conjoncture historique à l'origine de la bombe A, ses terribles conséquences sur la ville, avant d'aborder l'élément humain avec force objets et photos des souffrances à la fois physiques et morales de ceux qui survécurent (ils sont aujourd'hui 270000 au Japon), sûrement la partie la plus difficile à soutenir.

▶ La première partie revient sur la ville de Hiroshima telle qu'elle était avant la bombe. En 1944, Roosevelt et Churchill se rencontrent à New York et concluent un accord secret pour poursuivre les recherches sur la bombe A. « *Little Boy* », telle qu'elle fut surnommée, mesurait 3 m de long et pesait aux alentours de 4 t. Elle aurait coûté deux billions de dollars et mobilisé 120000 hommes. Outre la volonté de mettre un terme à la Seconde Guerre mondiale et d'obtenir la reddition du Japon, il est à présent clair que les États-Unis s'en servirent également pour établir leur suprématie dans le nouvel échiquier mondial. Hiroshima se révéla alors une cible de choix : la ville abritait de nombreuses troupes et installations militaires, elle avait été peu bombardée pendant la guerre et était d'une taille et d'une topographie « idéale » pour observer le pouvoir destructeur de l'arme nucléaire.

▶ La suite du musée laisse sans voix quant aux conséquences de l'explosion, dont la température excéda un million de degrés centigrades en son centre. Le cadran d'une montre, les aiguilles figées sur 8h15, achève d'exprimer l'indicible.

JARDIN SHUKKEI-EN★

縮景園

(B-C1)

Kaminobori-cho (au nord de Chuo-dori). 9h-18h. 250 ¥.

Ce jardin (17e s.) fut dessiné à l'image du lac de l'Ouest de Hangzhou (Chine). Il est organisé autour d'un petit étang et comprend plusieurs petits *cottages*, d'où l'on peut apprécier la vue ou prendre le thé. Détruit par la bombe A en 1945, il a été restauré à l'identique.

MUSÉE D'ART CONTEMPORAIN

広島市現代美術館

(C2)

1-1 Hijiyama-koen. 10h-17h. 1 030 ¥.

Ouvert en 1989 près du parc Hijiyama, ce musée est le premier au Japon a être entièrement dédié à l'art contemporain. Il contient des œuvres d'artistes marquées par le drame de la bombe A, à l'instar de **Okamato Taro**, dont l'immense toile représente un squelette explosant au milieu des flammes. Autour du musée, des sculptures modernes sont également exposées.

LES ENVIRONS

MIYAJIMA★★★

宮島

Comptez une journée.

À env. 40 km au sud de Hiroshima.

Miyajima, dominé par le mont Misen, fut longtemps considéré à l'égal d'un dieu. Haut lieu du shintoïsme, nul ne pouvait y naître, y mourir ou y cultiver. Aujourd'hui encore, on ne trouve aucune tombe sur cette île sacrée mais une petite communauté de 2000 habitants massée autour du **sanctuaire d'Itsukushima**. Chaque année, l'île assiste au ballet des nombreux touristes (plus de deux millions) venus admirer l'un des trois plus beaux paysages du Japon : le *torii* vermillon d'Itsukushima se détachant sur la mer Intérieure.

Arriver ou partir

En train - De Hiroshima Station, départ ttes les 20mn pour **Miyajima-guchi** par la JR Sanyo Line (15mn de trajet, 400 ¥).

En bateau - À 5mn à pied de la gare Miyajima-guchi, l'embarcadère accueille les ferries pour l'île (10mn de traversée, 170 ¥). Dernier bateau à 22h15 pour le retour.

Itsukushima-jinja★★★

厳島神社

À 5mn à pied du port des ferries 8h-18h. 300 ¥. Attention à l'arrivée du flot des touristes à la mi-journée.

Si vous disposez d'une journée complète, prévoyez deux visites au sanctuaire, l'une à marée haute, l'autre à marée basse.

C'est à l'une des petites-filles d'Amaterasu, déesse du Soleil, que l'on doit ce sanctuaire rougissant construit sur pilotis afin d'accueillir la mer. Lorsqu'elle s'établit sur l'île, selon la légende, elle demanda à un corbeau de lui indiquer le lieu de son culte. À sa neuvième apparition, l'oiseau désigna le site d'Itsukushima. En fait, un premier sanctuaire est édifié en 593, mais c'est au 12e s. que Kiyomori, illustre samouraï du clan Taira, entreprend la construction de l'édifice actuel. Le « Temple flottant », tel a-t-il été surnommé, est particulièrement célèbre pour son immense **torii★★★** vermillon (16 m) immergé par les eaux à marée haute. Malmenée par de terribles typhons tout au long de l'histoire, sa dernière réplique, fidèle à l'original, date de 1875.

Daisho-in★★

大聖院

Sur la route qui grimpe à l'est d'Itsukushima-jinja. 8h-17h. Gratuit.

Un superbe escalier de pierre muni d'une longue rampe de moulins à prière mène à ce temple fondé par l'empereur Toba au 12e s. Accolé à une colline, le site est splendide et atteste du syncrétisme qui a longtemps caractérisé le Japon : représentations bouddhiques (la déesse Kannon), mêlées à des figures animistes (Tengu, le démon au long nez; statues de Kappa, l'esprit des eaux). Tout en haut du site, une rangée de *jizo* régulièrement arrosés et couverts de fleurs mène à la grotte Henshokutsu. À l'intérieur, illuminés par des centaines de lanternes, sont entreposées les icônes bouddhistes des 88 temples du pèlerinage de Shikoku *(voir p. 421)*.

Musée d'Histoire et du Folklore★

宮島歴史民俗資料館

57 Miyajima-cho (derrière Itsukushima-jinja). 8h30-17h. 300 ¥.

Dans l'ancienne résidence d'un riche marchand de Miyajima, de nombreux objets usuels et traditionnels de l'île sont exposés. On remarquera le Hato dan, escalier à tiroir, une chaise à porteur, la superbe collection de boîtes à pique-nique, les longues « raquettes » pour servir les plats et la statue de Daitoku Seishin, qui réalisa la première cuillère à riz *(shakushi)* de la ville, dont on trouve des reproductions dans toutes les boutiques de l'île. Une pièce de la maison est également consacrée aux traditions locales et présente le festival Tamatori *(mi-août)* à l'occasion duquel des hommes très peu vêtus se disputent une boule de bois accrochée à un mât. L'heureux gagnant aura de la chance toute l'année à venir.

Excursion au mont Misen★

弥山

Téléphérique derrière le parc Momiji-dani. 9h20-17h. 1 800 ¥ AR. Attention aux singes une fois en haut.

Arrivé à la station Shishiiwa, on jouit d'une très belle vue sur la baie de Hiroshima jusqu'à Shikoku (60 km). Il est ensuite possible de rejoindre l'observatoire du mont Misen (430 m) *(40mn de marche en suivant les panneaux)*. De là, on profitera d'un **panorama★★** grandiose sur les quatre points cardinaux de Miyajima et le *torii* rouge d'Itsukushima-jinja, qui se détache sur le bleu de la mer Intérieure avec, au fond, si le temps le permet, la baie de Hiroshima. La descente du mont peut se faire à pied *(1h30)* en traversant une forêt de pins puis le parc Momiji-dani.

IWAKUNI★

岩国

Comptez une demi-journée.

À 44 km au sud-ouest de Hiroshima. Train ttes les 20mn de Hiroshima par la Sanyo Line (45mn de trajet, 740 ¥).

Ancienne place forte, Iwakuni se love le long de la rivière Nishiki qu'enjambe le pont Kintai, fierté de la ville. Sur la rive ouest, le parc Kikko, ancienne résidence privée de Kikkawa Hiroyoshi, un important *daimyo* de l'époque Edo, mène au **musée des Arts** *(tlj sf jeu. 9h-17h; 800 ¥)* et au téléphérique qui monte à l'assaut du **château** *(9h-17h; 260 ¥)*. Iwakuni fait partie des rares villes au Japon a accueillir encore une base militaire américaine.

Pont Kintai★★

錦帯橋

8h30-17h. 300 ¥ ou 840 ¥ billet combiné avec le château et le téléphérique.

Érigé en 1673 par le troisième seigneur Kikkawa Hiroyoshi, désireux de venir à bout des typhons qui emportaient régulièrement les ponts de la Nishiki, le Kintai fut construit sans un seul clou, soutenu par cinq arches de bois. Apanage des samouraïs, alors seuls autorisés à le franchir, il résista jusqu'en 1950, mais fut finalement vaincu par un typhon. En mars 2004, il fut entièrement restauré. Chaque année, le 29 avril, lors du festival d'Iwakuni, une immense procession de seigneurs et de samouraïs en costumes d'époque défile le long de ses cinq arches.

Exposition toute particulière de pieuvres séchant au soleil.

4 jours	Le Shikoku
Itinéraire de 210 km au départ de Takamatsu	**Jour 1.** Takamatsu *(p. 421)* : balade dans le parc Ritsurin-koen *(p. 423)*. **Jour 2.** Kotohira : ascension des 400 marches qui mènent au Kompira-san *(p. 424)*. **Jour 3.** Matsuyama : le centre et le château *(p. 425)*. **Jour 4.** Matsuyama : visite du Dogo Onsen Honkan, puis baignade dans ses eaux *(p. 425)*.
Transports	En train de Takamatsu à Kotohira, puis de Kotohira à Matsuyama. En tram à Matsuyama.
Étapes	Takamatsu, Kotohira, Matsuyama (2 nuits).
Conseil	Vous pourrez aisément rejoindre Hiroshima en bateau de Matsuyama pour poursuivre votre périple *(p. 424)*.
Si vous aimez...	**Le Best of**
Les ambiances	Les thermes de Dogo, près de Matsuyama *(p. 425)*, sont le cadre d'un univers unique au Japon. Un quartier particulièrement agréable le soir.
Les livres	***Botchan*** de Soseki et les œuvres d'Oe, en particulier, ***Lettres aux années de nostalgie*** ou ***M/T et l'Histoire des merveilles de la forêt***. Ces livres éclairent avec une grande richesse l'univers mythologique qui habite les vallées mystérieuses du Shikoku.

Sur le chemin des 88 temples du pélerinage de Shikoku.

SHIKOKU

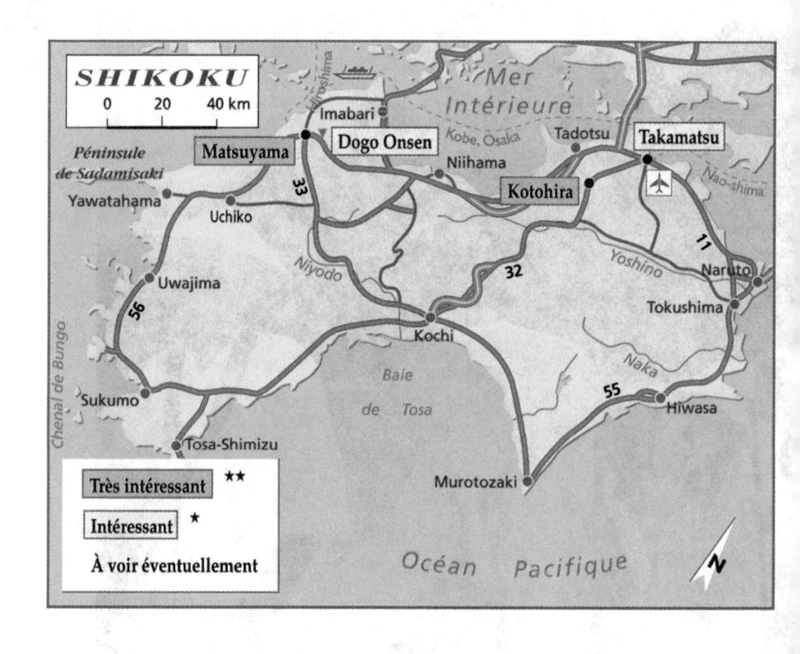
SHIKOKU
0 20 40 km
Péninsule de Sadamisaki
Matsuyama
Dogo Onsen
Imabari
Hiroshima
Mer Intérieure
Kobe, Osaka
Tadotsu
Takamatsu
Nao-shima
Niihama
Kotohira
Yawatahama
Uchiko
33
Niyodo
32
Yoshino
11
Naruto
Uwajima
56
Tokushima
Kochi
Chenal de Bungo
Baie de Tosa
Naka
55
Sukumo
Hiwasa
Tosa-Shimizu
Murotozaki
Très intéressant ★★
Intéressant ★
À voir éventuellement
Océan Pacifique
N

TAKAMATSU★ ET MATSUYAMA★★

Le nord de l'île a gardé son authenticité

Quelques repères

Takamatsu : capitale de la préfecture de Kawaga; 805 km de Tokyo; 350000 hab; plan p. 422 - Matsuyama : capitale de la préfecture d'Ehime; 190 km de Takamatsu, 908 km de Tokyo; 500000 hab. - Carte régionale p. 420.

À ne pas manquer

Un bain dans les thermes de Dogo, à Matsuyama.

Conseil

Passez la nuit à Kotohira plutôt qu'à Takamatsu.

Shikoku, l'île aux « quatre pays », est la quatrième plus grande du Japon (18787 km², 4,2 millions d'habitants). Elle est surtout visitée par les Japonais pour son pèlerinage : 88 temples ont, en effet, essaimé sur la route qu'avait suivi au 9e s. Kukai, fondateur de l'école bouddhique du Shingon. Marcher sur les traces de ce moine errant permet aux pèlerins de se laver des 88 désirs impurs définis par la doctrine bouddhiste. Takamatsu offre, en contrepoint d'une industrialisation ingrate, l'un des plus beaux jardins du Japon. Matsuyama, plus touristique, possède de beaux atours, en particulier la station Dogo Onsen, la plus ancienne du Japon avec des bois d'une patine unique, presque un sanctuaire.

TAKAMATSU★
高松

Comptez une journée.

Takamatsu, littéralement les « Pins élevés », se dresse au nord de l'île de Shikoku en bordure de la mer Intérieure. Porte d'entrée principale de Honshu à laquelle elle est reliée depuis 1988 par le très spectaculaire pont Seto-Ohashi, la ville est un bon point de départ pour découvrir le Shikoku.

Arriver ou partir

En avion - Aéroport de Takamatsu, à 17 km au sud de la gare JR *(A3 en dir.)*. De Tokyo, liaison de Haneda Airport (1h15 de vol, 28600 ¥). Bus Limousine pour la gare JR (40mn, 740 ¥).

En train - **Takamatsu Station** *(A2)*. De Tokyo, Shinkansen Nozomi jusqu'à Okayama, puis JR Marine Liner jusqu'à Takamatsu (4h30 de trajet, 16670 ¥). Pour Okayama, JR Marine Liner (55mn, 1470 ¥). Pour Osaka, il faudra passer par Okayama et prendre le Shinkansen Hikari (2h, 4000 ¥). Pour Matsuyama, Limited Express Ishizuchi (2h40, 5500 ¥).

En bateau - Différents ferries desservent les îles de la mer Intérieure. Pour Nao-shima, départ du **Sunport Ferry** *(A1)*, à 5mn de marche à l'est de la gare JR de Takamatsu (50mn de traversée, 510 ¥). Liaison vers Kobe (Honshu) (3h40, 1800 ¥).

Comment circuler

À pied - Le centre-ville n'est pas très étendu. Il se structure par ailleurs le long d'une galerie marchande, Chuo Shopping Arcade, qui s'étire sur près de 3 km. La marche est donc conseillée.

En train - Le JR local dessert le parc Ritsurin-koen ou le Musée folklorique du Shikoku (Shikoku-Mura).

En vélo - Possibilité de louer un vélo pour seulement 100 ¥/j. à la gare JR *(A2)*.

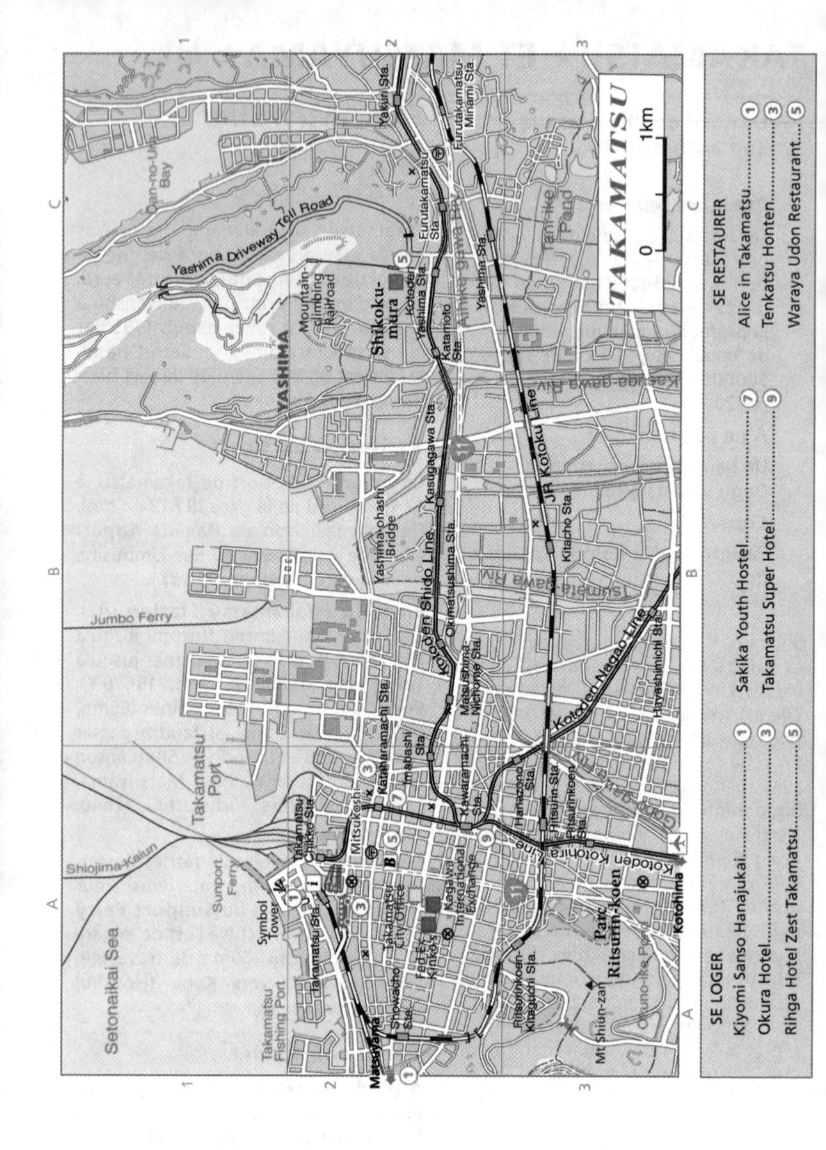

Adresses utiles

Informations touristiques - À la sortie de la gare *(A2)*, ✆ (087) 839 2011, www.city.takamatsu.kagawa.jp. 9h-17h. Personnel anglophone très efficace.

Kagawa International Exchange, à l'angle de Chuo-koen *(A2)*. Tlj sf lun. 9h-18h. Centre de ressources mettant gracieusement à disposition livres, presse étrangère, TV, Internet.

Poste / Retrait - Face au grand magasin Mitukoshi *(A2)*. Distributeur de billets ATM. Lun.-vend. 8h-21h, w.-end 9h-17h.

Se loger

Auberge de jeunesse

Sakika Youth Hostel

高松サキカユースゲストハウス

6-9 Hyakken-cho, (087) 822 2111 - 21 ch. L'hôtel vient de se transformer en auberge de jeunesse. Son rapport qualité/prix est l'un des plus attractifs de la ville. 4900 ¥/pers.

De 7000 à 10000 ¥

Takamatsu Super Hotel

スパーホテル高松

1-4-12 Kanko-dori, (087) 833 9000, www.superhotel.co.jp - 68 ch. Petit-déj. inclus. Typique *business hotel* pratique et confortable. La chaîne vient d'ouvrir un autre Super Hotel aux prestations identiques dans la galerie marchande (1-1 Tamachi).

Okura Hotel オークラホテル高松

1-9-5 Jyoto-cho, (087) 821 2222 - 344 ch. Immense *business hotel* très bien tenu qui a l'avantage d'avoir toujours une chambre disponible.

À partir de 17000 ¥

Rihga Hotel Zest Takamatsu

リーガホテルゼスト高松

9-1 Furujin-machi, (087) 822 3555, takamatsu@rihga.co.jp - 122 ch. Bon hotel appartenant à une gamme plus luxueuse que les précédents, situé au cœur de Takamatsu. Il est doté de trois bons restaurants.

À partir de 30000 ¥

Kiyomi Sanso Hanajukai

喜代美山荘・花樹海

3-5-10 Saiho-cho, (087) 861 5580, www.hanajyukai.co.jp - 48 ch. Superbe hotel planté au cœur d'un petit massif forestier. Sa salle de séjour panoramique et son *onsen* inoubliable donnent des points de vue inégalés sur la baie de Takamatsu. 10 % en sus si vous réservez par Internet.

Se restaurer

À partir de 500 ¥

Waraya Udon Restaurant

讃岐手打うどん・わら家

À l'entrée du parc Shikoku-Mura. 10h-18h30. Table rustique très populaire et bon marché spécialisé dans les *sanuki udon* (nouilles épaisses).

À partir de 2500 ¥

Tenkatsu Honten 天勝本店

Nishizumi Hiroba (à l'extrémité ouest de l'arcade Hyogo-machi), (087) 821 5380. 11h-21h. Ce restaurant de sushis (il appartient à la catégorie des *ikesu*, où les poissons sont pêchés devant vous) jouit d'une réputation inégalée depuis 1866 !

À partir de 3500 ¥

Alice in Takamatsu アリス・イン・高松

Symbol Tower, (087) 823 6088. 11h30-21h. Niché à 151 m de hauteur dans la plus haute tour du Shikoku, ce lumineux restaurant gastronomique flotte au-dessus du port dans les atours bleutés de la belle mer Intérieure. Le déjeuner est raffiné : marinade de bar, gratin de fruits de mer, consommé de carottes, etc.

VISITE DE LA VILLE

PARC RITSURIN-KOEN★★

栗林公園

(A3)

À 2,5 km au sud de la gare JR. Bus nos 9 ou 10, arrêt Ritsurin-koen; train JR, arrêt Ritsurinkoenkita-guchi; ou 30mn à pied. 8h30-17h. 400 ¥.

Adossé au mont Shiun, ce jardin remodelé pendant plus de cent ans s'est finalement stabilisé autour du 18e s. Treize montagnes miniatures se répandent entre lacs articiciels et vallonnements, rythmés de ponts vermillon et d'arbres magnifiquement taillés, autant d'artifices qui, sur une superficie de 75 ha, consacrent ce jardin-promenade typique de l'époque Edo comme l'un des plus beaux du Japon.

SHIKOKU-MURA★

四国村

(C2)

91 Yashima-Nakamachi (à 10mn à pied de la gare JR Yashima). www.shikokumura.or.jp/english/index.html. 8h30-17h (nov.-mars 16h30). 800 ¥.

Trente-trois architectures traditionnelles des plus hétérogènes provenant essentiellement de Shikoku ont été reconstruites dans cet espace en plein air. Après avoir franchi un pont suspendu, on découvre un théâtre de kabuki, une ingénieuse presse de canne à sucre, une aire de séchage d'écorce, un phare ou des habitations traditionnelles coiffées de chaume. Attenante à cet espace folklorique, la **galerie Shikoku-mura** *(mêmes horaires; 500 ¥)*, œuvre de Ando Tadao, expose une série d'œuvres d'art plus contemporaines. Quelques peintures de Picasso et de Renoir jouxtent calligraphies et figures de Bouddha.

LES ENVIRONS

KOTOHIRA★★

琴平

Comptez une journée.

À 35 km au sud-ouest de Takamatsu.

Arriver ou partir

En train - De Takamatsu, départ ttes les heures sur la JR Dosan Line (1h10 de trajet, 830 ¥). Pour Matsuyama, Limited Express Ishizuchi jusqu'à Tadotsu puis JR Dosan (2h05, 5 180 ¥).

Se loger

À partir de 10 800 ¥

Yachiyo こんぴら温泉湯元・八千代

611 Kotohira-cho, ✆ (0877) 75 3261, www.yumotoyachiyo.jp - 38 ch. Situé à quelques minutes à pied du départ des 1 368 marches. *O furo* magique sur le toit.

À voir, à faire

▶ La bourgade de Kotohira est surtout visitée pour son célèbre sanctuaire, le **Kompira-san**, l'un des principaux sites de pélerinage du shintoïsme. Dédié à Okuninushi-no-Mikoto, fils du prince Suzanoo le frère d'Amaterasu, le sanctuaire assure aussi la protection des marins et pêcheurs. Quatre millions de visiteurs montent chaque année les 785 marches qui desservent le sanctuaire principal, **Kompira-gu**.

▶ Au fil de cette ascension *(les premières marches mordent sur l'artère centrale de la ville, parallèle à la rivière Kanakura)*, on découvre le **musée d'Art Shoin** *(8h30-17h30; 500 ¥)*, dont on retient les magnifiques peintures de Maruyama Ohkyo du 18e s., puis le sanctuaire du Soleil levant, **Asahi-no-Yashiro**, dédié à la divinité du Soleil Amaterasu. Ses poutres faîtières sont sculptées de magnifiques figures : grues, tortues, fleurs.

▶ Arrivé à hauteur du Kompira-gu, vous apercevrez le pavillon **Ema**. Il héberge d'insolites *ex-voto* marins. Si l'on poursuit l'ascension, on arrivera, 583 marches plus haut *(1 368 marches au total)*, au **Oku-sha**, le sanctuaire le moins touristique et le plus élevé du Zozu-san (521 m), ce mont dont on dit qu'il ressemble à une tête d'éléphant.

MATSUYAMA★★

松山

Comptez 2 jours.

Outre son château, le Matsuyama-jo, la ville et sa région sont surtout réputées pour les eaux de Dogo. La petite station thermale est d'autant plus délassante que ses rues rendent un espiègle hommage à ***Botchan***, roman de Soseki. Ici, la locomotive à vapeur « grande comme une boîte d'allumette », écrivait Soseki, et qui a repris récemment du service, croisent les doux fantômes des curistes enveloppés de leur blanc *yukata* au sortir d'un dernier bain.

Arriver ou partir

En train - Pour Takamatsu, Limited Express Ishizuchi (2h28 de trajet, 5 500 ¥).

En bateau - Pour Kyushu, la ville de Mojiku est accessible par le *speed boat* Sea Max (3h, 8 500 ¥). Pour Honshu, liaisons vers Hiroshima (1h en *speed boat*, 6 300 ¥; 2h40 en ferry, 2 700 ¥), Kobe (env. 8h30, 6 100 ¥) et Osaka (9h, 5 500 ¥). Pour aller au **Matsuyama**

Tourist Port, prenez le Sightseeing Port Limousine (de 6h49 à 20h54, 25mn, 600 ¥) au départ du terminal de tram de Dogo Onsen. Pour quitter le port, Bus Limousine jusqu'à la gare JR de Matsuyama (450 ¥).

Comment circuler

En tramway / En petit train - Le tram reste le moyen de transport le plus facile (150 ¥/trajet ou 500 ¥/j.). On peut également emprunter le train à vapeur Botchan Ressha (300 ¥/trajet).

Adresses utiles

Informations touristiques - Dans la gare JR Matsuyama, ✆ (089) 931 3914. 8h30-17h15. Autre bureau, au pied de l'horloge mécanique, à Dogo Onsen. 8h-20h. Pour avoir des volontaires parlant anglais, ✆ (089) 921 3708.

Se loger

Logez plutôt à Dogo que dans le centre de Matsuyama.

Auberge de jeunesse

Matsuyama Youth Hostel

松山ユースホステル

22-3 Dogo-Himezuka (à 10mn à pied du terminal de tramway n° 5), ✆ (089) 933 6366, www.matsuyama-yh.com - 23 ch. L'auberge de jeunesse qui a des allures de gros chalet alpin possède toutes les commodités. Elle est considérée comme l'une des meilleures du Japon. *O furo*. À partir de 2100 ¥/pers.

Se restaurer

Autour de 3000 ¥

Bakushukan 道後・麦酒館

13-20 Dogo-Yunomachi, ✆ (089) 945 6866. 11h-21h30. Situé à quelques mètres du Dogo Onsen Honkan, ce lieu de rendez-vous nocturne des curistes est l'*izakaya* idéal pour siroter une bière pression tout en mangeant des plats goûteux : poulpe au vinaigre, *konnyaku potato* (plante de la famille du taro), bonites grillées, sashimis. Carte en anglais.

VISITE DE LA VILLE

CHÂTEAU DE MATSUYAMA

松山城

Tramway arrêt Kencho-mae ou Shinonome-guchi, puis funiculaire ou télésiège (500 ¥ AR). 9h-16h30. 500 ¥.

Dominant Matsuyama, le château, que l'on atteint en télésiège, donne, à 132 m de hauteur, une belle vue panoramique sur la plus importante ville de l'île. Construit au début du 17e s., plusieurs fois incendié (le donjon a été redressé au 19e s.), il a été réaménagé en musée d'un intérêt tout relatif.

DOGO ONSEN★

道後温泉

5-5 Dogo-Yunomachi (à 4 km au nord-est de Matsuyama City Station). Tram n° 5 jusqu'au Dogo Onsen. 1er étage : 6h-23h; de 400 à 1500 ¥ selon le type de bain et de prestations choisis. 2e étage : des visites organisées en anglais (6h-21h ; 250 ¥) permettent de déambuler dans les différents recoins de l'établissement, bains exceptés.

Cette célèbre station de sources thermales est fréquentée depuis plus de deux millénaires. L'une de ses sources est exploitée par une magnifique bâtisse en bois de trois étages datant du 19e s., le **Dogo Onsen Honkan★★★**, un lieu de plaisir et un patrimoine unique qui force l'admiration. On peut même y prendre le thé dans le petit salon privé où l'écrivain Soseki avait l'habitude de se rendre. Cette institution connue dans tout le Japon accueille en moyenne 3200 personnes par jour !

4 jours	Nagasaki et sa région : entre mer et volcan
Itinéraire de 265 km au départ de Nagasaki	**Jour 1.** Nagasaki : découverte de la ville sur le mont Inasa *(p. 442)*. Le musée de la Bombe atomique *(p. 442)* et le parc de la Paix *(p. 442)*. **Jour 2.** Nagasaki : visite du jardin Glover *(p. 444)*, suivie d'une dégustation du légendaire *champon* au Shikairou *(p. 441)*. Balade sur le port de Dejima et visite du Nagasaki Museum of Art *(p. 443)*. **Jour 3.** Étape à Kumamoto : balade dans le jardin du Suizen-ji *(p. 447)*. **Jour 4.** La caldeira du mont Aso, l'une des plus larges du monde *(p. 449)*.
Transports	En téléphérique pour le mont Inasa. À pied et en tram à Nagasaki. En bus pour Kumamoto. Location de voiture au mont Aso.
Étapes	Nagasaki (2 nuits), Kumamoto et mont Aso.
Conseil	Réservez à l'avance pour la location d'une voiture petit budget au mont Aso.
1 semaine	**Le grand tour du nord de Kyushu**
Itinéraire de 570 km au départ de Fukuoka	**Nuit 1.** Fukuoka et ses ombres festives *(p. 431)*. **Jour 2.** À Daizafu, sanctuaire de Tenman-gu, Musée national et gastronomie *(p. 432)*. **Jour 3.** Se ressourcer à Beppu *(p. 435)*. **Jour 4.** Promenades au mont Aso *(p. 449)*. **Jour 5.** Visite de Kumamoto *(p. 446)* en finissant par un thé vert dans le jardin du Suizen-ji *(p. 447)*. **Jour 6.** Nagasaki : le musée de la Bombe atomique *(p. 442)* et le parc de la Paix *(p. 442)*. **Jour 7.** Nagasaki : le jardin Glover *(p. 444)* et Chinatown *(p. 443)*. Le soir, allez à Shian-bashi *(p. 441)*.
Transports	En train de Fukuoka à Daizafu, puis de Fukuoka à Beppu et de Beppu au mont Aso. En voiture de location pour le mont Aso. En train d'Aso à Kumamoto. En bus de Kumamoto à Nagasaki. En tram dans Nagasaki.
Étapes	Fukuoka (2 nuits), Beppu, mont Aso, Kumamoto, Nagasaki (2 nuits).
Si vous aimez...	**Le Best of**
Les ambiances festives	Le quartier de Nakasu, à Fukuoka *(p. 431)*. Le quartier de Shian-bashi, à Nagasaki *(p. 441)*.
Les *onsen*	À Beppu, dans le quartier de Kannawa, les bains se déclinent à toutes vapeurs : de l'eau au sable *(p. 435)*.
La gastronomie	Le restaurant Kagetsu, à Nagasaki *(p. 441)* : quand la gastronomie a rendez-vous avec l'histoire.

Le verdoyant mont Aso.

KYUSHU

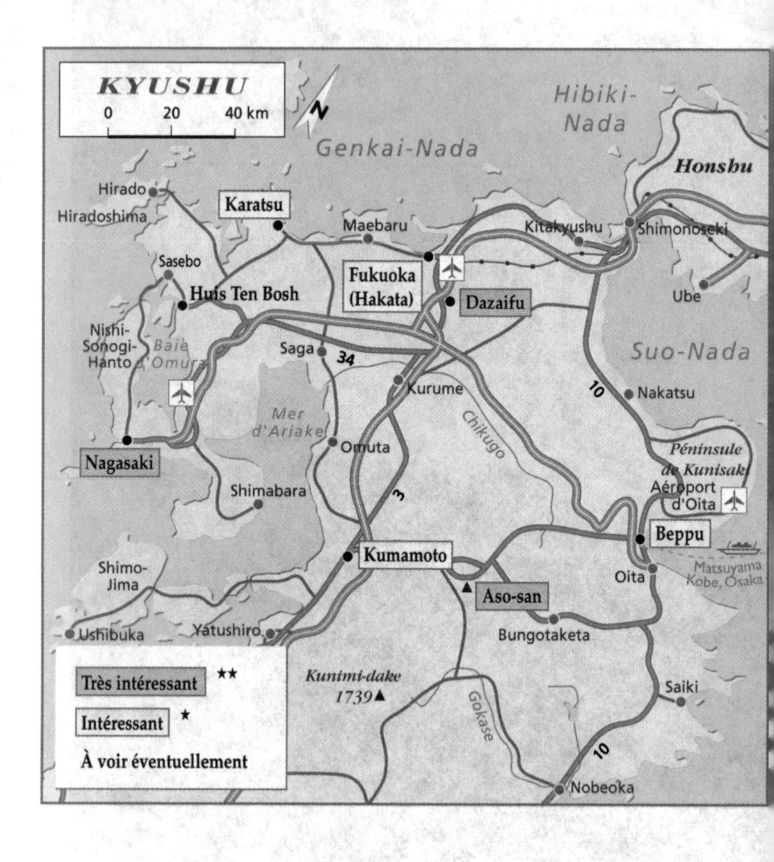
KYUSHU
0
20
40 km
N
Genkai-Nada
Hibiki-Nada
Honshu
Hirado
Hiradoshima
Karatsu
Maebaru
Kitakyushu
Shimonoseki
Sasebo
Fukuoka (Hakata)
Huis Ten Bosh
Dazaifu
Ube
Nishi-Sonogi-Hanto
Baie d'Omura
Saga
34
Suo-Nada
Kurume
10
Nakatsu
Mer d'Ariake
Chikugo
Omuta
Nagasaki
Péninsule de Kunisaki
Aéroport d'Oita
Shimabara
3
Beppu
Kumamoto
Shimo-Jima
Oita
Matsuyama
Kobe, Osaka
Aso-san
Bungotaketa
Ushibuka
Yatushiro
Très intéressant ★★
Intéressant ★
À voir éventuellement
Kunimi-dake
1739
Gokase
Saiki
10
Nobeoka

LE NORD DE KYUSHU★★

La nature volcanique de la région

Quelques repères

Préfectures de Fukuoka, Saga, Nagasaki, Kumamoto et Oita - Fukuoka : 283 km de Hiroshima, 1205 km de Tokyo ; 1,4 million d'hab. - Beppu : 188 km de Fukuoka ; 126000 hab. - Climat subtropical - Carte régionale p. 428.

À ne pas manquer

Une soirée dans un *yatai* de Fukuoka.

Une escapade à Dazaifu avec un déjeuner chez Ume-no-hana et la visite du tout nouveau Musée national de Kyushu.

Les bains de sable de Beppu.

Conseils

Comptez 4 jours.

Juillet et août sont des mois chauds et très humides.

La troisième plus grande île du Japon (43000 km²), située à l'ouest de l'archipel, compte 15 millions d'habitants. Sept préfectures se partagent un relief volcanique constamment en sueur. Le nord mêle à l'exubérance d'une nature bouillonnante, dopée par la sève des volcans, l'inventive modernité des villes très industrialisées.

FUKUOKA★

福岡

Comptez une demi-journée et une nuit.

Principale porte d'entrée de Kyushu, Fukuoka reste la plus grande ville de la préfecture éponyme, dont elle est également capitale. Plus proche de Séoul que de Tokyo, la ville est ancrée dans un environnement international. Ses principaux étendards, les tout récents quartiers de Canal City et de Hawk Town, sont animés jour et nuit. Avec une modernité insolente, les enseignes affichent parfois 28h d'ouverture ! Aujourd'hui, ce sont moins les lieux, en grande partie détruits par les bombardements américains, que leur fréquentation qui rendent Fukuoka attractive.

Arriver ou partir

En avion - Très commode, l'aéroport de Fukuoka, le **Fukuokakuko**, se trouve à deux stations de métro par la Fukuoka City Airport Line de la gare JR de Hakata (5mn de trajet, 250 ¥). De Tokyo, départ presque ttes les heures, entre 6h30 et 20h10 (1h40, 25000 ¥).

En train - La gare de Fukuoka a gardé le nom de **Hakata**. De Tokyo, le plus rapide est le Shinkansen Nozomi (ttes les 1 à 3h, 5h de trajet, 22320 ¥). Attention, il ne fonctionne pas avec le Japan Rail Pass. On peut utiliser le Japan Rail Pass dans les Hikari, mais avec un changement à Osaka ou Okayama (6h). En prenant des trains moins rapides, l'économie faite est résiduelle (11h, 2000 ¥). Pour Beppu, Limited Express Sonic Line (1h50, 5250 ¥). Pour Nagasaki, liaison par le Limited Express Kamome (1h50 de trajet, 4710 ¥).

Le **JR Kyushu Pass** permet de circuler sur tout le réseau JR de Kyushu durant 5 j. (16000 ¥).

Se repérer

Fukuoka était constituée à l'origine de deux villes qui se sont unifiées à la fin du 19e s. : à l'est la ville marchande de

Hakata, prise entre les rivières Naka et Mikasa ; à l'ouest, la cité fortifiée de Fukuoka. Entre les deux, le cœur de la ville regroupe Canal City, la rivière Naka et son îlot dissipé et festif : Nakasu.

Comment circuler

En métro - Le plus simple et le plus rapide. En tout, une vingtaine de stations desservent la ville, la ligne étant directement reliée au JR et au Shinkansen. *Pass* journalier à 600 ¥.

En bus - Pour 100 ¥/ticket, cinq Loop Bus permettent de visiter différents quartiers de la ville, le plus animé étant celui qui va de Hakata jusqu'au quartier commercial de Tenjin.

Adresses utiles

Informations touristiques - Dans la gare de Hakata, ☏ (092) 431 3003. 8h-20h.

Une association de volontaires propose des visites guidées de la ville en anglais, ☏ (092) 733 5050, www.welcome-fukuoka.or.jp.

Poste / Retrait - Face à la gare de Hakata. 9h-19h (sam. 17h, dim. 12h). Distributeurs de billets ATM. 5h-23h55 (dim. 20h).

Se loger

De 5000 à 8500 ¥

Hakata River Side Hotel

ハカタ・リバーサイド・ホテル

4-213 Kami-Kawabata-machi, Hakata-ku, ☏ (092) 291 1455, river-sh@fka.att.ne.jp - 18 ch. Pas de petit-déj. Petit hôtel situé à l'intérieur de l'arcade commerciale Kawabata. Propre, confortable, bien placé. Certaines chambres offrent une jolie vue sur un bras de la rivière Naka.

Hakata Green Hotel 1 et 2

博多グリーンホテル1号館・2号館

3-11 Hakata-eki-Chuogai, Hakata-ku (à 1mn à pied de la gare de Hakata, sortie Chikushi-guchi), ☏ (092) 451 4111, www.hakata-green.co.jp - 970 ch. Un hôtel standard et bien équipé, réparti sur deux immeubles.

Ryokan Kashima Honkan

旅館鹿島本館

3-11 Reisen-machi, Hakata-ku, M° Gion, ☏ (092) 291 0746, kashima-co@mx7.tiki.ne.jp - 27 ch. Dîner 3675 ¥. Élégant *ryokan* construit à l'époque Taisho (1912-1926). Cadre superbe, chambres japonaises et accueil très sympathique en anglais, le tout servi par des prix modestes. *O furo*.

De 15000 à 20000 ¥

Takakura Hotel Fukuoka

タカクラホテル福岡

2-7-21 Watanabe-dori, Chuo-ku, M° Nishitetsu Yakuin, ☏ (092) 731 1661, www.takakura-hotel.co.jp - 107 ch. Belles chambres. Service impeccable. Prix fixes pendant la Golden Week.

Se restaurer

Parmi les nombreuses adresses ouvertes tard dans la nuit, les plus populaires sont les *yatai*, échoppes de rues plantées au milieu des ruines de la Seconde Guerre mondiale. Une centaine de ces gargotes subsistent le long de la rivière Tenjin.

De 500 à 1500 ¥

Maruyoshi まるよし

5-24-22 Chuo-ku, ☏ 090 3196 1920. Tlj sf dim. et jour de pluie 19h-3h. Notre *yatai* préféré (au sigle jaune) se trouve à l'angle de la Kokutai-doro et de la Taisho-dori. Inaugurée il y a 25 ans, la maison sert une spécialité de *motsunabe*, soit des tripes bouillies avec des feuilles de *nira* (cive chinoise), du choux, de l'ail et du piment rouge. On partage plats et verres avec l'ivresse exubérante des nuits oubliées dès le lendemain.

Canal City キャナルシティ

1-2-25 Sumiyoshi, Hataka-ku. 11h-22h30. Au dernier étage de ce temple consumériste, huit restaurants servent des *ramen* (bols de nouilles) issues des quatre coins du Japon.

De 2000 à 5000 ¥

Motsu Ryori Kawano

かわ乃・もつ料理店

2-16-8 Haruyoshi, Chuo-ku (à 15mn à pied de la station Tenjin), ☏ (092)

Les balais nocturnes de Nakasu

Au pied des ascenseurs desservant la plus grande concentration de bars de Fukuoka, un rituel quotidien ponctue les fins de soirée bien arrosées : des cohortes de jeunes femmes brunes, blondes ou rousses ondulent comme des boutons d'or dans les lueurs des voitures. Les hôtesses saluent le départ des *salarymen* juste avant qu'ils ne s'affaissent de tout leur poids à l'arrière des taxis, tempes rougeoyantes collées aux vitres, pareilles à des néons. C'est ce même quartier qui accueille en juillet le mythique festival de Yamagasa.

761 2926. Tlj sf dim. 17h-22h. Un établissement très années 1950 spécialiste de plats locaux traditionnels. La carte varie selon les saisons ; les tripes sont toujours d'actualité.

Teraoka すし処・てら岡

7-20-4 Nakasu, Hakata-ku, (092) 291 1311, www.teraokagroup.co.jp. 18h-22h. Fermé de façon irrégulière. Un *sushiya* réputé au cœur du quartier chaud de Nakasu. À l'aide de son couteau à sashimi, le cuisinier prélève des filets de chair encore battante de fraîcheur. Les prix grimpent vite, selon la qualité des poissons.

Baramon 波羅門 (ばらもん)

2-2-3 Jigyohama, Chuo-ku, (092) 844 7890. 11h30-22h30. Ce restaurant appartient à la catégorie des *ikesu* (les poissons sont pêchés dans le bassin que surplombent les clients). Comptez plus de 10000 ¥ si vous souhaitez vous décolorer les lèvres avec un sashimi de fugu (mars-nov. seul.). Ce poisson-lune, spécialité de Fukuoka, est aussi redouté pour sa tétrodoxine, une substance mortelle, qu'il est prisé pour sa chair ferme. Servi en très fines lamelles, il laisse apparaître les motifs du plat sur lequel il est disposé.

Sortir, boire un verre

Bar - **Sky Lounge Boukairour**, Sea Hawk Hotel Fukuoka, 2-2-3 Jigyohama, Chuo-ku, (092) 844 7890. Les *happy hours* (lun.-vend. 18h-20h, w.-end 17h-20h) rendent ce lieu bon marché, perché à 143 m au-dessus de la baie de Hakata, au sommet du Hawk Hotel.

Loisirs

Bains - **Puna Ola**, Hawk Town Mall, 2F, 2-2-1 Jigyohama, Chuo-ku, (092) 847 2641. Lun.-vend. 10h-2h, w.-end 8h-0h. 1800 ¥ en sem., 2000 ¥ le w.-end. Un complexe de bains ultramoderne au cadre raffiné et tropical, où transpirent plantes et bois. Large gamme de services additionnels (massage 2100 ¥/20mn).

QUARTIER DE HAKATA

博多

▶ Situé à proximité de la rivière Nakai, il est difficile d'échapper au complexe commercial de **Canal City Hakata** *(1-2-25 Sumiyoshi, Hataka-ku)*. Ce temple de la consommation aux accents futuristes fourmille comme une ruche, porté par 200 boutiques et restaurants, deux hôtels, un théâtre de variété et treize salles de cinéma. Au rythme des musiques, l'esplanade est animée par un inventif ballet de jets d'eau aux allures de feu d'artifice.

Continuez vers le nord-est pour trouver le sanctuaire (15mn à pied).

▶ Le sanctuaire **Kushida-gu** *(Kamikawabata-machi, Hakaya-ku)*, construit en 757, est le point de départ du plus gros *matsuri* d'été de la ville, le Hakata Gion Yamagasa *(1er-15 juil.)*, qui s'articule notamment autour de courses de palanquins portés à bout de bras par des hommes vêtus du *fundoshi* (cache-sexe traditionnel). Au 13e s. le prête bouddhiste Shouichi Kokushi aurait été promené sur une plateforme à travers la ville afin d'asperger les rues d'eau bénite pour chasser la peste qui y sévissait. Dans le sanctuaire, un char décoré utilisé pour le festival est présenté.

Toujours plus au nord, rejoignez le musée Hakata Machiya (10mn à pied).

▶ Le **musée Hakata Machiya★** *(5-10 Reisen-machi, Hakata-ku ; 10h-*

18h ; 200 ¥) présente les modes de vie des habitants sous l'ère Meiji (1868-1912) et Taisho (1912-1926). Différentes scenettes ainsi que la reconstitution d'une maison de commerce font revivre le quartier. Le musée organise également des démonstrations de fabrication d'objets artisanaux, comme des poupées en papier mâché, des toupies, etc.

QUARTIER DE MOMOCHI

シーサイドももち

Situé au nord-ouest de la ville en bordure de mer, **Hawk Town** est l'autre quartier moderne de la ville ancré dans une réalité moins consumériste. Plages et complexe sportif sont articulés autour du splendide stade de base-ball au toit rétractable, le premier du genre au Japon. Plus à l'ouest, corsetée dans ses 8000 miroirs, la **Fukuoka Tower** domine la ville du haut de ses 234 m. Il est possible de grimper jusqu'à 134 m, d'où une vue panoramique vous attend *(9h30-22h, oct.-mars 21h ; 800 ¥).*

LES ENVIRONS

DAZAIFU★★

大宰府

Comptez une journée.

À 20 km au sud de Fukuoka. 70000 hab.

Un sanctuaire vivant courtisé par les écoliers en quête de réussite à leurs examens, un musée magnifique, un restaurant excellent, font de cette petite ville une escapade d'une journée très agréable.

Arriver ou partir

En train - De la station de métro Nishitetsu Fukuoka (quartier de Tenjin), prenez la ligne Nishitetsu Omuta jusqu'à Futsukaichi, puis la ligne Nishitetsu Dazaifu jusqu'au terminus (30mn de trajet, 390 ¥).

Adresses utiles

Informations touristiques - À droite en sortant de la gare. 9h-17h30. Fournit plans et brochures. Anglais parlé.

Se restaurer

À partir de 2500 ¥

☺ **Ume-no-hana**

梅の花

4F Canal City, ✆ (092) 928 7787. 11h-20h30. Superbe restaurant traditionnel de tofu. Une adresse excellente à des prix très raisonnables. Le déjeuner à 2500 ¥ est un grand moment. Copieux et raffiné.

Achats

Spécialités culinaires - **Kasanoya**, 2-7-24 Saifu, ✆ (092) 922 1010, www.kasanoya.com. 9h-18h. L'une des bonnes adresses pour emporter ou déguster à l'arrière de la maison, face au jardin, le fameux *umegae-mochi*, cake à base de riz et de haricots rouges qui éloigne, dit-on, les maladies.

Tenman-gu★

天満宮

4-7-1 Saifu.

Le sanctuaire a été construit sur la tombe de Sugawara Michizane (845-903), un fin lettré qui fut déifié après sa mort et vénéré dans tout le Japon comme le dieu de la Littérature et de la Calligraphie. Aussi élèves et étudiants affluent-ils en masse pour inscrire sur de petites plaquettes en bois *(ema)* leurs vœux de réussite. Pas moins de 6000 pruniers quadrillent l'enceinte.

Musée national de Kyushu★★★

九州国立博物館

4-7-2 Ishizaka. www.kyuhaku.jp. Tlj sf lun. 9h30-17h. 420 ¥.

Kyushu possède depuis 2005 le quatrième Musée national du Japon après Tokyo, Kyoto et Nara. L'île étant le creuset d'influences étrangères, le musée illustre les influences asiatiques, surtout chinoises, dans la formation de la culture japonaise. Il montre aussi comment le Japon a intégré ces différents apports jusqu'à forger cette identité culturelle qui lui est propre. De très belles scénographies mettent en valeur nombre d'objets à l'instar de cette **cloche** d'origine chinoise (7e s.) ou du plus vieux **miroir** en bronze trouvé en Asie orientale (1er s. av. J.-C.). Le musée témoigne aussi de l'impact des objets sur les structures sociales. L'apparition des outils en fer, par exemple, en augmentant la production de riz obligea les paysans à s'organiser autrement. Une autorité fondée sur un système politique allait voir le jour. C'était il y a 7000 ans environ.

KARATSU★

唐津

Comptez une demi-journée.

À 53 km au nord-ouest de Fukuoka. 80000 hab.

Des échanges maritimes qu'entretenait Karatsu avec la Corée restent une immigration coréenne et le savoir-faire de ses artisans potiers. Aujourd'hui, la réputation des poteries de Karatsu modèle encore l'identité de la ville.

Arriver ou partir

En train - De la gare de Hakata (Fukuoka), prenez la ligne de métro de l'aéroport (Fukuoka City Airport Line) jusqu'au terminus (Meinohama), puis la ligne du JR Chikuhi jusqu'à Chikuzen-Maebaru, puis à nouveau la ligne du JR Chikuhi jusqu'à Karatsu (1h20 de trajet, 1110 ¥).

Adresses utiles

Informations touristiques - À droite dans la gare. 9h-18h. Un service malheureusement peu efficace.

Poste / Retrait - Yubin Kyoku. 9h-18h (sam. 17h, dim. 12h30). Distributeurs de billets ATM. Lun.-vend. 8h-21h, w.-end 9h-19h.

Se loger

De 4000 à 9000 ¥

Business Hotel Chitose

ビジネスホテル千歳

1696-1 Takasago-machi (à 50 m en sortant de la gare, direction Konyamachi), ✆ (0955) 72 3361 - 10 ch. Petit hôtel pratique idéalement placé.

Plus de 20000 ¥

Karatsu Royal Hotel

唐津ロイヤルホテル

4-9-20 Higashi-Karatsu, ✆ (0955) 72 0111, www.daiwaresort.co.jp - 207 ch. Le grand hôtel de la ville domine la baie de Karatsu. Restaurant japonais (dîner à partir de 4620 ¥).

Se restaurer

Le poisson est ici roi. Échoppes de rue et restaurants sont alimentés quotidiennement par le marché aux poissons du port de Karatsu-Nishi (au nord de la ville).

Achats

Poteries - Karatsu ne manque ni de boutiques (les œuvres de Fujinoki Dohei, né en 1949, sont stupéfiantes de beauté) ni d'ateliers de poterie, où il est possible d'observer les différentes techniques utilisées.

Le four de **Nakazato Taroemon**, à 5mn à pied de la gare en direction du sud-est, ✆ (0955) 72 8171, est utilisé depuis quatorze générations (atelier et lieux de vente).

À voir, à faire

▸ Perché à l'embouchure de la rivière Matsuura, le **château de Karatsu★** *(Higashi-Jonai ; à 20mn à pied de la gare ; 9h-16h30, juil.-août 17h30 ; 400 ¥)*, construit en 1608 (reconstruit en 1966), consacre l'un des plus beaux panoramas de la ville. Il était idéalement placé pour surveiller les expéditions maritimes voguant sur la Corée.

▸ Dans le hangar peu attractif du **Hikiyama Tenji-jo** sont exposés **14 chars★** magnifiques *(Nishi-Jonai ;*

LE NORD DE KYUSHU

à 10mn à pied au sud-ouest du château ; 9h-17h ; 300 ¥). Ces derniers sont utilisés chaque année pour le *matsuri* de Kunchi, initié au 17e s. Le plus vieux char (*Akajishi*, le « Lion rouge ») date de 1819, tandis que le plus récent, le « Bateau des sept trésors », a été achevé en 1876. Si vous n'êtes pas dans la région au moment du Kunchi *(2-4 nov.)*, une vidéo montre les festivités, qui rassemblent chaque année 50000 personnes.

BEPPU★

別府

Comptez deux jours.

Entre mer et montagnes, sur la côte est de Kyushu, la ville éructe fumerolles et vapeurs. Dans une haleine de soufre et d'alcali, Beppu égrène près de 4000 « sources de l'Enfer » *(jigoku)*, fréquentées chaque année par 12 millions de curistes en quête de bains, de vapeur ou de sable, aux propriétés salvatrices.

Arriver ou partir

En avion - De Tokyo, la Japan Airlines et ANA assurent des vols jusqu'à l'aéroport d'**Oita** (1h30 de trajet, 33800 ¥). De là, le Limousine Bus mène jusqu'à la gare de Beppu (40mn, 1450 ¥).

En train - De Fukuoka (Hakata), Limited Express Sonic Line (1h50 de trajet, 5250 ¥). Pour Nagasaki, départ de la gare de Beppu du Limited Express Dream Nichirin jusqu'à Fukuoka (Hakata), où il faudra changer pour le Limited Express Kamome jusqu'à Nagasaki (4h, 9240 ¥). Pour Kumamoto, Limited Express jusqu'à Oita, puis la JR Hohi Line jusqu'à Bungotaketa (1h20). De là, prenez à nouveau la JR Hohi Line jusqu'à Aso (56mn) ou Kumamoto (86mn). 3950 ¥.

En bateau - **Kansai Kisen's Ships**, 9-1 Beppu Kanko-ku Beppu-shi Shiomicho, ✆ (0977) 22 1311, www.kanki.co.jp. Une solution économique et agréable pour rejoindre Matsuyama (Shikoku), Kobe ou Osaka. 2 bateaux/j. : celui de 16h relie Matsuyama, Kobe puis Osaka ; celui de 19h file directement sur Osaka (11h20 de traversée) pour des prix oscillant entre 8600 ¥ (dortoir) et 23300 ¥ (avec douche privée et vue sur mer).

Se repérer

La ville proprement dite s'organise autour de la gare. Les sources thermales les plus importantes se trouvent dans le quartier de Kannawa, à 5 km au nord de Beppu.

Comment circuler

En train - De la gare de Beppu, on peut rejoindre en train celle de Daigaku (5mn de trajet, 150 ¥) pour Beppu Kaihin Sunayu, puis celle de Kamegawa (6mn, 200 ¥) pour gagner Tatsumaki Jigoku, la première des huit sources du Jigoku Meguri.

En bus - Très bon réseau. Les bus nos 20 et 26 (sortie est de la gare de Beppu) vont à Beppu Kaihin Sunayu (Rokushoen Station). Les plus directs pour Kannawa (20mn de trajet, 320 ¥) sont les nos 5, 7, 9, 41 et 43 (sortie ouest de la gare de Beppu). Le no 26 va à Chinoike Jigoku (27mn, 390 ¥), le no 2 à Honbozu (20mn, 320 ¥). Pour Kode Yu, bus nos 5, 9, 24, 41 et 43, arrêt Honbozu Station, à une encablure de Jigoku Meguri.

Adresses utiles

Informations touristiques - 12-13 Ekimae-cho (dans la gare, sortie est), ✆ (0977) 26 6250, www.we-love-oita.or.jp, www.city.beppu.oita.jp. 8h30-17h30. Internet gratuit. Anglais parlé.

Banque / Change - Des agences s'égrènent le long de Ekimae-dori. La **Mirai Shinyo** se trouve juste en face du cinéma.

Se loger

De 5000 à 9000 ¥

Futabaso 双葉荘

6 Kannawa-Higashi, ✆ (0977) 66 1590 - 20 ch., dont 5 avec cuisine. Cette vieille maison qui fume comme une

chaudière avec ses vasques d'eau bouillante appartient à la catégorie des *kashima* (chambre à louer). Une solution originale et très économique pour un séjour prolongé.

Ekimae Koto Onsen

別府駅前高等温泉

13-14 Ekimae-cho, ✆(0977) 21 0541 - 7 dortoirs (2, 3 ou 4 lits). Possibilité de louer une chambre pour 2 pers. (5000 ¥). Une vieille bâtisse aux allures normandes et au confort sommaire. Pour leurs ablutions, les clients descendront d'un étage et profiteront gratuitement des *o furo*, une institution, ici, depuis 85 ans.

International Minshuku Kokage

民宿こかげ

8-9 Ekimae-cho, ✆(0977) 23 1753, www.tiki.ne.jp/kokade - 11 ch. Pas de petit-déj. Cette charmante petite pension, idéalement située à 2mn de la gare (sortie est), est dotée d'un bel *onsen* à 53 °C. Les chambres sont cependant mal isolées, petites et sombres.

Business Hotel Matsumi ホテル松美

6-28 Ekimae-honmachi, ✆(0977) 24 1122, fax (0977) 24 1121 - 67 ch. Un *business hotel* confortable plébiscité par les hommes d'affaires.

De 10000 à 15000 ¥

Yamada Besso 山田別荘

3-2-18 Kitahama, ✆(0977) 24 2121, www.yamadabessou.jp - 9 ch. 27600 ¥/2 pers. avec petit-déj. et dîner. Une très belle maison familiale de caractère (chambres japonaises) comprenant *o furo* à usage privatif et un superbe *rotenburo* lové dans le jardin. Le jeune couple sympathique parle un peu anglais et peut venir vous chercher à la gare.

De 20000 à 30000 ¥

Ryokan Sennari 旅館千成

2-18 Noguchi-motomachi, ✆(0977) 21 1550, www.beppu-sennari.com - 6 ch. 15000 ¥/pers. avec petit-déj. et dîner somptueux. Dépaysement total à moins de 2mn de la gare. Service à la hauteur de ce vénérable *ryokan* de 70 ans, où l'on jouit d'un beau jardin.

Se restaurer

À partir de 2500 ¥

Ureshi-ya うれしや

7-12 Ekimae-cho, ✆(0977) 22 0767. Tlj sf lun. 17h30-2h. L'une des plus sympathiques adresses pour démarrer ou terminer la soirée. Ambiance garantie. Prix modestes pour plats variés : au menu tofu, *yakitori*, sashimis, poissons grillés. Bières et alcools de patate douce coulent à flot.

À partir de 4000 ¥

Hotel Hammond

ホテル風月ハモンド

1 Kumi Kitaju, Turumi, ✆(0977) 66 4141. Déj. sur réserv. 12h-14h. Cet hôtel classique (95 ch., 13800 ¥/pers.) possède le restaurant **Banquet** réputé pour son *jigoku-mushi*, un assortiment de bœuf (spécialité de la région d'Oita), de fruits de mer et de légumes cuits à la vapeur.

Sortir, boire un verre

Bar - **Milk Hall**, 1F, 7-24 Akiba-cho, ✆(0977) 22 0177. Tlj sf lun. 19h-1h30. Ambiance sympathique. Cocktails ou vin au verre.

Loisirs

Parc d'attractions - **Kijima Korakuen**, de la gare de Beppu Kamenoi-bus nos 36 et 37 (40mn de trajet), ✆(0977) 22 1165, www.kijima-korakuen.co.jp. 9h-17h. 3800 ¥. Parc d'attractions, terrain de golf et complexe hôtelier se coudoient dans le Parc national de Kuju. Étayée sur 60000 madriers de pin, la structure du grand 8 est époustouflante !

EAU, VAPEUR ET SABLE

Beppu Kaihin Sunayu★★

別府海浜砂湯

Shoningahama Beppu. 8h30-17h. Fermé 4e merc. du mois et jour de pluie. 1000 ¥/20mn.

Situés en bord de mer, ces bains de sable sont chauffés une dizaine de fois par jour avec l'eau bouillante des *onsen* (65 °C). L'eau vidée, la chaleur du sable retombe autour de 43 °C. Il ne reste plus qu'à se faire enterrer, tête hors du sable.

Hyotan Onsen★★★

ひょうたん温泉

159-2 Kannawa (dans le quartier de Kannawa, à 5mn au nord de Beppu). www.hyotan-onsen.com. 9h-25h. De 700 à 900 ¥. Possibilité de déjeuner sur place avec des spécialités cuites à la vapeur, bien sûr.

Le plus bel *onsen* public de Beppu décline dans un espace extrêmement convivial tout type de bains : eau chaude, en bain ou en cascade, sauna, bain de sable. Attenant à l'*onsen*, cinq *rotenburo* à usage privatif *(2000 ¥/h ; 3 pers. max.)* proposent sur quelques mètres carrés une intimité verdoyante à fleur de ciel.

Beppu Jigoku Meguri

別府地獄めぐり

Comptez 2h.

559-1 Kannawa. 8h-17h. 2 000 ¥.

Ce parc présente huit sources d'eau chaude aux propriétés minérales différentes. Six sont accessibles à pied, deux autres (Chinoike et Tatsumaki Jigoku), en bus *(transport compris dans le prix de la visite)*. Dommage que ces sources hoquetantes comme des bouillons gras sur le feu aient été exploitées par un imaginaire de parc d'attractions. Ces beautés naturelles fulminantes dans leurs atours grisâtres ou bleu turquoise auraient mérité des explications plus scientifiques.

Kode Yu

鉱泥湯

À une encablure de Jigoku Meguri. 8h-12h. 800 ¥.

Les bains de boue manquaient à notre sélection. La liste se complète avec le site de Kode Yu.

Bain de boue à Beppu.

NAGASAKI★★ 長崎
KUMAMOTO★ ET MONT ASO★★

La configuration géographique de la ville

Quelques repères

Capitale de la préfecture de Nagasaki - 155 km de Fukuoka, 1 350 km de Tokyo - 420 000 hab. - Carte régionale p. 428 - Plan de Nagasaki p. 439 - Carte du mont Aso p. 448.

À ne pas manquer

Le point de vue du mont Inasa.

L'émouvant musée de la Bombe atomique.

Le jardin Glover.

Le jardin du Suizen-ji, à Kumamoto.

La verdoyante caldeira du mont Aso.

Conseils

Comptez au minimum 2 jours pour Nagasaki.

À Nagasaki, préférez le quartier de Shian-bashi pour

Nagasaki s'étire le long d'une magnifique baie protégée par de nombreuses collines. Son histoire se résume à sa géographie. Tournant le dos au pouvoir central de la grande île de l'archipel, elle s'avance dans la mer, formant un petit cap du continent européen, plus précisément un « long cap » puisque telle est la signification de Nagasaki. La ville attira dès le 16e s. les navigateurs portugais avant d'être, pendant le grand repli que connut l'archipel jusqu'au milieu du 19e s., une porte entrebaillée sur l'étranger. Tête de pont de l'Occident en Orient, l'histoire, un jour, lui rappela son passé lorsque la bombe atomique fit cap sur la ville.

Arriver ou partir

En avion - De Tokyo, 10 vols/j. pour Nagasaki (2h de trajet, 32 120 ¥). Navettes régulières entre l'aéroport et le Ken-ei Bus Terminal (55mn, 800 ¥).

En train - **Gare JR** *(A2)*. De et pour Tokyo, il faudra passer par Fukuoka. De et pour Fukuoka, liaison par le Limited Express Kamome (1h50 de trajet, 4 710 ¥). Pour Kumamoto, prenez le Limited Express Kamome 2, puis changez à Tosu pour récupérer la ligne JR Kagoshima jusqu'à Kumamoto (3h25, 5 750 ¥).

En bus - **Ken-ei Bus Terminal**, 3-1 Daikoku-machi (en face de la gare JR) *(A2)*. Le bus est le moyen le moins cher et le plus simple pour circuler dans la région. Départs réguliers entre 7h40 et 19h pour Kumamoto (3h de trajet, 3 600 ¥), entre 7h20 et 18h30 pour Beppu (6h15, 4 500 ¥).

Se repérer

La ville, tout en longueur, s'organise autour de trois entités : le **nord** est indexé sur le souvenir de la bombe atomique ; le **sud** reste le point d'ancrage des colonies étrangères ; le centre, très diffus, embrasse la **gare centrale**, le **port**, le petit **Chinatown** jusqu'au trépidant quartier de **Shian-bashi**.

Comment circuler

En tramway - La ville est bien desservie par un réseau de tramways, en circulation de 6h30 à 23h. 100 ¥/billet ou 500 ¥/j. pour un *pass*. Les lignes rouge (n° 1) et bleu (n° 3) relient en 30mn les 8 km séparant l'ouest (terminus d'Akasako) de l'est (terminus Hotarujaya pour la ligne n° 3, terminus Shokakuji-Shita pour la ligne n° 1). Les lignes jaune (n° 4) et verte (n° 5) circulent du nord au sud dans la partie est de la ville.

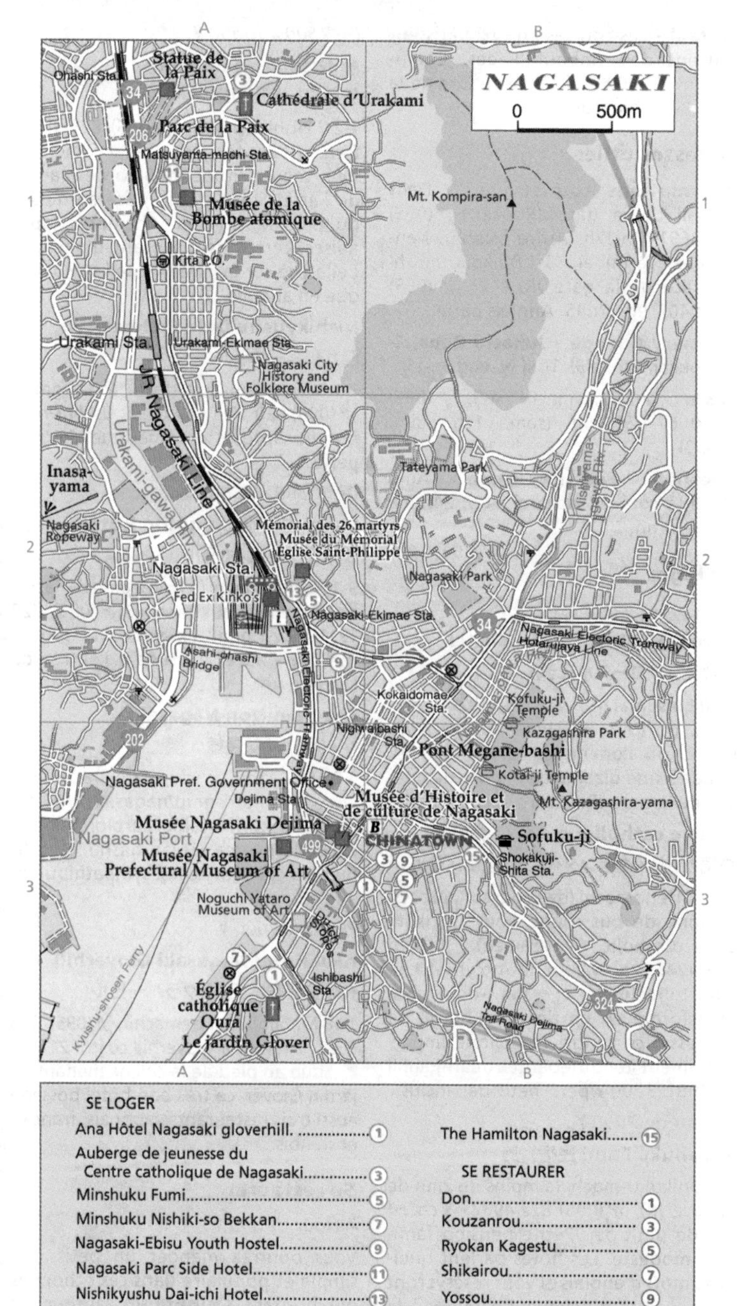
NAGASAKI
0 500m
Statue de la Paix
Ohashi Sta.
Cathédrale d'Urakami
Parc de la Paix
Matsuyama-machi Sta.
Musée de la Bombe atomique
Mt. Kompira-san
Kita P.O.
Urakami Sta.
Urakami-Ekimae Sta.
Nagasaki City History and Folklore Museum
JR Nagasaki Line
Urakami-gawa Riv.
Inasa-yama
Nagasaki Ropeway
Tateyama Park
Nishiyama-gawa Riv.
Mémorial des 26 martyrs
Musée du Mémorial
Eglise Saint-Philippe
Nagasaki Sta.
Fed Ex Kinko's
Nagasaki Park
Nagasaki-Ekimae Sta.
Nagasaki Electric Tramway
Nagasaki Electric Tramway Hotarujaya Line
Asahi-ohashi Bridge
Kokaidomae Sta.
Kofuku-ji Temple
Nigiwaibashi Sta.
Kazagashira Park
Pont Megane-bashi
Kotai-ji Temple
Nagasaki Pref. Government Office
Dejima Sta.
Musée d'Histoire et de culture de Nagasaki
Mt. Kazagashira-yama
Musée Nagasaki Dejima
Nagasaki Port
CHINATOWN
Sofuku-ji
Musée Nagasaki Prefectural Museum of Art
Shokakuji-Shita Sta.
Noguchi Yataro Museum of Art
Dutch Slopes
Kyushu-shosen Ferry
Ishibashi Sta.
Église catholique Oura
Le jardin Glover
Nagasaki Dejima Toll Road
34
206
202
499
324
A
B
1
2
3
SE LOGER
Ana Hôtel Nagasaki gloverhill. 1
Auberge de jeunesse du Centre catholique de Nagasaki 3
Minshuku Fumi 5
Minshuku Nishiki-so Bekkan 7
Nagasaki-Ebisu Youth Hostel 9
Nagasaki Parc Side Hotel 11
Nishikyushu Dai-ichi Hotel 13
The Hamilton Nagasaki 15
SE RESTAURER
Don 1
Kouzanrou 3
Ryokan Kagestu 5
Shikairou 7
Yossou 9

En taxi - Les courses en taxi pâtissent souvent des embouteillages. Comptez env. 1 000 ¥ pour vous rendre de la gare JR à Chinatown.

Adresses utiles

Informations touristiques - Dans le hall de la gare JR *(A2)*, ✆ (095) 823 3631. 8h-17h. Autre bureau, Ken-ei Bus Terminal, 3-1 Daikoku-machi (en face de la gare JR) *(A2)*, ✆ (095) 826 9407. 9h-17h45. Anglais parlé.

Banque / Change - **Juhachi Bank**, 1-11 Douzamachi *(B3)*. Tlj sf w.-end 9h-15h.

Poste - 1-1 Ebisumachi *(A2)*, ✆ (095) 822 0067. 9h-19h (sam. 15h, dim. 12h30).

Internet - **Fed Ex Kinko's**, Amu Plaza (à côté de la gare) *(A2)*. 24h/24. 210 ¥/10mn.

Se loger

Auberges de jeunesse

Nagasaki-Ebisu Youth Hostel
長崎えびすユースホステル

6-10 Ebisumachi, ✆ (095) 824 3823 - 5 ch., dortoirs. Une auberge sommaire, où l'on ne parle pas anglais. Située à une dizaine de minute de marche de la gare JR. *O furo*. 3 800 ¥/pers.

Centre catholique de Nagasaki
長崎カトリックセンター・ユースホステル

10-34 Uenomachi (de la gare JR, prenez la ligne de bus rouge pour Jyunkan, arrêt Catholic Center-mae), ✆ (095) 846 4246, www.e-yh.net/nccyh - 5 ch., 6 dortoirs (16 lits). Petit-déj. inclus. Transformé en partie en auberge de jeunesse, ce centre catholique impeccablement tenu hébergea Jean-Paul II en 1981. 3 700 ¥/pers. petit-déj. inclus.

Autour de 7000 ¥

Minshuku Fumi 民宿富美

4-9 Daikoku-machi (à moins de 2mn de la gare JR), ✆ (095) 822 4962 - 5 ch. Pas de petit-déj. Petite pension familiale modeste. Les hôtes parlent quelques mots d'anglais et vous réserveront un accueil tout dévoué. Chambres à la japonaise. Toilettes et SdB communes.

De 7500 à 10 500 ¥

Nishiki-so Bekkan
旅館にしき荘別館

1-2-7 Nishikoshima, ✆ (095) 826 6371 - 8 ch. Petite pension familiale très bien tenue, située à 10mn de marche de l'arrêt Shian-bashi, juste au-dessus du parc Maruyama. Chambres japonaises, certaines disposant d'une très belle vue sur la ville. Accueil sympathique en anglais.

Nishikyushu Dai-ichi Hotel
西九州第一ホテル

2-1 Daikoku-machi (face à la gare), ✆ (095) 820 1111 - 67 ch. Un *business hotel* propre et pragmatique. Anglais parlé.

De 10 500 à 15 000 ¥

Nagasaki Washington Hotel
長崎ワシントンホテル

9-1 Shinchimachi (à 1mn à pied de l'arrêt de tramway Tsukimachi), ✆ (095) 828 1211, www.nagasaki-wh.com - 300 ch. Bonne adresse située à l'entrée de Chinatown.

The Hamilton Nagasaki
ザ・ハミルトン長崎

7-9 Maruyama-machi, ✆ (095) 824 1000, www.hamilton-gr.jp/nagasaki - 87 ch. Hôtel confortable surplombant le parc Maruyama (Shian-bashi), le tout bien au calme. Accueil sympathique et anglais parlé.

Plus de 20 000 ¥

ANA Hotel Nagasaki Gloverhill
長崎全日空ホテル・グラバーヒル

1-18 Minami-Yamatemachi, ✆ (095) 818 6601, www.ana-gloverhill.co.jp - 217 ch. Situé au pied de la colline menant au jardin Glover, ce très bon hôtel possède aussi trois restaurants, japonais, français et chinois.

Se restaurer

Autour de 500 ¥

Vous pourrez manger un petit plat simple et populaire dans ces échoppes qui bordent **Chinatown**, autour du Washington Hotel.

De 800 à 2000 ¥

Shikairou 四海楼

4-5 Matsugae-machi, (095) 822 1296, www.shikairou.com. 11h30-20h. Dans le quartier cossu du jardin Glover, la maison chinoise Shikairou capitalise depuis quatre générations le *champon*, un plat bon marché destiné aux étudiants chinois pauvres de Nagasaki. Il se compose d'une assiette de nouilles cernée par un bouillon blanchâtre à base d'os de porc sur laquelle nidifient fruits de mer et légumes.

Kozanro 江山楼

2 Schinchimachi, (095) 824 3162. 11h-20h30. En plein Chintatown, une institution chinoise ouverte en 1946 où le traditionnel *subuta* (porc à la sauce aigre douce) concurrence *champon* et *sara udon*.

Yosso 吉宗 (よっそう)

8-9 Hamamachi, (095) 821 0001. 11h-20h. Assis en tailleur dans les anciennes salles du 1er étage, commandez le fameux *mushi-zushi*, spécialité locale à base de morue et de riz, servi dans un menu au prix attractif (1 785 ¥).

De 2000 à 5000 ¥

Don 呑

Mikawa Bldg, 1F, 6-4 Motoshikkui-machi, (095) 829 3788. 17h-21h30. Cuisine variée à base de sashimis et de poissons grillés, jusqu'au fugu. Attention, on sert aussi de la baleine.

De 8000 à 20000 ¥

Ryotei Kagetsu 料亭・花月

2-1 Maruyama-machi, (095) 822 0191, www.ryoutei-kagetsu.co.jp. Tlj sf mar. 12h-22h. Lieu d'histoire aux fréquentations sulfureuses, des épidermes ouatés aux idées révolutionnaires du célèbre Sakamoto Ryoma (1835-1867), le Kagetsu fut tour à tour bordel et laboratoire d'idées avant de devenir cette maison gastronomique qui nous emporte en quinze plats. Jean Marais tourna, en 1956, dans son jardin somptueux. Sur réserv.

Sortir, boire un verre

En bordure du port, les nombreux cafés-restaurants offrent des aires de détente très occidentalisées. Du côté de **Shian-bashi** *(B3)* les soirées sont beaucoup plus nerveuses.

Bars - **Cancun**, port de Dejima *(A3)*, (095) 832 6210. 11h30-0h. Bar à tapas qui voit défiler de bons groupes de rock.

Bar Granddad, 2-2 Aburaya-machi *(B3)*, (095) 827 1655. 19h-4h. Un bar spécialisé en cocktails et sakés. Les Japonais viennent souvent fêter ici des événements particuliers : promotion, mariages, etc.

Loisirs

Parc d'attractions - **Saikai Pearl Sea Resort**, 1008 Kashimae-cho, Sasebo (à 82 km de Nagasaki, train JR Seaside, 1h50 de trajet, 1 600 ¥), (0956) 28 4187. 9h-18h (nov.-fév. 17h). Un complexe de loisirs dédié à l'univers marin (aquarium, musée, cinéma Imax, etc.). On peut y pratiquer la voile (2 000 ¥/50mn), le kayak (500 ¥/30mn) ou découvrir en croisière les 99 îles du Parc national de Saikai (50mn, 1 200 ¥).

HISTOIRE

À l'ouest de Kyushu, elle-même à l'ouest du Japon, Nagasaki apparaît naturellement comme la porte d'entrée de l'archipel aux yeux des navigateurs. Dotée d'un port en eaux profondes qu'un relief protège des typhons, la ville s'ouvre dès 1571 aux Portugais bientôt suivis par les Hollandais. Le développement économique précède la christianisation. Très vite le régent Toyotomi Hideyoshi prend ombrage de ce prosélitysme catholique, qui convertit les âmes en sapant, pense-t-il, son autorité. En 1597, les 26 premiers chrétiens sont crucifiés sur la colline Nishizaka. Les persécutions s'intensifient. Les Portugais, obligés de circonscrire leurs activités commerciales à l'îlot-comptoir de Dejima (1636) sont bientôt chassés, remplacés par les protestants Hollandais dotés d'une foi plus pragmatique. Le Japon se referme. Pendant deux siècles, Dejima va rester entrouverte au monde, distillant dans tout l'archipel cette modernité importée d'Occident. Il faut attendre le traité de Kanagawa, en 1854, pour que le pays se rouvre aux échanges internationaux. Les étrangers affluent à nouveau, s'installent sous l'égide tutélaire de la célèbre maison Glover, le premier gros industriel. En cette fin de 19e s., Madame Butterfly peut désormais attendre son lieutenant de la Marine américaine. Mais c'est finalement « *Fat Man* » qui arrive après « *Little Boy* », larguée trois jours plus tôt sur Hiroshima.

9 août 1945 : 11h02

Trois jours après Hiroshima, le bombardier B-29 lâche « *Fat Man* » ; 22 kilotonnes explosent à 500 m au-dessus de la cathédrale d'Urakami. Il est 11h02. Cette précision d'horloger n'a pourtant que la ponctualité du hasard. Prévue d'abord pour frapper la ville industrielle de Kokura, l'opération est annulée par manque de visibilité. Le bombardier fait demi-tour. Les intempéries lui ont fait consommer beaucoup de kérosène. Difficile de revenir à la base (Tinian dans le Pacifique) avec une bombe atomique de cinq tonnes accrochée à son flanc. il faut alléger l'appareil. Le second objectif est tout autant invisible. Nagasaki est dans la brume. Privé de radio, le major Sweeney consulte les trois membres de son équipage. Les arguments maintes fois brassés par l'état-major résonnent à nouveau : tester une bombe au plutonium encore plus puissante (21 kilotonnes de TNT au lieu de 12,5 pour celle de Hiroshima enrichie à l'uranium), montrer sa puissance face à l'URSS (la guerre froide se profile déjà), enfin accélérer la capitulation japonaise bien que Hiroshima ait déjà fait son œuvre. Et puis, soudain, un espace clair dans un ciel nuageux : une éclaircie, la bombe est larguée. 74000 morts, 75000 blessés, 140000 décès en octobre 1950 sur les 270000 habitants que comptait la ville lors du drame.

VISITE DE LA VILLE

Nagasaki, très étendue, déformée par monts et par vaux, s'étire au fond d'un véritable fjord. Il n'est pas inutile de découvrir la ville par l'incroyable point de vue qu'offre le belvédère du mont **Inasa-yama★★** *(A2)*, sur la rive ouest de la rivière Urakami *(tramway, arrêt Takaramachi, puis marchez 10mn ; 10h-22h, 1er déc.-28 fév. 21h ; fermé les 10 premiers jours de juin pour maintenance ; 1 200 ¥)*. En 5mn, le téléphérique s'élève à 333 m au-dessus du niveau de la mer. On jouit alors d'une vue incomparable guidée par une table d'orientation.

NAGASAKI

QUARTIER D'URAKAMI

浦上

À 2,5 km au nord-ouest de la gare centrale. Arrêt de tramway Matsuyama-machi.

Le quartier vallonné et verdoyant d'Urakami, symbole du christianisme au Japon depuis le milieu du 16e s., dont atteste la construction de la cathédrale du même nom quatre siècles plus tard, est aujourd'hui dédié au souvenir de la bombe atomique.

▸ Les trois salles du **musée de la Bombe atomique★★** *(7-8 Hirano-machi ; www1.city.nagasaki.nagasaki.jp/abm/index.html ; 8h30-18h30, sept.-avr. 7h30 ; 200 ¥ ; audioguide en anglais 150 ¥) (A1)* présentent successivement la ville avant le 9 août 1945, les dommages causés par la bombe atomique, ainsi qu'une réflexion sur les enjeux et risques du nucléaire dans le monde contemporain. Le tout avec une grande sobriété.

▸ La **cathédrale d'Urakami** *(A1)*, achevée en 1925 après trente ans de travaux, a été entièrement soufflée par la bombe. La plus grande église chrétienne de l'Orient a été reconstruite, en 1958, à une échelle plus petite, sur son site d'origine, à 500 m au nord-est de l'hypocentre situé dans la partie basse du parc de la Paix.

▸ Le **parc de la Paix** *(A1)*, dessiné en 1955 par Kitamura Seibo, artiste natif de Nagasaki, se divise en deux parties : une **colonne de marbre noir** marque le point exact de l'hypocentre, tandis que, dans sa partie haute, la **Statue**

de la paix, blanche et monumentale (10 m de hauteur), pointe de sa main droite le ciel où surgit la bombe. La main gauche, elle, caresse la terre avec amour et protection. Parmi les autres éléments symboliques, la **Fontaine de la paix** rappelle que les victimes brûlées par la chaleur du souffle mouraient en hurlant leur soif.

AUTOUR DE LA GARE CENTRALE

Juste en face de la gare, une petite colline domine l'axe turbulent du cœur ferroviaire de Nagasaki.

Le **mémorial des 26 martyrs★** *(Suwa-jinja ; www.26martyrs.com) (A2)* commémore les 26 personnes (six jésuites occidentaux et vingt convertis japonais) qui furent crucifiés sur la colline Nishi-zaka, en 1597. Derrière le monument, une large croix figurant les martyrs, se trouve le **musée du Mémorial** *(9h-17h)*. Objets saints, documents épistolaires rappellent qu'entre 1619 et 1700 plus de 600 personnes moururent ici. À deux pas, l'**église St-Philippe** *(A2)*, conçue par l'architecte Imai Kenji (1962), mêle à l'exubérance baroque de Gaudí l'originalité fonctionnelle de Le Corbusier.

AUTOUR DU PORT

長崎港

▸ Le musée-village de **Nagasaki Dejima★** *(6-1 Dejimamachi ; www1.city.nagasaki.nagasaki.jp/dejima ; 8h-18h ; 500 ¥) (A3)* reproduit sur leur emplacement d'origine quelques-uns des principaux entrepôts de l'îlot-comptoir.

▸ Le **musée d'Histoire et de Culture de Nagasaki** *(3-1 Kamizenza-machi ; tlj sf lun. 9h-17h ; 600 ¥) (A3), via* une scénographie élégante qui rassemble 40000 documents et objets historiques, témoigne de quelle manière la ville a su forger son identité au fil de l'histoire.

▸ Le **Nagasaki Prefectural Museum of Art★** *(2-1 Dejimamachi ; www.nagasaki-museum.jp ; 10h-20h ; fermé 2ᵉ et 4ᵉ lun. du mois ; 400 ¥) (A3)*, doté d'une architecture originale, domine le port de Dejima. Ouvert depuis 2005, il possède l'une des plus grandes collections d'art espagnol en Asie, courant du 15ᵉ s. jusqu'au 20ᵉ s. Le second fonds muséal regroupe plus de 2000 œuvres réalisées par des artistes régionaux ou portant sur Nagasaki. On note, enfin, de belles expositions temporaires.

CHINATOWN

中華街

(B3)

À deux pas de Dejima, en direction de l'est.

Chinatown surprend par sa taille : le quartier est tout petit, alors que l'influence de la comunauté chinoise se fait sentir dans toute la ville, et paraît presque folkorique, avec ses grandes portes flambant neuves estampillées de dragons multicolores. Il est vrai que ce quartier est moins un espace de vie qu'une rue commerciale bourrée de boutiques et de restaurants animés jusqu'à 20h30. Parmi les nombreux temples et édifices construits par les Chinois, quelques-uns méritent un petit détour.

▸ Le **Sofuku-ji★** *(8h-17h ; 300 ¥)*, le plus ancien temple chinois de l'archipel, a été fondé en 1629 par la secte zen Obaku. Il célèbre, entre autres divinités, la patrone des marins, Masa. Ainsi, à chaque fois que ces derniers relâchaient à Nagasaki, ils transportaient la statue de Masa de leur jonque au Sofuku-ji, où, pensaient-ils, elle se « rechargeait » jusqu'à leur prochain départ. La porte d'accès et le hall principal de Bouddha, rares témoignages de l'architecture Ming au Japon, sont classés Trésors nationaux.

▸ Plus à l'ouest, au-dessus de la rivière Nakajima-gawa, bombe le « pont Lunettes » **Megane-bashi** un surnom qui lui a été donné en raison de la forme circulaire de ses deux arches. Le plus vieux pont de pierre de l'archipel a été construit par un prêtre chinois en 1634.

AUTOUR DU JARDIN GLOVER

グラバー園

Tramway nº 5, arrêt Ouratenshudo-shita.

À quelques minutes de l'arrêt de tramway, une rue pavée agrippe la petite colline Minami-Yamate où surgissent les plus vieux vestiges coloniaux du Japon. Ils marquent la réouverture du port aux Occidentaux, à la fin du 19e s.

▶ Première étape, la charmante **église catholique Oura** *(avr.-nov. 8h-18h ; déc.-mars 8h30-17h ; 250 ¥) (A3)* fondée en 1864 par le prête français Petitjean, premier évêque de Nagasaki.

▶ Différentes demeures s'étagent sur la colline, dont les maisons **Alt** et **Ringer**, du nom de deux marchands de thé anglais, ou la maison **Walker**, qui accueille les chars décorés du Kunchi Matsuri. La plus ancienne (1863) est celle du **jardin Glover★★** *(801 Minami-Yamate ; www1.city.nagasaki.nagasaki.jp/glover ; 8h-21h30, hiver 18h30 ; 600 ¥) (A3)*. Elle appartenait à Thomas Blake Glover (1838-1911), aventurier écossais, tour à tour marchand d'armes, industriel, financier, importateur de la première locomotive. Construite sur un plan cruciforme imposant qui surplombe magnifiquement le port, la résidence, meublée à l'européenne, est aussi surnommée la « maison de Madame Butterfly ». L'épouse Glover avait inspiré, dit-on, le personnage féminin de l'opéra de Puccini, dont le livret est tiré d'une brève nouvelle de John Luther Long, elle-même inspirée du ***Madame Chrysantème***, de Pierre Loti. À deux pas, une statue rappelle la *prima dona* japonaise Miura Tamaki, qui incarna Cho-Cho-Fujin à travers le monde jusqu'à sa mort, en 1946.

▶ Au retour, on peut gagner les **Dutch Slopes** *(A3)*, petites rues pavés flanquées de maisons en bois préservées. Dans la rue Higashi-Yamatemachi le Centre de préservation historique ainsi que le musée de la Photographie témoignent de l'histoire du quartier *(tlj sf lun. 9h-17h ; 100 ¥)*.

LES ENVIRONS

KUMAMOTO★

熊本

Comptez une journée.

À 215 km à l'est de Nagasaki. 700 000 hab.

Située au cœur de l'île de Kyushu, la ville de Kumamoto, capitale de la préfecture du même nom, s'énorgueillit d'un bel héritage historique. Ceci est d'autant plus étonnant que la ville a été copieusement détruite en 1945. Elle a donc été reconstruite depuis, et son château est considéré comme l'un des plus beaux du pays. Il est vrai que ses habitants ont toujours su se relever. N'est-ce pas à Kumamoto que fut inventé l'art du *kobori*, une technique permettant aux samouraïs de nager en position verticale pour ne pas sombrer avec leur armure ?

Arriver ou partir

En train - Pour Aso, départ ttes les heures du JR Hohi (1h40 de trajet, 1 080 ¥). Pour Beppu, le plus direct est le Limited Kyushu Odan Express (3h10, 4 830 ¥).

En bus - Le **Kumamoto Kotsu Bus Center**, de la gare ferroviaire tram nº 2, arrêt Kumamotojo-mae, ✆ (096) 361 5233, est le terminal des bus longue distance. Départs réguliers pour Nagasaki (3h de trajet, 3 600 ¥).

Comment circuler

En bus - Le Kumamoto Castle Loop Bus, accessible du Kotsu Center, dessert tous le sites touristiques de la ville. Départ ttes les 30mn entre 8h35 et 17h05. 130 ¥/voyage ou 300 ¥ le *pass* quotidien.

En tramway - Deux lignes desservent la ville entre 6h30 et 23h. De 130 à 200 ¥ selon la distance ou 500 ¥ le *pass* quotidien, délivré dans les trams.

Lors du Kunchi Matsuri de Nagasaki.

長崎商和会
長崎商和会
ビデオ
長崎商和会
長崎商和会
はすもと
接骨院

Adresses utiles

Informations touristiques - Bureau situé à la sortie centrale de la gare, ✆ (096) 352 3743. 9h-17h30. Possibilité d'obtenir des guides volontaires.

Poste / Change - **Poste Office**, attenant à la gare. Tlj sf w.-end 9h-17h. Distributeurs de billets ATM. 8h-19h (w.-end 9h-19h).

Se loger

De 5000 à 10000 ¥

Hotel Ichibankan ホテル一番館

1-3-9 Nihongi, ✆ (096) 359 6600, www.ichibankan.5star-E.net - 44 ch. À 300 m de la gare ferroviaire, ce *business hotel* est d'un très bon rapport qualité/prix. Internet gratuit.

Minshuku Ryokan Kajita 民宿旅館梶田

1-2-7 Shinmachi, ✆ (096) 353 1546, kajita@titan.ocn.ne.jp - 10 ch. À deux pas de l'arrêt de bus Shinmachi, cette maison familiale très sympathique combine *o furo* publics et privés.

De 10000 à 15000 ¥

Fujie Hotel 藤江ホテル

2-2-35 Kasuga (à 100 m de la gare), ✆ (096) 353 1101, www.fujie-hotel.com - 47 ch. Cet hotel mixte chambres japonaises et occidentales pour des prestations de qualité ; le tout autour d'un beau jardin. Anglais parlé.

Se restaurer

À partir de 1500 ¥

Ohako おはこ

À droite à 80 m en sortant de la gare, ✆ (096) 355 2160. Tlj sf dim. 18h-23h. Déj. lun.-merc. 12h-13h. Nourriture excellente à prix modestes, servie dans une ambiance populaire et amicale. On peut goûter la plupart des spécialités de Kumamoto comme le *basashi* (carpaccio de cheval).

Suzunoya 鈴の屋

Ryukyu-ya Bldg, 2F, Sannenzaka-dori, ✆ (096) 324 5717. 11h30-22h30. Cadre traditionnel rehaussé d'une touche de modernité pour découvrir une cuisine japonaise variée.

Achats

Artisanat - **Centre d'artisanat traditionnel**, 3-35 Chibajomachi, ✆ (096) 324 4930. Tlj sf lun. 9h-17h. Le 2e étage, muséographique, est payant (200 ¥). Vente d'objets artisanaux de grande qualité, comme ces incroyables toupies *(shusse-koma)*, les lanternes de Yamaga ou les poteries *(toki)*.

À voir, à faire

Facilement accessible de la gare de Kumamoto, le château est le point de convergence des premières visites.

▶ Le **Kumamoto-jo★** *(Hon-maru ; tram de la gare de Kumamoto, arrêt Shiyakusho ; 8h30-17h30, nov.-mars 16h30 ; 500 ¥ ou 640 ¥ billet combiné avec la résidence Gyobu-tei)* présente une fortification impressionnante par sa taille (5,3 km de circonférence, une cinquantaine de portes) mais aussi par l'élégance de sa structure reposant sur ses fameux *mushagaeshi*, des murs de pierre concaves aux reflets d'ardoise, réputés inexpugnables... Commencé au 15e s., agrandi au 17e s., il fut détruit au 19e s. lors de la guerre civile de Seinan (1877), point d'orgue des grandes révoltes de l'ère Meiji, qui opposaient au nouveau pouvoir impérial, centralisateur et prédateur, paysans accablés d'impôts et *bushi* spoliés de leurs droits (comme celui de porter le sabre). Le double donjon n'a été redressé qu'en 1960.

Marchez 10mn à l'ouest des terres attenantes au château.

▶ La vaste demeure **Kyu-Hosokawa Gyobu-tei★** *(3-1 Furukyo-machi ; mêmes horaires que le château ; 300 ¥ ou 640 ¥ billet combiné avec le château)* est un précieux témoignage sur la manière dont vivait l'élite des samouraïs. Se succédèrent ici à l'époque Edo (1603-1867) plusieurs générations de la famille Hosokawa-Gyobu.

Du château, vous pourrez rejoindre le jardin du Suizen-ji en tramway (arrêt Suizenji-koen).

▸ **Jardin du Suizen-ji★★** *(8-1 Suizenji-koen ; www.suizenji.or.jp/index.html ; mars-nov. : 7h30-18h ; déc.-fév. : 8h30-17h ; 400 ¥).* Quand, en 1636, Tadatoshi, le troisième seigneur de la lignée des Hosokawa entreprit les travaux, il sélectionna ce site pour la qualité de sa source, qui sourd directement du mont Aso. Les eaux claires et froides étaient idéales pour alimenter le temple Suizen-ji (détruit depuis) et le pavillon de thé. Boire un thé vert dans cette maison de 400 ans face du mont Fuji est un moment d'une rare beauté. Le jardin reproduit en miniature non seulement le mont Fuji mais également les cinquante-trois autres étapes qui jalonnaient la célèbre route du Tokaido *(voir p. 223)*.

MONT ASO★★

阿蘇山

Comptez une journée.

À 50 km à l'est de Kumamoto.

Situé dans le nord-ouest du département de Kumamoto, le mont Aso ressemble à l'Auvergne. La beauté fertile de cette terre verdoyante où paissent les bovins ne doit pas faire oublier la sulfureuse activité du lieu, une vaste caldeira, sur laquelle s'ébroue avec violence le bouillonnant volcan Naka.

Arriver ou partir

En train - **Aso Station** *(B1)*. Pour Kumamoto, départ du JR Hohi (1h30 de trajet, 1 080 ¥) ou du Limited Kysuhu Odan Express (1h08, 1 680 ¥).

Comment circuler

En bus - Le terminal est situé à côté de la gare *(B1)*. 7 bus/j. pour aller jusqu'au mont Aso (30mn de trajet, 540 ¥).

En voiture - Le plus commode, car les bus sont peu fréquents. Pour la location, **Eki Rent-A-Car**, face à l'office de tourisme *(B1)*, ✆ (0967) 34 1001, www.ekiren.co.jp. 5 770 ¥/6h, assurance incluse (sans l'essence). Réserver à l'avance.

Adresses utiles

Informations touristiques - Face à la gare d'Aso *(B1)*. 9h-18h. Un service ultramoderne : si personne ne parle anglais, il est possible de dialoguer en visio-conférence avec une traductrice basée à Tokyo (gratuit). Trois postes Internet sont aussi en accès libre.

Se loger

▸ *À Bochu* (坊中)

Auberge de jeunesse

Aso Youth Hostel 阿蘇ユースホステル

922-2 Kurokawa-Bochu, Aso (à 20mn à pied de la gare), ✆ (0967) 34 0804 - 9 dortoirs. Une auberge tenue depuis 42 ans par une petite dame énergique. Idéal pour un long séjour avec une cuisine à votre disposition. Douches en exterieur. 2 500 ¥/pers.

De 10 000 à 15 000 ¥

Minshuku Aso 民宿あそ

1076 Kurokawa, Aso (à 15mn à pied de la gare), ✆ (0967) 34 0194 - 12 ch. 22 000 ¥/pers. avec petit-déj. et dîner. Traditionnel et magnifique *minshuku* tenu par des hôtes adorables. *O furo.*

▸ *À Uchinomaki* (内牧)

De 4 500 à 9 000 ¥

Gogaku Hotel 五岳ホテル

264 Uchinomaki, ✆ (0967) 32 1151 - 38 ch. Une adresse peu excitante, qui reste toutefois l'une des moins chères avec toilettes et douche.

De 10 000 à 15 000 ¥

Aso-no-yu 阿蘇の湯

6 Ozato, ✆ (0967) 32 1521, www.asonoyu.com - 11 ch. Cadre rustique et soigné, chambres japonaises, le tout flanqué d'un *o furo* inoubliable.

▸ *À Akamizu* (赤水)

Plus de 15 000 ¥

Aso Prince Hotel 阿蘇プリンスホテル

Komezuka-onsen (de la gare d'Akamizu, prenez un taxi ; comptez 15mn, 1 000 ¥), ✆ (0967) 35 2111, www.princehotels.co.jp/aso - 180 ch. Bel et grand hôtel isolé dans un écrin de verdure au cœur de la caldeira. Superbes *onsen*. Trois restaurants et un pub.

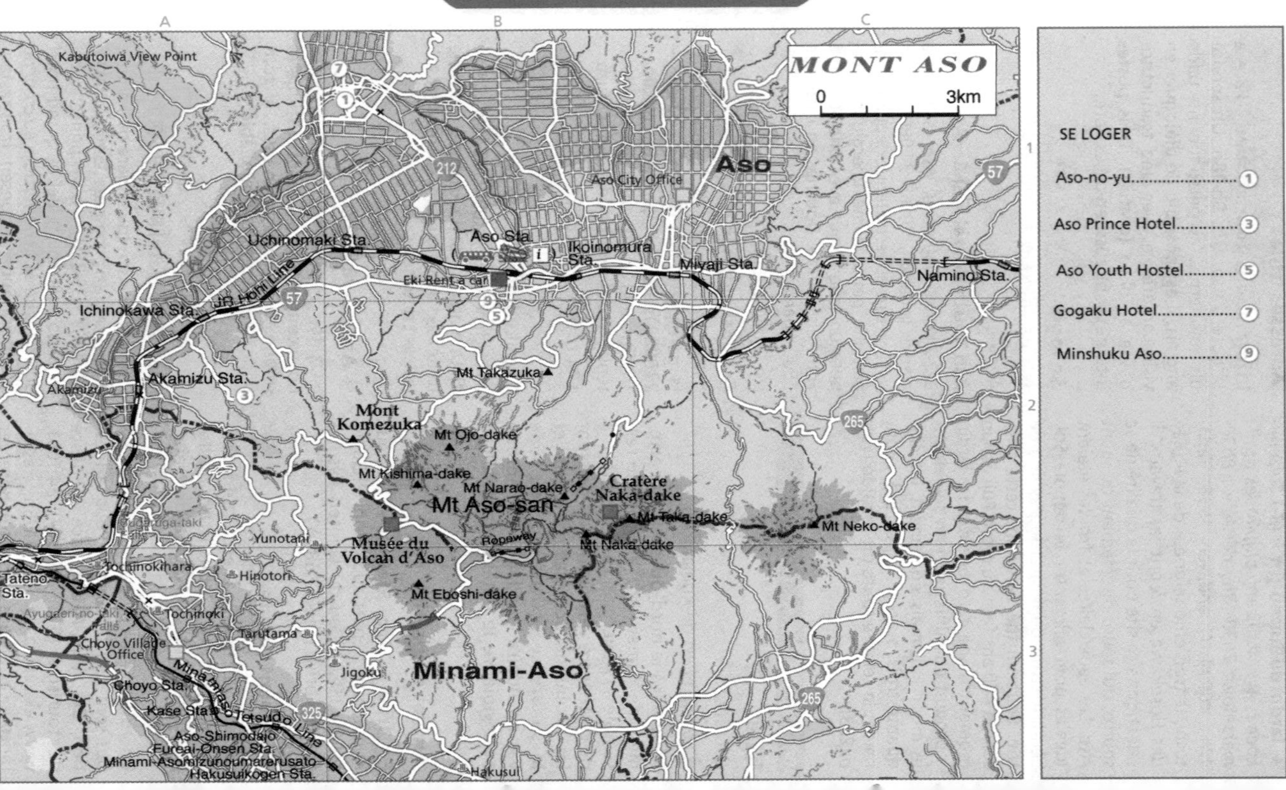

SE LOGER

Aso-no-yu........................ 1

Aso Prince Hotel............. 3

Aso Youth Hostel........... 5

Gogaku Hotel.................. 7

Minshuku Aso................. 9

À voir, à faire

Avant d'atteindre l'arrêt Aso-san Nishi, au pied du téléphérique qui mène au cratère Naka-dake, le bus stoppe 5mn entre Kijima-dake et Eboshi-dake pour laisser les touristes prendre une photo du Komezuka. Il s'arrête ensuite devant le musée.

▸ Dans l'une des plus larges caldeiras du monde (128 km de circonférence) vivent 50000 personnes réparties en une dizaine de villages. Les cinq principaux volcans sont, d'est en ouest, Neko-dake (1408 m), Taka-dake (1592 m), Naka-dake (1506 m), le plus actif actuellement, Eboshi-dake (1337 m) et Kishima-dake (1321 m). Certains cônes comme le **Komezuka★** *(B2)* en forme de bol de riz renversé sont saisissants de beauté.

▸ **Musée du Volcan d'Aso** *(1930-1 Akamizu, Aso ; www.asomuse.jp ; 9h-17h ; 840 ¥ ; audioguide en anglais gratuit) (B2)*. Quatre-vingts volcans sont en activité au Japon, soit 1/10 des volcans actifs référencés dans le monde. Une caméra permet d'observer en temps réel l'intérieur du cratère Naka.

▸ Le téléphérique *(8h30-17h ; fermé en cas danger ; 820 ¥ AR) (B3)* mène en quelques minutes en bordure du **cratère Naka-dake★** *(B2)* (600 m de diamètre, 160 m de profondeur). Les bunkers placés alentour prouvent la violence du Naka. Depuis l'an 553, 170 éruptions aurait eu lieu, faisant plusieurs victimes. Du Naka-dake, différents sentiers de randonnée, jalonnés de panneaux en anglais, permettent de visiter pics, domes et cratères. Le plus populaire mène jusqu'au Taka-dake, le volcan voisin. Pour les autres balades mieux vaut se renseigner auprès de l'office de tourisme *(voir p .447, « Adresses utiles »)*. Nombre de paramètres doivent être connus. Les fumerolles, très dangereuses, sont fortement déconseillées aux personnes cardiaques.

2 jours	Sapporo et ses environs
Suggestions de visite	**Jour 1.** Le matin, flânerie dans le jardin botanique *(p. 458)*, puis balade autour du centre-ville en passant par le Old Hokkaido Government Building et la tour de l'Horloge Tokei-dai *(p. 459)*. Visite du Sapporo Beer Museum et déjeuner sur place *(p. 459)*. L'après-midi, visite de l'Historical Village et du musée d'Histoire de Hokkaido *(p. 460)*. Dîner et soirée à Susukino *(p. 457 et p. 458)*. **Jour 2.** Le matin, visite de l'Hokkaido Museum of Modern Art *(p. 460)* et excursion à Otaru *(p. 461)*. En fin d'après-midi, retour à Sapporo et promenade dans le parc Moerenuma *(p. 460)*.
Transports	À pied, en bus, en train et en métro.
Conseil	Prenez un *pass* pour les transports urbains le jour 1 et le Sapporo-Otaru Pass le jour 2.
5 jours	**Le Parc national de Shiretoko**
Boucle de 900 km au départ de Sapporo	**Jour 1.** Sapporo-Abashiri. **Jour 2.** Visite d'Abashiri *(p. 463)*, puis départ pour Utoro *(p. 466)*. L'après-midi, visite du Shiretoko Nature Center et randonnée jusqu'aux cascades de Furepe *(p. 466)*. **Jour 3.** Marche autour des Cinq Lacs (Shiretoko Goko) et baignade dans les cascades de Kamuiwakka *(p. 466)*. **Jour 4.** Sortie en mer jusqu'au cap Shiretoko *(p. 463)*, puis route pour le col de Shiretoko (ou jusqu'à Rausu) *(p. 466)*. **Jour 5.** Retour à Sapporo.
Transports	En voiture de location de Sapporo. En bus et en train, comptez 1 j. de plus.
Étapes	Abashiri et Utoro (3 nuits).
Conseils	Une voiture s'avère très utile pour circuler dans la péninsule de Shiretoko. Pour réduire les frais, prenez le train jusqu'à Abashiri ou Shari, puis louez un véhicule sur place. De Tokyo ou d'Osaka, il existe des vols directs pour Abashiri sans passer par Sapporo, ce qui permet un gain de temps.
Et aussi...	**D'autres pistes à explorer**
Le Parc national de Shikotsu-Toya	De Sapporo, en voiture de location, boucle de 2 j. (env. 250 km) pour visiter les lacs Toya et Shikotsu, avec une nuit à Noboribetsu Onsen *(voir encadré, p. 466)*.
Sur les traces des Aïnous	Outre le Musée aïnou à Sapporo *(p. 458)* et le Museum of Northern Peoples d'Abashiri *(p. 464)*, les villes de Shiraoi et de Biratori abritent deux excellents musées *(voir encadré, p. 459)*.
Skier en hiver	La station de Niseko (2h30 de route de Sapporo) *(p. 458)* est la Mecque des amateurs de poudreuse et de pistes immaculées.

Les statues de glace géantes du Festival de la neige.

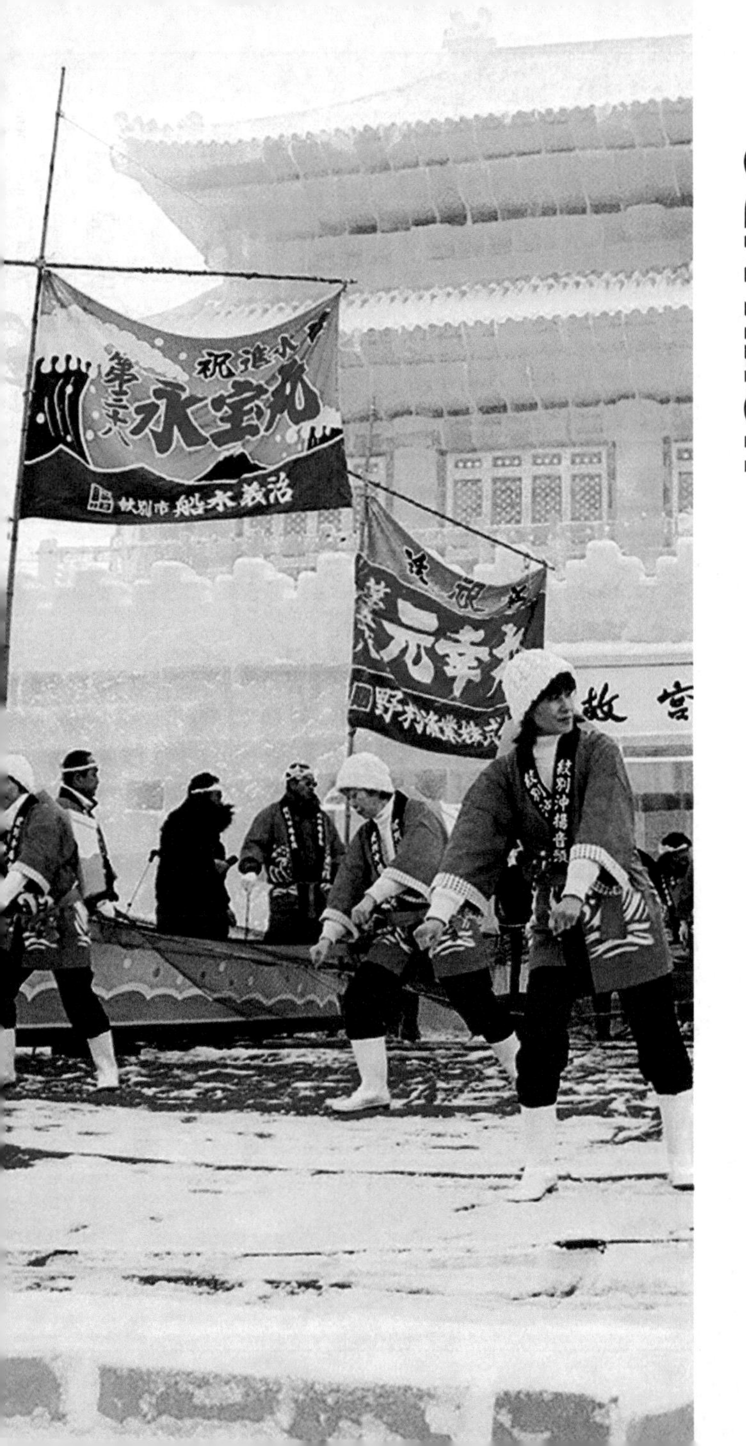
故宮

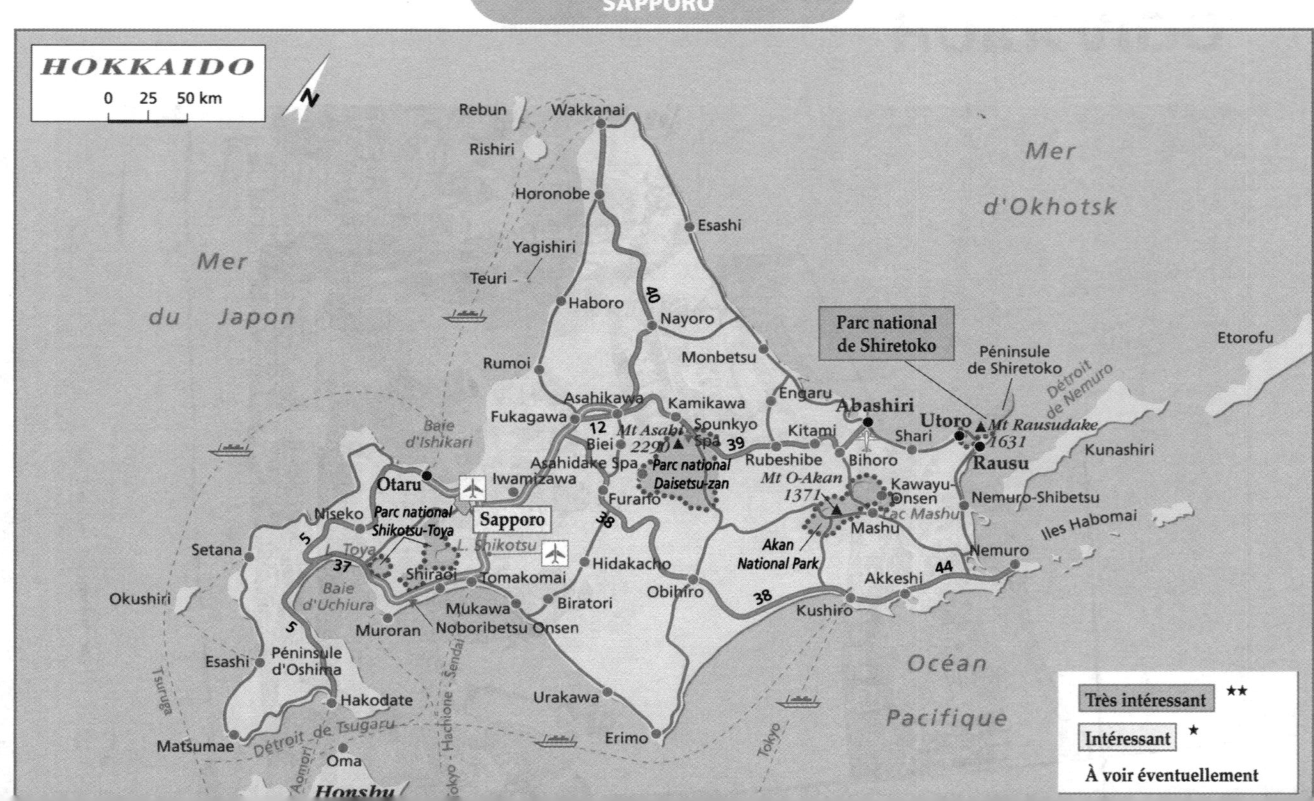
HOKKAIDO
0 25 50 km
N
Mer du Japon
Mer d'Okhotsk
Océan Pacifique
Parc national de Shiretoko
Très intéressant ★★
Intéressant ★
À voir éventuellement
Rebun
Rishiri
Wakkanai
Horonobe
Esashi
Yagishiri
Teuri
Haboro
Nayoro
Monbetsu
Rumoi
Asahikawa
Kamikawa
Engaru
Abashiri
Fukagawa
Sounkyo Spa
Kitami
Shari
Utoro
Mt Rausudake 1631
Rausu
Péninsule de Shiretoko
Détroit de Nemuro
Kunashiri
Etorofu
Mt Asahi 2290
Biei
Rubeshibe
Bihoro
Asahidake Spa
Parc national Daisetsu-zan
Mt O-Akan 1371
Kawayu-Onsen
Lac Mashu
Mashu
Nemuro-Shibetsu
Iles Habomai
Nemuro
Akan National Park
Akkeshi
Kushiro
Baie d'Ishikari
Otaru
Iwamizawa
Furano
Sapporo
Niseko
Parc national Shikotsu-Toya
L. Toya
L. Shikotsu
Hidakacho
Obihiro
Setana
Shiraoi
Tomakomai
Biratori
Okushiri
Baie d'Uchiura
Mukawa
Muroran
Noboribetsu Onsen
Esashi
Péninsule d'Oshima
Hakodate
Urakawa
Erimo
Matsumae
Détroit de Tsugaru
Oma
Honshu
Tsuruga
Aomori
Tokyo - Hachione - Sendai
Tokyo
40
12
39
38
5
37
44

SAPPORO★
札幌

Les parcs et la vie nocturne

Peu d'âme, peu d'histoire

Quelques repères

Chef-lieu de la préfecture de Hokkaido - 1 054 km de Tokyo - 1,89 million d'hab. - Carte régionale p. 452 - Plan p. 454.

À ne pas manquer

Le jardin botanique.

L'Historical Village of Hokkaido.

Une virée nocturne à Susukino.

Savourer un « Gengis Khan » arrosé d'une bière locale.

Conseils

Si votre temps sur Hokkaido est limité, ne consacrez qu'une journée à Sapporo. Prévoyez 2 jours si vous voulez inclure les environs.

Au sortir d'un hiver long et rigoureux, les senteurs des lilas embaument les rues de Sapporo. La capitale et principale ville de Hokkaido, cinquième plus grande ville du Japon, tempère son gigantisme par l'abondance des parcs verdoyants. La nature n'est jamais loin, rappelant qu'il y a moins d'un siècle et demi, Sapporo n'était encore qu'un hameau perdu dans une vaste plaine agricole. Ici et là, d'anciens édifices de style occidental arborant fièrement l'étoile rouge à cinq branches, symbole de l'étoile polaire, évoquent l'esprit pionnier qui prévalait aux premiers jours de la mise en valeur de l'île, vers 1860. Bâtie à l'américaine, sur un plan en damier, cette ville moderne a connu une expansion rapide, dynamisée par la tenue des Jeux olympiques d'hiver en 1972. Sa population jeune, enthousiaste et chaleureuse, incite à passer l'éponge sur l'uniformité sans grand caractère de son urbanisme.

Arriver ou partir

En avion - L'aéroport **New Chitose** *(C2 en dir.)*, à 37 km au sud-est de Sapporo, ℘ (0123) 23 0111, relie Tokyo (44 vols/j., 1h30 de trajet, 28 000 ¥/AS), Osaka (14 vols/j., 1h50, 35 000 ¥/AS), ainsi que les autres grandes villes du Japon. Des vols desservent aussi les principales villes de Hokkaido (env. 1h).

Compagnies aériennes : **JAL**, N2 W4 *(B1)*, ℘ (0120) 255 971 ; **ANA**, N4 W4 *(B1)*, ℘ (0120) 029 333.

De l'aéroport au centre-ville - Le plus rapide est le train JR, Sapporo Station. Départ ttes les 20mn (35mn de trajet, 1 040 ¥). La gare se trouve sous le hall d'arrivée. Les bus sont moins chers mais plus lents (1h20, 820 ¥).

En train - Gare, à 10mn à pied du centre-ville *(B1)*. De et vers Tokyo, deux Hokutosei (trains couchettes) quotidiens (16h de trajet, 23 500 ¥). Nombreuses liaisons pour les villes de Hokkaido : 11 Hokuto/j. de et vers Hakodate (3h30, 8 500 ¥) ; départ ttes les 20mn de et vers Otaru (30mn, 620 ¥) ; départ ttes les 30mn de et vers Asahikawa (1h30, 4 170 ¥) ; 6 trains/j. de et vers Kushiro (4h, 9 120 ¥) ; 4 trains/j. de et vers Abashiri (5h30, 9 130 ¥).

Le **JR Hokkaido Pass** permet de circuler librement sur le réseau JR de l'île durant 3 j. (14 000 ¥) ou 5 j. (18 000 ¥). Vous pouvez le réserver de l'étranger ou bien l'acheter sur place, à l'aéroport et à la gare de Sapporo.

En bus - Les bus sont souvent moins chers et aussi rapides que les trains pour circuler sur Hokkaido. Ils partent du **Sapporo Station Bus Terminal**, situé à gauche en sortant de la gare de Sapporo *(B1)*, ou du **Chuo Bus Terminal**, Odori E1 *(B1)*. 5 bus/j. de et vers Hakodate (5h de trajet, 4 680 ¥). 9 bus/j. de et vers Toyako Onsen (2h40, 2 700 ¥) et Abashiri (6h, 6 210 ¥). 11 bus/j. pour Noboribetsu Onsen (2h30, 1 900 ¥).

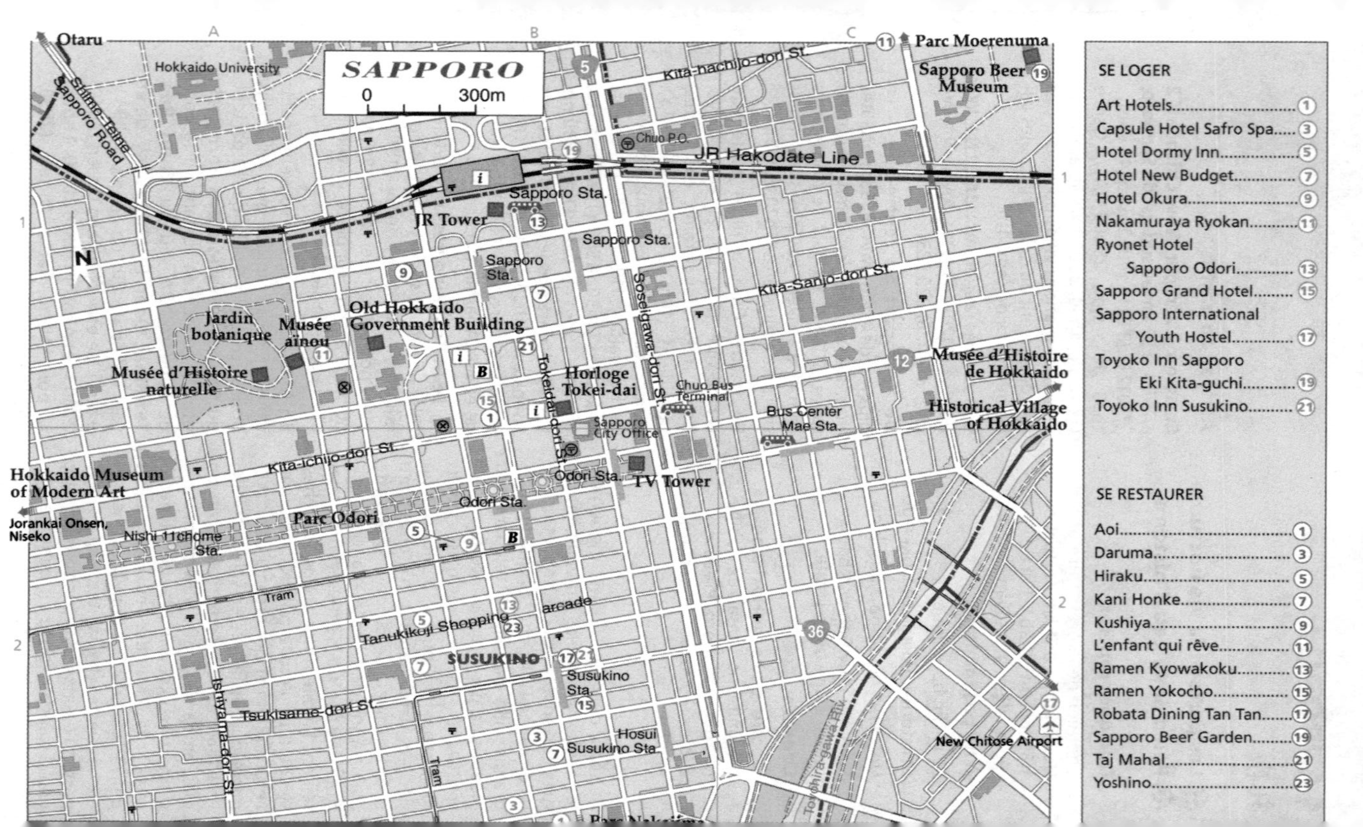

SE LOGER

- Art Hotels 1
- Capsule Hotel Safro Spa 3
- Hotel Dormy Inn 5
- Hotel New Budget 7
- Hotel Okura 9
- Nakamuraya Ryokan 11
- Ryonet Hotel Sapporo Odori 13
- Sapporo Grand Hotel 15
- Sapporo International Youth Hostel 17
- Toyoko Inn Sapporo Eki Kita-guchi 19
- Toyoko Inn Susukino 21

SE RESTAURER

- Aoi 1
- Daruma 3
- Hiraku 5
- Kani Honke 7
- Kushiya 9
- L'enfant qui rêve 11
- Ramen Kyowakoku 13
- Ramen Yokocho 15
- Robata Dining Tan Tan 17
- Sapporo Beer Garden 19
- Taj Mahal 21
- Yoshino 23

Se repérer

Facile : la ville est structurée par un plan en grille, orienté selon les quatre points cardinaux. Chaque bloc d'immeubles est numéroté par rapport à la **TV Tower** *(B2)*. Par exemple, l'adresse N3 W2 se trouve à 3 blocs au nord et 2 blocs à l'ouest de la tour de télévision. Les numéros des blocs sont notés sur les poteaux des carrefours. *Kita* signifie nord, *minami* sud, *nishi* ouest et *higashi* est. **Odori Park** *(A-B2)*, longue artère de verdure qui s'étale devant la tour de télévision, sépare les quartiers nord et sud. De la **gare de Sapporo** *(B1)*, au nord, au quartier nocturne de **Susukino** *(B2)*, au sud, comptez 20mn à pied.

Comment circuler

À pied - Le centre se parcourt aisément à pied. S'il pleut ou fait trop froid, empruntez la galerie commerciale souterraine de Pole Town, entre Odori et Susukino.

En métro - Trois lignes parcourent la ville, dont la **Namboku Line** (en vert), qui relie Sapporo Station à Susukino et la Nakajima-koen, la plus utile. Les billets débutent à 200 ¥ l'unité. Le *pass* journalier revient à 800 ¥ (500 ¥/w.-end) et le *pass* métro + bus + tram à 1 000 ¥. Le Sapporo-Otaru Pass (1 500 ¥), en vente aux bureaux JR de la gare, associe métro + JR Sapporo-Otaru Line.

En bus - De mai à octobre, de la Sapporo Station, des bus touristiques proposent des circuits en boucle qui font halte devant les principales curiosités (billet simple 200 ¥ et *pass* journalier 750 ¥). Départs ttes les 30mn, de 9h à 17h. **Chuo Bus**, ✆ (011) 231 0500. La compagnie propose aussi des excursions à la journée sur Niseko, le lac Shikotsu, Otaru, Furano et Biei.

Location de voiture - **Nippon Rent-A-Car**, N6 W3 (sortie nord de la gare JR, à gauche, près de l'hôtel Crest) *(B1)*, ✆ (011) 746 0919. 24h/24. **Nissan Rent-A-Car**, Asty 45 Bldg, 1F, N4 W5 (en face de l'hôtel Royal Century) *(B1)*, ✆ (011) 231 4123. 8h-22h.

Location de vélos - **Rent-A-Cycle Sapporo**, 105 Keihoku Village, N2 E2 *(B1)*, ✆ (011) 223 7662. 8h30-17h. 1 000 ¥/j. On peut aussi s'adresser à l'**Aka-Renga Café** *(voir ci-dessous, « Adresses utiles »)*.

Adresses utiles

Informations touristiques - **Sapporo Visitors Information Corner**, Sapporo Stellar Place, 1F (dans le hall de la gare de Sapporo) *(B1)*, ✆ (011) 209 5030. 9h-17h30. **Sapporo International Plaza**, MN Bldg, 3F, N1 W3 (face à la Clock Tower) *(B1)*, ✆ (011) 211 3678. Tlj sf dim. 9h-17h30. Tous deux vous fourniront cartes, brochures et renseignements en anglais.

Aka-Renga Café, N2 W4 (face à l'entrée du Hokkaido Government Bldg) *(B1)*, ✆ (011) 271 8155. 9h-17h. Ce café délivre brochures et informations en anglais et organise, à la demande, des visites guidées gratuites de la ville.

Banque / Change - **Citibank**, N2 W4 *(B1)*. Distributeurs de billets ATM. 24h/24. **Hokkaido Bank**, S1 W5 *(B2)*. Tlj sf dim. 10h-19h (sam. 17h). Dispose d'un bureau de change au sous-sol qui accepte les principales devises. La poste centrale *(voir ci-dessous)* change aussi la plupart des devises étrangères.

Poste / Retrait - **Central Post Office**, N6 E1 *(B1)*. 9h-20h (w.-end 17h). Distributeurs de billets ATM. Lun.-vend. 7h-23h, sam. 9h-21h, dim. 9h-19h. **Odori Post Office**, Odori W2 *(B2)*. 9h-19h. Distributeurs de billets ATM. 9h-21h (sam. 19h, dim. 17h).

Internet - Accès gratuit (limité à 30mn) au **Sapporo International Plaza** *(voir ci-dessus, « Adresses utiles »)*, et à l'**Aka-Renga Café** *(voir ci-dessus, « Adresses utiles »)*. On trouve sinon pléthore de manga cafés Internet ouverts 24h/24. Boissons incluses dans le forfait. **I-Café**, Century Royal Hotel, N5 W5 *(A1)*. 800 ¥/3h. **Manga Café Jiyukukan**, Arban Sapporo Bldg, 2F, S3 W4 *(B2)*. 1 000 ¥/3h.

Urgences / Santé - Hôpital, ✆ (011) 726 2211. Urgences médicales, ✆ 119. Police, ✆ 110.

Agences de voyages - **JTB Sun**, N3 W4 *(B1)*, ✆ (011) 271 0567. **Nippon Travel**, S1 W4 *(B2)*, ✆ (011) 208 0182.

Se loger

Auberge de jeunesse

Sapporo International Youth Hostel

札幌国際ユースホステル

6-5-35 Toyohira-ku, M° Gakuenmae Station (Toho Line), sortie n° 2, ✆ (011) 825 3120, www.youthhostel.or.jp/kokusai - 35 ch. À 10mn en métro du centre, une excellente adresse pour les petits budgets (à partir de 3 200 ¥/pers. en dortoir). Bâtiment neuf, dortoirs (4 lits) et chambres avenants et ultra-propres. Les couples non mariés ne sont pas autorisés à partager une chambre privée. *O furo* ou douches individuelles à l'étage, Internet, laverie.

Autour de 8000 ¥

Hotel New Budget

ホテルニューバジェット札幌

S3 W6, ✆ (011) 261 4953, www.newbudget.com - 161 ch. Petit-déj. inclus. Situé à Susukino, ce *business hotel* affiche des tarifs imbattables grâce à un service réduit au minimum : tout, ou presque, s'achète aux bornes automatiques. Chambres simples et correctes, bien qu'assez exiguës.

Capsule Hotel Safro Spa

北欧クラブ・スパ・サフロ

S6 W5, ✆ (011) 531 2233, www.safro.org - 84 capsules. Au cœur de l'animation nocturne, ce *capsule hotel* a pour double avantage d'offrir l'accès à un vaste et superbe spa (bains communs) situé dans le même bâtiment et d'accepter aussi bien les hommes que les femmes (non mixte).

De 9200 à 13000 ¥

Toyoko Inn Sapporo Eki Kita-guchi

東横イン札幌駅北口

N6 W1, ✆ (011) 728 1045, www.toyoko-inn.com - 358 ch. Petit-déj. inclus. Tout près de la gare (sortie n° 16), un grand établissement aux chambres bien équipées (Internet, coffre, réfrigérateur, etc.). Cette chaîne compte plusieurs hôtels similaires à Sapporo, dont le **Toyoko Inn Susukino Kousaten** *(東横インすすきの交差点)*, S4 W3, ✆ (011) 207 1045.

Hotel Dormy Inn ドーミーイン札幌

S2 W6, ✆ (011) 232 0011, www.hotespa.net - 172 ch. De création récente, cet hôtel dispose de chambres plutôt spacieuses et agréables, et d'un bel *o furo* en bois de cèdre. L'annexe en face est plus chère, mais agencée dans un style plus raffiné.

Roynet Hotel Sapporo Odori

ロイネットホテル札幌大通

S2 W4, ✆ (011) 208 0055, www.roynet.co.jp - 200 ch. Des chambres occidentales confortables à des tarifs raisonnables : cet hôtel de catégorie moyenne forme un choix judicieux.

☺ **Nakamuraya Ryokan** 中村屋旅館

N3 W7, ✆ (011) 241 2111, www.nakamuraya.com - 26 ch. Petit-déj. inclus. Vous apprécierez le confort et l'atmosphère authentiquement japonaise de ce charmant *ryokan*, situé devant l'entrée du jardin botanique.

De 27000 à 33000 ¥

☺ **Art Hotels** アートホテルズ札幌

S9 W2, ✆ (011) 511 0101, www.arthotels.co.jp - 400 ch. Près du parc de Nakajima, cette tour de 26 étages s'ouvre par un lumineux *atrium* arboré. Aux étages supérieurs, les chambres modernes et spacieuses ménagent une vue superbe sur la ville. Luxueux spa avec Jaccuzi et sauna.

☺ **Hotel Okura** ホテルオークラ札幌

S1 W2, ✆ (011) 221 2333, www.hotelokura.co.jp - 147 ch. Dans un bâtiment de briques rouges, des chambres larges et douillettes, au mobilier en bois clair de style scandinave. Le personnel parle bien l'anglais et se montre particulièrement prévenant. Une adresse très recommandable.

Sapporo Grand Hotel

札幌グランドホテル

N1 W4, ✆ (011) 261 3311, www.mitsuikanko.co.jp/sgh - 562 ch. Le plus ancien hôtel de Hokkaido (1934) en impose, avec ses trois corpulents bâtiments, ses nombreux restaurants et son personnel pléthorique. Chambres spacieuses, décorées sobrement.

Se restaurer

Outre ses produits de la mer, sa bière et ses *ramen* (nouilles chinoises), Sapporo est réputé pour son « Gengis Khan », un savoureux barbecue de mouton et de légumes. L'origine de ce nom étrange semble provenir de la plaque en fonte sur laquelle on fait griller sa viande, dont la forme bombée évoque le casque du conquérant mongol.

Moins de 1 500 ¥

Ramen Kyowakoku

札幌らーめん共和国

Esta Bldg, 10F, N5 W2, ✆ (011) 209 5031. 11h-22h. Au dernier étage du centre commercial, huit échoppes déclinent les divers bols de nouilles des régions de Hokkaido. Le tout dans une ambiance rétro (lanternes rouges et affiches anciennes) bien sympathique.

Ramen Yokocho ラーメン横丁

S5 W3. 11h-2h. Minuscule mais fameuse ruelle de Susukino, bordée d'une myriade d'échoppes de nouilles. Du fait du succès, une nouvelle ruelle concurrente est apparue en face, côté nord : la guerre des nouilles fait rage !

Taj Mahal タージマハール

2F, N2 W3, ✆ (011) 231 8850. 11h-22h. Bonne cuisine indienne servie dans un décor vaguement oriental. Carte en anglais et grand choix de menus (tandoori, curry, végétarien) à petits prix.

De 2 000 à 3 000 ¥

Sapporo Beer Garden

サッポロビール園

N7 E9, ✆ (0120) 150 550. 11h30-22h. Une ambiance germanique flotte sur les salles de l'ancienne brasserie de Sapporo. Au centre, une cuve à bière géante donne le ton : on vient ici pour faire ripaille de « Gengis Khan » et de bière, de sushis et de crabe.

Daruma だるま

S5 W4, ✆ (011) 552 6013. 17h-5h. Pas facile à trouver : dans une ruelle, tâchez de repérer le personnage de Gengis Khan chauve et barbu qui sert d'enseigne à cette petite salle, souvent pleine et enfumée. Ce boui-boui tenu par trois dames alertes sert un « Gengis Khan » de très bonne qualité, et moins cher que dans les *beer gardens*.

Aoi あおい

N1 W4, ✆ (011) 261 3311. 11h30-21h. Au 4e étage du Sapporo Grand Hotel, un agréable restaurant japonais traditionnel, avec vue sur un jardin-terrasse et serveuses en kimono. Les formules déjeuner sont variées (*udon*, sashimis, tempuras, etc.) et à prix modérés.

Kushiya 串屋

Asty 45 Bldg, B1F, N4 W5, ✆ (011) 205 6616. Tlj sf dim. 17h-23h. Un délicieux restaurant de *yakitori*. Brochettes à la pièce ou menus, tel le *kushiyaki set* (6 brochettes + soupe *miso*) à 2 100 ¥.

Yoshino 由の

S3 W4, ✆ (011) 221 4430. Tlj sf dim. 12h-22h30. Dans l'arcade commerçante Tanuki-koji, ce sympathique *izakaya* sert une cuisine variée : sashimis, *oden*, *yakitori*, salades, tempuras, etc. Pas de carte en anglais, mais le personnel saura vous conseiller efficacement.

Robata Dining Tan Tan

炉ばたダイニング炭炭

Hokusei Bldg, 8F, S4 W3, ✆ (011) 219 3929. 17h-1h. Excellent restaurant traditionnel sur tatamis. Pas de menu en anglais mais carte bien illustrée de photos. On s'y régale de sashimis, tempuras, *sukiyaki* et divers petits plats.

L'Enfant qui rêve

ランファン・キ・レーヴ

Moerenuma Park, ✆ (011) 791 3255. Tlj sf lun. 11h30-20h. Dans la pyramide de verre du parc, une cuisine française délectable dans un cadre raffiné. Le menu déjeuner à 2 500 ¥ est parfait.

Hiraku 開 (ひらく)

President Bldg 100, 2F, S1 W5, ✆ (011) 241 6166. Tlj sf dim. 17h-23h.

Restaurant spécialisé dans les huîtres (chaudes ou froides), les *soba*, sushis et les plats de saison. Essayez les exquis gratins et le pot-au-feu d'huîtres.

De 3000 à 5000 ¥

Kani Honke かに本家

N3 W2 et S6 W4, ✆ (011) 551 0018. 11h-23h. Cette chaîne de restaurants spécialisée dans le crabe de Hokkaido a des succursales dans tout le Japon, mais ici vous pourrez déguster un succulent repas *kaiseki* de crabe royal, crabe des neiges ou araignée tirés du vivier.

Sortir, boire un verre

Bars - **Hallstairs**, S3 W3 *(B2)*, ✆ (011) 242 2252. 11h-3h. Au sous-sol, un bar habillé de noir qui fait songer à un lieu alternatif. Ambiance relax, musique rock, soul et jazz. Idéal pour papoter autour d'un café ou d'une bière.

Bar Habana, S3 W6 *(B2)*, ✆ (011) 219 8870. 18h-3h. Dans la galerie Tanukikoji, à l'étage, un bar coloré où l'on sirote Mojito et Cuba libre sur fond de salsa, merengue et bachata.

Jersey Bar, S3 W6 (juste à côté du Habana) *(B2)*, ✆ (011) 738 8550. 11h30-0h. Un pub irlandais apprécié des expatriés et des locaux, en particulier lors des grands événements sportifs, retransmis sur écrans géants.

Rad Brothers, S7 W3 *(B2)*, ✆ (011) 561 3601. 18h-6h. Le plus animé du lot. Clientèle jeune et bonne musique.

Discothèques - ☺ **Booty**, S7 W4 *(B2)*, ✆ (011) 521 2336. Vend. et sam. seul. 21h-6h. Entrée gratuite, consommation env. 500 ¥. La seule boîte de nuit du Japon tenue par un Français, Sébastien Pons, qui est aussi DJ. Musique funk, hip-hop, R & B, rap et reggae. Au premier, *lounge bar* pour se relaxer. Le club le plus en vogue à Sapporo.

Precious Hall, Green Bldg n° 9, BF, S4 W7 (à côté du Green Hotel) *(A1)*, ✆ (011) 513 2221. Tlj sf lun. et dim. 22h-6h. Un temple de la techno, avec une méga-sono.

Loisirs

Ski - Située à 100 km à l'ouest de Sapporo, le domaine de ski de **Niseko** est réputé comme l'un des meilleurs du Japon. En hiver, de nombreux bus desservent les stations de Niseko depuis Sapporo ou l'aéroport New Chitose (2h30 de trajet, 2300 ¥). Informations détaillées sur le site www.niseko.gr.jp.

Onsen - À env. 1h de bus de la gare de Sapporo, **Jozankei Onsen** abrite de nombreuses sources chaudes. Renseignements au Jozankei Tourist Association, ✆ (011) 598 2012.

Fêtes et festivals

Le **Yuki Matsuri** (Festival de la neige), début février, attire une foule énorme chaque année. Une centaine d'extraordinaires statues de glace géantes sont alors exposées en plein air sur Odori Park. Des concerts, spectacles et amusements accompagnent l'événement. Attention, hôtels souvent complets : réservez à l'avance.

VISITE DE LA VILLE

JARDIN BOTANIQUE★

北海道大学付属植物園

(A1)

N3 W8. 29 avr.-3 nov. : tlj sf lun. 9h-16h. 400 ¥.

Agréable lieu de flânerie, le jardin botanique de l'université de Hokkaido fut fondé en 1886, afin de favoriser la recherche et l'éducation en matière d'agronomie. Il regroupe, sur 13 ha, près de 4000 variétés d'arbres et de fleurs, une serre, un jardin alpin et un arboretum. L'enceinte du parc abrite en outre deux musées :

▸ Le **musée d'Histoire naturelle**, logé dans un gracieux bâtiment en bois de l'ère Meiji, présente la faune de l'île : ours brun, faisan, sanglier, écureuil volant, lapins des neiges, renard, daim sika, phoques, lions de mer, etc.

▸ Le **Musée aïnou★**, près de l'entrée du parc, permet de découvrir les traditions et l'ancien mode de vie du peuple

Les Aïnous, un peuple brisé

Anéantie par les Japonais, la culture des anciens aborigènes aïnous parviendra-t-elle à refaire surface ? Depuis les années 1970, les Aïnous ont commencé à redresser la tête et à réclamer la reconnaissance de leur identité. En 1997, une loi a été votée, qui leur accorde le statut de minorité ethnique et s'engage à promouvoir leur langue et leurs traditions. Sur Hokkaido, plusieurs musées œuvrent dans ce sens. À Shiraoi, au sud du parc de Shikotsu-Toya, le village de Poroto Kotan présente d'intéressantes danses rituelles, quoique folklorisées. À Biratori, le village aïnou de Nibutani abrite un passionnant musée de la culture aïnoue. Peuple mongoloïde venu de Sibérie durant la préhistoire, les Aïnous furent les premiers occupants de Hokkaido, avant d'être victimes de la colonisation japonaise. Durant l'ère Meiji (1868-1912), ils firent l'objet de multiples brimades. Dépossédés de leur langue, leurs terres confisquées, ils ont vu peu à peu disparaître leur culture animiste, fondée sur un profond respect de la nature. Aujourd'hui les Aïnous seraient environ 50000, mais beaucoup cachent leur origine de crainte de subir des discriminations.

autochtone de l'île. Ses collections rassemblent des huttes, colliers, vanneries, objets rituels, outils et costumes fabriqués jadis par les Aïnous, en particulier deux rares **manteaux de chamans** en plumes d'oiseaux et peaux de lions de mer collectés dans les Kouriles en 1885. Une passionnante vidéo, tournée en 1935, montre le rituel du sacrifice de l'ours, considéré par les Aïnous comme un messager des dieux.

AUTOUR DU CENTRE-VILLE

▶ Jouxtant la gare, la **JR Tower** *(B1)*, inaugurée en 2003, domine Sapporo de ses 173 m. Au 38e étage, un observatoire *(10h-23h; 700 ¥)* offre une vue dégagée sur la ville, superbe de nuit.

▶ Le **Old Hokkaido Government Building** *(B1)*, corpulent édifice de style néobaroque américain, tranche par le rouge de ses briques sur le gris des bâtiments alentour. Édifié en 1888, l'ancien siège administratif de l'île abrite encore les archives préfectorales. Des tableaux et meubles d'époque sont exposés à l'étage, dans la salle des anciens gouverneurs de Hokkaido.

▶ Plus au sud, sur N1 W2, la tour de l'Horloge **Tokei-dai** *(B1)* date de 1878. Sa façade couleur crème est surmontée de l'étoile rouge à cinq branches, symbole de l'étoile polaire. L'horloge, fabriquée à Boston, égrène les heures avec ponctualité depuis plus d'un siècle.

▶ Le **parc Odori** *(A-B2)*, large avenue égayée de pelouses fleuries, statues et fontaines, accueille le Festival de la neige durant l'hiver. À sa lisière s'élève la **TV Tower**, édifiée en 1957 sur le modèle de la tour Eiffel. De l'étage supérieur, à 90 m, on profite d'un beau panorama urbain *(9h-22h; 700 ¥)*.

▶ Entre S3 et S7 s'étire **Susukino** *(B2)*, le quartier chaud de la nuit et des divertissements. Plus de 450 bars et restaurants s'y amassent, au milieu d'un ahurissant cortège de salles de *pachinko*, clubs de karaoké, salons de massage et bars à hôtesses fripons, le tout dans une débauche d'enseignes lumineuses digne d'un film de science-fiction.

▶ Au-delà de Susukino, à la sortie du métro Nakajima-koen, on musarde avec plaisir dans le bucolique et vaste **parc Nakajima** *(B2 en dir.)* où se répartissent, autour d'un étang et de diverses promenades, une grande variété d'arbres, tels ginkgos, saules pleureurs, cerisiers et acacias.

LES MUSÉES

Sapporo Beer Museum

サッポロビール博物館

(C1)

N7 E9. Prenez le bus Factory Line qui part ttes les 10mn de l'arrêt situé N4 W3, sur le côté sud du grand magasin Seibu (15mn de trajet). 9h-18h. Gratuit. Possibilité de dégustation (payante) au terme de la visite. Voir également « Se restaurer », p. 457.

SAPPORO

Édifié en 1876, le pittoresque bâtiment en brique rouge de l'ancienne brasserie de Sapporo, que flanque une haute cheminée ornée de l'étoile polaire, fut le premier à produire de la bière au Japon. L'usine a déménagé hors de la ville en 1987, et ses salles ont été converties en musée.

Hokkaido Museum of Modern Art

北海道立近代美術館

(A2 en dir.)

N1 W17. M° Nishi-Juhatchome (Tozai Line), sortie n° 4, puis marchez 5mn à pied vers le nord. Tlj sf lun. 9h30-17h. 450 ¥.

Les collections s'articulent autour des peintres de Hokkaido, mais aussi de Jules Pascin et de l'école de Paris. Parmi la centaine d'œuvres exposées, des toiles d'une facture très classique (portraits, paysages, scènes de la vie paysanne) côtoient des travaux plus novateurs, dans un registre abstrait ou onirique. Le 1er étage du bâtiment présente un bel ensemble de **verreries**, de l'Art nouveau européen (Daum, Gallé, etc.) aux créateurs japonais contemporains.

Historical Village of Hokkaido★

北海道開拓の村

(C1 en dir.)

Nopporo Forest Park (à 15 km à l'est du centre-ville). De la gare de Sapporo, train pour Shin-Sapporo (10mn), puis bus (15mn) ou taxi (env. 1 000 ¥). Tlj sf lun. 9h30-16h30. 830 ¥.

Échoppe de barbier, atelier de maréchal-ferrant, épicerie, fabrique de saké, poste de police, maison de pêcheurs, vieille gare : une soixantaine d'édifices en bois ou en pierre de l'ère Meiji (fin 19e s.) ont été reconstitués, qui replongent le visiteur aux premiers jours de la colonisation de l'île. Les intérieurs sont très fidèlement restitués, ajoutant au charme nostalgique de ce musée en plein air que traverse, à heures fixes, un minitrolley tiré par un cheval.

Musée d'Histoire de Hokkaido★

北海道開拓記念館

(C1 en dir.)

Nopporo Forest Park. À 5mn à pied du précédent. Tlj sf lun. 9h30-16h30. 450 ¥. Audioguide en anglais (120 ¥).

Ce passionnant musée met en scène l'histoire de Hokkaido des origines à nos jours, à travers des collections d'objets, des maquettes, panneaux et images. On y apprend, par exemple, que les plus anciennes traces humaines sur l'île remontent à 20000 ans, quand Hokkaido était encore rattachée au continent eurasiatique ; que la culture des chasseurs-pêcheurs aïnous, née au 7e s., s'épanouit du 13e au 19e s., époque où l'île s'appelait Ezochi ; ou encore que les premiers à mettre en valeur l'île furent des samouraïs démobilisés sous l'ère Meiji (1868-1912), suivis par des forçats condamnés à construire voies ferrées, routes et ports.

Parc Moerenuma★

モエレ沼公園

(C1 en dir.)

À env. 10 km au nord-est du centre-ville. M° Kanjodori-higashi (Toho Line), puis bus nos 69 ou 79 pour Moere-koen Higashiguchi, l'entrée est du parc (25mn de trajet). 7h-22h. Gratuit.

Inauguré en 2005, ce parc de sculptures monumentales est l'œuvre posthume du sculpteur et artiste-paysager **Isamu Noguchi**, qui pilota le projet jusqu'à sa mort en 1988. L'idée du lieu est d'offrir des sculptures comme terrain de jeux pour le public, en particulier aux enfants, et aussi d'intégrer un vaste espace de verdure dans le futur développement urbain. Outre la **pyramide de verre** *(à 10mn à pied de l'entrée est)* qui sert d'accueil, le parc recèle une **plage** artificielle, une grandiose **fontaine** qui, à heures régulières, propulse un formidable jet d'eau à 25 m du sol, ou encore une **montagne** de 30 m évoquant une pyramide maya, d'où s'offre une belle vue sur Sapporo.

LES ENVIRONS

OTARU

小樽

Comptez une demi-journée.

À 38 km au nord-ouest de Sapporo. 145 000 hab.

Ouvrant sur la mer du Japon, ce port sert de débouché maritime à Sapporo. Construit autour d'un ancien village de pêcheurs aïnous, il s'est enrichi jadis grâce à l'industrie du hareng.

Arriver ou partir

En train - Gare, en centre-ville. De et vers Sapporo, départ ttes les 20mn (30mn de trajet, 620 ¥).

Adresses utiles

Informations touristiques - Dans le hall de la gare, ✆ (0134) 29 1333. 9h-18h.

Se restaurer

Autour de 4 000 ¥

Masazushi 政寿司

Hanazono 1-1-1, Sushiya-dori, ✆ (0134) 23 0011. Tlj sf jeu. 11h-22h. Les habitants sauront vous indiquer le chemin du plus célèbre restaurant de sushis d'Otaru, sans conteste l'un des meilleurs du genre au Japon. Le poisson est si frais et si délicat qu'il semble fondre dans la bouche comme de la crème glacée. Optez pour le *moriawase*, assortiment de poissons et fruits de mer à 3 800 ¥.

À voir, à faire

En sortant de la gare, descendez la rue principale vers la mer jusqu'au **musée d'Otaru** *(9h30-17h ; 300 ¥)*, qui raconte l'aventure de la pêche au hareng. Longez ensuite le **canal** d'Otaru, devant lequel s'alignent d'anciens entrepôts, puis engagez-vous vers l'est dans la **Sakaimachi-dori**, rue commerçante bordée de jolies maisonnettes fin 19e s. Vous atteindrez alors le quartier des **souffleurs de verre**, la grande spécialité locale. Les amateurs de verrerie et de cristal visiteront les boutiques de la **Kitaichi Glass Factory** et son **musée d'Art vénitien** *(9h-18h ; 700 ¥)* qui exhibe, dans un foisonnement de dorures, du mobilier vénitien et des verreries de Murano.

LE PARC NATIONAL DE SHIRETOKO★★

De grands espaces sauvages

Peu de sentiers balisés

Quelques repères

À la pointe nord-est de Hokkaido - Sapporo-Abashiri : 355 km ; Abashiri-Utoro : 77 km ; Utoro-Rausu : 30 km - 38600 ha - Carte régionale p. 452.

À ne pas manquer

Longer les falaises du parc en bateau.

Le sentier des Cinq Lacs (Shiretoko Goko).

Les cascades de Kamuiwakka.

Conseils

Comptez au moins 3 jours.

En juin, septembre ou octobre, les températures sont clémentes et il y a beaucoup moins de touristes qu'en juillet-août.

Prévoyez des habits chauds et imperméables, même en été.

Attention aux ours lors des marches en forêt : faites du bruit pour signaler votre présence.

Préparez bien votre itinéraire, car sur place personne ou presque ne parle l'anglais.

Créé en 1964, le Parc de Shiretoko couvre la moitié nord de cette péninsule de 65 km de long qui s'avance dans la mer d'Okhotsk. Shiretoko signifie le « bout de la terre » en langue aïnoue. C'est, en effet, une zone de nature inviolée, la plus sauvage et la plus isolée du Japon, que ne traverse presque aucune route. Son cœur est formé d'une crête volcanique qui culmine au mont Rausu-dake (1661 m), suivi vers le nord des monts Io (1563 m) et Shiretoko (1254 m). Les pentes des montagnes s'habillent de forêts boréales à perte de vue, avant de plonger, par d'abruptes falaises, dans une mer prise par les glaces en hiver. Ces paysages grandioses, entre neiges et banquises, cascades dévalant à pic dans l'océan et sources chaudes, lacs miroitant sous le soleil et tourbières écharpées de brumes, servent de territoire à une faune d'ours bruns (la plus importante colonie du Japon), de cerfs, daims, renards, aigles marins, hiboux pêcheurs, oiseaux migrateurs et mammifères marins. Classé depuis 2005 au Patrimoine mondial de l'Unesco, Shiretoko attire toujours plus de Japonais (2,3 millions de visiteurs par an), mais rares sont les touristes étrangers qui osent s'y s'aventurer.

Arriver ou partir

En avion - L'aéroport de **Memambetsu**, ✆ (0152) 74 3115, est desservi de Sapporo (4 vols/j., 45mn de vol, 18000 ¥), Tokyo (4 vols/j., 1h40, 35000 ¥) et Osaka (1 vol/j., 2h10, 41500 ¥). Un bus fait la liaison jusqu'à Abashiri (30mn, 750 ¥) ou Utoro (3 bus/j. entre juin et mi-oct., 2h20, 2800 ¥).

En train - De Sapporo, 4 trains/j. Limited Express Okhotsk pour Abashiri (5h30 de trajet, 9130 ¥). Puis 9 trains/j. pour Shari (40mn, 810 ¥), la station la plus proche du Parc (40 km).

En bus - De Sapporo, 9 bus/j. pour Abashiri (6h de route, 6210 ¥). De là, quelques bus pour Utoro (3 bus/j. entre juin et mi-oct., 1h30, 2500 ¥), mais ces derniers sont plus fréquents de Shari (8 bus/j. en été et 5 bus/j. en hiver, 50mn, 1670 ¥).

Comment circuler

En bus - D'Utoro, des bus (7 bus/j. en été, 4 bus/j. en hiver, 30mn de trajet) desservent le Shiretoko Nature Center, Iwaobetsu et les Cinq Lacs (Shiretoko Goko). Du 15 juin au 15 oct., 2 bus/j. relient Utoro à Rausu *via* le col de Shiretoko (1h de trajet, 1310 ¥). De mi-juil. à mi-sept., départ ttes les 20mn de la navette qui relie le Shiretoko Nature Center aux cascades de Kamuiwakka (50mn, 590 ¥).

Location de voiture - À l'aéroport ou devant la gare d'Abashiri : **Nippon Rent-A-Car**, ✆ (0152) 44 0919; **Nissan Rent-A-Car**, ✆ (0152) 43 6197. Autre agence de Nippon Rent-A-Car, gare de Shari, ✆ (0152) 23 1090.

Loisirs

Excursions en mer - Du port d'Utoro, trois compagnies font des croisières le long des falaises de la côte ouest du Parc. La version courte (5 départs/j. du 28 avr. au 4 oct.) va jusqu'à la hauteur des cascades de Kamuiwakka (1h, 3000 ¥). La version longue (départ à 10h de juin à sept.) pousse jusqu'au cap Shiretoko (3h, 8000 ¥). Le bateau *Aurora* affiche les tarifs les plus bas (2700 et 6000 ¥), mais il est plus lent et navigue plus au large que les vedettes *Fox* et *Mako*. **Aurora**, ✆ (0152) 24 2147. **Fox**, ✆ (0152) 24 2656. **Mako**, ✆ (0152) 24 3262.

Onsen - **Katsurada Onsen**, à 800 m à droite après la sortie d'Utoro, ✆ (0152) 24 2752. Mai-oct. : 12h-18h. Fermé le reste de l'année. 500 ¥. Deux petits bains, dont un extérieur. Apportez votre serviette.

ABASHIRI

網走

Comptez une demi-journée.

42500 hab.

Principale ville au nord de Hokkaido, Abashiri forme une halte bienvenue sur le trajet de Sapporo à Shiretoko. Ce port de la mer d'Okhotsk est bloqué par les glaces de janvier à avril. Les visiteurs peuvent alors embarquer à bord du brise-glace **Aurora** *(✆ (0152) 43 6000 ; comptez 3000 ¥ pour un tour de 1h en mer)*. À défaut d'une voiture pour visiter les lagunes et champs de fleurs sauvages de la côte, prenez le bus pour voir les musées.

Adresses utiles

Informations touristiques - Côté droit de la gare, ✆ (0152) 44 5849. 9h-17h. Brochures en anglais et plans en japonais. Un employé parle anglais.

Poste / Retrait - À gauche en sortant de la gare. Tlj sf dim. 9h-17h (sam. 12h30). Distributeurs de billets ATM. Tlj sf dim. 9h-17h30 (sam. 12h30).

Se loger

De 8000 à 9500 ¥

Business Ryokan Miyuki
ビジネス旅館みゆき

S4 W4, ✆ (0152) 43 4425, fax (0152) 45 0654 - 13 ch. Dans la rue principale, à 10mn à pied de la gare, un petit *ryokan* familial, basique et acceptable. Le patron parle anglais. *O furo*.

Hotel Shimbashi ホテルしんばし

1-2-12 Shinmachi, ✆ (0152) 43 4307, fax (0152) 45 2091 - 42 ch. Hôtel convenable, sans charme particulier mais pratique car situé en face de la gare. Chambres japonaises ou occidentales.

De 16000 à 20000 ¥

Abashiri Central Hotel
網走セントラルホテル

S2 W3, ✆ (0152) 44 5151, www.abashirich.com - 96 ch. En plein centre, un hôtel chic et très confortable.

Se restaurer

De 2000 à 4000 ¥

Torihiro 鳥ひろ

S3 W1, ✆ (0152) 45 5150. 17h-23h. Un succulent restaurant de *yakitori* grillés à la braise. Ambiance conviviale.

Kiyomasa 清正

S3 W3, ✆ (0152) 61 0003. 17h-0h. Dans un décor épuré assez tendance, un restaurant de divins sushis, préparés par le chef à la demande ou bien à piocher sur le tapis roulant au comptoir. Les *californian rolls* sont un pur régal !

MUSÉE DE LA PRISON D'ABASHIRI★

網走監獄博物館

À 15mn au sud de la gare par le bus nº 2. 8h-18h. 1 050 ¥.

Pour les Japonais, le pénitencier d'Abashiri évoque un lieu de lugubre mémoire, à l'égal des bagnes de Cayenne ou d'Alcatraz. Il servit, durant l'ère Meiji (1868-1912), à incarcérer criminels et opposants politiques, dans des conditions terribles, car les geôles étaient dépourvues de chauffage. Beaucoup de détenus y moururent de froid, de malnutrition et de mauvais traitements. La prison, toujours en activité, a été transférée de l'autre côté de la rivière en 1984, et l'ancien « enfer », reconverti en un musée peuplé de mannequins en tenue de bagnards.

OKHOTSK RYUHYO MUSEUM

オホーツク流氷館

À 5mn à pied du précédent. 8h-18h. 520 ¥.

Ce musée de la banquise permet de vivre l'expérience polaire même en plein été : enfilez un manteau protecteur et pénétrez dans la pièce maintenue en permanence à -20 °C pour observer les blocs de glace. La mer d'Okhotsk reçoit d'énormes quantités d'eaux douces du fleuve russe Amour, c'est pourquoi elle gèle en hiver, alors qu'elle se trouve pourtant loin du cercle arctique. Le mélange des eaux douces et salées fait naître une étonnante vie marine sous la glace, à l'image du clione, minuscule mollusque couleur rose fluo présenté dans les aquariums.

MUSEUM OF NORTHERN PEOPLES★

北海道立北方民族博物館

À 5mn à pied du précédent. Tlj sf lun. 9h30-16h30. 450 ¥.

Le captivant musée des peuples du Nord abrite de précieuses collections ethnographiques incluant costumes, masques, objets rituels et outils. Il montre comment les différents peuples autochtones des régions nordiques, du Groenland à la Mongolie, de la Sibérie à la Norvège, ont su s'adapter et assurer leur survie, et permet ainsi de replacer la culture des Aïnous de Hokkaido dans un contexte plus large.

PARC NATIONAL DE SHIRETOKO★★

知床国立公園

Comptez au moins 2 jours.

Mise en garde

Randonneurs attention, les quelques 600 ours bruns qui peuplent la péninsule ne sont pas en peluche ! Des rencontres imprévues peuvent avoir lieu, surtout au printemps et à l'automne, lorsque les plantigrades se mettent en quête de nourriture. L'ours peut se montrer agressif s'il est surpris à faible distance, sans possibilité de fuite, ou s'il s'agit d'une femelle ayant des petits. Par conséquent, évitez de marcher seul en forêt, portez une clochette, sifflotez ou faites du bruit pour signaler votre présence. Par ailleurs, si vous n'êtes pas un marcheur expérimenté et bien équipé, ne vous aventurez pas sur les longs parcours, tel le cap Shiretoko, sans l'assistance d'un guide japonais.

Adresses utiles

Informations touristiques - Dans la gare routière d'Utoro, ✆ (0152) 24 2639. 8h30-18h30. Brochures en anglais et plans en japonais.

Poste / Retrait - À côté du Shiretoko Grand Hotel, à Utoro. Tlj sf w.-end. 9h-17h. Distributeurs de billets ATM. 9h-18h (w.-end 17h).

Internet - **The Rausu Café**, à Rausu, rue principale, face à la poste. 8h-20h. Un PC en accès gratuit pour les clients.

Se loger

▸ *À Utoro*

Camping et auberge de jeunesse

Shiretoko Campsite 国設知床野営場

Sur la colline, derrière le Prince Hotel, ✆ (0152) 24 2722. Fermé 1er oct.-19 juin. Pour les campeurs équipés, une aire aménagée sous les arbres, avec toilettes et éviers. Pas de douche, mais on peut se laver à l'*onsen* Yuhidai-no-yu (400 ¥), juste à côté. À partir de 700 ¥.

Iwaobetsu Youth Hostel

知床岩尾別ユースホステル

À 8 km d'Utoro, vers Shiretoko Goko, ✆ (0152) 24 2311, shiretoko-ax@noah.ne.jp - 10 dortoirs (8 lits). Située en pleine nature, l'auberge constitue une base pratique pour les randonneurs qui veulent gravir le mont Rausu-dake. Elle organise en outre des sorties en kayak de mer à la demande. Les dortoirs, l'*o furo* et les repas sont en revanche des plus spartiates. Env. 4000 ¥/pers.

De 12000 à 18000 ¥

Guesthouse Lantan

ゲストハウス・ランタン

À l'entrée du village sur la gauche, ✆ (0152) 24 2654 - 12 ch. Repérable aux planches de surf disposées devant l'entrée, cette sympathique pension en bois, propre comme un sou neuf, dispose de chambres japonaises agréables (préférez celles avec vue sur mer) et d'une lumineuse salle à manger. *O furo*.

Iruka Hotel いるかホテル

À l'entrée du village, juste après le gros rocher sur la gauche, ✆ (0152) 24 2888, www.iruka-hotel.com - 13 ch. Cet hôtel cosy à la jolie déco bleue abrite des chambres propres et mignonnes (japonaises ou occidentales), un *rotenburo* et une plaisante terrasse face à la mer. Une excellente cuisine à base de produits marins parachève le tout. Le patron, qui réalise des documentaires télé sur la nature, organise des sorties pour voir ours et dauphins, et des plongées sous glace en hiver.

Hotel Kifu Club 季風クラブ知床

À la sortie du village, sur la droite, ✆ (0152) 24 3541, fax (0152) 24 3550 - 15 ch. Belle maison de bois aux grandes baies vitrées, pour amateurs de confort et de lectures le soir au coin de la cheminée. Chambres spacieuses avec vue sur mer (préférez les japonaises), cuisine raffinée, vaste *o furo* avec aussi deux *rotenburo*. Le propriétaire propose diverses balades pour observer ours, daims et oiseaux.

▸ *À Rausu*

Autour de 13000 ¥

Hotel Sakaeya ホテル栄屋

Dans le centre, près du port, ✆ (0153) 87 2171, fax (0153) 87 5017 - 13 ch. Si vous devez passer la nuit de ce côté-ci de la péninsule, cet hôtel aux chambres douillettes et aux prix raisonnables fera bien l'affaire.

Se restaurer

▸ *À Utoro*

Moins de 1500 ¥

Café Fox カフェ・フォックス

Sur le quai des ferries, ✆ (0152) 24 2656. 6h-18h. Un petit *fish & chips* sans prétention, pratique pour emporter son pique-nique dans une boîte en carton, tel un riz pilaf au poulet-oignons.

Café En 知床カフェ・えん

Dans la rue principale, à gauche après le pont, ✆ (0152) 24 3122. 11h-23h. Au 2e étage, salle agréable meublée de tables en chêne. À midi, menus *shake teishoku* (saumon grillé, soupe, salade) à 800 ¥ ou *hambagu steak* à 850 ¥.

Ikkyuya 一休屋

En face de la station de bus, à côté du pont, ✆ (0152) 24 2557. 11h-18h. Restaurant familial doté de quelques tables et de tatamis, qui sert surtout des *donburi* (bols de riz) garnis d'*ikura* (œufs de saumon), d'oursin et de saumon cru, servis avec une soupe *miso*.

De 1500 à 3000 ¥

Kani-no-ya かに乃屋

Sur la gauche en allant vers le port, ✆ (0152) 24 2691. 10h-22h. Dans le bâtiment orange à côté du magasin Dai-han-soh, un excellent restaurant de *kaiten-zushi* (comptoir tournant) et de cuisine de la mer raffinée (sashimis, crabe, oursins et poissons variés).

À VOIR, À FAIRE

▸ À 7 km avant Utoro, on aperçoit sur la droite la spectaculaire cascade **Oshinkoshin-no-taki★**, de 80 m de haut, classée parmi les cent plus belles du Japon.

▶ Du petit port d'**Utoro** (宇登呂), étendu au pied d'un énorme rocher, une route en corniche longe la côte occidentale du parc jusqu'à une bifurcation à gauche, qui mène au Shiretoko Nature Center, aux Cinq Lacs (Shiretoko Goko) et aux cascades de Kamuiwakka.

Shiretoko Nature Center

知床ネイチャーセンター

À 5 km d'Utoro. Été : 8h-17h40; hiver : 9h-16h. Gratuit.

Ce centre d'informations dispose de brochures *(en japonais)* sur la faune et la flore et projette un film de présentation *(ttes les heures; 500 ¥; comptez 20mn)* où l'on découvre de splendides vues aériennes de la péninsule. Un centre similaire *(Rausu Visitor Center) (9h-17h)* est situé à Rausu, sur le versant opposé du Parc. Juste derrière le centre, un sentier en boucle *(2 km; 40mn de marche)* mène à la **Furepe-no-taki★**, une cascade qui jaillit de la falaise et plonge dans la mer d'Okhotsk.

Shiretoko Goko★★

知床五湖

À 15 km d'Utoro. 7h30-18h.

Ces cinq lacs émergent tels des joyaux secrets au milieu d'une dense forêt primaire où se mêlent ifs, bouleaux, érables, chênes, sapins et bosquets de bambous. Par temps clair, les sommets montagneux se reflètent sur la surface des eaux. Un **sentier** de 3 km *(1h de marche)* fait le tour des lacs, traversant par des passerelles les marécages tapissés de nénuphars. Il n'est pas rare d'y croiser cerfs, daims et renards.

Kamuiwakka-no-taki★★

カムイワッカの滝

À 10 km de Shiretoko Goko par une piste de terre. Fermée aux voitures du 15 juil.-15 sept. Empruntez alors la navette (voir « Comment circuler », p. 462); de l'arrêt du bus, comptez alors 30mn de marche.

Cette incroyable chute d'eau chaude se déverse dans des bassins naturels où il fait bon se baigner *(maillot de bain obligatoire)*. Il faut, pour y parvenir, grimper une série de cascades plus petites *(attention, parois très glissantes : louez des sandales en paille au départ du sentier, et progressez dans l'eau au centre plutôt que sur les flancs)*.

Hokkaido, grandeur nature

À l'heure des vacances, les citadins japonais s'y ruent pour faire leur « cure d'espace ». Hokkaido renferme, en effet, les plus vastes étendues naturelles du Japon. Des plaines ondulant à perte de vue, des forêts immenses, des montagnes drapées de neiges éternelles, des volcans fumants, des sources chaudes à profusion, de superbes lacs... autant de merveilles que l'île protège sous le couvercle de six Parcs nationaux. Si Shiretoko est sans conteste le mieux préservé d'entre eux, le Parc de Daisetsuzan, au centre de l'île, est quant à lui le plus grand du Japon (2300 km²). Il rassemble d'impressionnantes montagnes, tel le mont Asahi-dake (2290 m). Le Parc de Shikotsu-Toya, plus au sud, tire son nom de deux lacs situés dans les caldeiras d'anciens volcans. Il est réputé pour ses sources thermales, dont Noboribetsu Onsen. Ces deux parcs aux multiples possibilités de randonnées sont très faciles d'accès de Sapporo.

À l'ouest d'Utoro

▶ Passé la bifurcation, la route 344 poursuit à travers la péninsule, dont elle franchit la crête montagneuse pour redescendre vers **Rausu** (羅臼), petit port de la côte orientale. L'accès au **col de Shiretoko** (760 m) est néanmoins fermé en hiver, parfois même jusqu'à la mi-juin, en raison de la neige.

▶ L'ascension du mont **Rausu-dake** (1661 m), réservée aux bons marcheurs, est moins pénible d'Utoro que de Rausu. Le sentier *(non balisé mais facile à repérer)* débute derrière l'hôtel Chi-no-hate, à Iwaobetsu *(de juin à oct. seul.; 8h de marche AR)*. La descente vers Rausu est déconseillée *(5h de marche)*, à cause des plaques de neige et des risques de s'égarer.

Otaru.

寿し
寿し
昆布

	Plages	Patrimoine	Plongée	Sauvage	Spectaculaire	Nombre de jours
Aka-jima	+	+	+++	++	++	1
Hatoma-jima	+++	-	+++	++	+++	1
Iriomote-jima	++	-	+	+++☺	+++☺	1
Ishigaki-jima	+++	++	+++☺	+	++	3-4
Kume-jima	+++	++	+	+	+++	2-3
Miyako-jima	+++☺	+++	+++☺	+	++	2-3
Okinawa-honto	++	+++	++	+	+	2-3
Taketomi-jima	++	+++	-	+	+++	1
Tokashiki-jima	+++☺	+	+++	++	+++	1
Tonaki-shima	++	++	+++	+++	+++	2
Yonaguni-jima	+	+	+++	++	++	2
Zamami-jima	+++☺	+	+++☺	++	+++☺	1

Les merveilles d'Okinawa.

ARCHIPEL D'OKINAWA

Nous vous suggérons dans le tableau ci-dessous plusieurs circuits possibles pour visiter l'archipel.

3 jours	Premiers pas dans l'archipel
Suggestions d'itinéraire	**Jour 1.** Okinawa-honto : découverte de la ville principale de l'archipel, Naha, et, tout près de là, de Shuri, l'ancienne capitale. Visite du château Shuri-jo, entièrement reconstruit sur le modèle original, détruit pendant la Seconde Guerre mondiale. Balade dans le quartier des potiers de Tsuboya, avec une visite du musée de la Poterie, ou, pour les plus sportifs, stage de karaté, une pratique née à Okinawa, dans un des nombreux *dojo*. Le soir, dégustez la savoureuse cuisine d'Okinawa dans un bar de la Kokusai-dori, la rue principale de Naha. Terminez la soirée au son du *shamisen* et des castagnettes d'Okinawa au club Chakura. **Jour 2.** Zamami-jima : l'île offre de très belles plages, idéales pour les adeptes de plongée et de snorkeling. Eaux turquoise, voire transparentes, poissons tropicaux, coraux, serpents de mer, langoustes, raies et requins inoffensifs vous y attendent. **Jour 3.** Tonaki-shima : plus isolée, Tonaki est restée traditionnelle. La plupart de ses habitants vivent de la pêche. Spots de plongée pour plongeurs confirmés. Pour les autres, Tonaki reste une excellente base pour observer les baleines (janv.-avr.), qui n'hésitent pas à s'approcher des bateaux.
Transports	Nombreux vols au départ des grandes villes japonaises pour Naha. Zamami-jima est facilement accessible depuis Naha, en bateau. De même, Tonaki-shima est reliée à Zamami par voie maritime.
Conseil	À Naha, goûtez aux spécialités culinaires, comme les pieds de porc ou le *goya*, une sorte de courgette amère, le tout accompagné de la boisson locale Awamori.
1 semaine	**Okinawa-honto et les îles du Sud**
Suggestions d'itinéraire	**Jour 1.** Naha *(voir ci-dessus)*. **Jours 2 et 3.** Découverte du reste de l'île principale. Le sud fut le théâtre de la terrible bataille d'Okinawa pendant la Seconde Guerre mondiale, à laquelle le Mémorial de la paix est dédié. À 10 km de là, il est également possible de visiter les tunnels du quartier général souterrain de la Marine impériale. 4000 hommes s'y suicidèrent plutôt que de se rendre aux Américains. Au nord-ouest de l'île, avant d'arriver à la péninsule de Motobu, observation de la vie aquatique dans la tour sous-marine du Busena Resort. Dans les environs de Motobu toujours, l'Ocean Expo Park présente un gigantesque aquarium et un musée de la Culture océanique passionnant. **Jours 4 à 7.** Départ pour Miyako-jima, une île aux plages exceptionnelles. Farniente, plongée et surf.
Conseil	De Miyako, vous pourrez facilement prévoir des excursions à Ikema-jima, au nord, ou à Irabu-jima (15mn en bateau de Miyako), elle-même reliée par un pont à O Shimoji-jima.

1 semaine	Un autre Japon
Suggestions d'itinéraire	**Jours 1 et 2.** Ishigaki-jima : balade dans la baie de Kabira, où l'on cultive les perles noires. Ses eaux translucides, ses plages et ses sites de plongée en font un endroit de rêve pour se reposer. Quelques idées de loisirs : plongée au milieu des raies manta, excursion en bateau avec fond transparent ou snorkeling. **Jours 3 à 5.** Iriomote-jima : une île où l'on vit hors du temps. Les activités principales résident dans les superbes randonnées à travers la jungle tropicale, agrémentées par des baignades dans les rivières, cascades et piscines naturelles. Il est également possible de remonter l'une des rivières en bateau et traverser ainsi la mangrove. Vous y croiserez peut-être l'un des habitants de l'île, le *yamaneko*, une espèce de chat sauvage. **Jour 6.** Taketomi-jima : une toute petite île à l'atmosphère reposante que l'on visite à bicyclette ou bien en charette tirée par un buffle d'eau au son du *sanshin*, un instrument traditionnel de l'archipel, joué par le conducteur. Architecture traditionnelle et routes en terre donnent un ton tout à fait pittoresque ! Autre spécificité de Taketomi : son sable étoilé. **Jour 7.** Hatoma-jima : une île minuscule de 50 hab., située au nord d'Iriomote. Farniente et snorkeling au programme.
Transports	Pratique, il existe des vols directs depuis la plupart des grandes villes du Japon pour Ishigaki-jima. Ferry d'Ishigaki-jima à Iriomote. Bateau d'Iriomote à Taketomi-jima. Il faudra repasser par Iriomote pour rejoindre Hatoma-jima.

NOTES

NOTES

NOTES

NOTES

INDEX

L

M

N

O

P

R

S

T

U

V

W

Y

Z

CARTES ET PLANS

LÉGENDE

Comprendre les symboles utilisés dans le guide

LES ÉTOILES

★★★ À voir absolument
★★ Très intéressant
★ Intéressant

LES BIBS

Coup de cœur
Coup de gueule
Astuce

HÔTELS ET RESTAURANTS

Salle de bains privée
Air conditionné dans la chambre
Ventilateur dans la chambre
Télévision dans la chambre
Restaurant dans l'hôtel
Établissement servant de l'alcool
Piscine
Parking clos réservé à la clientèle
Paiement par carte de crédit
Carte de crédit non acceptée

CARTES ET PLANS

Curiosités et repères

Église
Mosquée
Synagogue
Temple bouddhique
Temple hindou
Point de vue
Monastère
Site archéologique
Château
Cimetière chrétien
Cimetière musulman
Cimetière israélite

Topographie

Sommet
Volcan actif
Récif corallien
Désert
Marais

Routes

Autoroute ou assimilée
Autoroute en construction
Route principale
Route secondaire
Chemin, piste

Informations pratiques

Hôpital
Aéroport
Gare ferroviaire
Gare routière
Liaison maritime
i Information touristique
H Hôtel de ville
J Palais de justice
B Banque, bureau de change
U Université
T Théâtre
P Parking
Stade
Route nationale

Signes particuliers

Station de metro
Poste de police
Poste
Temple
Source thermale
D Magasin
Hôpital

Manufacture Française des Pneumatiques Michelin
Société en commandite par actions au capital de 304 000 000 EUR
Place des Carmes-Déchaux - 63000 Clermont-Ferrand (France)
R.C.S. Clermont-Fd B 855 200 507

Dépot légal : 03/2007 - ISSN : 1772-5100

Date d'impression : 10/2007
Compograveur : Nord Compo, Villeneuve d'ascq
Imprimeur : La Tipografica Varese, Italie.

VOTRE AVIS NOUS INTÉRESSE...

MICHELIN VOYAGER PRATIQUE JAPON a pour principale ambition de vous aider à construire votre voyage et à le rendre facile. Pour répondre toujours mieux à vos attentes, faites-nous part de vos propres expériences de voyage !

En remerciement, les auteurs des 100 premiers questionnaires recevront une carte Michelin de la collection « NATIONAL » (pays de votre choix).

VOS HABITUDES DE VOYAGE :

1) Quelles sources d'information utilisez-vous pour préparer vos voyages ?

☐ Les guides touristiques — Quelles collections ?..

☐ Internet — Quels sites ? ....

☐ La presse — Quels magazines ?..

☐ Les offices de tourisme

☐ Les agences de voyages — Quelles agences ?..

☐ Autres ....

2) Quelles collections de guides achetez-vous habituellement ?

....

3) Combien de fois êtes-vous parti en week-end ou en voyage au cours de cette dernière année (y compris en France) ?

....

4) Ces deux dernières années, où êtes-vous parti en week-end ou en voyage ?

- En week-end : ....
- En voyage : ....

5) Quelles destinations vous intéressent pour vos prochains voyages ?

....

6) Lorsque vous voyagez, la plupart du temps :

- Vous voyagez en circuits organisés ☐
- Vous partez à l'aventure sans rien réserver ☐
- Vous réservez uniquement les transports ☐
- Vous réservez tout (transport, hôtel) à l'avance ☐
- Autre ☐

7) Vous préparez votre voyage :

- Plusieurs mois à l'avance ☐
- Entre 1 et 3 mois à l'avance ☐
- À la dernière minute ☐
- Autre ☐

VOTRE APPRÉCIATION DU GUIDE VOYAGER PRATIQUE :

1) Êtes-vous satisfait de votre guide VOYAGER PRATIQUE ?

Très satisfait ☐ Moyennement satisfait ☐

Globalement satisfait ☐ Pas du tout satisfait ☐

2) Notez votre guide sur 20 :..

3) Qu'avez-vous aimé dans ce guide ?

....

4) Qu'est-ce que vous n'avez pas aimé ?

....

5) Manque-t-il des informations importantes dans ce guide ?

....

....

6) Recommanderez-vous ce guide à vos amis ? Pourquoi ?

....

....

7) Rachèterez-vous un guide VOYAGER PRATIQUE pour votre prochain voyage ?

Oui, certainement ☐ Probablement pas ☐

Oui, peut-être ☐ Certainement pas ☐

8) Vos conseils, vos commentaires, vos bons plans ?

....

....

VOUS ÊTES :

Homme ☐ Femme ☐

Âge :..

Nom et prénom :...

Adresse :...

....

Code postal :....................... Ville :...

Pays :..

Profession :...

Quelle carte Michelin « NATIONAL » souhaitez-vous recevoir ?

(précisez-nous le pays de votre choix)

....

Offre proposée aux 100 premières personnes ayant renvoyé le questionnaire complet. Une seule carte par foyer, dans la limite des stocks et des titres disponibles.

Ces informations sont exclusivement destinées aux services internes Michelin. Elles peuvent être utilisées à toute fin d'étude, selon la loi informatique et liberté du 06/01/78. Droit d'accès et de rectification garanti.